Elementary and Middle School Mathematics
Teaching Developmentally

10th Edtion

美国中小学数学教师实践手册 第10版

【美】J.A. 范德沃尔　【美】K.S. 卡普　【美】J.M. 贝－威廉姆斯◎著

"新大众意义下数学课程设计与实践"课题组◎组织
新世纪数学教材（1～6）编委会

张　晶　侯慧颖　施银燕　赵晓燕◎主译

孙晓天　刘　坚　张　丹◎审校

John A. Van de Walle
Karen S. Karp
Jennifer M. Bay-Williams

华东师范大学出版社
·上海·

图书在版编目(CIP)数据

美国中小学数学教师实践手册:第 10 版/(美)J. A. 范德沃尔,(美)K. S. 卡普,(美)J. M. 贝-威廉姆斯著;张晶等译. —上海:华东师范大学出版社,2022
ISBN 978 - 7 - 5760 - 3414 - 1

Ⅰ.①美… Ⅱ.①J…②K…③J…④张… Ⅲ.①数学课—教学研究—中小学 Ⅳ.①G633.602

中国版本图书馆 CIP 数据核字(2022)第 218122 号

美国中小学数学教师实践手册(第 10 版)

著　　者	【美】J. A. 范德沃尔　【美】K. S. 卡普　【美】J. M. 贝-威廉姆斯
主　　译	张　晶　侯慧颖　施银燕　赵晓燕
责任编辑	王　焰(策划组稿)
	王国红(项目统筹)
特约审读	程云琦
责任校对	邱红穗　时东明
装帧设计	卢晓红

出版发行	华东师范大学出版社
社　　址	上海市中山北路 3663 号　邮编 200062
网　　址	www.ecnupress.com.cn
电　　话	021 - 60821666　行政传真 021 - 62572105
客服电话	021 - 62865537　门市(邮购)电话 021 - 62869887
地　　址	上海市中山北路 3663 号华东师范大学校内先锋路口
网　　店	http://hdsdcbs.tmall.com

印 刷 者	上海昌鑫龙印务有限公司
开　　本	787 毫米×1092 毫米　1/16
印　　张	41
字　　数	937 千字
版　　次	2023 年 3 月第 1 版
印　　次	2025 年 4 月第 4 次
书　　号	ISBN 978 - 7 - 5760 - 3414 - 1
定　　价	279.00 元

出版人　王　焰

编委会

主译

张　晶　侯慧颖　施银燕　赵晓燕

翻译团队

冯娉婷（第一章、第五章）　罗海风（第二章、第二十章）　周　达（第三章、第十七章）

董瑶瑶（第四章）　黄兴丰（第六章、第七章）　章勤琼（第八章）

张之堃（第九章、第十一章）　王极峰（第十章、第十八章）　谢志勇（第十二章）

杨嘉欣（第十三章）　侯慧颖（第十四章）　孙　晶（第十四章）

王瑞霖（第十五章、第二十一章）　王　田（第十六章、附录）　彭　纲（第十九章）

宁亚明（第二十二章）　殷莉莉（第二十二章）

审校

孙晓天　刘　坚　张　丹

目录

第二部分 数学概念与数学教学的发展

《美国中小学数学教师实践手册》(*Elementary and Middle School Mathematics*, *Teaching Developmentally*)是一本美国大学数学教育方向本科和研究生的教科书(Textbook),该书主题比较鲜明,结构比较完备,内容紧贴数学教学改革与发展的进程,与具体教学实践之间的联系也比较紧密,而且在表述方式上清晰明确、开门见山。我认为,这本书虽然是教科书,其实更适于在职教师遇到教学实践或研究方面的问题时,可以用作随时查阅的教学参考书。

本书的第一版在1990年就已经面世,算起来距今已经三十多年。之所以在新书层出不穷的今天,编译者还要殚精竭虑地翻译这样一本"老"书,在大致读过之后,我觉得至少有以下三个方面的原因。

一是这是一本能焕发可持续活力的"老"书。

最能说明这一点的是,到2019年的三十年间,这本书已经再版十次,更新的频率实在惊人。特别地,三十年间不同版本的更替,并没有影响全书的整体风格,包括结构安排、章节设置等方面,都基本保持了最初的面貌。版本的更替,主要表现在对全书具体内容的持续更新方面。以第十版为例,相较于第九版,全书各章节共引用了近300条在当时是最新的文献信息,平均起来,几乎每一页都有更新。这种通过不断收集最新研究成果,替代原版本中一些已经过时的叙事,使新版本能紧跟数学教学发展的前沿,贴近学习者的现实需要,呈现出能顺应和引领中小学数学教学发展的时代感。

国际上与数学教育发展有关的新作很多,相比之下,我更喜欢本书这种在"重复过去故事"的同时,凭借规律性的更新,焕发出可持续的活力,与数学教学发展进程同步,并且读起来有同感,能用得上的"老"书。

二是本书与美国的课程标准之间联系十分紧密。

通常,一本书在修订过程中如果大量收集新的研究成果,可能会改得面目全非,较难与原版本在风格上保持一致。而这本书的不同版本之间,并没有因为大量新资讯的介入而产生风格上的差异。在分析问题的着眼点及讨论问题的具体方式上,都保持了基本的一致。之所以如此,我觉得与这本书的主旋律差不多是围绕对美国数学课程标准的分析、解读和运用这条主线展开有关。其实,这本书设置了好几条主线,如问题解决,以学生为中心,等等。但无论哪一条主线,都没有离开美国数学课程标准的要求,修订中引用的新文献,也多与美国数学课程标准中具体内容的理解,以及这些内容在教学实践中的表现有关。读起来,多少有些"言必称标准"的意思。这本书能在不同版本之间"保持基本一致"的原因,可能就在这里。说这本书比较像一本美国的数学课程标准解读,应该不为过。

读者已经知道，美国现在流行的数学课程标准都来自民间，其中一个是全美数学教师协会（NCTM）制定的《学校数学课程与评价标准》。2010 年以前，全美基本上是遵循这个标准。另一个是 2010 年颁布的、由全美州长协会（NGA）和全美州立学校首席教育官理事会（CCSSO）共同制定的《美国共同核心课程标准——数学》。这后一个标准并没有取代前一个，目前是两个标准并行，都在发挥作用的局面。本来，制定后面这个标准的初衷或多或少是出于对前一个标准的不满意。不过在我们这些局外人看来，这两个标准并没有什么本质上的区别。它们都倡导以学生为中心，都力主问题解决，等等。如果说区别，可能主要体现在内容的选择和具体的要求方面。这一点，从本书内容中都可以看出来，在涉及分析、探讨或文献引用等许多方面，基本是适用哪个标准就引用哪个标准，而且两个标准同时引用的情况也不少，看上去两个标准是并行不悖的。据此推测，在美国的中小学教学实践中，对标准的使用情况差不多也应该是这种状态吧？当然，这仅仅是推测而已。

这本书所具有的标准解读意义很有意思，在一定程度上放大了该书的参考价值。

三是本书的写作方式有借鉴意义。

我国的《义务教育数学课程标准（2022 年版）》刚刚问世，正值"解读"的关键期。课程标准一般是薄薄一本，希冀教师通过阅读实现"由薄变厚"的理解，肯定存在难度。一旦读者觉得"难"，其结果很可能就搁置一边或敬而远之了。而课程标准恰恰是为数不多的、绝不能搁置一边的教学指导书。所以，一方面撰写课程标准解读类书籍是必要的，另一方面这类书籍一定要便于读者在遇到问题时查阅，具有那种可以经常拿出来翻一翻的性质，避免可能的"搁置一边或敬而远之"。因此，如果能借鉴本书的方式撰写解读类书籍，对于帮助教师理解标准方面的效果，应该能好一些。本书的写作方式具体表现为：一方面把与时代同步并得到普遍认同的一般教育理念、目标和要求，逐条地在课程标准中找到能使它们得以体现的依据；另一方面再反过来，把教学实践中已经和可能遇到的问题、困惑和挑战，通通与课程标准中的具体条目相对应地进行释疑解惑。对本书那种"言必称标准"的印象，就是由此得来。

这种写作方式对我们撰写课程标准解读类书籍是有借鉴意义的。我国制定课程标准的依据是教育部颁布的《义务教育课程方案和课程标准（2022 年版）》，其中汇集了党和国家对义务教育的期待，提出了应该被普遍认同和接受的课程理念、目标和教学等多方面要求。所以，一方面课程标准解读类书籍，要把这个方案中的期待、理念、目标和要求，逐一从数学课程标准的内容中梳理出来，具体指出这个方案的精神是如何在课程标准中得以体现的；另一方面，要把教材编写、教学实践、质量评测等具体实践中已经和可能遇到的主要问题、困惑和挑战，通通都放在标准具体内容条目的框架下，有的放矢地进行释疑解惑。这两个方面合在一起的解读，肯定便于读者在遇到问题时查阅，具备那种在日常教学工作中需要经常拿过来翻一翻的性质。以这种方式编写的解读，至少不会让读者敬而远之，而且于课程标准的自身建设也将多有补益。

上面是我对这本书内容的印象。再说说与译文有关的。

数学教育类书籍的翻译比数学的专业书籍翻译要难很多。因为数学的专业名词无论中英文都比较成熟，一般说出来就明白其中的含义，不会引起什么歧义。数学教育类书籍中由于存在大量与教育、认知、心理等有关的专有名词，存在歧义的情况就比较多，通常需要根据上下文及具体背景字斟句酌，因此翻译过程不逊于研讨过程。如果对数学教育领域的研究与实践不是很熟悉，则很难担起这副担子。翻译这样一本书，的确称得上是一个严峻的挑战，需要勇气，也需要能力。

本书的译者，是一个由我国数学教育研究与实践领域的新锐组成的群体。他们中有的从国外学成归来，有的仍然在大洋彼岸深造或工作，有的在国内中小学数学教学、研究和教材编写领域深耕多年，每个人都称得上是学有所成、教有所成、研有所成、编有所成，且都活力满满，正值盛年。所以这个群体本身，就成了这本译作的质量保证。

我有幸见到过他们围绕本书翻译开展研讨的情形，在线上目睹了他们隔着太平洋并且遍布全国的大跨度讨论场景。同一个议题的讨论，如果有人是在白昼参与，对另外的人可能就是在夜静更深时进行。乍一看，这样的合作实属不易，可他们一坚持就是近三年的时间，无论什么样的困难和挑战，都没有阻挡他们执着的前行步伐。我在他们身上看到了坦诚的坚持、执拗的求真、不懈的钻研、无间的合作和从善如流的君子之风，也从中看到了他们个性中的率真、无私和锐气。我觉得他们已经具有作为一个群体走上中国数学教育研究前台的潜质。真心希望这个群体不要因为本书的出版或因地理位置的阻隔而各奔东西，你们有能力找到共同关心的新主题，持续你们作为一个团队的合作。那将是融入中国数学教育改革与发展大潮的一阵新风、一股清流和一抹亮色。

2022 年 7 月于中央民族大学

第一部分

数学教学：基础与视角

第一章　21世纪的数学教学

学习目标

在阅读本章内容之后,你应该能够完成如下学习目标:

1.1　归纳总结有哪些因素可能影响到数学教学的有效开展;

1.2　描述并理解《美国共同核心课程标准——数学》(CCSS - M)中"内容"及"实践"标准在教学过程中的重要性;

1.3　探索作为一名专业数学教师,通过持续的学习和成长,从而具备相关专业素养的途径。

无论你是一名即将成为数学教师的在校学生,还是一位具有一定课堂教学经验的数学老师,你都需要思考如何以恰当的教学观念引领教学行为,不断实现专业成长。本书有这样两个目标:一是帮助你熟悉从学前到初中的数学课程内容;二是帮助你学习如何以教育科学研究为基础,利用一些专业技能引领儿童学习数学,特别是提高儿童学好数学的信心。能不能掌握丰富的数学知识,是否了解儿童数学学习的路径,是决定你未来能否成为一名出色的数学教师最为重要的两个因素。

一. 成为一名出色的数学教师

数学教师的职业目标是把儿童培养成为成功的数学学习者。然而,你可能已经发现一个颇令人沮丧的情况——现实生活中有很多人理直气壮地"憎恨"数学。在很多公开场合,甚至在家长会上,家长们会对老师说:"我也觉得自己永远都学不会数学","我可算不明白餐馆的小费要怎么付,最希望餐馆能把小费按几档列在账单下面,我直接选一个照着给就是了"……作为数学老师,与其忽视或无视这些信息,不如思考我们可以采取哪些正面积极的回应。人们羞于承认他们最近几年都没有读过一本书,却会理直气壮地承认自己不爱数学。这是为什么呢? 家长和老师对数学的态度会影响孩子的数学学习,所以家长和老师应该了解:数学能力不是天生的,任何人都可以学好数学,而且学习数学是必不可少的一项生活技能(OECD, 2016)。因此,关于数学的负面评价,尤其是当学生也在场的时候,你需要想办法反驳这些观点,指出"只有一部分人才能学好数学"这种说法是错误的传言。儿童获得数学知识和能力并不单纯依靠家长遗传给自己的天赋,也不依靠神奇的老师教授一些"魔法"。相反,人人都可以学好数学,解决数学问题会带来很多乐趣。而其中最重要的是：作为数学老师，你对数学的热忱和喜爱能够为孩子们树立一个榜样，并在他们心中种下热爱数学的种子。

最终，就像孩子们在读书时自然地把自己当作一位作者一样，我们希望他们在学习数学的时候也能自然地把自己当作一位数学家，一位可以在数学世界里自由自在探索的数学家。孩子们在与这个日益数字化和技术化的世界互动时，需要以多种方式来构建、修改、交流或整合新信息，其实这个过程与我们每天都会自然地通过阅读来了解事实、见解或新闻一样，每个人都应该自然地以数学的视角来解决新问题、处理新状况。尤其是在 21 世纪这样一个信息时代（Hacker，2016）里，学生们需要有足够的能力去理解数学语言和它所承载的力量。哈克（Hacker）指出，"小数、比例现在和名词、动词一样重要"。因此，为学生着想，我们必须认识到，数学不仅有助于理解当今这个复杂的不断变化的经济社会环境，而且能够帮助我们在这种环境下成功地生存下来。数学教学为学生打开的是一个重要的思想世界。

本书旨在帮助你理解并运用一些数学教学方法，以使你的数学教学达到更好的效果。本书介绍的关于数学教学的实践准则是由很多一线数学老师和数学家通力合作制定的，明确了在数学教师培养和成长过程中，哪些知识、技能和价值理念是至关重要的（AMTE，2017），提供了在这些标准的框架内探索中小学数学师资培训的最佳方法。由于本书的作者也参与了《数学教师职业培养标准》的制定和起草，所以本书符合美国数学教师教育工作者协会（AMTE）制定的标准。随着你对本书后面章节具体内容的了解和熟悉，相信你对学生可能取得的数学成就、能做到的事情以及你教授数学的信心将会增加。

二. 变化的世界

托马斯·弗里德曼（Thomas Friedman）在《世界是平的》（2007）一书中讨论了全球化如何催生了对人们拥有持久技能的需求，拥有持久技能，才能使人们在不断变化的就业环境中生存下来。他归纳总结了那些不管就业形势如何变化都能成功找到工作的人的特点，发现其中一类"不可撼动"的人，就是喜爱数学的人。弗里德曼强调，在一个被数字和算法包围的世界里，对数学保持兴趣和热爱的人总是有就业的机会。遗憾的是，即便这样，这些人在真正面对工作时也会感觉力不从心，他们所具备的知识能力与所需要的职业能力之间还存在着很大的差距。因此，一般情况下，与科学、技术、工程和数学（STEM）有关的职位要招聘到合适的人，所需要的时间是其他职位的两倍多（Rothwell，2014）。

现在每一位数学老师都面临着这样的工作挑战：在培养学生数学兴趣的同时，也要培养学生的职业能力。著名数学家、教育家林恩·亚瑟·斯蒂恩（Lynn Arthur Steen）说："随着信息变得越来越量化，社会越来越依赖计算机和它们所产生的数据。今天，一个'数学盲'的现代人就像古登堡时代的文盲农民一样，有一种对现实的无力感。"（1997，p. xv）无数的例子可以证明用科学的数学教学法，理解并掌握数学的思维工具来引导儿童学习数学有多么重要！在某些情况下，数学的用处还不为人所知,但这些知识却是一个解释世界的非常重要的视角。

早期(幼儿园与小学)数学成绩与初中数学成绩之间存在着很强的相关性(Bailey, Siegler, & Geary, 2014),与高中数学成绩之间的关系也同样如此(Watts, Duncan, Siegler, & Davis-Kean, 2014),世界的变化不可避免地影响着从学前到初中数学课堂的教学内容。在目前的中小学课堂里,我们要为孩子们未来十几年后的社会生活和工作储备数学能力。而这些未来工作的具体要求是什么,今天的我们尚无从得知。但可以预知的是,如果学生仅仅掌握简单的计算知识,一定无法胜任未来绝大多数的工作! 当然,我们还可以预知到,未来许多工作将需要通过解释复杂的数据、设计与预测算法、使用多种策略来处理新的问题。

在为学生们的未来做数学准备的时候,你需要对可能影响你的数学课堂的因素有一个全面的认识。本章分析了一名数学教师在营造数学学习氛围中所需起到的主导作用。你对数学(什么是数学、怎么做数学、怎样让学生理解和运用数学)的信念,影响着你的教学方式,也会影响学生从你的课堂上所学习到的知识和能力。你对数学思想的热情会转化为学生对这门神奇而美丽学科的兴趣。

需要考虑的因素

历史上,为顺应社会对信息技术发展的需求,数学教育进行了几次重大改革。这些改革基于多种因素:学生如何学习数学;如何为所有学生提供学习机会;从国际视角来思考教什么和怎么教。其实可以类比一下,随着医疗和药物技术日新月异的发展,医生必然要与时俱进地进行诊疗,绝不会仍然一成不变地沿袭使用多年前的老方法、老药物。那么同样地,随着现代社会脑科学的发展,对课程设计理论的深入研究与完善,教师的教学方法也在随之不断地发展进化(Wiggins, 2013)。

促进教师教学方法转变的因素有很多。其中一个很重要的因素是美国学生在全国测评和国际比较研究中的表现成为头条新闻而引发的美国民众对数学教育的关注。这些测试结果都表明,要想让学生在未来的全球化趋势中具有竞争力,承担他们作为世界公民所必须面对的复杂挑战,那么数学教学就必须进行改革(Green, 2014)。数学教育教学引发了公众的关注和热议,公众向立法机构施压,呼吁制定更严格的数学教师职业培养标准以及要通过测试考查教师是否具备了相关的职业素养,是否具备了指导儿童学好数学的能力。

美国国家教育进展评估项目(NAEP)。20 世纪 60 年代以来,美国通过国家教育进展评估项目(NAEP)定期收集 4 年级、8 年级和 12 年级的学生数学成绩数据。通过这些数据形成"国家成绩单",为政策制定者和教育工作者提供美国学生总体发展的测评工具。NAEP 使用了四个成绩等级:低于基础要求(below basic)、达到基础要求(basic)、纯熟级别(proficient)和精熟级别(advanced)。其中纯熟和精熟两个级别代表了希望学生达到的等级水平。借助 NAEP 的测评工具,可以检验学生是否达到了课程标准的要求。为了实现长期比较,新的测评还会保留一些原来测评中的题目。尽管近 30 年来,由于教学实践(尤其是小学阶段)的重大变革(Kloosterman, Rutledge, & Kenney, 2009b),NAEP 的测评成绩取得了不小的进步,但最近的一次测试——2015年学生的表现却仍然令业界人士颇为失望:在2015年NAEP的数学测评中,4年级、8年级美国学生中达到期待的纯熟、精熟级别的比例不足一半(4年级为40%,8年级为33%)(National Center for Education Statistics,2015)。25年来,4年级、8年级纯熟及精熟级别的学生数量首次分别下降了2个百分点和3个百分点(Toppo,2015),我们还有很多的工作要做!

国际数学与科学测评(TIMSS)。2015年举办的国际数学与科学测评(以下简称"TIMSS")是近30年来定期测评学生数学和科学成绩最大规模的国际比较研究项目,当年共计在49个国家或地区中抽取超过60万名4年级和8年级学生样本,其中大约有2万名美国学生参加。这次测评的结果显示,美国4年级、8年级的学生表现高于TIMSS参与国家或地区的国际平均水平。其中4年级学生的表现不如新加坡、中国香港、韩国、中国台北、日本、北爱尔兰、俄罗斯联邦、挪威、爱尔兰、英格兰、比利时、哈萨克斯坦和葡萄牙这些国家或地区;8年级学生的表现逊于新加坡、韩国、中国台北、中国香港、日本、俄罗斯联邦、哈萨克斯坦、加拿大和爱尔兰等国家或地区。这些数据提供了非常有价值的比较基准,让美国数学教育工作者反思自身的教学实践以及如何培养、提高学生的能力,从而提升学生迎接未来全球经济挑战的整体竞争力。如果你曾在街头听过人们谈论新加坡的数学教学有多么棒,那应该就是因为TIMSS中新加坡学生的排名情况引发的美国民众热议。当然,这些数据并不意味着应该完全照搬那些成绩好的国家或地区的课程,因为除了课程设计与教学实施以外,还有很多方面的因素会影响学生的测试成绩。它的意义在于大家可以从表现优异的国家或地区的数学教育中总结与发现共同的现象:这些国家或地区的教学重点都是强调概念理解和运算能力。而这两项对问题解决能力的长期发展至关重要(OECD,2016;Rittle-Johnson,Schenider,& Star,2015)。事实上,这些国家或地区的教学实践与全美数学教师协会(National Council of Teachers of Mathematics,简称"NCTM",美国最主要的数学教师专业组织)多年来一直信奉并坚持的教学实践建议是高度吻合的。下面我们具体谈谈NCTM。

全美数学教师协会(NCTM)。全美数学教师协会(NCTM)是一个拥有6万多名成员的数学教育组织,这个组织在支持教师去探求最有利于学生学习的教学方法等方面发挥着重要的影响,在制定和推广课程标准、评价标准和教学指导方面为其他学科起到了引领性的作用,为最终创建《美国共同核心课程标准——数学》(简称"CCSS-M")奠定了基础,是推动美国数学教育改革的至关重要的因素。

三、寻找共同标准的数学改革运动

在这里,笔者想带着大家一起回顾一下美国课程标准建设的历史,借此了解时间、社会环境、时代科技发展的变化在数学教学的发展过程中发挥着什么样的作用,这对于一名数学教师的职业定位会很有帮助。

美国数学教育改革起始于20世纪80年代初。当时最主要的推动力是数学教学要适应与日俱增的、解决实际生活问题的需求，同时也是对发展心理学界关于学生如何才能更好地学习数学的相关研究成果的回应。1989年，NCTM发布了第一套专门为一个学科所制定的标准——《学校数学课程与评价标准》。许多人认为，这个文件对数学以及其他学科课程标准所产生的影响性作用是任何其他文件都无法比拟的。

随后，1991年，NCTM推出一套教学标准，明确了数学教学是为所有学生而不是仅为一部分学生服务的宗旨。1995年，NCTM在原有文件的基础上增加了《学校数学评价标准》，强调评价与教学相结合的重要性，并指出教学评价在实施变革中发挥的关键作用（见第五章）。2000年，NCTM发布《学校数学原则与标准》（*Principles and Standards for School Mathematics*）作为其原始标准文件的改进版。这些文件在全世界掀起了一场数学教育的革命性变革。

在这些文件影响着教师实践的同时，关于数学课程的争论也在持续不断地进行着。许多人认为，数学教学不应该过分关注每个年级覆盖知识点的广度，而是应该把侧重点放在知识的深度上面。在亟需一份指导性文件以明确各个年级应该覆盖的知识点的背景之下，2006年，NCTM的《学校数学教学重点》（*Curriculum Focal Points*）应运而生。这本小册子包含了重要的信息，内容涉及各个年级数学教学的重点、深度以及年级之间的关联性。《学校数学教学重点》的目标是建立各个年级数学课程内容的联结，让教师和学生清楚地知道在每个年级应该教什么、学什么。由此产生的一系列核心概念就成了"结构纤维"（structural fiber）——能够帮助学生更好地贯穿性地理解数学（Dossey, McCrone, & Halvorsen, 2016, p. 18）。

2010年，全美州长协会（NGA）最佳实践中心（Center for Best Practices）和州立学校首席教育官理事会（CCSSO）联合推出了《美国共同核心课程标准——数学》（CCSS-M）。它整合了《学校数学教学重点》所强调的每个年级的核心知识并借鉴了国际上其他国家或地区课程文件的内容，提供了各个年级的具体标准。美国绝大多数州采用其作为本州的课程标准。没有采纳的少部分州也深受启发，据此制定自己的新标准。在近25年的时间里，课程标准化运动使美国各州从对数学教学散沙般的各自为营的局面渐渐达成了共识：在每个年级应该教授哪些知识点。

接下来我们将讨论《美国共同核心课程标准——数学》（CCSS-M）的三个重要组成部分，理解这些内容对于想成为一名优秀数学教师的你会很有帮助。

数学内容标准

如前文所述，改进数学教学的讨论不仅局限于数学教育工作者之间。美国政策决策者仔细考量了之前发布的NCTM标准文件、国际评价以及大量的关于学生"大学和职业准备"的科学研究。全美州长协会最佳实践中心和州立学校首席教育官理事会与其他专业团体和实体合作，为各州的K-12年级学生制定了共同的课程标准——《美国共同核心课程标准——数学》（CCSS-M）。

CCSS-M首先对数学内容的"关键领域"进行了一个总体的概述,明确了K-8每个年级具体的要求,并在此基础上围绕着数学大观念构建了一个层层连贯的课程体系,涵盖了数学内容标准、教学实践、教学材料和教学有效性评价(Porter,McMaken,Hwang,& Yang,2011)。这些与标准相关的大群组被称为"教学板块"。K-8年级总共有11个"教学板块"(见图1.1)。这是美国数学教育100多年来发生的最大变化。

幼儿园	1年级	2年级	3年级	4年级	5年级	6年级	7年级	8年级
计数和基数								
运算与代数思维						表达式与方程		
十进制的数和运算						数系		
测量和数据						统计与概率		
几何								
				数与分数运算		比率与比例关系		函数

图1.1　《美国共同核心课程标准——数学》(CCSS-M)中的K-8年级内容领域(按年级划分)

专家们基于科学研究,在充分考虑学生数学认知发展规律的基础上制定了这套《美国共同核心课程标准》(Cobb & Jackson,2011)。每个年级所选择的数学内容不仅体现了数学的严谨特性,也体现了从理论研究和实践中所发现的学习发展规律,或称"学习路径"(Clements & Sarama,2014;Confrey,Maloney,& Corley,2014)。这些"学习路径"可以帮助教师了解学生在学习某一个特定概念之前,需要学习哪些知识为其做准备,以及学完这个知识点后,学生可能会遇到什么问题(Corcoran,Mosher,& Rogat,2009)。尽管不是每个学生都会完全遵循同样的"学习路径",但这些相对普遍的儿童学习发展规律对于教师的教学具有很大的帮助。

当然,你可能也听说过有人不支持《美国共同核心课程标准——数学》,但实际上这些负面的评论大多是针对与标准相关的测试项目,而不是针对具体的内容标准和数学实践。

过程标准和教学实践标准

让学生为未来的学习和职业生涯做好准备,终身感受数学思想的魅力,还需要有一些侧重于做数学的教学过程标准,也就是如何指导学前~12年级的学生较好地学习并运用数学知识而采用的教学方法和策略。NCTM把过程标准作为《学校数学原则与标准》(2000)的一部分,并指出过程标准应成为所有数学学习和教学的重要组成部分,而非独立于数学课程中的内容之外。

《学校数学原则与标准》中把过程标准分为问题解决、推理证明、交流沟通、联系拓展、表达表述五项,每一项从多个方面阐述如何引导学生经历过程(表1.1)。

表 1.1 《学校数学原则与标准》中的五项过程标准

过程标准	如何引导学生经历过程
问题解决	◆ 要从解决问题开始教学。 ◆ 选择有意义的学习任务。 ◆ 将问题创设在学生能够理解的情境中。 ◆ 鼓励学生用多种策略来解决问题。 ◆ 为学生提供理解和运用策略解决问题的自我评价工具。
推理证明	◆ 让学生思考如何基于证据判断事件的真假。 ◆ 为学生创造机会来测评猜想——这些猜想是否正确？ ◆ 鼓励学生运用逻辑推理来判断某种做法是否总是对的或者他们的答案是否说得通。 ◆ 用多种方法向学生展示如何通过寻找正例或反例进行逻辑论证，来证明他们的想法是对的。
交流沟通	◆ 请学生通过口头讨论、书面表达等方式，描述、解释他们的数学思考。 ◆ 为学生提供分享想法的机会，鼓励他们一起积极参与讨论。 ◆ 跟学生分享他人的解决方案，将自己的策略与他人的想法进行比较。 ◆ 引导学生学会用精准的数学语言和符号来表达，奠定日后学习的基础。
联系拓展	◆ 要强调数学思想如何能把过去的知识和未来要学习的知识联系起来。 ◆ 要协助学生把所学的数学知识与真实世界及其他学科建立起联系。
表达表述	◆ 鼓励学生使用多种表现形式来探索关系、交流想法。 ◆ 为学生创造机会，让他们可以用不同的方式表达数学概念或观点，并在各种方法之间随意切换，以增加学生对概念理解的深度。 ◆ 引导学生利用数学模型来表达数学问题。

1. 问题解决

解决问题是发展数学思想的载体，引导学生经历问题解决的过程：①要从解决问题开始教学；②选择有意义的学习任务；③将问题创设在学生能够理解的情境中；④鼓励学生用多种策略来解决问题；⑤为学生提供理解和运用策略解决问题的自我评价工具。

2. 推理证明

推理和证明是数学的基本内容之一，学前～12 年级的教学内容需要做到以下四点：①让学生思考如何基于证据判断事件的真假；②为学生创造机会来测评猜想——这些猜想是否正确？③鼓励学生运用逻辑推理来判断某种做法是否总是对的或者他们的答案是否说得通；④用多种方法向学生展示如何通过寻找正例或反例进行逻辑论证，来证明他们的想法是对的。

3. 交流沟通

交流与沟通有助于发展数学思维，引导学生经历交流与沟通的过程，可以从以下四个方面做起：①请学生通过口头讨论、书面表达等方式，描述、解释他们的数学思考；②为学生提供分享想法的机会，鼓励他们一起积极参与讨论；③跟学生分享他人的解决方案，将自己的策略与他人的想法进行比较；④引导学生学会用精准的数学语言和符号来表达，奠定日后学习的基础。

4. 联系拓展

联系拓展是指帮助学生建立起数学概念之间的联结。教师在教学中：①要强调数学思想如何能把过去的知识和未来要学习的知识联系起来；②要协助学生把所学的数学知识与真实世界及其他学科建立起联系。

5. 表达表述

表达表述是指建立和使用表征来组织、记录和沟通数学思维，解决问题。可以从三个方面引导学生经历表达表述的过程：①鼓励学生使用多种表现形式来探索关系、交流想法；②为学生创造机会，让他们可以用不同的方式表达数学概念或观点，并在各种方法之间随意切换，以增加学生对概念理解的深度；③引导学生利用数学模型来表达数学问题。

《美国共同核心课程标准——数学》不仅规定了数学知识内容的标准，还规定了数学实践的标准。这些是在 NCTM 过程标准的基础框架之上（Koestler，Felton，Bieda & Otten，2013）的"在数学教育中具有长期重要性的'行之有效的教学方法'"（NGA 中心 & CCSSO，2010，p. 6）。教师必须按照规定（NGA 中心 & CCSSO，2010，pp. 7 - 8）引导和帮助每一位学生达到标准要求。

在美国，无论所在州采用的标准是什么，作为教师都需要了解这些标准背后的理论依据，并结合网站、家校联系、返校日、家庭数学日等活动与家长分享相关的例子，解释这些概念方法的设定是有着极其明确的理论基础和实践原因的，即便与家长们当初上学时"所学的方式"相去甚远（Walkowiak，2015）。

教学实践标准从八个方面提出了 K - 8 年级的学生应该具有的能力。

1. 理解问题、乐于尝试并坚持不懈地解决问题

"学生必须通过理解，积极应用所学的知识和先前经验来学习数学"（NCTM，2000，p. 20）。学生的理解应该包括但不限于：能解释问题问的是什么；能描述要解决这个问题可能有哪些方法；能举出和要解决的问题类似的例子以增进对问题的理解；能用实物操作或画图的方式来思考和解决问题；能在教师的帮助下了解、测评自己的学习情况并改进；能用不同的解题方法自行检查自己的答案；在一种方法没成功或"卡"住时，尝试其他的方法努力解决问题。

2. 进行抽象的逻辑归纳推理

"推理"是将数学学习从死记硬背到做数学的核心关键所在。学生能够进行抽象的逻辑推理，是指在解决问题的过程中：能解释问题情景中数量之间的关系；能用数学符号描述现实情境（例如，写表达式或方程式）；能针对现实问题用合适的表现形式来表述；能灵活掌握运算对象和运算符号的不同特点。

3. 形成自己的论点并评论他人的推理

能够形成自己的论点并评论他人的推理，需要学生：理解并使用假设、概念和已有经验来解释或证明解决方案；通过一系列逻辑陈述来进行推测；用正例或反例来分析情景；用老师和同学都能理解的方式来解释自己的想法，并证明自己的结论是正确的；比较两种论据的优缺点，并形成最后的论点。通过上述能力的培养，帮助学生养成伴随着答案能提供论证和理由的习惯，发展表达表述的能力。

4. 数学建模

模型思想是重要的数学思想方法，在数学学习中，学生要不断培养、发展数学建模的意识和

能力：能运用数学模型解决日常生活中的问题；运用假设和估算来简化问题；确定关系式中重要的数，确定它与其他数之间的关系，使用合理的表达方式；结合具体的问题背景和现实情况来判断自己的答案是否合理。

5. 有策略地选择并使用适当的工具

在多种工具中能够选择最合适的工具并正确使用工具解决问题（例如：巧妙运用数学模型、标尺、信息技术手段等）；能运用估算的方法来检验判断可能的错误，并确定一个合理的答案范围；能借助高科技来实现信息可视化，并探索和比较信息。

6. 精准性

在发展精准性的教学实践标准中，学生应该具有的能力包括：准确使用清晰的定义和恰当的数学语言进行沟通；准确描述符号的含义；准确确定正确的度量单位和坐标轴标注；对于待解决的问题，可以根据具体的现实背景，确定合适的精确度等方面的能力。

7. 发现并使用模式和规律

数学中蕴含着许多模式和规律，学生应具备：发现并解释数学规律的能力；能够把物体既当作整体对待也可以根据需要分解成多个部分，能对数学表达式进行多种不同的等价形式表述；能判定并解释为什么有些运算规律在特定情况下会成立。

8. 发现并描述规律特性

在数学学习与实践中，引导学生发现计算中有规律可循，能够利用这些规律解决其他问题。识别、归纳、使用一般性的方法，理解运算策略的合理性。判断使用的方法是否合理，检查自己的答案是否正确。

除过程标准和教学实践标准外，在《从理论到实践》（*Principles to Actions*）中还提出了开展教学活动的六条指导原则，见表 1.2。

表 1.2 《从理论到实践》中的六条指导原则

指导原则	基于这些指导原则的课堂教学活动建议
学习与教学	◆ 明确数学学习目标。
	◆ 创设有意义的学习任务，发展学生推理、判断和解决问题的能力。
	◆ 鼓励并帮助学生运用多样化的表达形式，把数学思想或概念联系起来。
	◆ 鼓励并帮助学生围绕重要的数学概念进行讨论和对话。
	◆ 充分准备，提出可以激发学生更深层次思考的问题。
	◆ 加强对概念的深度理解，为运算能力的发展奠定坚实的基础。
	◆ 鼓励学生体验能力范围内的数学困境——为学生留出足够的思考时间和空间，加深理解，促进学以致用。
	◆ 努力创造机会，鼓励学生通过讨论、画图、书面表达等多种形式来论证自己的想法。

续　表

指导原则	基于这些指导原则的课堂教学活动建议
机会与公平	◆ 对所有学生抱有较高的期望。
	◆ 针对学生的需求提供支持(公平而非平等)。
	◆ 学习任务面向所有的学生——为学有困难的学生提供简单的入门任务,而对学有余力的学生则提供足够的拓展任务。
	◆ 了解并确定阻碍学生成功的障碍,找到弥合或消除这些障碍的方法。
	◆ 培养所有学生学习数学的信心。
	◆ 尊重学生的个体差异,引导学生合作学习。
课程	◆ 利用主框架和大观念来建立数学主题之间的联系。
	◆ 从纵向和横向两方面考虑,保证课程的一致性。
	◆ 避免把课程看作是一系列互不相关的日常课堂教学。
学具及科技手段	◆ 采用包括数学学具在内的实物、模型等以及其他科技手段方法来探索和理解数学概念、结构和关系。
	◆ 科技手段不单单是用在单纯的提高运算速度的计算里。
	◆ 探索如何借助现代科技,把当下的解决数学问题与未来职业能力准备联系起来。
评价与测评	◆ 采用发展性评价。不仅跟踪记录学生的进步,也根据评定结果不断改进教师的教学方法。
	◆ 在关注考试成绩高低变化的同时,更要关注学生的个体成长需求。
	◆ 采用多元的测评方式来全面了解学生知识和能力的发展程度。
	◆ 鼓励学生进行自我评价或通过评价他人作业的方式来提高自己对概念和知识的全面理解。
	◆ 指导学生检查自己的作业。
专业精神	◆ 对提高自己的专业素养有一个长期规划。
	◆ 乐于与他人合作,在团队中积极发挥个人的专业作用。
	◆ 充分利用各种渠道、各种形式的专业培训机会,做一名终身学习者。
	◆ 留出足够的时间对自己的教学实践进行分析与反思。

如何有效地执行这些标准

NCTM 结合许多州的具体情况,探索应该创设哪些学习条件,设计开展哪些课程,如何把握教学实践中的关键时机等,以更好地执行 CCSS - M 的数学教学实践标准,在此基础上于 2014 年出版了重要的研究成果《从理论到实践》。这本书通过大量的课堂实践和学生作业实例,在六条指导原则框架下,分享了哪些具体的活动可以帮助老师提高教学实践能力(见表 1.2 和附录 B)。

反思角　从六条指导原则中挑选出 1～2 条你认为最重要且你想在此方面重点提高的原则,说明你为什么认为这 1～2 条是重要的。

四. 共同学习和成长

现在，让我们一起来回顾一下高中之前的数学学习历程。你对数学学习有什么印象？同样的问题，我们也问了美国的在读学生和在职教师。以下是他们的一些想法。你和他们有共鸣吗？你还有其他的特别印象吗？

凯瑟琳 我在小学低年级的时候数学很好，但实际上我从来都没有真正明白数学是怎么回事。当我进入高年级后，往往很难接受那些数学概念，我开始认为我不擅长数学，因此当我的数学成绩反映出这一点时，我并没有太难过。

特蕾西 作为一名学生，上数学课时我总是跟不上老师的进度，总是感到迷茫。就好像我身边的每个人都有一把学习数学的魔法钥匙，唯独我没有拿到。

玛丽·利贝卡 我记得数学很有挑战性，很吓人，能让我恶心想吐。数学是一堆规则和公式，我需要记住它们，但我并不理解它们。

阿普里尔 我认为自己真的很擅长数学，我也喜欢与数学相关的活动。但我经常想，如果我的数学真的那么好，我是不是应该从事跟数学更相关的工作？如果我那时像现在这么关心和在意数学，我是不是会拥有一个完全不同的职业？有时候我觉得怅然若失。

詹妮尔 当数学从我喜爱、活泼有趣、互动的学习变成以老师为主的填鸭式学习时，它也就从我喜爱、擅长的强项变成了痛苦挣扎的弱项。我也试图在课外寻求帮助，可是他们的方法和老师课堂上采用的方法完全不同。我的成绩从优秀（全A）变成了一般甚至只能达到及格的水平（B 和 C），却搞不明白这样的变化到底是怎么发生的。

劳伦斯 数学课完全就是淘汰赛场。学生们互相竞争，看谁能最快地回答出某一个数学问题。我的记忆力不错，所以我往往做得很好，但我讨厌数学课，因为数学课往往意味着一段让人紧张的经历。在很长一段时间里，我认为数学就是这样。

托瓦 数学对我来说从来都不是个事儿，它合乎逻辑，一切都有章可循。

这些回忆充满了千差万别的情感和经历。现在的问题是：你希望你的学生在回忆你的数学课时会说些什么？当然，让每个学生都理解并热爱数学是很难的。想象一下，在离开你的课堂 15年后，你的学生会记得你是鼓励他们永远带着数学思维去思考问题，对解决新问题充满好奇，有上进心、不迷信、不盲从，积极、审辩地去分析判断对错，带领学生勇于探索，鼓励学生勇敢做一个不怕失败的冒险者的那个人吗？你留给学生的印象会是什么？

本书所述的数学教育可能与你当年学习的数学从内容到方法都很不一样。无论你是否已经开始从教，你现在面对的是如何从问题解决的角度来带领孩子学习数学。这本书可能会让你质疑你原有的一些理念——比如什么是数学，如何学习数学，如何教授数学，如何测评数学学业成就……数学的成功可不仅仅是能够快速准确地找到"唯一的正确答案",当我们认识到数学思维是理解世界的一个重要方式时,才能够构建起全社会对数学学习的信心。

成为一名数学教师

无论你是正在学习数学教学方法的在校生,还是期待提升专业能力的数学教师,这本书、这门课程对于你职业生涯的作用都不可低估。因为这里讨论的将是你未来执教生涯里开展一切数学课堂活动的基础。我们深知你和我们一样愿意为此殚精竭虑。不过,就如同只看着别人健身,我们不可能从中获得锻炼的好处一样,要想真正从本书中获益,你也不能只是通过浏览、阅读去了解别人是如何做的,而是必须满怀热情、精力充沛地行动起来,在自己的数学教学中发挥独特的优势:你愿意去尝试新事物、愿意思考如何把现代科技融入数学课堂、愿意成为一名孜孜不倦的终身学习者去努力学习。下面列出了作为一名优秀的数学教师所需要的一些特点、思维习惯、技能和理念。

1. 丰富的知识

数学老师必须对自己所教授的内容有着深刻、灵活、全面的了解(Ma,1999)。这个说法可不是为了吓唬那些觉得数学不是自己强项的人,而是为了提醒你要在这门课中下功夫,认真地好好学习相关的数学知识和教学方法,因为你不可能教会别人连自己都不会的东西。此外,在数学学习中,学校教育十分重要。或许会有一些学生,他们可以有很多机会和家长或其他家庭成员一起阅读书籍,一起在大自然里探索万事万物的奥秘,一起谈论时政,针砭时弊,在这个过程中丰富自己的艺术文化知识和自然科学知识。但是对于很多孩子而言,在学校里的数学学习就是他"全部"的数学学习机会!学校数学教育的缺失会导致学生未来发展永远处于竞争劣势,无法具备参与未来社会阶层流动的潜力(OECD,2016)。这不仅仅取决于教师花费多少时间来带领孩子们学习数学,更取决于所花费的时间是否得到了有效的利用,也就是学习的质量和效率能否得以保障。读到这里,你是不是觉得肩上的担子更重了?因为学生的数学学习很可能完全取决于你。所以,如果你对数学的某些知识内容还不是非常清晰,那就赶快行动起来去学习这些知识吧。教师只有增进了对知识内容了解的深度和广度以及应用的灵活性,才能完成作为数学学习引领者所必须要做好的准备。你需要"将困惑转化为理解"(Green,2014,p. 105)而不是仅知皮毛,你要尽可能多地丰富你的数学知识,这样教起来才会更有信心,然后才能去谈论怎样提高热情和激情。而这本书和这门课的学习会在这些方面对你有所助益。

2. 坚韧的毅力

你还需要坚韧的毅力去克服挫折。德维克(Dweck,2007)发现大脑和肌肉一样可以通过锻炼来提高其机能。学习数学的能力可不是与生俱来"设置"好的,它需要后天的勤奋学习和坚持不懈的探索,从而不断地获得新知。当你通过本书学习并能独立解决书中所涉及的问题时,你就会学习到如何预测学生学习中遇到的困难,如何帮他们克服这些困难。作为学习者,你在这个过程中的收获和体会很可能会帮助到你的学生。在你进行这些"脑力锻炼"时,你会思考、质疑、与别人讨论甚至争执,你会不断反思这些新方法、新思想与你原有的知识是否相符,为什么相符或为什么不相符。所有的这些活动都会提升你作为教师的全面能力。记住，当你在学生面前示范这些品质时，你就同时把这种看重坚毅和努力的价值观传递给他们。他们也会更看重努力和坚持不懈。正如爱因斯坦从来不说自己是聪明人，他认为自己只是一个比别人肯花更多时间去解决问题的人。为你的学生创造机会，让他愿意为解决问题冥思苦想、努力求索，这也是学习过程中所必需的一部分（Stigler & Hiebert，2009；Warshauer，2015）。

3. 积极的态度

要培养对数学这门学科的积极态度。研究表明，拥有积极态度的老师教起数学来成效更高：他们的学生更喜欢数学（Karp，1991），数学水平也更高（Palardy & Rumberger，2008）。如果你在心里说"我从来就不喜欢数学"，这种心态会在你的教学中体现出来（Maloney，Gunderson，Ramirez，Levin，& Beilock，2014）。当然，如果你对数学的态度没有这么正向，也要相信态度是可以改变的，因为研究表明，改变对数学的态度相对容易（Tobias，1995），而且态度一旦改变是会持久的（Dweck，2006）。此外，数学教学方法的课程内容，对于提高对数学的积极态度非常有效，甚至比教学实践更有效（Jong & Hodges，2015）。那些在数学教学方法课程中学习并理解了关键概念的老师，即使在多年之后，也能更有效地用这些大观念来进行教学准备（Morris & Hiebert，2017）。通过丰富数学知识，尝试新方法来解决问题，你将会越来越享受数学教学和课堂活动。作为一名专业的数学教育工作者，喜欢数学，而且对数学持积极的态度，是您必须具备的品质。

4. 适应改变的准备

即使改变让你感觉动荡不安，也要做好面对改变的准备。你可能发现原来熟悉的东西变得陌生了，而原来不熟悉的东西还必须要变得熟悉。例如，你可能一直把 $\frac{2}{4}$ 转化为 $\frac{1}{2}$ 的过程称为"减小分数"（reducing fractions），但这样的语言是具有误导性的，因为分数本身并没有变小。所以这样的"术语"会导致学生有错误的联想：减少的部分是被削减了吗？ $\frac{2}{4}$ 和 $\frac{1}{2}$ 是等值的分数，把 $\frac{2}{4}$ 进行化简，可以用分子分母互质的最简分数 $\frac{1}{2}$ 来表示。所以，即使你多年来一直说"减少"或"减小"，你也必须熟悉并使用更精确的语言，就是"分数化简"。

另一方面，你要渐渐去适应一些原来不熟悉的东西。也许你非常不喜欢向学生提问："有人能用不同的方法来解决这个问题吗？"特别是你可能会担心学生提出的某种解法你自己并不理解。然而，这样的问题对于提高教学质量至关重要。当你勇敢地开始使用这个策略时，渐渐地就会适应并喜欢它了（而且你还会学到其他新的策略）。

教学实践转变的另一个困难是学生的数学学习既要重视数学理解又要重视运算能力。试想一下，如果不注重分数除法算理的理解而只是侧重算法，这时的课堂会发生什么？老师通常会大声而缓慢地重复："除以一个分数等于乘以这个数的倒数"，"除以一个分数等于乘以这个数的倒数"……可是我们知道，如果想让学生完全理解分数除法的运算方法，这样死记硬背是行不通的。

让我们来看一个例子 $3\frac{1}{2} \div \frac{1}{2} =$ _____。你可以先把这个除法问题与学生以前学习的整数除法问题联系起来,例如 $25 \div 5 =$ _____。提出一个实际问题:"客人预订披萨,希望每 5 个为一组包装在一起。这位客人预订 25 个披萨,这个订单需要分为几组包装?"唤醒整数除法的经验后,再提出与分数有关的实际问题:"你有 $3\frac{1}{2}$ 个披萨,如果为每位客人提供 $\frac{1}{2}$ 个披萨,你能招待多少位客人?"结合披萨的情境,学生可以发现 $3\frac{1}{2}$ 中有 7 个半份,因此可以招待 7 位客人,$3\frac{1}{2} \div \frac{1}{2}$ 的结果是 7。你对自己能在头脑中做这道分数除法题感到惊讶吗?

学生在学习过程中会遇到很多挑战、困难、疑惑、挫折。为了帮助他们应对这些,你可能也需要忘掉某些数学概念,和学生一起重新理解。在此过程中,渐渐完成全面的理解并掌握多种不同的表达方式。这些都为学生提供了良好的环境支撑,为孩子们打下坚实的数学知识基础,从而培养他们成为终身热爱数学的学习者。为了实现这些最美好的愿望,让我们做好改变的准备吧!当你阅读这本书,并将新的信息与你原有的数学知识体系联系起来的时候,你已经理解的东西会给你带来许多"原来如此"的顿悟时刻。

5. 愿意成为团队合作者

班级、年级、学校,一所学校是一个大的团队。基于这样的共识,不同年级的老师都要使用同样的数学语言、符号、表达方式。用一根连贯衔接的主线把各个年级的数学教学联系起来,也就是"全校一盘棋"(Karp,Bush,& Dougherty,2016)。要使"一盘棋"充分发挥作用,每个人的积极合作是必不可少的。

6. 终身学习,持续自我检查与反思

如果你从来不觉得自己做得不够好,有可能你压根就不知道你在做什么(Leinwand,2007,p. 583)。无论你是在读学生还是资深教师,在数学教学的内容和方法上都有新的东西要学习。不断对自己的教学实践进行检查与反思,是实现专业成长至为关键的因素。最优秀的教师总是努力通过阅读最新的文献书籍、参加学术会议、认真参加专业培训来不断提高他们的教学实践水准。这些老师不会说,"哦,我早就知道了,我就是这么做的啊"。相反他们会识别并欣赏每个新的见解。优秀的教师永远不会"结束"学习,对于新知识新观点的学习总是乐此不疲,他们的教学永远不会过时,也不会停滞不前。因此,你可以列出一个职业成长自我反省图表,写上你的长处,并指出你在哪些领域还可以持续成长。

回到本节的开始,大家对数学的回忆是什么。再问自己一次:你会为你的学生创造什么样的回忆?

还是用本书的第一作者 J. A. 范德沃尔(John Van de Walle)在每次新版时都说的那句话:"享受旅程吧!"祝你学有所乐,学有所获!

第二章　数学与做数学

学习目标

在阅读本章内容之后,你应该能够完成如下学习目标:

2.1　探索理解"做数学"到底是什么;

2.2　理解构成数学能力的基本要素以及逻辑推理的重要性;

2.3　把习得理论和教学实践相结合。

本章旨在了解如何帮助学生学习数学。要懂得如何帮助学生学习,首先要考虑"什么是必须要学的知识"。让我们以分数除法(一个常见的教学难点)为例来探讨一下什么是真正的理解。如果学生已经很好地掌握了这个内容,他们应该知道些什么,能够做什么? 对这个问题的答案是:学生不仅能知道怎么算对这道题(例如,通常被称为"颠倒相乘"的过程),还应该知道围绕着分数除法的下列其他内容:

○ 理解概念,$3 \div \frac{1}{4}$ 到底表示什么意义?

○ 这一类算式表达可以解决哪些现实生活中的实际问题?

○ 不计算,判断结果是大于 3 还是小于 3,为什么?

○ 可以采用哪些方法来解决 $3 \div \frac{1}{4}$ 结果是多少的问题?

○ 可以用什么样的图表或学具来解释这个算式的意义和结果?

○ 这个表达式和减法有什么关系? 和乘法又有什么关系?

如果真正理解了分数除法,学生一定能回答上面的所有问题。这就是我们所说的全面理解——不仅掌握概念和运算,也能理解运算背后的原理。

这一章主要讨论数学教学中的"教什么"和"怎么教"。第一,什么是做数学?(我们会通过四个非常有趣的练习来体会)第二,我们怎么帮助学生提高他们对数学的深刻理解?

一．什么是做数学

做数学就是寻找解决问题的策略,然后应用这个策略来解决问题并能够检查答案是否说得通的全过程。做数学也就是把数学过程展示出来,在 CCSS - M 中所列的 8 个数学实践标准全面细致地解释了这个过程。做数学首先要为学生设定能够反映这些实践的学习目标,然后围绕这些学习目标设计相应的学习任务,为学生创造学习机会来实现这些目标(NCTM,2014)。

学生的学习目标

判定你为学生所设定的学习目标是否侧重于"做数学",有一个方法就是根据你在课程设计和准备时所使用的动词来判断。如果你使用的动词是要求学生听、抄、记、练、算,这些指令就是低级别的思维任务,不能帮助学生进行真正的数学学习。与此相反,下面的动词可以帮助学生参与到更高层次的数学学习中来:

分析	设计	证明
应用	发现	模拟
比较	解释	推测
联系	探索	表示
构建	制定	解决
批判	归纳	使用
描述	调查	验证

你可能对这些动词很熟悉,因为它们都是布卢姆(Bloom)教育目标分类法(修订版)中的较高级别思维词汇(Anderson & Krathwohl,2001)(参见图2.1)。

研究人员发现,在一个侧重于"做数学"的3年级数学课堂里(例如,关注于教学过程),学生们会有如下表现:(1)能够把现在学的知识内容和以前的知识内容联系起来;(2)在回答问题时能够不局限于答案所要求的信息而是可以拓展到更多的信息;(3)能够猜测或预测(Fillingim & Barlow,2010)。当学生每天都参与这样的数学教学实践时,他们会不断得到一个强有力的信息:你有能力理解!你有能力做数学!

一起来"做数学"

在确定了关注数学过程和实践的学习目标之后,下一步就是围绕这些学习目标设计教学任务。本节的目的是为你示范这样的教学任务——这四个题目贯穿K-8年级的不同教学板块。这些教学板块所需要的数学知识并不难,小学数学知识就足够了,但是学好这些板块的内容却需要高层次的思考能力。对于下面的每一个问题,请先直接做题,然后阅读"探索"部分,在完成任务的同时仔细体会这些任务设置的初衷。这样,你就进入"做数学"的过程,可以观察别人是如何处理这个问题的。别人的处理方法与你的可能相同,也可能不同,真好玩!

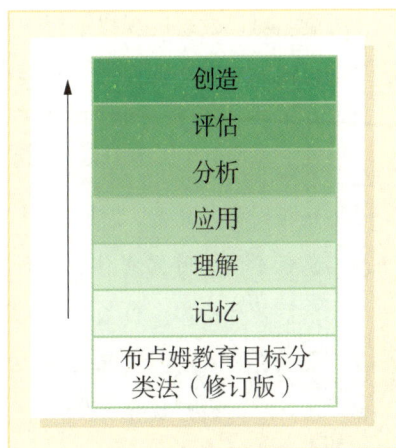

图2.1 布卢姆教育目标分类法(修订版)(Anderson & Krathwohl,2001)

资料来源:Anderson, L. W., & Krathwohl, D. R. (Eds.). (2001). *A taxonomy for learning, teaching, and assessing: revision of Bloom's Taxonomy of educational objectives: Complete Edition*. New York, NY: Addison Wesley, Longman.

题目 1. 寻找规律：从头数和跳着数

　　制作一张数字表，这张表开始于"起始数"，然后每次加一个固定的数（作为跳数）跳着数。例如，从 3 开始，跳数 5。在你的表上，顶端的数为 3，然后是 8、13，每次跳 5，依此类推，一直跳到大约 130。

　　完成数字表后，尽可能多地去找规律；和小组成员分享你的想法，检查并记录找到的规律。

探索。 下面是一些引导你寻找规律的问题：

○ 你发现至少一种变化的规律了吗？

○ 你注意到奇/偶数变化的规律了吗？为什么这个规律是正确的？

○ 你注意到十位上的数变化的规律了吗？

○ 当数大于 100 时，规律会有什么样的变化？

你有没有想过，当数超过 100 时，比如 113，规律会发生什么变化？我们可以用不同的方式来看待 113：它可以看成由 1 个百，1 个十，3 个一组成，也可以看成是 11 个十再加 3 个一组成。也就是随着数的增大，十位数的变化是从 9 个十，10 个十，再到 11 个十。这些不同的视角如何影响你对规律的探索？如果数超过 999 又会发生什么呢？

拓展。 对已发现的规律进行变换，再来观察这些变换是如何影响已有规律的。针对上面的这个题目你能做哪些变换呢？我们在下面列举了一些想法供你参考。

○ 从不同的起始数，保持跳数为 5。什么不变？什么有了变化？

○ 从相同的起始数，改变跳数，看看有什么变化。

○ 跳数不同的时候有什么不同的规律？例如，当跳数是 5 时，"个位数"上的规律是每两个数字会重复一次，其"规律长度"为 2。但当跳数是 3 时，个位数的"规律长度"为 10！其他跳数是否会产生不同的"规律长度"？

○ 跳数 3 时，"个位数"上的规律与图 2.2 中的数字循环有什么关系？其他跳数是否也有类似的规律？

○ 利用跳数 3 的数字循环，找出 3 的倍数，如 6、9、12 等数的循环规律。

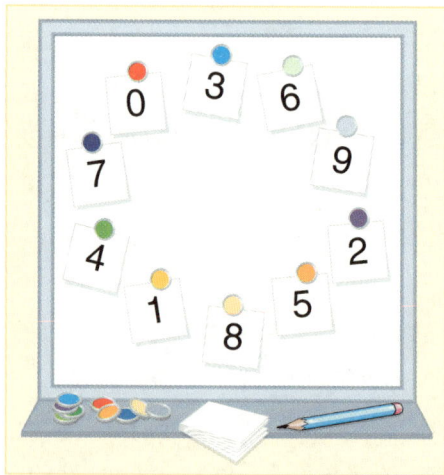

图 2.2　从 3 开始跳，这个数的循环将发生在个位上，起始数决定循环从何处开始

这个问题可以借助计算器来解决。使用计算器可以帮助还不会跳着数数的学生寻找规律，也可以辅助他们处理跳数 25 或 36 这样大一些的数。大多数普通计算器都具有自动加功能，可以连续地加相同的数。例如，如果你按"3＋5＝"，然后连续按"＝"，计算器将持续在每次按"＝"的时候，在前面答案的基础上加 5。当然，你也可以考虑在教室里用电子白板配套的计算应用程序来演示这个过程，这样班里的学生们就可以一起观察和讨论了。

题目 2. 分析情况：两台机器，共同完成

　　雷恩开了一家回收站，她先买了一台二手的碎纸机用来碎纸，随着生意越来越好，雷恩又买了一台新的碎纸机。旧的碎纸机粉碎一卡车的纸需要 4 小时，新的碎纸机粉碎同样一卡车的纸只需要 2小时。如果雷恩同时使用两台碎纸机，粉碎一卡车的纸需要多长时间？

　　你准备怎么解决这个问题？你是如何思考的？你能画图来表示你解决问题的过程吗？

　　探索。 尽管从逻辑推理的角度来说这道题并不难，但与"从头数和跳着数"那道题相比，还是更有挑战性。下面是一些思考点：

○ 先猜测一下这两台碎纸机一起运作大约需要多少时间？例如，是更接近 1 小时还是更接近 4 小时？这个猜测可能会激发新的解题思路。

○ 画什么样的图可以帮助你解决这个问题？例如，可以画一个长方形或一条线段来代表一卡车纸吗？

○ 能否用学具(计数圆片、塑料方块、硬币)来体现这一卡车的纸？

　　方法。 希望到这里你已经找到了一种适合你的方法并解决了这个问题——这个问题有很多不同的解决方案！了解他人的解题方法可以加强自己对问题的认识。而且，作为老师，我们必须要设法弄清楚学生们是如何思考问题的。下面是科拉同学用条形图来解决问题的例子(Schifter & Fosnot，1993)。

　　"这个长条[参见图 2.3]表示一整辆卡车的装纸量。在 1 个小时之内，新机器粉碎了一半的纸。"这个长方形被分成两半。"旧碎纸机一个小时能粉碎四分之一的量。"矩形按这个再分下去。"1 小时内，两台碎纸机共完成了粉碎四分之三辆卡车纸的任务，还剩下四分之一。剩下的是它们已经完成的量的三分之一，所以这两台机器完成剩下那部分的时间应该是完成第一部分的时间的三分之一。三分之一小时等于二十分钟。这意味着它们需要 1 小时 20 分钟来完成粉碎一卡车纸的任务。"

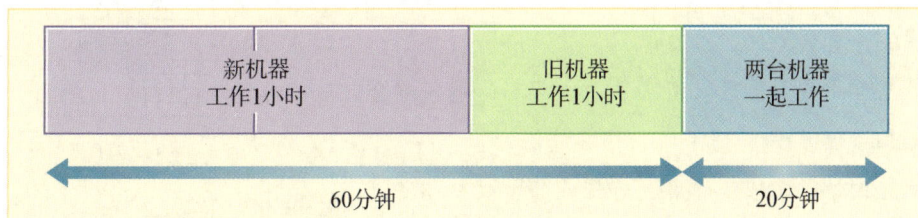

新机器 工作1小时	旧机器 工作1小时	两台机器 一起工作
60分钟		20分钟

图 2.3　科拉解决碎纸问题的方案

　　真正的问题解决是要通过判断解决问题过程的合理性来得到答案是否正确的结论，而不是直接检查答案正确与否。当验证了你的解题方法正确之后，试着用其他的方法来思考一下，因为学生们可能会用多种不同的方法来解决这个问题。理解多种解题方法的过程也就是建立数学联系的过程。

题目 3. 关系一般化：上一个，下一个

这个问题有两个部分：加法和乘法。

加法。

计算 7+7，得到 14。当第一个数字增加 1，第二个数字减小 1，得到的结果是一样的：

$$7 \quad + \quad 7 \quad = \quad 14$$
$$\uparrow \qquad\qquad \downarrow$$
$$8 \quad + \quad 6 \quad = \quad 14$$

这个规律对 5+5 适用吗？这个规律还适用于其他什么问题？

关于这个规律，你还注意到了什么？为什么这种规律是正确的？

乘法。

计算 7×7，得到 49。当第一个数字增加 1，第二个数字减小 1，得到的结果减小 1：

$$7 \quad \times \quad 7 \quad = \quad 49$$
$$\uparrow \qquad\qquad \downarrow$$
$$8 \quad \times \quad 6 \quad = \quad 48$$

这个规律对 5×5 适用吗？这个规律还适用于其他什么问题？

关于这个规律，你还注意到了什么？为什么这种规律是正确的？

探索。 如果加法和乘法两种情况都研究过了，你可能已经注意到在这两个例子中加法中的规律的一般化要比乘法更广。

○ 可以用哪些学具或图形来表示这些规律？

○ 如果求和/求积是以两个连续的数字开始（例如，8×7），规律会有什么变化？如果两个数相差 2 或者 3 呢？

○ 如果求和/求积中的两个数一个增加 2，另一个减少 2 呢？（例如，7+7 变成 9+5 或 7×7 变成 9×5）

○ 如果这两个数都增加了怎么办？（例如，一个增加，另一个也增加）

○ 哪些学具或图形可以用来表示和解释这些规律背后的道理呢？

○ 加法的情况和乘法的情况有哪些相似之处和不同之处？

方法。 让我们借助画图来看看乘法的规律。为了比较前后的乘积，先画一个两数相乘的矩形，一个数代表长度，另一个数代表宽度[见图 2.4(a)]，在此基础上再画新的矩形（如 8×6 的矩形）。当然，你可能更愿意把乘法看

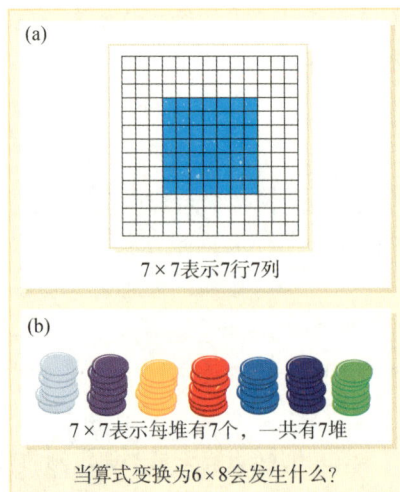

(a)

7×7 表示 7 行 7 列

(b)

7×7 表示每堆有 7 个，一共有 7 堆

当算式变换为 6×8 会发生什么？

图 2.4　两种方法来表示乘法以帮助探索和思考

成是一个集合，例如使用成堆的小圆片，7×7 是 7 个小堆(组)，每个堆(组)中有 7 个小圆片[参见图 2.4(b)]。8×6 由 8 组，每组有 6 个小圆片来表示(或用 6 组，每组 8 个小圆片来表示)。通过比较"堆叠"的不同来寻找规律。

在探索这个问题的过程中，你是不是已经建立了一些数学联系和猜想？相信你也体会了相当的成就感和兴奋感——这是做数学的好处之一。

题目 4. 试验和判断："紫色大赢盘"

塞缪尔、苏珊、桑杜在玩转盘游戏。游戏规则是第一个旋转出"紫色"的获胜。"紫色"就是一个转盘指针旋转到红色上，另一个旋转到蓝色上(如图 2.5)。每个人有两次旋转机会，可以旋转两个转盘各一次，或者只旋转其中一个转盘两次。塞缪尔选择旋转 A 转盘两次，苏珊选择旋转 B 转盘两次，桑杜选择旋转两个转盘各一次。谁最有可能转出"紫色"？(基于 Lappan & Even，1989)

如何根据你已经掌握的知识解决这个问题？请参照图 2.5 做出 A、B 两个转盘实际操作试一试，一起来探索如何解决这个问题吧！

探索。好的解决问题的方法应该是首先从探索具体问题出发，然后在此基础上进行抽象分析，这在处理和可能性有关的问题时尤为重要。你可以做出两个转盘实际转一转，也可以按照图 2.5 画出两个转盘，用回形针作为道具来模拟这个活动，记录每一次尝试时发生的情况，探索解决问题的方法。

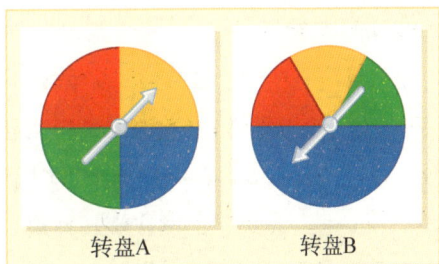

图 2.5　每人可旋转两次，可以旋转 A 两次、旋转 B 两次、旋转 A 和 B 各一次

下面的几个问题或许可以引发你的思考：

○ 塞缪尔、苏珊、桑杜三人中谁最有可能获胜？为什么？

○ 桑杜选择了先转 A，然后再转 B，假如他先转 B，然后转 A，结果会不同吗？为什么？

○ 如何改造转盘 B，从而使苏珊转出紫色大赢盘的机会最大？

方法。和前面的题目一样，解决这道题也有很多不同的方法。

方法 1：树形图。在转盘 A 上，这四种颜色出现的可能性是相同的。你可以为 A 绘制一个包含四个分支的树形图，所有分支都具有等可能性(参见图 2.6)。转盘 B 的各个颜色则有不同大小的分割，这就引出了下面的几个问题：

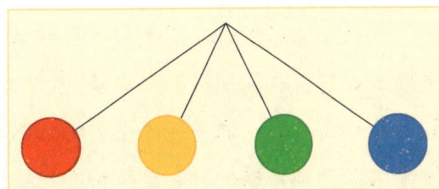

图 2.6　图 2.5 中 A 转盘的树形图

○ 蓝色区域和其他区域之间的关系是什么?

○ 画出 B 的树形图,怎么画才能保证每个分支都有相同的机会呢?

○ 在表示转盘 A 的图形基础上要通过添加什么来表示旋转两次 A?

○ 图上哪些分支表示可以变成紫色?

○ 你如何为每个参与者绘制出他们自己转法的树形图?

○ 树形图与转盘之间有什么关系?

画树形图只是解决这个问题的方法之一。如果你觉得这个方法可行,可以先停下来,就用这个方法试着解决问题吧。如果你不想借助树形图解决问题,请继续阅读。

方法 2:网格。可以在正方形上划分区域来表示转盘 A 和转盘 B 的所有可能结果。将一个正方形分成四个相等的部分有很多方法,但是如果你使用方向相同的线条(如都是横向或都是竖向),就可以将一个事件(整个正方形)的所有结果与另一个事件(画在不同的正方形上)的结果进行比较。对于两个独立事件,可以为第二个事件创建不同朝向的色条。图 2.7(a)表示塞缪尔的两次旋转情况。如果将这两个正方形重叠,你可以看到有两个部分是"蓝加红"或"红加蓝"$\left(\frac{2}{16}\right)$。苏珊的概率可以通过将图 2.7(b)中的正方形分层来确定,桑杜的结果来自图 2.7(a)和图 2.7(b)中正方形的分层。

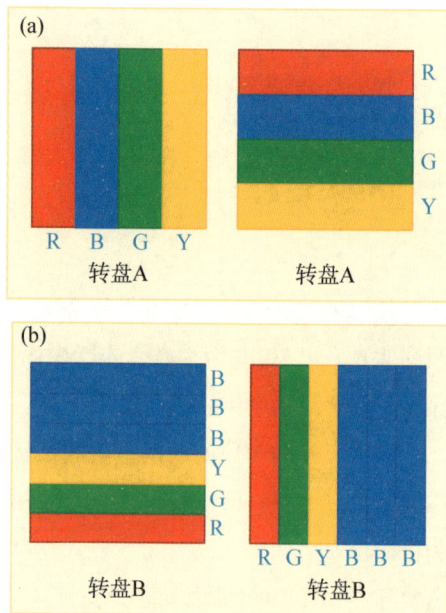

图 2.7　网格可以说明两次旋转得到紫色的机会

为什么转盘 A 有 4 个部分,转轮 B 有 6 个部分?网格与树形图有何相似和不同之处?不同的方法可能适用于不同的人。倾听其他学生对这两种策略的解释和推理可以加深你对数学的深刻理解。

答案在哪里?

你是否注意到了这四个丰富有趣的题目我们并没有公布答案?你可能想知道你的答案是否正确或者是否有其他答案。但是,数学精熟度的一个体现就是能够根据自己的论证和推理来判断答案是否正确。如果总是由老师或教材来提供标准答案,学生收到的信息将是:"你的任务是找出老师已经知道的答案。"可是在解决问题和做数学的真实世界中是没有标准答案的。一个人必须能够找寻合适的解决方案并能够判断答案是否正确——这也是笔者希望你从这几个题目练习中能体会到的收获。

二. 什么是真正理解数学

在给学生设定学习目标时,我们经常会问:"学生知道什么,能做什么?"上一个小节主要关注学生能做什么,这一小节的重点是了解学生需要知道什么。运算知识是指如何完成一个运算的具体过程。概念知识是指把"数学事实、数学知识的发生发展过程和数学思想联系在一起的知识"(Hiebert and Grouws 2007,p. 380)。运算知识和概念知识都是运算熟练和概念理解的基础,后文将对此进行讨论。

举个例子,学生理解到什么程度才可以确定他们真正理解了一个分数? 这么讨论好像略有些复杂,以理解分数 $\frac{6}{8}$ 为例,下面是表明学生理解了 $\frac{6}{8}$ 的部分表现清单:

○ 能够正确读出分数。

○ 能够判别 6 和 8 哪个是分子哪个是分母。

○ 能够认识到它和 $\frac{3}{4}$ 是相等的。

○ 能够判定它大于 $\frac{1}{2}$(理解分数表示的是部分和整体之间的关系)。

○ 能够通过在图上画阴影的方法表示 $\frac{6}{8}$。

○ 能够在数线[①]上找到 $\frac{6}{8}$。

○ 能够用 48 枚硬币或计数圆片来表示 $\frac{6}{8}$。

○ 能够理解有无穷多个数和 $\frac{6}{8}$ 是相等的。

○ 能够认识到 $\frac{6}{8}$ 是一个有理数。

○ 能够理解 $\frac{6}{8}$ 也可以用来表示一个比(例如,女孩和男孩的比)。

○ 能够用小数来表示 $\frac{6}{8}$。

这个清单中有些涉及运算知识(例如,能够找到一个等值分数),另一些则涉及概念知识(例如,通过分析分子和分母之间的关系识别出 $\frac{6}{8}$ 比 $\frac{1}{2}$ 大)。有的学生可能知道 $\frac{6}{8}$ 可以化简为 $\frac{3}{4}$,但不能识别出 $\frac{3}{4}$ 和 $\frac{6}{8}$ 是相等的(具有运算知识而没有概念知识)。有的学生在介于 $\frac{1}{2}$ 和 $\frac{6}{8}$ 之间只能

---

① 也有"数轴""数射线"的提法。——出版者注

找到一个分数。这说明他们有一定的运算知识，这些运算知识可以使其找到一个公分母 8，但是他们不具备足够的概念知识，所以无法意识到可以把分母变为 16 从而找到更多的介于两者之间的分数并能够理解根据这样的方法，可以找到无穷多的介于 $\frac{1}{2}$ 和 $\frac{6}{8}$ 之间的分数。

"理解"是一个很难具体定义的词汇，在数学里我们可以把它解释为对现有知识在定性和定量上的进一步联系。学生对运算及运算之间关系的拓展就代表他们理解的深度。

关系性理解

理解是一个持续发展的线性过程，从机械性理解——知其然而不知其所以然，到关系性理解——知其然并知其所以然（见图 2.8）。这两个术语由理查德·斯肯普（Richard Skemp）在 1978 年引入数学教育中，现在仍然是帮助我们认识学生数学理解的重要方法。

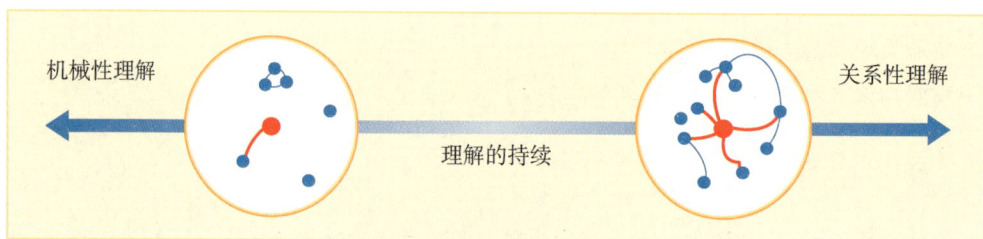

图 2.8　理解是衡量一个新想法与现有想法之间联系的质量和数量。连接到一个体系结构的想法越多，理解就越好

仍以认识分数 $\frac{6}{8}$ 为例，有的学生只知道一种把 $\frac{6}{8}$ 简化为 $\frac{3}{4}$ 的方法，他们的理解更接近于机械性理解这一端。而有的学生可以通过画图、举例等方法找到很多相等的分数，他们就更接近于关系性理解这一端。在这里，我们简要地分享两种相互关联的，可以帮助我们提高关系性理解的方法。

用工具来探索。 这里的工具是指任何可以用来探索概念的实物、卡片或画的图等。学具就是工具之一，学具指任何可以用来帮助老师和学生演示、操作、说明、解释数学概念的物品，既包括为数学教学而特意设计的（如计数方块），也包括为其他用途而设计的（如纽扣）。从普通的豆子到积木块等，这些看得见摸得到的学具也就是工具比比皆是。为了帮助你大致了解这个情况，图 2.9 给出了 6 个例子，每个例子代表一个不同的概念（本书的第二部分提供了更多的例子）。越来越多的工具，例如小方块、小圆片、画图表示、数线等，包括电子化的产品，供大家在教学的时候选用。

工具不仅仅是用来"说明解释"概念的，它同时可以具象化表达数学概念，以帮助大脑建立起真正的数学思维（Suh，2007b；Thompson，1994）。正如前面题目 4——试验和判断："紫色大赢盘"中提到的，学具可以帮助我们尝试探索新想法。它们能够更具体地展示复杂抽象的关系。考虑一下图 2.9 中的每个概念和其对应的模型。然后脱离学具你再想想这后面的数学思维到底是什么。

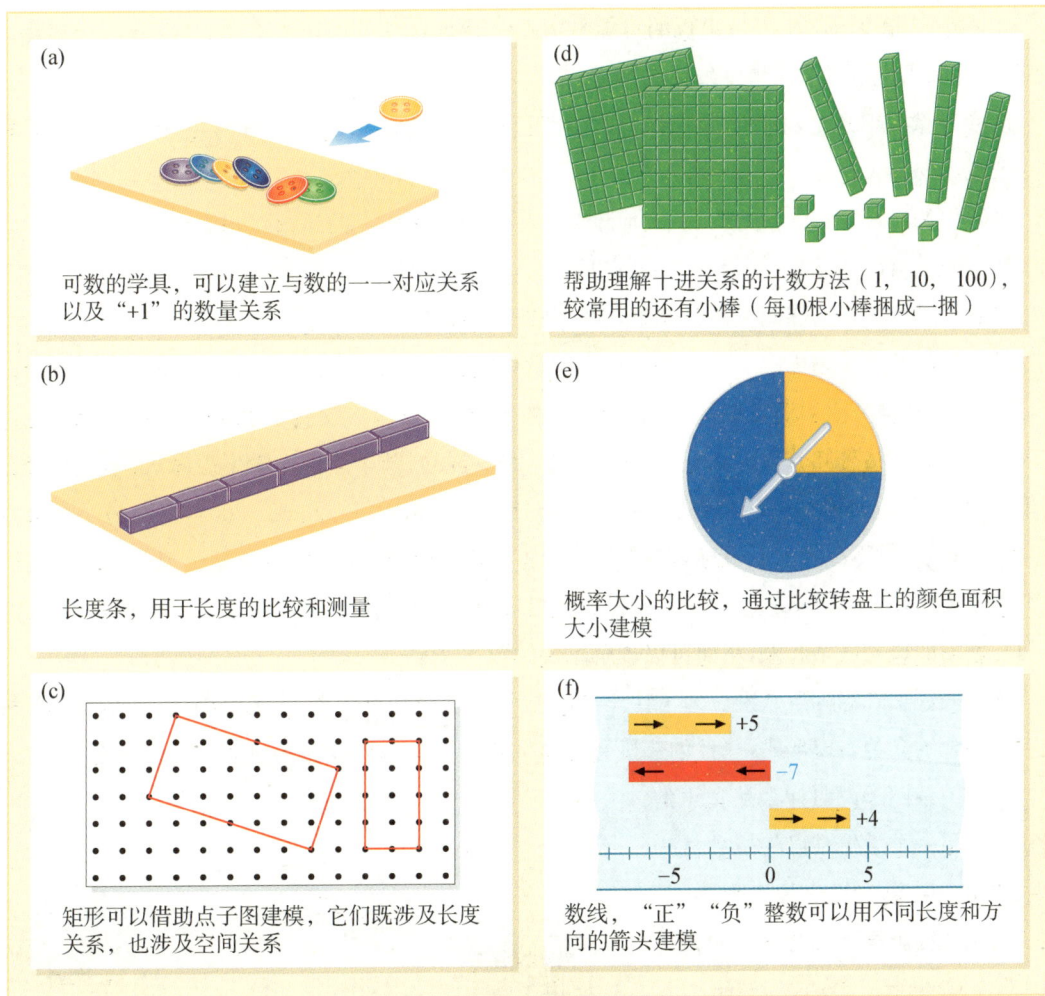

(a) 可数的学具，可以建立与数的一一对应关系以及"+1"的数量关系

(d) 帮助理解十进关系的计数方法（1，10，100），较常用的还有小棒（每10根小棒捆成一捆）

(b) 长度条，用于长度的比较和测量

(e) 概率大小的比较，通过比较转盘上的颜色面积大小建模

(c) 矩形可以借助点子图建模，它们既涉及长度关系，也涉及空间关系

(f) 数线，"正""负"整数可以用不同长度和方向的箭头建模

图 2.9　在新想法和已有想法间建立联结，可以增进理解；联结越多，理解得越好

图 2.9 中的模型可以用来理解下面的这些概念：

a. "6"表示一个集合，这个集合可以在数扣子的过程中与数建立一一对应的关系，如 1 个扣子对应 1，2 个扣子对应 2……6 个扣子对应 6。如果再增加 1 个扣子，就更改了这个集合的对应关系，变成了 7 的集合。换言之，7 对应的扣子数和 6 对应的扣子数的区别就在于 7 比 6 多 1。

b. 对长度的度量是一种比较。度量物体的长度就是比较这个物体的长度与单位长度之间的关系。

c. "矩形"的概念同时包括空间关系和长度关系。矩形的对边平行且长度相等，邻边互成直角。

d. "百"的概念并不在于是一个更大的正方体，而是在于"十"所组成的条与代表"一"的小正方体之间的关系中。

e. "概率"是反映随机事件出现的可能性大小。转盘是一个很好的工具,可以通过观察转盘各部分之间的关系,来推测事件发生的频率。

f. 负整数的概念是建立在"量"和"与之相反"的关系上。负的量只有与正的量对应才有意义。数线上的箭头在方向上表示相反关系,而长度体现了量的大小。

当学生们在进行数学学习时,我们应该为学生提供尽可能多的学具(包括计算器),他们可以选择适合他们自己的学具。

虽然学具可以帮助加深关系性理解,但完成既定目标的前提是使用得当。

最常见的学具误用之一就是老师直接告诉学生"跟着我做"。我们常常会不由自主地拿出材料,迫不及待地向学生们演示如何利用它们来"体现"数学概念。没有理解如何操作学具和在没有理解的情况下被告知分数除法就是"倒数相乘"是一样的:既不能促进学生思考,也不能帮助他们理解概念(Ball, 1992;Clements & Battista, 1990;Stein & Bovalino, 2001)。而另一个极端是,在使用学具时不提出探索目标,在过程中不进行必要的引导,这样也是无效的、非系统性的、没有意义的(Stein & Bovalino, 2001)。操作的目标是设置任务,让学生利用学具进行具象表达,以便与抽象的概念联系起来,从而可以理解重要的数学关系。

不同表现形式的相互联系。为了让学生在数学概念之间建立联系,教学中必须要提供各种观点和概念的多种表现形式,并且创造机会让学生在各种表现形式之间建立联系。图 2.10 就是通过一个关系网来说明什么是真正的理解。如果一个学生难以将概念从一种表现形式转换为另一种表现形式,那么他也就很难解决问题和理解计算(Lesh, Cramer, Doerr, Post, & Zawojewski, 2003)。因此,加强学生在这些表现形式之间转换的能力就可以提高他们数学的理解能力。例如,要求学生对正在学习的内容用不同的表现形式来相互转换。你可以先写好一种表现形式,然后要求他们补充其他表现形式,或者你可以让一个小组针对给定主题如整数乘法写出四种不同的表现形式等。

图 2.10 表现形式关系网。详尽地解释每个数学观念及相互之间的转换会帮助学生加深对数学概念的理解及建立数学联系

数学能力

本章是从邀请你一起做数学开始的,然后鼓励你参与数学过程或实践。能够熟练参与这些实践的学生都具备了良好的数学能力。换句话说,熟练并不仅仅是知道所在年级的所学内容,还

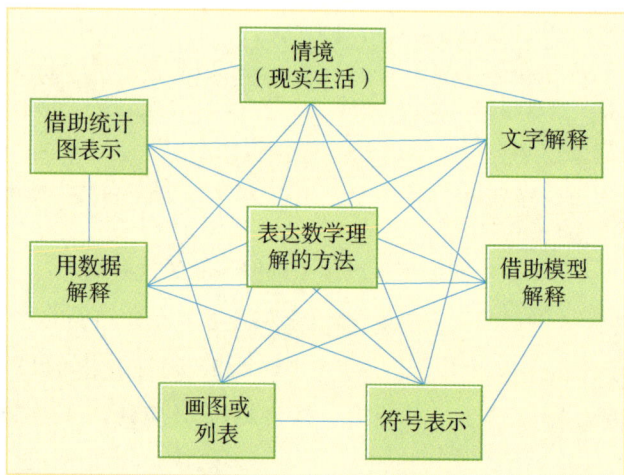

要能够把这些"内容"应用到数学实践中。这些数学实践是根据美国国家研究委员会(NRC)报告《加起来》(*Adding It Up*)中对学生如何学习的诸多研究而总结出来的,图2.11说明了这些数学能力之间相互关联、相互影响的关系。

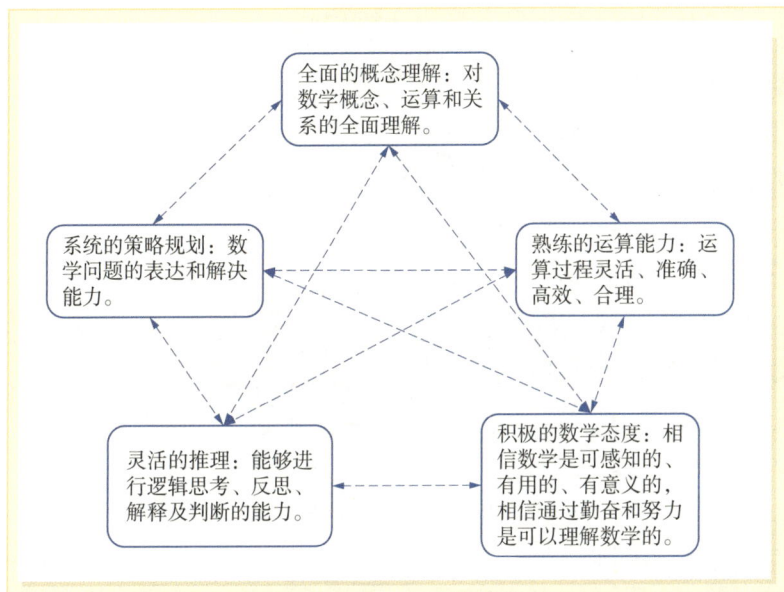

图 2.11　《加起来》中描述的数学能力五个方面的相互关联

全面的概念理解。全面的概念理解是指能够灵活地把数学观点、概念、形式表现各个要素建立起联系——也是我们所说的关系性理解。参见图2.12所示的"比"关系网。如果一名学生全面地理解了比,则他应该能够把以往已经掌握的如除法、单价等概念和比的概念联系起来。要理解比的概念,将涉及很多内容。

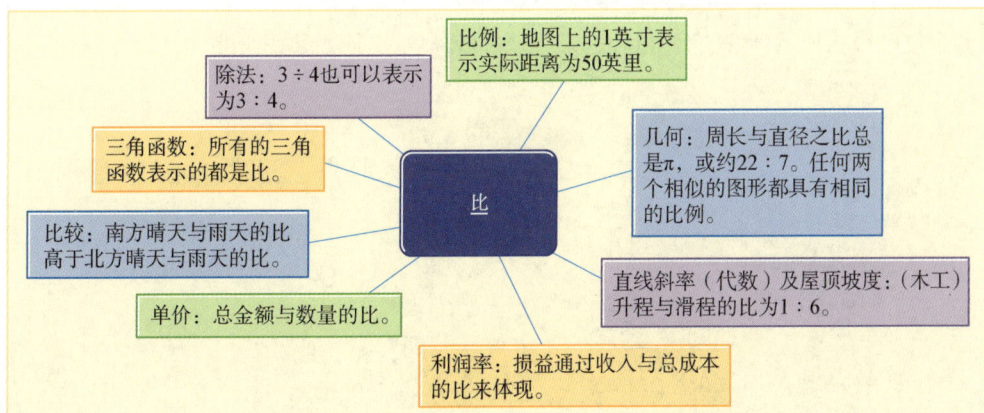

图 2.12　一个可能帮助理解比的概念的关系网

全面的概念理解包括通过使用图片、学具、表格、画图、语言等多种形式来解释理解数学概念(参见图2.10)。图2.13给出了关于比的不同表现形式。

熟练的运算能力。运算能力有时会被理解成能够正确、快速地进行计算,但实际上它远不止这些(参见图2.11中"熟练的运算能力"的四个元素)。运算知识是基础(知道怎么算),运算理解也很重要(知道为什么可以这样来运算)。熟练的运算能力不仅仅是对运算的理解,它包括四个要素:高效性、准确性、灵活性和合理性。

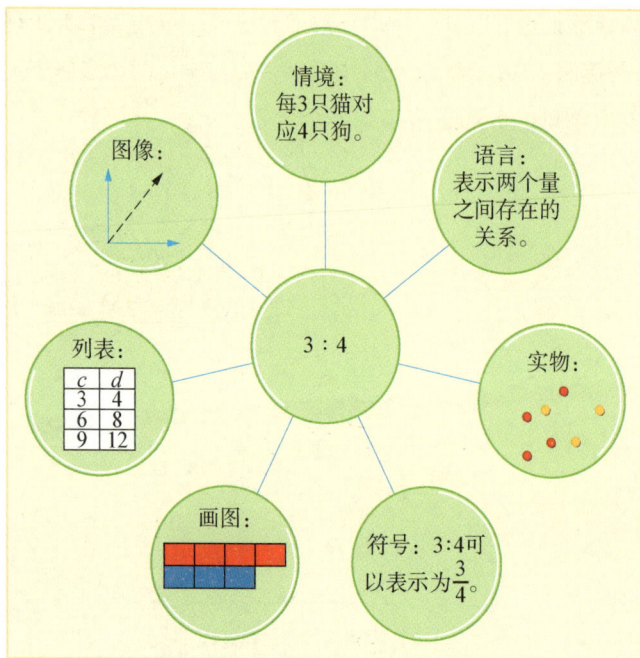

图2.13 3∶4的多元表示

我们以 37+28 为例来理解一下这个问题,图2.14列出了四种方法。哪一种方法可以代表一个学生对两位数加法具有了熟练的运算能力呢? 一般情况下,具有熟练运算能力的学生不会直接用"传统"竖式来计算答案(尽管他们其实也会)——他们会根据具体算式进行分析,思考针对题目中的具体数值可以采用哪些策略高效地解决这道题,并选择最合适的策略。因此,学生可能会从37挪走2添加到28上面,从而使等式变为35+30(如果这里可以让你想起前文提到的"上一个,下一个"那道题,那就太好了)。或者学生可以在28上加2,得到37+30,然后从答案中减去2[见图2.14(c)]。

再来看一组不同的数,比如54+37,针对这个运算学生可能会选择不同的策略,比如把十位(80)和个位(11)相加,然后把它们组合起来(91),这就显示出他们使用策略的灵活性。

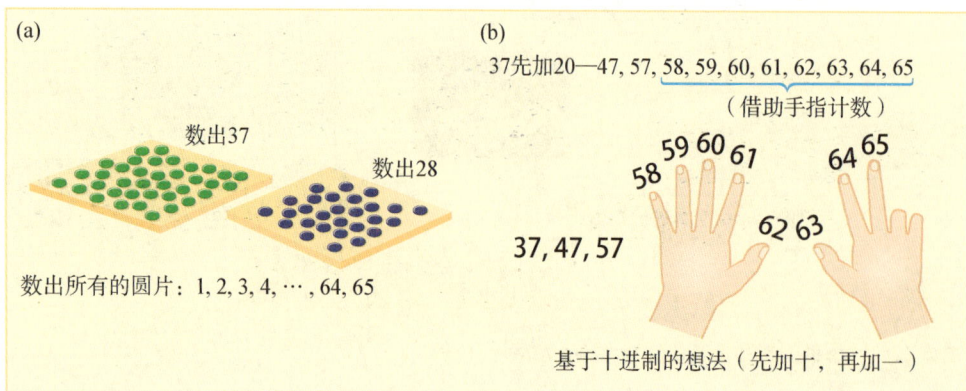

(c)		(d)	
从37里拿出2给到28，2+28等于30，再用35+30得到65。 $$37+28$$ $$35+30=65$$	37加30等于67，但是我们多加了2，所以结果应该是65。 $$37+30=67$$ $$67-2=65$$	$$\begin{array}{r}\overset{1}{3}7\\+28\\\hline 65\end{array}$$	$$\begin{array}{r}37\\+28\\\hline 515\end{array}$$
学生发现的有效策略		传统算法	常见错误

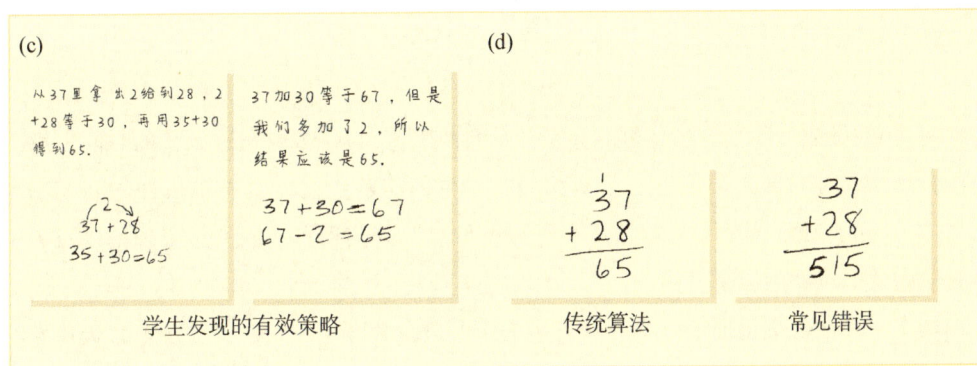

图 2.14　学生计算 37+28 时的不同运算策略

需要注意的是,过分强调"标准运算(传统的竖式计算)"实际上会对学生提高运算能力的精熟度有负面干扰。看下面这个例子:40 005－39 996＝_____。如果使用"标准运算(传统的竖式计算)",就需要借位重组,这是一种单调、低效且容易出错的方法。如果能够注意到这些数字很接近,因而采用"向后数"的计数方法,很快就能得到 9 这个结果。数线是培养熟练运算能力的重要工具之一:

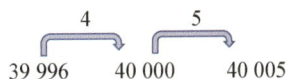

$$\underset{39\,996}{} \overset{4}{\curvearrowright} \underset{40\,000}{} \overset{5}{\curvearrowright} \underset{40\,005}{}$$

对运算的理解支持对概念的理解(反之亦然),概念知识和运算知识都有助于学生提高运算能力(Schneider, Rittle-Johnson, & Star, 2011)。全面的概念理解和熟练的运算能力是体现数学能力的重要标志(Baroody, Feil, & Johnson, 2007; Bransford, Brown, & Cocking, 2000)。

积极的数学态度。 正如数学实践和数学能力中所描述的那样,所谓的精通数学不仅仅是掌握了数学知识,更重要的是会运用这些知识来解决问题。数学实践要与概念理解相结合(Kobiela & Lehrer, 2015)。如果教师侧重于数学实践与应用,学生的参与度和自信心都会提高——这会培养他们积极的数学态度(Wilburne, Wildmann, Morret, & Stipanovic, 2014)。看看下面的几个问题,想一想,是不是一般情况下一名具备积极数学态度的学生通常会回答"是"?

○ "太棒了,这道题有挑战性! 我能解决这个问题。"当遇到一个不知道如何解决的问题时,你会这么想吗?

○ 在着手解决问题之前,你考虑过多种可能的方法吗?

○ 解决问题时,你是否运用了画图或借助学具动手操作的方法?

○ 在意识到自己的方法错误时,你会去尝试其他方法吗?

○ 在解决了一个问题后,你想知道它是否正确或者是否还有其他答案吗?

○ 你有办法说服自己或同伴相信你的答案是正确的吗?

全面的概念理解和熟练的运算能力需要积极的数学态度支持。想一想,如果学生对这些问题都回答"是",他们的数学实践到了什么样的水平?

三. 学生如何学习数学

伴随着对"做数学"的体验,你可能会有一系列的困惑:为什么要花这么长的时间去解决这些问题呢? 用这些时间做大量习题不是更好吗? 学生们能解决这样具有挑战性的问题吗? 换言之,"做数学"和学习数学有什么关系? 对于这些"困惑",其实很多不同的学习理论以及关于学习认知科学的研究早就给出了答案。

结构主义和社会文化理论等学习理论影响了数学的教学方式,对学习方式的认知影响着教师的教学实践,也就是说学习理论和个人实际经验决定了教师的教学实践。对教师来说,关注你所认同的教学理论以及如何将理论与实践相结合同等重要(Davis & Sumara,2012)。在这里,我们简要介绍两个理论,这两个相互兼容的理论对于理解学生如何学习数学极为重要(Norton & D'Ambrosio,2008)。

结构主义理论

"结构主义"是心理学家皮亚杰于 20 世纪 30 年代提出并于 50 年代被翻译成英语的一种学习理论。结构主义的核心是学习者本身不是"一张白纸",而是参与学习的创造者或构造者(Cobb,1988;Fosnot,1996;von,Glasersfeld,1996)。"认知网络"或"认知结构"在构建知识的过程中形成并被用来不断构建新的知识。通过分析反思——将现有的想法与新信息联结起来——修改现有的知识结构来形成新的想法(Fosnot,1996)。主体在结构建构中发挥着重要作用,正如当你读一段话的时候,这段话被你赋予了意义一样。无论是被动地听讲座,还是主动地阅读,你的大脑都在运用现有构架中的先验知识来理解新的信息。

用建筑来类比,我们用来构建理解"工具"的是我们现有的思想和知识。我们使用的"材料"是我们看到、听到或触摸到的东西,以及我们自己的思想、思考。在图 2.15 中,蓝点和红点都作为表达思想的符号,可以把这幅图看作是人们认知结构中的一小部分,蓝点代表现有的想法,连接这些想法的线条代表了想法之间的逻辑联系,红点是一个新的、正在构建的想法。无论现有的想法是什么,蓝点都将与新想法红点相连,因为原来的想法赋予了新概念的意义。如果学习者在学习一个新概念(红点)时,没有接触到一个潜在的相关概念(蓝点),那么这个潜在的联系就不会建立起来。

图 2.15　根据已有的想法(蓝点)来构建一个新的想法(红点),在这个过程中,想法之间建立了一个连接网络。思考越多,联系越多,就越能理解

社会文化理论

在 20 世纪二三十年代,苏联心理学家列夫·维果茨基(Lev Vygotsky)开始发展社会文化理

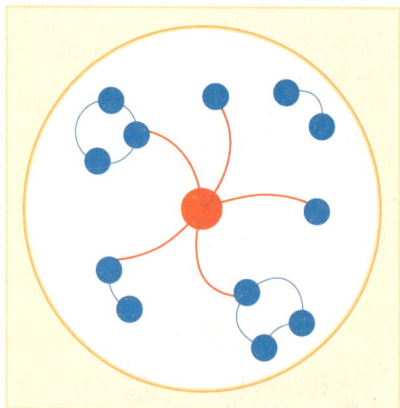

论。与结构主义理论一样,这一理论也是强调学习者的主体能动性。社会文化理论的一个重要方面是提出信息内化或学习的方式取决于它是否在学习者的最近发展区(ZPD)(Vygotsky, 1978)。简单地说,最近发展区指的是一系列的知识,这些知识可能是一个人无法独自学习的,但通过同伴或更有经验的人的支持则可以获得。在数学课堂里,既存在所有学生共同的 ZPD,每个学生又有着自己具体的 ZPD(Cobb, 1994;Goos, 2004)。社会环境对学习有着关键性作用,课堂学习不仅受到教师营造的课堂文化的影响,还会受到课堂之外更广泛的社会和历史文化的影响(Forman,2003)。

对数学教学的启示

学习理论不是教学方法——理论是指导教学实践的。本节我们简单介绍了结构主义和社会文化理论下的教学方法。你在第三章和第四章中会更详细地通过问题解决形式来了解这些教学方法,在本书的第二部分,你将学习如何在数学教学的具体领域里应用这些教学法。

重要的是,如果这些方法是以人如何学习的理论为基础的,那就意味着所有人都是这么学习的——无论是有特殊需要的学生、学习时使用的语言不是自己母语的学生、有学习困难的学生还是资优生,都是这样学习的。很多情况下,当教师需要为特定的学习者做出适合他们的学习方法时,他们往往会采用一些似乎对学生来说更容易的方法,这些方法常常并不是这些学习理论所支持的方法,可能不利于甚至阻碍学生去构建新知识。

借助先前的经验构建新的知识。如果你教的是一个新概念,比如除法,它必须在学生已经知道的等量减和平均分配的基础上来理解。思考下面的题目,根据结构主义和社会文化理论,你该如何给 3 年级学生讲这道题?

商店正在设计一种袋子,每个袋子里都能装 3 个乒乓球。想一想,如果有 24 个乒乓球,需要多少个袋子?

怎样帮助学生在现有知识的基础上,基于学习理论来构建新的知识? 我们可以鼓励学生们借助操作学具或画图来思考这个问题。学生可能会采用不同的思考方法,向前跳数 3 或向后跳数 3 等。这些方法都是课堂讨论的一部分,将他们所知道的等减、等加,与乘法和除法联系起来。

有趣的是,不仅学习理论支持这些教学方法,大量的实践研究也支持这些方法。明确原有知识和新概念之间的联系能够提高学生全面的数学理解能力(Hiebert & Grouws, 2007)。教师应该通过具体的教学活动来帮助学生建立起这些联系。例如,让学生把今天的讨论内容与上周学习的内容联系起来,或者提出类似"劳拉的方法和迈克的方法有什么相似之处?"这样的问题引导学生思考。

提供讨论的机会。与同伴交流想法会加深学生对数学的理解。生生之间的互动会促进学生进行反思,有利于把知识内化,而如果没有老师或同伴讨论参与,则很难在原有的基础上进一步理解。在与同伴的讨论中，学生会不断更新和扩展他们的知识体系。

创造反思的机会。教师要在学生已有知识的基础上提供相应的支持来帮助学生理解他们在做什么。要想在已有的知识网络里增加一个新的知识点，学生必须要集中精力参与到课堂活动中。他们需要找到与此相关的已有知识内容并在此基础上构建新的数学关系。参见图 2.15，想要激活所有与红点（新知识）能建立联系的蓝点（已有知识），学生可以通过思考、讨论和写作等多种形式来找到它们之间的关系。

鼓励多样化方法。鼓励学生使用他们能理解而非教师指定的解决问题的方法。图 2.16 所示的学生可能知其然不知其所以然，根本不理解她自己使用的方法。如果鼓励她用自己的方法来找出与其他方法的不同之处，就能帮助她真正理解位值和减法，从而找到最适合她的解题方法。

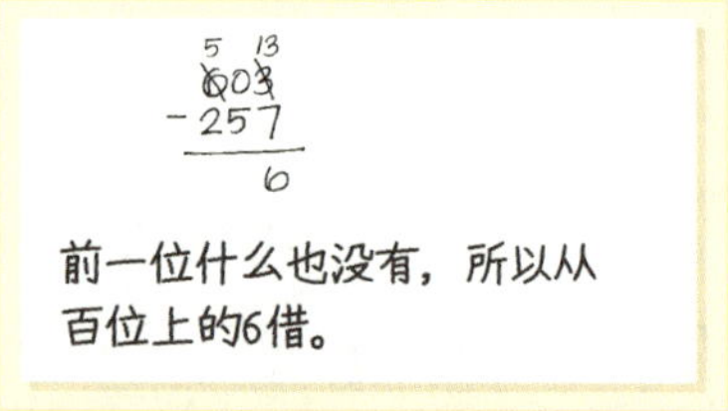

图 2.16　学生的演算表明对位值和重新分组有误解

即使对于一个非常基本的运算，比如 7×8，如果教师倡导学生运用多样化方法解决，也能取得出乎意料的良好效果。鼓励学生们讨论并分享各自的解题思路：一个学生可能会想到 5 个 8（40），然后再加上 2 个 8（16），得到结果 56；另一个学生可能已经学会了 7×7（49），再加上 7 得到 56；还有一种可能是 8 个 7，取其中的一半（4×7）得到 28，再乘以 2 得到 56。如此丰富的课堂讨论无疑能涉及许多与加法和乘法相关的数学内容。

鼓励学生经历能力范围内的"数学困境"。你是否有的时候就想一个人不被打扰地安静思考一些事情？可是在数学课上，这样的机会能有多少？一旦学生在解决问题时卡壳停顿下来，教师常常就会介入，讲解或示范怎么解决这个问题。虽然这样做的初衷是让学生更快地得到答案，但并不能帮助学生学习数学。正如皮亚杰所描述的，学习者在发展新思想时会经历同化与顺应的不平衡。而这个不平衡正是构建新知识所不可缺少的一部分。

鼓励学生经历能力范围内的"数学困境"对于发展全面的概念理解至关重要（Hiebert & Grouws, 2007）。我们需要注意的是"能力范围内"和"困境"这两个词都非常重要。学生必须具备解决问题的先验知识及一定的能力。不能让他们去解决一个远超出他们能力范围的问题，那样他们无论怎么努力都走不出这个"数学困境"；同时也不应该给学生布置过于简单直接的题目，因为没有经历过冥思苦想的求索，他们就不能体验富有成效的数学学习。

把错误当成学习的机会。学生犯错误可能就是他们在新情况下错误地运用了先前的知识。从结构主义的角度来看，这就是头脑在根据已知经验为新知识寻找解决方法的过程。学生很少会胡乱瞎猜随便给一个答案，通常他们的错误是由于不理解或误解造成的。例如，在比较小数的时候，学生可能会套用整数的一些"规则"，例如"数字越多，数越大"（Martinie, 2014）。一个学生的错误一般不会是偶发的，其他人通常也会出现同样的错误。公开讨论这些错误可以加深其他学生的理解（Hoffman, Breyfogle, & Dressler, 2009）。你可以利用错误让学生来分析出现这种情况的原因是什么（Rathouz, 2011），以此加深学生对新构建知识的理解。

学习新内容的支架搭建。"支架搭建"是社会文化理论的重要内容之一。这是指对于学生的最近发展区以外的知识,通过搭建精心设计的合适的"支架"来帮助学生掌握它们。对全新知识概念的学习是需要更多辅助或帮助的,这既包括使用学具也包括来自同伴的帮助。支架是为了帮助那些可能没有足够多蓝点的学生,当学生对这些内容感到熟悉时就可以把支架挪开,学生也就会变得更独立。

尊重差异。最后,我们需要强调的是,这些理论首先认同并尊重每个学习者都是独一无二的。每个人都有着不同的先验知识和文化经验。由于新知识是在现有知识和经验的基础上不断渐进构建的,数学教学就需要尊重学生带到课堂上的知识和经验并加以整合与构建。因此,教学内容要结合学生的兴趣、知识和经验。你的课堂文化影响每个学生的学习。作为教师,你要尊重和重视每个学生的想法,鼓励他们参与课堂讨论、尝试多种做数学的思路和方法。(参见第六章关于文化反应性数学教学的讨论)

四. 联系的数学

用联系作为本章的结束语似乎特别合适,因为它所代表的理念是后面具体教学章节的基础。

首先,本章从讨论什么是做数学开始,然后一起来挑战一些数学问题。这些问题都提供了知识联结的机会——将数学概念中已有的蓝点连接起来。

其次,我们了解了什么是真正的数学能力,也就是对知识的关系性理解(能够把蓝点连接在一起的能力)需要全面的概念理解和熟练的运算能力。在第一部分中解决的问题不仅强调了这两点,同时也强调了系统的策略规划、灵活的逻辑推理和积极的数学态度。

最后,我们重温了学习理论和数学学习中知识联系的重要性。根据结构主义理论和社会文化理论,让学习者利用自己已有的知识和经验通过同伴互动和反思来解决问题,这是最好的学习方法。解决本章中的练习题目的过程,其实就是你这样实践的过程。回忆一下,你是不是学到了新知识? 是不是把以前孤立的一个概念连接在你的知识关系网络上?

本章的重点是把理论和实践之间的知识连接起来——教师的教学必须为学生创造连接蓝点的机会。设计教学任务时,要根据学生的社会和文化背景、利用学生已有的知识,努力设计那些可以增强学生创造力、批判性思维的题目,从而让他们对数学有完整全面的理解。

第三章　发展问题解决能力

学习目标

在阅读本章内容之后,你应该能够完成如下学习目标:

3.1　能够描述和比较不同的问题解决策略方法;

3.2　能够理解什么是支持全体学生学习、面向全体学生解决问题能力发展的教学实践;

3.3　能够判断设定的数学任务能否促进学生解决问题能力和运算能力的发展;

3.4　能够掌握鼓励学生积极参与课堂讨论的方法。

试想在你的数学课堂中,学生会做什么,会谈论什么? 如果你的课堂教学中体现了第二章的做数学的理念,那么你应该能"看到"学生正在认真地解决教师精心挑选的数学学习任务。这些数学任务能够帮助学生在先验知识的基础上增加新的知识,在不同的数学观点之间建立联系,提升与此内容相关的数学理解能力和运算能力。

《从理论到实践》(NCTM,2014)一书中把逻辑推理和问题解决列为 8 个重要的数学教学实践之一,指出优秀的数学老师要鼓励所有学生参与到解决问题的讨论当中,包括对不同学生使用的不同方法都要进行讨论。在 CCSS - M 中,8 个数学教学实践中的第一条就指出:精熟数学的学生就是指那些能够更容易理解问题情境,在选择解决问题的方法时可以提出多种不同解题思路,能够对解题方法进行检查、核实、反思、验证的学生(NGA Center & CCSSO,2010)。在本章中,我们要学习如何发展学生问题解决的能力:怎样设置有意义的数学问题,怎样鼓励学生积极参与解决问题(通过口头讨论和文字表达等不同形式)。

一. 问题解决

我们生活和工作的社会已经并将持续发生巨大的变化。具体来说,我们在职业和个人财务等方面所需要的数学与 25 年前或者 50 年前是完全不同的。遗憾的是,现在很多的数学课和十几年前或几十年前的看起来还是差不多。回忆一下,当年你在数学课上做的题都是什么样的? 你是不是"照葫芦画瓢"地按照老师的指示"解"出了正确答案? 有没有人鼓励你去尝试不同的解题方法? 有没有人对你用自己的方法去解决问题表示肯定和鼓励? 你有没有尝试着判断某一种方法在何种特定情况下是有效的,又在何种情况下是不适用的?

21世纪所需要的技能不再是简单的计算,更多的是寻找解决问题的方式方法和策略。所以,现如今教育需要侧重培养学生的能力,包括批判性思维、交流能力、合作和创新能力,以及运用高科技的能力(Partnership for 21st Century Skills, n. d.)。所有这些基于探索和解决问题的教学实践旨在鼓励学生提出如下的问题:为什么?如果……会怎样?另外的方式是什么?还有其他的解决方案吗?不同策略相比较,优缺点分别是怎样的?这个方法总会有效、具有一般性吗?在什么情况下这个方法不适用呢?……探索是孩子的天性,孩子们天然会以开放、持久的好奇心去探索世界(Cliffod & Marinucci, 2008)。这些特点对于孩子来说是天性——对于老师来说,我们的目标就是去保护和培养这份天性,而不是去压制它。

通常来说,很多数学教学仍然是讲授式的教学——从教师呈现某种技能的方式,讲授解决某个问题的某种方法开始,然后学生采用同样的方法来练习这项技能解决这一类问题。细思之,这样的教学方式对许多学生来说难以在数学学习中取得成功,也不能把学生培养成为21世纪所需要的人才,这无疑是令人遗憾的。

下面是讲授式教学方法的一些不足之处:

- 传达的信息通常是只有一种方法可以解决这个问题。这显然是不对的,并压抑了学生们想用自己的方式来解决问题的天性。
- 把学生视为一个被动的学习者,依赖于老师所呈现的想法、传授的方法和教师的讲解,而不是一个有能力和主动解决问题的独立思考者。
- 假定所有的学生都具有去理解老师讲授的方法所必要的先验知识——而这其实是非常少见的。
- 减少了学生尝试新的解决问题方法的机会,有悖于做数学的理念。而我们提倡的做数学其实就是在寻找解决问题的方法。

一些老师或许认为直接告诉学生该怎么做可以节省时间并避免他们为难题所困。但大量的研究表明:让学生积极参与讨论(给学生足够的时间和充分的机会去尝试不同的方法)会增强学生对概念的全面理解(Hiebert & Grouws, 2007;NCTM, 2014)。为了有效地帮助学生做数学,教师一定要考虑通过非直接讲述的方式进行教学,鼓励学生积极参与、讨论并经历能力范围内的数学困境,这样的数学学习才会既具有思维的挑战性又不会让学生被困境打击得沮丧。

施罗德和莱斯特(Schroeder & Lester, 1989)介绍了三种通过问题解决方式发展学生问题解决能力的教学实践活动(按重要程度排序)。关注并了解这些活动和方法,辨别它们各自的优缺点是很重要的,而仅关注其中的一种方法是远远不够的。

剧透:这些方法是按照重要程度来排序的,最重要的方法放在了最后!

以问题解决为学习目标

把问题解决作为学习目标是从学习抽象的概念开始的,以往的教学实践活动往往是按"教师讲授—学生练习—应用讲授的内容解决问题"的方式来开展。例如,在学习分数加法时,教师先讲授计算的规则,学生掌握规则后就可以去运用规则解决有关分数加法的问题。这是最常见的方法,教科书通常也是这么指导的。这种方法的主要缺点是学生很早就会形成这样的误区:每遇到一个故事情境，他们往往不去认真读题，搞懂到底需要解决什么问题，而是直接去套用刚刚学过的某个方法。这种不理解情境背景下的问题，直接把数从问题中抽离出来套用计算规则来解决问题的方法不仅没有意义，而且会给学生造成很多困扰。学生在处理现实问题、多步骤问题及高水平任务时往往会遇到困难。换言之，"教师讲授—学生练习—应用讲授的内容解决问题"这样的模式完全背离了学生做数学的理念。诚然，用刚掌握的知识去解决现实问题是非常重要的，但我们首先需要保证的是这些问题具有一定的复杂度，学生首先应该阅读并理解题目，明白题目表述的是一个什么样的问题，也就是在解决问题之前学生必须要先去分析问题，这更加重要。

以问题解决为学习内容

怎么样去解决问题，包括解决问题的具体过程以及在过程中所使用的画图等策略方法是需要指导和学习的。我们以"画一个图形"为例简要分析如下。

问题解决的步骤。著名数学家波利亚（George Pólya）撰写了一本经典的书籍《怎样解题》(1945)。这本书介绍了问题解决的四个步骤，直至今天仍然被广泛使用。例如，在 CCSS - M 的第一条里就提到，"理解问题并坚持不懈地解决问题"（NGA Center & CCSSO，2010，p. 6）。这四个步骤总结如下：

1. 理解问题。首先，要理解问题是什么，仔细读题，弄明白到底需要解决的是什么问题。

2. 拟定计划。其次，要思考怎样来解决问题，是打算找到等量关系列方程解决问题，还是要借助直观学具来建立一个模型（参见下文"问题解决的策略"）？

3. 实施计划。按步骤具体实施所拟定的计划（选择的解题策略）。

4. 回顾检查。这是最重要也是经常被忽略的一步。检查步骤 3 的解题策略是否解决了步骤 1 中的问题。你的答案说得通吗？如果说不通，请返回步骤 2，选择一个不同的策略去解决问题，或者返回步骤 3 修订解题策略。

波利亚框架最可贵的地方在于它的普遍适用性。从简单的计算练习到复杂的多步骤问题都可以使用这个框架。明确地把这四个步骤教给学生可以提高他们做数学的能力。

问题解决的策略。问题解决的策略就是处理解决一个问题/任务时所采用的方法。这些策略有助于学生形成数学"思维习惯"（habits of mind）（Levasseur & Cuoco，2003；Mark，Cuoco，Glodenberg，& Sword，2010）。学生在拟定计划时就明确了使用哪一种策略（波利亚提出的步骤 2）。下面介绍的几种策略在 K - 8 年级中很常见（并非每个年级都要用到所有策略）。

○ 借助直观。眼见不仅为实——它还是帮助理解的重要途径！借助学具摆一摆，模拟情境、画图和列表或者是运用信息技术软件来模拟展示动态变化等，都可以把数学概念直观化，有助于学生的理解。

○ 使用或寻找规律。使用或寻找数的规律和运算的规律对于帮助小学生乃至初中生、高中生学习数学有着重要的作用。在现实生活情境中，在立体空间里，在符号或虚拟情境下，发现规律是培养数学思维一个非常重要的切入点。

○ 猜想与反思。有时这个策略被称为"猜测和检查"，实际上猜想可比猜测要复杂多了。它涉及对策略的尝试、反思和必要的调整，对答案范围的估计和判断（答案是否太小或太大）等。这样的策略不仅能够帮助学生发展问题解决能力,同时也为日后学习代数奠定了基础(Guerrero,2010)。

○ 推理证明。学生面对问题时能够根据已知信息做出推理判断是非常重要的。这种逻辑推理能力能够帮助学生解决问题并加深他们对数学关系的理解,这也是做数学的核心(Lannin,Ellis,& Elliott,2011)。

○ 画图与列表。系统地整理一下所有可能的结果可以帮助学生深入理解需要解决的问题。学生可以通过列举、表格、T 形图等等整理信息来寻找规律从而解决问题。

○ 简化或从特例想起。用小一点的数来代替原题中的数,理解数与数的关系之后再回归到原题中去解决问题,这样的策略常常能让问题更加容易理解。还有一种简化问题的方法就是用特定的数或例子来试试,从特例出发得到的结果可以帮助学生进一步理解初始问题。

○ 发现等量关系。寻找和发现并用数学符号表达出问题中的等量关系、建立数学模型是解决问题的一个很好的方法,写出等量关系式能够帮助学生理解并解决所面对的问题。

乐于探索是解决数学问题的基础,探索并运用适当的策略有助于学生解决一些不熟悉的新问题。无论学生使用哪一种策略,教师都应该给予肯定并及时讨论。需要注意的是,这些策略并非各自为营而是相互联系的。例如列表就是寻找规律的方式之一。我们之所以给每个策略命名,是为了帮助学生理解各自使用的策略并有效地讨论,对各自策略达成共同的理解及在各个策略之间建立联系,就不至于产生"鸡同鸭讲"的窘境。随着时间的推移,运用策略解决问题的这些数学思维方式将内化成为学生的习惯。

解决问题千万不要"程序化"。换句话说,教师不能告诉学生他们应该选择哪种策略,用某一策略可以解决哪些问题。作为老师,应该提出一个可采用多种不同策略进行解决的问题,让学生用适合自己、能理解的策略去解决问题。

数学中经典的"握手问题"就是一个适用多种策略的学习任务的例子。

> 八个朋友聚在一起参加一个滑冰聚会。每个朋友都和其他人握过一次手,那么一共握手多少次?

在不给出任何策略建议的情况下,让你的学生试着来解决这个问题,请学生确定解决问题的策略并实施,再与大家分享自己的做法。

下面是常见的一些解决策略:

通过模拟演示情境或画图的方式来直观地展示问题。

简化问题并记录在表中:

朋友数量	2	3	4	5	6	7	8
握手数量	1	3	6	10	15	21	28

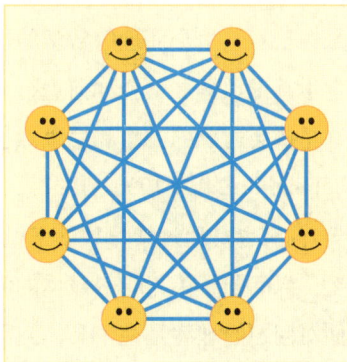

用算式记录并表示：7＋6＋5＋4＋3＋2＋1＋0＝28。

注：第一个朋友和另外 7 个人每人握手 1 次，共计 7 次，下一个朋友除了已经和第一个朋友握手外，还要再和其他人握手共 6 次（她已经和第一个朋友握手了），依此类推，直到最后一个人握手 0 次。

在分享的过程中可以帮助引导学生理解他人使用的策略，并看到这些不同策略之间的联系。当然，教师也可以重点讲解其中的一个策略，以便更多的学生理解并运用此策略。

此外，教师还可以提出类似的问题以帮助学生加深理解。例如：

> 1. 如果六支垒球队打循环赛，每两个队之间要进行一场比赛，一共需要进行多少场比赛？
> 2. 第 10 个阶梯需要多少个方块？
>
> 1　　2　　3

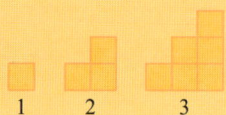

以问题解决为学习载体

以问题解决为学习载体是指学生在真实的情境中解决现实问题、建立模型、探索学习数学。这类教学实践活动与以问题解决为目标的教学实践活动相比，提出问题的时机更早，往往是在教学的一开始就提出问题，然后在探索问题的过程中学习相关的知识和技能。如下面的任务（适用于给没有学习过异分母分数加减法的学生）：

这面旗的蓝色部分占整面旗的几分之几？

通过等分，学生可以用分数来标记每个部分，蓝色部分如下图所示：

学生在解决问题时意识到要先把不同部分用同等大小的单位表示出来，再进行运算。所以需要将 $\frac{1}{4}$ 改为 $\frac{2}{8}$（通过再次等分或者已知等价分数的概念），然后将蓝色部分相加得到 $\frac{3}{8}$。在完成任务后，老师可以组织召集全班同学一起来总结重要的数学概念——在这种情况下，需要把表示不同颜色部分的分数换成相同的分母之后才能运算。鼓励学生不断提问并分享他们想法的过程，就是在培养学生全面理解数学的能力和数学运算的精熟度。通过解决类似这样的问题，可以帮助学生真正理解和学会如何进行异分母分数相加减的运算（并且真正理解它）。需要注意的是，在这里体会通分的方法和思想，是解决问题的自然结果，而不是在解决问题之前讲授给学生的技能（Hiebert et al.，1996，1997）。这个解决问题的过程就是学习的过程：学生通过做数学来学习数学，同时也是通过学习数学来做数学（Cai，2010）。

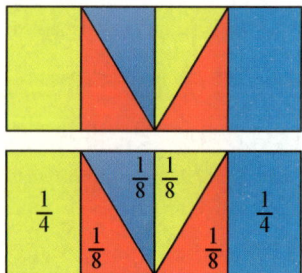

以问题解决为学习载体的教学很好地诠释了到底什么是学数学和做数学（参见第二章）。我们对问题的理解是基于具体问题的，因此也是不完整的，是不断变化并相互联系的。通过问题解决的研究和探索，学生不断更新之前学习到的知识，并在此基础上不断提出新的问题，从而形成新的学习(Thomas & Brown，2011)。以问题解决为载体的教学不仅鼓励学生探索并对学习产生积极的影响(Boaler & Sengupta-Irving，2016；Cobb，Gresalfi，& Hodge，2009；Langer-Osuna，2011)，课堂教学也将更加行之有效。在这样行之有效的课堂中，学生的多方面能力会得到发展：

- 发现和提出问题
- 确定策略
- 借助直观
- 推理证明
- 使用或寻找规律
- 交流沟通
- 联系拓展
- 表达表述

这些内容对大家来说并不陌生，因为如果学生具备了上面这一系列数学能力，也就意味着他们的学习很好地体现了《美国共同核心课程标准——数学》(CCSS - M)的要求。

二. 发展问题解决能力的课堂教学

发展问题解决能力的数学课堂并不是偶然发生的——只有教师在实际教学中不断地鼓励学生探索、推理、归纳、总结和分享，才会产生这样的课堂。在传统的数学教学中，学生往往重复着教师所展示的内容，而指向问题解决能力发展的课堂教学则不仅仅是调整一些教学内容，更多的是教学模式的转变。乍一看，因为都是学生在做数学，老师的作用好像不大。但实际上，越是这样的数学课堂，对教师的要求就越高。表 3.1 列出了 NCTM(2014)中《从理论到实践》的八个教学实践，这些教学实践活动都指向问题解决能力的培养和发展，且在本书中都有涉及。本章我们将着重谈谈设置任务、培养运算熟练精熟度和有意义的数学对话这三个方面(其中的三种教学实践)。

表 3.1 支持学生学习的八大教学活动

教学活动	为完成该活动，教师应：
1. 确定关注学习过程的学习目标	◆ 明确学生在一节或几节课中所要达到的学习目标。 ◆ 明确学习目标与学习进程之间的关系。 ◆ 帮助学生理解解决的问题与学习目标之间的关系。 ◆ 在明确的目标的指导下开展具体学习活动。
2. 设定促进推理与问题解决能力发展的学习任务	◆ 设定的学习任务应该有如下特征： 在学生现有知识基础上最大限度地开发学生的潜力。 具有多个切入点。 具有高水平的认知需求。 ◆ 支持学生尝试多种策略和表达方式去完成任务，而非代替学生思考。

续　表

教学活动	为完成该活动,教师应:
3. 鼓励学生采用多种策略并发现不同策略之间的联系	◆ 支持学生使用多种策略和表达方式并建立相互之间的联系。 ◆ 在适当的时候选择合适的策略和表达方式。 ◆ 理解学生使用的不同策略和表达方式。 ◆ 支持学生选择自己想使用的策略和表达方式。 ◆ 引导学生关注策略和表达方式所体现的共同的数学特征。
4. 促进有意义的数学对话	◆ 引导学生有逻辑地推理和表达,促进学生之间积极有效的讨论。 ◆ 对学生的所有策略,全班讨论进行选择和排序。 ◆ 在学生众多的策略和想法之间建立明确的联系。
5. 提出有明确目的指向的问题	◆ 提出的问题应该具有如下特点: 　能够引发学生思考并需要进一步解释和验证的问题。 　基于学生原有想法扩展的问题,避免漏斗效应(如直接指向正确答案或想法的问题)。 　鼓励学生把想法可视化,引导学生更仔细地研究这些想法。 ◆ 适时等待,让学生有时间来组织自己的想法。
6. 在全面理解数学概念的基础上发展运算精熟度	◆ 鼓励学生对自己的推理过程和使用的策略进行分析和解释。 ◆ 指出学生所选定的策略与传统的解题方法之间的联系。
7. 支持学生体验能力范围内的数学困境	◆ 帮助学生认识到错误、误解、思虑不周等都是学习数学的机会。 ◆ 预测学生可能遇到的困难,为学生战胜困难准备合适的学习支架。 ◆ 让学生有机会、有时间体验能力范围内的数学困境。 ◆ 表扬学生在问题解决过程中的努力和坚持。
8. 归纳总结学生思考的证据并加以运用	◆ 帮助学生体会什么可以作为思考的证据。 ◆ 收集学生在课堂上对关键内容理解与否的证据。 ◆ 解读学生的思维,判断学生对学习目标的理解程度。 ◆ 制定课堂上应如何回应学生的提问、如何建构以及拓展学生思维的教学策略。 ◆ 用学生当前的学习成果来指导后续的教学。

让每位学生体会到数学成就感

　　NCTM 教学实践旨在解决教育公平性的问题。换句话说,其目的是确保所有学生都有机会学习重要的数学知识,为所有学生提供学好数学的机会(Boaler,2008；Diversity in Mathematics Education,2007；Silver & Stein,1996)。

○ 体会数学思想和概念本质。在解决问题时,学生必须从先验知识出发,从问题中所涉及的基本数学概念入手,这极大地尊重了学生的认知基础。

○ 注重实践过程。学生成为"执行者",当他们在做数学的时候,就是在经历数学实践的过程,这是精通数学的必经之路及必备的能力。

○ 培养自信心和认同感。学生把自己定位为数学知识的"建构者、执行者"(Boaler,2008,Cobb,Gresalfi,& Hodge,2009；Leatham & Hill,2010)。同伴和老师对他们想法的倾听与尊重,将极大地增强学生的数学认同感(Aguirre,Mayfield-Ingram,& Martin,2013),鼓励他们未来去追求社会经济地位更高的职业规划(Boaler & Selling,2017)。

○ 引导学生发挥自己的优势。好的问题有多种解决途径,学生可以根据他们的理解和学习偏好选择适合他们的策略。比如计算"42－26",不同学生会采用不同的解题策略。有的学生会借助十进制计数片这样的学具,有的学生会通过在百数表上往前数或往后数来完成,有的学生可能就是借助规则计算……当学生介绍各自的方法时,他们既是倾听者,也在倾听的过程中反思自己的策略、拓展思路,从而进一步加深理解。

○ 鼓励学生拓展和延伸。例如,可以鼓励学生设计与当前题目相关的新问题。"如果……那么……"这样的问题可以激发所有的学生去思考,同时也为掌握程度好的学生或做题速度快的学生提供进一步提升拔高的机会。

○ 鼓励学生积极参与。课堂上发生的许多纪律问题都是缘于课堂的无聊,学生或根本不理解老师的指令,或压根不明白需要解决的问题到底有什么意义。大部分学生喜欢接受挑战,喜欢采用对他们来说更加有意义的方式来解决问题。鼓励学生积极参与,当学生忙于思考和解决问题时,就没有机会在课堂上"调皮捣蛋"了。

○ 提供丰富的形成性评价的数据。学生在课堂上讨论想法,借助画图或者操作学具表达思路,解释自己的解题策略,评价他人的解决方案,撰写解决问题报告……这些过程都为教师提供了丰富、有价值的信息,可以让我们更好地了解学生,知道他们是怎么解决问题的,在过程中有哪些困惑,怎么把先验知识和新的知识联系起来……这些信息能让我们更好地了解学生,根据这些丰富的数据,教师也就能根据各个学生的具体情况来满足他们不同的学习需求。

○ 提供展现学生创造力的机会。学生享受问题解决、寻找规律以及展示他们如何解决问题的富有创造性的思维方式。当学生专注于解决问题时,教师要提供机会并欣赏学生的多样性,以便更加了解学生。

当学生有信心、有毅力并享受数学学习的过程时,他们就会达到更高的数学水平,也会对数学学习充满信心、渴望继续学习数学,这会为他们的未来开启许多扇门。

三. 发展问题解决能力的学习任务

为了给学生创造做数学的机会,教师设定的学习任务一定要指向促进学生问题解决能力的发展。这样的任务可以体现为多种不同的形式,答案可能是明确的,也可能是开放式的;可能需要寻找解决问题的方法,也可能要思考如何提出问题;可能是纯文字的表述,也可能是完全的符号表达;可能仅仅需要几分钟就能够完成,也可能需要几周的时间去调查研究;可能是真实生活中的问题,也可能是抽象的数学问题……一项任务在开始的时候可能会有困难,或者对一些学生来说有困难,但对另一些学生则没有困难,这主要取决于学生的先验知识和前期经验。随着学生知识和经验的增长,完成任务就会逐渐得心应手。一个能激发问题解决思维发展的任务首先要具备"有意义的问题"的特点,换句话说就是:(1)使用常规方法很难去解决的问题;(2)问题的正确解决方法并不是唯一的(Hiebert et al., 1997)。

我们来试试下面的这个例子（填数游戏）：

> $10+\square=4+(3+\triangle)$.
>
> 请找一个数字来代替正方形，找一个数字来代替三角形，从而使得等式成立。
>
> 请找出更多的数字对，使得等式成立。
>
> 通过观察这些使等式成立的数字对，你发现了什么？

这是一个有价值的任务吗？它没有一个规定的解决方法，而是能够用多种方法解决这个问题，所以这个任务满足了第一个标准，也就是"有意义的问题"。此外，这个任务之所以是有价值的任务，因为它还有其他的特点：高水平认知需求，多个切入点和出口，以及与学生切身相关的情境。

高水平的认知需求

促进问题解决的学习任务要求学生具备一定的认知能力，这意味着需要高层次思维的参与。根据布卢姆的教育目标分类法（请看第二章，图 2.1），低水平认知需求的任务（也被称为常规性问题或低水平的任务）包括陈述事实、遵循已知的程序（计算）和解决常规问题。高水平认知需求的任务则包括理解、分析并应用信息、对策略的评估判定等等。表 3.2 详尽描述了低水平认知需求的任务和高水平认知需求的任务之间的区别（Smith & Stein，1998）。上文提到的"填数游戏"任务和第二章的任务都涉及高层次的认知需求。而且值得一提的是，这项任务不需要联系上下文，也不需要花较长的时间才能促进高水平的认知需求，但它却为学生提供了一个很好的推理和理解数学的机会（NCTM，2014）。

表 3.2　认知需求的级别

低水平认知需求	高水平认知需求
机械记忆 ◆ 对学习过的事实、规则、公式、定义等的机械记忆 ◆ 程序化——对以前学习过的运算过程完全照搬 ◆ 与相关概念没有任何联系	**有相互关联的过程** ◆ 强调经历探索过程，加深对数学概念和数学思想的理解 ◆ 体会探索的过程与基本概念密切相关 ◆ 采用多种形式（可视化、动手操作、画图、符号化表达、讲故事）来呈现问题 ◆ 将探索过程中所涉及的概念和想法联系起来
不能建立联结 ◆ 通常直接指出用哪种运算 ◆ 只需要很少的认知需求，该做什么、怎么做都很随意，没有挑战性 ◆ 相关的概念之间没有联系 ◆ 侧重得到正确答案而不是发展数学思维 ◆ 不鼓励解释，即使解释也仅仅局限于刚刚使用的运算	**做数学** ◆ 需要复杂的非运算类思考（例如无章可循、没有规定好的解决方法） ◆ 需要探索理解数学概念、运算过程以及相互之间的关系 ◆ 需要自我检查和反思 ◆ 需要获取相关信息 ◆ 需要分析任务，主动思考有哪些条件可能限制解决的方法和策略 ◆ 需要相当程度的认知努力

资料来源：Adapted from Smith, M. S., & Stein, M. K. (1998). Selecting and creating mathematical tasks: From research to practice. Mathematics Teaching in the Middle School, 3(5), 344 – 350. Reprinted with permission.

多个切入点和出口

学生的数学经验参差不齐，所以提出的任务要具有多个切入点，也就是任务可以通过多种方式来完成，具有不同程度的挑战，适应学习者的多样性。在课堂教学中要鼓励学生使用多种策略，且学生使用的策略是根据他们的知识和经验所选择的，并且是他们自己喜欢的策略，这样可以降低学生解决问题的焦虑（Murrey，2008）。同时，教师要鼓励学生积极参与那些他们能够理解的任务，而不是单纯地机械记忆或照葫芦画瓢式地模仿老师。

任务也应该具有多个出口，也就是对解决问题的不同方案有不同的表现形式。这些方案体现出一系列的数学复杂性，并会激发新的数学问题的产生。在学生运用多种形式（如画图、实物操作、数学运算、列图表等等）来表述自己的策略和方法时，他们既是在为自己的策略进行证明与辩护，也是在对其他人的方法进行推理判断。在不断学习和理解新方法的过程中，学生一直进行着高水平的数学思考。

下面是一个适用于学前班或小学 1 年级学生的任务，这个任务就具有多个切入点和出口。

> **任务 1：**教师把一桶物体（如一桶玩具汽车）放在桌面上，提出问题：班级里每个人都可以得到一辆玩具汽车吗？

> **任务 2：**教师给每位学生一张纸，上面有一排一排汽车的图片，提出问题：班级里每个人都可以得到一辆汽车吗？

乍一看，任务 1 包含了实际的操作，似乎更加吸引人。但在特定的情况下，使用玩具汽车实物（或用一个立方体来表示一辆汽车）可能会导致一种低级的策略：把车分下去，看看每个人是否得到一辆玩具汽车就完成了这个学习任务。从这个角度来说，任务 2 则更接近"有意义的问题"。这样的任务提出方式使得学生需要去数汽车。当他们数的时候，教师可以观察学生的思路：是从第一行第一列开始有顺序地一行一行数，还是毫无规律地任意数？有没有数重或数漏的情况发生？是一个一个地数，还是两个两个或四个四个地跳数？是先数班级里有多少小朋友再数有多少张汽车卡片，还是在每辆车下写上小朋友的名字……数汽车只是这项任务的一个方面，学生还必须把汽车卡片数与班上的学生人数相比较。学生是如何把汽车数和人数进行比较的？是否有人用一个计数圆片代表一名学生，并将一个计数圆片与图片上的一辆小汽车相匹配？他们会在百数表或数线上找到这两个数进行比较吗？任务 2 的问题提供解决了多个切入点和多个解决方案（出口），使得它成为一项更有价值的任务。

反思角　图 3.1(a)示例的是一个具有多个切入点和多个出口的高水平认知需求任务。在研究图 3.1(b)中的解决方案之前，先阅读问题，选择一个策略，并试着完成这个任务。

（a）里斯女士正在带领学生们学习统计有关的内容。她带来了三个装有红球和蓝球的袋子。三个袋子如图所示：

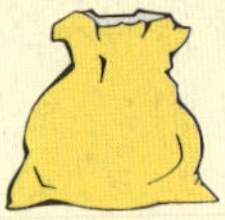

75 个红球
25 个蓝球

①号袋子＝100 个球

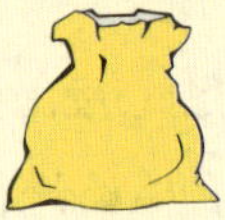

40 个红球
20 个蓝球

②号袋子＝60 个球

100 个红球
25 个蓝球

③号袋子＝125 个球

里斯女士把袋子摇匀后提问："闭上眼睛，把手伸进袋子里，摸出一个球，在哪个袋子里摸，摸出的这个球是蓝球的可能性最大？"

你会选择在哪个袋子里摸？解释你的理由。

（b）

A. ①号袋子的蓝球是红球的 $\frac{1}{3}$，②号袋子的蓝球是红球的 $\frac{1}{2}$，③号袋子的蓝球是红球的 $\frac{1}{4}$，$\frac{1}{2}$ 是最大的，所以我会选②号袋子。

B. 我算出了每个袋子里蓝球占所有球的百分比。我选②号。
①号：$\frac{25}{100}=25\%$
②号：$\frac{20}{60}=33\frac{1}{3}\%$
③号：$\frac{25}{125}=20\%$

C. ①号：$\frac{75}{25}=\frac{3}{1}=3$　③号袋子红球与蓝球的比值是4，是最大的，所以在③号袋子里摸到蓝球的可能性会比其他的袋子大。
②号：$\frac{40}{20}=\frac{2}{1}=2$
③号：$\frac{100}{25}=\frac{4}{1}=4$

D. ②号袋子摸到蓝球的可能性是 $\frac{1}{3}$，①号袋子摸到蓝球的可能性是 $\frac{1}{4}$，③号袋子摸到蓝球的可能性只有 $\frac{1}{5}$。

E. ①号袋子有 $\frac{1}{4}$ 是蓝球，②号袋子有 $\frac{1}{3}$ 是蓝球，②号比①号可能性大；②号袋子蓝球和红球的比是1：2；③号袋子蓝球和红球的比是1：4，②号比③号可能性也大。

F. ①号袋子里有 75 个红球，25 个蓝球，红球比蓝球多 50 个。③号袋子里有 100 个红球，25 个蓝球，红球比蓝球多 75 个。在①号袋子里摸到蓝球的可能性比在③号里摸要大。

G. ①号袋子红球75，蓝球25，红球和蓝球的比是3：1，②号袋子红球40，蓝球20，红球和蓝球的比是2：1，③号袋子的红球100，蓝球25，红球和蓝球之比是4：1。②号袋子摸出蓝球的可能性最大。

H. ①号袋子里有 75 个红球，25 个蓝球，③号袋子里有 100 个红球，25个蓝球。蓝球的数量相同，哪个红球少，哪个摸到蓝球的可能性大，所以我选①号袋子。

图 3.1　具有多个切入点和出口的任务及学生的解决方案示例

资料来源：Smith, M. S., Bill, V., & Hughes, E. K. (2008). Thinking Through a Lesson: Successfully Implementing High-Level Tasks. Mathematics Teaching in the Middle School，14(3)，132－138. Reprinted with permission.

图 3.1(b)呈现了一些学生的解决策略。

学生 B 计算出百分比进行比较，学生 A 和 D 用最简分数来比较数量，学生 G 使用了"部分 部分"的比例关系进行推理。

还有几种是学生的错误或误解。学生 C 也是运用"部分 部分"的关系进行比较，但最后得出结论的时候出现了错误。学生 F 关注的是差值而不是比的关系，学生 F 和 H 都只比较了两个袋子。

在课堂讨论中，教师的角色是确保如何有计划地分析、探讨学生的不同方案（可以先从一些不太复杂的方法开始）。这样可以纠正学生的错误和误解并帮助他们构建新的解决问题的策略，同时也帮助学生在数学内容之间建立联结（如这个例子中的比、分数、百分比、可能性的大小等），从而提高他们对数学的理解(Smith，Bill，& Hughes，2008)。

切身相关的情境

一项有价值的任务最突出的特点之一是可以让学生对学习数学感到兴奋。比较以下两个任务，你认为哪一个任务会让 4 年级的学生更加兴奋？

任务 A：借助方格纸表示两位数乘两位数的结果。

任务 B:学校计划举办秋季庆祝日活动,我们班负责在庆祝日上卖水。有 14 箱水,每箱 7 排,每排 5 瓶。每箱有多少瓶水？ 14 箱一共有多少瓶水？每瓶水卖 2 美元,这些水一共能卖出多少美元?

情境要体现学生的文化背景,符合学生兴趣(这是第五章《创建为了学习的评价》中的重要组成部分)。现实情境可以提高学生的参与性,使得学生能够有多样化的解决问题策略,有利于帮助学生建立积极的学习习惯(Tomaz & David,2015)。

下面我们分享两种与学生切身相关的情境设计方法——利用儿童读物及联系其他学科。

利用儿童读物中的素材和情境。儿童读物能够提供丰富的"有意义的问题"。绘本、诗歌、科普读物等都可以用来提出具有多切入点和高认知能力的好问题。从广受欢迎的文学作品中取材,进而设计数学问题也是很有趣的。儿童绘本《好事成双》(Hong,1993)讲述了一个民间神话故事,故事里的一对夫妇发现了一个罐子,里面的东西可以翻倍。(想象一下,当书里面哈塔克太太掉进罐子里的时候,发生了什么?)学生可以拓展到下面的问题:如果我们全班都掉进了这个神奇的罐子里,班级的人数会变成多少?

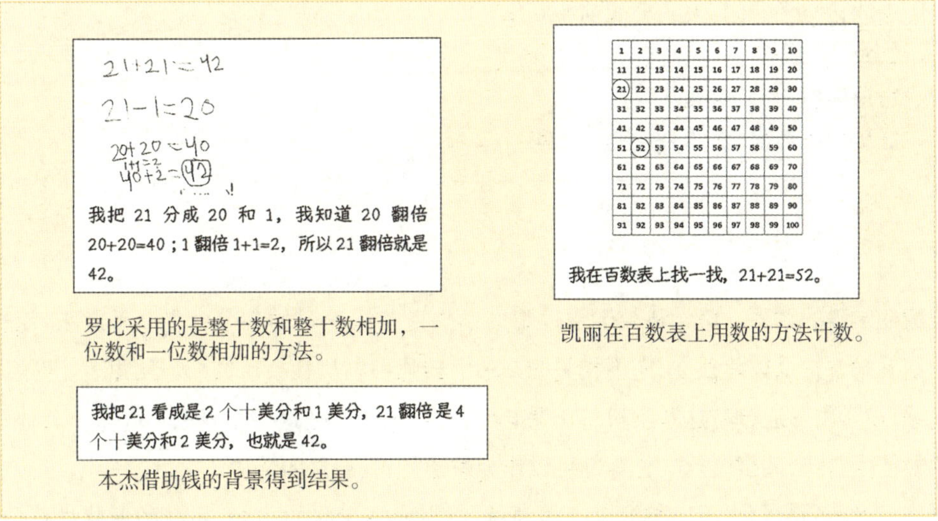

图 3.2　2 年级学生运用不同策略解决"21 人翻倍后是多少"的问题

这里需要注意,凯丽使用百数表计数得到的结果是不正确的。教师需要进一步了解学生是书写错误还是理解错误。

在《哈利·波特与魔法石》(Rowling,1998)中写到海格的身高是普通人的两倍,而身宽是普通人的五倍。根据作者对海格身材的描述可以设计好几节课。

2~3 年级的学生可以剪出和他们一样高、一样宽的纸条,然后他们就能算出如果海格是他们的两倍高五倍宽,那么海格的身材有多大。

4～5 年级的学生可以创建表格，列出每个学生的身高和宽度，并寻找其中的规律（通常来说这个年级的孩子身高和身宽比大约是 3 比 1），然后他们可以计算出海格的高度和宽度，看看海格的身高和身宽与他们自己的身高身宽比是否保持一致。

6～8 年级的学生可以创建一个全班学生身体宽度和高度的统计图，看看海格的数据会出现在图的什么地方。

这个例子很好地体现了测量、数与运算和代数的多种内容。无论学生是 5 岁还是 13 岁，文学作品都能与他们的经历和想象力产生共鸣。这种共鸣会让学生对解决相关的数学问题更有热情，也更有可能把数学看作是探索世界的有效工具。

非小说类文学作品（绘本、书籍、报纸、杂志以及网络）为学生提供了认识周围真实世界的素材。一些作文以及世界纪录大全类的书籍提供了许多很棒的情境以供学生探索世界，很多期刊和教师用书中也能找到非常好的点子。教师可以把真实世界的数据与课堂实践联系起来对比，可以把生活和数学联系起来。如借助古代世界七大奇迹的时间线可以用来探索负数。

你知道世界"七大奇迹"吗？请你查找"七大奇迹"的资料并把它们发生的年代表示在下面的数线上。

巴比伦空中花园：大约公元前 600 年

埃及胡夫金字塔：大约公元前 2500 年

宙斯雕像：公元前 435 年

亚历山大灯塔：大约公元前 250 年

```
├─────────────────────────┼─────────────────┤
                          0                 2015
```

与其他学科的联系。 跨学科教学可以帮助学生把正在学习的各个学科联系起来，而这些学科在他们看来常常是彼此独立、毫不相关的。小学教师可以从社会研究、科学、语言、艺术课程中汲取灵感；中学教师通过与这些学科的任课老师合作，也可以把这些学科联系起来。其他学生所熟悉的如艺术、体育甚至流行文化等都可以作为跨学科、有意义的情境。

例如，在幼儿园，学生可以根据树叶的颜色、光滑或锯齿状的边缘、树叶的形状进行分类，从而将自然科学的学习与数学联系起来。学生可以制定分类的标准，用韦恩图来表示分类的结果，可以观察并分析不同树木的叶子有什么共同和不同之处。年级高一些的学生可以测量各种叶子的周长和面积，探索为什么这些叶子的周长和面积有所不同。

社会研究课程中蕴含着丰富的数学学习的机会，历史事件的时间线是学生研究数相对大小和更好地理解历史的绝佳机会。学生们可以探索不同国家或地区的人口，并比较人口密度，再借助这些研究结果在社会研究课程里探讨每平方英里居住 200 人的地区和每平方英里居住 5 人的地区之间的生活差异。

评价和调整任务

信息的极大丰富可以帮助教师通过很多渠道找到学习任务的设计素材，比如本书中的一些内容、学生的课本、互联网、各类讲座、文章文献等等。然而，如果以"高认知水平"和"促进问题解决能力发展"这两个标准来衡量的话，大量现成的内容其实都存在很多不足。在网络搜索界面和教师网站上弹出的大量讲义和题集尤其如此。我们要注意，隐藏在花里胡哨的艺术作品背后的实际上是低层次的认知需求任务——它们可能看起来很有趣，但如果所涉及的数学问题不是"有意义的问题"，那么这些花里胡哨的艺术作品并不会帮助你的学生进行高水平的认知思考。我们应该确保数学题目本身是有趣的、吸引人的，而不是靠"花架子"来吸引眼球。

在确定学习任务时有意识地分析、评估会帮助教师选择出高质量的学习任务（Barlow，2010；Breyfogle & Williams，2008—2009）。图 3.3 中的任务评估和选择指南提供了一些基本评价思路，这些思路旨在帮助教师分析判断所设定的学习任务是不是适合发展问题解决的能力。当然，这不是说每个任务都要满足所有这些特征。一项任务可能在解决问题的策略方面得分很高，但在与学生切身情境联系方面却没有达到要求，那是因为你决定放弃情境背景去做一些更有趣的事情，或者这个任务具备了策略和特征方面的要求，却与学习目标不相符，在这种情况下教师可以选择变更任务，将重点放在既定的学习目标上，或者暂时将这个任务留存，留待日后为它找到更匹配的学习目标时再使用。

任务评估和选择指南	
预热	尝试并思考： ◆ 这个任务是"有意义的问题"吗？ ◆ 涉及的数学内容有趣吗？ ◆ 这个任务的学习目标与预设的学习目标一致吗？ ◆ 学生可能使用哪些策略？ ◆ 这个任务可能会涉及哪些关键概念？学生会遇到哪些困难？
策略	这个任务能激发下列哪些解决问题的策略？ ◆ 借助直观 ◆ 使用或寻找规律 ◆ 猜想与反思 ◆ 推理证明 ◆ 画图与列表 ◆ 简化或从特例想起 ◆ 发现等量关系
特征	这个任务具有下列关键特征吗？如果有，程度如何？ ◆ 高水平的认知需求 ◆ 多个切入点和出口 ◆ 切身相关的情境
评价	这个任务为教师提供了哪些机会了解学生的思路？ ◆ 使用工具或模型来表示数学 ◆ 反思、论证和解释 ◆ 展示理解的多种方式

图 3.3　选择促进问题解决能力发展的任务时思考的问题

当然，具体的计算方面的学习往往很难具备上面提倡的这些特点。如果你在思索如何以问题解决为载体来进行各类运算的教学，可以参考博勒（Boaler，2016）特别为运算量身定做的问题解决方式。同时这些方法不仅限于运算，也适用于所有其他内容。

1. 鼓励算法多样化：明确要求学生使用多种方法、策略和表现方式来解决问题。

2. 鼓励探索：把任务改成不单单是计算问题，比如不要让幼儿园的孩子们算 3＋5，而是让他们找出有哪些数相加可以得到 8。

3. 把"标准"计算方法的学习推后：先从培养学生解决问题的直觉开始，然后再教"标准"的计算方法。

4. 借助直观：直观操作可以增强学生的理解。学生可以通过对两种不同的方法，如画图和操作学具来判断他们采用的算法是否合理，或者结合算式讲一讲生活中的故事。

5. 多个切入点：鼓励学生写下他们解决这个问题过程中的所有想法，或者是能想到的所有可能解法。

6. 论证与解释：要求学生能够提出令人信服的理由，同时鼓励他们持怀疑态度，能够对彼此的观点提出清晰明确的质疑（在提出问题和阐述论点方面给学生做示范很重要。示范要侧重于如何针对对方的论据进行推理）。

正如学生会渐渐熟悉如何解决问题一样，随着时间的推移，教师也会越来越熟悉设计任务，评估并调整任务。现在假设你是一位 4 年级教师，请结合下面的学习目标，设计一个有价值的学习任务：

图形分类（NGA Center & CCSSO，2010，p. 32）。
根据图形中是否有平行线或垂直线为图形分类。
根据图形中某个指定角的大小分类。
将直角三角形作为分类后的其中一个类别。

在网上搜索"三角形分类"会出现数百个链接和练习单，如图 3.4 所示。

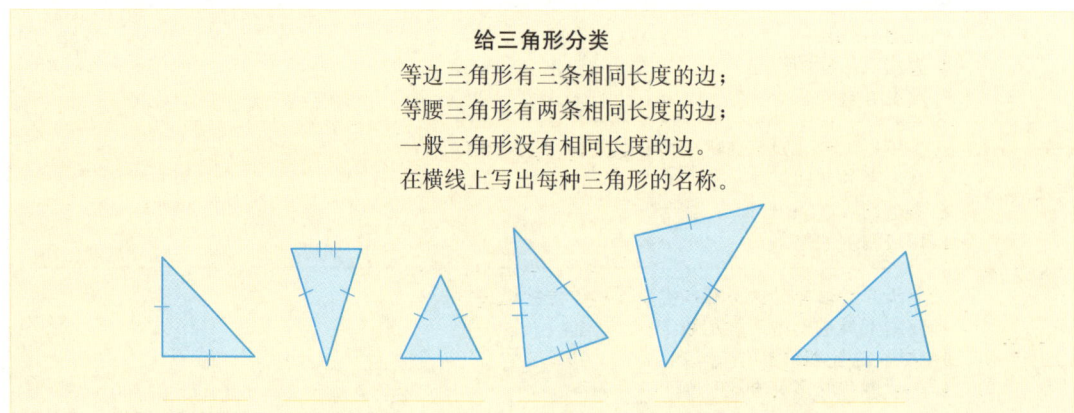

给三角形分类
等边三角形有三条相同长度的边；
等腰三角形有两条相同长度的边；
一般三角形没有相同长度的边。
在横线上写出每种三角形的名称。

图 3.4　三角形分类练习单

![反思角] 根据上面的任务评估和选择指南,你怎么评价这个任务? 如何调整,从而使它变得更有意义?

这个练习单看上去好像与学习目标相匹配,但仔细分析,可以发现它并不包括高水平认知需求、多切入点和切身相关的情境这些特点。试试下面的方法:

1. 去掉表示边相等的标记,将三角形在方格纸中呈现,把三角形用字母表示出来,让学生找出一对三角形之间的相似点和不同点。这可以提供多切入点,而且会激发高水平的认知需求。

2. 只给练习单上半部分的文字,让学生在教室里或者绘本读物里找出实例。

3. 剪下三角形,让学生把他们认为"相同"的三角形放在一起,并起个名字。在后面的讨论中,可以探讨怎么用其他方式来分类,并进一步加强对概念的理解。

再来想想,还可以怎么提升这个任务呢? 试试下面的一些问题:

"你能画出两个不同大小的等腰三角形吗?"

"你能画出一个有三个钝角的三角形吗? 请解释原因。"

"如果一个三角形是直角三角形,那么边的组合(指按照边的长度进行组合)有哪些可能,哪些边的组合是不可能的?"

以上每个调整都看似简单,却大大加深了学生对几何概念的理解。

四. 运算能力的发展

在第二章,我们讨论了全面的概念理解和熟练的运算技巧是数学能力的两个重要方面。在第三章,我们着重讨论了问题解决能力的发展以及支持问题解决能力发展的任务特征。在本节中,我们将通过五个例子重点介绍通过在发展问题解决能力的过程中对"概念"和"运算能力"的教学。

任务示例

运算能力包括对概念的理解以及建立数学概念之间的相互联系(Bay-Williams & Stokes Levine,2017;NCTM,2014)。

在阅读过程中,请仔细体会每个题目是如何为学生创造机会从而在概念和运算过程之间建立联系的。

题目 1:分一分	适合年级:学前班～1 年级
六碗麦片放在两张不同的桌子上。请你画一幅画来说明六个碗可以放在两张桌子上。你能找到其他方法吗? 你认为有多少种方法?	

在幼儿园或 1 年级，学生可能会确定一到两种分解方法去分解 6，或者找到所有的方法（多个切入点或多种策略）。学生可以分享他们是如何思考的，以及在探索新方法时发现的规律。例如，学生可能注意到，当一个桌子上多一个碗时，另一个桌子上就少了一个碗，所以一个碗"挪"了过来。他们可能会找到有 7 种可能的方法。把总数换一下，或者换个情境，比如：10 个玩具可以用多少种方式放入 2 个篮子？学生们开始注意到，数字可以用不同的方法分解和组合。这个过程也是学习加法，并用等式表示如 1＋5＝6 的过程，在探索的过程中可以自然地讨论符号的意义以及用数怎样来表示情境。

题目 2：两位整数的加法　　　　　　　　　　　　　**适用年级：1～2 年级**
48 和 25 的和是多少？你是怎样想出来的？

即使没有故事或情境，这个任务也是一个"有意义的问题"，因为学生必须解释他们是如何着手解决这个问题的（他们在这个时候还没有学习标准算法）。学生可能会使用计数圆片等学具、用画图或心算的方法来解决。下面的例子是 2 年级课堂上学生们所采用的一些方法：

4 8 ＋2 5（框中的数字帮助了学生）

40＋20＝60

8＋2＝10　　3（3 是分解 5 中剩下的）

60＋10＝70

70＋3＝73

40＋20＝60

60＋8＝68

68＋5＝73

48＋20＝68

68＋2（来自 5）＝70

然后，还有 5 里面剩下的 3.

70＋3＝73

25＋25＝50　　23

50＋23＝73

师：23 是从哪儿来的？

生：来自 48.

师：你是怎么分 48 的？

生：把 40 分成 20 和 20，8 分成 5 和 3.

$48-3=45$　　$\boxed{3}$

$45+25=70$

$70+3=73$

学生对自己方法的分享，就是在加深对位值概念的理解，也是在学习解决加法任务的位值策略，同时为他们学习两位数加两位数的"标准"算法打下基础。注意：对于整数、小数、分数运算都可以采用类似的方法。

题目 3：长方形的面积　　　　　　　　　　　　　　　　　　**适用年级：3～4 年级**

请用彩色方块覆盖数学书的封面，找出数学书封面的面积。用这样的方法，找出不同大小的图书封面的面积。想一想，用彩色方块覆盖图书封面的过程中，你发现了什么规律？这个规律适用于所有的长方形吗？

在拼摆方块的过程中，学生会注意到每一行都有相同数量的方块，那么只需要知道有几行，就可以通过跳数或乘法计算出方块的总数，这其实就是理解了面积的概念，同时加强了对乘法是重复加法的理解，引出了长方形面积的计算过程。第十八章详细介绍了大多数测量都可以通过问题解决的方式来学习。

题目 4：分数除法　　　　　　　　　　　　　　　　　　　　**适用年级：5～7 年级**

安东尼正在为他的姐妹们编织围巾作为礼物。每条围巾长 1 米，他每天能织一条围巾的 $\frac{1}{4}$。要织好三条围巾需要几天？

学生在没有"分数除法"概念的情况下探索这个问题时，其实可以用多种方法。比如说按 $\frac{1}{4}$ 跳数、有多少个 $\frac{1}{4}$、天数和米数的关系，每米完成需要几天等。为了扩展学生的思维，可以提出下面的问题：

"如果安东尼决定一天编织一条围巾的 $\frac{3}{4}$，要织好三条围巾需要几天？"

在对学生的观察中，可以发现学生会用第一个问题的策略和答案来帮助他们解决新的问题，改变数给学生提供了更多的体验。随着不断增加的解决问题的经验，学生开始联想到除法的概念，并归纳总结出如何解决这样的问题。一系列相关的任务就这样帮助学生把概念和运算的知识联系起来。在任务的设计中，还可以再提出围巾的长度和每天完成的量不同的问题，以帮助学生发现其中的规律。

题目 5：比和比例　　　　　　　　　　　　　　　　　　　　　**适用年级：6～8 年级**

杰克和吉尔打水是学生们非常熟悉的故事。

杰克和吉尔站在山脚下的同一个地方，他们要走到山上打到一桶水。

杰克和吉尔同时开始向山上走，杰克每 25 秒走 5 米，吉尔每 10 秒走 3 米。

假设匀速行走，谁先得到第一桶水？

学生可以通过多种方式解决这个问题。在数线上"跳"，直观地表示情境，通过计算出速度来解决问题等。这里的关注重点是学生们怎么理解比。通过对不同情境多个例子的探索，学生慢慢会总结出一个比较比值的运算过程，这就是比例推理的核心。

训练与练习

"训练"和"练习"是我们日常脱口而出的词语，通常大家都认为"训练"和"练习"是一对同义词。很多时候它们的确意义相近，但从发展学生数学能力的视角来看，"训练"和"练习"是两种不同类型的学习活动。

训练是以掌握一种程序或算法为目标的重复性操练，而练习则需经历概念理解和探索的过程，完成任务、积累经验。

练习：正如本章所描述的，学生通过有意义、有价值的练习能够发展全面的概念理解能力，可以尝试选择多种不同的策略来解决问题；可以在概念和运算之间建立联系。最重要的是，这会给学生发出一个明确的信号：数学就是把事情搞清楚。

训练：大部分的教科书每节课都包含相应的题目，网络上各种题目也是琳琅满目。但"题海"式的机械训练实际上会阻碍学生的主动学习活动，使得很大一部分人不喜欢数学、不理解数学概念甚至成年之后不愿意选择与数学有关的工作。

恰当的练习应该是什么样的呢？弗兰克、卡泽米和巴蒂（Franke, Kazemi, & Battey, 2007）通过对大量文献研究的总结发现，"机械训练"会在一定程度上提高运算的能力，却无法提高学生全面的数学概念理解能力。但是如果减少"做题"的数量，而把时间花在讨论问题时，学生的概念理解和运算能力都会得到提升。练习时间不能太长，练习时把运算过程与相关概念联系起来，这样的练习才更有效。

科技的发展使得个性化练习成为可能。一些线上平台可以根据每名学生的水平来提供适切的题目，使得学生能够根据自己的节奏练习基本数学运算和复杂的问题解决。类似这样的活动有助于学生根据各自的情况逐渐转向解决更复杂的问题。

训练和学生的错误与误解。我们已经讨论过多次了，由于学生的背景和先验知识不同，所以他们理解数学概念的方式和学习数学内容的速度也会不一样。对于那些不能快速掌握新概念的学生来说，他们很容易就会放弃，或是希望通过"训练"来提高数学成绩。但在现实中，当一个学生运算出错的时候，其实往往是因为他们对概念理解有误差。这么说吧，因为学生的计算错误在于"本"而不是"标"，所以大量的机械训练是治标不治本的。想要治本，还是要加强学生全面的概念理解并把运算和概念联系起来。

五、像乐队指挥一样统领课堂讨论

我们已经认识到把问题解决作为学习目标、学习内容、学习载体的重要性了，但是要想在课堂上做到这一点，作为老师，你需要像乐队指挥一样统领课堂讨论。要帮助学生成为积极思考的数学学习者，教师必须克服对不确定性的担心（以学生为中心的课堂，教师不再是把控课堂的唯一角色）；教师的提问要切中要害、能及时回应学生、鼓励学生思考、鼓励学生对自己的策略方法进行判断与反思……要能够判断什么是学生能力范围内的数学困境（Heaton & Lewis，2011；Kazemi & Hintz，2014；Towers，2010）。教师自身也必须表现出积极的数学态度，在课堂讨论中做出积极的数学学习者的表率：有好奇心、愿意探索、不断试验、反复推断、寻找多种解决问题的方法、在各种方法之间寻找联系、总是能够反思自己的推理。

积极有效的课堂讨论的目的在于使学生在学习中保持着高水平认知的思考（Breyfogle & Williams，2008—2009；Kilic et al.，2010；Smith，Hughes，Engle，& Stein，2009）。这里所说的课堂讨论的目的不是让学生说出他们的答案并得到老师的认可，而是涉及《从理论到实践》的八种教学实践中的三条（NCTM，2014）：促进有意义的数学讨论；提出有目的、有意义的问题；发现并利用学生思考的证据。

课堂讨论

学生在数学课上的讨论对于他们学习数学是极为重要的，这个重要作用怎么强调都不为过。当学生在寻找多种解决策略并与同伴分享时，在推理论述自己的想法并与同伴探讨时，他们的学习收获是其他学习方法远远不能相提并论的。对于数学学习存在困难的学生来说更是如此。这些学生需要在课堂讨论中反复听到并使用数学的符号、语言、思维方式来帮助他们建立起数学概念，慢慢拥有掌握解题策略的满足感以及对做数学的自信和积极的数学学习态度。在这个过程中，他们不仅发现同一个数学问题常常会有多种解决方法，也会发现数学是他们可以完成、可以做的事情。

史密斯和斯蒂恩（Smith & Stein，2011）总结了教师如果像乐队指挥一样来指挥数学课堂讨论需要做到下面这些内容：预测学生反应、把握学生进展、选择讨论内容、安排讨论顺序以及建立数学联系。预测学生对所选定任务的反应需要在上课之前就准备好，当学生在课堂上开始解决问题的时候，教师需要观察他们所使用的策略，并提出问题，如：

- 是什么让你决定这样做？还有其他方法吗？
- 做了什么让你理解了这个问题？

- ○ 题目里有多余的信息吗？你怎么知道这些信息是多余的？
- ○ 你尝试的方法里有行不通的吗？你怎么发现那个方法是行不通的？

类似这样的问题旨在引导学生反思他们的策略，帮助教师决定在后面选择哪些策略来进行公开讨论。在选择了一些要分享的策略后，教师要根据数学概念来安排怎么讨论这些解决方法，决定先讨论哪一个后讨论哪一个。最后可能最重要的就是，教师在设计问题和选择策略的时候要注意把相关的数学概念联系起来。一般来说，课堂上讨论的问题往往是针对具体任务的，但是下面这些一般性的问题也不妨试一试：

- ○ 莱斯利是如何呈现她的解决方案的？她用了什么数学语言、符号或工具？这和科林的解决方案有什么不同？
- ○ 在这个任务中有没有什么让你想起我们解决过的另一个问题？
- ○ 下次遇到类似的问题时，你会采取相同或不同的做法吗？

请注意，这些问题关注的既是解决问题的过程也关注结果，同时还关注了判断哪些方法有效，哪些方法无效。

正因为数学讨论有这么多的好处，我们要确保每个人都参与到课堂讨论中。你可能需要首先和学生达成为什么讨论很重要的共识，也要明确什么是积极倾听，什么是及时回应他人。例如，孩子们可以通过眼神交流和身体动作（如点头）来表明他们在听，要耐心等待发言者说完再提问，在提问的时候先总结一下别人的观点也是表达对发言者的尊重（Wagganer，2015）。等待时间对于保证讨论和思考也很重要（Roake，2013）。切宾、奥康纳和安德森（Chapin，O'Conner，& Anderson，2013）介绍了如何提问、如何鼓励学生参与课堂讨论的具体方法，他们把这些具体方法称为"说话指南"。表 3.3 简要描述了这些方法，并给出了示例。

表 3.3　支持课堂讨论的行为

说话指南	说明	举例
在理解想法时……		
1. 耐心等待	有意思的是"说话指南"的第一条就是不要说话。人们常常会觉得一声不出的安静有些尴尬，其实安静正好是思考的时间。高层次的思考需要时间。在对学生的想法做出回应前应该给予学生足够的时间去思考。	"这个问题很重要，让我们花些时间去思考它。" "一分钟后，我再来问你这个问题的答案……"
2. 同伴交流	让学生在与全班同学分享之前有机会通过与同伴交流来梳理自己的想法，在这个过程中完善自己的语言表达。同伴交流也给学生提供了一个听取别人想法的机会，这既可以帮助他们完善自己的想法，也可以理解并支持同伴的想法。	"这个答案是大于 1 还是小于 1？和你的同桌交谈 30 秒。" "罗莎建议我们可以使用百数表。和你的同伴谈谈百数表是如何帮助我们解决这个问题的。"

续　表

说话指南	说明	举例
3. 重新表达	"说话指南"也包括用问句的形式把学生的陈述句重新用清晰明了的词语表述出来，或者用准确的数学语言来复述学生刚才的观点，让更多的学生听到。	"那么，你刚才说……" "你用了百数表和接着数？"
4. 再谈谈/多说说	有时学生(尤其是幼童或初学数学的学生)就用 2 到 3 个简短词语进行回答，这条指南鼓励他们多思考也能了解更多信息。	"你说你把这两个数字加起来了。你是怎么加上去的？" "你能说说你为什么使用_____策略吗？"
5. 谁能重复	让学生用自己的话去复述/重复别人的观点，这样可以保证有多种形式来表达同一种观点，也鼓励学生间相互倾听。	"谁能重复里卡多刚才说的话？" "谁能用自己的话解释一下艾玛的策略？"
进一步理解、推理……		
6. 为什么_____? 何时_____?	加深学生对策略或想法的理解，让学生解释：为什么这个策略会好用? 什么时候好用?	"你为什么认为这是真的？" "这种策略什么时候才能奏效？"
7. 你觉得_____如何?	与复述不同，这里不是让学生重复别人的观点，而是对另一名学生提出的观点进行评价。	"你觉得阿玛莉亚的方法怎么样？" "你是否同意约翰娜的观点? 为什么？"
8. 告诉我更多	让学生补充某人的观点，同时邀请学生给出例子并建立联系，以让更多的学生参与进来，加深学生对他人策略的理解。	"我们可以对杰罗德的解释补充些什么呢？" "你能举个例子吗？" "你觉得胡里奥和布里安娜的策略有什么联系吗？"

资料来源：Based on Chapin, S., O'Conner, C., & Anderson, N. (2013). Classroom Discussions：Using Math Talk to Help Students Learn (3rd ed.). Sausalito, CA：Math Solutions. Reprinted with permission.

下面的对话是一位老师与一组学生讨论如何解决"27－19＝_____"的对话示例。老师正在让两个学生(泰勒和艾丽娅)去思考他们不同的答案。

泰勒：我把 1 和 19 相加等于 20。然后用 27 减去 20 得到 7。但是我加了 1，所以需要从 7 中减去 1，结果是 6。

教师：你觉得怎么样，艾丽娅？

艾丽娅：我的答案不是这个啊。

教师：是的，我知道，但是你觉得泰勒的解释怎么样呢？

艾丽娅：嗯，我觉得泰勒的结果不对。我刚刚算过，1 和 19 相加等于 20，然后又加 7，等于 27。我数了数，一共有 8 个，所以结果为 6 不可能是对的。

教师：泰勒，你认为艾丽娅的解释怎么样？

泰勒：听上去也很有道理啊，我刚才也应该数数。

教师：所以，你认为两个答案都对吗？

泰勒：不是。

艾丽娅：不，如果是 27 减去 20，答案是 7，因为你在 7 的基础上加了 1，所以，如果是 19，那么结果应该是 8。

泰勒：哦，等等。我明白了一点，我确实得到了 7……看，27 减去 20 等于 7，但是然后……我明白了……27 减去 19，我拿走了 20，我拿多了，所以我必须在 7 上加 1，结果是 8，跟艾丽娅一样！
(Kline，2008，p.148)

> 💡 **反思角** 在前面的例子中，你注意到了"说话指南"的哪条具体内容？你能找出其中的两条吗？

大量研究在这方面提供了很多有意义的建议，下面这些建议或许对你会有帮助：

○ 鼓励学生与学生之间的对话，而不是师生之间将其他学生排除在外的单独对话。当学生们有不同的解决方案时，让学生们一起来探讨这些不同的方法。"乔治，我注意到你的回答和托皮卡的不一样。你觉得她的解释怎么样？"

○ 鼓励学生提问。"皮特，你明白他们是怎么做的吗？你想问安东尼奥一个问题吗？"

○ 在答案对或错后要继续提问去挖掘学生的想法。教师的角色是理解学生的思维而不是把学生引到正确答案那里。通过继续提问鼓励学生表达自己的想法，你会发现你所推测的他们的想法并不是他们真实的想法。你也不能只对错误答案追根溯源，如果那样，学生就会觉得只要你让他们解释自己的想法肯定就是他们错了，他们就会很紧张。

○ 无论采取什么方式，教师都需要保证所有学生都有机会参与讨论。在学生们分组讨论时，教师可以利用这个时间来选择最后全班讨论的时候要交流的几种方法，介绍这些方法的时候要按照什么样的顺序，前后连着讨论的两个方法之间有什么联系，同时也要鼓励所有的学生都准备好分享他们的策略。

○ 告诉学生困惑是正常的，所以提问也是正常的，不懂就要问。这种困惑是因为他们在做真正的数学，他们正在学习。

○ 鼓励学生结合对数学概念的理解来解释自己的想法。例如，如果一个学生说他知道 4.17 大于 4.1638，可以让他（或另一个学生）解释原因。"我知道你的答案是正确的，但我想有些同学不明白你为什么这么认为，请你解释一下原因吧。"

○ 确保所有的学生都参与了讨论。例如，你可以给出句子的开头或给出例子让学生知道你希望听到什么样类型的答案，增加回答的结构性，以帮助学习有困难的学生。教师可以让学生和同桌先练习讨论，也可以邀请学生用推理和实物操作的方式来支持他们的论证，这些策略对所有学生都有益处。

像指挥家一样来统领课堂讨论可不是简单的事,尤其是如果你习惯了"一言堂"的授课方式的话。我们的目标是发现学生的思考过程并帮助他们理解彼此的想法,如果你打断了学生的思路或者解释,如果是你在操作学具而不是让学生动手,如果你的提问都是封闭性的问题……那么你就是"越俎代庖"替学生思考了(Jacobs,Martin,Ambrose,& Philipp,2014)。替学生思考会传递出这样的信息:你不相信他们有能力做数学,而这与你鼓励讨论的初衷是背道而驰的。

提问的智慧

教师需要通过合适的提问来了解学生的思考逻辑和他们的推理过程,从而帮助他们归纳总结规律。所以,如何提问是优秀教师在教学生涯中不断要改进的专业技能之一。提问时如果考虑以下几点,可以促进学生的思考。

1. 问题的"级别"。在各种理论模型中都有关于问题的级别分类。例如,布卢姆教育目标分类法(修订版)指出问题包括六个水平,其中记忆被认为是低级别的,后面每个级别的认知要求都比前一个更高(Anderson & Krathwohl,2001)。史密斯和斯蒂恩(Smith & Stein,1998)提出的认知需求水平(Levels of Cognitive Demand)包括两个低水平需求类别和两个高水平需求类别。如果要学生高度重视数学,教师就要能够提出高水平的问题(见表3.2)。

2. 侧重点的不同。概念性知识和运算过程都很重要,所以提问时应二者兼顾并注意在二者之间建立联系。如果是这样的问题——"你是如何解决这个问题的?"或"步骤是什么?"那么学生就会只考虑运算过程而不去思考与之相关的概念。二者兼顾的问题应该是这样的:"这条规则总是对的吗?适应所有情况吗?(为什么?)""这个策略什么时候可以用?""你写的等式是如何与图形联系起来的?"以及"为什么分数加法要用公分母来处理?"

3. 提问的形式。研究表明有些提问能够更好地鼓励学生进行逻辑推理和问题解决(Herbel-Eisenmann & Breyfogle,2005)。常见的模式是这样的:老师提出问题,学生回答问题,老师指出对错。这种"启发—回应—反馈"模式能够鼓励所有学生积极思考并参加课堂讨论。而另一种模式被称为"漏斗式提问",在这种提问模式中,老师的所有提问都是为了指向某个特定的答案。这与聚焦式提问是不同的。聚焦式提问使用探究性提问来帮助学生理解数学。前文提到的"说话指南"中的提问都是聚焦式提问。

4. 谁在思考。你必须保证你的提问能吸引所有的学生参与!如果你问了一个很棒的问题却只有一个学生回答,那么其他学生很快就会发现不关他们的事了,他们不需要思考了,那你为提问所付出的努力就都白费了。所以你的提问应该能让每个人都感觉自己有责任来思考。让学生先把他们的想法写在便签纸或个人白板上,然后和同桌先讨论,最后要求全班同学一起讨论。这种独立思考—同桌讨论—集体分享的策略能最大限度地提高学生的参与度。

5. 你如何回应学生。如果你很快就给出了正确答案,而不是采用前文所述那些"说话指南"时,你就失去了让学生参与有意义的数学讨论的机会,从而限制了他们的学习机会。教师应该更多地利用对学生答案的讨论,帮助其他学生知道自己得出的结论是不是正确的,要尽可能让学生对自己的答案给出合理的解释,找出其他策略或解决问题的方法。

什么该讲,什么不该讲

对教师来说,最令人困惑的难题之一是在数学探究过程中应该给学生讲多少。一方面,讲多了就减少了学生经历有意义的在数学困境里学习的机会,也就降低了他们思考的认知需求;另一方面,讲少了常常会让学生不知从何下手。下面的这三点是需要老师讲给学生的(Hiebert et al.,1997):

- 数学约定。"+"和"="等符号、术语和标记都是约定俗成的,保险的做法是在学生理解了概念之后再介绍这些约定俗成的符号和术语。
- 其他方法。当学生不能自然而然地发现某种重要的解题策略的时候,就需要老师在适当的时机以适当的方式把该策略作为"一个其他方法"介绍给学生。要注意的是,这是"其他方法"之一而不是唯一或最好的方法。
- 对学生方法的整理与澄清。帮助学生阐明或解释他们的观点,并适时指出与其相关联的概念和知识点。一个学生在处理 38 和 5 相加的时候,可能注意到 38 和 2 加起来等于 40,再把 3 加起来等于 43。这个策略可以与处理 8+5 时所采用的凑 10 的策略联系起来。这样的联系可以帮助其他学生理解这个方法,同时也增加最初提出该策略学生的信心。

文字表达

课堂讨论包括口头表达和文字表达两个方面。文字表达可以促进学生的学习和理解(Pugalee,2005;Steele,2007)。写作行为是一个反思性的过程,也是一个涉及学习元认知的过程(Bransford,Brown,& Cocking,2000)。元认知指的是对自己的思维过程进行有意识的体验(意识到自己要做什么、怎么做以及为什么要做某事)和监控(选择做某事或决定做出改变)。

写作在课堂讨论中起着至关重要的作用,写作可以当作课堂讨论的预演来进行。有时候学生很难记住他们是如何解决问题的,文字记录或先前的图画可以辅助学生进行讨论,文字表述也能帮助学生注意数学中对精确语言的需求,并可以借助插图来辅助文字解释。不同的书面解决方案就像不同的口头讨论一样,都可以让学生去思辨哪种策略是有意义的。这样的文字表述也为你课后进一步分析学生的思考过程提供了证据。例如,图 3.5 是一名 5 年级学生思考如何运算 $3\frac{1}{2} \div \frac{1}{4}$ 的作品。针对不同的读者进行文字表述练习也是很有意义的。比如在笔友活动中,1 年级学生给 3 年级学生写信,可以激励 3 年级学生解释得更详尽,他们往往也很享受这个"为人师"的过程(Lampe & Uselmann,2008)。在这个过程中,可以让学生用下面的这几个句子来辅助他们理顺文字表述,例如:我(我们)认为这个答案是_____。我们之所以这样认为是因为_____。

$$3\frac{1}{2} \div \frac{1}{4} = 14$$

有 $3\frac{1}{2}$ 杯面粉,烤一箱饼干需要 $\frac{1}{4}$ 杯面粉,这些面粉可以烤出多少箱饼干?

可以用画图的方法解决这个问题，数一数有多少个 $\frac{1}{4}$，有几个 $\frac{1}{4}$ 就能烤出多少箱饼干。

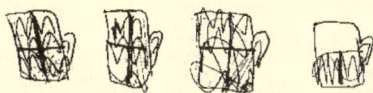

也可以把 $3\frac{1}{2}$ 和 $\frac{1}{4}$ 都看成是小数，然后用长除法计算来解决这个问题。

这是我解决这个问题的方法。

图 3.5　一名学生示例并解释如何计算 $3\frac{1}{2} \div \frac{1}{4}$

图表整理

图表整理可以帮助学生在各个不同的表征之间建立联系，参见下面的这个模板：

在每个框里，学生可以记录问题、解释、例证和一般的数学概念（Wu, An, King, Ramirez, & Evans, 2009；Zollman, 2009）。每个框的要求可以根据内容区域的需要进行调整，例如，在几何学习中，你可以用方框来表示特征、插图、例子和非例子。

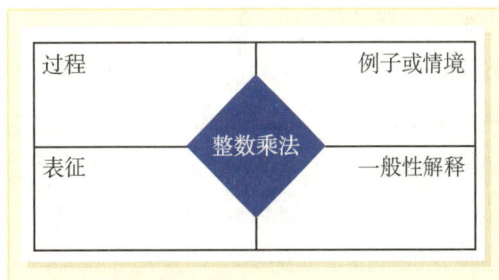

下面这个思考框架可以用作支持问题解决的过程和元认知技能（Lynch, Lynch, & Bolyard, 2013；Thomas, 2006）：

独立思考。

交流讨论。

怎么解决问题呢？

确定解决问题的策略。

你的策略是如何帮助你解决问题的？

对问题的进一步思考，对结果和方法的反思，想一想还有其他方法能解决这个问题吗？

使用图形及思考框架可以帮助学生更好地整理自己的思路，并把思考和解决问题的过程及想法与他人交流，这就为教师提供了非常好的形成性评价的数据。

第四章　基于问题解决的教学规划

学习目标

在阅读本章内容之后，你应该能够完成如下学习目标：

4.1　理解面向问题解决的三阶段课程的基本特征；

4.2　以数学探究为重点来设计课程；

4.3　执行包括个性化教学的具体教学规划；

4.4　促进家校合作，包括如何设定合适的家庭作业。

让学生参与问题解决过程的课堂与传统意义上的"先讲解后练习"的教学风格是很不一样的。在那些"我讲你做"的课堂里，学生很少有机会去做数学建模、定量逻辑推理、归纳总结之类的数学实践（Munter，Stein，& Smith，2015）。相反，基于问题解决的课堂是把学习视为一个复杂的过程，这个过程要在每个学生的先验知识基础上注重数学思想之间的联系，同时也包含了相应的数学活动。前者的备课就是课堂的一个流程，准备的是课堂应该发生什么；而后者的备课是创建一个"思考实验室"，也就是教师在备课的时候要考虑的是"课堂上可能会发生什么"（Davis，Sumara，& Luce-Kapler，2008）。本章节所谈论的三阶段课程以及如何备课都是为了支持学生的数学探究。

一．三阶段课程

在三阶段课程里学生会关注问题，积极参与，主动讨论反思并建立概念之间的关联。我们所说的三阶段分为"前""中""后"三个部分，具体是指学生积极参与到有价值的任务之中的一系列活动，即学生在任务开始前探求如何设置问题，在处理任务时如何探索策略，以及任务完成后该做什么（参见图 4.1）。在这一章中，我们会描述每个阶段的具体目标，并结合具体案例来探讨教师的教学实践。

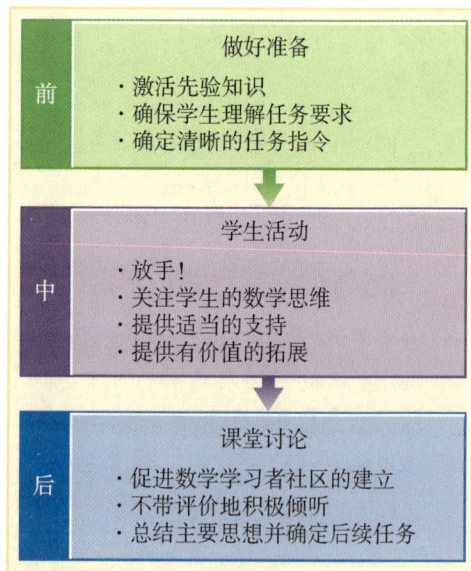

图 4.1　基于问题解决的教学规划，课堂呈现出三阶段结构

三阶段课程之"前阶段"

"前阶段"是指一节课最开始的 5 到 10 分钟,其目的是让学生对将要进行的高认知水平、具有数学思维的任务做好探索前的准备。在"前阶段",教师要注意的是既要给予学生足够的指导和辅助让学生有可能去完成将要解决的任务,又要注意不能给予太多的指导和辅助,因为那样就会降低认知水平需求。在这之间找到一个合适的平衡点是很重要的。"前阶段"有三个目标。

激活先验知识。激活先验知识是根据学习目标帮助学生联系他们的个人经验,回顾与学习目标相关的先验知识。根据学习目标的不同,教师所采取的形式也会有所不同。请看下面两个案例。

以下问题(注:这个问题是"中阶段"要解决的任务)的目的是帮助学生通过"想加法"的策略来"做减法"。

概念:减法　　　　　　　　　　　　　　　　　　　　　　　　　　　　　　　**(2~3 年级)**

　　爸爸告诉我,从我们的出发地到海滩有 503 英里远。出发一段时间后我们停车加油,这时我们已经行驶了 267 英里。还要开多远才能到达海滩?

在提出这个问题之前,教师可以先唤起学生的先验知识,如做一个"凑 100"的活动。可以先给出一些简单的数,如:80 补上多少能凑成 100? 30 补上多少能凑成 100? 再试试像 47、62 这样的数。

当展示实际的任务时,可以先问问学生:结果会大于还是小于 300 英里?

激活先验知识需要和学生的生活经验联系起来。如果要解决的实际任务没有任何情境,教师可以创造一个生活情境,帮助学生感受到数学和生活的密切联系,促使学生去理解情境中的数学问题,从而更有动力去解决问题。

有时候,激活先验知识涉及相关概念名称和学具,参见下面这个关于周长的开放式任务(基于 Lappan & Even, 1989)。

概念:周长　　　　　　　　　　　　　　　　　　　　　　　　　　　　　　　**(4~6 年级)**

　　假设正方形的边长是 1 个单位,请用这样的正方形来铺成一个周长为 18 个单位的新图形。

在讲这个问题之前,教师也可以考虑通过以下方式来激活学生的先验知识:

- 在黑板上画一个 3×5 的长方形,然后问学生对这个形状了解多少(这是一个长方形,它由 15 个小正方形组成,每排 3 个小正方形,一共有 5 排),如果没有人提到面积和周长,教师可以在黑板上把它们写下来,然后问能不能使用这两个词来描述这个图形。
- 给学生一些小正方形学具,提出明确的任务是"每人摆出一个周长为 12 个单位的图形。摆好后说一说它的面积是多少"。在给学生留出充足的时间进行探索后,引导学生分享交流。在这个过程中,学生可以借助一些技术工具进行电子演示。学生也可以使用类似在数学乐园中那样的虚拟几何板。

这些热身活动都用到了解决问题所需的数学概念名称。在第二个活动中,利用小正方形学具拼摆可以帮助学生发现这样的规律:周长相同的情况下可以有不同形状的图形。

确保学生理解任务要求。教师必须确保学生在开始解决问题前理解任务要求到底是什么,也就是说他们要明白自己需要完成什么样的任务。这里是指学生真正理解了要求,知道如何解决这个问题。要做到这一点,教师必须要先分析问题,预测学生可能会使用的方法及其可能会产生的错误解释或概念误解(Wallace,2007)。花在理解任务需求的时间是非常值得的投入。类似下面的问题:"我们要算出什么? 我们有足够的信息吗?"以及"你以前学过的哪些知识能帮助你解决这个问题?"在"前阶段"提出和解决上述的问题越多,在"中阶段"学生就会越积极地参与到解决问题中来。

在后面的章节中,会介绍一些数学的基本事实。对于学生来说,运用自己的策略理解数学概念,要远比机械训练、题海战术有效得多。一些复杂的数学基本事实可以和前面的简单的概念建立联系,借助这种联结来帮助学生理解。下面的例子就与此相关。

概念:乘法事实 (3~4 年级)

利用你所知道的数学事实来帮助你解决以下问题:4×6, 6×8, 7×6, 3×8。

在本节课中,学生首先必须理解什么是利用已知事实。在这个时候,他们应该是对基本的加法事实比较熟悉了,所以你可以问:"在做加法的时候,如果知道 6+6,怎样能找到 6+7 的答案呢?"然后接着问:"想想你知道哪些乘法的基本事实?"

在此,帮助学生理解题目的意思非常重要,在理解的基础上才能够进一步解决问题。而对于教师来说,既要引导学生读懂问题,又不能在这个环节"泄露"解决问题的方法,这对于有阅读困难的学生尤其重要。

概念:乘法和除法 (3~5 年级)

一家糖果店按箱购进糖果,每箱装 12 盒,每盒里都装了 8 块糖果。一箱糖果的成本价是 42.5 美元,一块糖果的成本价是多少美元?

学生对题目的理解可以通过下面这些问题来把握:"这个问题在问什么? 糖果店要怎么购进糖果? 纸箱里装的是什么? 盒子里装的是什么? '每盒'是什么意思?"这里的最后一个问题是为了保证学生能理解题目中所使用词语的意思。知道箱和盒的区别,这些问题是无法用单纯地让

学生重读一遍问题来代替的。但是，如果让学生用自己的话来复述问题，或解释问题到底问的是什么，这样的方法都会帮助学生理解并解决问题。

确定清晰的任务指令。 清晰的任务指令包括以下两个部分：（1）学生该怎么去做；（2）他们为后面的课堂讨论应该做好什么样的准备。

为了能让学生在"后阶段"参与到课堂讨论中，教师应该在这之前为学生创造与他人讨论观点的机会。即便是学生在小组中合作学习，一部分学生也有可能并没有参与到讨论和学习中。而在学生独自学习时，就更没有机会先与同伴交流，再在全班讨论要分享的想法和实践经验。因此，学生的个体学习和团队合作都很重要。

能同时增进个体学习和团队合作的一个模式是"独立思考—书面表达—同伴交流—全班分享"的方法（Buschman，2003b）。前两个步骤需要学生单独完成，再通过学生和同伴合作来共同完成后面的任务。因为有独立的书面作业作为分享内容，学生在后面分享的时候就有话可讲了。

以问题解决为途径和目标的教学既侧重过程（解题策略）又侧重结果（解决方案），所以建模和对最终结果的解释都很重要。一个可行的期望是对问题进行文字或图文方式的解释说明。前文已经介绍了写作对学生数学学习的帮助。对于所有学习者来说提供多种形式的表达（多出口）是非常重要的。一个行之有效的办法是让每个学生独立用文字、图文方式写下他们的解决方案并能解释清楚，然后以小组的方式将团队的解决方案在全班交流，小组中每个人分享其中的一部分内容。

这些"前阶段"的目标没有固定的顺序。例如，对于有些问题，教师可以通过进行一个简短的活动来激活学生在该问题上的先验知识，然后再提出相关问题。而有些时候，教师可能会先说出问题，然后再提出一个能够帮助学生回顾相关知识的开放式任务。

三阶段课程之"中阶段"

一旦学生的好奇心被激发，无论是独自还是与同伴一起，他们都会积极主动地参与到数学活动中来。学生会积极主动地收集和记录信息，根据信息推断并进行验证，最后解决数学问题。在"中阶段"，需要保证学生可以得到他们需要使用的工具：实物、模型、图象、图表和符号。在此阶段做出教学决策时，教师必须问自己："我是在引导学生进行深入的思考，还是替他们思考？"这些决策需要在认真倾听学生的想法并且了解学习目标的基础上才能做好。参考图4.1，了解这个阶段的四个目标。

放手！ 一旦学生理解了问题问的是什么，教师就该放手了！教师要鼓励学生去经历能力范围内的数学困境。学习数学是需要时间的，问题的解决措施也不总是显而易见的。重要的是要与学生沟通，让他们知道花时间在一项任务上、尝试不同的途径、与同学互相讨论，对学习和理解数学来说都是很重要的。虽然在这一阶段作为老师常常忍不住要去帮助那些沮丧的正在困境中挣扎的学生，但是如果你提供给他们的是及时的鼓励或点拨，而不是直接展示结果或告知做法，他们会学到更多。

以下三种教学措施通常会禁锢学生的思维，所以要加以避免：（1）打断学生运用策略解决问题的进程；(2)动手操作实物；(3)问一系列封闭的问题(Jacobs，Martin，Ambrose，& Philipp，2014)。相反，要试着去理解学生，集中精力帮助他们去解决问题。为此，可以尝试问这样的问题：

"这个问题是要你做什么？"

"你是如何组织、利用这些信息的？"

"这个问题的哪部分对你来说有些难？"

"你试过其他不同的策略（或操作）吗？"

这些问题都是鼓励学生的数学思考，但并没有告诉他们怎么解决问题。

学生会让老师对他们的结果或想法做判断。老师要避免自己是那个只告诉"对"或"错"的人，而要让学生根据自己的数学推理来判断问题解决的对错。老师的提问应该有这样的暗示性，那就是学生答案的正确与否不在于老师的主观判断而是在于答案本身是否具有合理性。"这是对的吗？""你怎么决定的？""你怎么知道那样做可能是对的？"以及"你能检查一下吗？"都是不错的提问方式。

放手也就是允许学生犯错。当学生犯错时（也包括他们是正确的时候），让他们解释解题过程。在这个解释的过程中他们可能会发现自己的错误。在"后阶段"，学生还有机会去解释、证明、辩论甚至去驳斥别的解题方案和策略。寻找错误概念或错误计算的过程可以培养数学学习的一个重要观念：错误是学习的机会(Boaler & Humphreys，2005)，是做数学的自然组成部分。

关注学生的数学思维。 在这个阶段，教师要发现不同学生的不同思路，他们各自所使用的数学观念/思想，以及他们的解决问题方法。这是一个观察、倾听和与学生互动的阶段。"专业关注"是指你根据学生解决问题的思路做出恰当回馈以促进他们此刻的数学思考(Jacobs，Lamb，& Philipp，2010)。因此，教师的问题必须是基于学生的答案以及他们对老师的反应。这与鼓励或引导学生向预先所选择或假设的答案或方法靠近是非常不同的。注意学生提出的各种不同策略，考虑它们之间的联系，也要思考在"后阶段"集体讨论的时候该以什么样的顺序来介绍这些解决方案(Smith & Stein，2011)。

"中阶段"是老师了解学生知道多少、怎么想、如何做的好机会。在学生解决问题的过程中，类似下面的提示都可以帮助你了解他们的思考过程：

- 告诉我你在做什么。
- 我看你已经开始（乘/减/等等）这些数，你能告诉我为什么吗？
- 你能告诉我更多关于……吗？
- 你为什么……呢？
- 你是怎么解决的？
- 你的图和算式有什么关系？
- 我不太明白你这是在做什么，你能解释给我听吗？

如果不明白学生的某种解题方法，不要不好意思在学生面前承认。教师抱着开放的学习态度才会让学生更愿意学数学。

要注意教师无意的某句话、某个动作就可能遏制学生的思考甚至伤害他们的自尊。像"这题很简单"和"让我来帮你"就是这样打击人信心的两句话。仔细想这两句话所传达的信息,如果一个学生被一道题难住了,老师却说"这题很简单",这不就等于在说:"你可能不大聪明,不然不会被难住的。"同样,当老师说"让我来帮你"时,就表示你并不认为你的学生能独立解决问题。相比之下,换成下面的说法可能才是真正想表达的意思:"做数学需要时间和思考。我知道你行的。""让我们看看你知道什么,然后咱们从这儿开始。"

提供适当的支持。在支持学生思考的同时也要注意不能剥夺他们的责任感,就是他们对问题解决方案设计和寻找他们能理解的有效方法的责任感。

如果一个小组或一个学生正在思考从哪里着手,作为老师,应该:首先,要确保他们理解任务需求;其次,要了解学生已经做过什么努力,可以问"到目前为止,你尝试过什么?""你是在哪儿被卡住的?";第三,可以提出一些普遍性策略,例如"你想过画画吗""你试试借助方块来解决这个问题"。这些做法都可以鼓励支持学生进行数学思考(Jacobs & Ambrose, 2008)。下面这道题可以给一些启示。

概念:增加和减少的百分比　　　　　　　　　　　　　　　　　　　　　**(6~8年级)**

　　弗恩家具店中所有家具的售价都比批发价高 20%。一次促销活动中,弗恩指示员工要把所有家具的售价都降低 10%。在这次促销活动中售出的家具利润是正好 10%,还是低于或高于 10%? 解释你的答案。

想象一下有两个学生被这道题难住了,然后作为教师你要去帮助他们。他们说不知道该做什么,你该怎么应对这个情况? 试试下面的建议——给学生提供一个着手点的同时保留了原题目的挑战性:

- "试试用画图或列表的方式来看看怎么表示减少 10％和增加 20％?"
- "你有没有试过用一个特定的价格来看看? 先给家具定个价,然后看看把价格提高 20％,再降低 10％,会发生什么呢?"

这些建议只是帮助学生找到切入点。在给了这样的提示或建议后,教师一定要走开——这样既可以避免教师帮太多的忙,学生也不会因此太依赖老师。

提供有价值的拓展。学生解决问题的速度很不同,所以教师要为那些提前完成任务的学生准备好有趣的拓展任务。要注意的是,不要让学生觉得这是额外的作业或任务,以免学生有一种"做得快反而受惩罚"的感觉。

例如,本章前文关于面积和周长的任务,如果一个学生很快就找到了解决方案,教师可以问:"我看到你已经找到了一种方法,你认为还有其他的解决方案吗?"这可能就足以让学生满怀热情地去积极思考和寻找别的方法了。然后,教师还可以继续推动他们思考:"这些方法相比较,哪些更有趣?""怎样可以使得周长为 18 的图形面积最大,怎样会使得面积最小? 当你添加方块时,周长总是变化的吗?"用类似于"如果……会怎么样?""同样的想法适用于……吗?"的方式来作为问题的开头常常能促进学生思考。下面再来看一个例子。

概念:增加和减少的百分比　　　　　　　　　　　　　　　　　　（6~8 年级）

裙子最初的售价为 90 美元,如果降价 25%,那么这条裙子降价后的价格是多少美元?

这是一个很显然只有唯一答案的题目。很多学生会用 90 乘 0.25,然后再从 90 中减去这个结果的方法得到答案。教师可以这样问学生:"你能找到另一种方法吗? 有个学生通过找到 90 美元的 75% 来解决这个问题,这个方法可以吗? 它在所有情况下都可以吗? 为什么?"也可以通过问以下问题来进行不同表示形式的拓展:"如何用分数而不是小数来解决这个问题? 画张图来解释你的思路吧。"

2 年级学生通常用数数或加法来解决下面这个问题。

概念:加减法　　　　　　　　　　　　　　　　　　　　　（学前~2 年级）

玛克辛已经存了 9 美元,等她拿到当月的零花钱后,她一共有了 12 美元。请问她拿到了多少零花钱?

为了拓展学生的数学思维,教师可以问:"如果用计数器,该怎么做这道题?""你可以用两个不同的算式来表示这个问题吗?"这些方法都是在鼓励学生把"9+? ＝12"与"12−9＝?"这两个等式联系起来。

三阶段课程之"后阶段"

在"后阶段",教师的主要责任是组织课堂讨论(参见第三章的课堂讨论部分)。学生在此阶段要分享论证自己的方案,要挑战质疑别人的方案,要比较不同方案的优缺点。所有在"中阶段"形成的观点必须要有和他人"互相碰撞"的机会才能形成真正意义上的数学观点(Davis & Simmt,2006,p.312)。在"后阶段",学生利用这个时间可以把自己的图、符号及文字展示给他人,也可以将其探索中形成的想法相互联系起来。同时学生也会在这个阶段接受、试验、拓展他人的想法。很多学习都是在"后阶段"发生的,因为学生在这个阶段不仅要独立思考探索,也会借助集体的智慧一起去分析思考。教师在为"后阶段"做准备的时候需要尽可能全面地考虑到学生所有可能的方案,对学生在"中阶段"所形成的方案给予肯定,并保持开放的心态去应对那些出乎意料的方案。

课堂时间弥足珍贵,即便是教师认识到课堂讨论的重要性,在实践中也会有很大的挑战。其实花 20 分钟的时间来进行课堂讨论并非毫无道理,当然课堂讨论不是让每个学生都能把自己的观点和方案完全介绍完,但是至少每个学生都要分享一些内容。"后阶段"并不是教师检查学生答案的时间,而是全班进行分享、比较与交流。

促进数学学习者社区的建立。鼓励每个人积极参与课堂讨论就是在创建一个学习者社区。在这个数学学习者社区里,学生会乐于冒险和分享观点;会尊重彼此的想法,即使他们意见不一致;无论是为自己辩护还是去质疑别人都会表现礼貌和尊重。他们也会非常尊重数学逻辑和数学推理。作为老师,要把你在这个阶段对他们的期望清楚明了地告诉他们!

不带评价地积极倾听。与"中阶段"一样,在"后阶段"我们还是要关注学生的数学思考,同时要把这些数学思考展示给其他的学生。如果教师也是课堂参与者中的一员而不是唯一的评价者,那么学生就会更乐于同老师分享他们在讨论中的观点。教师要克制自己对答案直接判断对错的冲动,如果老师说"这是对的",那么学生就不需要去思考判断这个答案,那些不同意或者对这个答案有疑问的学生也就不愿意去质疑了,而这就意味着教师错失了了解学生想法的机会。其实教师可以在不作评价的情况下引导学生进行思考:"你们怎么看这个想法?"(对此类观点的详细阐述,请参阅第三章课堂讨论部分的内容。)

与此息息相关的是要谨慎使用表扬。对正确答案的表扬或对其他想法的兴奋都暗示这个学生做了一些不同寻常或意想不到的事情。对于那些没有得到表扬的人来说,老师对这些学生的表扬就会成为负面的反馈。我们很容易就脱口而出"干得好"和"太棒了",却不能帮助理解到底好在哪里。施瓦兹(Schwartz,1996)建议采用一些有延展性、不带有评判性的表扬:"我想知道如果你尝试……会发生……"或者"请告诉我你是如何得出这个结论的"。注意,这些句子既可以表明老师对他们方法的兴趣又表示尊重和看重他们的思考。如果伊桑正在分享将五个人安置在一幢有两层楼的房子的不同方式(参见图4.2),可以要求他来解释他的想法,如"这些分法有何不同?"以及"我想知道是否还有其他方法?"等。这些提示将使得全体学生都能参与到对伊桑解决方案的讨论中来,从而使得大家可以更加重视他的思考,也可以拓展其他人的思考。

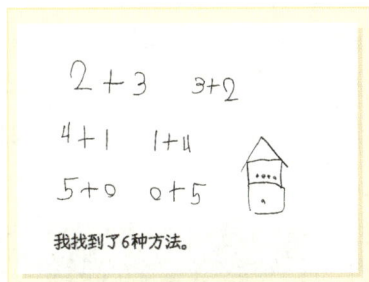

图4.2 伊桑作品展示

有时候学生在解释自己想法的时候会突然卡壳,此时让别人帮忙一定要非常谨慎,处理不好可能传达的信息是这个学生自己没有能力解释清楚,这时教师需要做的是先让他再想想或先听听另外的策略,然后再回头来请他解释。记住,"后阶段"是教师了解学生思考的窗口,积极的倾听对准备明天甚至以后的课程都会很有帮助的。

总结主要思想并确定后续任务。"后阶段"的主要目标是形成数学观点并把各种不同的策略与数学思想联系起来,是强化数学概念、数学定义、数学符号的重要环节。

如果一项任务有多种计算方法,教师可以在黑板上列出这些不同的策略(可以用学生的名字和示例来进行标记),通过提问的方式帮助学生理解各种策略,并能对策略进行比较和联系。

口头分享的方式有很多,比如说同伴合作,其中一个伙伴说出某个想法,另一个伙伴能够举一个例子说明这种想法。在口头分享的基础上加上文字表达是很重要的，这可以让教师知道每个孩子从这节课上学到了什么。例如可以设计一个"出门通知证"环节，教师提出 1～2 个问题，要求学生解释这节课的主要内容，用文字的方式表达作为这节课完成任务后的"通行证"。或者更有创意——让学生把当天的学习写一个报纸头条，再写一个简短的专栏来进行总结，许多引人入胜的模板和写作入门都可以在网络上找到。

最后，提出挑战性问题，引导学生对当前任务进行更深层次的思考。每个具体任务只是众多普遍性任务中的一个特例（Goldenberg & Mason, 2008），鼓励学生大胆推断、归纳总结一般规律。例如，在比较分数时，假设有一组学生进行了如下的归纳总结：判断分数大小时，分子与分母更为接近的分数是更大的分数。示例：$\frac{4}{7}$ 比 $\frac{7}{8}$ 小，因为 7 和 8 相差了 1，4 和 7 则相差了 3。这是一个很有趣的推断，判断它是否总是正确的，或找到它不适用此推断的分数（即反例）。可以把这个推断作为"后阶段"讨论的内容或家庭作业，也可以在后面的学习中继续讨论。

二. 备课的过程

在这一节，我们将进一步讨论教师在设计三阶段课程时所要进行的相关决策。图 4.3 中的第一列（绿色）罗列了教师在设计具体的三阶段课程前要做的众多决策，且这里没有一个决策是孤立的。教师要根据具体的数学任务或学生需求去调整决策。评估决策可能会和任务、学生、内容目标有关。一旦规划好了具体内容及任务，教师就可以着手去设计三阶段课程（参见图 4.3 中紫色阴影的步骤）。最后要检查并最终确定教学方案，这要去考虑实际的教学流程，预测学生的反应及可能面临的挑战。在此，我们通过课例"面积和周长"来介绍每个具体步骤。

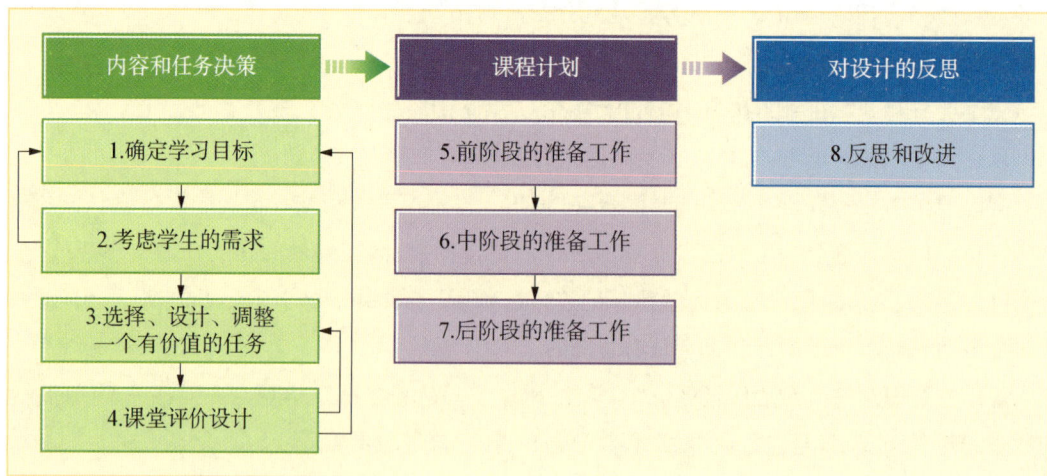

图 4.3　计划一节课的 8 个步骤

步骤 1:确定学习目标

如何来决定你的学生到底该学什么样的数学？美国的每个州都有其数学课程标准。许多州都已采用《美国共同核心课程标准——数学》(CCSS－M)(NGA Center & CCSSO，2010)，该标准根据学生的不同年级水平来确定数学内容，有的州把该标准进行微调后将其作为自己州的数学课程标准。对于教师来说，需要问的是下面这些问题：

- 当这节课结束后，学生应该掌握了什么？
- 什么内容(概念或运算)是重要的？
- 学生将进行哪些数学活动，经历什么探索过程？

内容目标:面积和周长。理解图形面积和周长的相关性是测量与空间的大观念之一。在 4 年级的数学课程标准里有这样的要求:"应用长方形的面积和周长公式解决现实生活中的实际数学问题"(NGA Center & CCSSO，2010，p.25)。针对这个主题可以设计一节课去探索长方形面积和周长的关系，尤其是当其中一个不变的时候，另一个的变化规律是怎样的。

学习目标应该是可观察可评估的。课程目标有多种形式，关键是要说明你想让学生做什么、说什么，从而来证实学生已经学了什么。

在这个案例中，可以考虑确立下面这些学习目标：

1. 能画出给定面积的各类长方形，能计算出每个长方形的周长。
2. 能解释面积和周长的关系。
3. 能表达探索长方形周长的过程(根据自己的方法)。

而类似这样的说法——"学生能理解当面积不变时周长可以改变"不算是一个好的教学目标，因为"理解"一词是不够具体的，不易直接观察与测评。

步骤 2:考虑学生的需求

在准备教学内容时，教师要先了解学生对本课所涉及的数学概念有多少先验知识。如果他们已经有了一定的知识储备，那么本节课的目的就是扩展或细化这些内容。教师不仅要熟悉本年级的教学要求，也要熟悉上一个年级和下一个年级的教学要求。这样联系前后才能确保步骤 1 中所确定的学习目标既包含了新的(或至少学生们不太熟悉的)内容，又保证要求不是遥不可及的高。

教师需要考虑的问题包括：

- 什么样的情境会吸引学生？
- 哪些先验知识可以用来作为切入点？
- 哪些常见的误解需要帮助学生厘清？
- 哪些学具或模型可以帮助学生理解？
- 怎样解释概念可以帮助学生理解？

关于学生的考量:学生会如何理解面积和周长的变化？到 4 年级时，多数学生对于周长和面积都会具有一定的经验。有些学生可能会认为对于一个确定面积的图形来说，它只能有一个固定的周长(本节课就是对这种想法的挑战)。此外,尽管学生可能会归纳总结出长方形面积和周长的计算方法,但本节课的重点并不是在得到计算公式上,而是在对面积和周长变化规律的探索上。

步骤 3:选择、设计、调整一个有价值的任务

在确定好学习目标和理解学生需求后,就可以去考虑教学中具体用到哪些任务、活动、练习。第三章对这些方向进行了深入的讨论,所以在这里我们只提供一些帮助反思的问题:

○ 这个活动是否满足学习目标(步骤 1)和学生需求(步骤 2)?

○ 这个活动会不会吸引学生积极参与到数学活动和探索过程中来?

○ 这个活动会不会促使学生去应用已有知识和经验解决实际问题?

如果这些问题的答案都是肯定的,那么可以将这个活动作为这节课的任务。在此基础上为了更好地与学生的生活现实建立联系,也可以进行微调:比如加入一本儿童读物或改变情境背景等。如果发现这个活动并不适合本节课的内容或学生的需求,那么进行一些实质性的修改,要么换一个新的活动。

这项工作教师一定要亲力亲为,只有经过这样的仔细分析,才能发现学生可能遇到的挑战,才能预测学生的解决方式,才能确定想要重点探讨的方法策略。会充分考虑学生解决问题方法的教师才能够更好地支持学生的学习过程(Matthews, Hlas, & Finken, 2009;Stein, Remillard, & Smith, 2007)。

关于任务的考量:怎样探索面积和周长的变化规律? 针对这个问题,一个非常好的提问可以是:"当确定了长方形的面积,但允许它的形状发生改变时,这个长方形的周长会发生什么变化?"对于 4 年级的学生,可以让他们看看面积不变的情况下可以画出多少个长方形。有了这样的探索基础,就可以继续提问:"相同面积的情况下,哪种长方形的周长最大,哪种又是最小的?"明确目标之后,需要考虑的是确定的长方形的面积大小为多少比较合适。比如面积大小为 36 是一个不错的选择,因为它会产生 5 种不同的情况,其中包括一个正方形(参见图 4.4)。学生可能会思考 1×36 的长方形与 36×1 的长方形是不是一回事儿,正方形到底算不算是长方形等。教师可以引导学生去注意这样一个事实:随着长方形的形状越来越接近正方形,它的周长会逐渐减小。

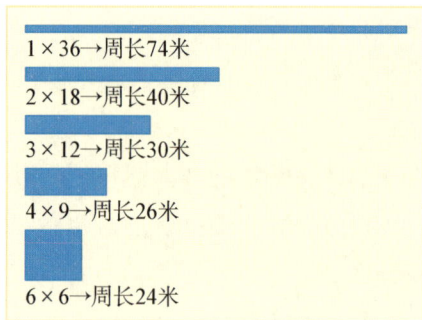

$1 \times 36 \rightarrow$ 周长 74 米
$2 \times 18 \rightarrow$ 周长 40 米
$3 \times 12 \rightarrow$ 周长 30 米
$4 \times 9 \rightarrow$ 周长 26 米
$6 \times 6 \rightarrow$ 周长 24 米

图 4.4 面积为 36 平方米,边长是整米数的长方形

这个活动可以用不同的形式来呈现。例如,把正方形替换成桌子,周长可以理解为有几个人可以围坐在桌边。或者将情境背景改为学校操场、宠物围栏等都可以。

步骤 4:课堂评价设计

在备课一开始就要考虑希望学生有什么样的数学体验,并考虑应该怎么证明他们完成了学

习目标,这些不能等到备课后期才去考虑。采用多种方式对学生的学习进行评价是很重要的(见第五章)。形成性评价是指在教学过程中不断地收集信息,然后利用这些信息及时调整当天或第二天的教学方向,也可以利用这些信息在后阶段提出供学生讨论的问题。总结性评价是指评估学生是否掌握了你所列的课程目标。

关于评价的考量:怎样探索面积和周长的变化规律?

步骤1列出了三个目标,每个目标都有对应的评价:

目标	评价
1. 能画出给定面积的各类长方形,能计算出每个长方形的周长。	**中阶段** ◆ 用记录表观察学生是否至少画出三个不同的长方形并计算出它们的周长。 ◆ 追问每个学生:"你是怎么算出长方形周长的?"
2. 能解释面积和周长之间的关系。	**中阶段** ◆ 提出问题:"你发现这些长方形的面积和周长之间有什么关系吗?" ◆ 下课前让学生通过填写类似"出门通行证"(文字表述)的方式来解释面积和周长之间的关系。鼓励他们用画图的方式来支持文字表述。
3. 能表达探索长方形周长的过程(根据自己的方法)。	**中阶段** ◆ 提出问题:"在得到周长的过程中,你发现了什么规律?有什么好方法?解释你的发现。" **后阶段** ◆ 和学生一起讨论得到周长的不同策略。

步骤5:前阶段的准备工作

前面提到过在前阶段最重要的是要唤醒学生的先验知识,提供恰当的学习情境并建立合适的学习期望。下面这些问题有助于教师思考如何为前阶段做准备:

○ 一个简单版的课堂任务能够做到激发学生的先验知识、介绍相关专业词语、明确学习期望吗?

○ 可以用什么方式将学习任务与以前的数学经验、其他学科或有趣的事联系起来?

○ 什么样的问题以什么样的方式呈现能最大限度地减少学生可能的误解并让学生明白对他们的学习期望?

问题可以多种方式来呈现:将其写在纸上、使用投影设备,或写在交互式电子白板、黑板、大的海报纸上。学生需要知道:(1)他们将要使用哪些资源或学习工具;(2)他们是要独立学习还是进行小组合作;(3)如果是小组活动,怎么分组,组内各自任务是什么;(4)最后的学习结果将如何进行呈现(例如,完成老师准备的清单、写日记还是团队海报)(Smith,Bill,& Hughes,2008)。

前阶段的准备工作:怎样探索面积和周长的变化规律? 首先把小方块分发给学生,让他们用12块小方块(课堂活动的简单版本)去构建一个长方形。复习数学专有名词(周长和面积)并明确学习期望(3×4等于4×3)。

确定学习这个活动的情境背景。如果学校正好有个戏剧在排练,可以用设计舞台作为这个数学活动的情境背景。让学生设计一个面积为 36 平方米的舞台，提出一些能激发学生好奇心的问题，比如："舞台地面的长度和宽度对于演员表演空间大小有关吗？设计成长方形和设计成其他形状相比是更好还是更差？尝试各种可能性，确定最适合这个戏剧的舞台设计。"

步骤 6：中阶段的准备工作

中阶段是学生充分参与学习任务的最好时机，也是老师发现学生思考过程并及时给予引导支持和挑战的好时机。老师应该事先准备好一些提示性的问题来随时帮助那些解题中可能被卡住的学生，或需要额外帮助来解题的学生。同时需要注意的是，这些提示在不剥夺学生思考的基础上为他们解题提供一个切入点。也要为学生准备其他可能用到的材料（如几何画板或网格纸）。同时应该为能力好的学生准备好相应的拓展任务和更具挑战性的任务。还可以考虑在后阶段应该由哪些小组以哪种顺序来分享他们的方案。

中阶段的准备工作：怎样探索面积和周长的变化规律？ 巡视教室，记录学生对长方形构建的实际情况，对全班的情况有了摸底之后，在第二次巡视的时候可以用在步骤 4 里准备的那些问题来了解学生的数学思考过程。对于提前完成任务的学生，让他们试试面积为 48 平方米的舞台怎么设计最好。

步骤 7：后阶段的准备工作

后阶段是把课堂任务和学习目标联系起来的时候。可能这种联系对老师来说是显而易见的，但是对于学生来说，常常是能完成课堂任务，但是根本没有与学习目标建立起联系，这就意味着老师需要仔细规划后阶段。下面这些问题是老师应该事先考虑到的（Smith，Bill，& Hughes，2008）：

1. 要实现预定的数学目标，应该怎么组织学生的讨论活动？（例如，选择哪些解题方案来全班讨论？先讨论哪个方案，后讨论哪个方案，按什么顺序来？）

2. 要想让学生能理解本节的数学内容，能与其他数学概念建立联系，能发现、总结归纳数学规律，应该怎么提问？

3. 怎样让所有学生积极参与进来？（不一定是指在每节课中，但是总体来说应该保证所有学生都积极参与数学讨论）

4. 哪些证据可以帮助了解学生是否理解了所学的内容？

很重要的一点是，后阶段不仅仅是去了解学生的问题解决策略。更重要的是比较分析这些策略，并与相关的数学概念联系起来进行归纳总结更普遍的数学规律。所以要预留足够的时间来进行这样的讨论，通常来说一个有价值的讨论会需要 15 到 20 分钟的时间。

后阶段的准备工作：怎样探索面积和周长的变化规律？ 首先让不同的小组在交互式电子白板上画出他们设计的其中一个长方形，标明具体的长和宽。然后提出以下问题：

○ 你是用什么策略来找到这些长方形的？

○ 对于这些可能的长方形，你注意到了什么特点？

○ 你是怎样找到这些长方形的周长的？

○ 如果你是舞台设计师,你会选择哪个长方形? 为什么?

要求学生填写出门通行证。

步骤 8:反思和改进

如果希望一节精心准备的课堂教学能够最大限度地为学生提供学习机会,那么它必须既有侧重点又能全面均衡。参考步骤 5、6 和 7 可以设计一个初步的教学计划。那么最后这一步是要根据步骤 1～4 来审查这个初步的计划,并根据需要进行修改或适当的内容补充。作为老师,有的时候我们一旦发现了某些"有趣的"好玩的活动,我们常常会忍不住一个接一个地让学生去做这些类似的活动。这些活动好像都跟一个主题相关,其实可能适合不同的教学目标。所以在最后一步里,要反思检查所设定的学习目标、学习评估和提出的课题任务活动之间是否保持一致。如果所有的任务都只是针对众多学习目标中的一项,那可以考虑通过增加问题来涉及其他的学习目标,或者先删除那些没有涉及的学习目标。

提问对于学习是至关重要的(参见第三章的讨论部分)。以所设定的学习目标为基准,分析一下这节课:看看在前阶段所提出的问题能否吸引学生的注意力,能否激发他们对数学问题解决的好奇心。在中阶段和后阶段,提问是否基于学习目标;能否让学生去关注课堂活动的关键特征,能否引导他们去学习想让他们学习的内容。有关数学提问的相关研究表明,教师很少提出高层次的问题——所以在这一步,让教师去回顾和反思是否对学生提出了一些具有挑战性的问题:这些问题是否鼓励学生去拓展、去分析、去比较、去概括并综合运用所学的知识。这些问题能否确保每个学生都在进行数学思考,并回答这些高水平认知的问题。

反思和改进:怎样探索面积和周长的变化规律? 这节课的挑战难度是不断上升的,能让学生积极参与数学推理,每个目标都有对应形成性评价的非常好的内容。课堂任务是一个有价值的任务(多切入点和多出口),并适合于在中阶段和后阶段向学生提出高水平认知的问题。下面这些问题可以为那些提前完成任务或学习水平较高的学生而准备:

是否存在这样一个面积数(方块数),它们只有唯一一种构建长方形的方法? 它的面积和周长是多少? 有其他的例子吗?

多少块正方形方块(少于 100 块)能构成最多种不同的长方形?

三. 高杠杆实践活动

我们一直讨论的"一节课"的基本框架是——首先给学生们设定一个课堂活动任务,然后让学生去完成这个任务或解决问题,最后以讨论的形式结束这节课。下面我们来谈谈符合这个基本框架的高杠杆实践活动。高杠杆实践活动是指为培养学生计算能力,并让其积极参与数学学习而设计的实践活动(McCoy, Barnett, & Combs, 2013; Shumway, 2011)。

三幕数学任务

三阶段课程的一个非常优秀的例子就是"三幕数学任务"。"三幕数学任务"最早由高中教师丹·迈耶(Dan Meyer)提出,他的灵感来自电影拍摄中的幕次安排。在第一幕里,教师将通过为学生创造一个视觉环境(例如,一个视频)来激发其兴趣和好奇心。与传统教学方法不同的是,在这一步里是由学生来提出课堂任务。也就是在这类情境中,学生能通过假设、预测和估计等方式来提出数学问题。在第二幕里,学生找出解决问题所需的未知变量并确定解题思路。然后在第三幕里,通过数字媒体来展示他们的解决过程并进行讨论,最后归纳总结。

数字对话

数字对话是指在很短的时间里(通常是 5～15 分钟),学生针对一个特定的问题及其解题方法进行对话交流。这样做的目的是培养运算熟练度(高效、准确、灵活)(Parrish,2014;Parrish & Dominick,2016)。这里有两个关于整数的例子:

概念:加法策略   **1年级**

对话 1   对话 2
8+2=   12+8=
10+5=   12+19+8=
8+7=   39+9+11=

学生用心算来解决这些问题,然后口头分享他们的想法。数字对话的重点在于对话本身。在对话过程中,教师要发现学生问题解决的不同策略,并通过及时提问将对话始终集中在问题解决上。在上面两个例子中,教师可能会问:"这些等式是相似的还是很不一样的?"注意在第一个对话中,前两个等式是可以作为已知数学事实来帮助解决第三个等式的。在第二个对话中,三个等式的设计是为了帮助学生去掌握加数可按不同的顺序进行加法运算,学生可以选择自己更有把握的顺序来进行多个数相加。

数字对话不仅适用于整数,也适用于整数以外的其他有理数。学生对于分数和小数(正数和负数都包括在内)也要熟练掌握。考虑一下这个有理数的数字对话:$3\frac{1}{2}-2\frac{5}{8}=$? 学生该如何解决这个问题呢? 一种方法是可以把 $\frac{1}{2}$ 看成 $\frac{4}{8}$,然后用重新分组的方法作减法运算。但是,从心算角度来看,还有好多更简便快捷的策略。比如,一个学生可能会发现 $2\frac{1}{2}$ 和 $3\frac{1}{2}$ 相差 1,但 $2\frac{1}{2}$ 比 $2\frac{5}{8}$ 要小 $\frac{1}{8}$,所以得到 $\frac{7}{8}$。另一个学生可能从 $2\frac{5}{8}$ 往上数了 3 个 $\frac{1}{8}$ 变成 3,再从 3 往上数了 4 个 $\frac{1}{8}$ 到了 $3\frac{1}{2}$。学生也可以运用数线(借助具体实物或头脑里想象的数线)来直观化解决问题,还可以用画圆圈及其他学具来辅助解决问题。

实例分析

实例分析,顾名思义就是分析学生的解决方案实例。这些实例有正确的,有部分正确的,也有完全不正确的。研究表明,实例分析可以促进学生对概念性知识和运算过程的全面理解(Booth, Lange, Koedinger, & Newton, 2013; Star & Verschaffel, 2016)。对错误的案例进行分析对于数学学习有困难的学生尤其有帮助(Booth, Cooper, Donovan, Huyghe, Kodeinger, & Paré-Blagoev, 2015)。实例分析有这样一些优点:稍作改变就能找到问题解决的正确策略,处理常见错误或误解,也是一个很好的引入新学习内容的机会(Barlow, Gerstenschlager, & Harmon, 2016; McGinn, Lange, & Booth, 2015)。实例分析可以用在数字对话上、课堂活动中,或者学生的家庭作业上。比如在布置作业时可合理运用案例分析,也就是要求学生去识别错误,然后正确地解决问题(Walk & Lassak, 2017)。要想设计一个有效的实例分析,应该做到以下几点:

- 分析要讲的内容,预测主要的解题策略和常见的误解;
- 自己编一道题或者找一道题能突出主要概念和某个解决策略;
- 以一位匿名的学生身份去完成所设计的题目,注意解题方法要能够引向对解题策略或可能误解的探讨;
- 再设计一个问题,可以让学生解释分析错误。

当学生有机会完成并/或讨论案例后,再给学生提供一些相关题目来解决。图4.5中提供了一些案例。

正确的作业案例	部分正确的作业案例	不正确的作业案例
詹姆正确地解决了这个减法问题: 问题:$67-29=$ _____ $\begin{array}{r} 67 \quad 68 \\ -29 \quad -30 \\ \hline 38 \end{array}$ 为什么詹姆的策略是起作用的?什么时候用这种策略最好?	问题:$1\frac{3}{4} \div \frac{1}{8}=$ 安妮尝试解决这个问题,但是遇到了困难: $1\frac{6}{8} \cdot \frac{1}{8}=$ 你可以完成这个问题并且解释它,使得安妮可以理解你的做题思路吗?	肖恩在解决这个问题时犯了一个错误: $15-(a+8)=20$ $15-a-8=20$ $7-a=20$ $a-7=20$ $\quad +7 \quad +7$ $a=27$ 找到肖恩的错误,并解释为什么这一步会导致 a 值的不正确。

图4.5　三种类型的作业案例,不同的例子对应不同的年级(学前班～2年级,3～5年级和6～8年级)

热身活动和短任务

除了数字对话和实例分析,也可以通过各种方式(如文字表述、独立学习或小组合作)进行其他形式的短任务(5～10分钟)。短的三阶段课程可在10分钟内完成。所以一节课里可能实施2～3个三阶段课程,教师可以常备一些这样的小任务,让学生在有时间的时候就可以进行一下数学思考和热身。想一想,怎样在前、中、后各个阶段使用下面这些短任务?

学前班	乔伊老师班级的鱼缸里有 3 条鱼,罗老师班级的鱼缸里有 5 条鱼,如果我们把两个班的鱼放在一起,一共有几条鱼?
2 年级	如果忘记了 9+8 等于多少,你怎么心算出来?
4 年级	画出一个只有一条对称轴的图形和一个至少有两条对称轴的图形。
6 年级	4 次"赛跑"游戏共用时 30 分钟,如果保持这个速度不变,45 分钟可以玩几次这个游戏? 2 小时呢?
8 年级	分别写出符合下面两个等式情境的故事: $y = 12x$ $y = 30x + 5$

先把任务交给学生(在前阶段)。然后,让学生"思考-结对-分享"。学生首先会花时间来形成自己的想法或解题思路(思考)。然后他们会与同学结对去讨论彼此的策略(结对),这可以在一个简短的中阶段完成。在伙伴互相分享之后,小组或全班可以讨论比较这些问题的解决策略(分享)。"思考-结对-分享"这样的过程可以为学生提供一个检验自身观点并对观点的表达进行实践和练习的机会。对于有学习障碍的学生和不愿意参与课堂的学生来说,这既为他们提供了一个安全的说话机会,又能让他们提前排演后续可能会在全班面前进行表达的内容。

学习中心

针对某个内容可能会在一节课里同时引出几个不同的数学任务,这就需要在一个教室里分出几个学习中心来同时进行。每个学习中心都可以使用不同的实物学具、情境甚至使用不同的媒体手段来实现各自的学习目标。如对于儿童来说,理解一个数可以被分解成另外两个数是很重要的,为了帮助学生理解"部分-整体"的关系,他们需要进行不同的尝试。例如有一节课重点讨论 6 的组成结构,我们可以有四个学习中心:一个中心有两堆计数片,一个中心是用计数方块堆成两座塔,一个中心用多米诺卡片来组成 6,一个中心用纸笔的方式给两个朋友分 6 个李子。

在运用学习中心时前阶段是很重要的。因为在这个阶段里教师要唤醒学生的先验知识,确保学生理解教师的任务需求,并明确教师的教学期望。在前阶段可能需要在每个学习中心先做示范。中阶段仍然是学生参与学习任务的主要阶段。但也是在这个阶段里他们会在各个中心轮转,所以还需要老师随时向学生提出问题并实时记录学生所使用的学习策略。在后阶段,教师可能会决定专注于某个特定的学习中心,或者可能会从对学生来说挑战性相对小一点的中心慢慢过渡到挑战难度高的中心。当然,也可以不去讨论每个中心具体都做了什么,而是直接让学生谈谈他们对数字 6 的了解。

个人学习也可以用到学习中心。可以通过老师提出的一系列问题来让学生在独立学习过程中体会三阶段课程并完成任务。一个设计良好的面对学习中心的数学任务是可以反复使用的。例如,学生之间可以玩这样一个游戏:一个学生盖住一部分计数片,让另一个学生去猜所覆盖的部分。不断地改变数字就可以反复地玩这个游戏。同时,学习中心也可以引入高科技来辅助完成。很多网络上的应用程序都可以用。类似于 NCTM 网站上"分数游戏"这样的课程就很吸引人,学生一遍又一遍地玩也乐此不疲。

设计这样的三阶段课程并要确保能满足所有学生的需要不是容易的事。这需要老师有强烈的主观意愿和持续不懈的努力。

四. 差异化教学

每个课堂,学生的背景和能力都有很大差异。教师最重要的工作就是让所有的学生都能在课堂里学数学。在满足不同学习者的需求方面,三阶段课程计划是非常有效的。学生先要理解学习任务(前阶段),再结合他们的先验知识和想法以他们自己的方式去解决问题(中阶段),最后在倾听别人想法的同时也能表达他们的方法(后阶段)。相反,在传统的讲授教学中,通常是假定所有学生会理解同一种问题解决方法。那些没有能力或者没有准备好的学生因为不理解,只能把注意力放在机械记忆固定的规则上(即没有形成概念上的理解)。为满足不同学习者的需求,除了使用问题解决的方法以外,我们在后面第六章还介绍了很多方法。

差异化教学是指教师的教学计划要根据学生不同的学习背景来进行因材施教(Tomlinson,1999)。在考虑如何差异化教学时,首先要考虑每个学生具体情况的差异。其次,考虑以下三个关键要素间的区别:

- 内容(希望每个学生知道什么);
- 过程(学生如何把学习内容内化为自己的思考);
- 成果(学生如何以多种形式来展示所学的内容)。

最后,教师需要考虑如何安排物理空间上的学习环境,这可能包括如何安排座位、特定的分组策略和采用哪些学习材料。

内容的差异化包括资源或教具使用上的差异化,不同的实例和反实例,以及介绍新概念时教师采用的不同方式(Cassone,2009)。

过程的差异化也可以有很多形式。在考虑过程差异化时,教师根据学生兴趣、学习能力、学习特点等方面的不同,选择适合学生的解题策略(Tomlinson & McTighe,2006)。此外,学生也应该在这个过程中思考什么是最适合自己的策略。开放式问题和分层教学是过程差异化的两种方法。(有关"成果"的内容将在第五章进行讨论)

开放式问题

教科书上的许多问题都是封闭的,这意味着它们只有一个答案并且只有一种解决方法。这样的任务不能满足课堂上不同学习者的需要。开放式问题则可以让不同发展水平的学生对同一个问题给出不同程度的有意义的回答(Small,2017)。

> 一个数是另一个数的一半，它们的乘积接近 100。这两个数可能是多少？

我们可以把一个封闭的任务变成开放式的。例如，不让学生去计算 8 加 12，而是说，"如果答案是 20，那么对应的加法等式可以是什么？"你可以给出一点"线索"，让学生写出符合线索的等式。注意，一旦问题变成了一个开放的任务，就可以进行数字对话啦！

开放式问题在将低认知需求的任务转化为高认知需求的任务方面特别有用。比较这两个任务：

> 任务 A：用科学记数法写出 35 045 011。
> 任务 B：用科学记数法写出两个容易比较的数字，再用科学记数法写出两个较难比较的数字。

在后阶段，当学生在对其他人的解决方案和想法进行评判时，使用开放式问题会让讨论更加生动有趣。

分层教学

分层教学是针对共同的教学目标，采用一系列相似但适用于不同学习者的问题开展教学，也就是说，不同程度的学生将通过不同的学习任务来达到共同的教学目标。例如学生都在学习数的分解，但有些学生正在探索把 5 分解成两个数的方法，有些学生则在研究如何将 8 分解成两个数，还有一些学生在研究如何分解 8 但考虑的是分解成两个以上的加数。分层教学有的时候也不局限于内容上的分层调整，它们可能是下面的这些调整（Kingore，2006）：

1. 教师的协助程度。这包括为学生提供案例，或者让学生与同伴结对合作。

2. 问题任务以何种形式出现。结构清晰明了的问题对于有特殊需求的学生帮助更大，而数学能力强的学生通常可以从开放式问题中收获更多。

3. 给定任务的复杂性。给定的任务是具体的还是抽象的？可不可以增加一些更复杂、难度更大的问题？

4. 过程的复杂性。这些调整包括课程进度的节奏快慢、一次性给出的指令数量多少，以及任务中所包含的高层次问题的多少等。

请看下面的例子：

初始任务

爱德华有 9 辆玩具车，艾丽卡又带来 8 辆车和爱德华一起玩。爱德华和艾丽卡共有多少辆车？你是怎么知道的？

教师通过给学生分发计数方块进行问题情境的模拟,并让学生用纸和铅笔来说明记录他们解决问题的方法。同时让学生准备好解释自己的解决方案。

调整后的任务

　　爱德华有一些玩具车,艾丽卡又带来一些车和爱德华一起玩。爱德华和艾丽卡共有多少辆车?你是怎么知道的?

教师可以问学生在给出的情境中发生了什么事,他们需要解决什么问题。然后,教师会分发任务卡,并说明爱德华和艾丽卡有多少辆车。教师根据学生的程度来分发不同的卡片:对那些程度稍低的学生给的是小于 10 的数;而程度高一点的学生给的是有多种解决方案的开放式卡片。

○ 卡片 1(简单)

> 爱德华有 6 辆小汽车
> 艾丽卡有 8 辆小汽车

○ 卡片 2(一般)

> 爱德华有 13 辆小汽车
> 艾丽卡有 16 辆小汽车

○ 卡片 3(困难)

> 爱德华有_____辆小汽车
> 艾丽卡有_____辆小汽车。他们一共有 25 辆小汽车。
> 请问爱德华和艾丽卡分别可能会有多少辆小汽车?

在每种情况下,学生都必须使用语言、图片、模型或数来展示他们找到解决方案的过程。教师要提供过程中用到的各种工具(计数方块、计数片和百数表)。

如何来分配任务卡至少有三种不同的方式:

1. 把卡片按顺序发给每个人。

2. 根据学生目前的学习情况,只给他们一张卡片(例如,对于那些还没有掌握一位数加法的学生,可以使用简单型的卡片)。

3. 根据准备情况分发卡片 1 和 2,并把卡片 3 作为成功完成卡片 1 或 2 后的扩展任务。

注意,这个分层教学同时兼顾了任务内容和解决过程的复杂性。

下面举例说明分层教学中不同的提问形式。有些问题比其他问题更开放一些。在分层教学时需要注意的是教学目标的一致性,在这个例子中就是判定平行四边形的性质。

主题:平行四边形的性质   5～6 年级

　　给学生一组平行四边形,包括正方形、长方形和一般的平行四边形。根据学生的学习需要和对四边形的先验知识,将下列任务分配给不同的小组:

A 组(开放式):探索一组平行四边形。用尺子和量角器测量平行四边形的角和边,列出对每个平行四边形来说都符合的性质。

B 组(略微结构化):用尺子和量角器测量平行四边形,记录所有与边、角和对角线相关的平行四边形的性质。

C 组(高度结构化):探索平行四边形,找出将图形定义为平行四边形的规则。用尺子测量边长,用量角器量角。首先,将平行四边形分为长方形和非长方形。

1. 通过对于一般的平行四边形集合中所有平行四边形的边的测量,你发现了什么规律?
   通过对于长方形集合中所有平行四边形的边的测量,你发现了什么规律?
2. 通过对于一般平行四边形集合中所有平行四边形的角的测量,你发现了什么规律?
   通过对于长方形集合中所有平行四边形的角的测量,你发现了什么规律?

并行任务

　　并行任务与分层教学的相同之处都是针对相同的教学目标,不同的学生可以进行不同的任务。但并行任务的关键在于学生可以选择做哪个任务(Small,2017),给予学生选择的权利可以增加其学习主观能动性,并帮助学生成为更好的自主学习者(Bray,2009;Gilbert & Musu,2008)。

主题:科学记数法   8 年级

　　从下面的数字中选择一个,并用至少四种不同的方式表示它。

3 500 000 000　　　0.003 5

可以增加具体的情境,让学生选择并行任务:

主题:减法   2～3 年级

　　爱德华有{12, 60, 121}个弹珠,他给了艾瑞卡{5, 15, 46}个弹珠。爱德华现在还有多少弹珠?

分数的运算可以通过同时提供选项 a 与选项 b 来进行,选项 a 的难度小于选项 b(Phelps,2012)。

主题:加法   5～6 年级

　　卡米拉在做能量棒,她放了一些葡萄干和_____量杯的坚果,她一共有_____量杯能量棒,请问她放了多少量杯的葡萄干?

a. $\frac{3}{4}$, $1\frac{1}{2}$　　　b. $\frac{5}{8}$, $2\frac{1}{4}$

并行任务为学生提供了选择的空间,学生会倾向于选择那些有一定挑战空间但又不太难的数字。因此,他们的选择也在一定程度上为教师提供了支持有效形成性评价的相关数据。

弹性分组

让学生合作完成任务是数学教学中很重要的一环。小组合作的方式既可以让学生共同去挑战更高难度的任务,又能在过程中同伴间相互支持,还能增加学生交流数学知识和促进数学理解的机会。从某种程度上来说,与人合作也是一项重要的生活技能。学生认为小组合作能够提高他们的自信心、参与感和理解力(Nebesniak & Heaton, 2010)。弹性分组是指小组的规模和具体成员都是随着任务目的和策略不断变化的。换句话说,有时候学生进行结对双人合作,那是因为从任务的性质角度来说该任务最适合两个人共同去完成;也有时候学生进行四人合作,是因为该任务可拆分成足够的子任务让每个人都有事情做。

教师可以根据学生的学习热情、语言能力、社交能力和行为来划分小组,一定要避免按数学学习水平的高低分组!如果按照数学学习水平高低来分组,就会固化学生的能力差别,虽然这样分组可能是出于好意,但那些需要更多学习支持的低水平的小组就会降低他们的学习目标,会让低能力的学生更为落后,拉大独立性较高和较低学生间的差距,并会严重损害学生的自尊心。

首先,成功分组的第一个关键点是培养学生的个人担当。这意味着当团队一起进行同一个任务时,每个人都必须能够解释任务的过程、内容及最后要展示的作品。虽然这听起来很容易,但事实并非如此。其次,同样重要的是,在团队中要建立集体责任感,通过团队建设活动来设立团队标准,让所有成员增进对团队的理解是非常有效的做法。

除了个人担当和集体责任感,教师还要教学生如何参与讨论。在对学生进行分组之前,老师可以带学生做这样的练习:"如果你的同伴没有得到正确答案,你应该对他们说什么?"然后老师模拟可能会有的各种反应(Ghousseini, Lord, & Cardon, 2017)。当团队共同进行学习时,教师可以用各种方式来促进学生的合作。例如,当有人问了你一个问题时,你可以把这个问题摆到小组的其他成员面前,让他们进行回答。在观察小组时,你可以让一个学生去阐述另一个学生学习的过程,而不是问她正在做什么。其他建立个人担当和共同责任的方法包括:让所有学生都参与全班的口头报告。同时,你可以告诉学生,你会要求任何团队成员解释他们自己的小组都做了些什么,并让每个学生写下并记录他们小组的问题解决策略。你越是频繁地使用这些策略或其他类似的策略,学生的团队合作就会更有效地发挥作用,你的学生也会因此学到更多。

五、促进家长参与

家长对学校教育的参与会提高学生的学业成绩(Barnard, 2004;Lee & Bowen, 2006)。如果家长明白数学对孩子未来的重要性,即使他们可能会回忆起当初自己求学时不愉快的数学学习经历或在数学上所遭遇的挫折,他们还是会通过多方途径来参与孩子的学习,比如辅导孩子完成家庭作业、在学校做志愿者、同老师见面交流。作为老师,你要明白这两点,即父母对数学课的回忆并不总是美好的,以及他们理解学生在 21 世纪所需要达到的数学目标对于我们的工作是很重要的支持。因为有研究发现,积极的父母情绪将能促进积极的学生情绪,积极的学生情绪则带来学生更好的学业表现(Else-Quest,Hyde,& Hejmadi,2008)。

交流数学目标

每年,家长都应该有机会能从学校和老师那里了解到孩子的数学课在做什么。这包括孩子们在学校学数学的方式和他们当年学数学不一样。以 NCTM 的核心标准为准则的数学教学可能在学校已经实施多年,但对于家长来说依然是全新的。如果没有交流的机会,家长可能会根据自己的经验轻易得出一些结论,对于孩子在学校学数学会有负面情绪并把这些情绪传递给其他家长。表 4.1 罗列了一些家长对于基于问题的数学课程提出的常见问题。

表 4.1　家长对数学教学提出的常见问题

类别	问题类型
教学方式	◆ 老师为什么不讲课?（明明原来的方法很好,为什么多此一举?） ◆ 孩子们在小组里是在做他们自己的事情吗? 我的孩子是不是在替别的孩子做事? ◆ 计算器和其他高科技设备会影响我的孩子的运算熟练吗?
教学内容	◆ 我的孩子在学基本数学技能吗? ◆ 为什么我的孩子学习的算法(策略)跟我当年学的不一样? ◆ 为什么孩子学习的数学技能比以前少了,却增加了那么多应用题?
学生的学习及其成效	◆ 学习这些标准能让我的孩子为后面的初中、高中、大学以及更高的阶段(例如 8 年级、9 年级的代数)做好准备吗? ◆ 为什么我的孩子比前一年学习得更困难?

资料来源:From Bay-Williams,J. M.,& Meyer,M. R.（2003）. What Parents Want to Know about Standards-Based Mathematics Curricula. Principal Leadership,3(7),54 - 60. Copyright 2003 National Association of Secondary School Principals. www. principals. org. Reprinted with permission.

你一定要防患于未然,掌握主动! 为了预防焦虑或疑问,可以邀请学生父母参与"家庭数学之夜",分配积极的家庭作业,与家长多分享他们可以在家使用的数学学习资源。

邀请学生父母/监护人来上你的数学课。邀请家长来上你的数学课。如果家长能亲眼目睹你所提出的问题及多样化的问题解决方法,他们就会知道在家里该如何引导孩子学习数学了。例如他们可能会注意到你积极鼓励学生选择自己所擅长的策略,鼓励他们解释运用策略的过程。家长也会学习到你在课堂上所使用的数学语言并会在家里对此进行强化。数字对话是培养学生数学思维非常好的方法,家长可在家中和孩子进行数字对话练习。

家庭数学之夜

有很多途径可以促进家庭或社区的数学活动,比如:在返校日中加入数学部分,在家长会上讨论怎么学数学,甚至可以专门举办一次数学指导研讨会(Ernst & Ryan,2014)。这样做都是为了保持学校教学和家庭辅导之间的一致性。除了要关注数学内容,家长也要学习如何成为一个有着积极数学态度的问题解决者。家长要明白提出问题的重要性,要鼓励孩子坚持努力不放弃,要尝试用多种方法来解决问题,要学习如何从错误中进步,不断对自己的解题思路进行反思改进。在孩子学习数学之前要为家长提供学习数学的机会,这样不仅能增进家校之间的良好关系,同时也能提高学生的学业成绩(Knapp, Jefferson, & Landers, 2013)。

积极参与到做数学中来。 "家庭数学之夜"的核心是让大家拥有积极的数学体验!当你为家长选择需要完成的数学任务时,要确保任务所选择的情境对家长来说是有意义并且与他们已知的数学课程内容相关。图4.6中的两个任务都是在学生知道基本数学事实的基础上对数的分解,你可以比较、体会这两个任务的不同。本书中的很多数学任务和活动也可以作为"家庭数学之夜"不错的选择。

反思角 在图4.6中,你注意到这两个任务之间有什么区别?在这两个任务中,哪一个是在"做数学"?

任务1:
找出这些等式的答案。用计数片或用画图的方式来解释你的做法。
$1+5=$　　　　$0+6=$
$3+3=$　　　　$2+4=$

任务2:
停车场里只有蓝色和红色的汽车,现在有6辆汽车停着,可能会有几辆蓝车,几辆红车?找到尽可能多的方法。画图,并为每个可能情况写出相应的等式。
拓展:
你能找到6辆车中几辆红色、几辆蓝色的所有可能吗?说一说你的方法。如果一共有5辆车呢?7辆车呢?你发现其中有什么规律吗?

图4.6 幼儿园或1年级家庭数学之夜要探索的两个任务

在和家长讨论这些问题的时候,要仔细分析这里的每个问题哪里可以提高学生的数学理解力,哪里可能会让学生觉得有些难度。就像对待学生一样,要给家长充足的时间去完成这两项任务并和他们讨论问题解决策略,让他们在这两项任务中发现学习数学的机会。类似下面这样的提问可能会对你有些帮助:

在每个问题中学生分别能提升哪方面的能力?

哪一个问题可以更好地将数学和现实世界进行联系?

你的孩子最愿意做哪道题?为什么?

要帮助家长在解决问题中挖掘数学学习的深度。例如,在学前班到2年级时,孩子们正在通过学习数的认识和运算的基础知识——寻找规律,进行推理和归纳。你可以和家长分享CCSS所提倡的数学实践或你所在学区的具体数学实践。比如标准中描述的目标是要让学生"精通数学"。可以问家长:"您觉得我们的这两项任务中哪里可以帮助学生变得'精通数学'呢?"

和家长谈谈探究学习。 如果家长认为学习数学最好的方法就是直接讲授性的方式——就像当年他们学数学时那样——你就可以和他们一起回顾一下上面停车场的这道数学题中是如何做数学的。你要指出照着做某事(加法应该这么做,现在练习一下吧)和真正理解某事再做(你可以用多少种不同的方法来分解 6? 你是如何判断自己已经找到所有的方法呢?)是不一样的。你可以帮助家长判断两种方法所发展的不同的数学能力和数学理解。可以试着问问家长:"孩子们是如何学习加法的? 减法呢? 不同的方法如何帮助学生掌握基本数学事实?"你要告诉家长:数学解题技巧固然重要,但理解运算背后的原因更重要。鼓励家长一起参与到孩子的探究学习中来。你可以给他们一个带回家和孩子一起完成的家庭作业。

确定你的角色。 在探究学习的课堂上,家长可能认为老师不是在"教学",所以你要告诉家长,你在探究性学习的课堂里,角色任务是组织(选择一个有价值的任务)、辅助(设计、监督任务及学生的参与情况)和提问(在每节课中提问,帮助学生建立联系或加深理解)。

小组合作的合理性。 因为家长自己学数学的经历和孩子现在学数学的方式很不一样,所以他们更想知道孩子到底怎么在小组合作中能够学习数学。你可以从不同的角度用不同的方法来证明小组合作的优越性:

1. 与家长分享关于合作学习优越性的研究成果。

2. 借助学校的一些媒体或信息介绍合作学习的重要性。无论在哪个学科的学习上,合作学习都很重要。在学数学方面的好处包括:听取不同的策略,增强理解的机会,促进寻求新的问题解决策略,以及对多种策略的评判。而这些对于奠定学生坚实的数学基础和未来的数学生活技能都至关重要。

3. 给家长写信介绍数学学习的内容。如果你要开始加减法单元的教学,在学习之前可以给家长写一封信,帮助家长了解学习内容的重点。这也是你告知家长,学生将通过小组合作来学习用不同方法解决任务的好机会。

4. 在"家庭数学之夜"做一个数学合作学习活动。让家长同其他 2~3 个人合作来完成一个花费时间不会太长的数学任务。通过让家长承担小组中不同的角色来真实体验一下小组合作学习到底是什么样的。

5. 邀请家长辅导参与孩子的数学小组作业。让家长亲眼看到学生在小组合作学习中所进行的对话和思考,这可以在很大程度上说明小组合作的价值!

提倡使用高科技。 家长自身可能是高科技达人,但他们对于孩子在掌握基本数学事实之前就大量使用计算器或计算机可能还是很有顾虑。即使已有大量研究表明,较多借助计算器进行计算的学生,在数学上取得的成就不一定比完全不使用计算器的学生差,但人们还是普遍担心使用计算器会让学生的推理能力和判断力下降。老师要让家长了解到即使学习了计算器的使用,学生还是要学习数学基本事实和基本运算的,计算器只是辅助这些学习过程,如果学习目标是掌握体积而不是乘法计算,那么学生就可以使用计算器来辅助他们计算体积。在解决具体问题的时候,学生应该学会判断计算器在这个时候所起到的作用是促进数学学习还是阻碍数学学习。

为解决问题提供支持。 教会家长如何帮助他们的孩子——已经被无数研究证明是行之有效的促进孩子学业成就的方法(Cooper,2007)。家长很重视学校的数学教学,但他们常常把数学同孩子的数学技能和题海练习联系起来(Remillard & Jackson,2006)。你的工作是让他们了解更广泛的数学学习目标。真正的数学应该有更多一些的情境故事题,更少一些的纯数字计算题。面对 21 世纪的职场,单纯能用计算器来简单计算的人已经没有什么竞争力了。新世纪需要的人才是有数感、推理能力和实际问题解决能力的人。可以为家长提供一张如图 4.7 所示的卡片。这些阅读技巧可以帮助他们与孩子一起理解数学故事。

> **解决数学故事题——尝试这些策略:**
> ○ 大声地朗读问题。
> ○ 改述故事的内容。
> ○ 讨论数学词汇。
> ○ 找出并写出问题。
> ○ 把问题画出来。
> ○ 把问题表演出来(玩得开心!)
> ○ 利用家居用品来阐述问题。

图 4.7　协助父母帮助孩子解决数学应用问题的卡片

如果家长看到自己的孩子卡在某道数学题上太久,可能就开始担心了。家长常常觉得速度就是成功。但是做题速度快不意味着孩子就更聪明。教师应该让家长明白,让学生体验能力范围内的数学困境是发展学生全面理解的两种最有效方式之一(另一种是同数学概念相联系)(Hiebert & Grouws,2007)。

关于运算的顾虑。 学生应该使用那些对他们来说有意义的学习策略,包括做长除法这类的题目。但是家长可能认为像这样侧重理解的数学教学下,学生都不能掌握长除法这样的基本数学算法,对此表示忧虑。你要告诉家长们:孩子们的数学能力是以不同的形式呈现出来的,不再是靠单纯的记忆。标准的数学算法是一种技术,但是精通数学的学生必须能够使用多种策略,这样他们才能在任何给定的情况下选择最为有效的策略。请看右侧的例子。

$$69+47=\underline{\qquad}$$
$$309-288=\underline{\qquad}$$
$$487+345=\underline{\qquad}+355$$

你可以让学生自愿分享他们的解题方法。例如,对于减法问题,你可能得到下面的这些回答:

○ 300 减去 288 等于 12,再加上 9 等于 21
○ 从 288 到 300 需要加上 12,再加上 9 是 21
○ 309 减 300 是 9,再降到 290 需要 10(19),最后降到 288 需要 2(21)

这些推理策略与直接运算相比加强了位值的概念和加减法之间的关系。注意到这两个数都接近于 300 这个特点有助于学生去选择他们的解题策略。这种全局鸟瞰的策略(首先从整体上看问题,再决定如何解决它)对于"学好"数学至关重要。

家庭作业

可能会听到家长说"我数学学得不好"或"我不喜欢做数学题",不可否认这很可能是家长的真实感觉,但是研究表明以积极的态度来看待数学非常重要。例如,"即使数学很难,坚持下去,你就一定能算出来的"。这样积极正面的鼓励很有益处。家长积极的数学态度可以在影响学生学业成就方面起到很大的作用(Cooper，2007)。

家庭作业能够也应该成为学生和他们家庭的一个积极体验！让学生带回家的作业一定要有策略性和新创意。避免那些大量、花费时间很长但其实是低认知需求的任务，而是要少而精的更高认知层次思考的作业。家庭作业应该在家长能理解的范围内，要求学生在家庭作业中使用大多数家长所不熟悉的新方法（例如，使用数组去做乘法）是不明智的选择。作业不要给学生限定某一种单一的方法，而是要鼓励学生自己去选择方法(Bay-Williams，Duffett，& Griffith，2016；Larson，2016)。这不仅会消除家长的挫折感，还能为第二天讨论不同方法之间的关系做准备。也可以考虑让学生和家长参与对其家庭或社区相关数据收集的项目。下面我们分享一些可以让家庭作业更有趣更有效的想法。

模拟三阶段课程模型。在确保学生在回家前理解了你所布置的作业后，你可以将一节课的前阶段压缩成一个简短的版本。然后，让学生在家中去完成中阶段的任务。当他们完成作业回到学校时，就像后阶段的固有过程一样，你可以引导学生对家庭作业进行分享和讨论。与单纯地检查答案正确与否不同，这个方法可以让学生积极参与到学习思考中。因为在这个过程中的侧重点是针对问题不同层次的比较（而不是单个问题），关注的是学生在学习中所遇到的错误和困难（而不是正确的答案）(Otten，Cirillo，& Herbel Eisenmann，2015)。让学生总结出共性也是比较的一部分(Walk & Lassak，2017)。询问学生在过程中遇到的困难也是讨论的一部分内容，你也可以讨论学生的实例或者你自己创作的实例（见前文）。如果你和家长交流过这样的方式，学生甚至可以和家长一起完成三阶段中的后阶段。

使用分布式家庭作业。关于家庭作业的内容，可以是本学年早些时候教过的内容复习，也可以是当天的数学学习内容强化，或者是为以后要学习的内容预习。研究表明，将这三个部分结合起来的分布式作业在促进学生学习方面更加有效(Cooper，2007)。唯一的例外是那些有学习障碍的学生，当家庭作业侧重于当前的课堂内容和数学能力时，他们会表现得更好。

向家长推广"先问后讲"的方法。当孩子陷入困境或做错的时候，家长可能不知道怎么办才能最好地帮助孩子学习。你可以做的一件重要的事情是让家长尝试"先问后讲"的方法(Kliman，1999)。就是说在家长解释某事前，他们应该先问孩子他们是怎么做的。孩子可能会就此进行自我纠正（这是一种生活技能）。即使孩子没有自我纠正，家长至少可以根据孩子的回答来为其提供针对性指导。在教授学生解题策略的同时也可以和家长分享一下这些策略。例如，下面这些建议(Wieman & Arbaugh，2014)，可以贴在教室里也可以跟随家庭作业发回家：

○ 先在笔记或日常生活中找找例子，然后再进行问题解决。

○ 如果你被卡住了，休息一下，然后回来再试一次。

○ 如果你感到困惑，用文字描述你的困惑或者把困惑写成一个提问。

○ 用明确的问题来寻求帮助（向家长、同伴或在线支持网站求助）。

为家长提供良好的提问提示。家长帮助学生处理基于问题解决的数学题时，他们需要知道该怎么提问。图 4.8 是一个教师自制的数学思考题签,里面列举的一些问题很有帮助,你可以通过电子邮件发送给家长,或制作成书签发给他们,也可以贴到家庭作业日志中。

给家庭提供更多资源

如果学生父母知道在哪里可以找到学习资源,他们就能够更好地帮助孩子学习。互联网可以提供丰富的信息,但是大量的信息也可能成为一种干扰。作为老师,要帮助学生和家长找到能够促进数学学习的好资源,学生的课本、教师用书和一些好的视频课程内容等都是不错的选择。

在家中寻找数学。 为了发展学生的读写能力,家长往往会同孩子一起读书,并在孩子遇到生字生词时帮助他们。家长也应该同样地支持孩子的数学学习。遗憾的是,这并不是很多家庭习惯做的事情,这就需要老师来帮助家长发现数学和日常生活的联系。比如说你可以让家庭做出*数学承诺*(Legnard & Austin,2014),家庭成员要互相承诺他们同意一起做数学——了解彼此的数学推理、玩数学游戏、在日常生活中关注数学,还可以请父母分享关于数学的故事,从他们所读书籍中发现数学,进行数学寻宝游戏,在做家务时创造学习数学的机会等。

> **数学思考题签**
>
> 当你被数学题卡住时,可以问自己:
> - 你需要搞清楚的是什么?
> - 这个问题是关于什么内容的?
> - 哪些词令你困惑?哪些词你比较熟悉?
> - 你是否有类似的问题可以参考?
> - 你在课堂上使用什么样的数学语言或解题步骤?
> - 你认为你应该从哪里开始?
> - 到目前为止,你试过什么方法?你还能试试什么?
> - 你能描述一下你被卡在什么地方了吗?哪部分令你困惑?
> - 你能通过画图、表格或图表来帮助自己思考这个问题吗?
> - 你的答案说得通吗?
> - 答案是不是只有一个?
> - 你该怎样检查你的答案?

图 4.8　给家长的可以帮助孩子完成家庭作业的一些题签

自驾汽车旅行途中也可以做一些非正式、有趣的数学探索。例如可以关注汽车车牌,家庭成员可以随意用车牌上的数字来组数学等式或者制定一个目标数字,然后用各种数字各种运算来得到这个数字(Hildebrandt,Biglan,& Budd,2013)。"今天的日子"(Mistretta,2013)也可以是家庭常玩的一个游戏。这个游戏包括记下某天的日期(例如,18 周岁),思考其不同的表达方式、书写方式,以及和学生个人兴趣的联系(例如,最喜欢的运动员的号码或家人的年龄)。这些游戏活动都是有多种解决方案并在任何时候都可以玩的。

让所有的家庭参与进来

每个家庭的情况不同,有些家庭会参加学校的所有活动和相关会议,而有些家庭则很少参加学校的任何活动。但是无论什么样的家庭,家长都希望他们的孩子在学校好好学习。不太参加学校活动的家长可能自身曾有比较糟糕的学校学习经历,所以他们不愿意来学校,也可能是他们完全信任学校和教师,认为学校教师会对自己的孩子很好,这样他们就不需要参加到学校活动中了。在某些文化中,质疑老师可能会被认为是不尊重教师的行为。罗德里格斯-布朗(Rodriguez-Brown)是一名研究拉美裔家庭的研究员,他写道:"拉美裔家长并不是不想支持孩子的学习。他们认为篡夺教师的角色是对其的不尊重。"(2010,p. 352)

要同所有家庭建立良好的关系,下面这些是我们需要考虑的:

1. 尊重做数学的不同策略。

2. 用赞美和鼓励进行积极的沟通。在开学初，对于每个学生你一定要找到他的某一个数学思维闪光点来赞美（不仅仅是赞美他们在测验中取得的好成绩）。

3. 举办非正式聚会来讨论数学教学。与学生家长定期见面可以建立和谐的家校关系，并促进家校间的信任。

4. 让家庭成员都参与到家庭作业中来。如果一个学生在家庭作业中讲到自己的家庭情况时，你要给他提供积极的反馈或建议。这样，你就是在通过家庭作业来和学生家庭建立双向沟通。

若想了解更多有关建议，可参阅第六章的内容。

学习目标

在阅读本章内容之后,你应该能够完成如下学习目标:

5.1　了解形成性评价和终结性评价;

5.2　了解评价学生数学理解的四种重要方法;

5.3　明确评价的不同类型及各自用途;

5.4　明确学生自我评价的价值;

5.5　探索如何创建为了学习的评价;

5.6　探索如何了解和记录学生学习的真实情况,为学生进行客观评价并使得后续的教学决策更有针对性。

说到"评价",会联想起哪些相关的个人经历?考试?小测验?分数?努力的过程?焦虑感?这些都是我们共同的记忆。其实评价的真正意义在于帮助学生更好地学习,也是为了促进教师更好地教学。那么,评价是如何实现这两个目标的呢?

一. 将评价融入教学

在基于问题驱动策略开展教学活动时,教师一定需要追问自己:"这个内容,我该如何开展相关评价呢?"美国数学教师教育工作者协会(AMTE)和美国数学监委会(NCSM)在联合发表的声明中谈到了这个问题。声明中有关形成性评价的内容强调了三个重要观点:(1)评价应该促进学生学习;(2)评价是教学决策的重要工具;(3)反馈应该有助于学生进步。

想要更好地理解上述观点,首先要区分"对于学习的评价"和"为了学习的评价"。"对于学习的评价"是指在某个特定时刻通过锁定学生没有掌握的部分来评判他们学习已达到的程度;而"为了学习的评价"强调持续评价学生学习,以便教学能更有针对性地缩小学生学习现状与学习目标之间的差距,引领学生随着时间的推移,学习的水平也随之提高(Hattie,2015;Wiliam & Leahy,2015)。

评价是教学活动中不可分割的一部分。事实上,在基于问题驱动策略进行有效教学的过程中,评价是把教师个人的教学实施标准、CCSS 倡导的数学实践标准以及 NCTM 推行的数学过程学习标准三者综合协调起来(Fennell,Kobett,& Wray,2017)。常规的评价活动如单元考试和期末考试可以了解学生阶段性的学习成果,但这些评价产生的数据信息很少能用来指导日常的教学微调,而时时的教学微调才能真正提高学生的学习。正如达罗、莫舍和科克伦(Daro, Mosher, & Corcoran, 2011, p.48)所指出的:"数学教与学的立足点应该是从学生已有的数学知识和数学经验出发,而不是从学生还不会的概念和知识点出发。"NCTM 在《从理论到实践》(2014)一书中呼吁:在数学教学实践中,教师应该时时了解学生的思维发展水平,并以此为依据持续改进教学方式。

终结性评价和形成性评价

评价通常分为两大类:终结性评价和形成性评价。终结性评价,也就是"对于学习的评价",是指在完成教学后进行的累积性评价,如单元考试或州里的标准化考试等。这类评价的分数常用来衡量学习数学内容和过程(或实践)的总体水平。尽管终结性评价的结果对于学校和老师也很重要,但是具体到个人的时候,这些终结性评价结果很难帮助教师改进日常教学。

与之相对的是形成性评价,也就是"为了学习的评价",形成性评价普遍运用于学习前测、学习过程及其他活动中,是教师参照课程标准检测学生发展水平以及确定学生已有理解或误解的重要方式(Duckor, Holmberg, & Rossi Becker, 2017;Hattie, 2009;Popham, 2008;Wiliam & Leahy, 2015)。如果使用得当,形成性评价将成为提高学生学业水平最重要的因素之一(Hattie, 2009)。这是因为形成性评价包含向学生提供有针对性的反馈,以及依据评价所得信息决策下一步的教学等,这些过程能够明显促进学生学习,让他们学得更丰富更高效(Nyquist, 2003;Wiliam, 2007;Wilson & Kenney, 2003)。正如威廉姆(Wiliam, 2010, slide 41)所说:"评价想要具有'形成性',它必须给未来行动提供一个具体方案。"

此外,威廉姆还指出形成性评价的三个关键组成部分:(1)确定学习者的当前水平;(2)确定学习者的学习目标;(3)确定学习者的学习路径。让我们来看一个 3 年级的实例:"林迪收集了 34 个贝壳,杰西收集了 47 个贝壳,她们一共收集了多少个贝壳?"教师观察到学生的不同解决方法。生 1 画出一条数线,首先标识出 34 这个数,然后每次加 10,加了四次后再加 6,加 1,得到结果是 81(见图 5.1)。

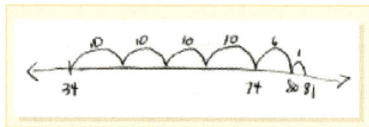

图 5.1 学生借助数线来计算 34+47

生 2 在学具盒里挑选出了具有十进制结构的方块模型,分别排出 34 和 47 这两个数,然后把整十部分的 3 条方块(3 个十)和 4 条方块(4 个十)放在一起,再把单个的 4 个方块(4 个一)和 7 个方块(7 个一)放在一起,把 10 个方块(10 个一)凑成 1 条,和其他的 7 条方块放在一起,这样得到了 81 这个答案。生 3 运用的是摆小圆片的方法,他先数出 34,再数出 47,把这些小圆片放在一起,再一个一个地数出结果,得到的是 78(数的过程中出错以至于答案出现了错误)。

教师通过观察得到的信息表明,这三名学生采用的解决问题的方法不同,得到的学习支持也应该不同。

这位教师所做的观察,其实就是威廉姆所提出的三个关键过程的第一步:确定学习者的当前水平。根据不同的学习水平,应该如何确定学习者下一步需要达到的学习目标呢? 这位老师认为,学生 1 应该接受更具挑战性的任务,学生 2 和学生 3 需要得到针对他们学习方式的个性化指导以使学生能够达到 CCSS 关于表示和解决 100 以内加减法的要求。完成前两个部分,那么接下来第三步需要做的,就是确定学习者实现目标的学习路径,设计针对具体学生的个性化学习内容,满足不同学生的发展需求。

综上,如果把终结性评价比喻为数码快照,那么形成性评价就像是视频录像。前者记录学生在某个阶段学习情况的静态呈现;后者则是学生学习过程中思考和推理的动态展现。

在本章以及本书第二部分各章的"评价角"板块中,我们将着重介绍用于评价学生理解水平的几个工具。

应该评价什么

想了解学生的数学学习情况,就需要安排适宜的评价来检测学生数学学习的各个方面:数学概念和运算、数学推理和练习以及学生的数学态度。

全面的概念理解和熟练的运算能力。评价可以为学生提供机会,让他们展示自己是如何以多种方式理解基本概念的。如教师可以在学生进行学习活动时观察他们是如何进行交流和论证的,也就是在学生"做数学"的过程中进行评价,从中获得信息,洞察学生对某个概念的本质理解。还可以通过访谈的形式,了解学生更多思考的细节,而这样的观察和访谈,通常是大规模终结性评价很难实现的。

熟练的运算能力也应纳入评价的考查范围。这里的熟练更多的是指在对算理理解的基础上对算法的掌握。举例来说,即使一个学生能够顺利地进行分数的相关运算,可是却完全不理解为什么做异分母分数加法时需要找到公分母,但异分母分数乘法时却不需要,那么这个学生对分数运算的"掌握"只是知其然而不知其所以然,就没有达到运算熟练。

做数学和自适应推理能力。了解学生对数学的真实理解水平,只评价他们掌握了哪些数学知识是远远不够的。还要针对《学校数学原则与标准》中的五个数学过程和《美国共同核心课程标准——数学》中的八项数学实践安排相应的数学能力水平测评。从帮助学生认识上述数学过程和数学实践重要性的角度出发,教师可以尝试制定一份与"做数学"相对应的评价标准并和学生一起了解每条标准的含义并达成共识,让学生明确自己的学习目标。下面提供几个标准的示例,这些例子适用于学生个人学习、小组合作或全班交流。

问题解决

○ 在解决问题之前,充分理解问题

○ 运用多种策略解决问题

○ 能够对这个问题所给出答案的合理性进行解释与说明

推理证明

○ 能够对自己的解题方法和答案的合理性进行解释与说明

○ 能够判断他人的解题方法和答案合理或不合理，可以使用有效的反例来反驳别人的观点

○ 在解决问题的过程中能够提出合理的猜想，并使用逻辑语句表达证明自己的猜想

交流沟通

○ 能够通过文字、画图、算式、列表等方式和同伴沟通，交流自己的想法

○ 能够读懂、理解他人的思考过程和方法

○ 能够运用准确的数学语言、计量单位来清晰地交流想法

联系拓展

○ 在数学和生活中的真实问题之间建立联系

○ 在数学概念与概念之间，运算与运算之间建立联系

表达表述

○ 使用操作、画图、符号、语言和数学模型等多种表征方式来帮助自己思考和解决问题

○ 可以在不同的表征方式之间转换

○ 解释不同的表征之间是怎样联系起来的

上面的这些评价标准，教师应该和学生一起来讨论具体是什么意思，通过提供明确样例的方式，帮助学生理解每条标准的意义和价值是什么。教师还可以和学生一起分享他们的作业，全班一起讨论优秀的作业，不足的作业也用匿名的方式拿出来供大家共同评判，通过这样的形式找到提高自主学习能力的办法（Barlow, Gerstenschlager & Harmon, 2016）。

积极的数学态度。教师还应该通过观察、访谈、收集学生的自我评价、阅读学生的作业等方式，了解学生对于数学学习是否具有锲而不舍的精神，对自己学好数学的能力是否有足够的信心和积极努力的信念。事实上，因为老师每天都需要基于问题驱动的策略展开教学，所以在每天的教学过程中一定会看到学生解决问题时的毅力、决心、主观的意愿。掌握这些信息就对学生的数学态度有了了解，对于开展教学活动会很有帮助。

二. 评价学生数学理解的四种重要方法

教师开展形成性评价时，有四种评价学生数学理解的基本方法可供选择：观察、提问、访谈和布置任务。下面，我们将深入讨论这四种方法。

观察

所有教师每天都能得到些许关于学生的有用信息。如果采用三阶段教学法（第三章），有关学生表现的信息量就会显著增加，尤其是在中阶段和后阶段。在常规课堂教学中教师也会观察和倾听学生，如果教师能更有计划地来收集学生学习的证据，那么至少会得到两个非常有价值的结果。第一，我们可以捕捉到那些很可能被忽视、漏掉的重要信息；第二，依据这些系统收集的观察数据及其他信息，我们可以更有针对性地开展教学设计、向学生提供反馈、召开家长会和给定分数等级。

　　观察周期的长短取决于教师想收集哪类学生的学习证据。具体地说,观察全部学生在某个标准上的进步情况,可能需要几天到两周时间不等。如果想了解特定学生对某些概念或技能的掌握情况,可以选择短时间的重点观察;如果想记录学生在某个数学过程或实践(如问题解决、建模或推理)中的成长,则需要较长时间的观察。此外,为了有效使用观察法,教师还应该认真遵循以下原则:一节课中只观察合理人数的学生来收集数据。

　　例如,1 年级学生会玩这样的游戏:每个人画一张多米诺骨牌,分上下两部分。上下部分各画几个点。游戏是每个学生将自己牌上两部分的点数相加,再与他人点数之和比较大小。学生在玩游戏时,教师观察他们是如何相加自己牌上的点数,又是如何进行数的大小比较。有些学生把多米诺骨牌上的每个点都数出来;有些学生则使用"继续数"的策略(学生看到骨牌的上半部分有四个点,下半部分就从"5"开始数直至总数);还有一些学生无需计算就能通过识别骨牌的特定排列方式确定点数;而有些学生却还不确定 12 是否大于 11。在小组活动过程中,教师通过提问和倾听收集数据,能够帮助教师深入理解学生的思维过程(Petit & Zawojewski,2010)。

　　个体随堂观察笔记。"专业关注"是指教师通过下面三个步骤来观察学习者:(1)关注细节;(2)辨析学生学习水平;(3)形成后续教学的思考和计划(Jacobs,Lamb,& Philipp,2010)。给学生做随堂观察笔记是为了帮助教师理解学生的策略,了解学生使用这些策略背后的想法,进而根据了解到的情况制定下一步教学计划。要达到这个目标,教师在记录的时候首要关注到各种细节,比如学生点头表示赞同、借助手指来数数、建立恰当的模型、选用成熟的策略等。其次,教师根据学生的上述手势、图画和动作辨析出这样的学习行为意味着学生达到了什么样的学习水平,同时在观察笔记中可以标注学生的优点和不足。最后是思考并形成有关后续教学的决定。

　　通常,在对学生做数学的活动进行个体随堂观察时,建议每天的观察记录限定在五个学生左右,观察对象可以是一两个小组中的某个学生,也可以是某一个需要特别予以学习支持的小组。为了系统地保存这些观察记录,教师可以将观察笔记以电子表格或多栏表格的形式存储在电脑中。

　　记录表。为了在观察过程中更好地集中注意力,我们可以提前制作好一个包含必需的数学过程、实践活动或内容目标的记录表(见图 5.2)。需要提醒的是,在表格的"评价内容"栏里,列出的应该是学生对相关内容大观念及对概念理解方面的具体表现。例如,"学生能够意识到乘法计算之间是有联系的,比如用 10×7 来思考 9×7",这种说法要比"知道简单的乘法事实,不知道复杂的乘法事实"更具体更有帮助。再如"高年级的学生通过估算小数乘积,来确定小数点的正确位置",这种描述要比"不能准确计算小数乘法"更有用。此外,在对学生的观察中除了要有是否达到合格标准的评价外,还应该设置备注栏进行必要的说明。

姓名：卡米拉

评价内容	未达标	达标	超越标准	备注
理解分数中分子/分母表示的意义		√		
借助面积模型理解和表示分数		√		借助面积模型来表示 $\frac{2}{3}$ 和 $\frac{3}{6}$
借助集合模型理解和表示分数	√			
在实际情境中使用分数	√			
估计分数的量		√		充分说明合理性

与数学实践相关的目标

弄懂问题并锲而不舍		√		用自己的话陈述问题
数学建模	√			不愿意使用抽象模型
使用恰当的工具		√		

图 5.2　可以针对每个具体学生表现的记录

另一种记录表针对的是全班所有的学生，依据学习进程列出观察内容，考察学生的能力水平或存在误解的情况（见图 5.3）。教师通过各类符号对学生的表现进行观察和记录，可以用于日后识别、探寻学生表现的规律（Accardo & Kuder，2017）。这种全班范围的记录表，适用于跟踪学生的长期学习目标，如解题策略的形成、有计划地运用表征形式或教具学具、熟练计算和估算等学习目标的完成等。此外，由于观察周期长，教师在记录时有必要输入观察日期或学生的细节表现。

全班观察记录表

主题： 口算两位数加法 姓名	未达标 不能口算	达标 会至少一种策略	超越标准 依据数的特征选择 不同的运算策略	备注
拉丽		√　2017－3－18 　　2017－3－21		
皮特	√　2017－3－20	√　2017－3－24		含数字 8 和 9 的题目有困难
席德			√[+]　2017－3－24	灵活地使用方法
莱克夏		√		十个十个地数，再加上个位上的数
乔治		·√		
帕姆	√			先把十位上的数加起来
玛丽亚		√　2017－3－24		使用百数表

图 5.3　全班观察记录表

提问

数学教学中的提问主要可以分成面向不同水平的四类问题(NCTM，2014)。同一节课上，学生可能会多次面对这四类提问；而不同的课上，教师对提问类型的侧重可能不尽相同。表5.1列出了四种提问类型及相应样例。

表5.1　基于NCTM《从理论到实践》的提问类型

提问类型	样　　例
知识水平	等号是什么意思？请举个例子。 梯形的性质是什么？
理解水平	你画的模型与这个分数相等问题有什么关系？ 你列的等式和这道应用题里的故事是怎么对应的？
应用水平	这两组表达式分别等价吗？你是怎么知道的？ 两个三位数相加，所得之和最大是几位数？为什么？
分析水平	今天，你用了两种方法来解决这个问题，这两种方法有什么相似？有什么不同？你会在什么情况下选择使用哪种方法？ "乘法和除法互为逆运算"是什么意思？

通过提问启发学生的思维可以得到非常有用的数据，为教师深入了解学生和改进后续教学提供依据。此外，教师的提问还能帮助学生摆脱"困境"，提高他们独立思考的能力。正如你可以在巡班过程中随时观察学生实施评价一样，提问也是教师开展形成性评价最重要的方法之一，被广泛运用于三阶段教学法的任一阶段。当教师在教室里巡视时，可以将"启发式问题"常备手边（保存在平板电脑里或打印出来），以便及时提问，启发并激发学生的思维。请记住：通过质疑、挑战那些确信自己答案或思考的学生，能帮助他们把注意力聚焦在数学推理上。

想确保自己的评价提问能够揭示学生的理解水平，教师可以做这样的研究和尝试：首先将自己的教学过程录制下来，请同事判断打分，确认自己问了多少个具有评价潜能的高水平问题，多少个回忆性问题。随后，参考相关研究进一步细致分析你课上的提问。比如说，汉斯(Hess)结合布卢姆的教育目标分类法和韦伯(Webb)关于知识深度的划分提出汉斯认知理论(Simpson，Mokalled，Ellenburg，& Che，2014/2015)，我们可以此为框架进行分析。

访谈

"如果评价系统的设置是为了驱动教学系统向着目标前行，那么它不但要指明前进的方向，还须提供信息明确我们与目的地的距离。而如果你的评价系统只会不断重复'我们还没达到指定位置'，就好像你车子后座那个一直发牢骚问'我们还没到啊？'的小孩一样，对达到目标丝毫帮不上任何忙。"(Daros et al.，2011，p. 51)作为观察和提问的结合体，访谈特别是诊断性访谈，可以帮助我们深入挖掘信息，洞察每个学生有关概念掌握和策略使用的情况。

诊断性访谈是指以一对一的交流方式调查学生对特定数学概念、程序、过程或实践的理解。这种谈话大概持续3到10分钟。教师在使用诊断性访谈时，通常会遇到一个挑战：眼睁睁地看着学生犯错却不能立刻回应更正。诊断性访谈给教师提供的不是教学机会，而是评价机会，其目的是要发现学生的优势和不足。带着这样的目的，教师去倾听学生描述自己的想法和策略，探究他们的理解水平。

教师在准备诊断性访谈时，首先要挑选一个合适的数学问题，以便学生在解决这个问题时能体现他对新近学习内容的本质理解。还须为学生准备纸、笔及其他各种材料（尤其要提供先前教学阶段使用的模型和学具）。此外，教师应预设并写下学生可能呈现的理解方式、常用解法和典型错误。访谈实施阶段，让学生在解决问题的过程中多次口头叙述推理过程。建议学生使用不同学具或者画图展示自己的思考过程，以这样的方式鼓励学生进行多元表征。芬纳尔、科贝特和雷伊（Fennell，Kobett & Wray，2015）在他们的研究中把这种诊断性访谈称为"让我看看"。

诊断性访谈要根据学生的具体需求来规划。下列几个问题可以作为访谈的起点：

○ $\frac{7}{8}$ 和 $\frac{7}{7}$，哪个更大？

○ 右图两个圈起来的数字，表示的含义一样吗？

○ 如果我们买 17 顶同样的帽子花了 102.00 美元，那么每顶帽子多少美元？

○ 计算 $6\frac{1}{4} \times 2\frac{3}{4} = $ _____．请画图说明你的解题方法。

无论如何，访谈的初始问题都要与新近学习的内容一致，或者与教师预测的学生可能存在的理解偏差相关联。少数情况下，学生会在访谈过程中更正自己的错误，但更多时候，教师是能够通过访谈发现学生的误解以及他们已经掌握了哪些策略。当教师重视研究学生的错误、重视识别常见的误区时，就能够利用这些评价结果帮助学生建立更加复杂精准的概念理解体系（Bray & Santagata，2014）。

访谈会占用大量的时间，但访谈也能帮助我们揭示任何其他评价方法所无法提供的信息。那么，如何才能让访谈发挥最大的功效呢？每次访谈只能针对几个学生，这一工具不适合面向全班同学同时使用。当其他学生正在完成某个任务时，教师可以简短地访谈一个学生，并用录音或录像的方式来记录老师与某个学生的全部对话以及他的作答过程。

在研究了几百个案例后，哈蒂（Hattie，2009）发现：教师从学生那里获得的信息，既包括学生究竟知道什么也包括他们到底不知道什么，对于促进学生学习至关重要。而这正是诊断性访谈的目的所在！例如，你确定自己教的学生对位值理解到位吗？还是他们全靠死记硬背完成练习？如果你能在试图帮助学生解决问题之前，先精准地确认他们真正的困难所在，那么你的教学就会有的放矢从而会更有效。

我们先来看一个诊断性访谈的实例。

马萨尔女士的学生乔治患有学习障碍综合征，他在学习多位数运算时遇到了困难。乔治在估算结果时，会给出不合理的判断。有时乔治认为答案应该是两位数，而真实的结果却是三位数。为了搞清楚乔治到底学会了什么，又在哪里遇到困难，马萨尔女士为了访谈改编了一个题目（Griffin & Lavelle，2010）。她让乔治写出 3 个"一"、1 个"百"和 5 个"十"组成的数（参见图 5.4 的最上方）。

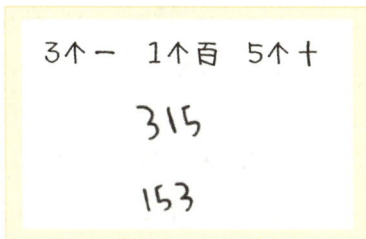

3个一　1个百　5个十

315

153

图 5.4　诊断性访谈中学生的答题情况

虽然旁边就有方块模型，但乔治没有使用。乔治写出315（按照他所看到的阿拉伯数字的顺序，从左向右写出三位数，并没有注意到每个数字的位值信息）作为答案。按照诊断性访谈对教师的要求，马萨尔女士克制住自己想要立即纠错的冲动，进一步探寻信息。她让乔治用方块模型分别表示那三个信息（3 个"一"、1 个"百"和 5 个"十"）。事实上，乔治能够熟练使用方块模型。他把三个信息对应的组块按照 3、1、5 的顺序摆在桌子上，却仍没有考虑位值的顺序。当马萨尔女士把位值插片递给乔治时，他说"我懂了"，然后调整不同组块的顺序重新摆好。之后，教师让乔治写出与方块模型对应的数字，他写下 153（如图 5.4 所示）。马萨尔老师继续追问乔治为什么写出了两个不同的数，以及他认为哪个数字正确。乔治沉思片刻后，指着第二个数说："这个是对的；我觉得你刚才是故意逗我玩的。"

访谈结果表明这个学生已经能够很好地把方块模型和对应数值联系起来，但同时访谈也告诉我们，他对位值概念的理解仍有不足。上述实例中，诊断性访谈的过程也是学生真实的学习历程。需要特别注意的是：教师通过引入具体的方块模型和位值插片这一结构化、半具体化的辅助工具，把评价与之前的课堂教学联系起来。这种联系为乔治提供了一种思路：要考虑数本身的大小而不是只看单个数位上的数字。此外，我们看到一个答案（315）与纸上的数字对应，而另一个答案（153）可以通过方块模型表示出来，怎么会得到两个不同的答案呢？这个认知冲突能激活更多相关的想法。到目前为止，根据这个学生的真实表现，我们终于可以为他量身定制下一步的教学了。

在计划或安排诊断性访谈时，并不存在某种唯一正确的指导方法。实际上，灵活性才是关键所在。然而，教师还是应该有个总体规划，准备一个相对容易的任务和一个更富挑战性的任务，以防在确定访谈起点时发生误判。另外，访谈实例中，老师给学生提供了学具备用，注意到这个细节了吗？做访谈时，要确保手边也准备了相关的教具学具，以帮助教师更深刻地理解学生。另外，为了启发学生思考，教师还可以准备下列提问：

○ 能解释一下你刚才是怎么做的吗？

○ 如果你现在需要向一个 2 年级的学生（或你的妹妹）解释这个想法，你会怎么说？

○ 你能通过画图来思考这个问题吗？

○（手指着纸上的某个内容）这代表什么？

○ 你为什么用那个方法解决？

○ 能告诉我你在使用这些材料（如分数条、计数小圆片、百数表等学具）时，是怎么想的吗？

○ 你觉得自己是怎么得到两个不同答案的呢？你认为哪个答案正确呢？

○ 如果让你重新解决这个问题，你会先尝试哪种方法？

无论如何，重要的是要调查清楚：(1)学生是否理解他/她自己在干什么；(2)学生能否使用模型呈现说明他/她之前写下或解释的内容。

在实施诊断性访谈时，下面这些建议会有帮助：

○ 避免透露学生答案的对错。通常，学生可以通过老师的面部表情、语调变化或肢体语言来判断自己的答案正确与否。所以老师要保持克制，可以这样追问："你能再详细说说吗？"

○ 安静地等待学生回答。要给学生充足的时间去思考和回答。只有确定学生经过充分独立思考后仍无进展，才考虑换个说法重新表述问题来帮助他们，或者追问学生的想法以便更好地理解他们。在学生给出回答（无论正确与否）之后，还要再等一会儿！第二次等待更加重要，它把机会留给学生，鼓励他们详细阐述最初的想法，提供更多的信息。

○ 避免在访谈中提供线索或者插入教学。教师有时会忍不住想帮助学生。然而，观察和倾听才是访谈的核心。教师进行访谈的目标不是要教学，而是要发现学生在概念理解和熟练运算方面的真实水平。

○ 给学生提供机会，让他们能不受干扰地分享自己的想法。鼓励学生用自己的语言和方式将所思所想写下来。切忌在学生分享时纠正他们的拼写或语法错误，因为这会导致学生忘了要干什么而偏离主题。

访谈能帮助我们发现学生可能会有的学习困扰和薄弱环节，同时明确学生的优势。如果在你计划后续教学时，确实能够利用这些访谈结果来帮助学生扬长补短，那诊断性访谈的价值才能得到充分体现。此外，与终结性评价不同，进行访谈时老师总能随时追问学生，找到他们出现错误的原因。教师也可以与同事分享、讨论访谈结果，从而形成共识，明确对学生的认识（Stephan，McManus，& Dehlinger，2014）。

布置任务

这里的"任务"主要包括问题驱动的任务、学生的书面表达和自我评价。评价任务可以同时服务于形成性评价和教学两个目标。无论侧重哪个目标，好的评价任务都必须为班上的每个学生（不管其数学能力高低）提供机会，让他们展示自己掌握的知识和技能以及当前的理解水平。

问题驱动的任务。问题驱动的任务是指教学中那些解决真实生活问题的任务。只有高质量的任务才能让学生在解题过程中表现出自己的能力（Rigelman & Petrick，2014；Smith & Stein，2011）。为了激发学生的学习兴趣，任务背景可以涉及现实生活的情境，也可以联系班级内新近发生的事件。教师需注意的是：对于语言方面有障碍的学生来说，要根据他们的语言能力提供相应的解释和帮助。毕竟，我们要考察的是学生的数学能力，而不是他们的语言水平。

"问题驱动的任务"需要满足下列几个条件，才能作为形成性评价的任务来使用。

○ 选择与学习目标一致的关键数学概念或技能进行评价。

○ 激发学生原有知识与新内容之间的联系。

○ 可以使用多种方法解决或各种工具处理任务。

○ 始终为学生提供自我修正的机会。

○ 把常见的误解呈现给学生的机会。

○ 鼓励学生进行推理并解释自己的想法。

○ 观察学生运用数学实践的机会。

○ 有机会倾听学生,同时为教师的后续教学决策提供数据。

下面我们给出几个"问题驱动的任务"实例。请先注意,这里并没有详细说明每个实例的使用情况。在实际课堂中,每个任务后面还都安排了讨论环节。这样的话,完成一个任务和相关讨论可能需要大半节课的时间。接下来我们关心的是:学生想要成功完成某个任务,需要具备哪些数学观念或者掌握哪些数学操作? 这个任务能否帮助教师确定学生对这些数学内容的理解程度?

平均分 (学前班～2年级)

学习目标:(1)运用混合运算解决多步骤问题;(2)使用学具和文字描述解决方案。

莱拉有6颗口香糖,达琳有2颗,梅丽莎有4颗。她们想要平均分配口香糖。你觉得她们会怎么做? 画一幅图来说明你的答案。

"分配"任务在2年级使用时,涉及的数字应该更大。另外,如果上述任务中学生要分配的是小饼干,且饼干总数为34块,那么这种改动还能帮助教师评价哪些其他概念?

求整体 (3～4年级)

学习目标:(1)已知(分数)部分求整体(使用集合模型);(2)根据上下文理解数量及其关系。

玛丽的妈妈烤了纸杯蛋糕带去野餐。玛丽数了数烤盘里的蛋糕,发现还剩15个。她还注意到:"我们已经吃了五分之二。"她的妈妈一共烤了多少个纸杯蛋糕?

下面这个任务要求学生理解他人的思考过程。设计评价任务时,一个实用的好方法就是让学生分析"他人"的表现。

写小数 (4～5年级)

学习目标:(1)通过思考数的大小比较两个小数;(2)分析、评判他人的推理。

艾伦尝试用数字1、4、5和9组成一个尽可能接近50的小数。他将四个数字排列得到:51.49。杰瑞认为用这四个数字可以组成一个更接近50的小数。你同意吗? 请说明你的理由。

下面我们给出一个开放性评价的好例子。想一想：与让学生直接测量三角形某个角的度数相比，这个开放性任务好在哪里？

两个三角形　　　　　　　　　　　　　　　　　　　　　　　　　**（7～8 年级）**

学习目标：（1）根据平面图形的性质将其分类；（2）借助图形定义保证图形分类的准确性。

根据右图两个三角形，请写下你知道的全部信息。根据你所写的，请判断下列哪些说法是正确的：大三角形是等腰三角形；小三角形是等腰三角形；大三角形的面积为 2 平方厘米；小三角形的面积为 1 平方厘米；大三角形至少有一个角为 45 度；小三角形至少有一个角为 30 度；这两个三角形相似。最后说说你是怎么想的。

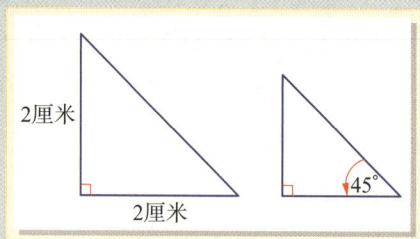

代数：函数图象　　　　　　　　　　　　　　　　　　　　　　　**（8 年级）**

学习目标：（1）比较、分析二次函数；（2）运用推理对猜想进行逻辑论证。

函数 $y = x^2$ 的图象与函数 $y = x^2 + 2$ 的图象是否相交？有哪些方法可以验证你的猜想？与 $y = x^2 + b$ 的函数图象是否相交？你刚才的猜想还成立吗？再想想形如 $y = ax^2 + b$ 的二次函数，你刚才的猜想在什么情况下成立？

在学生独立完成这些任务后，教师可以组织大家讨论，从中能够获得大量信息来了解学生的理解水平。教师可以收集学生们的答案，找到最有趣的错误与大家分享，展开数学对话。学生必须养成分享、记录、倾听，然后才做出判断的习惯。他们还应该学会将讨论中出现的观点与自己的已有策略进行比较，再建立相应的联系。这种训练能够帮助学生重新思考，在分析他人观点的同时，也明确自己的立场。那么问题来了：教师该如何培养学生的这一习惯呢？可以要求学生必须选定一个立场并加以辩护。（例如，在乘法运算中，改变乘数的顺序会影响计算结果吗？）在讨论过程中，学生经常需要联系之前学过的知识，他们对某些知识点不完全的认识也就容易暴露出来了，教师借此可以发现学生需要弥补的知识点。

转换任务。转换任务是另外一种重要的评价任务。教师可以让学生用四种方法表征概念。例如，请学生用文字、模型、算式和编应用题的方式来说明自己的理解。当学生能够灵活地在这些表征方式之间转换时，他们就能更好地把这个概念嵌入自己丰富的知识网络中。

那么，如何来编制一个好的转换任务呢？弗拉耶、弗雷德里克和克劳斯梅尔（Frayer, Fredrick, & Klausmeier, 1969）曾给出了评价学生概念掌握的问题模板（见图 5.5），根据这个模板，可以给学生一个算式，然后要求他们：

○ 编写一个符合算式的故事或者文字应用题。

○ 用学具、模型或画图的方式表示出这个算式。

○ 说明解题的思考过程,或描述运算的意义。

算式/书面符号	文字应用题/基于现实生活的情境问题
$36+49=$	
学具/图示	说明你的思考过程

图 5.5 转换任务的实例

许多终结性评价会设置开放式问答题,学生交流、说明解题过程的能力对于回答这类题目至关重要(Parker & Breyfogle,2011)。

转换任务既能用于全班范围的评价,也可用于个人或小组的评价。例如,教师可能会让 2 年级的学生解决类似 $36+49=?$ 的加法算式。转换任务要求学生在"学具/图示"区域画出对应的方块模型(更小的学生可以直接用方块模型摆出),在右上角的区域中编制一个对应的故事或基于现实生活的情境问题。之后,在"说明你的思考过程"这一区域,书面解释(更小的学生可能需要教师代写或帮其录音)自己是如何解决这个加法问题的。如果想知道学生究竟是如何以不同形式表达思维的,他们是如何解释这些表征间的相互关系的,那么可以考虑使用转换任务开展评价。根据学生年龄以及考查概念的不同,转换任务可以先给定模板四象限中某一区域的内容。例如,让"文字应用题"区域已知:"矩形的一边长为 6 cm,面积为 48 cm²。求另一边有多长。"

教师可以与年级组的其他数学老师以及学科组长组成小团队,分享评价任务,共同分析部分学生的作业。通过这种研讨方式,大家可以发现学生的常见错误,归类学生的解题策略,以便更好地了解每个学生,更有针对性地提供教学指导(Kazemi,Gibbons,Lomax & Franke,2016;Morrow-Leong,2016)。以团队的形式来编制、实施和分析评价活动,有利于教师选用有意义、基于学生表现的问题或任务,也有利于教师通过质疑或证实自己的想法提高专业判断力。

书面表达。作为一种评价工具,学生在日记、"出门通行证"或其他任务中的书面表达,为教师了解学生的认知和想法提供了一个独特的窗口。学生会记录自己对问题的理解,阐述对概念的初步认识,表达学习困惑,联系不同的表征方式,甚至描述自己是如何使用策略的(Casa et al.,

2016）。这些富含信息的学生书面表达，能够很好地帮助你准备后面的讨论环节。即便是那些缺乏独立思考能力的学生，若手中已有自己成文的想法，也能更好地参与课堂对话。你在组织讨论时，要挑那些不乐意发言的学生先说，这样他们的想法才有机会得到聆听、认同和重视。

学生可以通过下面的提问或提示来总结针对某个问题的讨论：

概念和过程

○ "我认为答案是……我这么想是因为……"

○ 要向一位还没学过这个内容的同学，或一位低年级的同学解释：为什么 4×7 和 7×4 的答案相同？如果换成 6×49 和 49×6，结论还成立吗？如果是，为什么？请把你的理由写下来。

○ 要向一位还没学过这个内容的同学，或一位低年级的同学解释：什么时候比例 3∶6 和 4∶8 意义相同，什么时候它们的意义不同呢？请把你的理由写下来。

○ 告诉班上的同学（或一个缺席的同学）你学到了哪些关于小数的知识。

○ 如果你今天在解决某个问题时被"卡"住了，你能说说是在哪儿遇到困难的吗？

○ 在你得到问题的答案后，做了哪些事来验证答案的合理性？你有多大把握确定自己的答案正确？

○ 请写出一个与此（等式、图象、图表、图片、模型）相关的故事或文字应用问题。

对于学前班到 1 年级的学生而言，想写清楚自己的想法还很困难。因此，这种借助书面表达的评价方法好像就不大适用了。如果教师想要从这个学段开始培养学生的数学写作能力，那么可以使用语言体验的方法。具体地说，在完成一个活动或任务后，教师可以在挂图或交互白板上写下"集体日记"、主题以及相关的提示。当学生口头回答时，教师写下他们的想法和名字，有需要的话还可以画图，如图 5.6 所示。

精通数学的孩子能够"证明他们自己的结论并与他人交流，同时也回应他人的论点"（NGA，2010，pp. 6-7）。教师可以通过展示他人作业，帮助学生了解如何用步骤表达自己的解题过程。通过讨论同学作业（既有正例，又有反例），孩子们开始学习如何才能让论证合理，让沟通连贯（Lepak，2014）。相关研究证明，重视分析他人的错误可以增

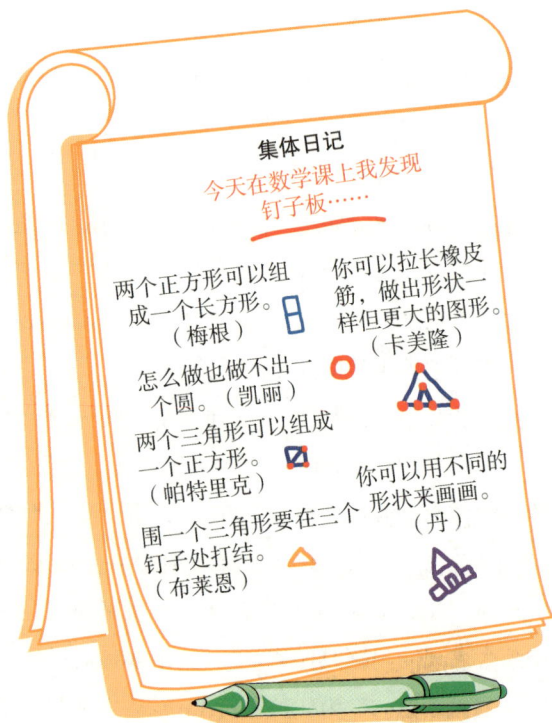

图 5.6 学前班或幼儿园的写作表达，可能是挂图或交互白板上的班级集体作品

进学生的理解,扩大他们的学习机会(Bray,2011;Pace & Ortiz,2016)。

最后,开家长会时,与他们交流学生的书面表达是一种特别好的方式。学生写下的思考过程,远比任何考试分数或等级更能说明问题。

三．评价准则及其使用

问题驱动的任务能为我们提供大量信息,告诉我们究竟学生已经知道什么。但是,我们该如何分析、利用这些信息呢? 仅仅统计正确答案的个数显然是不够的,我们需要细致分析这些信息。教师从教学阶段转向评价阶段的过程中,有一个重要步骤需要完成,那就是引入评价准则。评价准则是根据预设标准设定的,用于测量或比较的一系列等级标准。它有两个重要功能:(1)让学生明白优异表现的精髓;(2)为教师提供评分指导,以便公平公正地评价学生的作业。教师可以通过评价准则收集到的信息,来发现学生的长处和弱点,然后有的放矢、有针对性地安排后续教学。

在以解决问题为教学途径的实践中,教师通常需要在评价准则中包含下列评价标准和行为指标:

- ○ 准确、有效地解决问题
- ○ 面对具有挑战性的问题时,表现出坚韧不拔的意志
- ○ 解释所用的策略并能证明所得结论的正确性
- ○ 使用逻辑推理
- ○ 理解数与数之间的关系以及数学结构
- ○ 使用多种表征形式和/或多种策略方法
- ○ 根据具体情况,选用适合的工具和教具(包括虚拟教具)
- ○ 使用精准的语言和恰当的测量单位进行沟通
- ○ 找出重复出现的规律,在大观念之间建立联系

通用的评价准则

通用的评价准则只是将学生的表现大致分类,因此可以用于不同的任务。根据图 5.7 中的四级评价准则,教师可以先将学生的表现大致分成两类,再分别细化到下一层次的两个子类别。给定等级时,"0"表示学生没有作答、无效作答或者完全跑题。评价准则分为四级有一个好处:教师在判断初期,能比较容易地先将学生的表现分为"达标"和"未达标"两类。

这种分为三四级别的通用评价准则(如图 5.7)可以在其他情况下重复使用。例如在教师制定教学计划时,通用的评价准则就非常有用。但是,由于通用的评价准则在描述各个级别的定义时,不涉及特定任务的具体要求,所以有时我们还需针对具体任务来制定评价准则。

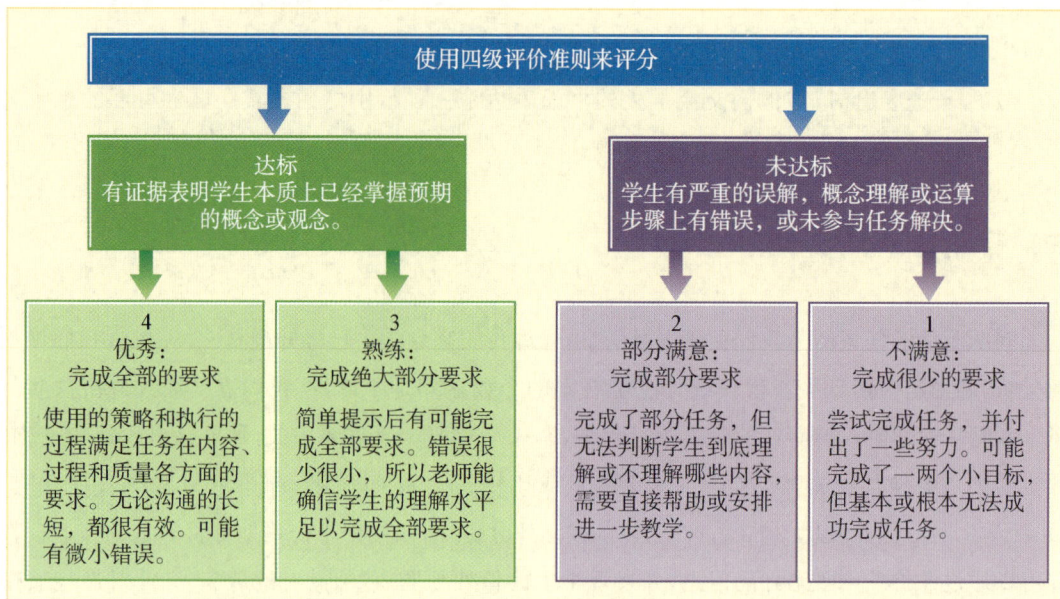

图 5.7　使用四级评价准则进行评分时，学生的表现先被分为两大类，再分别细化到下一层次的两个子类别

具体任务的评价准则

具体任务的评价准则包含学生表现的具体陈述，也叫作行为指标。具体地说，根据学生完成某个任务的具体表现，我们定义行为指标的每一级别对应什么样的学生表现。在这个过程中，我们也就明确了针对这个任务的具体评判标准，这样就可以用来评测和比较学生行为（参见图 5.8 个体随堂观察笔记的评价准则）。起初，我们很难预测不同级别分别对应怎样的学生行为。这很正常，因为评判标准的建立取决于教师对学生的了解，以及教师对任务和数学概念的理解。从预测学生的常见误解和一般解题方法入手是个不错的方法。

为了帮助学生提高学习水平，教师应在布置任务前，就明确写下"熟练"或"达标"的行为指标。这种自查能帮助教师确保所布置的任务可以完成预设目标。如果教师发现自己在描述行为指标时，写的都只和答案的正确率相关，那么很可能这个任务也只是机械的重复训练。这类训练不是问题驱动的任务，并不需要使用特定任务的评价准则。我们都知道，竞技运动员总是在不断追求更好的成绩而不是满足于"足够好"，同样地，我们的学生也应该总能看到超越自己的机会。事实上，当教师着眼于学生的总体表现（包括数学过程、实践、答案、说理证明、拓展延伸等等）进行评价时，总有机会提示学生向"超越标准"的水平努力。

在开学初，教师可以组织全班同学讨论评价准则（如图 5.8），达成共识后将其粘贴在显眼处长期保留。随后的日常，还需养成一个习惯：对照评价准则来讨论学生的任务表现。例如，当教师正在使用"个体随堂观察笔记"的方法评价学生时，可以用口语化的说法和他们交流评价准则："塔莉莎，评价准则上说如果是'超越标准'级别，要用两种不同方式来解决问题，还要解释你的想法。你是不是想试试？"这种交流能让学生清楚自己的表现如何，明确具体可以在哪些方面改进，进而鼓励他们坚持不懈地提升自我。

观察评价准则 区域等分任务		
3/19		
超越标准 理解深刻、思路清晰。无需提示能使用多种表征方式进行交流。 　能把长方形和圆形等分成两份、四份和八份。能解释说明：相同的整体等分的份数越多，每份就越小。	莎莉 拉塔尼亚 格雷格	扎尔
达标 理解到位、发展良好。能使用指定的模型。 　能将区域等分，并使用"几个一半"和"四分之几"来描述。在比较"几个一半"和"四分之几"时，可能需要提示。	拉旺 朱莉 乔治 玛丽亚	塔莉莎 李 J. B. John H.
未达标 存在一些困惑或误解。需要辅助才能使用模型。 　在帮助下才能参与活动。缺乏信心。	John S.	玛丽

图 5.8　在某个活动期间或某一主题几天的学习中，教师在评分准则中记录学生的姓名

反思角　请翻到前文，找到任务"求整体"。假设你现在要结合这个任务编制具体的四级评价准则，并与 4 年级的学生分享讨论。你将如何描述第三、第四等级（即"纯熟"和"精熟"）的行为指标？先写第三等级，再写第四等级。独立完成这个练习后，再继续阅读下文。

教师确定行为指标是一个基于专业素养的主观判断过程。这里，我们针对"求整体"这一任务，先给出一组可能的指标：

等级 3. 给出正确的答案，或者思路、方法正确但由于微小错误未能得到正确的答案。画图或解释并没有充分说明分配的过程。另外，能正确推理并算出已吃掉的蛋糕个数，但没能正确计算出妈妈一共烤了多少个蛋糕，这种情况也属于第三等级。

等级 4. 正确算出一共有多少个蛋糕，以及五等分时，每一份有多少个蛋糕。能用文字、图片和数学算式解释上述计算过程，并证明答案的合理性。明显表现出已经掌握分数的部分与整体之间的关系。

那么第一、第二等级的学生的具体表现该如何描述呢？笔者建议如下：

等级 2. 能正确使用一些分数知识（例如：把 15 分成 5 份，而不是 3 份），但没能呈现如何确定整体。有证据表明他们不明白分数也是一个数（学生可能会说一个分数是两个整数）。

等级 1. 解题时做过努力，基本不理解或者完全不理解"所有的蛋糕"指的是什么，以及如何把它们五等分。

学生解决问题的方法可能会在你的意料之外。当出现这种情况时，不要让学生非按照你预设的方式思考，这样会限制他们的思维。你应该做的是充分利用这些资源，改进或细化评价准则，以备后用。

学生也应该及早了解上述指标。你要在布置任务之前，就与学生讨论这些行为指标，以帮助他们了解老师的期待值是什么，自己该向哪个方面努力。另外，把作业发回给学生以后，要和他们一起回顾行为指标，分析学生的正确答案和优秀的解释等等。这样的简短交流能帮助学生明白自己该如何改进。

反思角 如何通过同伴互评作业（既有优秀作业，也有待改进的作业）帮助学生加深理解？

教师可以展示匿名的学生作业（包括满分作答）并组织小组讨论，这种做法通常都很有用。比如让学生分享他们会给这份作业打多少分以及这样打分的理由，又如让学生依照评价准则具体评说某个同伴的作业，讨论他/她的表达是否清晰。研究表明，在中学生当中运用评价准则进行同伴互评，能够长远地帮助他们提高数学表达能力（Lepak，2014）。

四. 学生的自我评价

威廉姆和莱希（Wiliam & Leahy，2015）强调，想要有效地将形成性评价融入教学过程，有一个重要策略教师可以运用，那就是激发学生做"自己学习的主人"（p. 169）。研究证明，当学生（3～5年级）积极投入自身学习中，他们的自我监控能力甚至可以作为预测其数学学业水平的一个指标（Ocak & Yamac，2013；Yüksel，2013）。他们的自我评价不应只关注数学学习结果和数学态度，更要关注并记录自己在学习过程中的优势和不足，从而真正地为自己的学习负责。针对自己的进步和成长进行评价，也是人们一种重要的终身学习技能。

教师可以通过多种方式收集学生自我评价的数据，比如说，在正式测试前进行预测试，让学生先找出自己理解的盲区或不足之处，或者在一个教学单元结束时使用"出门通行证"的方法（学生回答纸上或网上小程序中的一两个问题）了解他们的自我评价（Wieser，2008）。针对年龄小的学生，可以让他们把名字写在便利贴上，再粘在"达标"或"未达标"的区域，以此完成对自己目前学习情况的描述。

当计划让学生开展自我评价时，请认真考虑：为了找到更好的教学方法或调整学生的学习目标，教师究竟需要获取哪些信息？还要清晰地告知学生开展自我评价的原因：他们需要明白，自己应该在数学学习中发挥关键的掌控作用，而不只是完成做题。教师还需鼓励学生在自评时要做到诚实、坦诚。下面，我们给出几个例子，说明如何进行开放式提问。

- 过去几天，我们一直在学习有关分数的知识。你觉得自己掌握得怎么样，觉得哪里还有困难？
- 请写出两个你今天（或这周）课上学到的重要内容。
- 请看这个学习单/测验题，你觉得哪个问题最有挑战性？哪个最简单？
- 回顾这周的数学学习，你觉得自己发挥了哪些优势？哪部分内容理解得比较好？

在学生分析自己的错误,或者与他人讨论答案正误时,教师就可以开始与他们探讨如何提高学习表现。当学生拿到批改过的试卷时,教师要确保他们重视阅卷反馈,重新回到每一处错误,还要确保他们明白该补习哪些内容或如何改正错误。教师应帮助学生把注意力集中在如何利用卷中的反馈和错误加深数学理解,这样的话,他们学习数学的出发点也就会慢慢地从为了得高分转向为了掌握数学(Pintrich,2003)。

虽说在日常教学中融入学生自评通常需要更多的时间,但让学生参与形成性评价能激发他们的学习动力,还能促进他们实施自我管理,及时调整学习策略。如果打算在实际教学中尝试融入本章提到的一些理念,笔者建议:本章中所涉及的方法和策略需要循序渐进地引入你的课堂里。慢慢地,你就会发现自己评价学生的能力在不断提高(Petit & Bouck,2015)。

五．考 试

考试永远是评价的一部分,与其他所有评价方法一样,考试也应该与教学目标相对应。我们可以通过命题,让考试反映出学生对概念的理解以及他们的思维结构。考试能帮助我们发现学生是否掌握了算法,但它的功能不该仅限于此,我们还应该通过考试检测学生对算法背后算理的理解。其实考试能够帮助我们挖掘很多信息。例如,要求学生解释思维过程可以让我们看到所教概念内化得如何;而一题多解或开放式问题的设置可以让我们看到学生如何把先验知识应用到新的情境下,以及他们对知识掌握得是否灵活。请看几个开放式问题实例。

1. 请写出一个乘法问题,使得它的答案介于下列两个问题的答案之间:

$$
\begin{array}{cc}
49 & 45 \\
\times 25 & \times 30 \\
\end{array}
$$

2. (1) 下面这个除法问题中,哪个数字代表了"共有多少个'十'要被分成6组"?

(2) 伊莱恩没有把余数写成"余2",而是写成了"$\frac{1}{3}$"。请解释这两种记录剩余部分的方法有什么区别?

$$
\begin{array}{cc}
49\ \text{余}2 & 49\frac{1}{3} \\
6)\overline{296} & 6)\overline{296} \\
\end{array}
$$

3. 请在网格纸上画出两个面积相等、周长不等的图形,再分别列出每个图形的面积和周长。

4. 对应每一道减法问题,请写出一道加法问题来帮助你找到减法问题的答案。

$$
\begin{array}{cccc}
12 & 9 & 9 & 14 \\
-3 & +3 & -4 & -7 \\
\hline
9 & 12 & & \\
\end{array}
$$

5. 在数线上,用画箭头的方法表示为什么$(-3)+(-4)$等于$(-3)-(+4)$。

扩大考试的功效

如果考试题目设置得好，那么，除了学生答案的正确率，考试还能带给教师更多有用的信息。为了将考试的功效最大化，在命题时可以考虑下列建议：

1. 鼓励学生使用模型、学具和图画。如果教师在概念教学过程中用到了一些模型，那么也可以让学生在考试时使用这些模型。像计数小圆片、方块模型、分数条这样的简单模型，学生是可以画出来的。当然，这就需要你在考试前，在平时上课时提供样例，告诉学生如何画模型来表示（参见图5.9）。

2. 提供解释的机会。给学生提供充足的时间和空间让他们描述解题思路和策略。这样就能看出学生到底是思路清晰、推理严谨，还是在浑水摸鱼（Fagan，Tobey & Brodesky，2016）。

3. 使用开放式问题。封闭的考试题目（有唯一正确答案的题目）往往会限制教师的评价效果，无法充分揭示学生已经掌握哪些内容，以及他们是否准备好新学习些什么。

4. 允许学生在适当情况下使用现代信息技术。如果你要测试学生的计算能力，那么当然不能给他们提供计算器。而在某些情况下，给学生计算器能让他们从繁琐的计算中解脱出来，专注于你真正想要检测的内容。

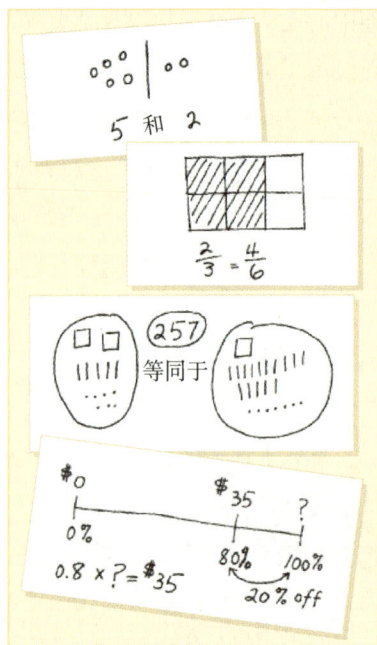

图5.9 学生可以在考试中通过画图来说明自己对概念的理解

还可以考虑让学生两两一组，合作完成考试。这种"二人组考试"（Danielson & Luke，2006）往往会涉及更复杂的问题，这样学生还可以从小组的集体努力中受益。小组成员可以先独立解题，再讨论；也可以一直合作完成题目。一旦学生选定了考试搭档，就不能中途更换（也不允许和搭档以外的其他任何人说话）。答题完毕后，教师只针对一个小组的成果进行评价。之后，其他各组可以讨论修改，再重新提交。这种评价方式的目标之一是要突出考查学生分析他人思维的能力，通过设置二次修改的环节，增加了学生对话，能更好地与评价目标对应起来。

提高学生在高权重考试中的成绩

美国多数州都要求3~8年级的学生必须参加学年数学通考。但是，测试方法的选取，甚至是测试目标的设定，都留给各个州来决定。这些考试很可能都不是只有选择题，还会包含开放式问答题（Sawchuk，2010）。

无论所在的州对考试有什么具体规定，这种外部性考试都会给学区带来巨大的压力，这些压力又会转嫁给校长、教师、学生和家长。像这种测试结果具有重大影响的外部性考试通常被称为高权重考试。高权重考试会给学生（我能通过吗？爸妈看到我的分数会失望吗？）和教师（我教的班级能达到所要求的熟练水平吗？）带来巨大的压力。而这种压力也势必会影响教学。现实情况是，可能所有教师都无法避免由高权重考试带来的压力，那么问题就变为："你该如何应对呢?"

要想在这种高权重考试中取得好成绩,最好的建议就是保证你的教学与所在州制定的标准一致,具体地说,就是要教对应数学课程中的大观念。如果学生在学习数学概念时重视理解概念间的关系,在"做数学"时满足数学过程和实践的相关要求,那么无论考试的形式和具体目标如何变化,他们都能取得好成绩。简而言之,以问题解决为途径的教学是提高学生考试成绩的最佳途径。

教师还需要记住,应该通过多种可信且有效的形成性评价和终结性评价来检测学生的学习情况,结合多种数据给定学生分数或等级(NCTM, 2016)。而这些经由不同数据源得到的信息,也将更有助于教师慎重决定如何改进教学、课程以及评价方式。

六. 交流分数等级与改进教学

"评"和"价"总是紧密相关的。我们已经介绍了评价的一个方面,即运用工具确定学生学习的优势和不足,以便给他们提供针对性的帮助或更多挑战性任务;评价的另一方面就是要确定分数或等级,并向利益相关者(尤其是家长)报告评价的结果。

评分定等

分数或等级作为一种统计数据,用来向其他人说明学生在某一学习领域所取得的成就水平。分数或等级是否准确有效取决于多个因素,这包括确定分数等级所用的数据、教师的专业判断以及评价与标准的一致性。教师在给学生评分定等的时候,既要使用正式评价得到的结果,又要参考学生的其他表现——不能只是把收集到的分数求个平均值。

通过提问学生、让学生完成某个任务或者其他评价方法也能产生很多学生信息,如果想有效利用这类信息为学生评分定等,那么在做某些决定时不免会很为难。有些决定需要上升到哲学层面,有些决定又取决于学校的政策导向,而所有的决定都要求我们审视学习数学到底应该重视什么,我们告诉学生和家长的培养目标又是什么。

在教师评分定等的过程中,有一个事实是不可否认的:*老师认可的就是学生所看重的*。因此,教师在观察、访谈时,让学生完成"出门通行证"、写日记和使用评价准则时,以及鼓励学生追求更好的表现时,都要参照评分定等的要求给学生提供反馈(NCTM, 2014)。但是,可别犯这样的错误:将五级评价准则中的第四级直接转化成一个百分数,或暗示学生四级评价准则中的第三级就是等级 C,因为这种做法会让学生去关注分数,而不是重视学习过程本身(Kulm, 1994)。所以你在评分定等时,一定要与评价准则中描述的学生表现相对应,这样学生很快就会意识到这些分数并不重要。最后,期末的分数等级必须能综合体现学生的学习情况,以及学生在多大程度上完成了规定要求。

改进教学

无论是一个还是一组评价活动,想要使评价充分发挥作用,教师必须根据评价结果采取具体的教学行为来满足学生的学习需求（Heritage，Kim，Vendlinski，& Herman，2009）。教师可以在后续教学中介绍一种新的解题方法，给学生举正例或反例，或使用不同的教具和提示问题。在教学过程，尤其是新授课教学中，如果不想"按教材教案照本宣科"，而是追求在了解学情的基础上促进学生发展，那么能够根据个体学生的要求设计课程就非常重要。试想，如若一部分学生还没有达标，老师就开始了新的教学，那么"他们就会不断地积累知识债（亏欠的知识）"（Daro，Mosher，& Corcoran，2011，p. 48）。高权重考试得到的终结性评价分数往往对制定后续教学、帮助学生进步没有多大用处（Daro，Mosher，& Corcoran，2011）。而贯穿本书的形成性评价是能够实现这一目标的。本书第二部分的各章节设置了"评价角"，在这一板块中，我们针对学习难点给出评价建议，有时还会推荐在后续教学中安排哪些具体活动。总之，当通过评价学生愈发了解他们时，教师就能根据他们原有的知识和理解水平安排针对性的教学，充分发挥他们的优势。

NCTM 在关于数学教育公平与平等的立场声明里明确指出:我们期望所有儿童,包括接受特殊教育或者英才教育的学生,都能在数学上达到熟练的程度。换句话说,不管他们的种族、民族、性别、社会经济地位、能力或语言背景如何,只有达到熟练的程度之后,他们才能取得高水平的数学成绩(NCTM,2014)。学生的知识发展离不开教师的教学,这种教学应当关注每个学生的学习需求。学生的背景不仅是他们作为社会人的重要组成部分,更是他们作为学习者的重要组成部分。学生的背景不同,学习需求也就不同,而这样的不同背景也丰富了我们的课堂。

许多成就差距实际上是由教学差距或期望差距导致的。例如,当教师说"我的学生太不守规矩了,根本没有办法进行小组合作学习"或"我的学生根本不能做应用题——他们一点阅读技巧都没有",这些看法说明教师对学生的期望很低。如果教师觉得学生做不了数学,那学生就肯定得不到足够的机会来证明自己其实可以做到。所以,我们建议教师想想斯托里加德(Storeygard,2010)的口头禅:"我的学生们一定行!"

还有一个差距就是机会差距。也就是不仅仅从学生的输出上看差异,而是要考虑到对学生教育输入上的差距。这个角度促使教师思考什么样的机会差异才会导致学生的成就差距(Carter & Welner,2013;OECD,2016;NCTM,2012)。换句话说,作为教师,我们能做什么来帮助学生取得学业上的成功? 本章所讲的一切都是围绕着教师如何解决机会差距而展开的。

一、满足每个学生需求的数学教学

公平教学指的是不仅要提供给学生平等地学习数学的机会,更要在尊重个体差异的同时使所有学生尽可能完成同样的教学目标。然而，在保持学生完成同样的教学目标以及高期望的情况下对个体给予合适的支持是非常有挑战性的。因此，优秀的教师应当不断地积累让各类学生都不断进步的教学策略。我们都知道，对一个学生起作用的策略可能对另一个学生是完全无效的，即使对两个有同样特殊情况的学生来说，同一种策略也不一定都有效。满足每个学生的需求意味着要对下面所有的这些学生提供公平学习的机会：

- 学习困难或有智力障碍的学生
- 文化背景不同的学生
- 教学使用的语言不是自己母语的学生
- 数学特长生
- 缺乏学习动力或适应能力弱的学生

有些老师可能会觉得："我不需要关注数学特长生，因为这些学生会从我的课堂抽出去特长班学习数学。"但是，数学特长生也是需要接触日常教学中的挑战的，他们的学习激情和能力也需要激励(Plucker & Peters, 2016)。

虽然教育公平的目标是满足每个学生的数学需求，但是在现实中教育不公平的现象仍然存在，即使有的时候是无意的。例如，如果教师没有在课堂中提供给学生互动的机会，可能就无法满足教学使用的语言不是自己母语者想要在小组中进行交流、倾听和写作的需求。公平不应该只是一种愿望；它需要了解适合每个学生的策略，并尽一切努力将这些策略融入你的教学中。

作为老师，要在学生力所能及的范围内寻找学习机会，让学生思考如何将不熟悉的经历转变为更熟悉的经历。例如，在学习面积的时候，如果与生活在城镇的学生讨论土地或花园，那么先读一读和城市花园有关的绘本故事等可以帮助学生熟悉一下背景内容，如果在头脑中有了这样的背景知识，学生们就都可以将不熟悉的经历转化成熟悉的经历来解决问题了。

为了满足每个人的学习需求，教师在教学时，必不可少地需要对教学策略进行调节与加工。调节是指教师根据学生能力和任务难度所采取的应对措施；它不会改变任务。例如，不只是把任务口头说出来而是把它写出来。或者打印的时候把字体放大一些。而加工会变动任务，使学生更容易接受。例如，假设任务是找出右图所示复合图形的面积。调节就是可以把这个复合图形先分解为两个长方形，让学生找到每个长方形的面积再组合在一起。然后不做任何改变，让学生再尝试下一个形状——教师总是要回到原来的初始任务。如果教师决定以长方形开始然后用长方形来搭建复合图形，这样的课就是在辅助学生过渡到初始任务。在思考调节和加工的时候，目标是让每个学生都达到教师的教学目标而不是改变教学目标。这种方法才能实现教育公平——根据学生需求来最终实现平等的教学目标，而不是一成不变地去对待每个学生。每个学生的学习方式都是不一样的，用同样的方式教他们学习是没有意义的。

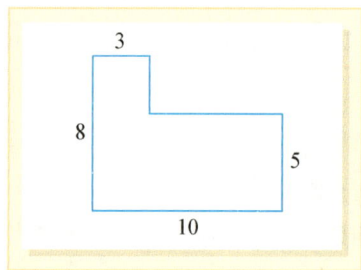

二. 为学习困难学生和特殊学生提供支持

我们应该意识到数学学习障碍是认知差异,而不是认知缺陷(Lewis,2014)。对有学习障碍的学生通常要有针对每个人的个性化教育计划(individualized education programs,IEP),以保证这些学生能达到年级数学学习内容的平均水平——这类学生首选是融合在普通教育课堂中进行学习①,这个规定就意味着教育者在考虑个体学习需求的时候不仅要考虑数学该教什么,也要考虑该怎么教。

多层次支持系统:介入反应干预模式

在美国许多学校中,都有一个面向所有学生的多层次支持系统。该支持系统通常称为介入反应干预模式(Response to Intervention,RtI)。这种方法强调了学生在遇到学习障碍时能立刻得到老师的介入获得帮助和支持,而不是要等到学生在高权重测试(期末考试或者州统考)失利之后才会得到帮助。多层模型由三个相互交织影响的元素组成:高质量的课程设计,教学支持(干预)和形成性评价,这三个元素可以及时掌握学生的长处和不足。这些模型最初的设计目的在于判断造成学生低成就的原因到底是缺乏高质量的数学课程还是由于实际的学习障碍(Baroody,2011;Ysseldyke,2002)。该模型也可以为数学特长生服务,因为这些学生的学习内容可能会更深。RtI是一个通常以三角形模式来表示的多层学生支持系统。各个学校都开发了自己的RtI模型来满足自己学校学生的需求,所以RtI模型有很多不同的形式。

在RtI模型中越往上移动层数,所涉及的学生数量越少,师生比例越小,对学生的介入强度则越强越多。

如图6.1所示,三角形中的每一层代表根据其相对应的结果而进行的干预级别。三角形的基层即最大部分(第一层)是基于该年级所使用的核心课标、由研究支持的教学实践以及对学生

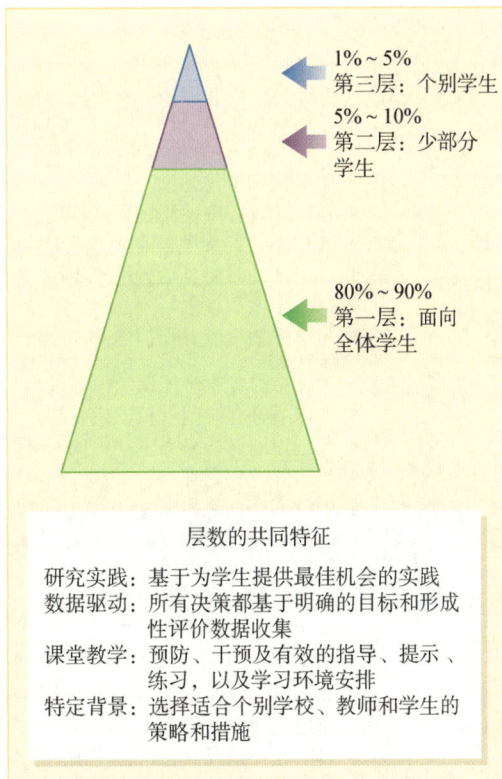

1%~5%
第三层:个别学生

5%~10%
第二层:少部分学生

80%~90%
第一层:面向全体学生

层数的共同特征

研究实践:基于为学生提供最佳机会的实践
数据驱动:所有决策都基于明确的目标和形成性评价数据收集
课堂教学:预防、干预及有效的指导、提示、练习,以及学习环境安排
特定背景:选择适合个别学校、教师和学生的策略和措施

图6.1　多层支持系统源

资料来源:Based on Scott, Terence, and Lane, Holly, (2001). Multi-Tiered interventions in Academic and Social Contexts. Unpublished manuscript, University of Florida, Gainesville.

---

① 译者注:有学习障碍的学生在美国根据程度不同会决定是在融合班还是抽离出到特教班。

学习进展的持续把控，对所有学生的高质量教学。

第二层代表的是未达到第一级教学中预期成绩水平的学生。进入第二级的学生应该接受针对性明确的介入式干预教学。在此阶段教师应该应用清晰明确的策略来系统地教授关键数学技能和概念，在干预过程中给予学生更多的教学机会，以及更明确的支持辅助（Torgesen，2002）。NCTM 关于教学干预的立场声明（2011）中明确指出随着学生数学学习上困难的增加，相应的干预教学也应该增加强度。

如果在第二级干预后，对学生的进一步评估显示学生取得了相应的进步，干预措施就会逐渐减少乃至撤出。但是，如果仍然存在困难，可以调整干预措施的强度，在极少数情况下，学生会被提到第三级以获得更加深入的帮助。第三层可能包括综合数学教学或推荐特殊教育评估或特殊教育服务。表 6.1 概述了三层支持系统的策略。

表 6.1　数学教学的干预

等级	干预
第一级	一名优秀的普通班任课教师： ◆ 采用高质量、适合本年级正常程度的课程，并希望这些课程对所有的学生都有一定的挑战性 ◆ 按照 CCSSO 标准或类似于 NCTM 这样的标准来进行教学实践 ◆ 确保按照课程标准来授课 ◆ 在授课过程中使用多种多样的教具、模型或图表符号等 ◆ 通过密切观察学生的学习进展来分辨数学困难生和数学特长生 ◆ 小组活动时要灵活分配小组（不采取固定模式） ◆ 培养学生积极参与到"做数学"中 ◆ 与学生们交流对他们的高期望
第二级	一名优秀的普通班任课老师通过与其他优秀教师的合作（例如特殊教育教师）： ◆ 在课后补课时间就核心内容在小范围内与小组学生进行活动 ◆ 通过诊断访谈来确定学生的长处和薄弱点（找出学生们的"能"而不是关注学生们的"不能"） ◆ 与特殊教育老师、特长班老师和语言辅助老师进行合作 ◆ 创设一些关注大观念、大概念的课堂 ◆ 应用 CSA 的方法（具体、半抽象和抽象） ◆ 用出声思考的方法来与学生探讨如何进行问题解决 ◆ 采用显性教学（例如总结关键知识点、复习关键词汇和概念） ◆ 向学生示范特定的行为和策略，例如如何使用测量工具或钉子板 ◆ 利用书写（在索引卡或者海报上写出问题提示）或者让学生通过自我提问的方式来跟上课堂节奏，例如，在解决多步骤应用题时采用的各种策略（Hord & Marita，2014） ◆ 使用同伴协助的学习方法，即一个学生能够向另一个学生提供帮助 ◆ 为家庭提供可以在家里使用的教学材料 ◆ 鼓励学生自学及自我管理，例如整理笔记、摘要写作、总结核心内容 ◆ 教授学生合适的考试技巧，并允许学生在考试中使用荧光笔来标出重要信息 ◆ 重温上一个年级的内容，再延伸到本年级的课程中来
第三级	一名优秀的特殊教育教师： ◆ 一对一辅导学生 ◆ 针对学生们在特定领域的薄弱点进行个体化教学 ◆ 调整教学方法及内容，多种方法激励学生 ◆ 在学生现有能力基础上进行显性教学

RtI 模型的一个重要部分是指导学生在层内的移动,包括通过进度监测来检查他们学习上的成长和发展。收集学生对概念和技能的知识证据的一种方法是使用诊断性访谈。诊断性访谈的详细内容在第五章中已做介绍。另一种方法是通过学生对基本事实掌握的熟练程度来评估学生是否有进步。研究表明,学生对基本数学事实的掌握不足是学习障碍最常见的情况之一(Mazzocco,Devlin,& McKenney,2008)。将数学课堂教学与每天的基本事实评估结合,不仅可以帮助学生更好地记住基础事实,而且能够促进他们归纳总结其他的数学事实(Woodward,2006)。从这些评估中收集的信息可以帮助我们了解学生是否有进步,或者是否需要采取更加密集的教学干预。

教学干预的实施

NCTM 提出了一套有效的基于研究的策略(NCTM,2007),用于教导最初始(第一层)教学反应不甚有效的学生。这些方法包括显性教学、出声思考、问题的具体可视化表示、同伴辅助学习活动,以及收集形成性评价数据等。

显性教学。显性教学的特点是指以教师为主导的高度结构化的针对特定策略的教学方式。在进行显性教学时,教师不仅要演示策略让学生练习,还要分析解释策略中所涉及的决策过程。如果没有足够的支持,这对有些学生来说就是很困难的。在对学生进行评估后,教师知道自己的教学目标是什么,就可以采取严密有序的教学模式从示范概念或策略入手,然后在示范过程中引导学生思考,到最后让学生练习。教学过程体现的是通过教师主导的对概念和策略的明确解释来构建学生的理解。这也包括教师明确指出新知识与学生已知概念知识之间的关键联系。下面我们通过具体实例来看看教师是如何进行明确具体教学的。

当你走进罗根先生的教室时,会看到一小群学生坐在一张桌子旁,听着教师的详细解释并观察他对等价分数概念的演示。学生正在动手操作老师精心挑选且安排有序的一系列任务。教师告诉学生们拿出表示"四分之一"的红色小条,并要求他们检查有多少这样的"四分之一"条形码可以完全覆盖蓝色的"一半"条形码。罗根先生问:"你知道等价这个词吗?"然后,为了确保学生拿出的分数条没有任何空白或重叠,他通过提问"当你用四分之一条形码去覆盖一半条形码时,你需要注意哪些问题"来了解学生的思考过程。罗根先生在旁边的白板上写下他们的回答为 $\frac{2}{4} = \frac{1}{2}$,同时写下"两个四分之一与一个二分之一是等价的",以帮助学生把用四分之一来找一半的任务联系起来。

然后他要求学生们比较用棕色的"八分之一"条、黄色的"六分之一"条来表示"一半",并记录下他们的回答。学生们轮流大声地回答了这些问题。在课上,罗根先生时常停下来,向学生澄清一些需说明的点,也会直接强调具体的任务细节。例如,他问道:"当发现我们为了要覆盖住一半时,用的'八分之一'条会比'四分之一'条要多,你觉得奇怪吗?"这里会出现一些词汇如整体、分子、分母和等价,都应该写在附近的"数学墙"上并附上它们的定义。此外,教师也会在课上给学生们加强巩固这些词汇及其定义。在课堂结束的时候,学生们已经尝试一些相似的例子,随后他们会进行全班的集体讨论。

我们在罗根先生的课上看到,在分数学习的过程中,几个方面都采用了教师主导的显性教学的形式。如教师仔细地介绍了学具的使用方法并采取了"示范—提示—练习"的教学顺序。首先让学生们口头讨论,然后教师演示如何使用具体学具,再通过提示提问的方式让学生实践操作。学生们通过教师口头、书面和视觉提示等多种形式来探索数学知识。

具体示范是显性教学非常重要的组成部分。例如,一位教师在用小正方形来进行乘法数组示范时可以这样说:"看我是怎么做的,你们也用这样的小正方形来拼出一个长方形。现在我们就来看看有几组——一组 5,两组 5,三组 5,四组 5。"通过这样的示范来演示 4×5。相比之下,探究式教学的老师就会说:"想一想,你怎么用这些正方形向我展示四组 5 呢?"尽管具体示范好像过于结构化了,但这种方式可以帮助有学习障碍的学生利用具体模型来理解抽象的概念。

运用自我指导性提示或自我提问的方式能够帮助学生构建从开始到结束的整个学习过程。下面这些做法都可以起到这样的作用:认真读题并用自己的话复述一下问题;画图表达题目;这个问题与之前类似的题目有何关联;写数学等式来描述这个问题;把这个数学问题用情景剧的形式表演出来;进行运算;用其他方法来检查答案(例如:百数表、数线、等式)。与探究性教学不同的是,在这里教师会首先示范出这些步骤,并用学生容易理解的数学术语来解释每一步,而这些术语如果让学生独立思考却很难理解。需要注意的是,在这个过程中学生仍然是在做"问题解决"(而不仅仅是技能提升)。

使用策略性的讨论活动对那些能力上有些欠缺的学生是非常有帮助的。通过观察理解其他人解决问题时所采用的思考方式,可以帮助他们转变自己的想法。尽管能力欠缺的学生会在每节课的"后"阶段有机会听到其他学生的思考策略,但他们通常很难跟得上快节奏的交流分享。如果不额外花些时间再现这样的对话,这些能力有所欠缺的学生就再也没有机会真正理解这些策略了。只有给学生们机会去学习,他们才有可能理解这些。如果学生没有机会去参与这些自我指导的学习(假设这不是在学生擅长的领域内),那么他们就会被剥夺提升能力的机会。事实上,最好的显性教学是支架式的。也就是说显性教学不再是一个单一策略、严格格式化的模式,而应该是包括很多正例和反例的多样模式。教师需要明确指出各个数学知识点之间的联系,这样学生们才不会单单知道如何去做今天的数学,而是能联系数学各个大观念之间的关系。同时需要注意的是,如果想让学生慢慢学会独立思考,也不要过度使用支架式教学。

直观、半抽象和抽象。直观、半抽象和抽象模式(concrete, semi-concrete, abstract, CSA)已经以各种不同方式在数学教育中应用了许多年(Dobbins, Gagnon, & Ulrich, 2014; Griffin, Jossi, & van Garderen, 2014; Heddens, 1964; Hunter, Bush, & Karp, 2014)。基于布鲁纳和肯尼迪(Bruner & Kennedy, 1965)的阶段论,这个模式反映了从利用具象的活动或学具逐步转换到半具象的图表进而到抽象符号的发展过程。这个模式的核心就是学生在学习新概念或对已知概念拓展时总是可以回归到具象辅助。这并不是说 CSA 必须完成前两个阶段才能达到抽象阶段。相反,CSA 是自始至终通过数字符号利用明确的具象辅助来理解数字和等式之间关系的一个综合模式(参见图 6.2)。CSA 也包含通过示范老师自己的心理推演过程来帮助学生表达他们的思考过程。通过与显性教学结合使用,这种方法会让那些能力欠缺的学生获得更高水平的成就(Flores,Hinton,& Strozier,2014;Mancl,Miller,& Kennedy,2012;Miller & Kaffar,2011)。

同伴协助式学习。那些有特殊需求的学生会从其他学生的示范和支持中受益(McMaster & Fuchs,2016)。这一说法的基本理念是学生在与更有能力的同伴或"专家"同伴一起时学得更好。尽管同伴协助式学习与显性教学策略有一定的共性,但是最显著的区别在于:显性教学是按照预先设计好的顺序进行教学,而同伴协助式学习是根据学生的"需求"而进行的协助。学生们可以与高年级学生或者对概念有更深刻理解的同

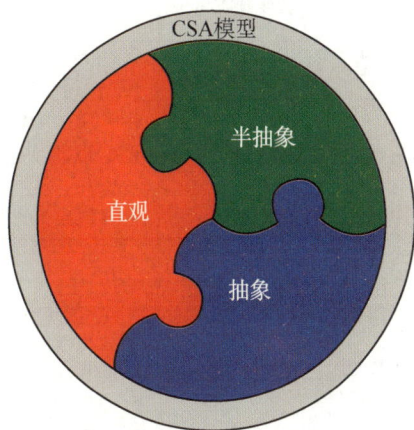

图 6.2　CSA 综合模型(直观、半抽象、抽象)

伴们组成一组。在完成任务的过程中,"老师"和"学生"的角色可以互换一下。让那些能力有所欠缺的学生来"教"别人,这也是学习过程中的重要组成部分,所以需要给他们创造一个机会来解释给同伴或低年级的学生听,这也是一个非常有价值的学习方法。

出声思考。当教师使用"出声思考"时,就是示范如何在完成任务的同时用语言来描述思考和推理的过程。教师需要注意的是,不要从自己思考的地方开始;而是应该换位思考,从学生的角度思考问题。我们来看一个例子:要求 4 年级学生计算出刷教室墙壁需要用到多少油漆。与仅仅演示如何使用尺子来测量墙与墙的距离不同的是,"出声思考"在测量的同时会通过"出声"来解释讨论每个步骤的原因。当教师在墙上标记尺子在第一次测量中的结束位置时,可能会说:"我用这条线来标记尺子结束的位置,当我测量下一部分时,我应该如何利用这条线? 我知道我必须要移动尺子,但我该怎么移动呢? 该重复我第一次量的地方吗?"所有这些"出声思考"都应该在挪动尺子进行第二步测量之前完成。

通常当教师与学生分享解决问题的其他方法时,是希望学生们自己以后可以用这种方法来解决问题的。使用出声思考这样的元认知策略就是通过讨论、示范方法及方法后面的原因,把隐形的思维过程以可听可见的方式展示给学生。

选择哪一种方式来进行教学干预是根据当时学生的需求来决定的,但教师的目标始终是努力提高学生的学习责任感。对内容的更高层次理解过程就像爬山一样。对于一些人来说,沿途中需要支持的阶梯(策略的显性教学)是必须的;对于有些人来说,一个支持或一份鼓励(同伴辅助学习)就会起作用,还有些人可以借助一些视觉辅助(CSA 方法)自己找到上山的路。每个人在人生的不同阶段、不同环境下都需要不同形式的帮助,这一点对于有特殊需要的学生是一样的(见表 6.2)。然而,有特殊需要的学生最终必须学会自己创造一条适合自己的通往新学习的道路,这是他们在结束学校教育后适应现实世界所需要的能力。如果学生只知道如何在帮助下学习,那么在离开学校、离开他人的帮助,让他们独自面对人生时将无法实现他们的目标。

表 6.2 有障碍学生常见的困难

学生常见的困难	教师会注意到什么？	教师应该做什么？
对数学概念难以用半抽象表示	◆ 无法理解数线 ◆ 难以将关于花园地块（求面积）的问题在图表或点子格上表现出来	◆ 显性教学，例如：明确地讲解如何绘制图表（比如把数线划分成一小段一小段的） ◆ 使用大一点的图表（例如，数线或网格纸），以方便学生在图表上操作
难以从符号中获取数字意义或缺少数感	◆ 基本数学事实认识有困难；例如，没有认识到 $3+5$ 与 $5+3$ 是相同的 ◆ 不明白等号的含义 ◆ 无法判断答案是否有合理性	◆ 显性教学：具体讲授一个数字的多种表示形式并明确指出其中的变化和区别 ◆ 使用数字天平来帮助理解等号 ◆ 对一个问题用多个方法来解决（十进制积木、图表和数字）而不是用多个问题来体现这些方法的应用
难以将数字和信息保存在工作记忆中	◆ 数的时候数丢了数 ◆ 当其他学生在后阶段分享多种策略时会感到困惑 ◆ 忘记是如何开始解决问题的了	◆ 使用十格板（ten-frames）来帮助学生数数 ◆ 显性教学：具体示范如何跳数 ◆ 在讨论期间以书面形式记录其他学生的想法 ◆ 制作一个图表列出解决问题的主要步骤，或制作带有自我提示问题的书签，以帮助学生自学复习
缺乏组织能力和自我调节能力	◆ 漏掉或遗忘过程中的某个步骤 ◆ 在计算的过程中随心所欲、没有规律	◆ 尽可能重复遵循规律，或给出一个自我检查清单以方便学生记住过程中每个步骤的顺序 ◆ 用图纸来记录问题和数字 ◆ 创建数学墙作为学生学习的参考
规则使用不当	◆ 应用诸如"总是从较大的数中减去较小的"这一规则时，会出现诸如 $35-9=34$ 之类的错误 ◆ 机械地套用某个没有完全理解的算法。例如，$\frac{7}{8}$ 和 $\frac{12}{13}$ 相加得到 $\frac{19}{21}$	◆ 通过正例和反例来说明什么时候可以使用这个规则，什么时候不能使用这个规则，以及该怎么使用这个规则 ◆ 将规则与概念理解相结合；不要强调死记硬背过程

对学习有障碍/困难学生的教学和评估

有学习障碍的学生可能在很多方面都会遇到困难：感知或认知处理方面的困难所导致的记忆困难；一般策略使用的能力欠缺；注意力难以集中；用书面形式或语言表达思想的能力欠缺；处理听觉视觉信息能力的欠缺；整合抽象概念能力的欠缺；等等。虽然针对某一个学生的特定学习需求和策略可能不适用于另一个学生，但下面这四个问题对于教师设计具体课程会很有帮助。

1. 对于有特殊需求的学生来说，要从这个活动中真正有收获，需要哪些能力（包括组织技能、行为能力、认知技能等等）？

2. 哪些学生在这些技能或概念中有明显的薄弱环节？

3. 学生的优势是什么？

4. 如何利用学生的优势来帮助他们理解活动中的概念性任务？（Karp & Howell，2004，p. 119）

课程的每个阶段都应该针对学习有困难的学生提供具体的辅助策略。有些策略对于整个课程都适用。下面的讨论是基于卡普和豪厄尔（Karp & Howell，2004）的研究，给出了如何在保持对学生有挑战性的同时还能提供足够支持的具体建议。

创设情境。

○ 集中注意力。让学生坐在靠近黑板或老师的位置。与他们交谈时，教师要面向他们并使用手势来辅助。要尽量减少可能吸引他们注意力的其他刺激。

○ 避免混淆。老师仔细、清晰地提出指令要求，并要求学生复述。一次只给出一个指令要求。使用同样的专业词汇来保持一致性。例如，讨论位值的学具时要统一称为多少个"一"、多少个"十"、多少个"百"，而不是说拿一根小棒，拿出一大捆圆棒。或者说的是学具的形状而不是它的位值，如拿出一个小方块，拿出一条小方块，拿出一大板小方格。

○ 平稳过渡。在任务切换时，要确保任务之间的平稳过渡，减少学生跑偏的机会。

确定并消除潜在的障碍。

○ 帮助学生记忆。记忆对于学习有困难的学生来说通常是一个薄弱环节。所以，在整个课程中使用助记符（记忆辅助工具）可以帮助这些学生联系各个步骤。例如，STAR 是解决应用题非常好的助记符：Search——搜索题目中的重要信息，如果完成就记为 S；Translate——把题目"翻译"转换到模型、图片、符号或肢体表演等形式，如果完成就记为 T；Answer——回答问题，如果完成就记为 A；Review——检查解决方案是否合理，如果完成就记为 R。运用这样的助记符，学生就能够知道自己做了几点，还有哪些步骤没做（Gagnon & Maccini，2001）。

○ 提供词汇和概念支持。在整个课程中，对词汇和符号的显性教学至关重要。根据具体情况，预习基本术语和复习相关的先验知识/概念，然后创建适当的"数学墙"来增强辅助。

○ 使用"友好"的数字。如果这节课的目标不是计算技能而是概念知识，那么就不要使用像 6.13 美元这样复杂的数据，而是使用 6 美元，减少计算的负荷，让学生把更多的注意力关注在概念知识上。

○ 改变任务规模。对于学习有困难的学生可以分配少一点的任务。有些学生可能会因为任务量多或大就非常沮丧而不愿意做任何事情。

○ 调整视觉感受。如果页面上的单词、插图和数字排列紧密，可能会使有些学生阅读起来比较困难。最好是把一个问题放在单独的一页纸上或者调整字体大小，这些会对这些学生有帮助。

提供不断澄清疑点的机会。

○ 时间管理。在学生探索材料、完成任务、进行评估的时候，提醒他们还剩下多少时间来帮助他们管理时间。

- 分享想法。让学生用"出声思考"的方法或"思考-结伴-分享"的策略来分享他们的想法。

- 强调联系。提供直观、半抽象、抽象的多种表现形式，提出的问题要经过精心设计，这些问题要能够帮助学生把文字、学具材料和视觉辅助等方式联系起来。例如，当你将一个纸条折叠成四份，指出 $\frac{2}{4}$ 和 $\frac{1}{2}$ 两者之间的关系时，用手势体现出部分-整体关系。

- 优化教学。融合各种视觉辅助材料，如：图象、示例和模型等。借助软件把文字转换成音频来帮助学生理解。同时对于口头解释的任务也提供文字说明，来辅助学生的理解。

- 明确重点。一些特殊需求学生的关注点常常会不一样。例如在测量立方体的体积时，这些学生可能去关注立方体的颜色而不是计算体积所需要的数据。

- 提供支架。让学生做数学书面作业时，可以提供相应的写作工具和模板，让学生专注于数学问题，而不是同时还要琢磨怎么制作表格或图表。利用图形整理表、带图片的模型，或者有列、网格的纸张等方式都很有帮助。

- 正例和反例。通过正例和反例来帮助学生理解其特征。例如在讲授锐角的时候，不仅提供锐角的例子，也提供非锐角的例子。这样学生会更容易理解。

丰富评价方式。

- 提出其他替代形式的考察结果。为学生提供多种可以证明其对问题理解的选项（例如，用口头语言来复述另外一个人的文字表述；通过录制音频来交作业；或者操作具体学具来解决问题；等等）。使用语音软件可以帮助学生把语音回答转换成文字，或者利用单词预测软件在学生输入几个字母时，就自动生成整个单词选项菜单，从而帮助学生拼写。

- 鼓励自我检查和自我评价。学习有困难的学生往往缺乏自我反思能力。鼓励他们总结在完成任务过程中所遇到的困难，或者解释他们觉得自己哪些步骤做对了，都会帮助学生更独立、更主动地学习数学。

- 使用反馈进度表。通过绘制一段时间的进度表，来帮助学生直观地看到自己的成长。

重视练习和总结。

- 巩固所学内容。教师写一个学习指南（也可以让学生自己写），对重要的数学概念进行总结并鼓励学生时常复习。

- 提供必要的练习。使用精心挑选的问题（不能太多），要允许学生使用自己熟悉的解题方式。

不是说每节课对每个有特殊需求的学生都要用到上面提到的所有策略。但是当教师在考虑课堂上的具体课程和具体学生时，你会发现这些想法能更好地帮助学生参与任务并完成学习目标。

对中度/重度特殊需求学生的学习支持

有中度/重度特殊需求（moderate/severe disabilities，MSD）的学生在学习数学时，通常需要对课程进行大量改动以及提供个性化的支持。这群学生可能涉及严重的自闭症、感觉障碍、运动障碍、脑瘫以及多种障碍或残疾的组合。

最初针对中度或重度特殊需求学生的数学课程被称为"功能性"课程。因为它通常侧重于与生活相关的技能，包括管理金钱、认识时间、使用计算器、测量和完成一些基本的数字匹配任务，如输入电话号码或识别门牌号码等。现在教学和评估都提出了课程目标要符合年级的期望。

在尽可能的情况下，数学内容应与生活技能和特定工作技能联系在一起。购物技巧和食物准备都是解决实际数学问题的活动。数学学习目标有很多机会可以与日常生活联系起来。例如在学习除法的时候，可以去解决"在聚会上平均分饼干""玩纸牌游戏时如何分纸牌"这样的问题。学生也可以进行一些小的项目来体会数学。例如通过制作一个盒子存放不同的物品来探索形状，包括长度和体积的测量。

不要认为中度或重度特殊需求的学生必须在先掌握所有的基本数学事实之后才能继续往下学。这些学生可以学习几何或测量概念。他们要学习的几何学也远远不是识别形状。在现实世界中定位也至关重要。平行线和垂直线、曲线和直线等概念有助于他们看懂地图。学会计算公共汽车站数以及判断时间，也是他们独立生存的重要技能。

三. 为多元文化背景的学生提供支持

我们很幸运地生活在一个多元文化和多语言的国家。学生的母语不仅是他们文化遗产的重要组成部分，也是他们思考、交流和学习的重要方式。从 1980 年到 2015 年，美国英语非母语的学龄儿童数从 470 万人增加到约 1 190 万人（22％）（National KIDS COUNT，2015），有 450 万人参与 2013—2014 年英语非母语课程（NCES，2017）。

多元文化背景即知识财富

来自不同国家、地区或有不同经历，包括说不同语言的学生都应被视为一种教学资源（Gutierrez，2009）。尊重珍视学生的文化背景体现在与学生沟通："我想了解你，我希望你把数学视为生活的一部分，我希望你能做高水平的数学。"在了解学生的过程中，我们就是利用他们的知识财富来辅助他们的学习——这些是学生用来生存和发展的重要知识和信息（Chao，Murray，& Gutiérrez，2014）。

与其脱离实际生活经验地学习语言或数学，我们不如将个人和家庭的经历与数学课堂的经验联系起来。家庭和社区活动如玩游戏、烹饪和讲故事，都可以作为学习数学的文化和语言资源。

数学作为一种语言

数学通常被称为"通用语言"，但事实并非如此。概念知识（例如，乘法是什么）在各个文化背景下都是普遍共通的，但程序和数学符号在不同的文化是有差异的。例如，在美国，3×4 被解释为有三个组，每组有四个。而在其他国家或地区，则会被解释为 4 个 3。在后面的第十一章和第十二章中你会读到很多关于整数运算的不同算法。

我们如何做数学也是由文化决定的。例如，心算在某些国家或地区受到高度重视。而在美国，更看重的是要记录每一步。比较 4 年级教室中的以下两个除法问题（Midobuche，2001）：

能理解第一个学生的想法吗？如果在美国学习了除法，那很容易理解。但是，如果是在其他国家或地区学习的除法，可能想知道为什么第一个解决方案记录了这么多数字。试试看能按照第二个例子做除法吗？实际上，它是相同的思维过程，但是乘法和相关的减法是用心算完成的。然而，关键问题不在于是否可以采用这两种方法中的一种，而是在遇到使用不同方法的学生时如何回应：

- 是否要求学生展示他们的步骤，而忽视他们学习的方式？
- 是否要求学生详细说明他们是如何做到的？
- 是否让学生向其他学生展示他们的思维方式？

对后两个问题的答案会表明老师对他们理解数学的方式很感兴趣，并且教师对不同算法的支持也表明了老师尊重珍视来自他们文化的解题策略（Gutiérrez，2015）。

文化响应式数学教学

文化响应式数学教学包括对数学思维、语言和文化的关注。它不仅适用于新移民而且可以面向所有学生：包括来自不同种族、不同社会经济地位的学生，包括对内容、关系、文化知识、方法灵活性的多种考量，也包括在熟悉或有趣的学习环境下对学习社区以及跨文化合作伙伴关系的考虑（Aguirre & del Rosario Zavala，2013）。文化响应式数学教学可以提高所有学生的表现，缩小学业成绩差距，增加学生数学课程的交流（Boaler，2008；Kisker et al.，2012；Thompson，2017）。表 6.3 列出了文化响应式数学教学的四个方面，同时也提出了老师关于准备课程、课堂教学以及教学评估的一些问题。如果这些反思性问题可以内化并且是在备课、教学和评估时会自然而然考虑到的一部分，那么这个课堂一定是一个可以让所有学生在感受到挑战的同时也能感受到支持的课堂。

表达对学生的高期望。 很多时候我们在帮助学生尤其是英语非母语的学生时，首先想到的是要简化数学，把题目中对语言的要求部分删除（其实这正是他们学习语言的机会）。文化响应式教学始终专注于数学的大观念（即基于核心标准），帮助学生参与并专注于这些内容板块。除了专注于数学的大观念，也尽可能增加小组活动的机会，让学生体会用多种不同的表现形式，增加让学生辩论并在课堂演示的机会。这些都是在支持公平数学学习的机会（Cabana，Shreve，& Woodbury，2014；Dunleavy，2015）。例如，在非规则图形的周长和面积的课程里，可以从记录每个术语的定义开始，然后通过添加图画或照片来演示具体情况（Murrey，2008）。

表 6.3　文化响应式数学教学的四个方面

文化响应式数学教学的几个方面	教师可以反思的问题
表达对学生的高期望	◆ 教学是否专注于理解数学中的大观念？ ◆ 是否期望学生积极参与解决问题并形成自己的解决方法？ ◆ 是否在数学的多种表征之间建立了联系？ ◆ 学生是否能够判断他们的策略和答案的合理性？他们是否有机会展示他们的作品？
确定内容与学生息息相关	◆ 教学内容以怎样的方式才能让学生与自己熟悉的生活联系起来？ ◆ 以什么方式通过复习回顾先验知识来确保所有学生都可以参与到课程中来？ ◆ 要求学生在多大程度上把学校的数学与生活数学联系起来？ ◆ 如何利用学生的兴趣点（热点事件、流行文学或流行文化）来建立数学兴趣和数学意义？
关注学生的数学身份	◆ 以何种方式鼓励学生在课程中结合自己的生活经历来学习数学？ ◆ 应用题是不是来自老师和学生？应用题是否反映了学生的真实体验？ ◆ 是否给予学生机会展示他们的解题方法？每个学生都能感觉到他们的想法对老师和其他同学很重要吗？ ◆ 是否把不同的解题方法以恰如其分的形式作为兴奋点和值得骄傲的事情分享给大家？ ◆ 是否采用并鼓励用多种模式（如可视化辅助、文字解释、数学模型）来证明知识的掌握程度？
确保学生共享权力	◆ 学生（而不仅仅是老师）能够判断解决问题的合理性与正确性吗？ ◆ 是否邀请（期望）学生参加全班讨论，并在这些讨论中他们能分享想法并回应彼此的想法？ ◆ 以什么样的方式来分配角色，以确保每个学生都能感受到自己在为集体学习贡献价值同时也从同伴身上学到了知识？ ◆ 学生是否有机会自己选择以何种方式来解决问题？他们如何证明自己理解了这个概念？

教师可以为学生提供机会分享他们的想法，并且在着手解决任务前讨论该任务的意义。通过这种方式，英语非母语的学生能够使用恰当的数学语言，并且能专注于寻找解决的方案而不会受到语言的限制。

确定内容与学生息息相关。要使数学内容与学生息息相关有两个因素需要考虑。一个是要考虑数学：这里的数学是否有意义并且与其他内容相关联？另一个是选择相关的情境：这里的数学能否与学生实际生活中的真实情境联系起来？

数学的关联

帮助学生看到数学思想是相互关联的，将填补或加深他们对以前所学内容的理解和联系。例如，请考虑以下问题：

梅莉莎正在编织手链。制作一个手链需要六根彩色绳子，每根绳子长 $1\frac{1}{4}$ 英尺。她想为 8 位前来参加聚会的朋友每人编织一个手链。梅莉莎一共需要多少英尺的绳子？

虽然这里的数学是以概念性和有意义的方式呈现的，但重要的是连接整数和分数的运算。例如，要弄清 8 个人需要多少绳子（每人 $6\times1\frac{1}{4}$ 英尺或 $7\frac{1}{2}$ 英尺，再用 $8\times7\frac{1}{2}$ 来找到需要的绳子的总量），学生可能使用加法（因为他们不确定如何处理分数），而没有意识到可以使用乘法。向学生提出诸如"你决定如何用加法/乘法？"和"这些方法是否相同？"这样的问题，可以帮助学生在整数和分数之间以及加法和乘法之间建立有意义的联系。

情境的关联

上面的问题中编织友谊手链就是一个很好的情境关联的例子。如果学生考虑的是自己熟悉的事情，那么他们就可以专注于数学！例如，有时可以把课本任务中的数据替换成学生自己社区甚至自己家庭的数据，这样对学生来说更有趣，同时也是在教学生一些重要的数学应用（Bartell et al.，2017；Simic-Muller，2015；Turner，Sugimoto，Stoehr，& Kurz，2016）。使用日常生活情境可以提高学生的参与度，增强对不同问题解决策略的使用，并帮助学生培养高效率（Tomaz & David，2015）。

关注学生的数学身份。关注学生的数学身份与前一部分重叠，但值得单独提出来讨论。学生的数学身份包括他们对数学的态度以及作为数学学习者和贡献者的能力把控感（Cobb，Gresalfi，& Hodge，2009）。关注学生的数学身份会对公平教学实践的发展产生重大影响（Aguirre，Mayfield-Ingram & Martin，2013）。无论是有意还是无意，所有的教学都是不断地对自己身份的确认。学生们根据自己的经验不断调整和重新定义自己（Gutiérrez，2015）。我们的目标是在每个学生中培养这样的信念：相信稳定持续地努力学习数学一定会得到回报，并相信自己是有效的学习者和数学实践者（NRC，2001）。教师可以通过多种方式帮助学生塑造他们的数学身份。一种方法是"分配能力"（Boaler & Staples，2014，p. 27）。当老师在小组工作中倾听某个学生的看法时，在后面的讨论中，老师可以给予肯定，说"这是尼古拉斯使用的策略"。这种方法不仅肯定了尼古拉斯在数学方面的能力，也会影响他对自己的认识以及他人对他的认识。

了解不同文化背景下的数学在生活中的应用故事也为学生提供了更多的机会（Remillard et al.，2014）。研究人员和教师都发现，通过让学生讲述自己的生活故事，让他们把生活与数学联系起来可以提高学生的成绩（Turner et al.，2009）。

以下这位老师通过读《百枚硬币箱》（Mathis，2006）的故事找到了一个将家庭历史和文化相结合的方式。故事讲述了一个 100 岁的老妇人，她每年收集 100 枚硬币，每枚硬币代表她一生中记住的重要事情。每枚硬币不仅仅是钱，而且是她生活的"记忆触发器"。

　　根据书里的线索,我让学生带一些硬币到学校来。从他们出生那年开始每年1个硬币,1年都不要落下。鼓励学生多带几枚硬币,可能他的同学会需要。再让孩子咨询家人后,画一张从他们出生到现在所有重要事件的"硬币时间线"。在搜集了诸多信息后,他们的"硬币时间线"涉及从他们出生开始,到他们的每个生日、什么时候迈出的第一步、一个小小的意外、假期、宠物、兄弟姐妹的出生等等。然后我要求他们弄清这些特定事件之间的年数或者计算它们发生的时间。例如:养宠物几年了? 什么时候学会骑自行车的? 我也会用月份数甚至星期数来出应用题,还会让他们用数线来表示事件,等等。

确保学生共享权力。当我们想着创造一个让所有的学生感觉他们能够积极参与或学习的教室环境时,我们就会考虑环境中权力的分配。在建立和分配权力的过程中,不管是否有意,教师都扮演了重要的角色。教师常常会告诉学生他们的回答是对的还是错的(而不是让学生通过推理决定正确性);教师会去展示解决问题的过程(而不是让学生亲身去体验经历这个过程);教师会决定由谁来解决这个问题(而不是允许学生灵活自主选择)。一个高效的教师所创建的课堂则不是这样的。在他的课堂里,每个人都感到自己的想法被尊重、被认真对待。无论是分配小组还是安排学生座位,或是请学生回答问题的方式,都很清晰地传递了谁是这个课堂的主人。与学生共享权力会赋予学生更多的权力,从而增强他们的主动性。

四. 满足多元文化需求的教学策略

　　为英语非母语的学生创造有效的学习机会就会涉及将双语教育的理论与有效的数学教学原则相结合。这无疑是个双重挑战,因为学生不仅要学习数学知识还要学习英语语言上的知识。

　　对于英语非母语的学生而言应用题很困难——不单单是因为英语语言,而且是因为应用题的句子结构与英语日常交流口语的句子可能不同(Janzen,2008)。英语非母语的学生在学习内容时通常需要同时使用英语和其母语来听、说、读、写——在NCTM关于英语非母语的学生,数学教学的立场声明中也有类似的观点(NCTM,2013)。这里讨论的策略是文献中最常出现的,对于提高英语非母语的学生数学成就至关重要的策略(例如,Celedón-Pattichis & Ramirez,2012; Echevarria,Vogt,& Short,2012)。

侧重专业词汇

　　虽然一个人可能在几年内培养英语会话交流的语言能力,但学习专业语言(针对特定领域的专业词汇如数学)需要多达七年的时间(Cummins,1994)。专业语言难以学习是因为它通常不出现在学生的日常生活里。

以使用母语为荣。尊重学生所使用的语言,是尊重他们文化背景的体现之一。在数学课堂中,学生在学习英语的同时,他们也可以用自己的母语交流(Haas & Gort, 2009；Moschkovich, 2009)。例如在分配小组活动的时候,允许学生用自己擅长的语言在小组内讨论问题是一种行之有效的策略。如果学生英语足够好,那他就可以在后阶段分享时用英语来汇报讨论;如果他的英语能力不足,又不是所有的同伴都能听懂他的母语,这时候就需要借助视觉辅助、直观图象、数学词典、翻译工具等来帮助他们理解。英语非母语的学生经常要像转换开关一样,在不同语言间切换。研究表明,这样的练习有助于学生们的数学推理,因为他们通常会选择自己最熟悉的语言来更好地表达观点(Moschkovich, 2009)。

某些语言本身的一些词汇是有助于数学词汇学习的。由于一些语言都是从拉丁语演变而来,因此许多数学词汇在不同语言间也是相近的(Celedón-Pattichis, 2009；Gómez, 2010)。例如,拉丁语中的"aequus"、英语的"equal"和西班牙语的"igual"都是同源词。现在我们来看一看,下列西班牙语词汇都代表不同的数学术语,你能否找到英语中对应的词:*división*,*hexágano*,*ángulo*,*triángulo*,*álgebra*,*circunferencia*,*cubo*……如果教师不加以指点,学生是很难发现它们之间的联系的。因此,教会学生去找到这些同源词是非常有必要的。

明确数学内容目标和英语语言目标。 如果学生提前知道了这节课的学习目标,那么当他们在听老师讲解或是阅读书面文字遇到困难时,就能更容易理解一些细节内容。所以对于英语非母语的学生来说,他们既需要知道这节课的数学内容目标,也应当了解这节课中所涉及的英语语言目标。下面将列举两个有关"双目标"的例子。

1. 学生会分析立体图形的性质。（数学目标）

2. 学生能口头描述两个不同立体图形间的相似之处和不同之处,并用文字写下来。（语言目标和数学目标）

词汇的显性教学。 对于所有学生来说,数学专业词汇的显性教学都是非常必要的。有证据表明,教师在一段时间内使用各式各样的教学指导活动,集中讲解数学专业上的词汇,将有利于英语非母语学生的数学学习(Baker et al., 2014)。此外,教师在词汇上给予学生的帮助不仅要贯穿整个课堂,也应该在课前课后强化。

下面的例子可以帮助学生学习数学上的专有名词以增强他们的理解:

○ 学生用画图的方式将数学概念和术语对应起来建立个人的数学词典(Kersaint, Thompson, & Petkova, 2009)

○ 画图整理数学专有名词的多种形式定义(详见图 6.3 参考卡片模板)

○ 注重词汇积累的游戏

○ 数学词汇墙,包括视觉图象和翻译

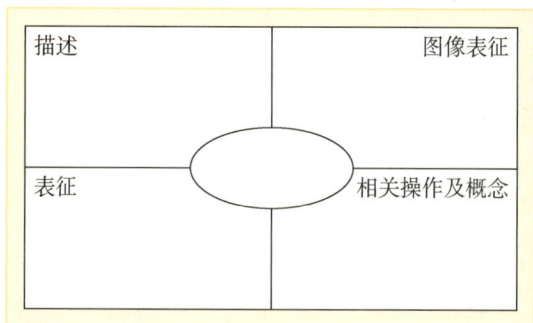

图 6.3　词汇参考卡。把目标词汇放在中间,然后填入其他部分

○ 用小品、诗歌、歌曲的形式来表达每天学到的数学词汇的含义(Seidel & McNamee,2005)

○ 让学生针对一个主题制作折叠卡片(Zike,2003)

所有学生都能从语言教学中收获良多。然而,过于关注词汇会削弱对数学内容本身的关注。因此,非常重要的一点是,对语言的学习应当和数学任务以及数学活动结合起来(Bay-Williams & Livers,2009)。

在分析一堂课的内容时,教师需要特别注意那些和数学内容相关的专有名词。下面一个例子是 2009 年美国教育进展评估(NAEP)中的题目(National Center for Education Statistics,2011)。

> 萨姆完成了下面的题目
>
> $2+1=3$
>
> $6+1=7$
>
> 他得出这样一个结论:偶数加 1,就会变成奇数。
>
> 萨姆说得对吗? _____
>
> 请解释你的想法。

为了使学生能有效讨论这个问题,首先他们要理解其中的数学词汇 even(偶数)和 odd(奇数)的含义。学生们应该已经知道这两个词在生活中的解释(even 表示平的;odd 表示奇怪的)。"concluded"(得出结论)并不是一个数学词汇,但是如果学生们要理解这个问题,他们就要明白这个词的含义。最后,教师必须要在学生解释他们的答案时给予必要的指导。学生们一定要用语言表述吗? 还是他们可以借助图片、表格来表达? 给予学生更多的表达形式将会是有效的(Moffett,Malzahn,& Driscoll,2014)。

反思角

在英语中,even 和 odd 作为数学词汇时,它们的含义有别于日常生活中的用法。类似这样的词语,在英语中有几百个,比如:product(积),mean(平均值),sum(和),factor(因数),acute(小于 90°),foot(英尺),division(除法),difference(差额),similar(相似的)和 angle(角度)。你能说出至少 5 个的数学含义吗?

在指导过程中促进学生的参与度

对于学生来说,参与到学习的过程中是非常重要的,尤其对于英语非母语的学生来说(Tomaz & David,2015;Wager,2014)。教师们需要思考的是:(1)努力确保英语非母语的学生具有理解数学任务的背景知识,并能参与进来;(2)在整节课中为学生的参与设计不同的支架结构。

补充背景知识。和补充先备知识一样,补充背景知识的时候,教师需要考虑到学生使用的母语、文化背景以及本课的数学内容(Echevarria,Vogt,& Short,2012)。如果有可能的话,联系背景材料的上下文,并借助一些直观图象来帮助学生理解任务情景。例如,在运动场上喷涂一个坐标轴,帮助学生建立与线性方程相关的背景知识,学生会根据不同方程式和情境,在这个巨大的坐标轴上找到对应的点,画出真人大小的线条。这种没有危险并且很有趣的活动,会帮助学生将已经学习过的知识和新知联系起来。

英语和数学的某些特性对英语学习者来说很有挑战性(Whiteford,2009/2010),例如:

- 在英语中十几(13～19)的发音和它的几十(整十数:30～90)非常相似,就比如当你说 16 和 60,你会听到它们有多相似。强调 16 词尾的 n 能帮助英语学习者听清你说的到底是哪一个数。

- 在英语中十几也不符合位值制。例如,在西班牙语中 16 是"10"和"6"的组合(与英语中"6 和 10"的倒转构成 16 不同)。

- 小数位很难与其他数位区分开来。强调 th 的发音有助于学生区分百和百分之一。

- 美国测量体系中每个新单元都有不相关的专用词汇,并且这些术语不是十进制的。这个体系对所有学习者来说本来就已经很难了,而对于英语学习者来说,由于缺乏对量杯、品脱、英寸、英里和其他常用单位的生活经验,则会难上加难。

所以,当遇到英语学习者可能不熟悉或者难以理解的内容时,应额外花时间帮他们补充背景知识,以便学生能够成功参与学习任务。

可理解的指令。可理解的指令就是说你要使用学生能懂的语言。教师可以简化句子结构、少使用或尽量不用容易引起歧义的词汇。需要注意的是,做出的这些修改不能降低课程的预期目标。有时问题中一些不必要的单词和短语会让英语非母语人士产生困惑。比较以下两组问题:

未修改版

在你面前有一张老师刚发的活动表。请你找到每一个情景问题里图形的总面积。同桌两个人进行合作,但每个人都需要在自己的本子上记录自己的答案,并解释你是如何得到答案的。如果有问题,请举手。

修改版

请看你的活动单。[拿着纸,指向第一张图片]

你要算出每个图形的面积,面积是什么意思?[给学生思考的时间]

怎么计算面积?*calculate* 更像西班牙语单词 *calculary*,所以对使用西班牙语的学生来说更容易理解。

和你的同桌交流,[指着嘴,然后边指着一对学生,边说这些话]写下你的答案。[作出在纸上写字的样子]如果你被难住了[耸耸肩,看上去很困惑],请举手[演示]。

注意在修改版里老师做了三件事:用简单句;删除会产生混淆的单词;使用口头指示时加入一些相关的手势和情感。另外,注意在提出问题或给出指示后给一点额外的时间,让英语学习者

能够有时间进行翻译、理解要求。然后他们就可以参与到活动中了。这一点非常重要。

提供可理解的指令的另一种方法是使用各种工具来帮助学生看懂和理解描述的内容。在前面的例子中,教师用身体语言示范了指令中的内容。有效的工具包括操作示范、图片、实物、多媒体、演示和图表。例如,教立方体的体积时,拿出一个立方体和一个长方体容器。然后问:"用多少个大小相同的立方体能填满这个容器?"在问的同时将立方体放到容器中进行说明。让学生帮助标记容器,来复习相关内容,如基数、长度、宽度和高度。

让学生参与反映语言发展需求的对话。通过语言表达或课堂讨论来学习数学对每个人理解数学都是必不可少的(Banse,Palacios,Merritt,& Rimm-Kaufman,2016;Cirillo et al.,2014),但对于英语学习者来说这一点尤为重要。因为他们不仅需要提高接收性语言(听和读)也需要提高表达性语言(写作和口语)的水平(Baker et al.,2014)。

在课堂上可以使用下面这些策略来帮助英语学习者理解和参与讨论。先与同伴一对一地演练一下可以增加参与度。"回音"是一种经研究证明行之有效的教学策略。教师利用手势和辅助材料来重复改进学生的表述。在"回音"的过程中也邀请该学生进一步澄清表述,同时也可以要求其他学生回应其想法。这些都在加强学生的课堂参与度(Turner,Dominguez,Maldonado,& Empson,2013)。因为英语学习者很难完整地解释他们的想法,与其让另一个学生来回答,不如一步一步追问细节,帮助这个学生完成表述。这种追问,有时被称为扩充(Choppin,2014),这样的扩充也可以加强其他学生的理解(Maldonado,Turner,Dominguez,& Empson,2009)。

规划合作/互助小组来促进语言的发展。利用小组合作是帮助英语学习者的一种有效方式(Baker et al.,2014)。小组合作为学生提供使用语言的机会,但前提是这个小组是根据学生的语言技能发展来分组的。如果将一个英语学习者与两个讲英语的学生放在一起,可能会导致这个英语学习者被排除在外。而另一方面,如果将所有讲西班牙语的学生分在一组,他们在数学课上就不会使用英语。可以考虑将双语学生与英语水平有限的学生分在一组,或将母语相同的学生与英语使用者放在一组,以便他们能够互相帮助理解和参与(Garrison,1997;Khisty,1997)。

对英语学习者有效的策略

教学计划的每一步都必须考虑英语学习者的需求。

斯泰默女士正在上 3 年级的课,内容涉及估算长度(英寸)和测量。学生需要用估算的方法找到三个大约 6 英寸长的物体,三个大约 1 英尺长的物体,以及三个大约 2 英尺长的物体。找到之后学生将测量这九个物体的长度,精确到半英寸,并将测量值与他们的估计值进行比较。

斯泰默的班上有几个英语学习者,其中包括一个韩国学生,基本不会英语,还有一个墨西哥学生,英语说得很好,但不太熟悉美国学校。这两个学生不熟悉英尺或英寸的测量单位。斯泰默花了一些时间对这些数学概念进行解释。因为 foot 这个词有两个含义①,所以斯泰默女士在开始上课之前明确地说明了这一点。她首先问学生"foot"是什么,留出时间让学生与同伴讨论这个

---

① 即①英尺、②脚。——译者注

词，然后与全班同学分享他们的答案。她解释说，今天他们将使用英尺作为测量单位（同时举起尺）。她问学生还可以用什么单位来测量长度。特别是，她要求两名英语学习者分享他们在原来的国家或地区中使用的单位，并向班级里的其他同学展示以米为单位的尺子（带有刻度的米尺）。接下来，教师让学生观察两种尺子（以英尺为单位的尺子和以厘米为单位的尺子），提出以下问题来比较厘米与英寸这两个不同的长度单位："你能估算出 1 英寸有多少厘米吗？ 6 英寸有多少厘米？ 1 英尺有多少厘米？"

为了完成教学目标，斯泰默女士在投影中放大一把尺子的图象，这样所有的学生都能看到分界点。在尺子下面，她放了一条纸蛇，它的长度为 $8\frac{1}{2}$ 英寸。然后，她问学生蛇有多长，并写下他们 $8\frac{1}{2}$ 英寸的回答。接下来，她让学生们撕下一条估计有 6 英寸长的纸条。然后，让学生们用尺子测量纸带，要精确到半英寸。现在她的学生已经准备好开始估算和测量了。

反思角　斯泰默女士使用了什么具体策略来支持英语学习者？

在上面这个例子中，老师为英语学习者提供了几种帮助：利用"思考-结对-分享"策略讨论单词 foot，让学生意识到可能存在的语言困惑，并让学生在进行具体任务之前有机会讨论。使用具体模型（标尺和纸条）并利用学生先前经验（使用公制系统）也为他们提供了支持，以便英语学习者可以成功完成这项任务。更加重要的是，斯泰默女士并没有通过这些策略减少任务的难度。比如说，因为英语学习者不太了解英制单位英寸的概念，斯泰默女士就不让他们估算，那样会降低对学生的期望。或者如果她只是简单地提出问题，但没有花时间让学生学习规则或提供给学生直观教具来帮助他们，这样做虽然保持高期望值却没有给予学生合适的支持。而且通过让所有学生一起谈论公制系统，也表现出她对学生文化的尊重，并拓宽了其他学生的视野。

请根据"为英语学习者设计课程"的规划表来为这些学生设计一节课，说明你要做的任务调整和教学策略。

五. 为数学特长生提供支持

我们所说的数学特长生包括那些对数学有浓厚兴趣、学习能力强、数学能力强以及有潜能的学生（NCTM, 2016）。与 RtI 中的分层模型一样，所谓的"数学特长"不是与生俱来且伴随终生的特征，而是与具体的学习内容和学生需求密切相关的（Plucker & Peters, 2016）。因此这些学生也需要干预。

有些学生可能对数学会有一些天生的直觉，有些学生在探索过程中会充满激情。但更多的学生是可以通过后天培养，使他们能够超越"纯熟程度"，从而提高取得数学成功的机会的。目前,只有不到10%的美国学生在数学方面达到了精熟的程度(NCES,2017),这还远远不够。

如果学生比预期更早就掌握了数学概念,父母和教师就会注意到孩子的数学能力。这些学生很容易在概念之间建立联系,但常常无法解释他们是怎么找到答案的(Rotigel & Fello,2005)。许多教师都会敏锐地发现数感或视觉/空间感好的学生(Gavin & Sheffield,2010)。需要注意的是,这些老师侧重的不是那些对数学基本事实掌握得好的学生,他们关注的是学生的数学推理能力和理解能力。

通过测试来识别特长生其实会延长教育的不平等(Plucker & Peters,2016)。另一种选择是"用不同的测试题"或"用不同的方法"进行测试(Matthew & Peters,2017)。不要等待着学生展示他们的数学才能,而是要去发现他们的特长,不能单纯依靠老师举荐,而是要对每个学生进行数学特长筛选。还有一个做法是通过具有挑战性或探究性的任务来"激活学生",培养其坚韧的品质、成长型思维,以便学生能在以后的学习中有更好的表现。课程内容应该考虑到难度、广度、深度、复杂度和课堂节奏(Assouline & Lupkowski-Shoplik,2011;Johnsen & Sheffield,2014;Renzulli,Gubbins,McMillen,Eckert,& Little,2009;Saul,Assouline,& Sheffield,2010)。

对于特长生的数学教学通常有四种基本类型:(1)加快学习速度;(2)扩展理解深度;(3)增加学习难度(复杂性);(4)提高创造性(Johnsen,Ryser,& Assouline,2014)。在每个类型中,学生都不应该单纯满足于获取基础数学事实,而是要注意应用所学的知识来拓展思维。

加快学习速度

如果发现有些学生已经掌握你要讲授的内容,教师就可以采取超前或加速的方式。有些老师对内容进行"课程压缩"(Reis & Renzulli,2005),以此来评估学生对应能够掌握的数学任务的熟练程度。教师应该允许学生加快自己的学习速度,也可以去学习与年级水平内容不同的课程。这通常需要学生能更多地自学。如果单纯地让学生跳级并不提高他们学习的速度,通常是不能满足他们的需求的。研究表明,当特长生课程超前时,他们更有可能探索STEM(科学,技术,工程和数学)领域(Sadler & Tai,2007)。

扩展理解深度

利用丰富的活动来加深学习内容的深度,不是指超出年级水平范围的内容,而是对当前内容的延伸。例如,在使用非常大的数或非常小的数来研究位值时,学生可以扩展他们的知识用来学习其他进制的内容,如五进制、八进制、十二进制等等。这些扩展可以让学生把十进制放在一个广泛的数论系统里去体会。扩展理解深度还可以在探索形式上体现。也就是说,即使这些学生与其他同学学习的内容一样,但是解决问题的形式可以更有深度。例如,可以让他们通过小组调查,解决社区中的实际问题,给外部人士写信,或寻找应用数学知识的其他机会,等等。

增加学习难度

增加学习难度可以通过加深难度,也可以通过与其他学科结合来实现。例如,在学习位值时,学生可以通过学习其他计算系统,如罗马的、玛雅的、埃及的、巴比伦的、中国的和非洲祖鲁的来加深理解。这种方法可以从多元文化的角度来体会现代数字系统是如何在历史发展中,渐渐形成今天的局面的(Mack，2011)。在代数中，当研究斐波那契数列或寻找规律时，学生可以在大自然的贝壳和植物中去体会。这样学生就可以通过另一种视角，比如历史或未来的观点来思考数学。

提高创造性

通过提出开放式问题和调查，学生（通常是以与他人合作的方式）可以使用不同的思维来检查数学思想。这些合作可以包括来自不同年级、不同班级的学生，采取自愿参加的形式来共同完成一个特定的数学项目，由教师、校长或资源老师来主导。他们的创造力可以通过探索数学"技巧"来激发：使用二进制来猜测同学的生日(Karp & Ronau，2009)或设计一个调查学校午餐时间扔掉的食物量(Ronau & Karp，2012)的问卷。有的小组可能会在艺术中找到数学(Bush，Karp，Lenz，& Nadler，2017；Bush，Karp，Nadler，& Gibbons，2016)。创造力的另一个方面是为学生提供不同的选择，通过多种形式（发明、实验、演讲、舞台剧、视频）来展示他们最终所理解的知识。

数学特长教学方面的著名学者本鲍(Benbow)认为，对于特长生而言，提高学习速度和扩展理解深度的结合是最佳的教学实践(Read，2014)。这样的学习才会帮助学生达到一个更复杂的学习高度。

需要避免的一些方法

对于数学特长生来说，有些方法是老师要注意去避免的：

1. 布置更多相同的功课。这是一种最不恰当的回应数学特长生的方式，同时也是最有可能让学生隐藏他们数学能力的一种方法。

2. 给最先完成的学生一些自由时间。尽管学生们会把此当作一个奖励，但这也不会最大化促进他们追求更好更远，只会令他们匆忙完成任务。

3. 让特长生去帮助学困生。经常地让特长生去教那些没有达到预期目标的学生是不会促进他们智力发展的，反而会让他们感到社交不适。

4. 提供"小灶"的机会。遗憾的是，通常意义上的特长班[①]学习和日常的数学课程常常脱离联系(Assouline & Lupkowski-Shoplik，2011)，没有关联而附加上去的经验往往并不能加深和提高学生的数学理解。

5. 让特长生在线上练习。尽管在网络和一些很好的应用软件上有很多资源可以用来丰富学生的知识，但过多这样的练习会让这些学生更注重于他们技能的培养，而不是提高他们概念性的理解和数学综合判断推理能力。

舍菲尔德(Sheffield，1999，p. 46)写到，天赋型学生应当有机会"伴随着快乐和挫折，对广泛内容进行开放式探索、深度思考并鼓励他们以自己原创、流利、灵活和简洁的方式来做出创造性的回应"。对数学特长生所有课程教学进行的调整、加工和干预都应该以此为目标。

---

① 译者注：让数学特长生独立成班学习一些特殊的内容，如数学奥林匹克竞赛的内容等。

六. 培养坚韧的学习品质

有一些学生会认为他们永远无法学好数学，既然这样，为什么还要去学数学呢？教师们需要在不让学生产生抵触心理的基础上去引导学生，找到合适的方法来聆听、肯定学生的能力并激发他们的积极性。以下方法可以试一试。

激发学生的学习兴趣

要想让学生参与，通常需要活动与他们有关，并给予他们发言权。如果想把学生们的兴趣和学习内容相结合，就要把题目和指令设计得既吸引人又令人感到熟悉。这样学生们感到自己能成功完成数学任务，这会让他们对学习数学保持兴奋状态。

培养坚韧的学习品质

贝纳德（Benard，1991）认为，一个具有坚韧品质的人有四个特征——较强的社交能力、较强的解决问题能力、很好的自律性和对未来的规划性。强调这些特征可以激发学生并帮助他们成功。即使偶尔面对挫折和困惑也要鼓励学生持之以恒，深入思考如何灵活、批判性地在学生生活的各方面给予帮助。此外，培养学生的高度责任感和独立性也会提高学生的数学能力。

增强数学的吸引力

学生学习的动力是基于学生期望自己能做什么以及学生重视什么（Wigfield & Cambria，2010）。通过解决数学谜团、游戏和脑筋急转弯，以及让学生们问"这怎么可能"等反直觉问题，有助于学生产生兴趣和学习动机。最重要的是，作为教师，当你充满激情地参与数学的时候，你就在极大地激励学生去学数学。

学生成为学习的主导者

成绩优异的学生倾向于认为他们的失败来自缺乏努力，并将失败视为暂时的、可以通过自身努力解决的。而另一方面，有学习失败经历的学生会将他们的失败归因于缺乏能力。这种内部归因更难以抵消，因为学生认为他们固有的数学能力缺乏阻碍他们无论做什么都能成功。因此，要求学生在单元评估中反思他们的表现，帮助他们制定下一个单元的学习目标，或设定每周具体学习计划，都可以帮助学生提高主导自己学习的能力。

第二部分

数学概念与数学教学的发展

第七章　早期数概念及数感的发展

学习目标

在阅读本章内容之后,你应该能够完成如下学习目标:

7.1　遵循儿童发展规律,提供高质量的数数活动;

7.2　掌握如何培养儿童的数数技能,包括对 3～5 以内数的数觉(无需一一点数,就能立即知道一些物体的总数);

7.3　设计多种方式来教儿童比较数量的多少以及描述数之间的关系;

7.4　联系儿童实际生活来体现数学观念。

幼儿入学时有很多关于数的想法,这些来自各种经验的想法是发展新数学关系和高层次数学理解的基础。本章我们将重点讨论 20 以内数概念的发展,同时也涉及 100 以内数的名称和计数顺序(指以"1"或"10"为单位)。这些基础的数概念一方面可以延伸到儿童实际生活中的测量、统计、运算等内容中,以增进他们对数概念的理解,另一方面又直接影响后续数学内容的学习,如基本运算、位值和计算等。我们首先介绍关于数数、数量比较的大观念,从而培养幼儿的数概念和数感。

大观念

○ 数数可知一组有多少个物体。对物体一一点数,最后一个数便是这组物体的数量(基数的意义)。

○ 数量之间的比较产生了数的关系,包括大于、小于和等于关系。这些比较是通过两组物体的一一对应来进行的。例如数 7,它比 4 多 3;比 9 小 2;由 3 和 4 组成,也由 2 和 5 组成;还比 10 小 3;以及在一些图案中快速识别出 7。这些想法还可以扩展到更大的数,如 17,57 和 370 的组合与分解中。

○ 数概念与现实生活中数的运算密切相关,能够运用数之间的关系解决实际问题,标志着以数学方式理解世界的开始。

○ 数感是对数量和数大小的认识与理解及灵活地运用数及数的关系判断和解决问题的能力。

一．良好的开始是成功的一半

研究表明，幼儿的数学表现是他们未来学业成功的基础，并且其作用超过了其他认知能力（如阅读能力、记忆能力或空间观念）（Frye et al. ，2013；Levine et al. ，2010；Watts，Greg，Duncan，Siegler & Davis-Kean，2014）。令人惊讶的是，美国国家研究委员会（National Research Council，2009）指出，根据五六岁的儿童对数学的了解程度，不仅可以预测他们将来的数学成绩，甚至可以预测他们将来的阅读成绩。所以，关注早期的数学观念至关重要！

全美数学教师协会（NCTM，2013）强调所有儿童都需要打下早期坚实的数学基础以迎接未来的挑战。该文件提出了以下基于研究的建议：

1. 保护并增强儿童对数学的天然兴趣，帮助他们运用数学来理解世界。
2. 在儿童熟悉的情境里，根据儿童已有的经验和知识开展教学。
3. 遵循儿童发展及数学发展规律，开展数学课程和教学实践。
4. 利用正式和非正式的经验来加强儿童的解决问题能力和逻辑推理能力。
5. 创造机会让儿童解释自己的数学观点。
6. 利用形成性评价方法评估儿童的数学知识、技能和策略。

反思角　上面这些建议都很重要，你认为哪两个对你自己的专业成长最重要？

《学校数学教学重点》（2006）表明，幼儿最初通过唱数（按正确的数词顺序报数）、点数（把数和物体一一对应）、理解基数的意义（知道点数一组物体时，最后一个数就是这组物体的总数）、比较数量的多少、排序等活动开始建立对整数的理解。学前班的孩子可以一个一个或十个十个地数到 100，从不是 1 的数开始接着数，写 20 以内的数，比较两组物体的数量，确定一组物体的数量是否多于、少于或等于另一组。到了 1 年级，儿童计数和读写的范围扩大到 120 以内，也包括从任何不是 1 的数开始接着数。然后，他们要理解位值概念，并能够将计数与加减法运算联系起来（NGA Center & CCSSO，2010）。

2009 年，NCR 早期儿童数学委员会确定了早期数学内容的三个基本领域：数、关系和运算。本章重点介绍前两个核心领域，第八章着重讨论运算的意义。需要注意的是，在培养儿童数数能力的同时，也就开始了他们对数与数之间关系的探索。所以说，本章的活动和概念并不是按顺序依次发生的，而是在一个丰富的数学环境中共存的。儿童在这个环境中，通过积累丰富的数学经验看到数与数之间的联系。

二．数概念的核心：数量．数数和基数

哪怕两三岁的幼儿也会经常数他们的手指、玩具、饭桌上的人以及其他小物体的个数。儿童在日常生活中不时会遇到诸如"谁的更多？""够不够？"这样的问题。证据表明，儿童有这样的经历时，他们就开始有了数和数数的概念（Baroody，Li，& Lai，2008；Clements & Sarama，2014）。

数量和数觉

儿童会数数之前就开始了对数量的探索。他们能确定哪个杯子更大或哪个盘子里的蓝莓更多。紧接着，为了更深入地探索数量，他们需要知道有"几个"。面对一些物体，有时只需看一眼就知道有多少个，特别是物体个数较少时。例如，掷骰子时，不用数有几个点，立即知道它是"5"。这种"一眼便知"的能力，我们称之为"数觉"。有时可能对更大的数量也有"数觉"，如看到以"2×5"方式呈现的 10 个小圆点时，在心里先把它们分解，利用一行 5 个，两行翻倍便是 10 个。"数觉是儿童理解数的基本技能"（Baroody，1987，p. 115），而且是可以通过规律模型来练习提高的。

很多儿童玩过掷骰子的游戏，所以他们很容易识别骰子上有几个点。可以用类似圆点图案开发"即时识别"（即数觉）活动（见图 7.1）。要求儿童在不数的情况下立即说出有几个点，促使儿童从使用一一点数的方法，转向利用数字图案的排列规律来数数。

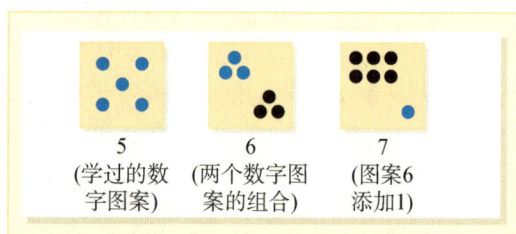

图 7.1　数字图案的识别

这种转变有助于学习"续数"（即从已知的点数开始往下数）或数的组合（把一个圆点图案看成两个数目较少的已知圆点图案）。可以采用循序渐进的方式帮助初学者形成数觉：可以先识别 3 个对称方式组织的圆点图案，再考虑 5 或更具挑战性的数。鼓励儿童尽快摆脱逐个点数的办法，专注数的规律有很多方便可行的方法。用纸盘和粘点（办公用品店可买）制作出一组点盘是识别活动很好的材料（见图 7.2）。注意，有些圆点图案是两个较小图案的组合或某个图案上添加 1 或 2 个点来组成的新图案。为了便于识别，这些都要用两种颜色来区分以凸显图案规律。圆点的安排应该紧凑有序，如果圆点太分散，就很难识别其中的规律。能够把一个数看作是几部分的组合，对儿童来说是一种非常重要的能力，因为他们在学习计算时需要对数进行灵活的组合和分解。

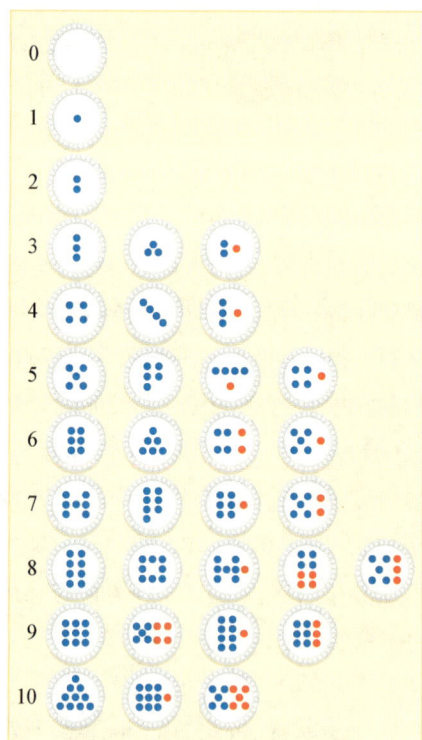

图 7.2　数字点盘

活动 7.1

点盘制作

教师为每个学生提供 10 个计数圆片，一个纸盘或一张纸作为底盘。教师举起一个点盘，停留大约 5 秒，然后说："用计数圆片在你的纸盘上摆出你看到的点盘图案。你看到多少个点？图案是什么样的？"给学生足够的时间讨论图案的结构和点数，然后再把点盘拿出来让学生自我检查。教师每天换一些新的图案来练习。

对于学习有困难的学生，活动可以改为给他们提供一小部分预先制作好的圆点板，他们只需从中找到和老师的点盘匹配的图案，而不用自己摆。

活动 7.2

点盘快闪

教师举起一个点盘，停留大约 3 秒，问学生："你看到多少个点？图案是什么样的？"学生通常很喜欢挑战自己能多快地识别图案、说出总数。如果需要，教师也可以再让学生看一次点盘。活动从简单的图案开始，随着孩子们信心的增强，再添加更多的点。"点盘快闪"也可以作为小组活动，在学生之间互相进行。

"点盘快闪"是令人兴奋的活动，只需要 5 分钟，就可以在任何时间任何地点完成。

数数

有意义的数数活动从 3 岁开始，到学前班结束时（NGA Center & CCSSO，2010），儿童应该能够"唱数"到 100。必须通过丰富多样的数数经历和活动让儿童理解数数并构建数的概念，唯一需要死记硬背的是数词的顺序。数数是发展所有其他数概念的基础，所以学会数数至关重要。

口头数数能力的发展。以大量研究为基础的"学习轨迹"（也称为学习进阶）能为相关概念提供一个普遍的发展路径，用这个发展路径来指导设计教学，会促进儿童达到所期望的学习目标。"数数的发展轨迹"（Clements & Sarama，2014）确定了数数的总体目标以及如何通过具体的教学活动帮助儿童达到更复杂的思维水平。表 7.1 呈现了以此项研究为基准所确定的一些数数发展的具体阶段。

表 7.1 数数的发展轨迹

思维水平	特 征
前计数阶段	这一水平的孩子没有口头数数能力。幼儿看着三个球，问他有几个球时他会回答"球"，不能把数词和数量联系起来。
唱数阶段	这一水平的孩子能用数词口头计数，但顺序不一定正确。他们有时说的数会比要计数的物体更多，有时会跳过某个物体或者重复相同的数。
点数阶段	这一水平的孩子能把数和物体进行——对应，即每个物体都会说一个数。但如果在他数完后问他："有多少？"他们可能需要再数一遍才能回答。

思维水平	特 征
按物计数阶段	这一水平的孩子会准确地数出排列好的物体个数（例如排成一条直线），通过数出的最后一个数（称作基数）准确回答"有多少个?"的问题。他们还可能会写相应的数字，利用从 1 开始数数的办法，说出某个数的前一个或后一个是多少。
按数示物阶段	这一水平的孩子能够正确数出物体的个数。如果要求他们给你 5 个小方块，他们能展示正确的数量。
按物计数与按数示物结合阶段	结合了之前两个水平的孩子，能数出随意排列的物体的个数，说出一组有多少个，能记住数过和没数过的物体，他们开始把数分成几个十和几个一，如 23 就是 20 再多 3。
倒数阶段	这一水平的孩子能通过一个一个地拿走物体来倒数，或者像在"倒计时"中那样口头地倒数。
续数阶段	这一水平的孩子能从除 1 以外的数开始计数，他们也能立即说出所给数的前后数是多少。
跳数阶段	这一水平的孩子能按给定的跳数（如 10，5，2 等）跳跃计数，如以十为跳数，即十个十个地数。

资料来源：Based on Clements and Sarama（2014）。

口头数数至少有两种不同的技能。第一，孩子必须能够记住按顺序排列的数词序列"一，二，三，四，……"；第二，孩子必须能够将这个数词序列与正在计数的物体一一对应，即每个物体必须正好对应一个数词。作为这些技能的一部分，儿童应该认识到，每个数词所标识的数量都比前一个数词多一个，并且新数量中包含了前一个数量（见图 7.3）。这些知识对后面学习数的分解很有帮助。

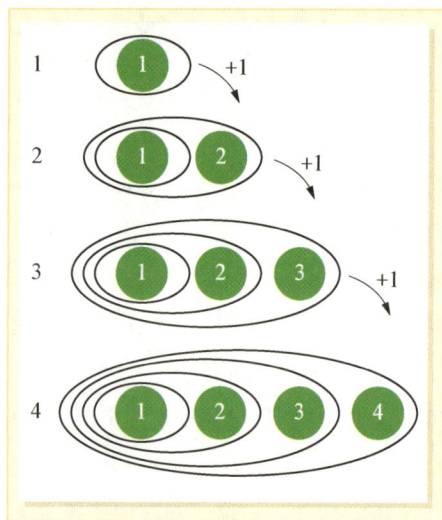

图 7.3 在数数的过程中，每个数都比前一个数大 1

资料来源：Source：National Research Council.（2009）. Mathematics learning in early childhood：Paths toward excellence and equity，p. 27.

活动 7.3

前后来回数

有节奏地从某个给定的目标数开始前后来回数，是一项培养学生计数能力的重要活动。把 5 个学生和 5 把椅子排成一排，让全班从 1 数到 5，与此同时这 5 个学生一个接一个地坐下。当数到目标数 5 时，再重复数一次 5；然后坐在第 5 把椅子上的学生站起来，在从 5 回数到 1 的过程中，学生们又按顺序一个一个站起来，依此类推，"1，2，3，4，5，5，4，3，2，1，1，1，2……"大家就在 1~5 之间来回数数，也可以从除 1 以外的数开始数。对英语非母语的学生，这一活动可以修改一下：把目标数之间的所有数（例如 1 到 5，15 到 20，或者 55 到 65）做成卡片，上面写有数字及数词，给教室前面的学生每人发一张。这些卡片能为学生提供视觉的帮助，使他们把书写的数字、数词和说的数联系起来。

儿童的个人经验和教师指导是数数技能发展的两个主要因素。很多孩子在上幼儿园时就能数到 10 或更大的数,有些孩子缺乏这些背景知识,因而需要额外的练习。有时,使用反例有助于澄清数的概念。例如,你可以给四个小方块标记为"4",但也可以给六个小方块标记为"不是 4",你可以说"这是 6 个小方块,不是 4 个"。这种准确无误的语言可以帮助学生理解数的含义(Frye et al.,2013)。

很多儿童绘本里会反复使用某些词,这样的绘本为学生提供了数数的机会。例如经典的儿童绘本《晚安,月亮》(Brown,1947),每次小兔子在睡前说晚安的时候,学生都可以在计算器上按一次等号。读完故事后,大家可以相互比较一下所记录的"晚安"次数。同样可以用计算器的这个同数累计功能配以不同的故事或书来跳跃计数,如两个两个地数(例如数成对的动物或人)、五个五个地数(例如数手上的手指或者汽车里的人)或者十个十个地数(例如数 10 分硬币、床上的宝宝或树上的苹果)。

物体的数量和排列方式也会影响学生计数是否成功。显而易见,越多的数量需要记忆越长的数词序列,因而需要学生更多地练习。前 12 个数词不涉及规律和重复①,而且许多孩子也不容易识别出"十几"这些数有什么规律。孩子们一开始学习数数(指把口头的数词和物体相匹配)时,应该给他们提供一些可以操作的实物,如小方块或小圆片等。帮助学生尤其是学习有困难的学生有计划有条理地数数很重要,比如:数物体应该从左往右,在按顺序口头说出每个数词的同时,加上匹配物体的动作(可以是挪动物体,也可以指或摸),每次计数结束时都要问:"一共有多少个?"

基数

对 4 岁幼儿来说,理解基数及其与数数的关系并不是一个简单的任务(Fosnot & Dolk,2001)。孩子们首先学习如何数数(将数词和物体相匹配),然后理解最后一个数词表示集合的数量(总共有多少个),即集合的基数,如图 7.4 所示。

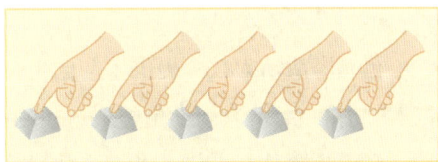

图 7.4 理解"基数意义"的孩子,数完 5 个物体,问"一共有几个?"他/她能准确回答"5 个"

能建立这种联系的幼儿,我们称其掌握了"基数意义"。掌握"基数意义"既是加强幼儿早期的数量认识,也是对进入学前班孩子的期望(NGA Center & CCSSO,2010)。大多数(但肯定不是全部)四岁半的孩子能够建立这样的联系(Fosnot & Dolk,2001)。

评价角

能口头数数的孩子不一定知道他们所数的数的含义。下面这个诊断性访谈可以用来评价学生对基数的理解以及他们是否把计数当作是一个工具。给孩子看一张卡片,卡片上面有排列整齐、很容易数的 5 到 9 个大圆点。让学生数点的个数,如果他数得对,再问他:"卡片上一共有多少点?"在早期,孩子们需要再数一遍,但是如果他已经理解计数的含义,就不会再数一遍了。此时可

---

① 译者注:英文中 13 开始才以 teen 结尾,这时候才有规律可循。

以要求他："请给我和卡片上圆点数量相同的圆片。"下面列出了教师根据不同孩子情况所采用的不同观察指标，他们主要指没有理解数数的含义和不能把计数看成一种工具的孩子：

学生们是否没有数而是直接拿出小圆片，排列成和卡片上相似的图案？

学生们有没有把卡片上的点再数一遍？

学生们是否把圆片和圆点一一对应地摆放？

学生们是否记住了点的个数并摆出了与之对应个数的圆片？

学生们能否说明圆片个数和圆点数同样多？

如果学生有处理整齐排列的点图案的能力，可以让他们试试随意排列的点图案。为了使儿童充分理解数数，就要让他们参与含有数数和比较的游戏或活动，例如活动 7.4。

活动 7.4

填充塔

孩子们轮流掷骰子，拿取相应数量的计数圆片，把它们放在"填充塔游戏板"的一座塔上。游戏目标是用圆片填满所有塔。规则要求准确填满，不能掷到"5"却只填了 4 个格。对学习困难学生可以做相应的修改，如骰子各个面上只有 2 和 3(点或数)。当确定孩子能准确计数时，还可以增加骰子各面的数字选择。对能力高一些的孩子，可以让他们使用点数较多的骰子和更大的塔的游戏板。

填充塔活动为教师提供了与学生交流对数的认识以及评价他们思维的机会。观察他们怎么数骰子上的点数，并问学生类似这样的问题："你怎么知道你拿的圆片数量是正确的？""你在塔里放了多少个圆片？再放入多少个就能填满了？"

平时的课题活动也为儿童提供了很多有目的数数的机会，如"零食时间"需要多少餐巾和零食，某项活动需要多少材料，有多少学生计划在学校吃午餐等。想办法把这些情境变成现实的真问题，并讨论孩子们的数数策略。

对 0 的认识

发现 0(Clements & Sarama，2014)并理解它的意义，是学前班的标准之一(NGA Center & CCSSO，2010)。0 并不是一个容易理解掌握的概念，所以它需要得到特别的关注。三四岁的孩子开始使用零这个词和数字 0 来表示集合中没有对象。用前面讨论的点板(见图 7.2)，使用"0 点图"来讨论，当板上没有点时意味着什么。我们发现，因为早期数数通常需要触摸物体，所以有时数数时不包含 0。0 是十进制计数系统中最重要的数字之一，有目的地讨论 0 以及 0 在数线中的位置是非常必要和重要的。

数的认和写

幼儿园学生需要会写数 0~20(NGA center & CCSSO，2010)。教孩子读写 0~9 这 10 个一位数字，如同教他们读写字母表中的字母一样，两个活动都与数概念无关。数字书写活动可以设计得很有趣，例如，让孩子在数字上描红、用橡皮泥做数字、在桌上用剃须膏描数字、在交互式白板上写或书空等。

活动 7.5

数字项链

给每个孩子发一条数字项链(一张有细线穿过的卡片,上面写着数或画着相应数量的物体)。

教师在提示板上写一个数,让戴有相同数字项链的学生走到前面。在这里教师可以反写数字,借此机会跟学生讨论为什么这个反写的数跟任何人的数都长得不一样。教师替换不同的数或展示不同的数量,学生要么往前走(与老师的匹配),要么找到项链上显示相同数量的伙伴。

有很多方法可以让游戏更进一步,如教师说一个数,让项链上的数相加和为这个数的两个学生配成对,或者让学生按奇数项链和偶数项链分成两组。

活动 7.6

数字桶

给每个孩子四到六个盖上盖的小桶,里面装有不同数量的计数圆片或硬币,让孩子找出装有特定数量圆片的小桶。他们首先可以估计猜测,然后再打开盖子,通过数桶内圆片找出正确的小桶。此时,教师提出一个新的要求:在小桶上贴上标签,以标出内部的数量。起初孩子可能用 4 个点表示 4 个圆片,最终在教师的鼓励下,他们可以写出数字。和学生讨论数字的价值:一种所有人都能理解并能避免重新数数的形式。

活动 7.7

排排队!

用油漆胶带或晾衣绳放在地板上作为数线,打印出一些希望学生研究的数字序列(例如 0 到 20)卡片。打乱卡片并将它们印有数的一面朝下放成一堆。

第一个孩子取出最上面的卡片,放在数线的适当位置;第二个孩子取出下一张卡片,依此类推。当孩子们放置数字卡片时,教师可以提问:"你怎么知道把数放在那里的?""你的数是在……之前还是之后?"或"你把它放在……的左边还是右边?"继续放置卡片,直到所有卡片按顺序放在数线上。让孩子们从前往后或从后往前读一读这列数,并讨论数之间的间隔是否一致。

这个活动有很多可以变化的方式:可以用小的更简单的数字序列;也可以用更长的大的数字序列;有意将数字不按顺序放或间隔不等排放,让学生来挑错;使用非 0 或 1 开始的数字序列等。还可以让学生在作业单上给任意选择的十个数排序。

通常,幼儿园和学前班都会让儿童练习数字与物体的匹配。给学生一些图片(例如一些青蛙图片),要求他们写出或匹配表示有多少的数字。或者反过来给一个数,让他们摆出对应数量的物体。有很多适合不同类型学习者(视觉学习者、听觉学习者和动觉学习者)的歌曲、韵律诗、课堂活动等和数数有关的匹配活动,如"纽扣计数"的活动:让儿童掷骰子并在衬衫上放置相应个数的纽扣。当孩子们成功完成这些匹配活动时,可以转向更高级的概念,如"接着数"或"倒着数"。

"接着数"和"倒着数"

"接着数"是从一个给定的数(1 以外)开始数数的能力。例如,先给儿童一组 5 个立方体,然后又给了 2 个,并问一共有多少个。如果儿童没有重新数前面的 5 个,而是根据数的顺序直接说

"6，7"，这便是"接着数"，"接着数"被认为是儿童数感建立过程中的里程碑。从一个特定数字开始"接着数"或"倒着数"，通常是比较困难的。对于英语非母语的学生来说，"倒着数"更难（不妨试试用你学过的第二语言"倒着数"）。一个策略是允许学生边数边点头，因为他们必须同时处理好几件事：计数顺序，从哪个数开始，以及之后要数几个数（Betts，2015）。要在工作记忆中保存这种"双重数数"的所有信息（Voutsina，2016）可不是件容易的事情，教师可以通过"出声思考"的方式用动作和语言来示范，让学生直观地看到如何把这几个方面结合在一起。

最终，1 年级的学生应该能够从 120 以内的任何数开始接着往下数（NGA Center & CCSSO，2010）。之后他们会意识到，接着数就是加，倒着数就是减。建议经常开展活动 7.7、7.8 和 7.9。

活动 7.8

用计数圆片接着数

让孩子在桌上把 10 或 12 个圆片排成一行，要求他们先数出 4 个圆片，并压在右手下或放在纸杯里，不让大家看到（见图 7.5）。然后，指着右手或纸杯，问："这里有多少个？"（4）"所以，让我们这样数：四……（有意拖长音并且指着他们的手）五，六……"改变藏起来的数字，重复这个活动。

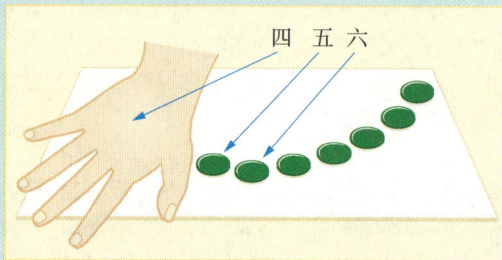

图 7.5 接着数："藏着 4 个圆片，就从 4 开始往下数"

活动 7.9

真正的接着数游戏

这是一个双人游戏，需要一叠数字卡片（包含 1～7）、一个骰子、一个纸杯和一些计数圆片。第一个孩子翻过一张卡片，将相应数量的圆片放入杯中，卡片就放在杯子旁边以提示杯中的圆片个数。第二个孩子掷骰子，将相应数量的圆片放在杯子旁（见图 7.6）。两人一起来确定圆片的总数。同时，为他们准备一个记录单，分为"杯中的个数""杯子外边的个数"和"总数"这几栏，以辅助他们记录。当他们掌握较小的数字后，逐渐把数字增大。对于学习困难学生，可以保持杯中的圆片数量不变（如 5 个），始终从那个数开始接着数，直到他们熟练之后再按上面的游戏规则进行。

图 7.6 一共有多少个？孩子们是如何数出来的

观察儿童如何确定活动7.9中的总数。一些儿童可能会将杯中的圆片全部倒出来重新数，或从"1"开始一个一个地边拿边数。随着游戏的反复进行，儿童最终会理解并运用"接着数"的策略。

活动 7.10

麋鹿踪迹

　　玩游戏之前，先了解一下游戏背景。绘本《麋鹿踪迹》(Wilson, 2006)讲述了一个很有趣的故事：麋鹿以为有人来过他的家，因为他不断发现很多脚印。他追踪这些脚印，最后谜底揭晓：原来他才是所有脚印的主人！给两个孩子一个麋鹿踪迹游戏板、一个骰子和两个不同颜色的小方块。孩子们轮流掷骰子，并沿着游戏板用自己的小方块移动相应步数，一直玩到两个孩子走完整个路线。游戏板上的"麋鹿脚印"都是单独分开的小格，便于孩子们移动小方块时进行一一点数。

　　游戏还可以换一种方式，让儿童沿着他们的路线，放置与骰子上数字相应个数的小方块。例如，如果儿童掷到4，就沿游戏板上的路线在4个脚印格里依次放上小方块；下一个回合，如果掷到3，就放3个小方块。依此类推，用放置多个小方块代替移动一个小方块，能让学生对数与物的"一一对应"有形象的记录。

研究表明，类似"麋鹿踪迹"这样的桌游可以增强低SES[①]学生对数的大小的感知能力，从而促进他们早期的数概念发展(Siegler, 2010)。

三. 数关系的核心：大于，小于，等于

"多""少"和"相同"是数量之间的基本关系，这些关系有助于儿童全面理解数的概念。如果给出两组数量明显不同的物体，几乎所有学前班孩子都能选出更多的那一组。事实上，巴罗蒂(Baroody, 1987, p. 29)指出，"无法通过直觉判断'更多'的儿童在教育上会面临很大的挑战"。课堂活动应帮助儿童建立完善这一基本观念。

尽管逻辑上说"少"其实就是与"多"相对的概念（选择较多的数量也就是不选择较少的数量），但事实上，对儿童来说"少"这个概念更难理解。这可能是因为儿童在生活中使用"多"的机会要远远多于"少"。为了帮助学生理解，教师要经常把儿童不熟悉的"少"和他们更熟悉的"多"放在一起使用，建立联系，还要有意识地增加关于"少"的提问。除了让儿童比较苹果个数、小棒根数等可数的数量外，还要让他们比较水量、长度等"不可数"的数量。

对于这三种关系（比……多，比……少，和……相等），儿童应该既能按要求摆出一组物体，又能在给定的两组物体中进行比较和选择。在做下面的活动时，教师要保持探究学生想法的意识，可以通过提问"你怎么知道这组更少？"，促使学生做出解释。

[①] 译者注：即社会经济地位(social economics status)。

活动 7.11

做出"多""少"和"同样多"

　　给学生提供 9 张图片卡，上面分别画有 4～12 个物体（或用圆点卡），一摞计数圆片，以及写有"多""少""同样多"等字样的词卡。让学生在每张图片卡旁边摆放三组圆片，分别比图片数量更多、更少和同样多（见图 7.7）。对于学习困难学生，可以提供纸盘来限定摆放圆片的地方。如果同时摆放三组有困难，可以从摆放同样多的圆片开始。对于有能力尝试关系符号"＜""＞""＝"的学生，请用"关系卡"代替"词卡"。

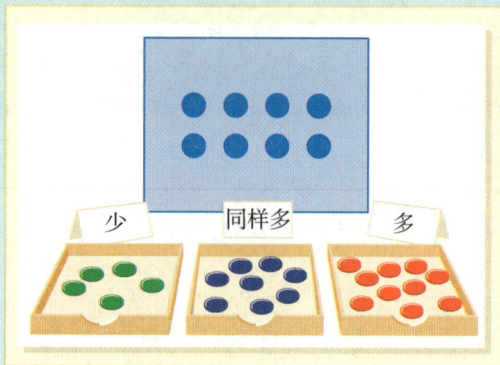

图 7.7　做出"多""少"和"同样多"

活动 7.12

寻找"同样多"

　　给学生一组成套的图片卡，如圆点卡。让他们从中任选一张，再找到与之数量相同的卡片配成对。继续给其他的卡片配对。这个活动可以改变成：让学生找到点数"更少"或"更多"的卡片。对于学习困难学生，可以用动手操作替代寻找配对：提供圆片和空白的十格板，让他们摆出"同样多"的数量。

活动 7.13

"多""少"或"同样多"

　　此活动适用于同桌两人或小组内进行。为学生提供一组"多-少"关系卡（如"多 1""少 2"或"0"等）、一组数字卡片、一个纸杯和一摞圆片（参见图 7.8）。游戏开始，一个学生先抽取一张数字卡片，面朝上摆放，并将相同数量的圆片放入杯中。接着，另一个孩子抽取一张"多-少"关系卡，放在数字卡旁边，并相应取出或放入圆片。例如，若为"多 1"卡，杯中添加 1 个圆片；"少 2"卡，则取出 2 个圆片；"0"卡，则不变。然后，学生推测杯子里有多少个圆片，最后倒出圆片来计数。抽取新卡重复这个游戏。最终，"多-少"卡可以用"加-减"卡来替代或二者结合使用，从而把概念与算术运算联系起来。

图 7.8　玩"多、少或同样多"的材料

评价角

　　学生在做这些活动时教师要注意观察。对于某些学生来说,对数的全部认识就是数数,他们随意选择圆点卡,然后逐一计数。有一些孩子则会先估计,并选择看上去点数大致相同的卡片。后一种表现表明了更高的理解水平。此外,观察孩子们是如何数点的。数对了吗? 每个点是否只数了一次? 是否需要用手指着点来数? 如果儿童不用数就能知道少量物体的个数时,就意味着他们达到了一个重要的里程碑——他们有了数觉。

通过建立数的关系来发展数感

　　豪登(Howden, 1989, p. 11)指出:"数感是人们对数及其关系的良好直觉。它是在发现数、理解不同情境下数的意义,不受传统算术方法限制将数联系起来的过程中逐渐得到发展的。"《学校数学原则与标准》指出,数感体现在对数进行灵活思考的能力,也包括使用各种方法表示和使用数的能力。

反思角　　至此为止,你对于数的早期发展应该已经有了一些基本认识。现在请停下来想一想:关于数 8,你认为儿童应该知道些什么? 把你的想法列出来,稍后一起讨论。

　　对数感的讨论始于儿童对 20 以内数及其关系的认识,但是"对数的良好直觉"并不到此为止。数感在后面的各种活动中会不断得到发展,如用数做运算、理解位值制、使用灵活的方法计算以及对大的数的估计等等。

10 以内数的关系

　　一旦儿童有了基数的概念,也能有意义地使用数数的技能,他们就需要进一步扩展数感、掌握理解运算所需的知识。我们希望儿童不再依靠一个一个地数数来解决简单的故事问题,而是通过强调数的关系掌握基本运算的策略,如图 7.9:

- 多 1 个或 2 个,少 1 个或 2 个。"多 2 个"和"少 2 个"的关系,所涉及的能力不只是正数两个或倒数两个,例如,儿童还应该知道 7 比 6 多 1,比 9 少 2。

- 以 5 和 10 为基准。10 在十进制计数法中的重要性不言而喻,又因为 2 个 5 就是 10,所以,把 10 以内的每个数建立起与基准数"5""10"的联

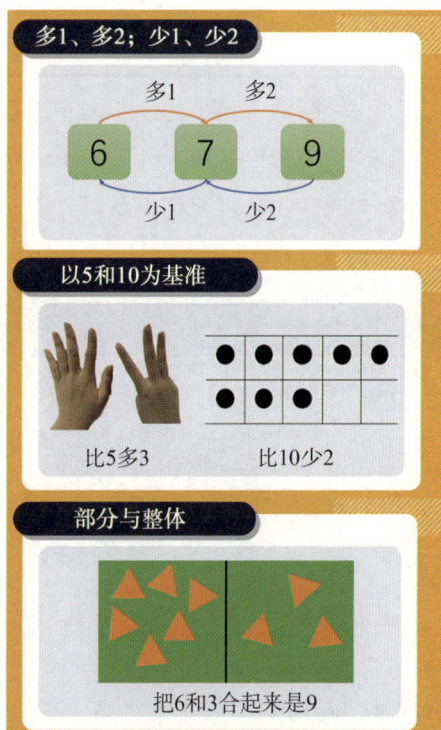

图 7.9　儿童要发展的三种数的关系

系，十分有用。

○ **"部分-整体"的关系**。能够理解一个数可以看作是由两个或更多部分组成的关系，这是对数的认识最重要的一步。例如，7 可以看成由 3 和 4 组成，也可以看成由 2 和 5 组成。

低龄儿童在建立这些关系时使用的主要办法便是他们仅有的数工具——数数。最初你会发现孩子们总在数数，好像没有任何进展。多一点耐心！随着孩子们建立起新的数和数之间的关系，数数会变得越来越不必要。

多 1 或多 2；少 1 或少 2。儿童数数时，并不会自动思考数之间的关联性。他们的目标只是将数词和物体匹配，直到数到最后一个。要认识到 6 和 8 是由"多 2"和"少 2"的对应关系联系起来的，就需要对这些观念进行反思。要建构这些想法，往后数（或往前数）1 个或 2 个是很有用的活动。活动 7.14 关注的就是"多 2"的关系。

活动 7.14

多 2

　　教师准备 6 张圆点卡和一摞计数圆片，出示一张圆点卡，让学生拿出比卡片上点数多 2 的计数圆片。类似地，把 8～10 张圆点卡散开排，拿出其中一张圆点卡，要求学生找出比它"少 2"的卡片(不找比 1、2"少 2"的卡片，依此类推)。

在这个活动中，学生找到圆点卡或摆圆片，还可以用选择相应的数卡来代替。鼓励学生之间互相说出对方的数学表达式。例如，一个人摆出一组比 4 点多 2 的圆片，另一个可以说："比 4 多 2 等于 6"或"6 其实就是比 4 多 2"。下一个活动将用符号表示这些关系。

活动 7.15

做一个"多 2"机

　　教学生如何做一个"多 2"机。先在计算器上按"0＋2＝"。接着，选择任何数字，例如"5"，在按"＝"键前孩子可以预测结果"比 5 多 2"，然后再按"＝"键确认。如果他们没有按任何运算键(＋、－、×、÷)，"多 2"机始终以这种方式运行。

基准数"5"与"10"。在这里，我们想再次强调让学生将一个给定的数与其他数（尤其是基准数"5"和"10"）联系起来的重要性。思考数与数之间的关系可以帮助他们解决很多问题。例如，数"8"与基准数的关系有"比 5 多 3"或"10 里去掉 2"。掌握这些关系对于学生在解决如 5＋3、8＋6、8－2、8－3、8－4、13－8 等问题时会起到很好的作用。例如，8＋6 可以看作 8＋2＋4（"凑十"法）。这样的关系对于后面心算大的数如 68＋7 也会很有帮助。

最常见也最有效的探索基准数"5"和"10"的模型是五格板和十格板。五格板为 1×5 的方格,十格板为 2×5 的方格,均水平放置,格中放入计数圆片或圆点以表示数(见图 7.10)。

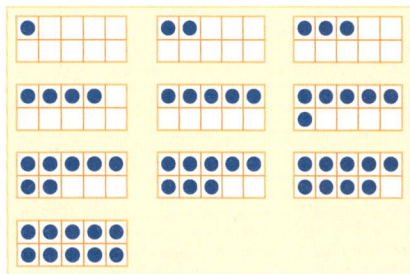

图 7.10　十格板

幼儿园和学前班儿童在没有接触过十格板前可以从五格板开始。配合五格板,提供 10 个计数圆片,然后试试活动 7.16。

活动 7.16

五格板告诉我

　　向学生解释,五格板中的每个格里只允许放一个计数圆片。如图 7.11(a)所示,让学生在五格板上表示 3,并提问:"看着你的五格板,关于 3 你知道了什么?"听了几个孩子的回答之后,再让他们试试表示 0~5 中的其他数。

　　学生最初可以用任何方式在五格板里摆放圆片。例如 4,学生可能在五格板的左右两头各放 2 个圆片,然后说"中间空了 1 格"或"是 2 个和 2 个",这些都是对的,教师要引导学生重点关注"这个数添加多少就是 5"。接下来再

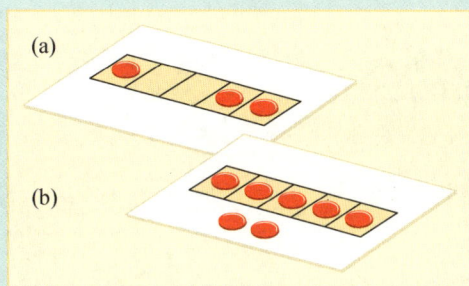

图 7.11　以数 5 作为基准的五格板

试试表示 5 到 10 之间的数。如图 7.11(b)所示,大于 5 的数,摆满五个格之后,再在格的外面空白处添加一些圆片。与学生讨论这些较大的数时,重点要把它们看成 5 和多出的部分,如"7 就是 5 再多 2"。

五格板活动进行一周左右后可以考虑引入十格板。一开始可以像玩五格板那样,允许学生用各种方式摆放,但要尽快介绍十格板表示数的一般规则:总是先摆上面一排,且方向为从左往右,像阅读时那样;上面一排摆满后,再摆下面一排,同样是从左往右。这种方式为数数提供了一种结构,让人清晰地看到一整排就是 5 个而不用数数,如图 7.10。刚开始,学生还是会一个一个地数,教师通过如下提问引导学生逐渐摆脱——计数:"你在十格板里看到了什么?"或"知道了一整排,能帮助你找到一共有多少吗?"

现在可以让学生用十格板来根据具体情境解决问题了,如活动 7.17。

活动 7.17

数字"混合泳"

　　首先,让所有学生在十格板上摆出相同的数,接着教师在 0~10 中任选一个数,口头报数或出示数字卡片,学生要在十格板上摆出这个新的数。问一问学生:"你是怎么摆的?"

　　教师也可以任意列出 15 个左右的数,让学生自己玩,其中一名学生扮演老师,其他人用十格板摆。

教师可以根据学生如何使用十格板来了解他们的数概念发展情况。因此，像这样的活动可以视作"诊断性访谈"。在做活动 7.17 时，一些学生会将十格板上的圆片全部拿走，再重新摆新的数。另一些学生会学习不同数的排列样式，还有一些学生通过增加或减少计数小圆片得到新的数，通常他们对 5 的数觉都不错。像这种通过移动计数圆片来变换数的高效策略，是需要学生自己去发现的。教师要寻找适当的机会让学生分享这一策略，使大家都来注意增加或减少的变化。也可以换一个方式，学生在摆数之前，先让他们说一说要多摆（加）或拿走（减）几个圆片。例如：十格板上显示"6"，老师报数"4"，学生就要回答"减掉 2 个"，再相应拿走 2 个圆片使之表示 4，和学生一起讨论为什么这么做是很有意义的。

可以用卡纸做一些迷你版的"十格板"，用这些卡片做一些简单的实践活动，以增强 5 和 10 作为基准的概念，如活动 7.18 所示。

活动 7.18

十格板快闪

　　向全班或一小组学生快速出示一些"十格板"圆点卡，让他们快速判断有几个点。这项活动节奏快，只需几分钟，因此可以在任何时间进行，且很吸引学生。

"十格板快闪"活动还有很多不同的玩法，主要有：

- 说出卡片上的空格数而不是通常的圆点数
- 说出比卡片上点数多 1（或少 1、多 2、少 2 等）的数
- 说出如何凑成 10（如：6 和 4 组成 10）
- 说出学生自己桌上的卡片和老师出示卡片上点数的和

十格板任务对于学生来说是相当有挑战的，因为他们脑子里要考虑的（工作记忆）东西有很多：十格板 2×5 的结构，有几个空格，这个数比 5 多几或少几，这个数比 10 差几等。

学生在上面"十格板快闪"活动中的反应，可以让教师对其当前数概念的水平做个快速的诊断性评估。因为一个数"离 10 还差几"是非常重要的知识点。这里再补充一个评估方式：教师指着一个小于 10 的数字，问学生："如果这么多数量的圆点放在十格板里，还有几格是空着的？"或者简单地问："如果我有 7 个，添上几就得到 10？"

反思角　在继续阅读之前，拿 8 个计数圆片。假装自己是个四五岁的孩子，来数一数你面前的圆片。

部分-整体关系。 任何一个会数数的孩子都能像你刚才一样数出 8 个圆片。但是孩子在数数时，不会关注到 8 可以由两部分组成。所以，我们还需要另外设计一些活动。例如，将刚刚数出来的 8 个圆片分成两堆，思考 8 的组合：可能是 2 和 6，7 和 1，或者 4 和 4。然后改变两堆圆片的数

量,相应地说出新的组合。关注组成一个数量的部分(数的分解),能够很好地发展学生的数感。在三种数的关系中(图7.9),部分与整体的思想显然是最重要的,根据"部分-整体"关系来考虑数是数感发展的另一个重要里程碑。

很多"部分-整体"的活动全程聚焦于一个数。例如,整个活动就探究"7"的分解或组成。学生可以用两个或更多部分组成指定的数量(组合),或者把整个数量分成两个或更多的部分(分解)。这些被称为"加数未知"的活动在学前班就应该进行。可以从较小的4或5开始,随着数概念的发展,再逐渐扩大到6~12。

学生做这些活动时,让他们大声说或"读"组成的部分,或者写下来(也可以两者都做)。读与写的结合,有助于学生思考"部分-整体"的关系。写的形式丰富多样,如画画、数字填空(一组_____和一组_____)或加法算式(3+5=8 或 8=2+6)等。显然,"部分-整体"关系与加减法概念有着密切的联系。

活动7.19及其变式训练可视为基本的"部分-整体"的任务。

活动 7.19

数的组合

为学生提供不同颜色的材料,例如可拼接小正方体或正方形彩纸。问他们:"用两部分组成一个数(这个数可由你指定),你有多少种方法?"(也可以根据情况,考虑让他们用更多部分组成一个数)

可以从学生熟悉的日常生活或儿童文学作品中选择问题情境,例如绘本《卖帽子》(*Caps for Sale*)(Slobodkina, 1938)中,问:小贩戴的6顶帽子有多少种不同的组合? 帽子颜色限定为两种,且同色帽子只能戴在一起(如3红和3蓝,4红和2蓝等),每种不同的组合都可以展示在垫板上。这里有一些具体做法,见图7.12。

- 使用两组计数物体,如涂色和未涂色的豆子(也可以买塑料豆子模型)。
- 使用两种颜色的可拼接小方块,确保同色方块连在一起。
- 使用两个圆点条。
- 使用"两列格"卡片。
- 用两个奎逊纳棒连接表示数的组成。
- 在扭扭棒上串彩珠或使用两行上有10个珠子的算术架。

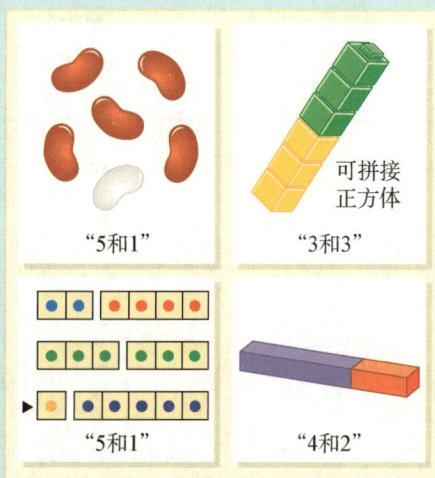

"5和1"　　可拼接正方体 "3和3"

"5和1"　　"4和2"

图7.12　探索6的组成的各种材料

学生做"数的组合"活动时,要求他们说出同伴做的组合的算式。两三个孩子一起合作,可以找到很多的组合方法,其中会有重复的。通过提问"你找到所有的组合方法了吗? 你是怎么知道

的?",鼓励他们寻找其中的规律。

找缺失的数。"部分-整体"活动的重要变式之一,就是我们称之为"找缺失的数"的活动。给学生一个总的数量和其中一部分,然后他们要利用已掌握的"部分-整体"关系的知识来判断被覆盖或隐藏的部分是多少。如果不确定,他们可以揭开隐藏部分,并说出完整的组合。隐藏部分的活动很有挑战性,因为隐藏的部分需要学生深入思考数的组合从而增加了难度。这个活动还为减法做准备,如果数量一共是 8,但只显示了 3 个,孩子之后可以学会说和写"8-3=5"。

接下来三个活动便是找缺失的数的不同变形。每个活动都可以用学生熟悉的生活或儿童读物作为问题情境,如绘本《皮特猫和失踪的纸杯蛋糕》(*Pete the Cat and the Missing Cupcakes*)(Dean & Dean,2016)。

活动 7.20

藏起一部分

给定一个数,让学生数出相应的计数圆片。一个学生先把所有圆片都藏在小盆下或压在卡片下面,再拿出一些圆片放在外面看得见的地方(这些圆片的数量可以是"无""全部"或介于两者之间),让另一个学生说出数的组成。例如,如果总数是 6,其中 4 个看得见,另一个学生要说"4 和 2 组成 6"。如果他有些犹豫或不知道藏了几个圆片,可以立即拿出隐藏的圆片来(见图 7.13)。

活动 7.21

查缺补漏

用数 4~10 制作一组查缺补漏卡。卡片上有一个表示整体的数和两组圆点,其中一组圆点有纸片遮盖。以数 8 为例,需要做 9 张卡片,可见部分从 0 点到 8 点。就像"藏起一部分"活动那样,如果卡片上显示 6,可见部分为 4 个圆点,纸片盖着 2 个圆点,学生要说出"4 和 2 组成 6"。

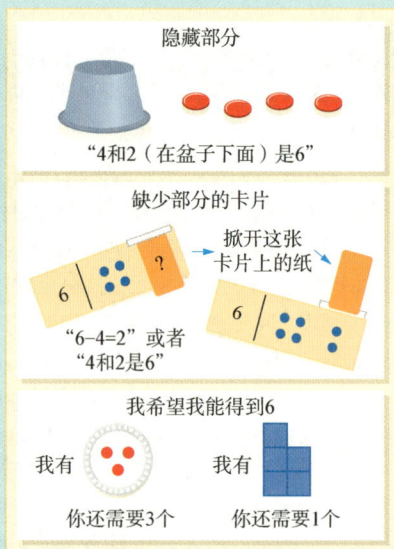

图 7.13 缺少部分的活动

活动 7.22

我希望我有……

教师举着连接正方体、圆点条、圆点盘或"两列格"卡片表示一个小于或等于 6 的数,并说"我希望我有 6 个",学生说出需要补上的个数。学生可以用"接着数"来帮助检查。游戏中"我希望我有"的数可以保持不变(学习有困难的学生尤其应以此为起点),也可以不断变化(见图 7.13)。还可以考虑赋予活动一个学生熟悉的生活情境,如"我希望有 6 本书可以读"。

反思角 还记得之前列出的儿童对"8"应有的想法吗？阅读下文之前，请结合前面的阅读，重新思考一下，看看有没有需要修改和完善的地方。

以下是幼儿园和学前班儿童应该学会的关于"8"（或 20 以内任何其他数）的知识点：

- 正确唱数到 8（知道数词及其顺序）
- 一一点数 8 个物体，并知道最后一个数"8"表示总数量
- 认、读、写出数字 8，并将其与相应数量的物体匹配
- 说出多 1 或少 1，多 2 或少 2，如 8 比 7 多 1、比 9 少 1、比 6 多 2、比 10 少 2
- 识别 8 个物体的规律摆放方式，如右图所示
- 以 5 和 10 为基准：8 是 5 添上 3，是 10 去掉 2
- 知道"部分-整体"的关系：8 等于 5 和 3、6 和 2 等。（包括推算"缺失"的部分，即一个数添上几得 8）
- 两倍关系：两个 4 就是 8
- 与实际生活的联系，如：我哥哥 8 岁；我阅读的书的宽是 8 英寸

再将这些想法扩展到 10 以上的数，进一步提高学生对数的理解。

在儿童学习十格板、规律点组以及其他一些关系时，圆点卡片可以做很多丰富的活动（见图 7.14）。全套卡片上圆点呈现的方式丰富多样：规律的，散乱的，两三个规律图案的组合，以及十格板中"标准"或"非标准"的呈现方式等。这些圆点卡片可以用来为前面的许多活动添加新的角度，如活动 7.23、7.24 和 7.25。

图 7.14　圆点卡片

活动 7.23

双卡之战

"双卡之战"（Kamii，1985）的玩法是每次游戏双方都要拿出两张圆点卡片，总点数较多的一方获胜。儿童可以而且应该使用各种不同的数的关系来确定获胜者，而无需知道实际的总点数。

对学习有困难的儿童，活动可以做以下修改：让教师（或另一个儿童）用"出声思考"的方式描述他是如何用数的关系确定获胜者的。这样的示范对这些学生来说至关重要。

活动 7.24

赢了多少个

把圆点卡片分发给两个儿童,并准备 40 个左右的计数圆片。每轮比赛,两人各翻开最上面一张圆点卡片,点数较多者获胜,并根据两人卡片上的点数差,赢得相应数量的圆片。用过的卡片放在一边,继续下一轮。当卡片或圆片用完时,游戏结束。最后比较两人的圆片数量,确定最终赢家。也可以更改游戏规则,让点数较少者赢得相应数量的圆片。对于需要更多挑战的儿童,可以让他们每次翻开两张卡片,比较各自的总和。

活动 7.25

数字三明治

选择一个 5 到 12 之间的数,并让儿童找出两张圆点卡片,使点数和等于这个数,并将这两张卡片做成"三明治":将圆点面朝外,背对背贴在一起。当他们找到至少 10 组后,接下来的挑战是,让同桌看"三明治"的一面,说出另一面的数,再翻转"三明治"验证。同一个"三明治"可以隐藏不同的面再次使用。

评价角

要评估学生对"部分-整体"关系的掌握情况,可使用"缺失部分"的诊断性访谈(类似活动 7.20)。从你认为儿童已经"掌握"的数开始,比如 5。手上先放 5 个圆片,让儿童数一数。把手合上,再次确认儿童已知道圆片总数。接着从中取出一些,放在另一只张开的手上(见图 7.15)。问儿童:"藏着的有几个?""你是怎么知道的?"取出不同的数量,把这个过程重复三四次。如果儿童反应迅速准确,显然不是用数数来解决的,就将该数作为儿童已经"掌握的数",登记在评估记录表中。接着再评估下一个更大的数,一直到儿童出现困难

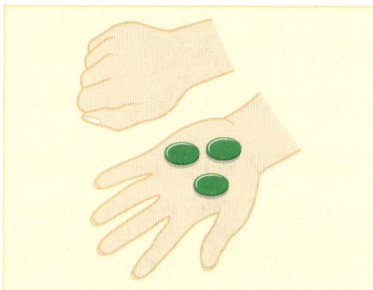

图 7.15 "缺失部分"评估:"一共有 8 个,藏着的有几个"

为止。在幼儿园早期,儿童能掌握的数范围在 4～8 之间;幼儿园结束时,儿童应该掌握 10 以内的任何数(NGA Center & CCSSO, 2010)。

10～20 及更大数的关系

尽管幼儿园、学前班及 1 年级儿童在日常生活中都会接触到 10 以上甚至 20 以上的数,但不能因此就认定,儿童会把各种数的关系从较小的数自动扩展到 10 以上的数中。在很多情况下如数数活动、基本运算、心算时,这些大一点的数起着很重要的作用。事实上,一些研究者指出,尽快进入 10 以上甚至 20 以上数的教学,能为位值制知识的早期发展奠定基础(Fosnot & Dolk, 2001; Wright, Stranger, Stafford, & Martland, 2006)。

前位值概念。儿童能否识别出"一组有 10 个"对于他们初步认识 10～20 的数起着重要的作用。当儿童把一些物体看成一组 10 个加上一组 6 个,他们无需数数也知道总数为 16。对数 11～19 进行分解组合是学前班发展位值制概念的重要基础(NGA Center & CCSSO,2010)。

反思角　站在只会数到 20 的儿童的角度思考:"1 个十"是什么意思呢?"10"就是我有多少个手指,是"9"后面的那个数。

莱特及其同事(Wright et al.,2006)概述了儿童理解 10 的三个渐进发展阶段:

1. 原始阶段。儿童将 10 理解为 10 个一,并不认为十是一个单位,当涉及以十为单位的任务时,他们仍会逐个计数。

2. 中级阶段。儿童将 10 理解为由 10 个一组成的单位,但仍需依靠实物或具体表征来完成以十为单位的任务。

3. 高级阶段。儿童无需实物或具体表征的帮助,就能解决以"十"和"一"为单位的任务,能将两位数看作是由几个十和几个一组成的。

1 年级学生应该知道"10 可以看成是 10 个一合在一起组成的,称为 1 个十"(NGA Center & CCSSO,2010,p.15)。学生在讨论"1 个十和 6 个一"(1 个"一"指什么?)时会有一定的困难,意味着我们在讨论十几的数时,应该突出强调"10 个为一组"。起初对于 10～20 的数,学生只是简单地认为它们是接下来的十个数词而已,看不到它们的组成。①

活动 7.26 可以帮助儿童直观地理解"十几"的组成。

活动 7.26

"十"和"几"

给学生准备一个分成两部分的垫子和要数数的物品(如咖啡搅拌棒),并以此创编故事情境。先让学生数出 10 根搅拌棒放在垫子的左边,再数出 5 根放在右边。接着把所有搅拌棒一根一根地数出来,并齐声说数的组合"10 和 5 组成 15"。还可以转动垫子,说"5 和 10 组成 15"。教师可以任意选择十几的数,让学生重复这个活动,始终保持左边放 10 个。活动进行一段时间后,教师用橡皮筋把 10 根搅拌棒捆成一捆。

在这项活动之后,对 10～20 的数的探索方式可以更开放。给每个学生提供双十格板。教师任意选择十几的数,让他们在板上摆放圆片。并且让他们讨论,如何摆才能让我们容易看出一共有多少个。一开始,不是所有学生都会摆满 1 个十,但随着这种摆法越来越普遍,学生就会发展出"十几"就是"十"和"几"的观念。随后,教师还可以挑战学生,让他们探索在双十格板上表示 26 甚

---

① 对于这一点,我们中文体现出了语言优势,学生很容易发现"十几"就是"十"和"几"。相对来说,英语里的十几就没有这样的规律,给儿童理解造成不小的挑战。——译者注

至更大的数的方法。

延伸"多"和"少"的关系。多 1、多 2、少 1、少 2 的关系对所有数都很重要，并且这些关系都以 10 以内数的关系为基础，如"17 比 18 少 1"与"7 比 8 少 1"是一个道理，需要通过一些活动帮助学生建立这种联系。

活动 7.27

"多""少"关系的延伸

在屏幕上显示 7 个计数圆片，并问学生：多 2 个(或少 1 个，等)是多少？再增加一个摆满圆片的十格板(或以其他方式规律摆放的 10 个圆片)，问同样的问题。通过遮住、出示十格板帮助学生在对比中建立联系。如图 7.16。

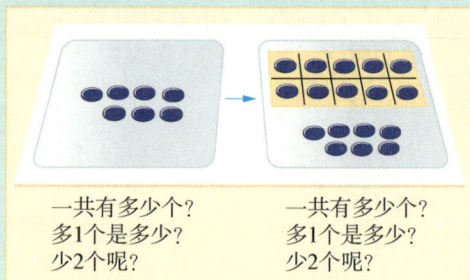

一共有多少个？
多1个是多少？
少2个呢？

一共有多少个？
多1个是多少？
少2个呢？

图 7.16　数的关系延伸到十几

---

100 以内的数：早期介绍。幼儿园结束时，儿童要能够数到 100（NGA Center & CSSO，2010）。因此早期接触 100 以内的数是很重要的。虽然幼儿园或 1 年级的儿童最初不太可能对十位数和个位数有位值的理解，但他们应该学了很多有关 100 以内（甚至 100 以上）数的顺序和数数规律的知识。

百数表(图 7.17)是 K‐2 教室的基本工具。有一种包装在透明口袋里的百数表非常好用，100 个数字卡片都可以插入透明袋里。还可以在数字卡片前插入空白卡片以隐藏数；插入彩纸以突出显示数；移除部分或全部的数字卡片，让学生正确放回等(更多想法和活动见第十章)。

1	2	3	4	5	6	7	8	9	10
11	12	13	14	15	16	17	18	19	20
21	22	23	24	25	26	27	28	29	30
31	32	33	34	35	36	37	38	39	40
41	42	43	44	45	46	47	48	49	50
51	52	53	54	55	56	57	58	59	60
61	62	63	64	65	66	67	68	69	70
71	72	73	74	75	76	77	78	79	80
81	82	83	84	85	86	87	88	89	90
91	92	93	94	95	96	97	98	99	100

图 7.17　百数表

评价角

把数字卡片放回到空白百数表中是一个适合同桌之间进行的活动。通过倾听他们如何找到数的正确位置，教师可以了解他们对 100 以内数顺序的理解情况。

四. 儿童世界里的数感

接下来,我们来探讨如何拓宽儿童对数的知识。把数与儿童现实生活中的数量和度量联系起来,并把这些联系运用于简单估计中,可以帮助儿童对数形成灵活直观的认识。

日历活动

一项研究表明,在调查的班级中有 90％开展了与日历相关的活动(Hamre,Downer,Kilday,& McGuire,2008),但这些活动却不是数学教学活动,因为它们不能帮助儿童发展数学素养。NRC 委员会(2009,p. 241)表示,"使用日历并不能加强数学基础"。他们特别指出,尽管日历可能有助于学生对时间的理解,但它并不能发展与 10 相关的数学关系,因为日历上的数是 7 个为一组的。NRC 总结道,"日历活动不能替代基础的数学教学"(p. 241)。埃思里奇和金(Ethridge & King,2005)认为日历活动中儿童并不总是能够理解所呈现的一些概念,他们只是在学习模仿可预测问题的答案。建议避免不恰当地使用日历,因为这样的活动只能让少数儿童真正参与进来(Clements,Baroody,& Saram,2013)。总结上述研究,可以得出的关键信息是,在学前到 2 年级的数学教学中,应该把日历的使用看成"附加"的活动,而不要占用教学基本数学概念上的时间。

估计与测量

让儿童思考真实数量的最佳方式之一,是把数和测量联系起来。低年级可以从测量长度、重量和时间开始。如果只是让儿童测量并记录结果,儿童既不感兴趣也不会对测量结果进行思考,活动效果不会太好。为帮助儿童思考什么数可以表示书桌的长度或书本的重量,让他们在测量之前先写下或说出估计的结果是很重要的。然而对低年级儿童而言,估计是一项非常困难的任务,因为他们不容易理解"估计"或"大约"的概念。例如,假设剪下一些长约 18 英寸的巨人的脚印,然后问学生:"我们阅读角的地毯,大约有多少个巨人的脚印那么长?"要解决这一问题,需要教师花许多时间帮助他们理解"大约"这一关键词。为此,在提出估计要求时,要想办法促使他们理解"大约"的概念。早期的估计可以考虑下面这些活动:

- 多还是少? 地毯长度比 10 个脚印多还是少? 苹果的重量比 20 个小方块多还是少? 拼这个长条棒用的小正方体比 20 个多还是少?

- 离哪个更接近? 地毯的长度更接近 5 个脚印还是 20 个脚印? 苹果的重量更接近 10 个小方块还是 30 个小方块? 长条棒的长度更接近 10 个小正方体还是 20 个小正方体?

- 大约是多少?(你甚至可以把可能的数作为选项让学生选择)地毯大约有多少个脚印那么长? 苹果的重量大约相当于多少个小方块? 长条棒里大约有多少个小正方体?

这些提问有助于他们了解你所说的"大约"的意思。通过一些辅助性的问题和例子,每个学生都能做出接近的估计。然而,以"估得最接近"为目标的比赛会导致学生一味寻求精确度,实际就可能不是估计了。相反地,应该讨论所有答案要侧重于是否都在一个合理范围内。最好的方法之一是给学生以范围来引导:你的估计在 10 到 30 之间吗? 在 50 到 70 之间,还是在 100 到 130

之间？当然，在他们掌握这一方法之前，可以让选项间的差异更大。

以下这些活动有助于学生把数和现实生活联系起来。

活动 7.28

给数添上单位

在黑板上写一个数，并在数后面添加一些单位，问学生能想到什么。例如，假设数为 9。"我说 9 美元你想到了什么？9 小时、9 辆车、9 名儿童、9 米、9 点、9 打、9 加仑呢？"花一些时间讨论每个数量，并让学生也提出其他合适的单位加以讨论。

活动 7.29

合理吗？

教师选择一个数和一个单位，例如 15 英尺，并让学生判断这些说法是否合理：老师可能高 15 英尺吗？房子宽可以是 15 英尺吗？一个人能跳 15 英尺高吗？三个孩子都伸展手臂，连起来有 15 英尺长吗？选择的数可大可小，单位应是学生熟悉的，再提出如上的一系列问题。还要问："我们怎样才能知道它是否合理？谁能总结方法？"当学生熟悉这项活动时，让他们自己选择数和单位，并提出问题，相互判断。

这些都是基于真实感觉的问题，不仅没有明确的答案，而且学生很容易用他们自己最感兴趣的数和单位提出问题并对其进行探索。

表示和解释数据

统计图表是将儿童世界和数及其关系联系起来的好方法。与学生一起收集的任何数据都可以快速绘制成图表。

例如最喜欢的事物（冰淇淋口味、运动队、宠物）、兄弟姐妹人数以及上学的交通方式等。一旦学生能够对物品进行分类和计数（CCSS－M 中的学前班标准），就可以用图表来共享信息。以下是与儿童文学作品相关的其他图表活动：

- 《菊花》（*Chrysanthemum*）（Henkes，2008）：绘制儿童名字长度的图表（可以依据名字中的字母数 3、4、5 个甚至更多字母）。[①]

- 《我们就这样去上学》（*This Is the Way We Go*

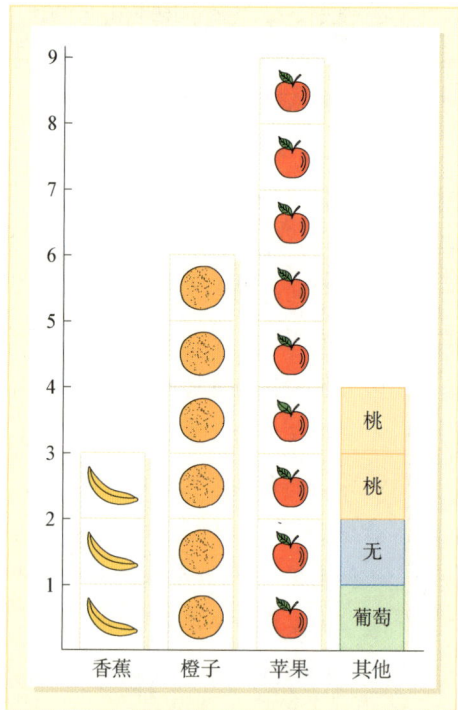

图 7.18　条形图中数的关系与数感

---

① 译者注：中文的名字可以按照 2 个字、3 个字和 4 个字等分类。

to School)(Baer，1990)：绘制儿童上学方式的图表。

- 《我们一起捡树叶》(*We're Going on a Leaf Hunt*)(Metzger，2008)：让儿童从家或学校周围捡一片树叶,绘制不同类型树叶的图表。
- 《三位小消防员》(*3 Little Firefighters*)(Murphy，2003)：绘制儿童职业理想的图表(例如,把职业做如下分类：公共服务、娱乐、教育等)。

在数概念发展的早期阶段,图表的使用主要是为了帮助儿童理解数的关系,以及把数与他们生活中的实际数量联系起来。这些图表都聚焦于现实事物的计数上,一旦制作了简单的条形图,一定要花时间让学生讨论问题。(例如："关于同学对冰淇淋口味的选择,你注意到了什么?")同时图表清楚地展示了数之间的比较,这给学生提供了很好的探索数之间关系的机会,这是一次只考虑一个数或数量所无法比拟的。有关图表和相应问题的示例,请参见图 7.18。两数差的问题开始对儿童而言可能是个挑战,但借助图表中的比较活动,能大大增加他们的理解。

图 7.18 显示了学生在小吃时间带来的各种水果。用香蕉卡片、橙子卡片、苹果卡片等表示相应的水果,用空白卡片表示其他水果。

- 哪种水果(参照图中水果名称)最多,哪种最少?
- 哪种水果比 7 个(或其他数)少,哪种比 7 个多?
- 哪种水果比这种水果(或使用水果名称)少一个,或多一个?
- ＿＿＿＿＿比＿＿＿＿＿多多少个? (紧接着反过来问：＿＿＿＿＿比＿＿＿＿＿少多少个?)
- ＿＿＿＿＿比＿＿＿＿＿少多少个? (学生回答后反过来问：＿＿＿＿＿比＿＿＿＿＿多多少个?)
- ＿＿＿＿＿和＿＿＿＿＿相差多少个?
- 哪两个长条的和与＿＿＿＿＿同样多?

从本章开始进入了本书的第二部分,每章最后都附有一张表格,呈现学生的常见挑战和错误(见表 7.2)。笔者认为这些挑战和错误实际上只是学生对以前学过的一些规则或概念做了不恰当的推广使用,从而产生了对概念的天真理解或误解。我们将使用建构主义的方法,系统呈现这些规律性的错误——不是为了突出学生的问题,而是为教师提供一个预期框架,以帮助教师更好地了解课堂上学生可能带来的潜在想法。同时,我们还提供了相应的一些教学策略,这些策略可以帮助学生在先验知识和课堂讨论的基础上不断地重建他们的知识结构。

表 7.2　关于早期数概念的常见挑战与错误、具体表现及教学策略

常见挑战与错误	具体表现	教学策略
1. 儿童不知道正确的计数顺序	儿童数数时会跳过某个数或者不按顺序,如"一,二,四,九,三,五"。 儿童能正确数到某个数,之后自己胡编。	◆ 教师借助虚拟人物出现各种计数错误,让学生纠正错误。 ◆ 大声练习数数,包括正数和倒数。 ◆ 阅读关于数数的绘本。 ◆ 让儿童将数字卡片按顺序放在数线上。 ◆ 将写的数字与数词相匹配。

常见挑战与错误	具体表现	教学策略
2. 儿童数数时不能一一对应	儿童数物体时，不能一个物体对应一个数：要么对着一个物体说两个数，要么指着多个物体说一个数。例如，他说两个音节的数词如"十三"时，他可能会指着两个物体。	◆ 当儿童数物体时，让他把物体放在鸡蛋盒或十格板里，且每格放一个物体。 ◆ 做出数数的详细计划：将物体排成一排，从左到右计数，触摸一个物体并大声说出一个数，数过的物体移到线的另一侧或放入盒子或袋子里。 ◆ 如果儿童把双音节数词分开计数，让儿童在书写的数字与数词之间进行匹配。 ◆ 让儿童用手指或教鞭等指着物体数数。
3. 儿童不能接着往下数	儿童数出一组物体，添加一些物体后，他会重新从第一个物体往下数。如，已数了 7 个，添上 3 个，他不是接着数"8，9，10"，而是从第一个开始数"1，2，3"。	◆ 在儿童数出一组物体并说出有多少后，用一张纸盖住或将其放入杯中。这样做的目的是将物体从视线中移开，迫使儿童在脑海里创建物体的图象。如果需要，让儿童偷看藏起来的物体，但要鼓励儿童在偷看之前先思考一下有多少个。使用活动 7.8 或 7.9。 ◆ 用图象快闪活动提升儿童的数觉，例如活动 7.2 或 7.18。
4. 儿童受计数物体的大小或间距等视觉因素干扰	儿童受视觉干扰，认为较少的大物体比较多的小物体要多。如儿童认为以下上面一行圆的个数比下面多，因为上面一行更长。 ● ● ● ● ● ○ ○ ○ ○ ○	◆ 儿童缺乏通过更多计数的经验和活动来发展的能力。从情境中提出任务，让学生用一一对应的方法"证明"两组数量相等。 ◆ 使用匹配的方法来比较两组物体的数量。例如，在图象上面摆放计数圆片。
5. 儿童不理解基数的概念	当儿童一一点数物体后，问他"一共有多少个？"他会重新再数一遍，或者在说总数时仅指着最后一个物体。	◆ 玩路线游戏时，不要沿着路径移动标志物，改为在每个空格里放一个计数圆片。例如，儿童掷骰子掷到 4，让他在 4 个空格里分别摆放一个圆片，并问："你一共走了几格？" ◆ 提供大量数数的机会，数完后便接着问："一共有多少？" ◆ 一起数物体时，要用语言来辅助。如"1，2，3，4，5。我们有 5 支铅笔"。
6. 儿童数"十几"或"几十"的数存在困难	儿童会把十一说成 1 个"十几"，十二说成 2 个"十几"，二十说成 20 个"十几"。①	◆ 进行一些数数的游戏，如利用儿童排队离开教室时进行数数。持续的练习会帮助儿童更加熟悉"十几"的数。 ◆ 玩一个"跨十"的游戏：同桌两人，其中一人拿着所有 100 以内个位是 9 的数字卡片，如 29，另一人拿着所有 100 以内整十的数字卡片，如 30。一个学生举出一张数字卡片，另一个学生必须在他的卡片中找出在那个数前面一个或后面一个的数。

---

① 这是个与语言相关的错误，中文里不会出现。——译者注

常见挑战与错误	具体表现	教学策略
7. 儿童把数字写反或两位数的十位数字与个位数字颠倒	儿童听到"十九"却写成了"91"。把"3"写成如下图所示。 ε	◆ 使用纵向的数线,以展示"十几"的数字书写规律。 ◆ 给学生一张数字表,并要求他们圈出写错的数字。对于学生来说,重要的是要看到写反的错例,以便在正确数字与错误数字的视觉表象之间进行辨别。
8. 儿童不确定 20 以内数的大小	问儿童哪个数比另一个大或小,他不能确定或说得不正确。	◆ 在数线上"行走",让学生从数线的起点(或零)开始数单位的个数(放上卡片,以其长度为单位)。显示两行单位长度的比较。

第八章　运算的意义

学习目标

在阅读本章内容之后，你应该能够完成如下学习目标：

8.1　描述如何发展学生概括加法问题结构的能力，包括加入、分离、部分-整体和比较等加法情境，且未知数可以处于任一位置；

8.2　解释说明学生是如何在加减法中运用运算性质作为策略来解决问题的；

8.3　描述如何发展学生概括乘法问题结构的能力，包括等组、比较、面积、行列等乘法情境，且未知数可以处于任一位置；

8.4　解释说明学生是如何在乘除法中运用运算性质作为策略来解决问题的；

8.5　描述发展学生解决实际情境问题能力的策略。

本章旨在帮助学生理解加减乘除四则运算的不同意义和相互之间的关系。理解之后，他们可以熟练准确地应用这些来解决现实问题。在本章中，学生将学习在日常生活或故事情境中发现数学问题，开始用文字、图片、学具和数（如等式）等方式去建立问题的模型。"运算"是建立在美国国家研究委员会（NRC，2009）的两个核心内容"数"与"关系"（第七章）的基础之上，并在后文会拓展到对位值的探索（第十章专门讨论位值）。在学生开始学习把下面的各个大观念联系起来的同时，他们对数概念就有了更复杂的认识。他们认识到基本数学事实之间由此及彼的关系，也能够在现实生活中运用这些关系来解决实际问题，这样的推理过程就是理解运算意义的过程。

《美国共同核心课程标准——数学》（CCSS-M）（NGA Center & CCSSO，2010）要求：学前班到2年级的儿童要思考加上、拿走、合并和拆分等加减法情境，能使用日益复杂的策略处理这些问题；2年级增加的新要求包括解决比较问题，探索乘法中的等组问题以及用长方形行列模拟表示问题；在3年级，学生可以运用所有四则运算解决问题（包括两步问题），并且发展对乘除法之间关系的理解，以及乘法性质的运用；在4年级，学生对乘法的理解拓展到与参照单位的比较情境，继续解决多步的应用性问题，理解余数并学习多位数的加减法；在5年级，学生应能运用包括考虑位值、运用运算性质和乘法算法等在内的各种运算策略，熟练地进行多位数的所有运算。

大观念

○ 加法和减法是有联系的。加法是已知部分求整体，减法是已知整体求部分。

○ 乘法包括对大小相等的组进行计数并确定其总数(乘法思维),或是将某个参照量作为一
个单位进行乘法性比较。

○ 乘法和除法是有联系的,除法是已知乘积求未知因数。

○ 所有运算的情境问题都可以用模型来解决。无论涉及的数是大还是小,都能借助模型找
出所涉及的运算,也可以用模型赋予数学等式以真正的含义。代数思维的核心是用等式
来表示具体的情境问题。

一、发展加法和减法的运算意义

情境问题应该是培养儿童解决问题策略最主要的教学工具(Jong & Magruder,2014;
Schwartz,2013),通过情境问题也可以加深学生对运算的理解。那么,围绕情境问题建立起来的
好课应该是什么样的? 如果一名教师不仅关注学生能否解决问题,还关注他们能否运用多种表
征解释他们是如何解决问题的,关注学生如何判断证明自己是对的,关注答案在情境中的意义
等,这样的课就是好课。鼓励学生在纸上记下自己的想法,不管记的是什么内容,也不管是文字还
是图画形式,只要他们解释得足够清楚,能让别人理解就足够了。一个好的课堂因为要注重学生的
解释和推理,所以应该控制问题的数量,只需要围绕两三个问题展开相关策略的讨论就可以了。

从成人的角度来看加减法概念似乎很简单。以下面的问题为例:

> 佐伊有 7 颗珠子,她又买了一些珠子,现在有 15 颗。请问佐伊买了多少颗珠子?

大多数大人和稍大的孩子会用减法"15-7"来解决这个问题,但是幼童一开始不认为这是个
减法问题,因为"15-7"与隐含在问题中的运算或动作是"反向"的。相反,他们会从 7 数或加到
15 来模拟解决问题。比起简单的相减,这样的方法看似效率低下但对幼童来说这才是有意义的,
因为它再现了问题情境。

学生在解决应用性问题、练习各种数的组合、检验加减法结果的过程中,渐渐认识到用减法
解决这类问题可以得到相同的结果,最终他们才会用减法来解决这类问题。这个例子说明儿童
对于即使像加减法这样的基本概念,他们的初始认知和成人也是有差别的,而这些基本认知是他
们后面学习一切的基础。因此,本章中有关加减法的观点,是建立在众多关于儿童运算理解研究
的基础上的。研究表明,儿童可以通过问题中的关系推理来解决情境性或故事性的问题。我们
也知道不同的问题有不同的结构、不同的难度级别,只有熟悉这些结构的教师才能更好地设计、
执行差异化教学。这些结构可以持续性地支持加法情境(包含加法和减法运算)的学习(Karp,
Bush,& Dougherty,2014),因为这些相同的结构也适用于较大的整数、分数以及小数的加减法
问题。

加减法的问题结构

让我们先来看加法情境（包含加法和减法运算）的问题结构，这些情境有助于孩子通过分解重要的信息来构建他们的思维结构。研究人员根据所涉及的各种关系将加减法问题分为不同的结构（Verschaffel，Greer，& DeCorte，2007）。其中包括"变化"问题（加入和分离）、"部分-整体"问题以及"比较"问题（Carpenter，Fennema，Franke，Levi，& Empson，2014）。这三类问题的基本结构如图 8.1 所示，每种结构都包含三个量，其中任何一个或多个都可以作为问题中的未知量。

涉及操作活动的问题类型和结构："变化"问题			
	结果量未知	变化量未知	起始量未知
(a) 加入（添加） 变化量 起始量 → 结果量	桑德拉有 8 枚硬币，乔治又给了她 4 枚硬币。那么桑德拉总共有几枚硬币？ 8＋4＝□	桑德拉有 8 枚硬币，乔治又给了她几枚硬币后，她总共有 12 枚硬币，乔治给了她几枚硬币？ 8＋□＝12	桑德拉有一些硬币，乔治又给了她 4 枚硬币。现在桑德拉有 12 枚硬币，桑德拉原来有多少枚硬币？ □＋4＝12
(b) 分离（拿走） 变化量 起始量 → 结果量	桑德拉有 12 枚硬币，她给了乔治 4 枚硬币。现在桑德拉有几枚硬币？ 12－4＝□	桑德拉有 12 枚硬币，她给了乔治几枚硬币后，现在她还有 8 枚硬币。她给了乔治几枚硬币？ 12－□＝8	桑德拉有一些硬币，她给了乔治 4 枚硬币。现在桑德拉还有 8 枚硬币。桑德拉原来有多少枚硬币？ □－4＝8
未涉及操作活动的问题类型和结构："部分-整体"问题和"比较"问题			
	整体未知	一部分未知	两部分均未知
(c) 部分-整体 部分 | 部分 整体	乔治有 4 枚一分硬币和 8 枚五分硬币，乔治一共有多少枚硬币？ 4＋8＝□	乔治有 12 枚硬币，其中 4 枚是一分硬币，剩下的都是五分硬币，乔治有多少枚五分硬币？ 12＝4＋□ 或者 12－4＝□	乔治有 12 枚硬币，一部分是一分硬币，一部分是五分硬币，他有几枚一分硬币，几枚五分硬币？ 12＝□＋□
	相差量未知	较大量未知	较小量未知
	比……多		
(d) 比较 较大量 比较量 ← 相差量	乔治有 12 枚硬币，桑德拉有 8 枚硬币，乔治比桑德拉多多少枚硬币？ 8＋□＝12	乔治比桑德拉多 4 枚硬币，桑德拉有 8 枚硬币，那么乔治有多少枚硬币？ 8＋4＝□	乔治比桑德拉多 4 枚硬币，乔治有 12 枚硬币，那么桑德拉有多少枚硬币？ □＋4＝12
	比……少		
	乔治有 12 枚硬币，桑德拉有 8 枚硬币。桑德拉比乔治少多少枚硬币？ 12－8＝□	桑德拉比乔治少 4 枚硬币，桑德拉有 8 枚硬币，那么乔治有多少枚硬币？ □－4＝8	桑德拉比乔治少 4 枚硬币，乔治有 12 枚硬币，桑德拉有多少枚硬币？ 12－4＝□

图 8.1　加减法应用性问题类型的基本结构

　　每种问题结构都通过相应的故事性问题来举例说明,使用的数均为 4、8 和 12。根据这三个量中哪一个是未知的,又产生了不同的问题类型。请注意,问题的分类可能与你想的有所不同,它们不是按照加法或减法来分的,而是按照结构和情境来描述的。例如,"加入"的情境并不总是意味着加法,同样,"分离或拿走"也不一定意味着减法。

　　"变化"问题——加入。"加入"情境涉及三个量:"起始量""变化量"(添加或加入的部分)和"结果量"(变化后的总量)。图 8.1(a)描述了向"起始量"做"添加"的"加入"操作。

　　"变化"问题——分离或拿走。"分离"问题通常也被认为是"拿走"或"减少"问题,是指从起始量中拿走部分量,如图 8.1(b)所示。请注意在"分离"问题中,起始量是总量或是最大的量;而"加入"问题中,结果量是总量或最大的量。

　　"部分-整体"问题。"部分-整体"问题在《美国共同核心课程标准——数学》(CCSS－M)(NGA Center & CCSSO,2010)中也称作"合并与拆分"问题,如图 8.1(c)所示。这类问题与"变化"问题不同,两个部分只是在概念上或心理上合并成一个整体,并没有实际的加入或分离数量的活动。在这些情境中,必须找到未知的整体(总量)、未知的一个部分(一个加数)或未知的两个部分(两个加数)。在"部分-整体"问题中,两个部分之间并没有实质性的差别,因此任何一部分未知的问题都是相同情况,不需要再作区分。第三种是整体或总量已知,而两个部分都未知的情况,它为思考一个整体所有可能的分解方式创造了机会。这种问题的正确答案通常不是唯一的,而是有一组(Caldwell,Kobett & Karp,2014;Champagne,Schoen,& Riddell,2014)。该结构直接联系着数之间的包含关系。比如,学生将 7 拆分成 5 和 2,每一个加数(或部分)都包含在 7(整体)当中。

　　"比较"问题。"比较"问题涉及两个量的比较。在这类问题中,还有第三个并不真正存在的量,即两个量的"差",如图 8.1(d)所示。与"部分-整体"问题一样,比较问题一般并不涉及实际的操作活动。在比较问题中,未知量可以是这三个量中的任何一个:较小量、较大量以及差。对任何一个情境都可以提供两个不同的例子:对于两个数量的差,一类是用"多多少"来表述,另一类则用"少多少"来表述。请注意,在刚开始时,像"多""少"之类的词可能会让学生感到困惑,在理解数量之间的关系上也可能存在挑战。

　　《美国共同核心课程标准——数学》(CCSS－M)提供了很多有关比较问题及其他类型问题的例子。

反思角　回顾图 8.1 中应用性问题的例子,将其中的数按照问题结构中的不同部分对应起来。对于每个问题,先打印出相应的关系整理卡,再用你认为学生可能采取的做法,用计数圆片来模拟(解决)问题。例如"加入"问题中,哪个数能匹配图形底板上的起始量、变化量或结果量的空格?(哪个空格表示未知量?)再照着你操作圆片的过程,写一个你认为最能代表问题的加法或者减法等式,最后将你的等式与图 8.1 中的等式进行对照比较。

回看这些等式时，你可能发现有些未知数并不是单独位于等号右边。例如，起始量未知的加入问题，相应等式是□＋4＝12，我们称其为情境等式。情境等式中数的顺序与应用性问题的含义一致（参见图 8.2）。未知数不是单独位于等号一侧时，我们还可以写出一个与之等价的等式，如对于□＋4＝12，可以写成 12－4＝□。像这样把未知数单独置于等号一侧的等式，我们称其为计算等式，如果你用计算器求解答案，就要用到这个形式。孩子们开始通常会根据问题中的顺序来思考和模拟情境，因而更适合用情境等式来模拟。教师要做的是帮助学生了解这些等式为什么是等价的，以及用等式表示给定的情境可以有多种方法。

未知量	加入问题	分离问题
结果量未知	8＋4＝□	12－4＝□
变化量未知	8＋□＝12（情境等式） 12－8＝□（计算等式）	12－□＝8（情境等式） 12－8＝□（计算等式）
起始量未知	□＋4＝12（情境等式） 12－4＝□（计算等式）	□－4＝8（情境等式） 4＋8＝□（计算等式）

图 8.2　六种加入或分离问题的情境等式与计算等式

把图 8.1 中所示的多种问题类型呈现给学生有助于他们构造思维结构，并理解运算的意义。研究人员建议，教师应该明确地把这些基本结构教给学生（尤其是学习困难学生），使他们能够识别情境的重要特征，并决定什么时候加或减（Fagnant & Vlassis，2013；Xin，Jitendra，& Deatline-Buchman，2005）。当学生每次经历从直观情境的建模转向更为抽象的心理表征时，会逐渐产生"具象消退"（Goldstone & Son，2005）。那时，新问题中熟悉的特征，能唤起他们在类似问题中实际操作获得的经验，从而无需操作就能确定解决的方法。

问题难度。一些问题结构相对更难理解。例如，有实际操作的"变化"问题中，无论是加入还是分离，结果量未知的问题更容易。这是因为儿童能直接模仿相应的操作或表演出这种情境，因此这些问题早在幼儿园就已经呈现了。加入与分离问题中最难的是起始量未知的问题（例如，"桑德拉有一些硬币"），这可能是因为学生想直接模拟情境，却不知道一开始要摆多少个计数圆片。他们往往会用试误的方法来代替，以确定未知的起始量。同样，变化量未知的问题也是困难的。

对于儿童而言，"部分-整体"问题有难度有两个原因：（1）没有相应的行为可供他们模仿，因为情境描述的数量间的连接是概念性的；（2）对儿童来说，理解一个量同时代表两件事物是颇有挑战性的。例如这样一个问题：停车场有 3 辆小汽车和 4 辆卡车，问停车场上一共有多少个交通工具？儿童需要理解小汽车和卡车都属于交通工具。

"比较"问题中，儿童更擅长"多"的问题，所以教师要保证他们有机会思考用"少"来描述关系的问题。即便如此，一些儿童还会将"多多少？"这样的语言误解为"加上"而不是"找出两者的差"。请注意，较大数未知的问题，用"多"来描述，儿童解决起来会更容易，这是因为其数量关系与运算之间更容易互相对应。同样的道理，较小数未知的问题用"少"来描述也更容易。与"部分

-整体"问题相似,"比较"问题同样因为情境中缺乏让儿童能直接模拟或表演的操作,从而变得困难。许多儿童在解决"比较"问题时,不是分别摆放两组计数圆片表示要比较的两个量,而是像解决"部分-整体"问题那样摆放,整体用作较大数,一部分是较小数,另一部分则是两者的差。

现在让我们来看看加减法教学的理念。

加减法教学

问题情境和模型(如计数圆片、图画、数线、条形图)的结合使用,在帮助学生形成对加减法运算的深刻理解上是至关重要的,这样的理解能促进学生将来对更大的数、分数和小数加减法的学习。此外,加减法同时教学可以加强理解二者的互逆关系。

情境问题。教师不能局限于仅仅给学生一些题让他们去解决。在前几节中提及的简单明了的问题基础上,教师还需要在有意义的背景中设置更为复杂的问题。

对于应用性问题学生往往只关注问题的答案,"另一方面,情境问题则更贴近孩子的生活,而不仅仅是'学校中的数学'。情境问题应该是为了帮助孩子用数学建模来处理现实世界的实际问题而设计"(Fosnot & Dolk,2001,p.24)。它们有可能提供"令人难忘的意象,以作为师生建立和讨论抽象概念的试金石"(Gerofsky,2009,p.36)。情境问题可以来源于学生近期在教室或实地考察中的真实经历,抑或是对艺术、科学或者社会研究的相关讨论,以及儿童文学作品等。

尽管语言对英语非母语及有学习障碍的学生来说可能是一个挑战,但由于情境问题和生活经历有联系,这些学习对他们也很重要。教师可以采取下面这些策略来辅助理解情境问题:使用先名词后动词的语序;用名字代替"他""她"或者"它",以及把一些非关键词从句子里删除。利用直观的视觉辅助或者真人模仿问题情境对这些学生也很有帮助。

下面这个情境问题,学生就比较容易理解:

> 昨天,我们用小方块测量了自己的身高,罗莎是 $49\frac{1}{2}$ 个方块长,迪翁是 59 个方块长。当罗莎和迪翁头挨着脚,躺成一条线时,他们一共有多少个方块长?(见图 8.3)

> 我知道4+5=9,所以50+40=90,90+9=99,99+9=108
>
> 108½

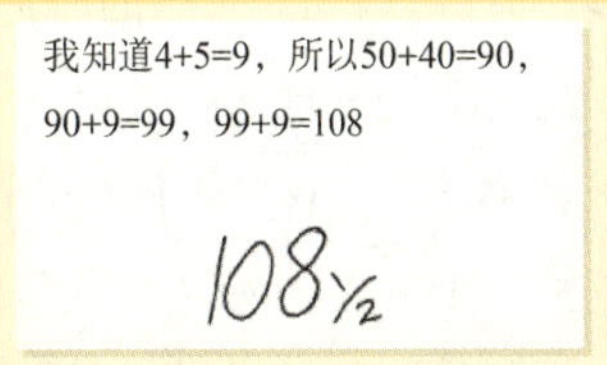

图 8.3　学生作品,展示了他是如何思考罗莎和迪翁的总长度的

基于情境问题的课堂。基于情境问题的好课是什么样的?如果一名教师不仅关注学生能不能解决问题,还关注他们能否运用多种表征解释他们是如何解决问题的,关注学生如何判断证明自己是对的,关注答案在情境中的意义等,这样的课就是好课。在一节课中,应当集中在几个问题上进行深入的讨论,而不要蜻蜓点水地探讨多个问题。学生可以借助任何他们认为对自己有帮助的实物、图画或文字,无论用什么方式,都需要让别人能够清楚理解自己的想法。

一个非常有效的方法是让学生相互检查所写的解决方案。方案以匿名方式呈现,学生可以分析其中的推理，判断选择的运算是否正确，并找出计算中的错误，甚至发现抄错数字等问题。

数的选择。影响任务难度的因素除了问题结构外，还有所选用数的大小。一般而言，问题中的数应该与学生的数概念发展水平保持一致。但是，如果学生最初解决问题有困难时，可以用小一些的数替换，看看学生的困难是不是由数的大小导致的。反之，也可以通过将数变大来增加挑战性。

利用情境问题可以帮助学生同时学习数和计算。例如，一个涉及 30 和 42 组合的问题，可能会使 1 年级、2 年级学生注意到以"10"为单位：当他们将 42 分为 40 和 2 时，就会很自然地想到将 30 和 40 相加，然后再加上 2。情境问题的结构对学生尤其是还没有学习过标准加减法运算法则的学生解决多位数加减法的策略有很大的影响，标准加减法运算法则对 4 年级以下不作具体要求（NGA Center & CCSSO，2010）。

引入符号化。幼童最初几乎不需要"＋""－""＝"这些符号，因为他们只需倾听并口答加减法问题。然而，学前班和 1 年级则需要学习这些符号。因此，当儿童解决应用性问题、分享想法时，教师要引入符号来记录儿童所做的事。如"你的问题中总数是 12，其中一部分是 8，你找到的未知部分是 4，我们就这么写：12－8＝4"。减号应当读成"减"而不是"拿走"。上面的问题，有些儿童可能会采用"接着数"的策略，进而发现答案是 4，就会写下与之等价的等式：8＋4＝12。

教师应当对等号给予一定的关注，因为等号并非运算符号，而是关系符号，意思是"和……相等"。然而，很多儿童把等号看成"后面就是答案"的标志，这是理解等式的障碍所在（Byrd，McNeil，Chesney，& Matthews，2015）。事实上，儿童通常会将等号理解成计算器上的"＝"键："给我答案。"

像"4＋8＝3＋9"是没有"答案"但仍然正确的等式，因为两边表示的数量相等。在教师读等号的时候，可用"和……相等"代替"等于"，或两者一起使用。但不能读成"得到"，如 2＋2"得到"4。教师也可以用一系列的非标准等式（如 9＝5＋4，6＝6，3＋3＝2＋4 等）以及关系性思维来促进学生对等号的理解（Knuth & Stephens，2016；Powell，Kearns，& Driver，2016），这种思维在 1 年级就要培养。这些不同形式的等式为发展学生的代数思维奠定基础。

另一个方法是视等号为天平，无论等式的一边是什么，都与另一边平衡或相等（详见第十三章）。如果学生很早就建立了这种等号的概念，会有助于未来代数思维的发展（Knuth，Stephens，McNeil，& Alibali，2006；Powell，Kerns & Driver，2016）。对于 2 年级以上的所有学生来说，测评他们对等号意义的了解是很重要的。研究表明，教师们大都高估了学生对等号的理解能力（Miller-Bennett，2017）。

评价角

观察学生如何解决应用性问题，可以了解他们对数的理解、解决基本计算可能使用的策略以及计算多位数加减的方法。不要只盯着他们写在纸上的答案。例如，孩子解决结果未知的加入问题时,他先用计数圆片数出每个加数,然后再从头开始数出总数(这种方法称为"数出所有"),教师就需要帮他开发更为复杂的策略。通过更多的练习,他将会从第一个加数开始接着数,随后,他的策略又会变成从较大的数开始接着数。比如4+7,学生将会从7开始接着数,即使这个问题中的起始数是4,最终学生能从记忆中检索答案,他们会逐渐摆脱对计数圆片的依赖,仅仅在必要的时候才会使用。通过对学生解决问题的观察,教师可以知道在问题中用什么数或问什么问题,从而使学生的注意力集中于更加有效的策略上。

基于模型的问题。许多学生会使用计数圆片、条形图或数线来解决应用性问题。这些模型是一种思维工具,它能帮助学生理解问题中发生了什么,记录问题解决中的数和步骤。教师也可以提出基于模型而不涉及现实背景的问题。

加法。已知一个整体中的各个部分,用各个部分表示整体就要用到加法。这个简单的加法定义既适用于操作情境(加入和分离),也适用于静态或非操作的情境(部分-整体)。

图8.4所示的每个"部分-整体"模型都表示了5+3=8。其中一些是明确地放在一起或加入操作的结果,另一些却不是。要注意到,在每个例子中,两个部分都是清晰明确的,即使合在一起后也是如此。为了让儿童理解整体和部分之间的关系,3和5必须保持独立的形象。因此,这两部分应当分放在两堆,或位于垫子的不同区域,或(使用计数圆片时)有不同的颜色。这种结构有助于孩子们操作后的反思。"这些红圆片是我一开始就有的,之后我加入了3个蓝圆片。现在我总共有8个圆片。"

条形图(又称为条状图或带状图)作为半直观的视觉表征,是许多国际课程上常用的工具,并且在美国课堂中越来越多地出现。与其他工具一样,条形图通过"意义生成空间"(Murata,2008,p.399)来发展学生的数学思维,并为将来使用数线做准备。村田(Murata,2008,p.396)指出,条形图通过展示情境中的联系以凸显问题中的数量关系。图8.5所示的便是条形图的例子,请注意它与学生在学前班开始就使用的相应的"部分-整体"图是如何联系的。

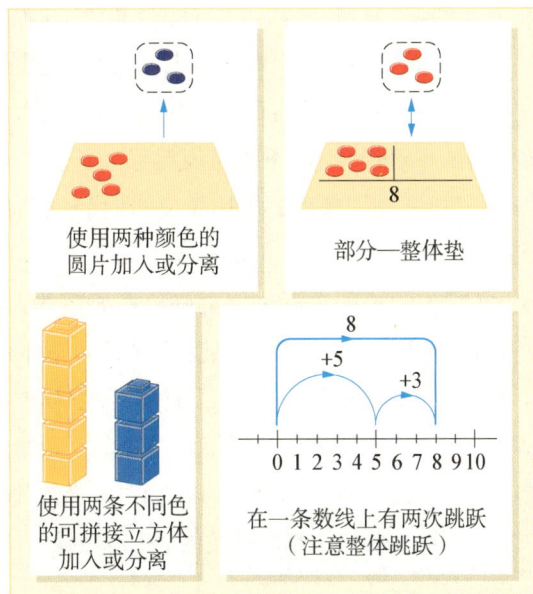

图8.4 表示5+3=8或8−3=5的"部分-整体"模型

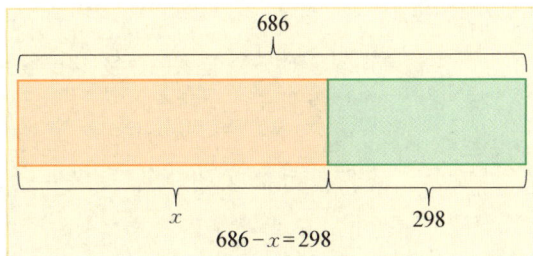

图8.5 支持学生思考问题的条形图

佩顿有 686 盒女童子军饼干要卖，她卖掉了其中的一些，还剩下 298 盒，她卖了多少盒饼干？

数线是重要的数学模型，但刚开始学习时会给 2 年级以下儿童和有学习障碍儿童带来概念上的困难（National Research Council，2009）。带来挑战的部分原因是最初在一条连续不断的线上难以看到单位。数线还存在计数对象的转换，即从若干单独对象的计数转换到对连续的长度单位进行计数。有多种方法可以支持儿童的数线模型学习，如图 8.6 所示。

数线和尺子一样从 0 开始测量距离。如果教师不强调（长度）单位，儿童就会关注记号和数字，而忽视其中的间隔（这种错误认识的典型表现是答案总是差 1）。首先，可以让孩子用给定的长度建造一条数道，例如一套同色的奎逊纳棒，这条数道表明每个长度单位都是"一个单位"，相同单位的不断重复（迭代）就形成了数线（Dougherty，Flores，Louis，& Sophian，2010）。让

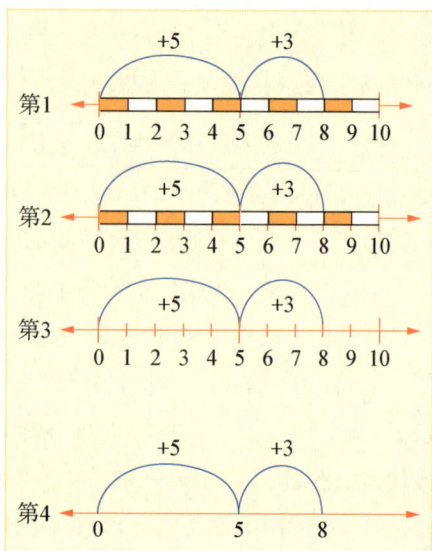

图 8.6　数线系列

学生玩带有数道的桌游也能更好地发展数的大小概念，并有助于他们在数线上更准确地估计（Siegler & Ramani，2009）。还可以在不同版本的数线系列中为每个数绘制箭头（跳格），以便更清楚地说明长度概念。例如，以 5＋3 为例建立"部分-整体"概念模型，首先画一个从 0 跳到 5 的箭头，表示"这就是 5"。注意不要指着表示 5 的刻度线说"这就是 5"。再向后跳三格，同时数数"6""7""8"（而不是"1""2""3"）以演示"接着数"模型并强化心理过程。此外，尺子、带刻度的条形图或坐标网格的使用都可以强化学生对数线的认识。

活动 8.1

沿数线来回走

　　在教室地板上绘制一条巨大的数线（确保数线从 0 开始，并且两端都有箭头）。用毛绒玩具跳跃，或者如果数线足够长，让学生直接在上面走。提出各种各样的情境问题，并讨论每个问题所需的行动。从需要移动的情境开始，例如青蛙从睡莲上跳下，以强调数线上的间隔（长度单位）。这项活动能促进学生对加减法意义的形象理解。

学生早期使用数线的经验对于未来的学习是十分重要的，3 年级学生在数线上定位分数和进行时间的加减，4 年级学生则用数线定位小数和测量，5 年级学生会在坐标网格中使用互相垂直

的数线(NGA Center & CCSSO，2010)。

减法。在"部分-整体"模型中，如果已知整体和其中一部分，通过减法就可以得出未知的另一部分。例如，你知道整体为 8，并且去掉了 3，那么算式"8－3"就表示剩余还有 5。注意 8－3 读作八"减去"三(不能读成"拿走")。如图 8.4 所示，每个模型同时既是加法模型，又是减法模型(除了动作有所不同)。帮助学生认识到他们使用的是完全相同的图片和模型，从而将两种运算通过互逆关系联系到一起。遗憾的是，很多时候这种关系仅仅是通过一组事实(如：5＋3＝8，8－3＝5，8－5＝3)来呈现的，学生往往只会注意到他们使用了相同的数，却看不到"部分＋部分＝整体"和"整体－部分＝部分"这一核心结构(Ding，2016)。此外，应通过基于现实情境的应用性问题来帮助学生理解这种关系(Ding，2016)。还需要明确地指出加减互逆关系的实用性，它可以用于检查答案，如 61－43＝18 是正确的，因为 43＋18＝61(Ding & Auxter，2017)。

活动 8.2

寻找缺失的部分

使用有关隐藏事物的情境或者故事，比如在《隐藏的是什么?》(*What's Hidding in There?* Drescher，2008)一书中那样，动物们藏在森林的不同位置。向孩子们说明，他们可以用相应数量的圆片铺在垫子上来模拟动物。一个孩子将圆片分成两部分，同时另一个孩子遮住眼睛。第一个孩子用纸遮住其中一部分，露出另一部分，如图 8.7(b)所示。第二个孩子说出减法算式，如"九减四(可见部分)等于五(隐藏部分)"。隐藏部分可以显示出来，以便孩子自我检查。让学生同时用加法等式和减法等式来记录，对于英语非母语的学生，可能需要句子提示，比如"_____ 减去 _____ 等于 _____"。

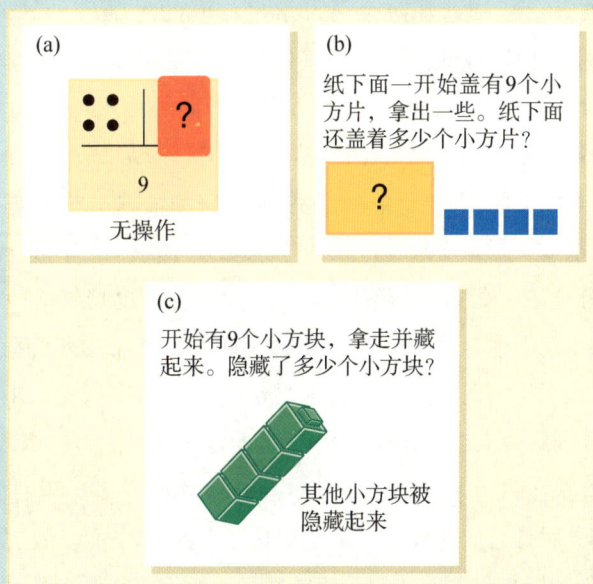

图 8.7 用 9－4 解决部分未知问题的一些模型

活动 8.3

笼子里的豚鼠

用《豚鼠的体重增加了》(*Guinea Pigs Add Up*，Cuyler，2010)一书来探索班级宠物——豚鼠的增长和变化。这个故事有多种不同的用法，比如一开始可以两个加数都未知，"将 10 只豚鼠放在 2 个笼子里，你有多少种方法?"再如，以本书作为隐藏部分的情境来思考减法，向学生提出关于笼子中豚鼠的数量、被领养的数量以及剩余数量的问题，鼓励学生提出他们自己的问题并记录下适当的算式。

请注意，在活动8.2和8.3中，即使有拿走的操作，最终显示的还是两个部分，拿走的部分依然置于垫子上，这可以作为在写出减法算式后还要写出的加法算式的模型。讨论在相同情况下如何能写出两个算式，是练习加减运算的重要机会。

想加法，算减法。利用"想加法"来算减法，而不是把减法看成"拿走"，对于掌握减法计算是很重要的。在活动8.2中，剩余部分或未知加数的小圆片被遮盖了起来，促进做活动的孩子这样思考："我看到的那一部分与什么组成了整体？"例如，小圆片的总数是9，从被盖着的整体中拿走6个小圆片，学生会思考"6加多少等于9？"或者"什么和6组成9？"这个心理活动是"想加法"而不是"算剩余"。之后，在进行减法计算时会引发学生相同的思维模式，例如计算 $9-6=\square$，学生就会想："6加多少等于9？"

比较模型。"比较情境"包括两个不同的集合或数量，以及二者之间的差。图8.8所示的是几种两数相差关系的模型，同一模型可用于差未知、较大数未知或较小数未知等多种情况。

要注意的是，对于学生来说，如何将加法或减法运算与比较情境联系起来不是很快就清楚的。从成人的角度来看，如果将较大数量中的一部分与较小数量对应时，就可以将较大数量视作"部分-整体"模型中的整体。实际上很多孩子也是以这种方式看待比较模型的。但是，这个想法如果不是学生自己构建的，单靠教师讲解是很难讲清楚的。

让学生用两个数量来表示书包里铅笔的支数（如用两个可拼接正方体拼出相应数量的长条）。同桌两人进行比较，讨论二者的差从而生成第三个数。例如，同桌两人做的长条分别有6块和10块，问："6块再添上几块才能和10块同样多？"学生在匹配比较时可以看出，10块中未配对的部分就是它们的差4。"我们用这三个数可以写出哪些等式？"让孩子自己创编包含有数量6和10的应用性问题，讨论哪个等式适用于所编的问题。

加减法的运算性质

运算性质是一般化的代数规则。加减法的运算性质可以支持理解数是如何进行加减的。把运算性质以显性教学的方式（逐渐给出相应术语）教给孩子们，有助于他们灵活和高效地处理数的组合。

加法交换律。加法交换律（也称为顺序定律），意为改变加数的顺序，但和不变（CCSS-M中对1年级学生的要求）。尽管在我们看来，加法交换律是显而易见的（只需将"部分-整体"垫子上两堆圆片互换一下），但对孩子们来说可能并不容易，所以需要花时间帮助儿童建立这样的关系认知。因为加法交换律对解决问题（从较大数开始接着数）、掌握基本事实（如果知道3＋9，也就

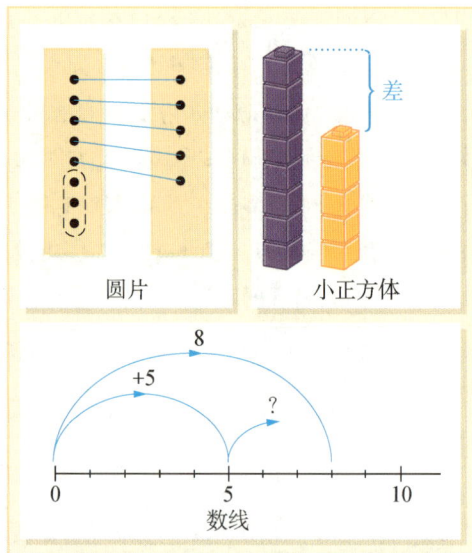

图8.8　8与5的差的一些模型

知道了 9＋3）以及心算都是必不可少的（Baroody，Wilkins，& Tiilikainen，2003）。1 年级学生不需要说出加法交换律的名称，只需理解并将之形象化，知道它为什么适用于加法而不是减法并能运用即可。但是，教师要使用准确的术语，不要随意使用"别称"，诸如"玫瑰花环"律或"变来变去"律，因为随着学生的发展，这些"别称"会让学生（以及将来教学的教师）感到困惑（Karp，Bush，& Dougherty，2016）。

希夫特（Schifter，2001）描述，学生在检验 10 以内加法时发现了交换律，但在后来被问及是否认为交换律总是成立时，许多学生却不能确定它是否适用于更大的数。这表明，学生可以发现并接受他们算过的加法交换律，但是无法解释甚至不认为交换律适用于所有的加法。要求学生思考运算性质在什么时候可以应用（以及不可应用）是数学的核心，涉及计算、推理、归纳和代数思维等多个方面。

为了帮助学生关注交换律，可以成对提出加数相同但顺序不同的问题，使用不同的背景能帮助学生关注问题中突出的相似之处。请看下面的例子：

> 塔尼娅在看一本书，她已经看到第 32 页，明天她想再看 15 页。如果明天能完成阅读计划，明天她将看到哪一页？
> 自助餐厅的托盘里有 15 盒牛奶，送货员又往托盘里装了 32 盒牛奶，托盘上现在有多少盒牛奶？

教师可以问学生是否注意到了两个问题的相似之处。成对地解决这两个问题，有些学生会注意到解决其中一个问题时，实际上也解决了另一个问题。注意学生可能会将加法交换律过度推广到减法上，你可以使用情境或应用性问题来帮助他们澄清这种错误认识。

加法结合律。加法结合律表明，当三个或更多的数相加时，是先把第一对加数相加还是先把其他任何一对加数相加，对答案都没有影响（CCSS－M 中对 1 年级学生的要求）。这个运算律给了学生很大的灵活性，他们可以从已知的数的组合入手，改变加数的组合顺序。例如，知道了这个运算律，可以帮助学生在心里对数进行分组，从而在加数中找出"相加得 10"的组合，这与仅从左到右地加是不同的。

活动 8.4

两个以上的数相加

给学生需要求和的六个加法算式，每个算式中都有三到四个加数，在每个算式中，至少包含一对和为 10 的加数或一对相同的加数，如 4＋7＋6，5＋9＋9 或 3＋4＋3＋7 等。学生应该展示他们是如何相加的（如图 8.9 所示）。对于有学习障碍的儿童，可能一开始就要给予提示，建议他们寻找相加得 10 或者相同的加数，并划出或圈出这些数，以此为起点来计算。

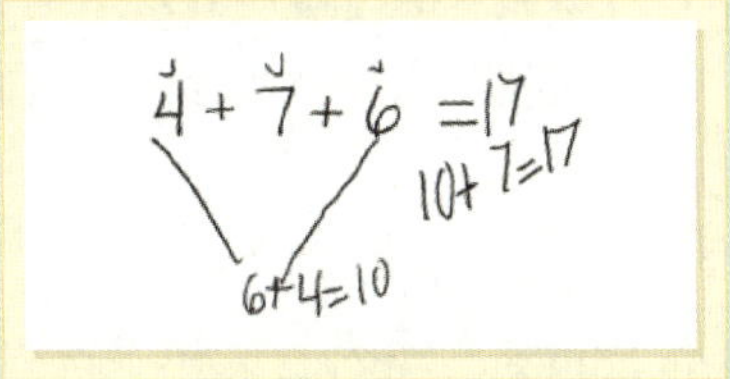

图 8.9　一位学生展示了她是如何用"√"标记加过的数的

当学生交流分享时,会发现有些不同的方法,如使用不同的数字组合以及用不同的顺序相加,但都得到了相同的结果。从这个讨论中,教师可以帮助他们得出结论:通过使用加法结合律和交换律,可以按照任意顺序进行加法运算。同时,让学生学习如何根据数的特点灵活调整策略,从而让他们的计算变得熟练。

0 的性质。 包含 0 的应用性问题以及三个数相加中用到 0(比如 $4+0+3$),都能帮助儿童认识到 0 在加减法中的性质。有时,儿童认为 $6+0$ 一定比 6 大,因为"加法让数变大",或者 $12-0$ 肯定是 11,因"减法让数变得更小"。所以应该用情境问题创造讨论加减 0 的机会,而不是简单地介绍 0 的加减法的规定。

二. 发展乘法和除法的运算意义

帮助学生发展乘法和除法的运算意义是 3 年级课程的一项重要内容,这意味着教师要帮助学生把乘法和除法的不同含义互相联系起来,并把它们与加减法联系起来,运算意义还能帮助学生将运算有效运用于现实的情境中。

乘除法的问题结构

与加减法问题结构一样,乘除法问题结构将会帮助教师制定和讨论乘除法任务,也帮助学生能够用概括化的方法来识别熟悉的情境。

大多数研究者认为有四种不同的乘法结构,它们分别是:等组、比较、面积(CCSS 将行列包含在面积里)和组合(如图 8.10 所示)。其中等组(CCSS 中 3 年级标准中的重点)和乘法性比较(CCSS 中 4 年级标准中的重点)是小学里最普遍的两种结构。行列在 2 年级等组的加法情境中出现,面积作为测量主题的组成部分在 3 年级引入,组合问题则出现在 7 年级,学生在探索可能性的情境中确定所有可能的结果。

等组问题。 等组问题包含三个量:组数(大小相等的集合数或部分数)、每组的大小(每个集合的大小或每部分数量)和总数(整体或乘积)。部分和整体的术语有助于建立与加法的联系。当已知组数和每组的大小时,便是积未知的乘法情境问题(总共有多少个?);当每组的大小(每个组有多少个?)或者组数(有多少组?)未知时,便是除法情境问题。但是要注意这两种除法情境是不同的。每组大小未知的问题称为公平分享或等分除法问题[1],把整体等分成已知的组数,就可以得出每组的大小。如果组数未知,但是相等的每组大小已知时,问题被称为"度量除法"或者"重复减法问题"[2],整体用给定的每组大小来量尽。参见图 8.10(a)。

---

[1] 即我们熟悉的"等分除"模型。
[2] 即我们熟悉的"包含除"模型。

等组问题（下面一组是比率问题）		
	乘积未知	每组大小未知（等分除法）	组数未知（度量除法）

等组

	乘积未知	每组大小未知（等分除法）	组数未知（度量除法）
	马克有 4 袋苹果，每袋有 6 个。马克总共有几个苹果？ 4×6=□	马克有 24 个苹果，他想把这些苹果平分给 4 个朋友。每个朋友可以分到几个？ 24÷4=□	马克有 24 个苹果，他将苹果放在一些袋子里，每个袋子装 6 个苹果。马克用了几个袋子？ 24÷6=□
	如果每个苹果需要 7 美分，吉尔要买 5 个苹果，需要付多少钱？（比率） 7×5=□	吉尔买 5 个苹果付了 35 美分。那么一个苹果多少钱？（比率） 35÷5=□	吉尔买了一些苹果，每个 7 美分，她总共花了 35 美分。吉尔买了多少个苹果？（比率） 35÷7=□
	彼得走了 3 小时，每小时走 4 英里。他一共走了多少英里？（比率） 3×4=□	彼得 3 小时走了 12 英里。他每小时走多少英里（速度）？（比率） 12÷3=□	彼得每小时走 4 英里。彼得要走 12 英里，需要多少小时？（比率） 12÷4=□

比较问题		
	比较组的大小未知（乘法）	标准组的大小未知（等分除法）	倍数未知（度量除法）

乘法比较

	比较组的大小未知（乘法）	标准组的大小未知（等分除法）	倍数未知（度量除法）
	吉尔摘了 6 个苹果，马克摘的苹果数量是吉尔摘的苹果数量的 4 倍。马克总共摘了多少苹果？ 6×4=□	马克摘了 24 个苹果，他摘的苹果数量是吉尔摘的苹果数量的 4 倍。吉尔摘了多少苹果？ 24÷4=□	马克摘了 24 个苹果，吉尔只摘了 6 个。马克摘的苹果数是吉尔摘的苹果数的几倍？ 24÷6=□
	上个月马克存了 7 美元，这个月所存的钱是上个月的 5 倍。马克这个月存了多少钱？ 5×7=□	这个月马克存的钱是上个月存的钱的 5 倍。如果这个月他存了 35 美元，他上个月存了多少？ 35÷5=□	这个月马克存了 35 美元。上个月，他存了 7 美元，他这个月存的钱是上个月存的钱的几倍？ 35÷7=□

行列和面积问题		
	面积未知	每行（或每列）个数/长未知	行数（或列数）/宽未知

行列

	面积未知	每行（或每列）个数/长未知	行数（或列数）/宽未知
	一个纸箱有 3 排汤罐，每排 5 罐。一共有多少汤罐？ 3×5=□	纸箱中一共有 15 罐汤罐，分 3 排存放。每排多少汤罐？ 15÷3=□	在纸箱中，有 15 罐汤罐，每排放 5 罐。可以放多少排？ 15÷5=□

4英尺×7英尺=28平方英尺
面积

	花园的长是 7 英尺，宽是 4 英尺。花园面积多大？ 4×7=□	一个花园有 28 平方英尺，如果一边长 4 英尺，那另一边长多少英尺？ 28÷4=□	一个花园有 28 平方英尺，如果一边长 7 英尺，那另一边长多少英尺？ 28÷7=□

组合问题		

组合

	萨姆买了 4 条裤子和 3 件夹克，它们都可以一起搭配。萨姆有多少不同的搭配方法（一条裤子搭配一件夹克）？ 3×4=□	组合问题很少用于除法。

图 8.10 乘除法的四种问题结构

较大的学生更倾向于选择等分模型而不是度量模型,他们认为前者更容易(Kinda,2013),但这两者都需要强调,因为不同的问题情境会有各自相对应的结构。

当学生探索行列时,如果教师选择自己创编问题,请记住以下建议:提供清晰的信息,让学生知道谁参与了分享(Jong & Magruder,2014)。问题应该很清楚地呈现:谁在分享这些项目？做分配的人是否也分享了其中一部分？

等组问题有时也称为"重复加法"问题,因为相等的组不断地相加,事实上,乘法是实现"重复加法"的高效途径。二者进行联系对初学乘法的孩子来说十分重要,因为对正整数而言,乘法和重复加法会产生相同的结果。然而当学生学习分数乘法时,这个概念就不适用了。反过来,"重复加法"却不是一种执行乘法的高效方法(试一试用加法算 23×57)。因此,一旦能力允许,就要尽早摆脱加法思维即用加法来思考倍数和等组问题。同样,等组问题和比率问题("如果每个小孩有 4 个苹果,那么 3 个小孩有多少个苹果？")也有着细微的差别。在比率问题中,学生需要处理复合单位(在上例中,为"苹果/小孩")。

比较问题。乘法比较问题和加减法比较问题一样,也有两个不同的集合或组。加法情况下,比较的是两组之间的数量差;乘法情况下,比较的是一个组是另一个组(标准组)的特定倍数。乘法比较中,未知数有三种情况,分别是:比较组的大小未知、标准组的大小未知或倍数未知,如图 8.10(b)所示。

反思角 刚刚读到的内容很复杂但很重要。现在请你暂停下来,收集大约 35 个计数圆片和一套纸盘,模拟等组问题中马克的问题,并将之与图 8.10(a)中的结构模型相匹配。思考这些问题有什么相同和不同之处,接着再模拟并思考吉尔的问题。

对乘法比较问题重复同样的过程,其中标准组用不同颜色的纸盘表示,同样从每组的第一个问题开始,然后是第二个问题,思考这些问题有哪些相同和不同之处。

行列和面积问题。行列是等组情境的一个模型,如图 8.10(c)所示,它表现为一个矩形的分组排列。按照美国的惯例,通常第一个因数(组数)表示行数,第二个因数(每组的个数)表示每排的个数(也是列数)。在 CCSS-M 中,将行列问题归在面积问题一类,而不归为等组问题,是因为它与面积有相同的行列结构,可以自然地引入面积问题。但请注意,行列可以用计数圆片或任何物品进行建模,正如在图 8.10(c)看到的例子一样[有时候也可以用小圆点(Matney & Daugherty,2013)]。然而如果用小方块拼摆行列,再移动小方块使其紧密连接,并将结果记录在网格纸上,就更容易将行列与面积问题联系在一起。让学生先使用离散的物品,以便为更为复杂的使用连续的面积单位做准备。

面积问题与其他乘法问题的区别在于其乘积的单位与两个因数的单位并不相同,长方形的面积是两个长度的乘积(长×宽),通常以平方单位来度量。请注意图 8.10(d)中,平方单位和两个因数的长度单位是不同的:4 英尺乘 7 英尺得到的不是 28 英尺而是 28 平方英尺,每个因数都是一维的,而乘积则是二维的。在本书的第十八章《测量》中,我们将就面积的研究展开更为深入的讨论。

组合问题。组合问题包括计算两组或多组(事物或事件)之间可能产生的配对数。这个结构更加复杂,因此它不是引入乘法的好例子,但作为一类乘法问题结构,它是重要的。学生通常先使用图 8.10(e)所示的模型,其中一组是行(裤子)、另一组是列(夹克)的矩阵格式。计算两个或多个事物或事件可能有多少个组合,对于确定概率(7 年级标准)是很重要的。

乘除法教学

乘法和除法的教学通常会分开进行,且乘法先于除法。引入乘法后,将乘法和除法结合起来是很重要的,可以更好地帮助学生看到这二者的互逆关系。在大多数课程中,此主题首先在 2 年级提出,在 3 年级成为重点,到 4 年级和 5 年级继续探索。

使用乘法结构的一个主要概念障碍是理解一组中包含了给定数量的物体,同时每组也可以看作单个事物(Blote, Lieffering, & Ouewhand, 2006;Clark & Kamii, 1996)。事实上,儿童无需乘法思维就能解决这样的问题:"每篮有 8 个苹果,4 篮共有多少个苹果?"他们只要数出 4 组计数圆片,每组数出 8 个,再数出总数即可。要将这个问题用"4 个 8"的形式进行乘法思考,需要孩子们建立这样的概念:每组的 8 个看成单个事物并计数 4 次。学生在真实情境中建立等组模型,计算等组问题的经验对于建立乘法概念尤其有用。

情境问题。在教学乘除法时,重要的是要用有趣的情境问题来替代更乏味的行列(或"裸算式")——当然,评估也要关注这些情境问题,请思考下面的问题:

> 昨天,我们发现用 7 码的纸可以盖住学校大厅的布告栏。学校过道中还有 25 个同样大小的布告栏,如果我们想要盖住学校过道中所有的布告栏,需要多少码的纸?

这个问题基于学生的经验,并建立在学生可获取的已知背景之上。使用熟悉的相关背景,因为学生自身和问题的密切联系,他们更有可能展示出一种自发且有意义的问题解决方法。

美国的教学有一种倾向,在一节课上让学生解决多个问题,关注答案的获得,更好的做法是将关注点转移到意义的建构上,把精力集中在几个问题上会有更好的效果,探索如何策略性地用多种表征如实物、图画以及等式来解决问题。不论学生在纸上写了什么,他们应该能详细地解释清楚,从而使别人理解。在活动记录表中留有足够的空白就可以激发学生尝试多种策略。令人惊奇的是,仅仅是把记录表上的空白空间留得很少,就会带来完全不同的后果:学生除了答案,什么也不多写。

引入符号化。学生在学习乘法符号之前最初解决简单的乘法问题时,他们很可能会用重复加法的算式表示做了什么。此时可以引入乘号,并解释两个因数的含义。

按照美国的惯例,4×8 指的是 4 个 8 而非 8 个 4,但是没有必要严格遵守这一惯例,将不按惯例的做法判定为不正确(尤其因为这个惯例在一些国家或地区则恰恰相反,他们的 4×8 表示 8 个

4）。重要的是，学生可以讲清楚他的算式中每个因数分别表示什么，并且算式与实际情境相匹配，这些惯例的存在是为了让我们更容易交流清楚。

对除法而言，24 除以 6 的商有三种表达形式：$24 \div 6$，$6\overline{)24}$ 和 $\frac{24}{6}$，学生应该明白这些形式是等价的，到初中阶段分数形式变得很重要。由于习惯"从左到右"的顺序，学生往往把 $6\overline{)24}$ 误读为"6 除以 24"。一般来说，这种读法错误并不表示他们真的认为是 6 除 24。

选择问题中的数。创编乘法应用性问题或乘法活动时需要选择数，大家倾向于认为，大的数会给学生带来负担，比如 3×4 就比 4×17 更容易理解。其实只要数是在学生掌握的范围内，对积或商的理解就不会受到其大小的影响，如一个涉及 14×8 的情境问题就适合于 3 年级学生。当面临更大数的挑战时，孩子们可能会自己发明一些计算策略（例如 14×8，就用 10 个 8 再加 4 个 8），或者用实物操作来模拟问题。

余数。在实际问题情境中，很多时候除法都不会恰好得到整数的商。例如，6 作为除数的除法，得到整数商的概率只有六分之一。在没有情境的计算中，处理余数只有两种方式：要么保留剩余的数量，要么均分成分数（或者小数）。

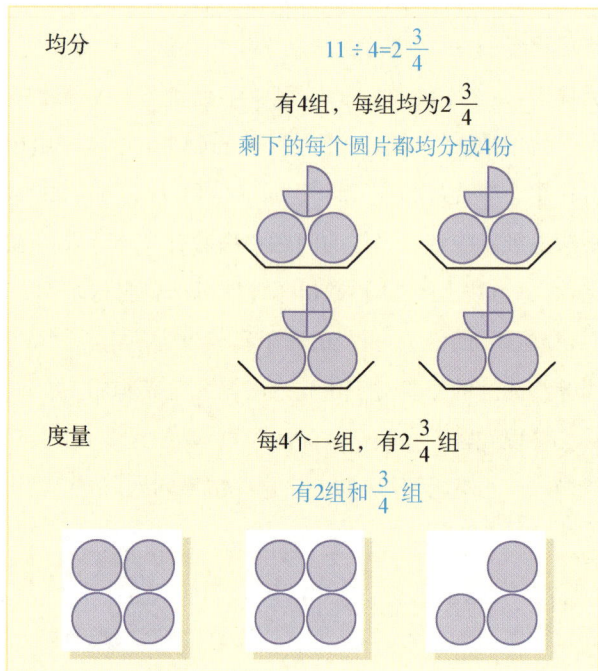

图 8.11　余数表示为分数

图 8.11 显示了模拟解决问题 $11 \div 4$，如何将余数均分成分数。

而在真实的背景下，余数除了"保留"和"均分成分数"以外，还能产生另外三种不同的结果：

○ 舍弃余数，留下一个更小的整数答案。

○ 有余数的情况下，强制将下一个更大的整数作为答案。

○ 答案近似到最接近的整数，得到一个近似的结果。

下面这些问题说明了结合实际采用的 5 种不同处理方式。

1. 你有 30 个草莓要平分给 7 个小朋友。每个小朋友可以分到多少草莓？

答案：每人 4 个草莓，还剩 2 个草莓。（保留）

2. 每罐可以装 8 盎司液体，如果瓶子里有 46 盎司液体，可以装满多少罐？

答案：$5\frac{6}{8}$ 罐。（均分为分数）

3. 有 25 英尺长的绳子,可以做几根 7 英尺的跳绳?

答案:3 根跳绳。(舍弃)

4. 渡船可载 8 辆车,要载 25 辆汽车过河,需要多少趟?

答案:4 趟。(强制进到下一个更大的整数)

5. 6 个孩子准备分享一碗共 50 颗的葡萄,每个孩子大约能得到多少颗葡萄?

答案:每个孩子大约 8 颗葡萄。(最接近的近似值)

学生们不应该把余数仅仅看成"剩余部分",如何处理余数是除法的教学核心。实际上,在高利害评估中,做完除法不考虑实际背景地选择答案,是学生最常见的错误之一。例如,在前文的问题 4 中,回答 $3\frac{1}{8}$ 趟是没有意义的。

反思角 利用不同的情境来创编问题是很有用的。看看你能否提出不同的除法问题,要求情境对余数有不同的处理:表示为分数、"强制"向上取整,或向下取整。

基于模型的问题。最初,学生会使用一些四则运算中共同的模型,如几组实物、条形图和数线。行列在加减法中不常使用,但它是乘除法中极其重要又广泛使用的模型。行列可以是以行和列的形式排列的任何事物,例如用小方片或小方块摆成的矩形(见 10×10 方阵)。

为了明确与加法的联系,早期的乘法活动还可以包括为同一个模型编写一个加法算式。各种模型如图 8.12 所示。

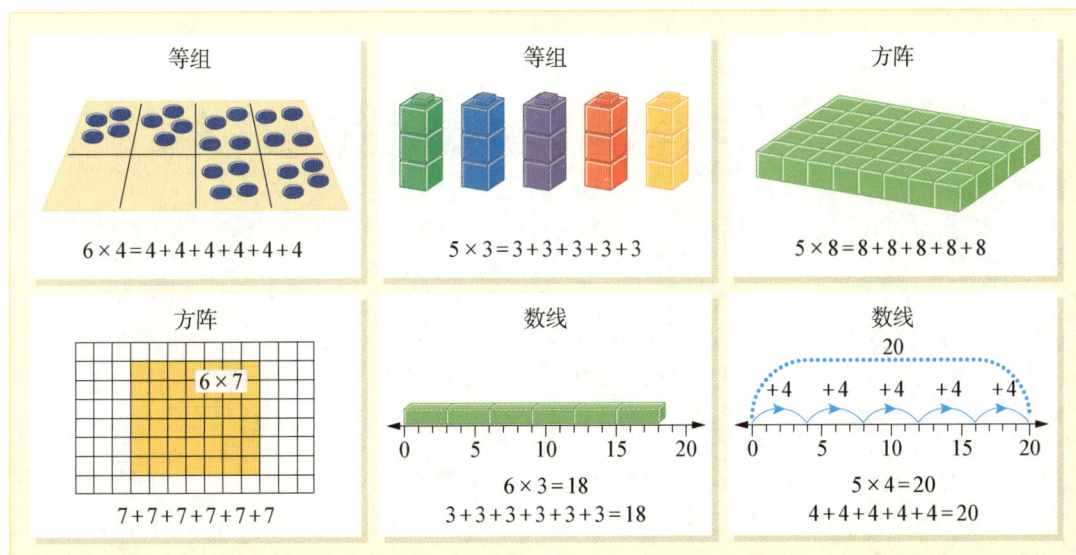

等组

$6 \times 4 = 4+4+4+4+4+4$

等组

$5 \times 3 = 3+3+3+3+3$

方阵

$5 \times 8 = 8+8+8+8+8$

方阵

6×7

$7+7+7+7+7+7$

数线

$6 \times 3 = 18$

$3+3+3+3+3+3 = 18$

数线

20

$+4$ $+4$ $+4$ $+4$ $+4$

$5 \times 4 = 20$

$4+4+4+4+4 = 20$

图 8.12　等组乘法的模型

乘法问题与加法问题一样，学生也能从模型活动中获益，这些活动关注运算的含义和相关的符号，如活动 8.5。

活动 8.5

探索因数

　　首先创设一个涉及行列的情境，例如游行队伍、教室里的座位或被子上的图案等。然后指定一个有多因数的数，如 12 、18、24、30 或 36，让学生尽可能多地摆出矩形方阵（可以用小方片或小方块来拼摆）。再让他们在网格纸中画图记录下他们的摆法。对每个行列，写下相应的乘法算式。

让学生注意行列的大小，把所写的乘法算式中的因数与行列的行数和列数（矩形的大小）联系起来。毫无疑问，课堂中应该让学生看看 3×8 的矩形和 8×3 的矩形大小是否相同。让学生自己去思考这个问题，并利用这个机会去讨论 3 排 8 个和 8 排 3 个是如何相等的。注意，如果等组模型是用纸盘而不是行列表示的话，那么 3 组 8 个和 8 组 3 个看起来会有很大的不同。因此，当学生开始思考乘法的交换律时，行列是一种很有用的表征方式。

活动 8.6 是"探索因数"活动的拓展，学生在找到的因数中寻找规律，例如因数的数量、因数的类型、所导致行列的形状等。与活动 8.5 指定具有多个因数的数不同，此活动建议将因数很少的数也包含在内，以便使数之间的差异更加明显。通过这个活动可以探索质数（指在大于 1 的自然数中，因数只有 1 和本身的数）以及合数（可以摆成两种或者更多不同行列的数）。当学生将不同的数分为这些类别时，让他们继续思考所注意到的规律。

活动 8.6

因数的规律

　　给学生几个数（比如 1 到 16 或者 10 到 25），任务是找到相应的所有乘法算式和行列。提供足够多的小方片，使学生可以拼摆所有可能的行列。例如，对于数 12，他们可以列出如下算式：12×1，6×2，4×3 以及运用乘法交换律得到的对应算式。然后让他们将矩形记录在格长为 1 cm 的网格纸上，并用相应的乘法算式（如 6×2）标记。当学生用不同的数比较行列时，这种做法会有所帮助。在确定了乘法算式和矩形行列之后，学生还要寻找因数与行列的规律。例如：哪些数摆出的行列个数最少，所以因数也最少？哪些数的因数只有 1 和它本身？哪些数可以摆成正方形的行列？关于偶数的因数你有什么发现？偶数总是有两个偶因数吗？那么奇数呢？鼓励学生思考为什么会有不同的规律。

活动 8.5 和 8.6 还可以通过改变模型以"每几个一组"的任务要求展开，如指定小方片数量，让学生拼摆或画出行列，然后再规定行列的行数（等分模型）或每行的个数（度量模型）。

这个活动有一个很好的拓展,就是在学生用小方片、小方块、圆片等进行操作时,再让学生创编与之相适应的行列。将情境、实物和算式联系起来,可以体现学生的理解深度。

让学生考虑两种情境:等组的组数未知和每组的大小未知,教师可以让学生讨论两种情境的不同之处,它们如何和乘法产生关联,以及如何将它们写成除法算式。教师可以在此时展示除法算式的不同形式,比如:$13 \div 4$,$4\overline{\smash{\big)}13}$,以及 $\dfrac{13}{4}$。活动 8.7 可以重复进行多次,考虑整除(无余数)和有余数的不同情况。注意,严格意义上说,将 $31 \div 4$ 的答案写成"$7\cdots3$"是不正确的,因为这个符号并非一个数(商应该是一个数)。正如前文所述,3 并没有表示得很清楚,实际上应该是 $\dfrac{3}{4}$。然而,在开始学习的时候,"$7\cdots3$"的形式可能是最恰当的。

活动 8.7

分而治之

使用关于分享的故事情境,比如《第十三颗蹦豆》(*Bean Thirteen*, McElligott, 2007),为孩子们提供计数物品(如豆子)以及将它们分成小组的工具(小纸杯),让孩子数出并记录豆子的总数。接下来,说明要创建的等组数或每组的大小,如"将豆子均分成 4 组"或"每 4 个一组地分,分到的组数要尽量多",再让孩子们根据实物写出相应的乘法算式,在下面写出除法算式。对于英语非母语的学生,确保他们明白组、等组和每 4 个一组的含义。对于学习有困难的学生,要从均分的活动开始(如将物品均分为三组),他们可以通过一次在每个杯子中各放一个物品来进行分配。

在建立乘法比较问题的模型时,可以使用条形图来探索。下面问题的相关条形图,如图 8.13 所示:

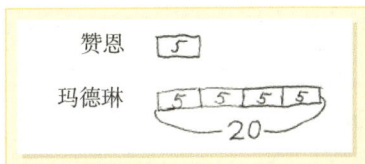

图 8.13 学生作品,展示了乘法比较问题的模型

> 赞恩有 5 辆玩具小汽车,玛德琳的玩具小汽车数量是赞恩的 4 倍,玛德琳有多少辆玩具小汽车?

活动 8.8

坏了的"÷"键

让学生探索在计算器上不用"÷"键来解决除法问题的方法。"不按'÷'键,至少找到两种方法算出 $135 \div 5$ 或 $61 \div 14$。"如果将问题放在故事情境中,可能会出现一个又一个更好的方法。在不同方法得到相同答案之后,就可以展开很好的讨论:它们都正确吗?为什么正确或为什么不正确?同样也可以考虑探索"×"键坏了的问题。

反思角 你能在计算器上找到三种不用"÷"键来计算 61÷14 的方法吗？如果需要提示，可以参见脚注①。

乘法和除法的运算性质

乘法的性质是值得关注的教学重点之一。运算性质教学的重点应该放在想法和应用上，而不是术语或定义上。

乘法交换律和乘法结合律。3×6 和 6×3 是一样的，或者概括来说，乘法运算中因数的顺序不同，结果却没什么差异（乘法交换律），然而这一点并不明显。例如图片上，3 堆 6 个物品不能马上看出与 6 堆 3 个物品一样，或者在数线上跳 6 个 3 格与跳 3 个 6 格也不能明显看出是相同的。相比之下，用行列演示交换律会更有说服力，如图 8.14(a)所示。学生应该拼摆或者画出行列，并用它们说明为什么每个行列都可以表示两个等价的乘法算式。

与加法一样，乘法也有结合律，它是灵活解决问题的基础（Ding，Li，Caprano，& Caprano，2012）。乘法结合律允许在三个数相乘时，可以先将前两个数相乘，再将结果乘第三个数，也可以先将后两个数相乘，再乘第一个数。不论哪种方式，最后的乘积都是一样的。使用实际的背景有助于学生对乘法结合律的理解，请看下面这个例子：每个网球 2 美元，每罐有 3 个网球。如果需要买 6 罐，要花多少钱？通过展示实际的网球罐或示意图分析问题后，学生应尝试用两种不同的方法来考虑问题：(1)先算出每罐的费用，再算出总费用，即 6×(3×2)；(2)先求出总共有多少个球，再算出总费用，即(6×3)×2(Ding，2010)，如图 8.14(b)。

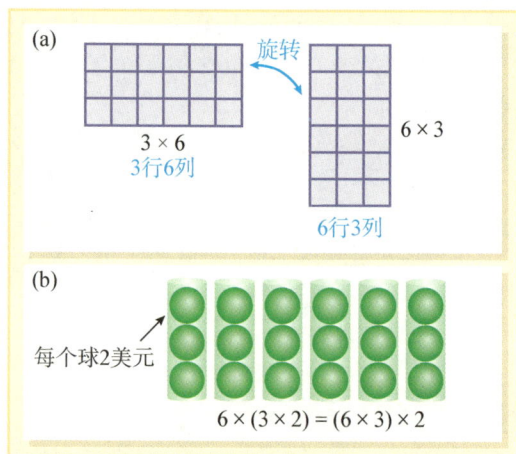

图 8.14　表示乘法交换律的模型(a)，表示乘法结合律的一个问题示例(b)

0 和 1 的特性。0 作为因数通常会给学生造成概念上的挑战（1 作为因数也是如此，比 0 稍好些）。教科书中关于因数 0 和 1 的课通常会让学生使用计算器验证很多乘 0 或 1 的积（如 423×0，0×28，1536×1，等等）并寻找规律，然而这些规律只告诉了我们乘 0 或 1 的规则，但无法告诉我们其中的道理。再来看看提出行列的一节课：已知每份芹菜中有 0 克脂肪，问 7 份芹菜中有多少克脂肪。像这样含有情境的方法比直接给出规则要好得多，因为它要求学生推理。教师可以创编乘 0 或 1 的有趣的应用问题，并让学生讨论结果。将 0 作为第一个因数的问题具有挑战性，

---

① 有两种与度量有关的方法可以确定 61 里有多少个 14（通过重复加法或重复减法），第三种方法与均分有关，通过找到什么数的 14 倍接近 61。

可以让学生思考,在数线上跳 5 次 0 格依然是 0 格($5×0$),那么跳 0 次的 5 格又会是什么呢?另一个有趣的活动是尝试用行列去表示 $6×0$ 或 $0×8$(试试看!)。同样,因数为 1 的行列也值得探究。

分配律。乘法对加法的分配律是将乘法问题中两个因数中的任何一个分解成两个或多个部分,然后将每个部分都乘另一个因数,再将结果相加,最终的结果和最初两个因数相乘的结果一致。这个运算律非常重要,其中所涉及的概念不仅对建立基本事实之间的联系非常有用,还会用于两位数的乘法。学生要理解这一重要性质,一定要通过具体表征和实际情境的使用来实现(Ding & Li, 2014)。例如,酸奶每包 6 个,计算 9 包酸奶的个数,用 $9×6$ 和 $(5×6)+(4×6)$ 逻辑上是一样的,后者把这 9 包分成了 5 包 6 个装和 4 包 6 个装,图 8.15 演示了如何使用行列模型(用小方片和网格纸)把一个乘积分成两部分。学生们也可以反向考虑分配律从而促进代数能力的发展,如 $70+40=(7+4)×10$(Ding & Li, 2010)。

下一个活动旨在帮助学生发现如何划分因数,换句话说就是学习乘法对加法的分配律。

活动 8.9

划分菜园

为学生提供几张每格长是 1 cm 的网格纸和彩色小方片,用来代表一个小菜园,将种植两种不同蔬菜。为每组同桌分配一个指定大小的菜园,如 $6×8$。菜园的大小(乘积)可以不同,以适应有学习障碍或需要挑战自我的学生。让学生找出所有切分的方法,可以用小方片拼出其中一片菜地或划分菜园来表示。对于每种分法,学生要写出一个等式。例如,切分出的结果中有一片菜地为一行 8 个,学生将写出 $6×8=(5×8)+(1×8)$ 的等式。使用这些惯例来记录学生所提出的方法,即使学生要到 5 年级才学习分组符号(小括号)的使用,到 6 年级才完整讨论运算顺序。单个算式也可以写在行列里,如图 8.15 所示。

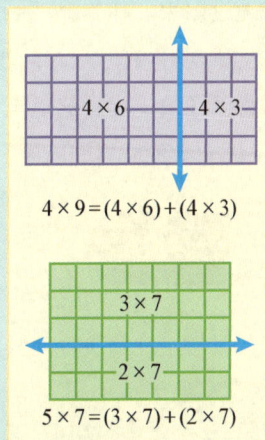

$4×6 \qquad 4×3$

$4×9=(4×6)+(4×3)$

$3×7$

$2×7$

$5×7=(3×7)+(2×7)$

图 8.15 乘法对加法的分配律的模型

为什么除数不能为 0。有时学生只是被简单地告知——"除数不能为 0",这通常是因为教师并不很清楚如何解释这个概念(Ojose, 2014;Quinn、Lamberg, & Perrin, 2008)。有些孩子错误地认为答案是 0 或者被除数本身。为了避免仅仅给出一个独断的规则,可以提出一些可模拟的包含 0 的问题,如"拿出 30 个计数圆片,每组分 0 个,这样可以分为多少组?"或者"将 12 个方块分成 0 个相等的组,每组可以分多少块?"或者"你能给我展示一下怎么把 5 个橘子分给 0 个学生吗?"然后让学生转向合理的解释(Crespo & Nicol, 2006),即考虑乘法和除法的互逆关系,并把得出的答案代入乘法中加以验算。然后,关于橘子的问题可以问:"什么数乘 0 可以得到 5?"当然,这是没有答案的,因此,除以 0 是没有意义的,当我们利用除法的定义及其与乘法的互逆关系时,就能发现除数为 0 是没有意义的。

三. 结合情境问题发展运算的策略

我们建议使用情境问题或应用性问题帮助儿童发展对乘除法意义的理解,但当这些问题用文字表述时,学生往往会不知所措。本节介绍了一些帮助他们的技巧。

分析情境问题。思考下面的问题:

社区修一条马路,工人们要用卡车运来泥土填满地上的大洞。填满这些大洞共需要 638 卡车的泥土。平均每辆卡车装 $6\frac{1}{4}$ 立方码的泥土,重达 7.3 吨。填满这些洞共用了多少吨泥土?

这类问题作为围绕单个主题或背景的系列问题的一部分,通常出现在 5 年级的数学里。数据往往通过图表、新闻或故事来呈现。在选择正确的运算或找出适当的数据方面,学生常常面临难点和挑战,学生有时会在问题中直接找两个数,再连蒙带猜地尝试合适的运算。因此,学生需要有分析问题的工具。这里至少有两个有用的策略可以教给他们:(1)解决问题前,先思考答案;(2)解决一个更简单的问题。

评价角

如果学生在解决行列时遇到困难,你会怎么做? 给每个学生提供一组这样的问题,并提供适当的实物(如小圆片、小方片、网格纸等)来检验学生的想法。让学生选择两三个他们认为相似的问题,指导学生解释他们的想法,说明他们是如何确定这些问题是相似的。这个分类过程(基于Caldwell,Kobett & Karp,2014)会帮助学生逐句分析行列的含义并寻找问题的结构。

解决问题前,先思考答案。那些解决行列存在困难的学生需要花足够的时间去思考问题并想象情境。此外,英语非母语的学生需要理解背景单词(如泥土、填充物和道路)和数学术语(立方码、重量、吨和多少)。学生应该花时间讨论(稍后再思考)答案可能是什么样子,而不是匆忙地开始计算,以为解决问题就是"算"。一个很好的差异化教学策略是在提问时把问题中的数遮住(Holbert & Barlow, 2012/2013),这样就控制了学生仅关注计算的倾向。针对上面的示例问题,可以这样展开讨论:

这个问题中发生了什么? 一些卡车正在运送泥土以填洞。

这里有什么我们不需要的信息吗? 我们不需要知道每辆卡车可以装多少立方码的泥土。

答案会告诉我们什么？它将告诉我们填满这些洞需要多少吨泥土,答案应该是几吨。

答案可能是大的吨数还是小的吨数？平均每辆卡车装的泥土有7.3吨,但卡车很多,不止一辆。答案可能会是很多吨。

你估计会有多少吨？如果有1 000辆卡车,就有7 300吨。所以,它会比7 300吨少。但会比7 300吨的一半要多,所以答案会超过3 650吨。

在这类讨论中,有三件事值得注意。首先,学生们关注的是问题本身以及答案的意义,而不是其中的数。数在思考问题的结构中是不重要的。第二,关注了问题的结构,学生们能识别出哪些数重要,哪些数不重要。第三,引导学生们估计粗略的答案以及思考答案的单位(本例为吨)。任何情况下,思考答案的含义以及答案的大小都是一个有用的起点。

解决一个更简单的问题。一些问题(如泥土问题)的解决很少会用到模型,原因在于较大的数很难模拟。以千英里为单位的距离,以分和秒为单位的时间等,有时也很难为其建立模型,但这些都是高年级学生经常会遇到的数据。一般来说,在解决数值难以处理的问题时,"尝试更简单的问题"的策略几乎都是适用的。

"更简单的问题"策略有以下几个步骤:

1. 问题中所有相关的数,都用较小的整数来代替;

2. 使用较小的整数后,为这个简单问题建立模型(可用计数圆片、图形、数线、条形图或行列等);

3. 写出解决简单问题的算式;

4. 算式中的数用原来的数替换,得到相应的算式;

5. 计算结果;

6. 把答案写在算式中,使之完整。然后再看它是否有意义。

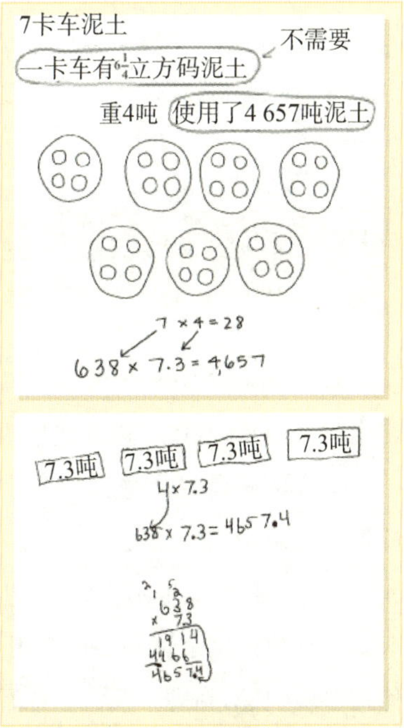

图8.16展示了学生是如何通过简化问题中的数来解决泥土问题的。它还展示了另一种简化的方法:只把其中一个数变小,另一个数用符号化方式表示。这两种方法都是有效的。

学生需要的是能帮助他们分析问题的策略,而不是进行"行列游戏"(De Corte & Verschaffel, 1985)。在这种"游戏"中,他们基本上避开了理解情境的过程,只是猜测用哪种运算。让学生只解决少数必须使用模型或图画去证明想法的问题,比让他们解决很多只需猜测却不需要理解和推理的问题要有用得多。

注意:避免使用关键词策略!在过去,人们经常建议要教学生找出情境问题中的关键词,从而决定是运用加、减、乘还是除,鼓励学生列出关键词所对应运算的清单。例如,在这个策略下,要求看到总共或一共就加,看到剩下或者少就

图 8.16　学生简化问题的两种方法

减,看到每就乘。研究遗憾地发现,该方法是教师帮助学生解决行列最常用的方法(Pearce, Bruun, Skinner, & Lopez-Mohler, 2013)。在某种程度上,教科书中有时出现的过于简单和公式化的情境问题,强化了这种欠思考的做法(Sulentic-Dowell, Beal, & Capraro, 2006)。如果问题都以这种规定的方式呈现,关键词策略似乎是有效的。

与相信关键词有用的人相反,研究人员和很多数学教育者对关键词策略一直持反对态度(Clement & Bernhard, 2005；Heng & Sudarshan, 2013, Karp, Bush & Dougherty, 2014；Sowder, 1988)。他们认为学生应当理解这些运算的意义(Dixon, Nolan, Adams, Tobias, & Barmoha, 2016)。

以下是反对关键词策略的四个理由:

1. 关键词策略传递了一个做数学时非常错误的信息。解决任何情境问题最重要的方法是分析问题,通过问题中所有的词来理解问题。关键词策略鼓励学生忽略问题的意义和结构,然而数学需要推理和理解意义。意义建构的策略才是始终有效的。

2. 关键词常常会误导学生,很多时候,问题中的关键词或词组所表明的运算是不正确的。例如以下问题表明了这种可能性(Drake & Balow, 2007)：

> 桌上有 3 盒鸡块,每个盒子里有 6 块鸡块,一共有多少块鸡块?

德雷克和巴罗(Drake and Balow)发现,一个学生得出的答案是 9,他根据一共有多少这个词组列出加法算式 3+6。这位学生并没有弄清楚情境的含义,而是把关键词方法作为确定何种运算的捷径。

3. 许多问题没有所谓的关键词,那么仅仅学了要依赖关键词的学生就会无所适从。下面是一个例子:

> 艾登有 28 条金鱼,12 条金鱼是橙色的,其余都是黄色的。有多少条金鱼是黄色的?

4. 关键词不适用于两步或以上的问题,在简单问题上可以使用这种策略,但问题变得复杂后学生就不知从何着手,因为他们没有学习如何通过阅读来理解问题。

多步骤应用性问题。 在《美国共同核心课程标准——数学》(CCSS‑M)(NGA Center & CCSSO, 2010)中,首次提到两步应用性问题是在 2 年级,要求 2 年级学生解决两步加减应用性问题,包含加减乘除四则运算的两步应用性问题则是 3 年级课程标准的一部分,4 年级开始出现所有有关整数四则运算的多步应用性问题,包括要求解释余数含义的问题,5 年级则在测量场景中使用多步问题,在中学及以后课程中会顺理成章地不断出现涉及各种不同的数与情境的多步问题。然而,学生往往难以解决多步问题,尤其是学习有困难的学生(Hord & Marita, 2014)。所以教师首先要确保学生能够按照之前讨论的方法分析一步问题的结构,在此基础上尝试下面改编的三个步骤(Huinker,1994),旨在帮助学生了解如何将两个问题联系在一起,从而帮助学生思考多步问题。

　　1. 给学生一个一步问题,让他们解决。在讨论答案之前,让学生利用第一题的答案来创编第二个问题。然后要求其他同学解决第二个问题。下面是一个例子:

> 　　给出第一个问题:摩根一家花了 3 小时驱车 195 英里到达华盛顿特区。他们开车的平均速度是多少?
> 　　学生编第二个问题:摩根的孩子们记得在上午 10:30 左右过河,也就是离家后 2 小时过的河。这条河离他们家大约有几英里?

　　2. 隐藏第一问。给每个小组不同的一步问题,并重复上述方法:让他们解决第一题后再写第二个问题。然后,学生不需要第一题的问题而直接把两道题合并起来。第一题的问题便是隐藏的问题,如下面的例子:

> 　　给出第一题:托比买了三打鸡蛋,每打 89 美分。托比总共花了多少钱?
> 　　第二题:托比付了 5 美元,能找回多少钱?
> 　　隐藏第一问:托比买了三打鸡蛋,每打 89 美分。托比付了 5 美元,能找回多少钱?

　　让其他小组找出隐藏的问题。因为所有的学生都在做类似的问题(一定要混合所有运算),他们更容易理解隐藏问题的意义。

　　3. 提出标准的两步问题,让学生找出隐藏的问题并回答。思考下面这个问题:

> 　　马萨尔公司以 3.69 美元的价格采购了 275 件小饰品,第一个月,该公司以每件 4.99 美元的价格售出 205 件小饰品。公司在这些小饰品上赚了或亏了多少钱? 你认为马萨尔公司应该继续销售小饰品吗?

　　首先可以考虑我们之前建议的问题,如“这个问题发生了什么?”(某个物品以两种不同的价格买进和卖出)、“答案会告诉我们什么?”(可以赚多少或亏多少)。用这些问题引导学生开始思考。如果学生感觉无从下手,教师还可以问:“这里有隐藏的问题吗?”这里给的例子用了各种不同的背景,但是对于英语非母语的学生来说,在这三个步骤中使用同一个背景(对他们而言是相关和熟悉的)会减少对语言的要求,从而使故事更容易理解,数学也就更容易理解。

　　另一种方法是使用表格来支持学生的工作记忆(Hord & Marita,2014)。让学生将信息进行分类，帮助学生开始理解问题。比如"问题是什么？""重要的信息是什么？""你应该做的第一件事是什么？"然后让他们重复这个过程，直到解决所有步骤。

评价角

评估学生对运算意义的理解情况，最佳方法之一是让学生为给定的算式或结果编一道应用性问题（Drake & Barlow，2007；Whitin & Whitin，2008）。给学生一个算式，如 5×7，要求他们在页面左上方记录算式并算出结果，同时在右上方写一个代表这个算式的行列，在左下方画图（或模型），最后在右下方描述将如何告诉年幼的孩子去解决这个问题（对于有学习障碍的学生，可以让他们口述问题和解决的过程，教师帮助记录）。能够熟练完成所有部分的学生就证明了他们对此的深度理解，而对此存在困难的学生就会暴露他们理解和不理解的地方。评估活动也可以稍稍调整一下，改给算式为给结果（如：24 美分），让学生据此写一个能得到该结果的除法算式（或其他运算），模型、行列等还是写在相应的位置，再根据页面情况进行评估。

了解学生常见的挑战与错误是教师教学计划中的关键部分，它可以极大地影响课程结构和教师要使用的问题。关于学生常见错误及相应的教学策略，请参见表 8.1。

表 8.1　关于运算意义的常见挑战与错误、具体表现及教学策略

常见挑战与错误	具体表现	教学策略
1. 学生将等号视为运算符号或做计算的标志	对于 $5 + 4 = \underline{\hspace{1cm}} + 3$，说 $\underline{\hspace{1cm}}$ 中应该是 9，因为 $5 + 4 = 9$。 当被问到是否 $6 = 6$ 时，回答"不相等"，因为不用做计算。 当被问到是否 $7 = 3 + 4$ 时，回答"不相等"，因为"你不能这样写，因为没有计算要做。写反了。"	◆ 使用数字天平来说明等号的关系意义。 ◆ 把等号读作"与……相等"或"等于"。 ◆ 避免把等号读成"得到"，如"$5 + 3$ 得到 8"，因为"得到"听上去去像一个操作，或者你必须执行一个行动。 ◆ 在各种形式不同的等式中指出正确或错误的等式。
2. 学生把加法交换律不恰当地推广到减法中	计算 $24 - 7$ 时，将 $4 - 7$ 算成 $7 - 4$，得到答案为 23。	◆ 让学生先用实物模拟一位数减法，表明从 4 个方块中是不能减去 7 个方块的。
3. 学生认为一个数加上 0 使数变得更大，减去 0 使数变得更小	$6 + 0 = 7$ 或者 $12 - 0 = 11$	◆ 使用应用性问题，在学生可操作的有意义情景下，引入加 0 和减 0 的问题。
4. 学生在用数线时，数刻度线或者数的个数，而不是数之间的间隔	当学生用数线数数或计算时，结果总是差 1。 当他们在数数时，总指着刻度线或数字。	◆ 使用图 8.6 中一系列的数线模型，强调在数线上要以单位计数。 ◆ 使用肢体动作（如跳跃、跨步）及画示意图（如箭头、圆弧）等方法来展示正在计数的数。

常见挑战与错误	具体表现	教学策略
5. 学生认为加法和减法之间或者乘法和除法之间没有联系(他们看不到互逆的关系)	学生不会使用加法去解决减法问题。 学生不会使用乘法去解决除法问题。	◆ 避免仅使用几组算式生搬硬套地教学互逆关系,因为这种只重视程序的做法无法让学生看到互逆关系。 ◆ 使用具体的材料让学生操作解决由同样的三个数组成的系列问题——展示部分、部分与整体,或者每组数量、组数与乘积之间是怎样相互关联的。
6. 加法或者乘法让数变大(由此推出:因数总是小于积)	学生总是认为在加法和乘法问题中会得到更大的答案。	◆ 当学生提出这些规律时,告诉他们这些想法只适用于一些数(Karp, Bush, & Dougherty, 2014)。 ◆ 给出他们可以接受的反例,如 $54+0=54$ 或 $15×0=0$。
7. 减法和除法使数变小。除数一定比被除数小	学生总是认为在减法和除法问题中会得到更小的答案。 学生运用这个观点去检验一些符合这个条件的答案,并证明他们的猜想。	◆ 提供一个反例,例如 $8÷1=8$。 ◆ 让学生讨论该"规则"何时适用和何时不适用。 ◆ 让学生找到将 3 块饼干平分给 5 位朋友的方法。这个方法将会帮助他们在实践中运用除法,并且看到除数可以比被除数大。 ◆ 避免对看起来像是规则的知识进行一般化,除非学生清楚这些规则在什么情况下适用。
8. 学生仅仅依靠关键词策略来决定在应用性问题中使用哪种运算	当学生在解决应用性问题时,仅浏览一遍数和关键词就确定运用哪种运算; 萨拉吃了 34 个棉花糖。萨拉吃的棉花糖比里奇多 6 个。里奇吃了多少棉花糖? 学生通过 $34+6$ 解决这个问题,因为他(她)认为"多"意味着"加"。 当学生面对没有关键词的行列时,会无从下手。比如: 劳丽有 83 枚硬币。其中 16 枚是新的,其他的是旧的。有多少是旧的?	◆ 遮住情境问题中的数字 6,让学生读出问题。然后问学生谁吃了较多的棉花糖。 ◆ 让学生使用条形图去表示萨拉和里奇各自吃的棉花糖数量,以便更明显地突出数量间的关系。 ◆ 不要教学以关键词解决应用性问题的方法。 ◆ 确保提出的应用性问题或者情境问题的类型与未知量要丰富多样。比如加减法要包括四种类型(加入,分离,部分-整体,比较),以及不同的未知量。以便儿童获得思考和解决各种问题的经验。 ◆ 提供并鼓励学生使用实物来模拟应用/情境问题,讨论他们做了什么来确定答案。 ◆ 向学生提供一些分析情境问题的建议(例如,在解决问题之前思考答案;解决更简单的问题)。
9. 学生在解决应用性问题时选择了错误的运算	学生猜测,用加法或者本周正在学的运算去解决所有应用性问题。	◆ 使用本章讨论的关系整理卡或应用性问题分类活动,让学生关注问题的结构。

常见挑战与错误	具体表现	教学策略
10. 学生认为余数是剩余的，并不是答案的一部分	学生写出答案"9…2"后，不考虑余数就决定如何回答问题。 学生把余数给忘了，答案中根本不包含余数。	◆ 给学生本章中的乘法问题，这些问题展示了余数需要考虑的几种情况以及对余数的解释是如何影响问题答案的。 ◆ 给学生提供来自他们（匿名）的对余数的错误解释。让学生对这些问题分类，并在课堂讨论中分享他们的发现。
11. 学生不确定 0 是否可以做除数	学生会写 $5 \div 0 = 0$。	◆ 学生必须关注到，除法与乘法有互逆关系。思考：什么数乘 0 等于 5？ ◆ 请学生拿出 5 个圆片。如果 0 个一组，可以分成多少组？或者把它们分成 0 组，每组放多少个？

学习目标

在阅读本章内容之后,你应该能够完成如下学习目标:

9.1　掌握发展基本数学事实精熟度的教学方法,谙熟三阶段策略;

9.2　理解如何帮助学生掌握加减乘除事实的策略;

9.3　判断哪些教学方法能强化或补救学生掌握基本数学事实的情况。

两个加数都是一位数的加法及相应减法,两个乘数都是一位数的乘法及相应除法,就是加减乘除的基本事实。例如,15−8=7便是一个减法基本事实,因为相应加法的两个加数都比 10 小。如果学生对某个基本事实能在 3 秒内给出准确的回答,他们就达到了自动化或熟练掌握的程度。但基本事实的目标是发展精熟度,精熟度不单单指速度,而是解决问题的灵活性、准确性、有效性与合理性于一体的综合能力(NRC,2001,NGA Center & CCSSO,2010),因此基本数学事实的教学和评价也必须要围绕着这四个要素展开。要做到这一点,我们必须要避免计时测验等做法,并通过一些行之有效的策略来帮助学生建立数感和学好数学的信心!

🗲 **大观念**

- 学生在发展基本数学事实精熟度的过程中会经历三个阶段:计数策略阶段、推理策略阶段、熟练掌握阶段。教学和评价必须在不揠苗助长的前提下帮助学生度过这三个阶段。

- 数的关系是学生记住基本数学事实或解决未知事实的基础。例如,在处理 8+6 时,学生可以把 6 分解成 2+4,并把 2 和 8 凑成 10,然后计算 10+4=14。

- 学生在基本数学事实上遇到困难时,教师需要做的不是增加练习,而是回到帮助他们理解策略的使用上。

一. 基本数学事实的教学与评价

基本数学事实精熟度的发展始于学前班,并一直持续到中学阶段。在这个过程中,基本数学事实的进步是数学学业水平提高的基础(Nelson,Parker,& Zaslofsky,2016)。加减法的事实精熟度从学前班开始,一直持续到小学 2 年级。到了 2 年级,学生应该能够从记忆中提取加减法事实（即熟练掌握或达到自动化程度）。乘除法事实精熟度从小学 2 年级开始，通常在 3 年级结束时要求达到熟练掌握或自动化水平。

基本数学事实学习的发展阶段

如本书中所有的主题一样，基本数学事实精熟度是一个循序渐进的发展过程。算式闪卡和计时测验并不是发展精熟度的最佳方式。数感（及精熟度的四要素）才是应当关注的重点。研究表明，儿童早期的数感比其他认知能力（如语言、空间、记忆技能或阅读能力）更能预测学业成就（Jordan，Kaplan，Locuniak，& Ramineni，2007；Locuniak & Jordan，2008；Mazzocco & Thompson，2005）。

学生从计数开始，直到最终知道"2＋7 是 9"或"5×4 是 20"，这一发展历程需要时间和大量的经验积累。学习基本数学事实的过程描述为三个阶段（Baroody，2006，p. 22）：

第一阶段：计数策略阶段，借助物体如方块或手指计数或口头计数得出答案。例如 4＋7 ＝_____。学生从 7 开始，口头数出 8、9、10、11。

第二阶段：推理策略阶段，利用已知信息，有逻辑地推出未知事实的答案。例如 4＋7，学生知道 3＋7 得 10，因而 4＋7 的结果要多 1，得 11。

第三阶段：熟练掌握阶段，学生快而准确地得出答案。例如 4＋7，学生快速作答："是 11，我就是知道。"

第一阶段在第七章和第八章中已做陈述，本章侧重讨论第二阶段和第三阶段。第二阶段往往得不到足够的重视甚至被完全忽视，然而它却是从低效的计数策略阶段过渡到高效的熟练掌握（自动化）阶段之间的重要桥梁。第二阶段利用学生的关系性理解来快速使用策略，最终就如同记住答案一般能自动地回答（Baroody，Purpura，Eiland，Reid，& Paliwal，2016）。图 9.1 列出了加减法基本事实问

	加法	减法
计数阶段	直接模拟（数物体或手指） ◆ 数出所有的数 ◆ 从第一个加数开始接着数 ◆ 从较大的加数开始接着数 抽象计数 ◆ 数出所有的数 ◆ 从第一个数开始接着数 ◆ 从较大的加数开始接着数	数物体 ◆ 减数是几，就从被减数开始倒着数几个 ◆ 从被减数开始倒着数，看数几个到减数 ◆ 从减数开始接着往上数，看数几个到被减数 数手指 ◆ 正着往上数 ◆ 倒着往下数 抽象计数 ◆ 正着往上数 ◆ 倒着往下数
推理阶段	性质 ◆ $a＋0＝a$ ◆ $a＋1＝$ 下一个整数 ◆ 交换性 从已知事实推导（如，$5＋6＝5＋5＋1$；$7＋6＝7＋7－1$） 推导事实的重新分配［如，$7＋5＝7＋(3＋2)＝(7＋3)＋2＝10＋2＝12$］	性质 ◆ $a－0＝a$ ◆ $a－1＝$ 前一个整数 已知加法事实的逆推和补全（如，因为 $5＋7＝12$，所以 $12－5$ 是可知的） 推导事实的重新分配［如，$12－5＝(7＋5)－5＝7＋(5－5)＝7$］
熟练阶段	从长时记忆中提取	从长时记忆中提取

图 9.1　加减法基本事实精熟度的发展过程

资料来源：Henry, V. J., & Brown, R. S. (2008). "First-Grade Basic Facts: An Investigation into Teaching and Learning of an Accelerated, High-Demand Memorization Standard." *Journal for Research in Mathematics Education*, 39 (2), p. 156. Reprinted with permission.

题的发展过程。

评价角

教师如何判断学生是否具备学习推理策略的基础呢？如果教师发现学生能够使用计数策略（从大的数开始接着往后数），或看出数可以分解（如把 6 看成 5＋1），那么就可以准备推理策略的教学了。教师可用一位数加法问题对学生进行访谈，询问学生会如何解决。例如，3＋8（他们是否从较大的数开始往后数？）和 5＋6（他们能否看出 5＋5＋1？）。对乘法而言，如 3×8（他们是否知道这是 3 个 8？他们能否看成 2 个 8 再加 1 个 8？）。

基本数学事实的教学方法

在过去的一个世纪里，基本数学事实的教学主要有三种方法。这一节，我们会对每种方法的优缺点做简要讨论。

记忆。这种方法是指在介绍完加法和乘法的概念后直接进入对事实的记忆，而不在发展策略上花费时间（Baroody，Bajwa，& Eiland，2009）。很多研究表明这样的方法根本不管用，也许教师会说自己就是用这种方法掌握了基本数学事实。然而早在 1935 年就有研究结论，学生即使是经历了大量孤立的记忆训练，他们还是需要在过程中形成各种策略从而真正掌握这些基本数学事实（Brownell & Chazal，1935）。

记忆法跳过了发展过程中的第二阶段，因而造成一系列局限性（Barrody，2006）：

○ 低效。需要记忆的事实太多。不使用策略，学生必须记忆 100 个加法事实（仅是 0～9 的加法组合）和 100 个乘法事实（0～9 的乘法组合），再加上 200 个减法和除法事实。天啊！这太多了！

○ 僵化。学生没有学习多种策略，只能求助于计数策略，因而无法发展灵活性（精熟度的要素之一）。

○ 错误。学生错误地应用数学事实，且不会检查（他们没有用来判断结果是否正确的策略）。

学业成就水平较低的学生通常不会使用推理策略，而是更依赖计数技能（Boaler，2016）。要想提高整体数学成绩，策略指导是必不可少的。死记硬背和单调重复的训练也会引起不必要的焦虑，逐渐削弱学生学习数学的兴趣和信心。遗憾的是，记忆法在美国的使用却颇为广泛，希望我们一起推动数学教学能按照下面所提及的方法而改革。

策略使用的显性教学。三十多年来，很多课堂中都对策略的使用进行了清晰明确的显性教学。学生学习一项策略（如 10 的组合），随后探索并练习这项策略（如利用十格板来确定哪些数相加等于 10）。有研究表明，这样的策略能有效帮助所有学生学习（并记忆）基本事实（Baroody et al.，2009；Baroody et al.，2016；Thornton，1978；Fuson，1992；Rathmell，1978；Thornton & Toohey，1984）。

　　策略使用的显性教学旨在支撑学生思考，而不是让学生有更多东西需要记忆。过度强调记忆会降低学生的数感（Henry & Brown，2008）。明确地教给学生如何使用策略，关键在于帮助学生看到可能的策略，并从中选择一个让他们不需要数数就能解决问题的策略。这样的推理策略会在下一节中具体阐述。

　　引导下的再创造。 引导下的再创造也关注策略，但更为开放，它注重让学生基于自身对数关系的知识选择策略（Gravemeijer & van Galen，2003）。例如，教师提出 6＋7，一名学生可能会将 6＋7 理解为"两个 6 是 12，再多加 1 是 13"，另一名学生则将其理解为"7＋3（凑成 10）然后再多 3"。还有学生可能会从每个加数中都取出 5 凑成 10，然后再加上剩下的 1 和 2，关键是每名学生都在使用自己所理解的数的组合和关系。

　　引导下的再创造中教师可能不会解释某种策略，但会精心地设置任务以让学生注意到数之间的关系。比如，在 6＋7 这一任务中，教师可以向学生快速展示两个十格板中的计数圆片，要求学生通过想象移动圆片，思考计算总数的不同方式。

基本数学事实的有效教学

　　基本数学事实的教学是需要时间的，并且要按照适当的发展顺序进行教学（下一节中所列举的系列策略就反映了这个发展顺序）。在教学基本数学事实时，目标是帮助学生顺着这三个阶段拾级而上。例如，当教师问学生如何解决 7＋4 时，有些学生会整个数一遍或接着数（阶段一），还有些学生会使用凑 10 法或其他推理策略。教师需要帮助整个数一遍的学生学会接着数，帮助能接着数的学生学会应用推理策略。通过数字对话、游戏以及其他活动，为学生提供讨论或使用多样化策略的体验。一年后学生将会更准确高效地使用策略，最终发展到熟练掌握（自动化）。

　　使用故事问题。 研究发现，当着意强调问题解决时，学生不仅会成为更好的问题解决者，也会比那些接受机械训练的学生掌握更多的基本数学事实（National Research Council，2001）。每天提出一个故事问题或应用题，再简要讨论学生们使用的策略，能使学生对基本数学事实的掌握更为准确和高效（Rathmell，Leutzinger，& Gabriele，2000）。故事问题所提供的情境可以帮助学生理解问题，并在计算中灵活应用策略。例如，如果教师想引导学生使用凑 10 策略，可以使用这个故事：

> 瑞秋在谷仓里养了 9 匹小马，在牧场里养了 6 匹小马。她一共有几匹小马？

　　故事中的数和情境有助于学生想到 9＋6 等价于 10＋5（可以将牧场的一匹小马放进谷仓）。

　　乘法故事可以侧重于行列情境，行列能帮助学生看到怎样分解一个因数（拆分成行），还能看到乘法交换律（如，3×7＝7×3）。例如，在学习 7 的乘法时，教师指着日历（行列）提出以下问题：

> 再过三周我们就要去动物园了，在我们去动物园之前还要过多少天？

一个学生可能会通过在两个 7(14) 的基础上加 7 来解决这个问题,教师可以要求其他学生判断这个策略是否可行并说明原因。然后,教师可以把双倍策略延伸到其他乘法事例上,例如问学生:"怎么用双倍策略帮助我们计算 4 周有多少天?(4×7)"给学生一些时间思考后,教师帮助学生发现单个事实可以分解成已知事实[比如,4×7 是 2×(2×7)或者双倍的 7 再双倍],从而理解乘法的重要性质。

一些教师面对学习有困难的学生时,会犹豫是否应该使用故事问题——因为这对语言和阅读有更高的要求。其实,如果使用的情境贴切并能够支持数学推理,那么每个学生都会理解的。

图象快闪活动。图象快闪的目的是帮助学生从数数发展到能看到数的组合与分解方式。对幼儿而言,这是高挑战性的实践活动(McCoy,Barnett,& Combs,2013;Shumway,2011)。教师可以使用点卡、五格板、十格板等(参见第七章"10 以内数的关系"这一节里的观点)。教学过程如下:将图象呈现几秒,藏起来,再次呈现,询问学生看到了多少个点。然后,也是最重要的一步,倾听不同的学生讲述他们是怎样看到点的数量的。五格板和十格板能帮助学生看到数之间的关系并发展策略,如图 9.2 这样按顺序快速呈现图象会帮助学生看到其中的关系。

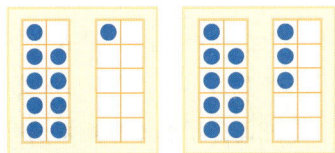

图 9.2　按顺序呈现的图象快闪活动能帮助学生发展推理策略

反思角　图 9.2 中的图象快闪活动能够帮助学生看到怎样的策略? 什么样的图象快闪活动能够支持乘法的学习?

与加法一样,乘法也可以用图象来学习。但这里的点按等组分布或排成阵列。比如,如果想让学生注意到三组是"一对再加一个组",可以使用右侧的点图。

这些圆点卡片用贴纸和旧文件夹就可以制作,也可以购买现成的卡片。

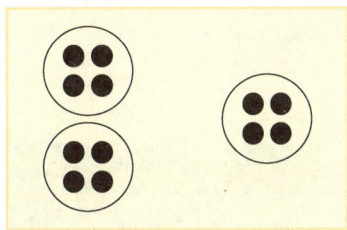

推理策略的显性教学。加减乘除的具体推理策略是下一节中的重点,这里我们对推理策略先有一个粗浅的认识:学生利用已知事实和关系得出未知事实。例如,学生在学习凑 10 策略之前,必须知道 10 的组成以及 10＋_____ 的计算,他们必须掌握双倍的乘法,才能有"双倍再加一组"的策略。具体而言,如要解决一个未知事实 7＋5,学生要将其中一个数分解以凑出 10,注意到 7＋5＝7＋3＋2。

一个策略的掌握不可能通过一节课或一项活动就能完成。学生需要许多机会才能将一个策略真正变成自己的。作为学校和家庭日常功课的一部分,应多开展一些图象快闪、游戏和互动活动,并通过这些机会讨论策略。教师也可以提供一个推理策略清单,以便统一学生对策略讨论所使用的语言[如乘 3 的策略:双倍再加一组。例:3×7=(2×7)＋7=14＋7=21]。

基本数学事实的有效评价

第五章探讨了许多形成性评价策略：观察、访谈、表现性任务以及书面表达等等。使用形成性评价的目的是了解学生已经知道哪些知识点又有哪些是他们不知道的，这样教师才能有的放矢对学生进行有针对性的教学辅导。既然形成性评价能够提高学业成就（Wiliam，Lee，Harrison，& Black，2004；Wiliam & Thompson，2007），那么对于基本事实的评价为什么还局限于计时测验呢？想要保证所有学生都学会（并且保持）基本事实，就一定要跳开这个局限。

计时测验有什么不好？ 首先计时测验并没有评估到精熟度的四个要素，教师无法通过计时测验了解学生使用了哪些策略，也不知道他们能不能灵活使用这些策略。计时测验对学生效率的了解也十分有限，因为学生很可能在一些事实上使用非常低效的策略，同时在其他事实上又达到自动化的程度。所以，充其量计时测验只能大致判断学生对事实认知是否正确（即准确性）。第二，计时测验对学生的数感也有负面影响（Boaler，2012，2014；Henry & Brown，2008；Ramirez，Gunderson，Levine，& Beilock，2013）。第三，学生在掌握基本事实的过程中并不需要计时测验（Kling，2011），因此浪费了本可以用来进行有意义学习和形成性评价的时间。

如何评价基本事实精熟度？ 在评价的过程中，"记住"对任何事实而言都不是一种"最佳"策略。例如 7＋8 可以通过凑 10 或接近双倍来解决，教师对策略选择强调得越多，学生越能够找到适合自己使用的策略，从而达到自身的事实精熟度。

从精熟度的各个方面来思考："怎样判断是否所有学生对这一系列事实都能够做到这一点？"表 9.1 提供了如何从精熟度的每个要素来评估学生的一些想法（基于 Kling & Bay-Williams，2014）。

活动 9.1 可以用来评估学生策略使用的灵活性和合理性的能力，也可作为常规课堂活动或数字对话的内容。

活动 9.1
如果你之前不知道 　　提出下列任务：如果你之前不知道 8＋5（或者任何你希望学生思考的事实）的答案，不借助数数，你会如何找出答案？鼓励学生思考一种以上的方式（最好是使用先前提到过的策略）。让学习有困难的学生先和同伴或小组成员分享他们的想法，然后再和全班交流会让他们获益良多。

参与到活动和游戏中的学生越多，教师就会有更多的机会来观察学生使用策略的情况如何，教师还可以通过访谈来了解学生对策略的使用情况（在下文"加强基本事实的掌握"一节中具体介绍了很多游戏）。在了解这些情况的基础之上，教师就能够根据学生的具体需要来调整游戏和教学了。

二. 加法事实的推理策略

前文介绍了掌握基本数学事实需要通过三个阶段逐渐发展,其中尤其应该重视的是第二阶段即"推理策略"。很多时候教师会要求学生直接从数数(第一阶段)过渡到记忆(第三阶段)而越过了这个重要阶段,因此这里要探讨一下哪些推理策略是教学重点以及如何教好这些策略。

表 9.1　评估基本数学事实精熟度的有效策略

精熟度的要素	观察	访谈追问	书面表达(笔记日志或测验)
合理性	在学生玩游戏时,观察他们是否选择了对该事实而言有意义的策略。例如,对于 9＋2 他们可能接着数,但 9＋6 则不会。	尼古拉斯在脑海中将 6＋8 转化为 4＋10 解决了这一问题。这个策略好吗?说说为什么好或者不好?	复习乘法表,把对你而言是"难点"的式子写下来,并在每个式子旁边写出来想记住它的策略。
灵活性	学生能否灵活地选择策略?如,他们是否会用"凑 10"策略解决 9＋6?是否注意到了 8×3 也就是 3×8?	使用一个策略解决 6×7,再试着使用一个不同的策略来解决这个问题。	解释你是怎么思考以下两个问题的: 13－3＝ 12－9＝
有效性	学生选择一个策略需要多长时间?他们运用两倍策略是否迅速?他们处理不同事实的效率是否有差别,比如 10 以上的加法或者 7 的乘法是否明显慢于其他事实?	查阅算式卡片,将它们分成两类,一类是"就是知道"结果的,另一类是能使用策略解决的。	解决这些基本事实问题。如果你"就是知道"问题的答案,将它圈起来;如果你使用了某种策略,写下策略的名称(如,接近的算式)。
准确性	学生对哪些事实始终能正确作答?	7×8 的答案是多少?怎么知道它是正确的(怎么检查这个答案)?	和同桌一起回顾 3 的乘法,把做对和做错的算式卡片分别放成两摞,记录哪些已烂熟于心,哪些仍在学习。

加法事实的推理策略与第七章中讨论的数的关系紧密联系,学生从使用策略到"就是知道"这些事实需要长达数月的经验积累。

注意这个过程并不需要记忆——只需多开展一些像这里(以及第七章和第八章)分享的活动。这里列举的前五个策略是基本策略,因此在形成其他策略之前,这些策略应当已经发展到了阶段三(熟练掌握/自动化)。

多 1 和多 2(接着数)

右图中用蓝色标出的 36 个数对应的加法,它们都至少有一个加数是 1 或 2。这些加法可以直接应用第七章中描述的多 1 和多 2 的关系,而使用该策略的前提是能够接着数

（Baroody et al.，2009）。

创编有一个加数是 1 或者 2 的故事问题。比如"7 个小朋友排队滑滑梯，后来又来了 2 个，现在一共有多少个小朋友等着滑滑梯？"请不同的学生解释自己是怎样得到答案 9 的，有些学生会全部都数一遍，有些会从 7 开始数，有些则"就是知道"比 7 多 2 是 9。想办法帮助学生认识到"接着数"和"加 2"之间的联系，如可以在数线上表示。

活动 9.2

床上共有几只脚?

阅读绘本《床上共有几只脚?》(*How Many Feet in the Bed*? Diane Johnston Hamm，1994)。读第二遍的时候，提问学生如果又有一个人加入进来，床上会多出几只脚。让学生记下算式(如 6+2)并说出结果。反过来，当有家庭成员离开床的时候可以考虑"少 2 个"。寻找机会使用数线建立"接着数"和"加法"的联系。对教学语言非母语的学生，要确保他们理解"多 2 个"和"少 2 个"的含义(并澄清此处 foot 是"脚"的意思，因为该词还有另一个含义，即长度的测量单位"英尺")。带学生一起在教室里把故事表演出来，对学习有困难的学生来说是有助于其理解的好方法。

在这项活动的情境中算式都设定为较大的加数在前。当两个加数交换(如 2＋6)，有些学生可能还会从第一个加数开始接着数，而不是从较大的加数开始。这个时候着重探讨这个策略(从较大的加数开始接着数)会帮助学生尤其是学习有困难的学生学会选择更有效的策略(Dennis，Sorrells，& Falcomata，2016)。例如下面的活动 9.3。

活动 9.3

用骰子和转盘练习多 1 个和多 2 个

如图 9.3 所示，你需要两个骰子，其中一个的六面上分别写着 1、2、+ 1、+ 2、多 1 个、多 2 个；另一个的六面上分别写着 3、4、5、6、7 和 8(或者学生需要练习的任何数)。每掷一次骰子，学生都要把完整的数学事实陈述出来：四再加两个等于六。或者也可以只掷一个骰子，然后使用一半写着+ 1、一半写着+ 2 的转盘。对于学习有困难的学生可以从每一面都写着+ 1 的骰子开始，第二天再进展到使用每一面都写着+ 2 的骰子。这样循序渐进有助于巩固他们对每种方法的掌握。同样，在拓展课程"多两个/少两个"中，学生通过使用点卡来将多和少的概念与加法和减法联系在一起。

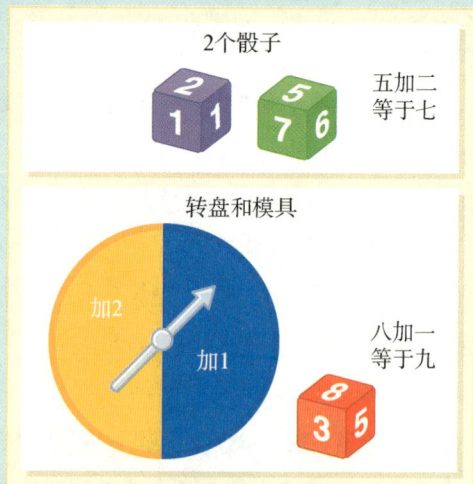

图 9.3 多 1 个和多 2 个的活动

加 0

尽管加 0 比较容易，但有些学生会将加法的结果比加数更大这一概念过度推广。尤其是对于 0 在前面的加法，他们可能会更有困难（比如 0＋8）。教师可以使用包含 0 的故事问题，或者一部分是空的图象来帮助学生理解。

加强推理并避免过度推广的一个好方法是让学生从一组问题中自己来归纳总结。探索一系列 0 的加法，其中有的 0 在前，有的 0 在后。问学生他们在问题中注意到了什么，对比不同问题又发现了什么，让学生自己创编故事并且/或者描述每个故事中涉及 0 的问题。

+	0	1	2	3	4	5	6	7	8	9
0	0	1	2	3	4	5	6	7	8	9
1	1									
2	2									
3	3									
4	4									
5	5									
6	6									
7	7									
8	8									
9	9									

双倍

从 0＋0 到 9＋9 一共有 10 个双倍算式。这些算式很基本，为"接近双倍"策略提供了基础。很多学生都觉得双倍比其他算式更好掌握。

把所有双倍算式做成如 9.4 所示的图片卡，对所有学生尤其是学习困难学生而言都是很有帮助的。另外，还可以提出相同加数的故事问题："埃里克斯和扎克在海滩上，每人找到了 7 个贝壳，他们两人一共找到了多少个？"

图 9.4 双倍的情境

+	0	1	2	3	4	5	6	7	8	9
0	0									
1		2								
2			4							
3				6						
4					8					
5						10				
6							12			
7								14		
8									16	
9										18

活动 9.4

双倍问题

在一个绘本故事中，开始有 5 只鸭子，每只鸭子都带了一个朋友回家。同桌两人一起做活动，给每组一套计数圆片，其中一名学生取出一些圆片代表鸭子，同桌回答如果每只鸭子都带回一个朋友，一共有多少只鸭子。为帮助学生推理，可以把鸭子圆片放在十格板里。

活动 9.5

计算器加倍

同桌两人一组使用计算器进行活动。在计算器中输入"2×"来做出双倍。一名学生说一个两倍算式——如，"7＋7"，另一名学生则按下"7"，并说"7 的两倍是多少"，再按下"="键，看显示的正确结果（14）。然后学生可以互换角色，重新输入"2×"（注意计算器也是练习"＋1"和"＋2"的好方法）。

10 的组合

对学生而言,最重要的知识或许就是 10 的组合。它是一个基本事实,是其他数学事实的基础(Kling,2011)。可以考虑下面的故事情境,并让学生说出可能的答案。

> 公交车上男孩和女孩共有 10 个,这辆车上可能有多少个女孩、多少个男孩?

有很多儿童读物都把重点放在 10 的概念上。尽管这些可能只是有关数数的书,也可以加入这样的问题:"再加多少等于 10?"这样的书可以用作活动 9.6 的情境。

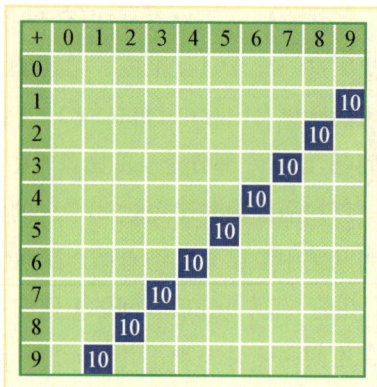

活动 9.6

再加多少等于 10?

把计数圆片放在十格板里(见图 9.5)并提问:"再加多少等于 10?"这个活动可以反复进行,每次从不同的数开始。最终可以展示空白的十格板,同时报一个 10 以内的数,让学生说出相应的"10 的算式"。例如你说"四",他们便说"四加六等于十"。这个活动可在全班或同桌两人间进行,在这个过程中,处于事实学习第一阶段(即运用数数策略)的学生或学习困难学生可能需要额外的练习或一对一的指导。

6加4等于10

图 9.5　10 的组合

10+ ＿＿＿

10 加几不算是一个正式的基本事实,但它与 10 的组合一起构成了凑 10 策略的必备基础。可以使用一个填满的十格板和一个填了部分的十格板来帮助学生掌握 10 加几的加法。就像多 1 个和多 2 个一样,我们的目标是让学生从数数发展到"就是知道"。数线或百数表都能帮助学生注意到这些加法算式中各部分的关系,从而帮助他们超越数数的阶段。

凑 10

所有总和在 11 到 18 之间的加法基本事实都可以通过凑 10 策略来解决。学生利用他们已知的和等于 10 的事实,再将剩下的数与 10 相加。例如,计算 6+8 时,学生可能会从较大的数(8)开始,看到 8 离 10 还差 2,于是就从 6 中拿出 2 来凑 10,然后加上剩下的 4 得到 14。凑 10 也被贴切地称为分解凑 10(*Break Apart to Make Ten*,BAMT)(Sarama & Clements,2009)和向上凑 10(*Up Over 10*)(CCSS - M)。

"凑 10"这一推理策略极其重要,它在数学学习高学业成就表现的国家或地区(韩国、中国和

日本)都是教学重点。这些国家或地区的学生与美国学生
相比,数学事实学习更迅速、更准确(Henry & Brown,
2008)。然而这一策略在美国仍然没有得到足够的重视,加
利福尼亚州针对 1 年级学生的一项研究发现,凑 10 策略比
双倍策略更能促进精熟度的发展(尽管该研究中教师教学
中和教材里一直都在强调双倍策略)(Henry & Brown,
2008)。

　　凑 10 策略也可以应用于更大的数。例如,对于 28＋7,
学生可以凑出 30,因为 28＋7＝30＋5。因此,在加减法教学
中应该重点讲解这种推理策略。

　　图象快闪或双十格板操作能够帮助学生发展凑 10 策略,如提出一个需要使用双十格板的问
题,比如 6＋8,要求学生通过想象和操作,把一些圆片从一个十格板移到另一个十格板中使之填
满,并解释自己的想法,活动过程中逐渐将实际动作变为在脑海中操作。活动 9.7 和活动 9.8 的
设计目的就在于此。

活动 9.7

动一动,变一变

　　把算式卡片放在双十格板旁边,或者直接口头说出算式。学生在双十格板上摆放计数圆片来表
示算式(如,9＋6 就在一个十格板里放 9 个圆片,另一个十格板里放 6 个圆片)。要求学生"移
动"——决定一种移动圆片的方式,好让自己不用数数就能知道总数。再让学生解释自己的操作,并
和算式联系起来。比如,9＋6 可能会通过将一个圆片从第二个十格板中移到第一个十格板,从而变
成 10＋5。着重强调该学生能使用的策略(以 5 为锚点,和/或 10 的组合,和/或凑 10)。

活动 9.8

十格板和算式

　　制作一些小的带圆点十格板卡片表示 10 以内的数,并
在投影仪上展示。先展示卡片 8(或者 9),每次再将另一张
卡片放在它的下面,学生回答总数是多少。让学生大声说
出自己是怎么做的。如对于 8＋4,他们可能会说,"从 4 中
拿出 2 和 8 凑成 10,然后 10 和剩下的 2 相加是 12"。再逐
渐展示更难的卡片,如 7＋6。集体活动之后,再安排同桌
两人活动,一人放卡片,另一人算总和,然后再交换进行,让
学生记录每个算式(见图 9.6)。尤其对于学习困难学生,要
特别强调应该从较大的数开始填满十格板。而从较小的数
开始的方法,则可以作为反例来展示并讨论,让学生发现这
么做会更难。

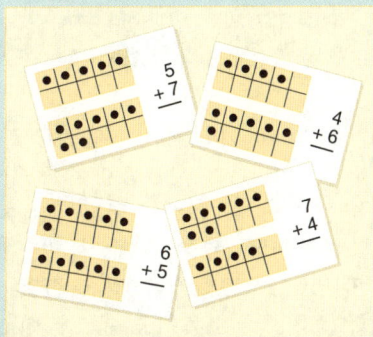

图 9.6　十格板和算式活动

利用 10

利用 10 是近年来研究推广的一个推理策略（Baroody，Purpura，Eiland，& Reid，2014；Baroody et al.，2016）。利用 10 的思维过程与凑 10 不同，但对前面提到过的算式同样有效，可以从"10＋几"开始，并调整答案。比如，对于 9＋6，一名学生认为，10＋6 是 16，而 9 比 10 少 1，因而和也少 1，为 15。注意该策略无需对数进行分解和重组。学习这一策略并通过游戏练习这个策略的学生，在涉及 8 和 9 的加法中，其表现比同龄人要好得多（Baroody et al.，2016）。

以 5 为锚点

以 5 为锚点的策略是指导找数中的 5。例如，在 7＋6 中，学生可能会看到 7 是 5＋2，6 是 5＋1。学生先算 5＋5，然后加上 7 中多出的 2 和 6 中多出的 1，从而总和为 13。十格板有助于学生将数看成 5 加多出的数。又因为十格板是一种视觉模型，它可能对视觉学习者和学习困难学生而言尤其有帮助。如同凑 10 和利用 10，该策略也适用于所有总和在 11 到 18 之间的加法（见"凑 10"一节中的配图）。

接近双倍

接近双倍也被称作"双倍加一"或"双倍减一"，它涵盖所有一个加数比另一个多 1 或少 1 的组合。该策略就是将较小的数翻倍再加 1，或者将较大的数翻倍再减 1，所以学生在学习这一策略之前要先学会求一个数的双倍。

这一策略的学习可以从双倍的圆点图开始，例如，先出示一个表示 6＋6 的圆点图，随即出示表示 6＋7 的圆点图，逐渐过渡到用算式表示，列出一个双倍算式和一个接近双倍的算式，如下图所示：

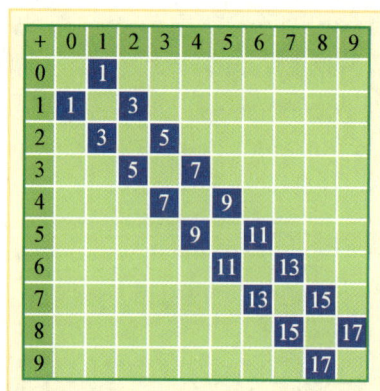

| 4＋4 | 5＋5 | 6＋6 | 8＋8 |
| 4＋5 | 5＋6 | 6＋5 | 7＋8 |

让学生思考如何用第一个算式帮助解决第二个算式。活动 9.9 对这一方法做了具体阐述。

活动 9.9

双倍

在黑板或纸上展示一些双倍算式（如图 9.7）。另准备好接近双倍的算式卡片（如 4＋5）。请学生找到能够帮助他们解决卡片上问题的双倍算式，并将卡片放在那里。用带圆点的十格板卡呈现双倍和接近双倍问题，有利于学生看到关系，这一做法对学习困难学生尤其有帮助。在学生找到一组关系之后，再追问其是否还有其他双倍算式也可以帮助解决问题。

把接近两倍的算式卡片放在能帮助解决这个问题的两倍算式上。

图 9.7　接近两倍算式的活动

接近双倍对学生而言通常更难掌握,因此可能并不是所有学生都觉得这个策略有用,这种情况下教师也不必强求。

三. 减法事实的推理策略

研究表明,减法事实比加法更难。也许是因为它受到的关注较少,而且它还需要相关的加法事实做基础。本章开始所呈现的图9.1中列举了学生可能用于减法的策略,涵盖了从数数到熟练掌握的三个阶段水平。学生如果没有学习和练习推理策略的机会,他们会继续依赖数数做减法,这种策略既缓慢又往往不准确。因此,在减法的推理策略上花充分的时间,可以帮助学生发展到第二阶段,并最终进入第三阶段的熟练掌握/自动化水平。

想加算减

顾名思义,在这个策略中,学生使用已知的加法事实求出减法中的未知量或未知部分。对于$13-8$,学生会想:"什么加8等于13?"学习该策略的学生在减法中的表现明显好于其他学生(Baroody et al.,2016),想加算减的价值怎样强调都不过分。然而,它要求学生熟练掌握加法事实,如果学生能够建立起部分和整体——加法和减法——之间的重要关系,那么减法对他们而言会容易许多。建立这种关系的一个方法是使用三角形或T形卡片,如图9.8所示。两种卡片都能帮助学生看到加法和减法之间的联系,T形卡片尤其有用,因为它模拟了加减法之间部分-整体的关系(Baroody et al.,2016)。

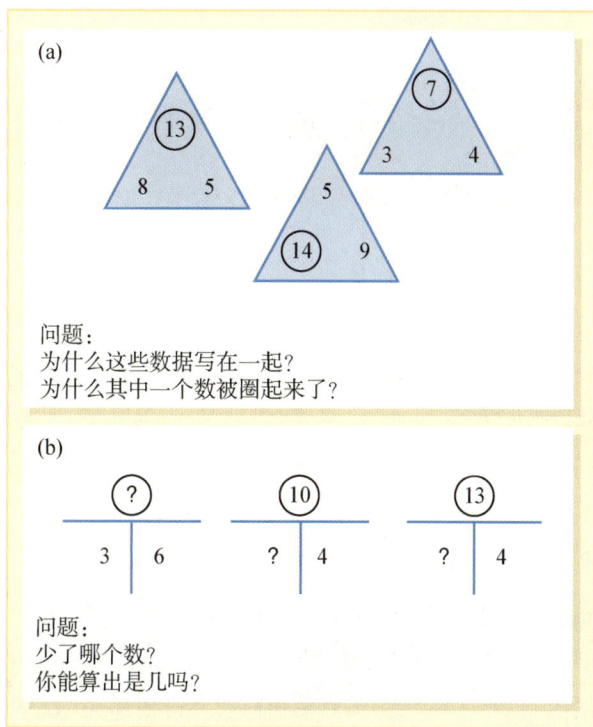

图9.8　表示加减法关系的算式卡片
注意:这类卡片展示加减法,也适用于乘除

活动 9.10

我的拇指下是什么?

给每组同桌分发一组三角形或T形卡片,或者让学生自己制作。卡片上的数可以根据学生正在学习的内容而变化。可以先在全班示范如何做:教师拿起卡片,用拇指遮住一个数,问:"我的拇指下面是什么?"点名让一些学生分享自己的推理过程,再让同桌两人搭档继续游戏。

反思角
在继续阅读之前，看看这里呈现的三个减法算式，并反思是怎样得到答案的。即便"就是知道"这些答案，请仔细分析一下自己的思考过程。可以通过什么样的故事情境来帮助学生"想加算减"？

$$\begin{array}{r} 11 \\ -9 \\ \hline \end{array} \qquad \begin{array}{r} 12 \\ -6 \\ \hline \end{array} \qquad \begin{array}{r} 15 \\ -7 \\ \hline \end{array}$$

能够推动"想加算减"的故事问题往往听上去像是加法，但又缺失一个加数，如"起始量"未知的加入问题、"变化量"未知的加入问题、"部分量"未知的部分-整体问题（参见第八章）。就像加法算式一样，在学习总数（被减数）比 10 大（如，13－4）的减法之前，先学习总数（被减数）在 10 以内的减法。请看如下的例子：

珍妮丝的鱼缸里有 5 条鱼，祖母又给了她一些鱼，现在她有 12 条鱼。祖母给了珍妮丝多少鱼？

注意这里的动作是"加入"，意味着加法，学生很有可能会想："5 加多少等于 12?"在使用类似问题时，教师带学生探讨如何将这一思维过程与减法算式"12－5"联系起来。学生可能会用 10 做基准来解决这一问题，想："添上 5 得到 10，再多 2 个就是 12，答案是……7。"要鼓励学生这样的解释以巩固策略。

降到 10

"降到 10"是凑 10 的反向操作，有两种思考方式——分离和比较。以 14－8 为例，若用分离来思考，要拿走 8，所以先拿走 4 以得到 10，然后再拿走 4，答案为 6，如图 9.9(a)。若用比较来思考，就要找两个数的差。14 和 8 相差多少？先从 14 减少 4 得到 10，然后再减少 2 得到 8，总共相差的就是 6，如图 9.9(b)。与凑 10 策略一样，这个在数学学习高学业成就表现的国家或地区得到重视的策略在美国却并没有得到足够的重视(Fuson & Kwon, 1992)。

要发展"降到 10"的策略，可以成对地写一些算式，让第一个算式的差等于 10，第二个算式的差等于 8 或 9。如：16－6 和 16－7；14－4 和 14－6；等等。让学生解答每个问题并讨论他们

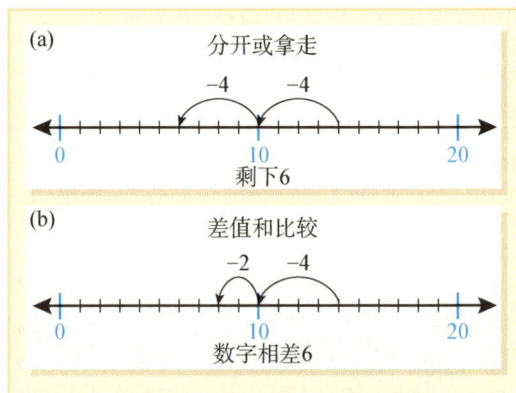

图 9.9　数线表示用"降到 10"策略解决 14－8 的问题

的策略。如果学生不能自然地看到其中的关系,就让他们思考第一个算式怎样帮助他们解决第二个,并在数线上画图说明。可以使用如下的故事问题:

> 贝奇去上学要走过 16 个街区,她已经走过 7 个,还要再走几个?(分离)
>
> 贝奇去上学要走过 16 个街区,科文上学要走过 9 个街区,贝奇比科文要多走几个街区?(比较)

活动 9.11

树上的苹果

　　投影展示一个双十格板,并用计数小圆片(表示苹果)填满第一个十格板和第二个十格板的一部分(如,树上有 16 个苹果,第一个十格板里放 10 个,第二个十格板里放 6 个)。告诉学生有些苹果掉到了地上——可以告诉他们具体掉了多少个,让他们回答树上还剩多少。让学生分享自己是怎么想出答案的,再用不同的数值重复这一活动。

从 10 里减

这个在美国并不广为人知或普遍使用,但在高学业成就表现的国家或地区一直使用的策略非常棒,它利用了学生对 10 的组合的知识,将起始值拆解成 $10+$_____。下面以 $15-8$ 为例具体阐释:

> (1)思考:$10+5-8$　　(2)从 10 里减:$10-8=2$　　(3)把 5 加回来:$2+5=7$

尝试用这一策略解决下面的问题:

> $12-8=$　　　　　　$17-9=$　　　　　　$14-6=$

只要知道如何从 10 中减和掌握相应的加法事实,就可以在所有被减数大于 10 的减法中使用这一策略。

活动 9.12

两棵树上的苹果

　　把活动 9.11 稍做改变:每个十格板看作是一棵不同的树,告诉学生有多少个苹果从"长满"苹果的树上掉了下来,让他们回答两棵树上一共还剩多少个苹果。用上面的算式来看看学生的想法。最终让学生自己写算式,并在相关算式间建立联系。

在加减法策略的讨论中已经发现活动和游戏能相对轻松地练习策略、发展事实精熟度。本章后面的内容中可以看到针对乘除法的更多游戏和活动。

四、乘法事实和除法事实的推理策略

以问题驱动的方式以及推理策略对于掌握乘法和除法事实的精熟度非常重要（Baroody，2006；Wallace & Gurganus，2005）。就像加减法事实那样，可以从故事问题开始来发展推理策略。理解交换律可以把需要记忆的基本事实的数量减半，例如，一个 2×8 阵列既可以看作是 2 行 8 个，也可以看作 8 行 2 个，两种情况下的结果都等于 16。乘法算式不应该按数字顺序呈现：从 0、1 的乘法开始一直排到 9 的乘法，而是应当根据学生已有的知识，帮助他们熟练掌握乘法的基础事实，然后将之用于所有剩余的乘法事实。

乘法的基础事实：2, 5, 10, 0 和 1

从 2、5 和 10 开始学习乘法是不错的选择，这些事实能让学生与跳跃计数和双倍加法的经验联系起来（Heege，1985；Kamii & Anderson，2003）。从严格意义上来说，10 的乘法并非基本事实，因为 10 是两位数。在此列出 10 的乘法，是因为它是推导出其他事实（比如 9 的乘法和 8 的乘法）的重要方法。接下来，0 和 1 的乘法是基础事实，虽然 0 的乘法对于其他乘法事实的生成没什么帮助，但理解 0 的乘法也很重要。需要注意的是，要确保学生能理解这些事实，而并非仅仅是靠死记硬背。

2 的乘法。 因数为 2 的乘法和双倍加法是等价的，且后者是学生所熟悉掌握的。因此，教师只需帮助学生意识到 2×7 和 7+7 是相同的。可以使用等组的故事问题，先从组数是 2 的问题开始，之后再使用每组大小是 2 的问题，以帮助学生认识到乘法的交换律。

×	0	1	2	3	4	5	6	7	8	9
0			0							
1			2							
2	0	2	4	6	8	10	12	14	16	18
3			6							
4			8							
5			10							
6			12							
7			14							
8			16							
9			18							

> 乔治在做袜子布偶，每个布偶需要两颗纽扣做眼睛。如果乔治做了 7 个布偶，他一共需要多少颗纽扣做眼睛？

5 的乘法。 以 5 为跳数，练习跳跃计数，记录一共数了多少个 5（如果我们在数线上跳了 4 个 5，将会停在什么地方？）。也可以使用每行 5 个点的行列，指出有 6 行就是 6×5 的模型，8 行就是 8×5 的模型，等等。此外，时间也是学习 5 的乘法的好情境，因为钟表上一个大格是 5 分钟。

×	0	1	2	3	4	5	6	7	8	9
0						0				
1						5				
2						10				
3						15				
4						20				
5	0	5	10	15	20	25	30	35	40	45
6						30				
7						35				
8						40				
9						45				

活动 9.13

钟表上的乘法

观察钟表上的分针,当它指向一个数时,表示整点之后过了多少分。看图 9.10(a)。将这一想法和 5 的乘法联系在一起。拿着图 9.10(b)中的钟表算式卡,算式中另一个因数是几,就在钟表上指出这个因数相应的位置。这样,5 的乘法就变成了"钟表上的乘法"。

图 9.10　使用钟表帮助学习 5 的乘法

因为 2 和 5 的乘法是从跳跃计数发展而来的,所以这仍属于第一阶段。但重要的是,在这些事实的学习过程中,学生正在发展更有效的方法来计算 8×5,而非仅仅是通过跳跃计数。

0 和 1 的乘法。这些事实尽管从运算上来说显然很简单,但一些学生往往会将它们与学过的加法"规则"相混淆。比如,算式 $6 + 0$ 的结果还是 6,但 6×0 结果总为 0,再如 $1 + n$ 是 n 往后数一个数,但 $1 \times n$ 还是 n。可以通过故事问题好好探讨这些算式背后的概念,例如请学生根据问题讲相应的故事。

$6 \times 0 =$ _____。有六个碗装葡萄干,每个碗都是空的,一共有多少葡萄干?

$0 \times 6 =$ _____。照看孩子每小时能赚 6 块钱,你照看了 0 小时,请问你赚了多少钱?

作为教师,要避免直接告诉学生类似"任何数乘 0 都得 0"这类不是基于理解的规则。

1 的乘法,可以用行列来理解乘法交换律($1 \times 8 = 8 \times 1$),还可以像 0 的乘法那样讲故事。让学生通过探索情境问题和使用直观学具来发现 0 和 1 乘法的规律,并进一步推广到 $n \times 0, 0 \times n, n \times 1, 1 \times n$。

×	0	1	2	3	4	5	6	7	8	9
0	0	0	0	0	0	0	0	0	0	0
1	0	1	2	3	4	5	6	7	8	9
2	0	2								
3	0	3								
4	0	4								
5	0	5								
6	0	6								
7	0	7								
8	0	8								
9	0	9								

9 的乘法

9 的乘法自成一类。虽然它们不能用来推导其他乘法，却有一些独有的推理策略和规律。9 的乘法可以通过 10 的乘法推导得出，例如，7×9 可以通过从 7×10 中拿走一组 7 得到，或者说是 $70 - 7$。因为学生往往能做 10 的乘法以及从整十数中减一个数，因此这一策略十分有效。如图 9.11 所示，教师可以通过展示一组方块条来介绍这一想法，每个方块条中只有最后一个方块的颜色不一样。向学生说明每行都有 10 个方块，问他们能否想出一种好方法算出黄色方块的总数。

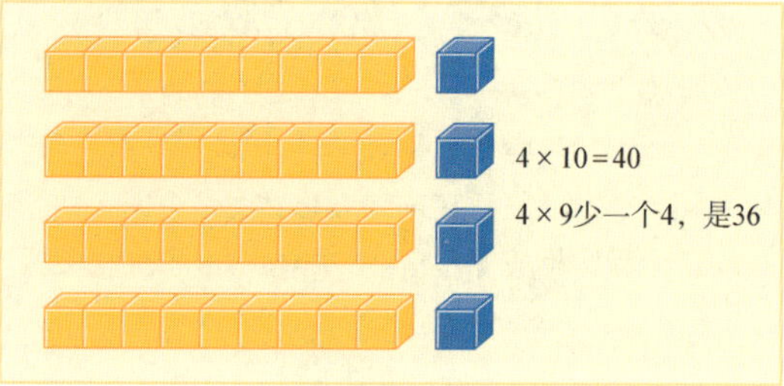

9 的乘法中一些有趣的规律有助于找到乘积：(1) 积的十位数字比另一个因数少 1；(2) 积的个位与十位的数字和等于 9。例如，$7 \times 9 = 63$，乘积 63 的十位数字比 7 少 1，且 $6 + 3 = 9$。让学生探索 9 的乘法有哪些规律，并将他们发现的这些规律写下来。在讨论了所有规律之后，提问学生可以怎样使用这些规律计算 9 的乘法。还可以进一步挑战学生，让他们思考为什么会有这些规律。

可以使用手指来形象地记忆九的乘法——不是数数。具体做法如下：伸出双手，从左手的小手指开始，你要算 9 和哪个数相乘，就数出那个数。例如，对 4×9，就数到第四个手指（见图 9.12），并将这个手指弯曲。答案就在你的手指上：弯曲的手指左边有三个表示 3 个十，右边有六个表示 6 个一——36（Barney，1970）。

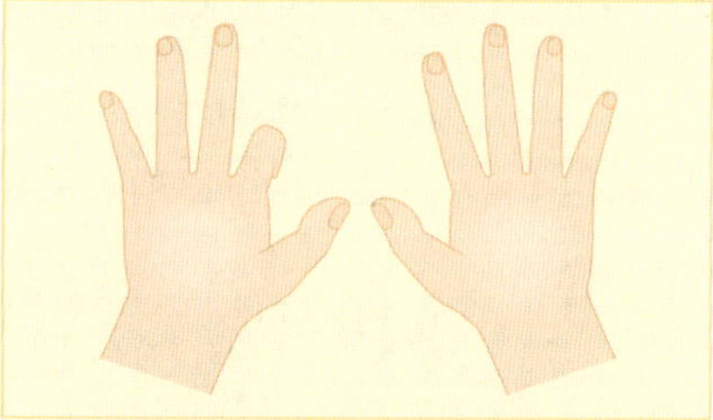

乘法事实的推理策略

右图展示了剩下的 25 个乘法事实。注意，如果学生已经认识到乘法交换律，那么就只需要学习 15 个乘法事实。这些剩下的乘法事实可以通过使用 1，2，5 和 10 的基础事实来推导。如果学生不知道这些基础事实，就说明他们没有为学习其他事实做好准备。这里所分享的策略是按发展顺序排列的。

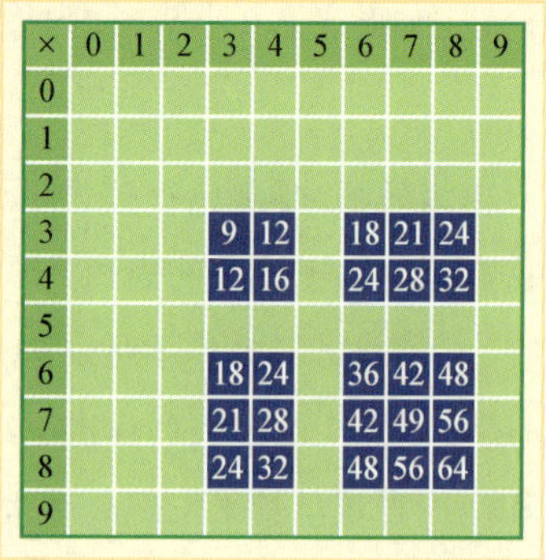

$4 \times 10 = 40$

4×9 少一个 4，是 36

图 9.11　用 10 的乘法思考 9 的乘法

相差 1

$9 \times 7 = 63$

相加得 9

图 9.12　使用手指形象化地展示 4×9

加或减一组。这一策略可以生成许多其他事实,比如,所有 3 的乘法都可以看作×2 再多 1 组_____。所有 6 的乘法都可以看作×5 再多 1 组_____。正如前面所讲,所有 9 的乘法都可以看作 × 10 再少 1 组_____。图 9.13 以 6×7 为例展示了这一策略,用"5 个 7"表述可以帮学生记住还需要再多一个 7(而不是多一个 5)。

双倍和一半。双倍运用了 ×2 这一基础事实,它是能帮助学生学习困难事实的非常有效的推理策略(Flowers & Rubenstein, 2010/2011)。如图 9.14 所示,两倍再两倍的策略,可以应用于所有 4 的乘法。要提醒学生,不论 4 是第一个因数还是第二个因数,这一策略都适用。

只要有一个因数是偶数,就可以使用图 9.14(c)中的减半再翻倍策略。将偶因数减半,如果已知这个较小因数的乘法事实,就把积翻倍得到新的结果。

分解。这一策略也称作"拆分",是把一个因数分解(拆分)成两个数相加,再将每个加数分别与另一个因数相乘,最后相加得到结果。增加一组属于该策略的一个特例,即分解出一个加数为 1。然后可以拓展这一策略,让学生用任何方式分解,使问题更易处理。例如,对于 8×6,可以将 8 分解成 5+3,两部分都和 6 相乘:5×6=30,3×6=18,30 和 18 的和是 48。阵列是推导乘法事实的有力思维工具,图 9.15(a)展示了一个乘法阵列,在 10 乘 10 的阵列中用线标出了 5 的乘法。学生可以利用这一提示来分解因数,如将 7×7 看作(5×7)+(2×7),即 35+14,如图 9.15(b)所示。

除法事实的推理策略

掌握乘法事实以及乘除法之间的关系是

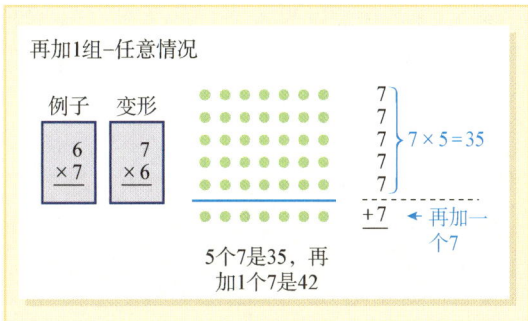

图 9.13　加一组的推理策略

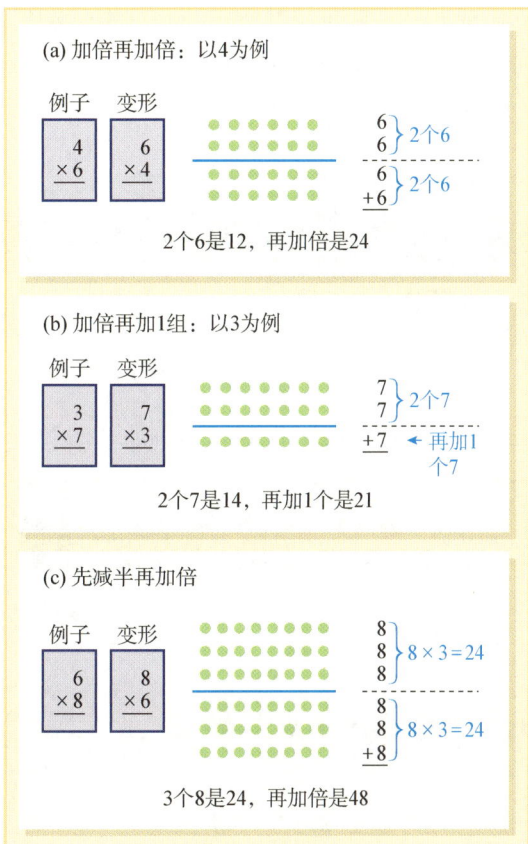

图 9.14　使用已知事实的两倍得到新的事实

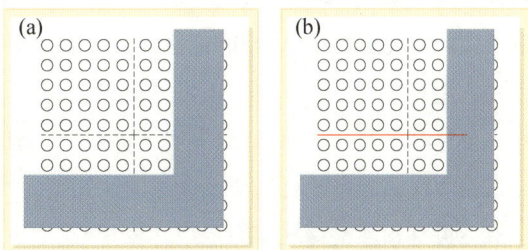

图 9.15　可以用来解释如何分解因数

掌握除法事实的关键因素。比如,解答 36÷4,我们倾向于思考:"4 乘多少是 36?"事实上,正因如此,除法推理的关键有两点:一是先思考乘法,二是需要运用乘法进行推理。缺失因数的故事可以辅助学生建立起这样的联系。

> 阿娜莉做了一些迷你松饼出售。4 个松饼正好装满一袋,把 36 个松饼都装进袋子里。请问她一共用了多少个袋子?

注意这个故事可以表示为 4×_____＝36(缺失因数)或者 36÷4＝_____(除法)。除了除法事实,学生还可练习如"50÷6"这类非整除除法。因为非整除除法的情况在现实生活中更有可能发生,且它需要估计和解决较大数的除法。计算 50÷6,学生可运用猜测－检查策略:6 乘 7(少了),6 乘 8(差 2,就是它了)。学生应当能够在头脑中有效率地完成这类非整除除法问题。

活动 9.14

最大能填几?

这个活动可以在小组内或全班一起进行。先从整个班开始,示范应该怎么玩。

先展示如下这些缺失因数的式子:

4×□→23,还差_____

6×□→27,还差_____

□×7→55,还差_____

要求学生在头脑中确定缺失的因数并准备和大家分享,然后请几名学生分享自己的答案以及想法。最后,提问如果□填了那个因数,那么还差几。这个游戏还可以改成除法形式重复进行:

40÷9→□,剩下_____

五. 加强基本事实的掌握

当学生"就是知道"一个事实,或者可以很快运用推理策略得到结果,以至于都觉察不到自己的思考过程(如,凑 10),此时他就达到了第三阶段即熟练掌握。CCSS－M 中用"从记忆里知道"来描述这个阶段(NGA Center & CCSSO,2010,pp. 19,23)。反复体验推理策略能有效地将数学事实留存在记忆中,单纯地记忆背诵反而达不到这个效果。因此,侧重于推理策略的游戏或活动要比用算式卡片做单调的练习更加有效(对学生来说也更容易接受)。学生对基本事实的掌握必须要达到精熟,因为在基本事实上仍然存在困难的学生往往不能理解更高阶的数学知识,计算会占用本应该集中于更复杂概念上的认知精力(Forbringer & Fahsl,2010)。

促进基本事实精熟度的游戏

游戏乐趣无穷、百玩不厌。因此它是学生学习数学事实、积累数学经验的一种很好的方式。

玩一些能够激发推理策略的游戏,有助于学生灵活选择策略、判断哪个策略更适合给定的问题,同时也能让学生更高效、准确地找到答案(Bay-Williams & Kling,2014;Godfrey & Stone,2013;Kling & Bay-Williams,2015),这些恰恰是达成基本事实精熟度的四个要素。此外,游戏还增进学生的参与度,鼓励学生之间的互动,并且促进交流——所有这些都与学业成就的提高有关(Forbringer & Fahsl,2010;Kamii & Anderson,2003;Lewis,2005)。

游戏能帮助学生学习并巩固推理策略,活动 9.15 这样的游戏(还有其他相近的游戏)能帮助学生在未知的事实问题中寻找已知的事实。学生玩得越多,就越善于将未知事实分解为已知事实。教师使用游戏时,要在关注相关数学事实和学生需要练习内容的同时,鼓励学生讨论他们的策略从而提高他们自我监控的能力,帮助他们逐渐使用更高效的策略。这个活动中对行列的使用能帮助学生看到怎样通过分解和重组来利用已知事实推理解决未知事实。

活动 9.15

推理乐趣多

游戏需使用乘法行列卡(需探索 3 的乘法、4 的乘法、6 的乘法或 9 的乘法),一根细直的小棒(例如没煮过的意面),两个骰子,六面上分别写着 3、3、6、6、9、9 和 0、1、4、6、7、8。用边长 1 厘米的方格纸裁出每种可能的尺寸做出乘法行列卡,再在上面写上两种算式(如,剪出一个 5 乘 6 的方格,就在方格卡上写 5×6 和 6×5)。将所有卡片摊开在桌上方便查看。玩家 1 掷骰子并选出相应的方格卡,再用细棒将它分成已知的事实。如玩家 1 掷出了 3 和 6,则应当选择 3×6 的方格卡。他可以将其拆分为 2×6 和 1×6,或者 3×5 和 3×1。如果玩家 1 能够利用已知事实推理解决这个问题,就得 1 分。将方格卡放回桌面,再由玩家 2 重复以上过程,游戏继续直至有人得到 10 分为止。一开始学习有困难的学生玩时,可以只关注一组基础乘法事实,比如,都从 5 的乘法开始推理。

"敬礼!"游戏能同时练习加法和减法(或乘法和除法),且游戏只需一副扑克。

活动 9.16

敬礼!

将学生分成三人一组,给每组学生一副扑克(取出大小王、J、Q、K,将 A 看作 1)。两个学生在不看牌的情况下各自抽取一张牌放在自己的前额上,正面朝外(让他人能够看到牌面)。没有牌的学生则告诉他们两人牌的和(或积)是多少。两名学生中,先说出自己额头上的牌是多少的可以赢得这组牌。每名学生都要解释他们是怎样得到和(或积),或者怎样想出自己额头上的牌是多少的。每名学生都解释后,交换角色继续游戏。对学习困难学生以及学习主动性不高的学生,游戏进行的速度过快会阻碍他们的参与,增加焦虑感,因此要注意去除这些障碍。游戏还可以通过只放某些特定的扑克牌来做出调整(比如,只用 1~5 的加减法)。

表 9.2 提供了一些将经典游戏改编为关注基本数学事实精熟度的方法[①]，以及适应不同学生的差别化做法。

当学生学习了所有事实之后，还需要通过游戏和活动来继续强化对这些事实的掌握。下面这个活动能够让学生创造性地应用四则运算。

活动 9.17

数字保龄球

在这个活动（Shoecraft，1982）中，要画一些按三角形形状排布的圆圈，看上去就像排列好的保龄球瓶。在最底层的圆圈中标上 1，上面一层标上 2、3，依此类推直到 10。对有不同文化背景的班级，要保证学生都熟悉保龄球（如果学生不熟悉，考虑给他们播放一段保龄球视频）。

使用三个骰子。学生掷骰子得到三个数，就用这三个数组成算式，使结果等于保龄球瓶上的数。例如，如果掷出了 4、2 和 3，并组成算式"4×2- 3"等于 5，他们就能"击中"5 号瓶。如果他们能够生成算式把所有 10 个保龄球瓶都击中，就完成了一次漂亮的"全中"。如果不能，再掷一次，看看他们能不能击中剩下的瓶子。全班活动之后，可以分小组继续进行。

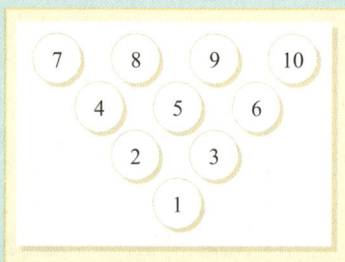

评价角

当学生参与游戏和活动时，通过访谈可以发现学生处于哪个阶段：是数数阶段、推理阶段还是熟练阶段，让学生讲讲他们刚才用了什么策略。如果观察到有学生还在数数阶段，就应该鼓励他尝试推理策略；如果很多学生都在数数阶段，就要帮助他们积累更多的相关经验（如，十格板的使用）。

表 9.2　针对数学事实精熟度的经典游戏改编

经典游戏	如何用其促进基本事实精熟度	差别化教学建议
宾果卡	宾果卡的每个格子里都有一个算式（如，2×3），同一个算式会出现在不同的宾果卡上，但位置不同。教师喊出一个答案（比如，6），让学生在自己的卡上找到相应的算式（一个或多个）。	做一些宾果卡，使每张卡上的算式组聚焦不同策略（如，有些卡上是双倍或双倍加一，另一些卡上是凑 10）。确保你所喊出的答案均匀混合了各组算式，使每个学生都有相同的机会赢得比赛。

[①] 本活动反映了 Forbringer & Fahsl（2010）和 Kamii & Anderson（2003）的观点。

续　表

经典游戏	如何用其促进基本事实精熟度	差别化教学建议
集中精神	制作一些卡片,一半写着算式(如,3×5),另一半写着答案(如,15)。将卡片打乱后正面朝下放在 6×4 的格子里。翻一张卡片 3×5,要找到配对的 15,要记住它们的位置。一次只能翻一张卡片,翻完了还要扣上(如果需要,也可以做更多的格子来放更多卡片)。	每轮游戏选择侧重一些特定事实的卡片(比如,"+1"和"×5")。游戏可以多组同时进行——每组都使用他们需要加强的那部分算式卡片,此外也可以考虑给数字配上十格板图案,用可视化材料辅助学生思考。
多米诺骨牌	制作一些一面写着算式另一面写着答案(答案与算式并不匹配)的多米诺骨牌。每名学生拿到的骨牌数量相等(8 枚左右)。轮到一名学生时,他/她要根据牌堆最上面的答案(或算式),从自己的骨牌中找出与之相配的算式(或答案)的骨牌,并将之扣在牌堆上。只有当她/他的牌里面有当前牌的答案或对应算式时,他才可以打出一张牌,否则就越过。	就像其他游戏一样,可以选择重点关注某些特定事实的多米诺骨牌。
四子棋	制作一个 6×6 的正方形棋盘,将和(或积)写在每个方格中。在下面列出数字 0 至 9。两个玩家一组,每人使用一种颜色的圆片做棋子。第一轮时玩家 1 选择两个数各放一个标志(回形针),算出两数的和(或积)并把圆片放在棋盘相应的格子中,玩家 2 只能移动其中一个回形针,同时把自己的圆片放在相应的格子中,率先让自己的四个圆片连成一条线的玩家获胜。	棋盘下列的数值不必是 0~9 全部,可以只列出相关的加数(或乘数)。比如:如果想练习"+1"和"+2"的话,可以使用 1、2、6、7、8、9;如果想练习乘法算式的话,可以使用 3、4、5、6。
老手	给每个算式和相应答案各做一张牌,再做一张上面画有老手(或者你们学校的校徽)的牌。洗牌并发牌。轮到每个玩家的时候,他都需要从自己右边的玩家手中抽取一张牌,看看是不是能和自己手中的牌配成对(算式和相应答案)。如果能够配对,就将这对牌抽出来放下。随后该玩家左边的人再从其手中抽取一张牌,重复这一过程。直到最后找出所有配对的牌,只剩一个人手持老手牌。可以认定手持老手牌者(或没有老手牌者)或者是找出对子最多者获胜。	见上述游戏"集中精神"。

资料来源:Based on ideas from Forbringer & Fahsl, 2010, and Kamii & Anderson, 2003.

关于重复练习

缺乏推理的重复练习就是非问题驱动的单调重复,这已经被证明是低效的活动。重复练习可以加强记忆和提取记忆能力(Ashcraft & Christy, 1995)。因而,只有在学生已懂得策略,并处于从第二阶段向第三阶段发展的情况下进行重复练习才算是恰当的。而且,教师要让重复练习轻松且吸引人。本章中所给出的这么多游戏和活动,即便在学生仅凭记忆就能知道答案以后也可以继续玩。看见又要拿出纸牌玩"敬礼！"的时候，学生都会展露微笑！

　　遗憾的是，太多时候重复练习都因为量大而令学生感到沮丧又挫败，而且每个学生的进步速度并不相同——有天分的学生往往记忆力很好，而有些学生则会存在记忆困难（Forbringer & Fahsl，2010）。

基本数学事实的补救干预

　　对于到 3 年级尚未掌握加法事实，或到 4 年级（甚至更晚）尚未掌握乘法事实的学生，教师需要做一些补救干预来帮助他们。增加重复练习不算是干预，没有掌握数学事实的学生可能是被卡在了数数上（第一阶段），也可能缺乏数感和推理策略（第二阶段）。有效的补救是首先需要通过形成性评价弄清楚学生已知和未知哪些数学事实，其次要关注三个阶段——判断学生处于哪个阶段，然后针对具体推理策略进行显性教学（第二阶段）以达到熟练掌握（第三阶段）。参见表 9.3 和"基本数学事实的有效评价"小节，找出学生已知和未知的数学事实，然后在此基础上帮助学生掌握所有数学事实。

　　1. 详细讲解推理策略。学生掌握数学事实之所以存在困难，是因为没能在概念间建立相应联系。他们需要的是针对第二阶段的干预。这个时候的补救干预要有针对性，所以全班讨论就不一定合适。把策略仔细地讲给这些学生，随时检查他们理解与否，并在他们应用策略时提供出声思考的机会。

　　2. 给予希望。前面讨论过计时测验会影响学生的信心，学生可能会觉得自己注定要永远数手指了。要让这些学生知道探索策略会帮助他们熟练掌握数学事实，关掉计时器，缩短（或取消）小测。

　　3. 创建清单。把已知和未知的数学事实以及推理策略都整理出来，找出哪些数学事实是学生快速且容易解决的，哪些不是（参见本章先前讨论的评价理念），让学生也用这样的方法进行自查。仔细观察他们掌握了哪些数学事实、正在使用哪些策略。例如，给学生提供混有各种乘法算式的纸，让他们说出"就是知道"的算式答案，并圈出其他需要停下来数数或者使用策略思考的，列出清单后与他们一起讨论分析还需要掌握哪些数学事实及推理策略。

　　4. 在成功中成长。从更简单且有用的推理策略开始，如 10 的组合。成功是成功之母，让学生找出所有能用新学策略解决的算式，还可以用表格记录正在探索的系列算式。当这张表以令人惊讶的速度被填满时，成功的喜悦也会填满学生的内心。

表 9.3　关于基本数学事实精熟度的常见挑战与错误认识、具体表现及教学策略

常见挑战与错误	具体表现	教学策略
1. 学生不认识互逆关系	面对减法"14－9"，学生不能想成"什么加 9 等于 14？"或者面对除法"36÷4"时不能想出"几个 4 等于 36？"	使用三角形和 T 形卡。明确地练习这里所使用到的语言。

续　表

常见挑战与错误	具体表现	教学策略
2. 学生不能运用交换律	学生在做 $2+8$ 的时候比做 $8+2$ 慢(他们可能是从第一个数开始接着数)。 学生能算 3×8,但是不会算 8×3。	对于加法,用十格板表示每个加数,并将十格板图颠倒,增添可以交换的情境(部分-整体问题)。 对于乘法,使用可以旋转的面积和阵列模型展示 $3\times8=8\times3$。
3. 乘法中应用加一组(或减一组)策略时,学生忘记每组的大小	对于 9×8,学生先利用 10×8,但减去的不是"1个8",而是1,结果得79。	提供一些用行列表示的问题例子。 展示如何利用已知事实来加或减去行列中的一行(或一列)来解决问题。强调组或行的概念。

5. 提供有趣的活动。使用本章介绍的诸多游戏与活动来推动第二阶段和第三阶段的达成,在学生做这些游戏时询问他们正在使用哪些策略,要弱化竞争、强调合作。准备能带回家做的游戏并要求学生在家时至少玩一次,还可以邀请家长来参加"数学之夜",教他们一些大家都能乐在其中的游戏(如,"敬礼"),引导家庭成员在玩游戏时重点关注推理策略而非记忆。

教师在基本数学事实的教学中应该怎么做? 基本数学事实对于所有学习者而言都是非常重要的生活技能。教师应当使用研究证明的那些行之有效的实践方法,笔者就用下面这些建议来结束本章的讨论吧。

1. 让学生自我监控。这项建议的重要性怎么强调也不为过。在任何学习中学习者都需要意识到哪些知识点是自己未知的。在发现自己的"难点"并继续学习一些策略后来推导出这些数学事实才是真正的学习。

2. 关注自己的进步。帮助学生意识到自身的进步,或者是他们正在学习新的数学事实和策略,或者对已有策略更熟练的应用。学生记录下自己解答"算式卡片"时所用的策略,两天后再拿出同样的卡片,看看是不是比上次解答更快(或更加精确或使用了新策略)。

3. 数学事实的学习是个长期过程。数学事实的学习是个长期渐进的过程,与其只花一个单元的时间来死记硬背这些数学事实,不如月复一月地反复学习,要对一种策略或一系列数学事实掌握之后再继续学习新内容。先学习基本数学事实,在学生已烂熟于心之后,再学习如何由基本数学事实推导出其他数学事实的策略。

4. 家庭的参与。把一年的数学事实教学的整体计划分享给家长,同时让学生把游戏带回家。如果学生不知道某些数学事实,鼓励家长使用推理策略来帮助他们(给他们提供这些策略和一些好的问题)。

5. 让练习变得快乐。有很多游戏(包括本章中的游戏)旨在用压力小、竞争性小的方式让学生轻松快乐地强化数学事实的学习。

6. 使用科技的支持。科技手段通常能及时给学生反馈,从而帮助他们自我监控。

7. 强调数学事实的重要性。在不增加压力和焦虑的情况下,向学生强调在现实生活和其他数学内容中，他们都将不断用到这些数学事实——他们真的需要把数学事实学会、学好。

教师在基本数学事实的教学中不能做什么？ 下面所列的做法可能出于良好的设计意图，却不利于学生学习基本数学事实，所以教师应该加以避免。

1. 不要使用计时测验。正如前文所述，计时测验几乎测不出什么，还会对学生造成潜在的负面影响。把计时器关掉吧！

2. 不要公开对学生的精熟度作比较。有些教师会做个大布告栏，上面列出每个学生的乘法事实位于哪一级。想象一下，那些处于第三级的学生看到别人都处于第六级时会是什么感觉。庆祝学生的成功固然是好的，但要避免学生之间的横向比较。

3. 不要按照从 0 到 9 的数字顺序学习数学事实。先学习基础数学事实，然后再学习较难的。

4. 不要同时学习所有数学事实。选择一种策略（从容易的开始），直到学生对该策略（如，两倍）的系列事实达到熟练自动化后再学习新内容。

5. 不要期待很快达到自动化。本章自始至终都在强调这一点，但仍有必要再重申一次。熟练掌握或自动化是只有在学习推理策略相当长一段时间后才能达到的。

6. 不要把熟练掌握数学事实作为学好数学的入门凭证。数学并不仅仅关于计算，数学是有关推理、找规律以及解决问题。因学生尚未掌握所有基本数学事实就被排除在真正的数学体验之外，这是没有道理的（允许使用计算器，这样学生在进行其他复杂任务的时候就不会因为计算而陷入困境）。

7. 不要把掌握数学事实作为使用计算器的前提条件。要求学生在使用计算器之前先掌握基本数学事实是没有依据的。计算器的使用应基于当天的教学目标，如果课程目标是让学生发现长方形周长的规律（公式），那么使用计算器可以加快这一课中的计算，并保证本课的侧重点是在测量上。

学习目标

在阅读本章内容之后,你应该能够完成如下学习目标:

10.1　理解前位值阶段就是以逐一计数的方法得到数量;

10.2　理解位值的基本概念包含三个要素:通过分组计数得到十进制概念、用位值表示法写数和读数;

10.3　掌握如何用十进制计数模型来发展学生对位值的理解;

10.4　体会学生如何通过分组活动来加深对位值概念的理解;

10.5　掌握有助于培养学生写数和读数能力的教学策略;

10.6　理解十进制计数系统中的那些内在规律是我们计算策略的基础;

10.7　掌握如何把位值系统的概念扩展到大的数。

数感是对数丰富的关系性理解,它与我们对位值以及十进制计数系统的全面认识密切相关,包括从整数到小数的扩展。在幼儿园和小学 1 年级,学生数数分别数到 100 和 120,同时会接触到这些数中的规律,但更为重要的是,他们会学习把 10 个物体看成一个单位来思考。到了 2 年级,这些规律和以 10 个为单位的初步想法就与三位数建立了正式的联系。随后在 4 年级,学生会通过多样的情境将他们对数的理解扩展到 1 000 000。在 4 年级和 5 年级时,学生会把他们对位值的理解,归纳总结为一个数中数字位置的关系,即如果数字向左移动一位时,它所代表的数值是之前数值的 10 倍。这种关系也会与后面学习的小数建立起联系,即当数字向右移动一位,则它所代表的数值是原来数值的十分之一,这种关系在学生学习 10 的幂数时至关重要(NGA Center & CCSSO,2010)。

位值概念发展的一个重要体现就是学生在做两三位数的加减法时,可以通过多种方法把数合在一起(组合)或者把数拆开(分解)。位值是学生理解大的数的一个重要途径(Mix, Prather, Smith, & Stockton, 2013),也是他们发展运算策略的基础。如果学生对位值没有坚实的基础和透彻的理解,他们的数学成绩可能会长期处在较低水平(Chan & Ho, 2010;Moeller, Martignon, Wessolowski, Engel, & Nuerk, 2011)。下面的大观念是学生完全理解位值以及认识位值在计算中重要性的基础。

大观念

○ 十（或 10 个十）可以看作一个整体或单位，例如，32 个物体用十进制语言来描述，就是 3 个十和 2 个一。

○ 一个数中每个数字所处的位置决定了它代表的实际数值，或者说它所代表的单位是什么，这是位值计数法的根本原则，也是发展数感的核心。

○ 数形成的方法是有规律的。例如，每 10 个数都会反映出一个符号规律，即 0 到 9 的序列（如，20，21，22，…，29）。

○ 把一个数分成以一、十、百为单位的几个部分，可以有不同的表示方法。例如 256，除了我们通常使用的方法，把它分成 2 个百、5 个十和 6 个一以外，它也可以表示 1 个百、14 个十和 16 个一，或 25 个十和 6 个一。对多位数进行灵活的分解和组合是进行估算和精算的必备基础。

○ 大的数的概念很难建立，最好是联系学生熟悉的现实生活来理解。例如，对于有相关经验的人来说，当地运动场满座的人数就是一个有意义的参照。

一. 前位值阶段

早在幼儿园阶段，儿童就对两位数（10 到 99）有了很多的了解。例如，幼儿园的孩子们经常会做这样的练习，数教室里一共有多少名学生或是将手中的书翻到特定一页，等等。通过诸如此类的活动，他们学习数到 100，也能直接数出 20 个甚至更多的物体。但是最初他们对此的理解与我们还是有很大的不同，学生通过逐一数数来获得数量，所以 18 对他们来说就意味着是 18 个一，他们还不能把一个数按照位值进行拆分——一个小孩在数出 18 个泰迪熊之后，他可能告诉你 1 代表 1 个泰迪熊，8 代表 8 个泰迪熊，这样的孩子就是还认识不到我们总是 10 个一组地进行分组。

回顾一下莱特（Wright）和他的同事关于儿童理解"10"的三个发展阶段：（1）儿童把 10 理解为 10 个一；（2）儿童把十看作一个单位；（3）儿童把十看作一个单位并轻易地加以运用。下面我们来看看如何评估学生所处的发展阶段。

评价角

在一次诊断性访谈中，让 1 年级或 2 年级的学生数出 53 个小方块，仔细观察并注意他们数方块的方法，是每次只数出一个推在一旁，并且没有任何形式的分组，还是有每 10 个一组的分组操作，再让学生把他们数到多少个方块的数写下来。一些学生可能会将数字完全颠倒，把"53"写成"35"。你会发现早期学生一个一个地数方块时并没有把 10 看作一个单位（第一阶段），因此这些学生正处于前位值阶段。他们知道一共有 53 个方块，"因为我刚数过"。通常学生能正确地写数和读数，但是他们对 53 的理解仅源自逐一计数的方法,没有你的帮助,学生很难有意义地使用 10 个一组的方法来表示数量。

即使学生告诉你在 53 中,5 在"十位"上或里面有"3 个一",他们可能仅仅知道数位名称而并没有真正理解"十位"上的数字代表的是有多少个十。与此类似,当学生在使用十进制方块时,他们可能会把一个由 10 个小方块组成的长条称为"十",单独的一个小方块称为"一",但是他们可能并不清楚组成一个十需要几个一。学生虽然能够把这些数词加到计数器或计数模型前面,但实际上可能对这些词代表什么并没有真正的理解。

学生们确实知道 53 代表"很多",并且比 47 要多(因为他们数数的时候先数到 47,之后才数到 53),但最初他们认为"53"是单个的数字。在这个阶段,他们并不知道 5 代表的是 5 组的"十"个物体而 3 则代表 3 个"一"的物体(Fuson,2006)。福信(Fuson)和她的同事将学生对数的这种前位值理解称为单一的,即学生没有 10 个一组的概念,即使两位数和数量相关联,他们最初也只是靠逐一数数来认识数量。

二. 发展整数的位值概念

位值的理解并不容易。首先需要建立以"十"为单位的概念,这个概念的建构对学生而言是全新而困难的。其次,还需要将这个概念与一些程序性知识进行整合,这里的程序性知识是指在我们的位值系统中,数是如何分组记录以及读写的。重要的是学生要理解分组这个词的含义,对于学生而言,他们可能很困惑,因为分组这个词通常是指学生的小组合作学习。

将十进制分组与逐一数数相结合

一旦学生能用逐一数数的方式数出 53,就可以开始帮助他们认识到把数分成几个"十"加上剩余的"一"也是数出相同数量的一种方式。图 10.1 中每组小方块都是 53 个,学生都要经历这三种不同的阶段从而理解每组数量其实都相同的概念。

处于不同阶段的学生之间有着细微而又本质的区别:一些学生知道,以十进制方式分组的数量一定是 53,因为他们明白 5 个"十"加上 3 个"一"与逐一数出的 53 在数量上是完全一样的。另外一些学生只能简单地说"它就是 53",因为他们只记得学过如果按照这种方式进行分组,就叫作 53。理解位值的学生明白没有必要再对一个以十进制方式分组的数量再进行逐一计数去核对了。他们理解无论是逐一计数得到的"53 个一",还是十进制分组下的"5 个十和 3 个一",其实是相同的。而处于前位值阶段的学生,对于以十进制方式分组的方块,问他们如果一个一个地数会数到多少,或者如果不分组的话一共有多少,他们可能就不太确定了。

教师的首要目标应该是帮助学生整合两种概念:逐一数数获得的数概念与以"十"来分组的概念。如果学生只是逐一数数,问他们:"如果我们用十个一组和个(或用十和一)来数,会发生什么?"如果学生已经按照十和一来分组并计数,则问:"我们怎么能确定这里共有 53 个?"或"如果我们一个一个地数,你觉得我们会数到多少?"对于"不同数法得到的总数都是相同的"这一点,必须要学生通过自己构建关系才能理解,简单地告知学生这个概念他们是不会理解的。

分组阶段	直观示意图	数数的方法	学生具备的能力
逐一数数阶段	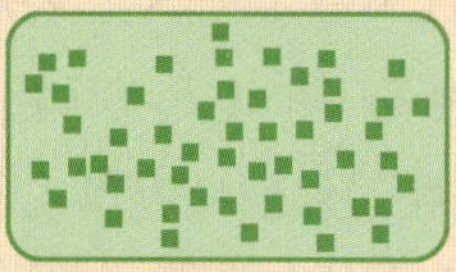	1、2、3、4、5、6、7、8、9、10、11,等等	◆ 能逐一计数说出有多少个。 ◆ 不能把 10 看成一个单位。 ◆ 确定每组数量是否相同的唯一办法便是逐一计数。
标准十进制分组阶段	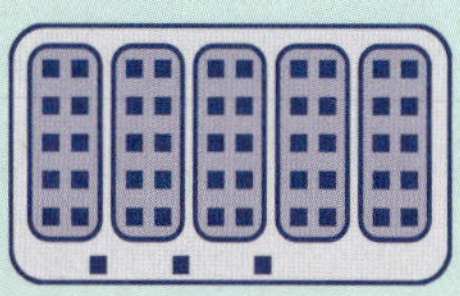	1 个"十"、2 个"十"、3 个"十"、4 个"十"、5 个"十",加上 1 个"一"、2 个"一"、3 个"一";或 10、20、30、40、50、51、52、53	◆ 把 10 个物体作为一个单位来数。 ◆ 使用逐一计数与十进制相配合的方法,说出有多少个。
等价非标准十进制分组阶段		学生先对要数的物品进行分组交换,再数数:10、20、30、40、50、51、52、53	◆ 把这些小方块以"十"和"一"为单位灵活地分成各种形式,例如 4 个"十"和 13 个"一"或 3 个"十"和 23 个"一"。 ◆ 用多种方式对一个数进行重组交换,从而方便计算。

图 10.1　分组计数的三个阶段:以 53 个小方块为例

反思角　前位值阶段学生与理解位值的学生,他们各自有哪些明确的特征?

　　等价非标准分组与标准十进制分组(即分出最多个数的"十")是不同的,等价非标准分组是指"十"的个数少一些的分法。对二者等价性的理解表明不仅要遵循以"十"为单位进行分组的原则,同时还要明白任何以"十"为单位进行的分组方式(包括所有数量都以"十"为单位,或部分以"一"为单位)都能帮助我们知道有多少个。很多计算方法(如加减法中的重组)都是基于这个等价非标准分组的。

十进制分组语言

　　我们读数的方法也一定要与十进制分组的概念联系起来。以"十"和"一"为单位进行计数就可以让我们在读数时把它们区分开来,以 53 为例,如"5 个 10 和 3"。把"十"的个数和"一"的个数分开的说法可称为十进制语言,学生可以把这种十进制语言与标准语言结合起来:五个"十"和三——五十三。

　　"53"的十进制语言有一些变式:5 个十和 3、5 个十和 3 个一、5 个十和 3 个等等,每种形式都可以与标准语言"五十三"互换使用。其他语言也经常会使用十进制的格式(例如:西班牙语中的 17 就是 *diecisiete*,字面意思为"10 和 7"),这也是一种很好的文化联系。

　　教师使用的语言要精准。无论在什么时候,在提到十位、百位、千位(或更高位)上的数时,一定要保证带着这个数的位值,如十位上是 6,就不能仅仅说"6",而要说 6 个十(或 60)。如果把数当作数字而不是它们的数值来讨论,很容易造成学生的困惑。

十进制分组与位值表示法相结合

我们对数量的分组方案一定要与写数的符号方案（个位在右边，十位在个位的左边，依此类推）协调一致。可以如图 10.2 所示来设计活动，使学生能直观地把以"十"和"一"为单位的分组和各个数字的正确记录联系起来。

语言在建构这些联系中又一次发挥着重要作用。明确地以"十"和"一"为单位来计数，正好与我们通常从左到右的书写方式下的每一位数字相对应，类似的对应关系对于"百"以及其他位值也是一样的。需要注意的是，学生遇到最初的挑战就是把 10 同时看成是 10 个"一"和 1 个"十"。

图 10.3 总结了到目前为止我们已经讨论过的关于位值理解的观点。当学生能够灵活地整合十进制概念、数的书面表达以及口头表达时，图中所示的三种计数方法都支持关系性理解。

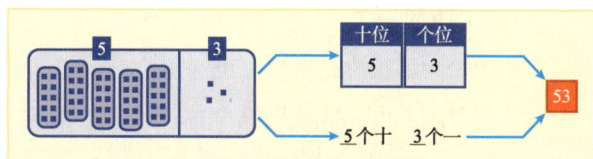

图 10.2　以 10 为单位的分组与位值标签上的数相匹配，最终写成标准形式

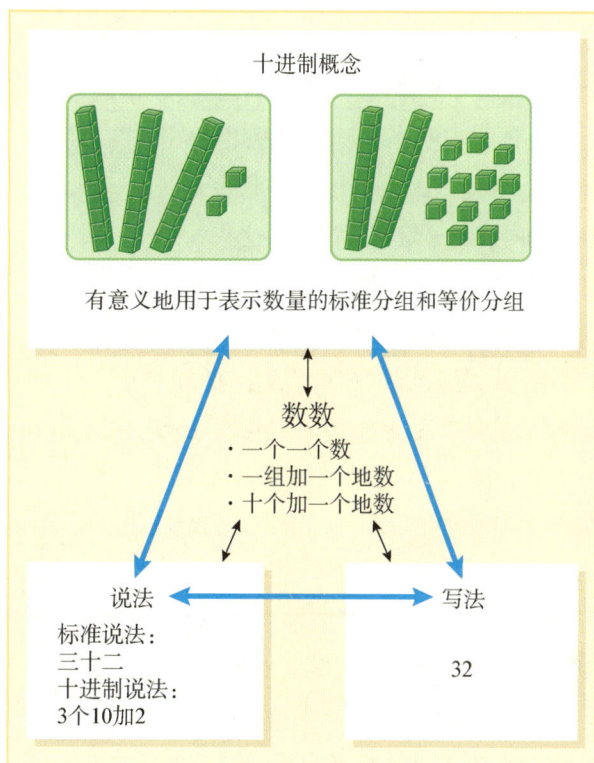

图 10.3　对位值的关系性理解

三．位值的十进制模型

学生在学习十进制的概念时，要在位值系统（每个数位有一个位置值）的基础上融入乘法的理解（每个数位的位置值都是其右边数位的 10 倍）——这正是在乘法学习之前的一个难点。十进制概念的实物模型是十分重要的工具，它能帮助学生发展"10"既可以看作一个单位又可以看作 10 个一的思想，特别是对于能力水平较低的学生来说更是必不可少（Mix，Smith，Stockton，Cheng & Barterian，2016）。需要强调的是，并不是模型本身"展示"了这种思想，而是学生必须自己在脑海里构建"十合成一的关系"，并将其应用于模型之中。

一个有效的个、十、百的十进制模型是成比例的，也就是说，模型"十"的大小是模型"一"的 10 倍，模型"百"的大小又是模型"十"的 10 倍。这些成比例的材料可以让学生查看任何一栏中的 10 小块与它左边栏目中的 1 块是相等的（如 10 个十等于 1 个百）。十进制比例模型可以分成可分组模型和预制分组模型。

可分组模型

最能清楚地反映个、十、百之间关系的模型，便是学生可以用单片或单位一来构造出"十"，并能验证其数值的模型。当学生往杯子中放入 10 粒豆子，那么这个装有 10 粒豆子的杯子就与单个的 10 粒豆子是完全一样的，用橡皮筋捆绑 10 根小棒或咖啡搅拌棒、10 个塑料可连接立方体拼成一长条等同样可以构造出"十"，后者还因为它们相似的形状可以方便地向预制分组模型过渡。这些可分组的模型示例如图 10.4(a) 所示。

当学生构造出"十"的分组时，他们开始通过匹配实物介绍"十"这个词，如："几杯也就是几个十和几个""几捆也就是几个十和几根"等，然后逐渐形成概括性的语言，比如"几组十"。最终，可以将之简化为"十"，如"4 个十和 7"。

随着学生对这些模型越来越熟悉，构造"十"的活动可以让学生提前进行，并对那些现成的"十"加以保留（如：保留成捆的木棒，连成长条的可连接立方体等）。通过这种方法就很自然地过渡到了下面描述的预制分组模型。

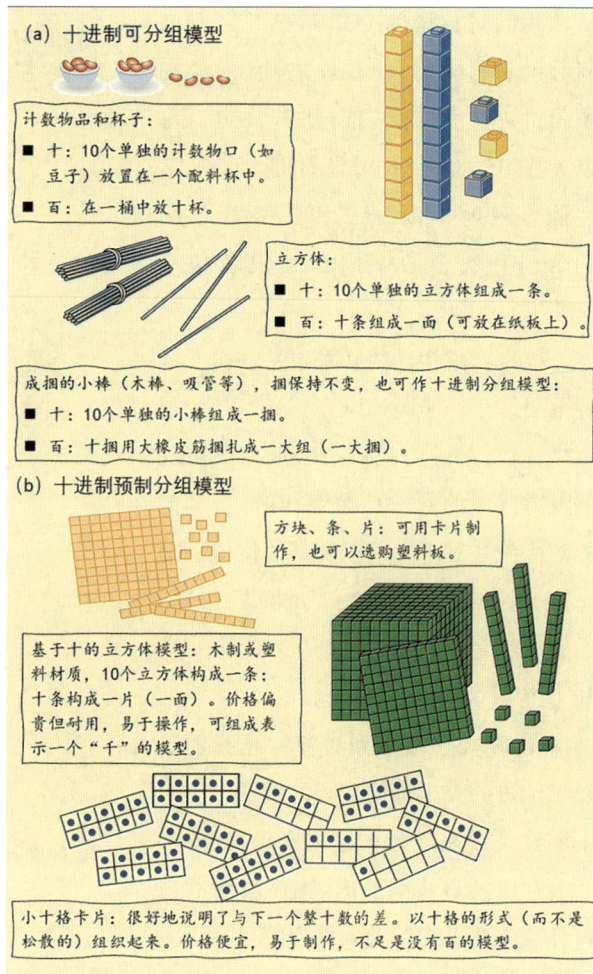

图 10.4　十进制可分组模型与预制分组模型

预制分组模型

预制分组模型在教材中很常见，教学活动中也经常会用到。如图 10.4(b) 和十进制材料中所示，预制分组模型不能拆开或拼合。10 个单片必须通过交换得到 1 个"十"，同样地，由"十"得到"百"也要通过交换。预制分组模型的优势在于它们易于使用，并且能有效地构建大的数。

对于预制分组模型，让学生理解一个表示"十"的模型的确与 10 个"一"相等是重点。尽管有现成的表示 1000 的立方体，我们仍然需要让学生实际操作，将 10 个代表 100 的模型组合起来，并形成一个大立方体，从而让学生直观地感受到是如何形成 1000 的。否则，可能有些学生仅仅数六个面上看得见的正方体，而误以为这个立方体代表 600。

小小十格板很容易让学生联系到早期认数时就很熟悉的十格板，因而开始可能感到比那些用纸条和方块制作的十进制材料更亲近。小小十格板的突出优势在于它总能显示一个数与下一个整十数之间的差,例如,用 4 张整十的卡片和一张 7 的卡片表示 47 时,学生可以看到再加 3 就可以凑满 5 张整十的卡片,即 50。

如果学生没有足够的可分组模型的操作经验,直接使用预制分组模型就会遭遇很大的挑战。学生有可能在使用时没有真正思考"10 到 1"的关系。例如,如果仅仅告知学生"10 个一"可以换成"1 个十",他们很可能在做交换时完全不注意他们称为"十"的模型确实包含 10 个。类似地,学生可以简单地用 4 个十和 2 个一来表示 42 这个数,却并不理解如果把它们全部打散成单片就得到 42 个一。

非比例模型

非比例模型,即表示"十"的模型大小不是"一"的 10 倍。非比例模型并不适用于在引入位值概念的时候使用,而适用于学生对计数系统有了一定的概念性理解需要进一步强化,或是高年级学生学习相关内容遇到困难需要返回重新认识位值概念的时候。非比例模型的例子包括在不同列柱上有相同大小珠子的计数器、钱币以及以颜色来确定位值的圆片。

四. 发展十进制概念的学习活动

在对位值这一重要概念有了一定的了解后,我们来看看哪些活动可以帮助学生发展位值概念。本节将重点介绍十进制或是以十来分组(请看图 10.3)的概念,要把这个重要想法与数的口语名称和书面名称结合起来(图 10.3 中所示其余部分)。为帮助教师更好地开展课堂活动,我们对这二者分别作了讨论。然而在课堂上,关于数的口头和书面名称应该与概念同时发展。

分组活动

试想一下若是日常说数"7 个一",听上去会有多奇怪。当然,学生也从来不会说"我 7 个一岁啦"。"十"这个词用来称呼单独一个组更让人费解,想想这句话"十个一组成一个十",第一个"十"表示它的通常含义,即 10 个东西,而后一个"十"则是一个单独的名词,代表一个东西。学生多年以来都很熟悉的表示很多东西的某个词怎么突然就变成一个东西了呢?

学生是通过逐一计数开始发展十进制概念的,所以教师应该将逐一计数作为教学的起点。教师不能武断地强迫学生以 10 来分组,学生需要尝试以不同的数来分组以展示数量,最后达成共识:以 10 来分组十分有用。作为发展分组概念初次尝试的样例,下面的活动可在 1 年级结束时来完成。

活动 10.1

分组计数

找一些学生可能会感兴趣去数的物品,数量在 25 到 100 个之间,比如教室里的鞋子、容器里的小方块、一长串塑料扣条或是蜡笔盒里的蜡笔等。然后抛出问题:"相比于一个一个地数,我们用什么方法数起来更容易一些?"无论孩子们给出什么样的建议,都让他们试试看。在尝试了几种方法之后,可以带着学生对各种方法的优劣进行讨论。如果没有人建议用 10 为单位来数,教师可以装作随意地提出这个想法让他们尝试。

一位教师让学生每人装了一些立方体（这些小立方体可以连接在一起）在自己口袋里，然后教师挑战学生们去找到一个好的方法来数一数所有的立方体。学生的第一个建议是用7为单位来数，经过尝试发现这并不是一个很有效的办法，因为用7来数对所有学生来说都很不容易。接下来继续寻找更有效的方法，有人建议用2为单位来数，这种方法相对于逐一计数也没有明显的优势。最终他们选定了用10来数并意识到这是一种有效且"快速"的方法。

在使用"快速"的数数方法之前，类似的一些活动还提供了建议将材料编排成10个一组的机会。牢记这一点，学生们可能会数"10、20、30、31、32"，但其实他们并没有完全认识到数量就是"32"。为了把以10为单位来数数的方法与学生自己理解的逐一数数的方法联系起来，这两种方法学生都要使用并讨论为什么数出的结果是一样的。

活动10.2是让学生以10为单位来分组，并且记录或说出数量。数词的使用是为了避免学生机械地把十位和个位与每个数字匹配，让学生用一种对他们来说有意义的方式去面对实际数量是非常重要的。

活动 10.2

以10来分组

准备一些袋子，分别装有不同类型的物品，如牙签、纽扣、豆子、塑料棒、连接立方体、小木棒或者其他物品。类似于图10.5左上方所示，这些袋子可以放置在教室周围的工作站或分发给同桌。学生清空袋子并点数里面的物品，再将数量以数词形式记录，然后把这些物品尽可能多地按"十"来分组，并将分组情况记录在表格中。完成之后将物品放回袋子，然后学生来到下一个工作站或学生间交换袋子。要注意学习有困难的学生最初可能需要借助十格板来辅助数数，到后来就不再使用十格板了。

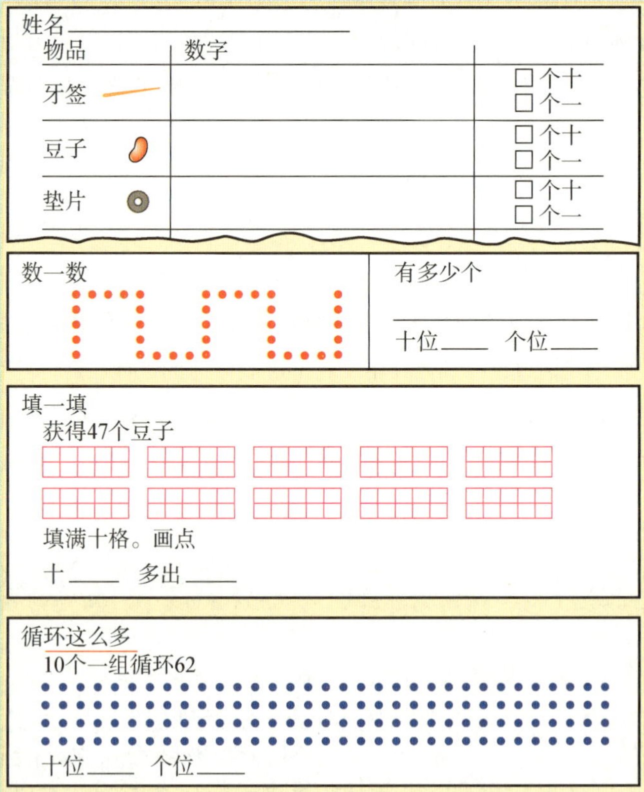

图10.5 数词和以10来分组相结合的活动

图 10.5 上另外 3 个记录单展示了"以 10 来分组"活动的一些变式。学生要先数出圆点数,再数出相应数量的圆片,并将它们 10 个一组地装在小杯中。需要注意的是,这个活动要求学生首先按他们所理解的方式去数(如逐一计数)物品,用文字来记录数量,再以位值来分组。

活动 10.3

几个十? 几个一?

让学生测量一个长度,例如,一个孩子躺下的长度或者一张报纸一周的长度。在该长度的一端排列 10 个单位(例如 10 个连接好的立方体、牙签、小棒或是方块等),学生先在记录单上写下他们预估的长度,即匹配该长度需要多少个十和多少个一。接下来他们将沿着整个要测量的长度摆放单位进行实际测量,再用逐一计数和以十来分组计数两种方式得出结果并记录。活动中估计有多少个十需要学生把 10 看成一组或一个单位来关注。请注意,图 10.3 包含了位值的所有三个元素。

评价角

请用课堂观察单来记录学生在活动中的表现情况。例如,学生是用什么方法数物品的? 他们按 10 来分组了吗? 他们数到 10 后又从 1 开始数了吗? 用这些方法来数数的学生其实已经在使用十进制结构了,但可能最初看到的情况不尽如此。例如,学生可能一口气数完而不是数到 10 就会停下来,并且也完全没有对材料进行分组的想法。如果注意到学生的这种行为,可以使用诊断性访谈,让他们数一数容器里的豆子数(在 30~50 之间)并记录。接着再问学生:如果把豆子每 10 个一组地放在一个小杯里,那么你需要几个杯子? 如果学生不知道答案或随便乱猜,那么该怎么评价这个学生对位值知识的掌握情况呢?

用"十"组成 100

在 2 年级,对数的掌握达到 1 000 变得很重要。这里的问题不仅是将逐一计数的概念与以 100 分组相联系,更应该是以多种方式来看待 100 这个数,包括 100 个物体、10 个十,以及单独一个整体。教材中经常就在一个页面上简单呈现这种联系,即用 10 根长条(由 10 个立方体组成)拼接到一起构成 100,这样的快速演示可能会让很多学生难以理解。此外,"百"这个词也相当奇怪并极少能得到关注,这些词的名称可并不像看上去那么简单。

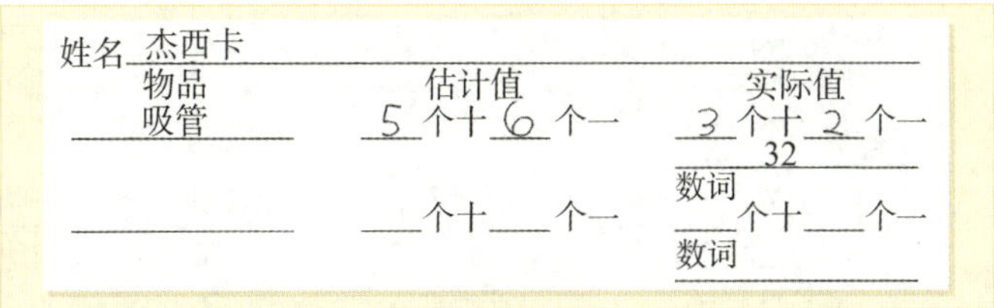

图 10.6　估计几个十和几个一的记录单

为强化 1 个百就是 10 个十、100 个一的想法,考虑下面的估计活动:多到数不清。

活动 10.4

多到数不清

　　向学生展示在 250 到 1000 之间的任意数量，例如，一个装了豆子的容器、一长串链环或回形针、一盒硬币或一个装满了吸管的购物袋。以豆子为例，首先让学生估计容器里有多少粒豆子并记录下来，再让他们讨论是如何确定估计结果的。然后把豆子分发到各个小组中，每个小组可以是 2~3 名学生。让学生把豆子放到杯子里，每个杯子装 10 粒。再把各个小组剩余的豆子收集起来，同样也把它们按照 10 粒一组放到杯子里。此时提问："我们可以怎样利用这些以 10 来分组的结果得出我们共有多少粒豆子？我们能否把这些组再组成新的组？10 个 10 叫作什么？"要提前准备好一些更大的容器或袋子，能装得下 10 个杯子(或者其他 10 组 10 个物品的组合)。当所有的组都分好之后，分别数出有几个百、几个十和几个一，最后以如下形式记录总数：4 个百+ 7 个十+ 8 个一。这个活动的数量若超过 1000,还可以扩展到 3 年级来开展。

　　在这个活动中，使用可分组模型进行操作非常重要，因为这样可以让学生看到 10 个十与 100 个一是完全相等的。一开始可能会觉得这样操作太费时间，但恰恰就是这样的活动有助于巩固数之间的联系。如果只是简单地展示预制分组模型，如画有 100 个方格的纸片或表示 100 的积木片，就会很容易丢掉这种联系。

等价非标准表达式

　　分组活动的一个重要变式就是强化等价非标准表达式。例如，可以给刚刚完成活动 10.2"以 10 来分组"的学生提出下面这个任务。

　　除了 4 个十和 2 个一，你还可以用其他什么方法表示 42? 让我们看看你能找到几种方法。

　　有意思的是，大部分学生紧接着想到的又是 42 个一，下面的活动侧重于创造其他的等价表达式。

活动 10.5

环连环

　　向学生展示一堆物品,其中只有一部分是按 10 个一组分组,其余是单个摆放的。例如,5 根由 10 个环组成的链条和 17 个单独的环,首先要确保学生了解每根链条上都有 10 个环,然后让学生用自己的方法数出有几根链条和几个单独的环。再提问："一共有多少个环?"记录所有的答案并讨论他们是如何得出的,接下来当着所有学生的面改变分组情况(用 10 个单独的环组成一根链条或是将一根链条拆开成 10 个单独的环)并重复,在整个活动过程中不要改变环的总数。当学生开始认识到总数没有发生任何改变时抛出问题：如果使用十和一为单位,这些物品还可以用哪些方式进行分组?

如果你是在教 2 年级学生的话,那么把 100 用十来分组得到的等价表达式,就可以帮助学生理解一百就等于 10 个十的概念。下面的活动与"环连环"活动相似,区别在于这个活动使用的是预制分组材料,并包含了"百"这个单位。

活动 10.6

三种其他的方法

同桌两人或小组内开展活动。学生先用十进制计数器,用标准方式(4 个百,6 个十,3 个一)在桌上表示出 463,接下来他们要找到并记录三种其他的方法来表示这个数量。这个活动还有一个更具挑战的变式:让学生用指定个数的模型来表示这个数。如:你能用 31 个珠子来表示 463 吗?(该问题的答案不止一种)

当学生积累了足够多关于预制分组模型的经验后就可以用一种半直观的点-线-块符号系统来记录个、十、百(详见图 10.7)。用这些图形符号来强化单位化的概念,并建议学生用它们来记录思考的过程和结果。

下面的活动开始将口头语言与等价表达式的思想进行结合。

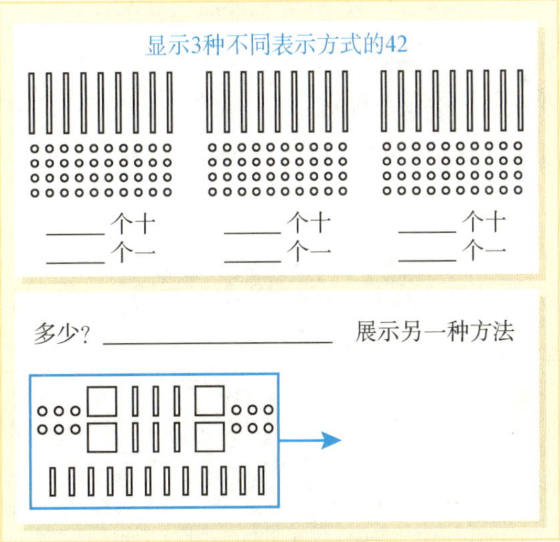

图 10.7 使用点-线-块图表示的等价表达式

活动 10.7

十进制谜题

十进制谜题既可以用口述,也可以用书面方式呈现。无论哪种方式,学生都要用十进制材料帮助解决。下面展示了难度水平不同的各种例子。当学生完成这些谜题之后,让他们尝试自己创编新的谜题。

我有 23 个一和 4 个十,我是谁?

我有 4 个百,12 个十和 5 个一,我是谁?

我有 30 个一和 3 个百,我是谁?

我是 45,我有 25 个一,那么我有几个十?

我是 341,我有 22 个十,我有多少个百?

我有 13 个十,2 个百和 21 个一,我是谁?

如果你给我 3 个十,我将会是 115。我是谁?

我有 17 个一,我在 40 和 50 之间。我是谁?我有多少个十?

五．十进位值制数的读写

学生在用 10、100 分组的方式进行高效的数数时，就开始出现了十进制概念。在这一节，我们重点帮助学生把数的口头和书面名称（图 10.3 下方）与他们开始出现的十进制概念结合起来。请注意数的读和写是一种约定，而不是概念，因此这部分内容不是通过基于问题的活动来探索学习，而是需要教师明确告知。

两位数的名称和读法

在幼儿园和 1 年级阶段，学生需要把十进制概念和他们在口语中反复用到的数联系起来。他们只是知道这些词，但是并没有从几个十和几个一的角度去思考，事实上，一开始他们可能想把 21 写成 201。

教学数的口头读法时，你需要使用十进制计数器模型。最初，不要使用标准读法，应使用更加明确的十进制语言（例如，用"4 个十和 7 个一"代替"四十七"），在恰当的时候，再开始将十进制语言与标准读法配对使用。此外，还要强调说明 13～19 是个例外[①]，因而并不符合这个规律。下面的活动帮助引入数的口头读法。

活动 10.8

几行十？

把 10×10 的点阵图投影出来，如图 10.8(a) 所示，留出两行，用卡片遮住其余所有的点。问学生："有多少个十？""2 个十又称作二十。"让学生重复跟读。再依次多露出一行，"3 个十称作三十，4 个十称作四十，5 个十本应该叫作 fivety，但它却称作 fifty。六十里有几个十？"六十、七十、八十、九十这些名称都符合这个规律。通过上下移动遮盖卡片，并提出问题：有多少个十？这个数称作什么？英语非母语的学生刚开始可能听不出 fifty 和 fifteen、sixty 和 sixteen 等的区别，所以要对这些词清楚地比较并准确地发音——甚至要特别强调一下这些词的结尾。用这个 10×10 的点阵图还可以学习几十几的读法。例如，先展示四整行：四十。接下来再露出第五行的一个点，4 个十和一，四十一。每次再多露出一个点。"4 个十和 2，四十二。""4 个十和 3，四十三。"这个过程如图 10.8(b) 所示。当学生建立了这个规律后，可以在 20～90 之间任选数量重复。最终将这个点阵图与百数表联系起来，从而将数的读和写相联系。例如，孩子们可以向下移动 4 行并向右移动 3 个来定位 43 这个数。

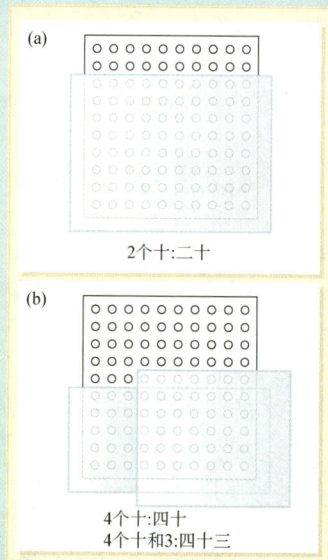

2 个十：二十

4 个十：四十
4 个十和 3：四十三

图 10.8 用 10×10 点阵图来模拟几组十和几个一

[①] 译者注：英语里 13～19 是 teen 在后面，如 thirteen，fifteen 都是三、五在前，而表示十的 teen 在后面。

活动 10.9

用十进制计数器模型来数数

　　投影展示一些"十"的计数器模型，或者就将它们散乱地放在垫子上。向学生提出问题："有多少个十？"学生回答后增加或减少 1 个十，并重复这个问题。接下来再增加几个一，始终让学生用十进制语言和标准语言说出数量。在数学墙上张贴十进制语言和相应标准语言的例子，对很多同学来说都有帮助，尤其是英语非母语的学生和学习有困难的学生。通过增加或减少十和一的数量不断改变问题（或者可以让学生自己创设问题），要避免强调用"十"在左、"一"在右，要强调的是计数器本身的名称，而不是它们的顺序。

7个十和8个一

图 10.9　一位学生用模型和十进制名称记录 78

　　这个活动还可以反过来进行，即教师说出数，让学生用十进制计数器在桌上摆出来。例如，给出指令"请做出七十八"，学生用计数器表示出这个数，并给出它的十进制名称（7 个十和 8 个一）和标准名称（78）。学生也可以把他们所做的工作记录下来（详见图 10.9）。

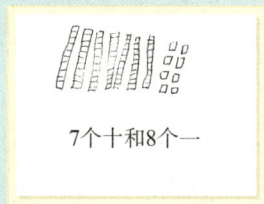

活动 10.10

手指比数

　　在课堂上提问："你能比出 6 根（或者任何比 10 小的数）手指吗？"接着再追问："怎样才能比出 37 根手指呢？"一些学生会指出，至少需要 4 个学生才能做到。随后，让 4 个学生站成一行，其中 3 个学生伸出 10 根手指，最后一名学生伸出 7 根手指。最后让全班学生数数有几个"十"和几个"一"，让其余学生用手指展示不同的数继续活动。这个过程中要强调这个数由几个十根手指和几个单根手指组成（十进制语言），再将它与标准语言进行配对。

　　活动 10.8、10.9 和 10.10，都要鼓励学生解释他们的想法。如果教师不是特意鼓励他们去思考去解释，他们可能会很快学到如何给出一个正确的答案或给出一个数，但实际上并没有对其背后的数量进行真正的思考。

三位数的名称和读法

　　学习三位数名称的方法是从给出一堆十进制计数器材料让学生对指定的数说出它的十进制名称（如 4 个百，3 个十和 8 个一）和标准名称（如 438）开始的。然后只需改变其中一种计数器的数量，即只增加或减少一（或十、百）的数量来改变数值。对那些学习有障碍的学生来说，能看到错例是非常重要的，所以可以有目的地呈现一些。例如你可以指出，有的学生（不要提及学生的名字！）这样写二百八十三：200 803，问学生这么写是否正确并解释他们的推理过程。数的口语和书写之间的联系并不简单直接，一些研究者指出，这种早期（错误的）扩展地写数形式是通向完全理解之境的一个初期里程碑（Byrge，Smith，& Mix，2013）。通过这些讨论，学生能够去探索他们最初的想法并消除误解。

　　三位数让学生面临的主要挑战就是数中不含有"十"的情况，比如 702（或是后面会遇到的如1046）。十位数是 0（或者更为一般的数的中间有 0）的情况，在写数时困难会越发地凸显，比如学生经常会把 702 写成 7 002。如前所述，十进制语言的使用非常有用，强调口头的十进制语言的内在含义在这里将会有很大帮助。最初，学生意识不到 0 在位值中的重要性并且也不理解 0 能帮助我们区分像 203、23 和 230 这样的数（Dougherty，Flores，Louis，& Sophian，2010）。一定要小心，避免把 0 称作一个"占位符"，因为它是一个有实际值的数。

研究者们发现，相比于三位数，学习四位数的名称时学生的错误会显著增多，所以不要以为学生无需实际探索额外的例子和任务就能很容易地把方法推广到更大的数中（Cayton & Brizuela，2007）。

书写符号

位值垫很简单，就是一块垫子被分割成 2 个（或 3 个）区域，分别摆放表示"一""十"（或"一""十""百"）的计数器材料，如图 10.10 所示。你可以建议你的学生，当他们在用十进制计数器材料学习时，使用这种垫子是一个很好的方法，可以帮助他们组织学具。向学生说明，位值垫的标准使用方法是，右侧摆放"一"，"十"和"百"依次放在它的左侧。

强烈推荐你在位值垫中表示"一"的位置画上两个十格板，如图 10.10 所示。尽管它在教材中并不常见。用这种方式，十格板中"一"的数量总是清晰明了，不需要反复地点数。十格板还清楚表明，还需要多少个"一"就能凑出下一个"十"。此外，如果学生同时模拟表示两个数，正好各用一个十格板。

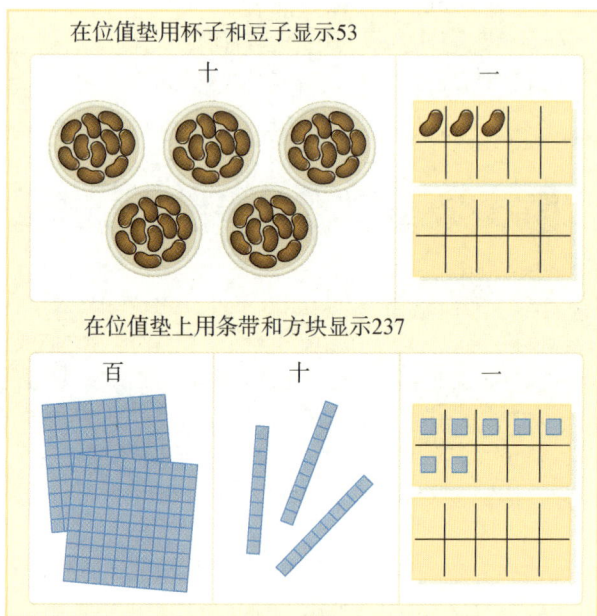

图 10.10 表示"一"区域的两个十格板位值垫，提升了"10"的概念

位值垫所展示的从左到右的排列方式，同时也是数的书写方式。为了展示数是如何"构造"的，准备一套位值卡——包括所有的整百数（100～900）、整十数（10～90），以及 1～9 这些一位数（见图 10.11）。要注意卡片的大小，确保整十卡的长度是个位卡的 2 倍，整百卡的长度是个位卡的 3 倍。

图 10.11 用位值卡创建一个数

当学生在位值垫上用计数器来表示一个数（如 457）时，让他们同时在位值垫下方摆放相应的位值卡（如 400，50 和 7）。先摆整百卡，再把其他位值卡依次分层摆放在它的上面，要注意右对齐。这种方法能展示数的构建过程，同时可以让学生清楚地看到一个数的各部分

位值。这对于认识那些十位是 0 的数来说有很大的帮助，位值垫和匹配的位值卡展示了十进制模型和数的写法之间重要的联系。

下面两个活动，旨在帮助学生在十进制模型、口语（十进制语言和标准语言）和写法之间建立联系。可以根据学生的需要，选用两位数或三位数进行活动。

活动 10.11

说说/按按

同时展示一些一、十、百（如果合适，也可以有千）的计数器模型，方式可以多样，如实物投影、虚拟操作或是用点-线-块在黑板上简要地画出来。学生先用十进制语言说出你给出的数（"4 个百，1 个十和 5 个一"），再用标准语言说出这个数（"四百一十五"）。接下来学生在他们的计算器上输入这个数或用纸笔写出这个数，让一些学生展示他们的答案并解释想法，再改变数量并重复这一过程。活动方式也可以有变化，如变成"摆摆/按按"，具体流程为：你说一个数的标准名称，再让学生用十进制计数器材料摆出这个数，并将该数输入计算器（或写下来）。

为帮助学生掌握中间有零的数的读法，教师可以给出（或是说出）7 个百和 4 个一，然后让学生说"7 个百、0 个十和 4 个一，也就是——七百（短暂的停顿）零四"。暂停和十进制语言能帮助学生掌握三位数的正确读法。

下面是一个很好的评价活动，它能判断学生是否真正理解两位数（或三位数、四位数）中每个数字所代表的实际数值。

活动 10.12

数字变变变

让学生先在计算器中输入一个指定的两位（或三位、四位）数。要求改变这个数中的某一位数字，但不能直接输入新的数。例如，把 48 变成 78，将 315 变成 305 或是 295。学生可以通过加上或减去一个合适的数来实现。学生需要写下或讨论他们的解决方案。学习有困难的学生刚开始可能需要借助辅助卡片获得直观的支持，辅助卡片上可以写着"加十"或者"加一"等提示，他们可能还需要十进制学具的帮助。这样能使数直观化概念化，然后才能转向更为抽象的只用计算器来完成任务。

评价角

学生往往能够遵照指令，以规定的方式操作十进制材料，或使用位值语言，这些表现会掩盖他们对位值理解的不足。下面设计的诊断性访谈可以帮助你更深入地考查学生对位值三要素的整合理解。这些任务都设计成访谈的形式而不是全班的活动，已经被一些研究者所使用，主要改编和调整自拉宾诺威克兹(Labinowicz，1985)、凯米(Kamii，1985)和罗斯(Ross，1986)。

第一个访谈称作数字对应任务：拿出 36 个方块，让学生数一数有多少个并把个数写下来。接着圈出 36 中的"6"问学生："36 中的这部分与这里有多少个方块有什么联系吗?"然后圈出"3"问同样的问题。就像所有的诊断性访谈一样，不要给学生任何提示。基于学生对任务所给出的回答，罗斯(Ross，1989，2002)对学生的位值理解划分出 5 种不同的阶段：

1. 整体数阶段。学生写出了数 36，但认为它是一个整体，在这个数中数字 3 和 6 自身则没有任何意义。

2. 位置命名阶段。学生能正确识别十位和个位，但是仍然没有建立起每个数字与方块数之间的联系。

3. 表面值阶段。学生将 36 中的数字"6"和"3"分别对应 6 个方块和 3 个方块。

4. 位值过渡阶段。将 36 中的 6 与 6 个方块对应，3 与剩余的 30 个方块对应，但是并没有把 3 看作是 3 个十块。

5. 完全理解阶段。将 36 中的 3 与 3 个十块相联系，并将 6 与 6 个单独的方块相联系。

对于第二个访谈，教师先写出 342，让学生读出这个数，然后让学生写出比它多 1 的数，用这个模型可以做进一步的探索。接下来让学生写出比它多 10 的数，观察学生是继续逐一向后数，还是马上就知道多 10 个就是 352。可以用同样的方式考查少 1 和少 10。这个访谈也可以用两位数进行。

第三个访谈也能就理解的深度提供一些有趣的证据。让学生写出表示 5 个十，2 个一和 3 个百的数，要注意提出任务时有意打乱一下顺序。你认为通常会出现哪些错误? 如果学生并没有写出答案 352，那么让学生用十进制学具摆出这个数，并说出这些学具所表示的数是多少。如果与先前所写的数不同，让学生比较这两个数。教师能从这个访谈的结果中获得哪些信息?

六. 位值的规律和关系——计算的基础

本节的重点是将数与重要的特殊数(称为基准数)和十进制结构思维(即灵活使用计数系统中的十结构)之间建立联系。当学生深度理解了数的关系和位值的意义时，这些认识就为计算奠定了基础。

百数表

百数表(参见图 10.12)在位值概念的学习中应该受到特别的关注。在学前到 2 年级的教室里，百数表应该展示在显著的位置并经常使用。

用塑封卡做成的百数表非常有用，教师可以用空白卡片盖住，也可以给学生数卡让他们放到百数表中，或者让学生以 2、5 或 10 来跳数(以 2 来跳数，即两

1	2	3	4	5	6	7	8	9	10
11	12	13	14	15	16	17	18	19	20
21	22	23	24	25	26	27	28	29	30
31	32	33	34	35	36	37	38	39	40
41	42	43	44	45	46	47	48	49	50
51	52	53	54	55	56	57	58	59	60
61	62	63	64	65	66	67	68	69	70
71	72	73	74	75	76	77	78	79	80
81	82	83	84	85	86	87	88	89	90
91	92	93	94	95	96	97	98	99	100

图 10.12　百数表

个两个地数,数出的皆为偶数),并将数出的数用不同颜色的数卡显示,从而突出某一规律。当然,也可以让学生以其他的数如 3 和 4 等来跳数,结合百数表上图案和数字本身呈现的规律进行讨论。

在幼儿园和 1 年级时,学生可以数出并认出百数表中包含整十数在内的两位数。此外,1 年级学生还可以通过在百数表上添加 10 的倍数来建立对十进制的理解,他们注意到上下和左右跳跃实际是数分别以"十""一"为单位进行的加减。

在百数表中有很多规律,在讨论的过程中学生可能会用不同的方式描述相同的规律。下面是学生可能会提及的一些与位值相关的重要规律:

- 在同一列中所有数的末尾数字都相同,都与最上面的数相同。
- 在同一行中,第一位数字(十位数)全部相同并且第二位数字(个位数)在横向右移时会发生改变,顺序是 1, 2, 3,…,9, 0。
- 在同一列中,每向下移动一格,第一位数字(十位数)就往后数 1。
- 对着最右边一列,可以从上至下十个十个地数。
- 从 11 开始沿着对角线向下,会发现每个数的十位和个位数字相同(例如:11、22、33、44,依此类推)。

对学生来说,这些规律并不是显而易见或无关紧要的。比如,一个学生可能注意到 4 往下的这一列的规律——每个数的末尾数字都是 4。2 分钟后,另一个学生"发现了"7 打头的这一列有类似的规律,说明这种存在于每一列之中的规律,对学生而言可能并不十分明显。

当学生对这些规律有了一定的讨论之后,尝试进行下面的活动。

活动 10.13

补补数

给学生一张拿掉一些数卡的百数表,学生的任务是把百数表上缺失的数补上。在开始阶段,只随机地拿掉个别的数卡,之后从 3 到 4 行中拿走一些数卡,最后只保留一到两行(或列)。把其他的数卡都拿掉,最终挑战是让学生还原空白百数表上所有的数卡。针对那些学习有困难的学生,使用"出声思维法"向他们示范,在百数表中填补缺失的数的时候你是怎么思考的,以及在放入合适的数时你认为这个数的关键特征是什么。

评价角

将数卡放到空白的百数表中是一个非常好的活动,适合同桌两人进行。倾听学生是如何确定数的正确位置的,教师就能评估学生对 1 到 100 的数序列的理解程度,以及他们能否认识并有目的地使用我们数字系统中的规律去再造百数表。

活动 10.14

找邻居

开始时使用一张空白或近乎空白的百数表(把它投影到屏幕上或复印后发给每个学生)，然后圈出某个空格，学生要填入正确的数和它的相邻数，即位于它上、下、左、右格中的数。当学生可以轻松自如地说出相邻数后，问学生：对于这些相邻数，你发现了什么？规律是一个数的左右两个数分别比它少 1 和多 1，上下两个数则分别少 10 和多 10。在此基础上再进一步提问：对角线上的数有什么不同的规律？通过讨论百数表上的这些规律，学生开始明白数序列是如何与数值关系密切相关的。

活动 10.15

使用百数表

用十进制材料或小小十格板来模拟学生熟悉的两位数。

- 给学生一个或者更多的数，让他们先用计数器模型做出来，再到百数表上找到相应的位置。把同一行或同一列中的 2～3 个数作为一组来使用，追问学生这些数有哪些相似之处和不同之处。
- 在百数表上指出一个数，问学生怎么改变这个数，就能变成它的相邻数(指它的左、右、上、下的数)？

作为迈向较大数学习的第一步，把你的百数表延伸到 200，并对这些更大的数展开同样的问题，还可以进一步把百数表扩展为千数表。

活动 10.16

千数表

给学生提供几张空白的百数表，并给 3～4 人的小组布置任务：创造一个 1 至 1000 的表。这张千数表由 10 张百数表纵向排成一排并用长胶带粘在一起而形成。学生先要决定小组内应如何分解任务，使每人领取数表的不同部分并填写。讨论千数表最好用一节课，以充分检验当你从一个百数到下一个百数是如何变化的以及其中的规律。早期所有的百数表活动都可以拓展应用到千数表中。

使用基准数来确定数的相对大小

数感也包括对数的大小的把握，相对大小指的是一个数与另一个数之间的大小关系——这个数比另一个是大得多、小得多、接近还是不相上下？学生对这些比较关系的看法正是通过模型的使用和基准数的发展来支撑的，其中基准数可以用作数的位置路标(就像在数线上一样)。

百数表和小小十格板都有一个重要的特征，它们都能非常清晰地看出某个数离下一个整十数之间有多远。百数表体现在到同一行最后一个数之间的格数，十格板上则体现为空格数。整十数、整百数以及像 25 的倍数这样偶尔使用的数，我们称之为基准数。当学生用非标准算法做计算时，他们会学着使用"基准数"这个术语。例如，在算 74 和 112 的差时，可能有学生会说，我先给 74 加 6，就等于 80，80 是一个基准数。然后给 80 加 2 个十就得到 100，这样做是因为 100 又是一个基准数。其实不在乎用什么术语，重要的是理解数与这些特殊数之间的联系，从而促进学生数感的发展和对位值的理解。

除百数表以外，用数线来探索数之间的关系也是一种很棒的方式。根据学生对数线的掌握程度，还能预测学生未来的数学成绩（Dietrick，Huber，Dackermann，Moeller & Fischer，2016；van den Bos，et al.，2015）。

活动 10.17

我是谁?

画一条长线（或使用收银条）并在两端标上0和100，用"?"标记一个点（使用便利贴）用来代表神秘数，让学生试着去猜这个神秘数是什么。学生每猜一个数，就在数线上相应的位置做上标记，直到找出神秘数为止。让学生解释他们是如何估计的，包括强调每次对基准数的使用。这个活动可以通过更改长线两端的数值而变化，如0到1000、200到300或者500到800等。对于学习有困难的学生，在便利贴上写出猜过的数，并放到数线相应的位置。学生可以参考这些位于准确位置的数，帮助他们在探索神秘数的过程中进行推理。

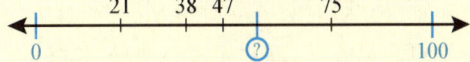

活动 10.18

它们是谁?

在数线上用基准数标注两个点（不一定标在两端），用一些字母标记不同的点并追问：它们可能是哪些数? 你为什么这么想? 图中所示的例子中，B 和 C 比 100 小，但很可能比 60 要大，E 大约是 180。你也可以问 75 可能在哪儿或 400 在什么位置，A 和 D 大约相差多少，为什么认为 D 比 100 要大等问题。对于学习有困难的学生，你在说数的同时也要在记录卡上写下数，或者要求他们同时说出并写出数。

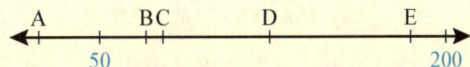

下面的活动可以让学生应用一些我们之前探索过的有关基准数的思想。

活动 10.19

远，近，中间

在黑板上任意放 3 个适合你学生的数。以这 3 个数作为参考，提出下列问题并鼓励学生对所有答案进行讨论：

哪两个数最为接近? 你是怎么知道的?

哪个数最接近 300? 哪个数最接近 250?

说出一个在 457 和 364 之间的数。

说出一个在 219 和 364 之间的整十数。

说出一个偶数，并且要比这里所有的数都要大。

219 与 500 大约相差多少? 219 与 5000 呢?

> 如果这些是"大数"，那么哪些是小数？哪些数和它们差不多？哪些数可以使得这些数看起来很小？
>
> 需要注意的是，在活动中给出一些提示。运用类似数线这样的直观模型，以及不限于听/说还把数写出来等，都能让学习有困难的学生获得帮助。

近似数和四舍五入

关于估算，我们最熟悉的一种形式便是近似数，即通过把算式中的一个数变成另一个，使之心算起来更容易。《美国共同核心课程标准——数学》(CCSS‑M)指出，3 年级学生应该通过对位值的理解，把一个数近似到最近的十或百，4 年级学生则应能把多位数四舍五入到任何数位，3 年级、4 年级学生都要用近似的方法评估结果的合理性。5 年级学生将进一步运用对位值的理解把小数四舍五入到任一数位。

为了让估算能更有帮助，近似应该是灵活的并且在概念上也是易于理解的。简单来说，把一个数近似就是要选择一个好算的数（注意好算的数并不是数学的术语，它指的是能使问题变得更易心算的数）。好算的数不一定非得是整十、整百数，它可以是任何接近的数，但在很多时候都要求学生近似到十位或百位。

使用突出显示基准数的数线，能有效帮助学生选择好算的数。如图 10.13，可以用首尾相连的海报纸条或收银条制成空白的数线，并在数线上标记数。两端点可以标记为 0 和 100、100 和 200……900 和 1000 等。在数线上指出想要学生估计的数的位置，并就与之接近的基准

图 10.13　空白数线上标记不同的数，帮助学生对数进行近似

数位置展开讨论。此外，还要教学生关于近似的约定，如果一个数某一位上是 5，正好位于两个基准数正中间，求近似数时则把它往后估。讨论这些问题时，数线是一个非常强大的工具。

与现实生活联系

当学生学习位值概念时，鼓励他们留意身边现实生活中的数。学前和 1 年级的学生要分别思考 100 以内和 120 以内的数，2 年级学生思考的数则要到 1000（NGA Center & CCSSO，2010）。在学校的什么地方能找到这些数？可能会用整个 3 年级的学生人数、每周在数学学习上花费的分钟数或者学校从成立到现在的天数。此外，像户外旅行、其他学科的书本等，也能从中找到很多数和度量值。怎么来利用这些数呢？可以把这些数放到有趣的图表里、用来编故事或者用于创编问题。例如，自助餐厅每月会供应多少盒巧克力和纯牛奶？学生能否估算出一年可以卖出多少盒？在需要计数和对比数量时，收集数据后把它们以 10、100（或 1000）为单位进行分组，这样操作将有助于强化分组的价值。至于想采用怎样的特定方式将数和现实世界结合起来，则完全取决于教师自身的经验和喜好。需要强调的是，不要低估了现实世界与课堂相联系的价值。

七. 1000以上的数

为了让学生较好地建立 1000 以上数的概念,要把他们得到精心培养的位值思想进一步扩展。由于千的实物模型不容易找到,所以这个扩展有的时候很难实现,但这个扩展也是发展学生数感所必不可少的步骤。将 1000 以上大的数和现实生活中的数量用多种方式结合也同样重要。

扩展位值系统

到 4 年级当学生要对 1 000 000 进行思考(NGA Center & CCSSO,2010)时,他们在学习三位数时获得的两个重要思想应该进一步扩展到更大的数。第一,能够对计数系统里乘法结构进行归纳推广,即任何数位的 10 组成它左边数位的 1,反之亦然。第二,三位数中口头和书面的规律,以一种巧妙的方式向左每三位一组地进行复制①。这两个相关联的思想对学生来说并不像成人所认为的那么容易理解,因为大的数的模型是很难演示或可视化的,而教材通常都会采用象征性的方式来处理这些问题,这是远远不够的。

活动 10.20

下一个是什么?

　使用如下的十进制材料:用 1 平方厘米的正方形小纸片表示一或单位,“十”则用 10 cm×1 cm 的长方形纸条来表示,一百则又是一个正方形,大小为 10 cm×10 cm。下一个是什么呢? 10 个百称作一千。一千的形状是怎样的呢? 把 10 张表示 100 的正方形纸片连起来做成一个更大的长方形纸条。下一个又是什么? (强调 10 构成 1 的思想,这一点已经得到了发展。)接着,用 10 个表示一千的长纸条又做成了一个正方形,它的边长为 1 米,这便是一万的纸模型。像这样,一旦班上同学理解了每种模型的形状,便提出问题:“下一个是什么?”下一步就让小组挑战一下,研究 100 000 的大小(他们很可能会利用走廊的空间来完成这个任务)。

在这个活动中,教师可以根据班级学生的情况来决定将这个“正方形-长条-正方形-长条”的序列延伸到什么程度。这样的活动,使“一个数位的 10 构成了下一个数位的 1”这种思想以一种颇具戏剧性且难忘的方式展示出来,也容易为学生所掌握。大一点的学生很可能用粉笔在操场上画出下一个 10 m×10 m 的正方形。再下一个长条的尺寸为 100 m×10 m。在大操场上让学生在角上做标记,这个模型是可以测量出大小的。活动至此,学生既感受了这个模型序列尺寸不断增大的变化,又理解了“10 构成 1”的系列演变(10 的幂)。10 m×10 m 的正方形代表 100 万,100 m×10 m 的长条代表的是 1000 万。100 万和 1000 万之间的差异是巨大的,甚至光想想 100 万这个数的概念——100 万个微小的 1 平方厘米,就令人印象深刻。

---

① 译者注:英文中数字记录是每三位为一节。

"下一个是什么?"的活动可以在三维模型的情境中尝试讨论,前三个模型形状是完全不同的:体、条、面。下一个是什么? 把 10 个面叠起来,又构成了一个立方体——与第一个立方体形状一样,只是扩大了 1 000 倍。下一个是什么呢?（如图 10.14）10 个立方体构成了一个长条。下一个是什么? 10 个大的长条构成了一个更大的面。最初的三种形状开始重复了! 十个大的面将会构成一个更大的立方体,继而又进入了三种形状的新一轮重复。"这里的 10 个构

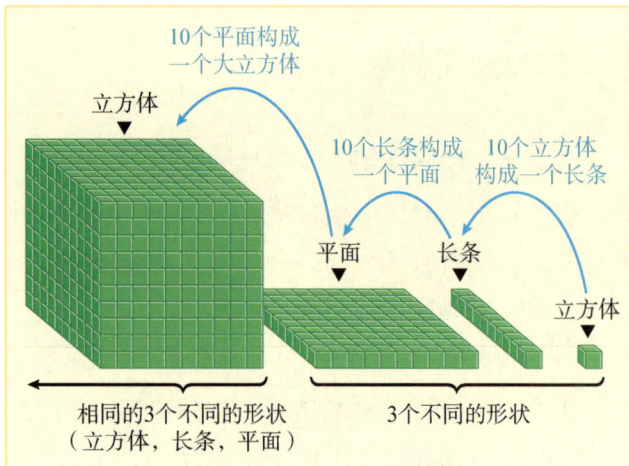

图 10.14 每三个位置形状就开始重复。一个立方体代表 1 个 1,一个长条代表 1 个 10,一个平面代表一个 100

成了那里的 1 个",这一规律是"无限延伸"的(Thomas,2004,p. 305)。需要注意的是,学习有障碍的学生可能在空间信息的理解上存在困难,这使得解释这个位值材料的演变过程会更有难度(Geary & Hoard,2005)。尽管我们用体、条、面等表示形状的词语来描述材料,学生也能看出这些形状的变化规律,即每次扩大 10 倍,但事实上,称这些模型为"一""十""百"依然是十分重要的,尤其是对那些学习有障碍的学生而言。我们需要坚持称模型所代表的数,而不是形状。这种语言强化了对位值的概念性理解,对于理解这些概念可能存在困难的学生来说,也能少一些困扰。

每个立方体都有自己的名字。第一个叫作单位立方体,下一个是千,下一个是 100 万,然后是 10 亿,依此类推。每个长条都由 10 个立方体组成:10 个单位 1,10 个千,和 10 个 100 万。类似地,每一个平面都有 100 个立方体。

要读一个数时,首先从右边开始按照三位分节法做上标记,接着便是一节一节地读。在每一节的末尾,要停下来并读出那一节的单位（如图 10.15）,每一节前面的 0 是忽略不读的,如果学生学会读这样的数 059(五十九)或 009(九),他们应该就能读任何数。写数的教学也用同样的方案,

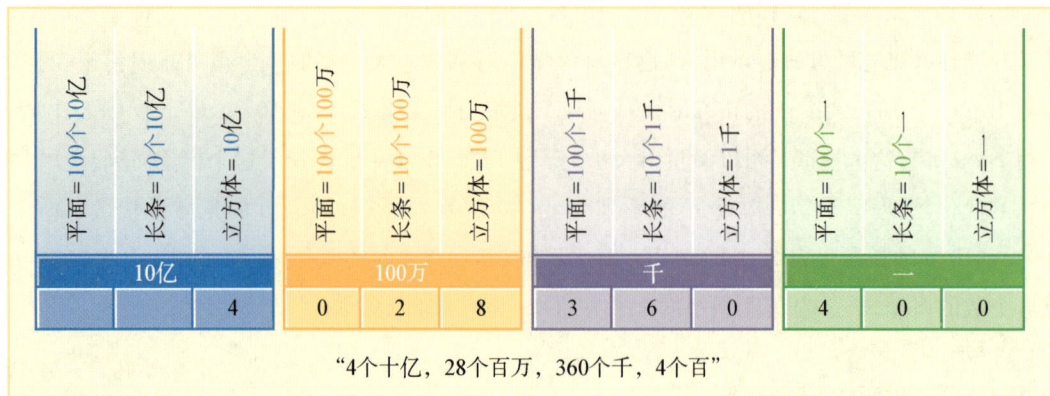

"4个十亿,28个百万,360个千,4个百"

图 10.15 命名大的数的三位分节法

如果学生先掌握了读数,那么写数就相当容易了。提醒学生在读整数时不要使用"和"这个词。比如,106应该读作"一百零六"而不是"一百和六"。"和"(and)这个词在表示小数点的时候需要用到,请一定要确保你的读数是准确的。

系统确实是具有逻辑结构而非完全随心所欲的,同时让学生意识到这个逻辑结构也是清晰且容易理解的。

建立大的数的概念

刚刚讨论的想法对于思考生活中大的数时只有部分帮助。例如,在扩展纸质"正方形-长条-正方形-长条"序列的活动中,学生对1000或10000这样的数量有了一定的理解。但对任何人来说,把这些小正方形的数量转换成其他物品的数量,如转换成距离或时间,都是非常困难的。

让学生在课堂上讨论这些想法可以帮助他们探索这些关系。

反思角 你是怎么看待1000或是100000的?你是否有一些现实生活中的百万的概念?

在下面的活动中,把1000、10000(请看"10000的方格纸")甚至1000000这样的数从字面上或想象中转化成更有意义或更有趣的东西来思考。有趣的数量能为思考大的数提供长久的参考点或基准,从而为现实生活中遇到的数增加了意义。

活动 10.21

收集10000

作为一项班级或年级层面的计划,收集某种物品,并达到某个特定的数量,比如1000或10000个面包标签或苏打水易拉罐。如果你的目标是100000或1000000,一定要先好好想想。一位教师和她的班级花了近10年的时间,收集了一百万个瓶盖,最终需要一辆小型的翻斗车才装得下!

活动 10.22

展示10000

有时创造大的数量要比收集它们更容易。例如,可以这样开展一个项目,让学生在一张纸上画100、200甚至500个点,每周不同的学生都要添上特定数目的点,也可以把报纸剪成与美元钞票一样大小的纸片,看看一个很大的数是什么样子的。再如,可以用一段时间来制作纸链环并悬挂在走廊上,标上特殊的数。要让学校了解你们的最终目标。

活动 10.23

多长? 多远?

在这个活动中,向学生提出调查问题,让他们思考并讨论这些现实或想象的距离,如100万步有多远。其他还可以是一排牙签、美元、首尾相连的能量棒等的长度,学生手牵手站成一排的长度,积木或砖块堆叠的高度,以及学生头脚相连平躺的总长度等。还可以用上不同的测量单位——英尺、厘米、米等,使学生意识到,使用最小的单位可以得到最大的数。

活动 10.24

很久很久

1000秒是多久? 100万秒呢? 10亿秒呢? 从1数到10000或者1000000需要花费多长时间? (为了使数每个数的时长保持不变,可以用计算器来数数,即只需按相同的"="键)按1000次按钮诸如此类的事情需要花费多少时间?

活动 10.25

非常大的数量

问有多少:

- 覆盖你教室地板的能量棒
- 蚂蚁绕着学校大楼走的脚步
- 一个杯子或一加仑水罐里装满米粒
- 宿舍可以从地板到天花板堆叠成一个堆栈
- 并排放在整个走廊上的硬币
- 几张笔记本纸会覆盖在健身房的地板上
- 你活了几秒钟

在这一章中,我们探讨了很多关于位值的重要观点。表10.1呈现的是学生可能会遇到的一些常见挑战和错误认识,并就学生可能的错误表现以及相应需要采取的教学策略提出建议。

表10.1 与位值有关的常见挑战与错误认识及教学策略

常见挑战与错误	具体表现	教学策略
1. 学生忘记了多位数中每个数字的值取决于它所在的数位	让学生比较2 357和49 992两个数中加粗的"2"的大小,他们会说同样大。	◆ 用十进制模型表示数并说明这两个数字的值分别是多少。需要注意的是,教师如果在加减法问题中把数读成数字(如十位的5仅读成"五"而不是"5个十"或"五十")会对学生造成困扰。 ◆ 使用前面讨论的位值卡来强化数是怎样构造的。 ◆ 引导学生听到像2 357这样的数,不要读作"二、三、五、七"——而是读作"二千三百五十七"。 ◆ 使用本章提到的数字对应任务,根据学生的表现,判断他们处于五种理解水平中的哪个层次。 ◆ 强调在多位数中,每个数字的数值等于这个数字本身与该数位的位置值相乘的积。

续　表

常见挑战与错误	具体表现	教学策略
2. 书写两位数时,学生把数字顺序颠倒	把"35"写成了"53"。	◆ 让学生用直观的十进制模型表示数,展示每个数字的值分别是多少来检查他们的答案。 ◆ 让学生用十进制计数器表示 53 和 35,并描述这两个数的异同之处。
3. 学生在用十进制模型表示数时,只用每位数字的表面数值	让学生用十进制模型表示 13 的时候,他们用 1 块和 3 块分别表示十位的 1 和个位的 3。如图所示: 1 ▪　　　3 ▪▪▪	◆ 让学生用十进制模型数出 13 个一,然后再将之与先前展示的数量进行比较。 ◆ 让学生使用位值卡来构建数,然后用十进制模型表示,再将它与最初展示的数量进行比较。
4. 学生读数时中间加入"和"这个词	学生会把 1 016 读成"一千和十六"。	◆ 学生要练习不用"和"这个词来读数,只有在表示小数点时才会用到"和"这个词。
5. 学生写数时,用一种"扩展数"的形式①	学生把"三百八十五"写成如下形式:300 805、310 085 或是 3 085。	◆ 在位值垫上用十进制模型表示数,并用位值卡展示对应的数是如何构造的。
6. 在用十进制模型表示数量时,如果数中有零,学生忽略零或对零存在误解	用十进制模型表示 5 个百和 8 个一,学生将它写成 85。学生认为 802 和 8 002 代表相同的数量。	◆ 从像 408 这样的数开始,关注任何数中出现的 0 的意义,并问学生如何用十进制模型表示这些数,明确讨论一个数中 0 的作用。 ◆ 绝不要把 0 称为"占位符",这个术语会给人一种错误的印象,以为 0 不是一个数值,仅用于填补空位。 ◆ 0 读作"零",绝不要读作 oh 或 zip,因为它就是一个数。
7. 如果用十进制模型给出一个数,但不按通常的顺序,学生仍然按照所给材料的左右顺序写数,而不考虑每个数字所对应的位值	要求学生写出下面的数:7 个一,4 个十,1 个千,和 3 个百。学生写成:7 413。	◆ 回到所给的十进制模型,让学生先在位值垫上借助模型摆出相同的数量,再写出对应的数。把两次答案进行比较,思考哪一个是正确的。
8. 学生错误地理解了十进制模型所表示的数值	学生把表示 1 000 的大正方体模型的实际数值想成了 600,因为他们只算了表面的小正方体个数。	◆ 针对十进制模型,特别是表示 1 000 的立方体,如果学生没有看到模型的构建过程(一、十、百、千的组成过程),他们可能会搞错其表示的值。因此,要清晰地展示这个立方体的构建过程,即用 10 个 100 的方块组成这个立方体(用皮筋把它们绑在一起或用其他的方式吸附在一起)。

① Byrge, Smith, & Mix, 2013。

第十一章　发展加法和减法的计算策略

学习目标

在阅读本章内容之后,你应该能够完成如下学习目标:

11.1　说明对位值的理解与加减法运算策略之间的相互作用;

11.2　理解三种计算策略;

11.3　理解并能够解释多位数加减法中不同算法策略;

11.4　理解并能够解释加减法"标准"①算法的发展及记录学生思考过程的方式;

11.5　掌握指导学生估算的方法,发展培养学生的灵活性和确定合理答案的能力;

11.6　理解加减法的估算策略。

　　很多人认为计算技能是小学数学的标志性内容,尽管这个认识是远远不够全面的,但事实上,学习整数的计算技能的确是小学数学课程的重要组成部分。时代在变化,科技在进步,社会对公民的工作及生活能力的期许也在变化,这一切都促使我们对计算的教学方式做出相应的改变以适应社会需求。

　　加减法如果只是单一模式地呈现出来并教授计算,是远无法达到当前社会对公民的需求的,最恰当也最应该的方法是随着数和情境的变化而以不同的方式呈现出来。根据《美国共同核心课程标准——数学》(CCSS-M)(NGA Center & CCSSO,2010)和《从理论到实践》(NCTM,2014)的精神,学习计算的目标不再是诸如"了解如何计算三位数减法",而是不断发展与概念理解有着意义连接的运算能力。对此,《加起来》(National Research Council,2001)中是这样描述的:

> 计算不仅仅是一种得到答案的手段,它越来越被看作是了解数系统深层结构的一扇窗。幸运的是,研究表明,熟练的运算能力和概念理解可以通过同样的活动来获得。

　　根据《美国共同核心课程标准——数学》(CCSS-M)的要求,学生应该用适合年级水平的数来解决加减法问题(幼儿园在10以内,1年级学生在100以内,2年级学生在1000以内)。1年级学生应能够做两位数加一位数或整十数的加法,2年级学生则能做两三位数的加法。进入中年级

---

① 译者注:本章所提到的加法和减法的"标准"算法,指用竖式计算加、减的方法。

后,他们继续探索大的数的加减法,逐渐能熟练运用各种策略解决 1 000 以内的加减法问题。重要的是,"标准"算法在 4 年级之前计算加减法时是不做要求的(NGA Center & CCSSO, 2010),学生可以用直观模型或画图,也可以利用位值、运算意义或数感等多种策略来解决加减法问题,他们需要能对数进行组合和分解从而发展灵活的加减法策略。对于幼儿园、1 年级和 2 年级学生而言,组合与分解数的范围分别为 20 以内、100 以内和 1 000 以内(NGA Center & CCSSO, 2010)。为实现上述预期,下面的大观念必不可缺。

大观念

- 灵活的加减计算涉及使用多种不同的方法对数进行拆分(分解)和合并(组合)。大部分的分解是基于位值和"友好"数的,所谓"友好"数,即一些好算的数对,如 25 和 75。
- 发现算法的策略根据数和情境的不同而灵活多变。成功使用这些策略需要使用者真正理解它们,因此我们用"发现"一词来表示学生在这个过程中的探索和思考。
- 灵活的计算方法需要对运算和运算性质(交换律和结合律)的深刻理解,加减法之间互为逆运算的关系也非常重要。
- "标准"算法是每次只算一位,基于位值进行交换或重组转化到相邻数位的简洁算法。"标准"算法让学生用数字来思考,而不是数字与位值合成的数,因此,学生往往会忽略数字所代表的实际数值。
- 多位数可以通过多种方式来合并或拆分,从而使这些数更容易计算,这些被拆分出来的部分可以用来估算答案。例如,36 既可分成 30 和 6,又可分成 25、10 和 1。同样,483 也可以理解为 500－20＋3。
- 估算是指计算时用一个数中容易把握的部分代替整个数,或者另找一个接近且好算的数代替不好算的数,以便用心算来完成。

一. 计算精熟度

加减法计算策略是建立在对数进行灵活的分解和组合基础上的,这些策略有助于培养学生的数感。在大多数情况下,这些不同于"标准"算法的计算策略更加便捷,往往心算就能完成。因此,最好是让学生学习多种方法,这样他们才能根据具体需要从中选择出合适情境和数字的方法。许多课堂中都采用大家称之为"数字对话"(Humphreys & Parker, 2015; Parrish, 2014)的方式,给学生提供解决计算问题和讨论多种计算策略的机会。

思考以下问题:

玛丽的相册里有 114 个位置。现在她放进 89 张照片,再放多少张照片就放满了?

反思角 请尝试不用"标准"算法来解决相册问题。如果你想从9和4入手，请试试不同的方法。你能借助数感通过心算解决这个问题吗？你能用多种方法解决吗？在继续阅读前请认真思考一下。

小学生可能有多种方法解决相册问题，下面列举了其中5种：

89＋11等于100。11＋14等于25。

90＋10等于100，再加14，所以是24加1（因为我们本应从89开始，而不是90）等于25。

从114减去14然后再减10等于90，然后再减1得到89，一共减去了25。

89，99，109（这是20），110，111，112，113，114（用手指计数）是25。

89＋11等于100。给114也加上11等于125。125和100之间的差等于25。

类似这些策略可以心算，通常也会比"标准"算法更为快捷，也容易让使用者理解。然而每天都有太多的学生与成人会用他们自己并没有完全理解的"标准"算法来解决这个问题，因此也更容易出错。相比而言，有意义的算法能更加快速而准确（Biddlecomb & Carr，2011；Fuson Beckmann，2012/2013）。

一个具备数学素养的公民能灵活运用各种计算策略来应对日常生活，我们需要拓宽对"计算"含义的理解。如果你尚未形成自己的这些计算策略，在阅读本章和教学的过程中你便能学习它们。让我们回到刚刚讨论的概念——位值。

二、加法、减法与位值

将计数和位值与多位数计算相结合，是教学中一个里程碑式的转变。有研究指出涉及加减法的问题是学习位值概念非常好的情境（Carpenter，Franke，Jacobs，& Fennema，Empson，1998；Wright，Martland，Stafford，& Stanger，2008）。如果学生只将计算理解为一位一位地算，而不管数字的实际数值，他们就会犯许多的错误，并且往往无法判断结果是否合理。所以在这里，我们会把位值和加减法计算联系在一起。以下活动的主要目的在于让学生能够将自己对位值的理解应用到计算中。请注意，位值是计算的基础，学生也可以通过探索自己的计算方法，进一步发展对位值的理解。

1年级的杰西卡在一月通过可连接方块，解决了故事中需要用10＋13＋22计算的问题。她的书面作答（图11.1）表明她依然处于前位值阶段。我们可以观察到她一开始使用了"1个十"的概念，但对于剩下的35颗珠子，她很可能是逐一计数的。她的同班同学莫妮卡解答了相同的问题，但是以"十"为单位的思想使用得更为明确。随着对加法问题的解决以及课堂中对这些方法的讨论，这些思想会不断得到发展。

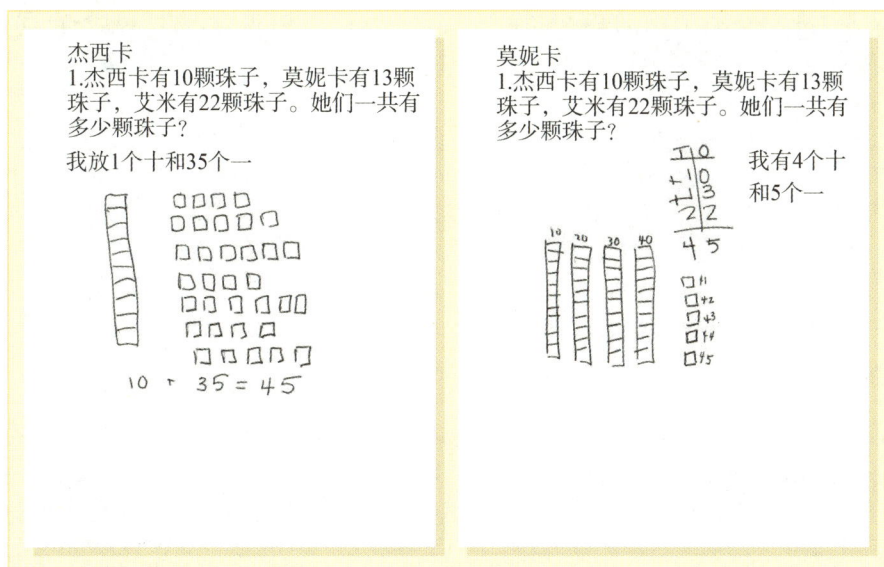

图 11.1　两名 1 年级学生在一月[①]的作业。她们都在解决 $10+13+22$

　　本章的活动旨在让学生在学习加减法计算的同时加深对位值概念的理解,其中第一个活动涉及用计算器加或减一个常数。针对不同的技能水平,可做出灵活处理,因此该活动可以常玩常新,不断给学生带来挑战,从而提高他们的心算技能。

活动 11.1

计算器挑战数数

　　学生先在计算器上按出任意数(比如 17),然后按"+ 10"。在按"= "之前说出所得的和,然后继续加 10,同样在按下"= "之前,说出心算得到的和。不断挑战自己,学生可以看看自己最多能正确地数到多少。

　　此活动可以根据学生的水平调整数的大小。如对于学习有困难的学生,你可以从比 10 小的数开始,而对于需要接受挑战的学生,则可以从像 327 这样的数开始。此外,所加的常数(上述例子中为"10")也可以是任何一位、两位或三位数。有些学生会发现,起始数不是 5 的倍数会让连续加 5 的问题更有挑战性,以 20 或 25 来跳数会比以 7 或 12 来跳数更为容易。这些经验都有助于学生发现重要的规律和关系。

　　以下活动的主要目的是给学生提供机会,将他们正在萌发的对位值的理解应用到使用基准数的计算中。

[①]　指入学三四个月左右。——译者注

活动 11.2

50 再加多少

说出或写出一个 50 到 100 之间的数,学生回复"50 再加_____"。比如 63,回答应当是"50 再加 13"。可以用任何别的基准数来代替 50,比如你可以使用以 50 结尾的数作为第一部分,如"450 再加多少"。你也可以用 70 或 230 这样的数作为基准数。

我们在讨论位值时探讨的基准数,也能让计算变得简便。下一个活动所指向的 100,可谓最重要的基准数之一。

活动 11.3

100 的另一部分

两个学生一起玩一套十格卡。其中一位学生用一些十格卡摆出一个两位数,然后两人一起心算加上多少才能等于 100。让学生先把答案写在纸上,再用十格卡摆出来,检查两部分合起来是否为 100。

图 11.2 显示了学生可能使用的三种不同思路。

给学生看某位同学的图表,让他们判断这位同学的想法是否正确,如有必要,让学生说说如何改正。

如果学生能很熟练地找 100 的另一部分,可以尝试把总数从 100 改为其他 10 的倍数,比如 70 或 80。还可以将总数进一步拓展到任何比 100 小的数。

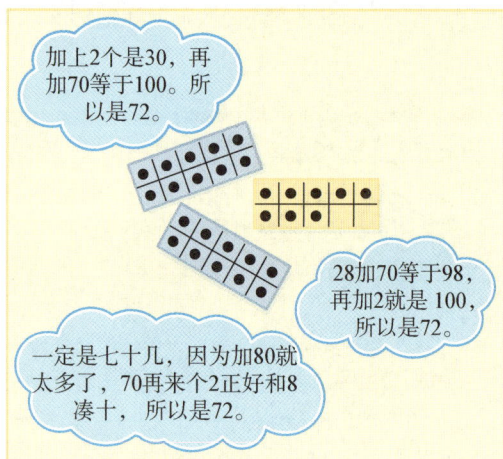

加上2个是30,再加70等于100。所以是72。

28加70等于98,再加2就是100,所以是72。

一定是七十几,因为加80就太多了,70再来个2正好和8凑十,所以是72。

图 11.2　思考"100 的另一部分"

反思角　假设总数是 83,画草图或用四张十格卡表示 36。看着卡片或草图,想想 36 加上多少等于 83? 你是怎么思考这个问题的?

在寻找 83 的另一部分时可能采用的方法是从 36 往上加到 83,或者也可能从 83 中减去 33 等于 50,然后再减 3。请注意无论哪种方法,都没有对数进行重组而是利用基准数和位值在头脑中进行计算的。通过更多的练习,你(和低至 2 年级的学生)不用卡片就能完成这样的计算。

加减法中好算的数是指那些很容易凑成基准数的数，最常见的便是凑成整十数或整百数的例子，凑出的数末尾是 5、25、50 或 75 也比较好算。教师的任务是让学生熟练地寻找这些组合并在计算情境中加以应用。

活动 11.4

找朋友

找数朋友可以作为一个全班活动来进行，每次呈现如图 11.3 中的一张卡片，活动有不同的难易水平。让学生在找到数朋友时说出它们或将它们用线连起来。

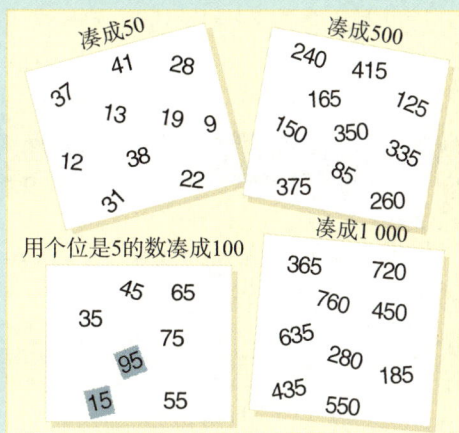

图 11.3　寻找数朋友

下一个活动将十进制模型和符号结合了起来。

活动 11.5

数、点-线-面

向学生介绍如何用简单的图表示十进材料，即点、线、面分别表示一、十、百。然后，如图 11.4(加法)或图 11.5(减法)所示，用数和用点-线-面表征的数量呈现问题。随后学生心算出和或差。注意用数字符号表示减数的减法问题，要从最简单的开始。

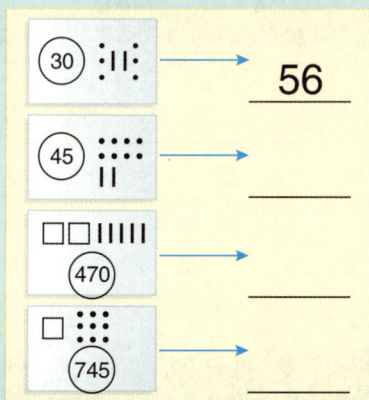

图 11.4　灵活使用模型和数字进行计数或加法

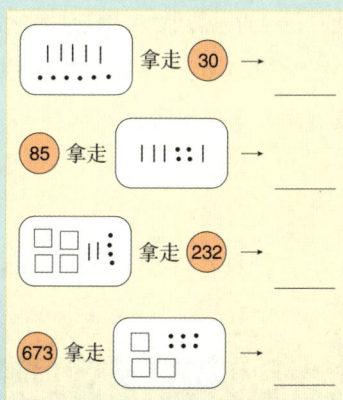

图 11.5　使用模型和数字做拿走的减法

如果活动是在全班进行的,要确保对每个任务有了充分讨论后再进入下一项。假如使用活动单,也要逐个出示问题,或将活动单剪开,分成一个个的问题,并让学生写下他们是如何解决每个问题的。不过,这种情况下全班讨论仍然是非常重要的。学生也可以展示这些直观表征作为计算或检查答案的方法,就像图 11.6 中一名 2 年级学生所做的那样。

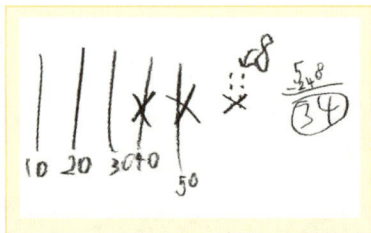

图 11.6　一名学生用线和点模型演示减法

活动 11.6

百数表加法

给学生出示一张百数表(或是一张千数表),或者用"四个百数表"给学生每人发一张百数表。学生利用百数表把两个数相加(如,38 加 14)。他们用百数表算加法有很多方法,因此课堂讨论很有价值。让学生一次只算一道算式,随后就他们所使用的不同方法进行比较讨论。

百数表可以看作是堆叠的数线——它突出显示了任何一个数到下一个整十数之间的距离。往下跳一行就是加十,往上跳一行就是减十。如图 11.7(a)所示,教师会看到学生计算 13＋12 的方法就是逐一计数。很多学生只会像这样从 13 开始往后数 12 个方格——这表明他们可能不理解如何从任意数开始以"十"为单位往后数(一个重要的位值概念),思考一下学生可能会怎样借助百数表来计算 27 加 12。下一个学生的方法是从 27 开始,往下跳一行,再往后数 2 个,得到 39,如图 11.7(b)所示。图 11.7(c)展示了一位学生解决减法问题的思路,她画出了百数表的一部分,从 39 开始,往上跳一行,再退回 2 格。注意这个学生是怎样用算式来检验她的答案的。

图 11.7　三名学生借助百数表计算加减法

下一个活动与"百数表加法"相似,但探索的是"想加算减"的方法。

活动 11.7

相差多少?

给学生提供一个空白的百数表,给出两个数,让学生确定它们之间相差多少。

活动 11.8

十格卡求和

两人一组,给每组学生提供两套十格卡,每名学生都选择一个数,图 11.8 中展现了一个例子(47+ 36)。两人找出记录这两个数的十格卡,并算出点数之和。这一活动也可以改为投影展示两套十格卡10～15 秒,再让学生给出总数。如果学生要求再看一下,就再展示一次。

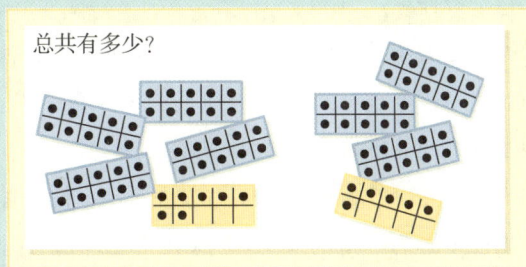

总共有多少?

图 11.8 用十格卡做加法

在这一活动中教师所选择的两个数将会影响学生采用的策略。最简单的是数对应该位于百数表的同一列,比如 24 和 64,这样的数对适合作为起始问题。当较大数和较小数处于不同的列(如 24 和 56),学生可以通过加几个"十"到达目标数所在的那一行,然后加或减几个"一"。当然,这一策略适用于任何两个数,但相比而言,有些问题更具挑战性。思考 17 和 45,45 所在的列位于 17 所在列的左边,学生可能在 17 的基础上往后数 3 个"十",即向下三行(+30)到达 47,然后往回数 2(-2)到达 45,所数的总数是 30-2 或者说是 28。还有一些其他可能的方法,在下一个活动中用十格卡替代了百数表。

评价角

在以上任一活动中遇到困难的学生可能会在使用发现算法的计算策略时也遇到困难,因此,针对学生在活动 11.5"数、点-线-面"中所使用的策略实施一次诊断性访谈。学生充分理解十进概念,才能在该活动中利用它们进行有意义的数数。如果学生仍然逐一计数,教师就要考虑补充一些数数活动,让学生在继续学习之前有机会看到以十来分组的意义。

三. 三种计算策略

图 11.9 列出了三种计算策略的一般教学顺序。在教师指导下,直观操作可以发展成学生自己创造的各种灵活有用的策略,其中很多策略可以在头脑中进行,而"标准"算法仍然是学生需要学习的

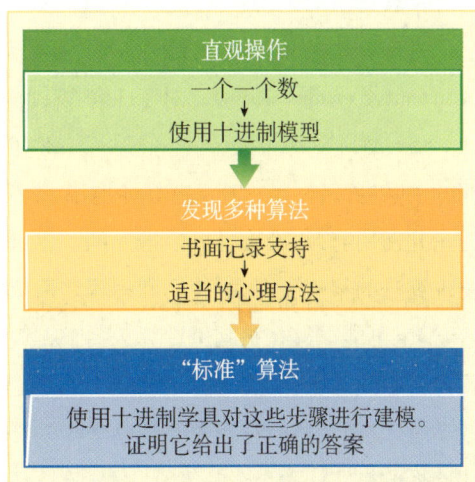

直观操作
一个一个数
↓
使用十进制模型

发现多种算法
书面记录支持
↓
适当的心理方法

"标准"算法
使用十进制学具对这些步骤进行建模。
证明它给出了正确的答案

图 11.9 三种计算策略的教学顺序。箭头显示学生如何从直观操作模拟情境到发现算法策略,再到"标准"算法的过程

重要内容。然而要强调的是，与其他策略一样，"标准"算法在一些情况下比在其他情况中更有用，教师要让学生讨论在哪种情况下哪种方法是最好的。

直观操作

按照发展步骤，直观操作通常出现在发现算法的策略之前。这一策略包括用实物操作或画图来配合数数，以直观表示算式或故事问题的含义（见图 11.10）。

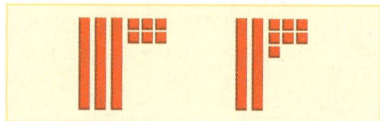

图 11.10 用十进制模型直接模拟 36＋27 的一种方法

一直用逐一数数的方法算加法的学生，很可能还没有发展出以十个为一组的概念，但这并不意味着要让他们回避两位数问题。与之恰恰相反，教师应该建议他们用一些学具来帮助他们思考，比如在十格板中放计数圆片或者用可连接的正方体做出十个一组的长条。即便他们还是一根一根地数每一捆里的小棒，但一些学生开始会用 10 根一捆的小棒作为计数工具记录"十"的个数。学生每数出一个中间的数，都让他们记下相应的数以帮助记忆。

当学生建立了以十为单位的概念后，在数感得到发展的同时也加深了对运算性质的理解。他们就开始利用这些概念从直观操作转向发现算法的策略，直观操作对学生而言是一个必要的阶段，这些不同发展阶段的策略都很重要，因为它们能为不同阶段的学生探索相同的问题提供机会。总之，一方面教师不要揠苗助长，让学生过早抛弃使用学具的直观方法；另一方面，在适当的时候要鼓励学生脱离直观操作阶段。下面一些做法有利于学生摆脱对直观操作的依赖：

- 在黑板上记录学生的口头解释，使他们自己和其他学生都能理解。
- 询问刚刚用直观模型计算的学生能否在头脑中算。
- 让学生用数字方式书面记录他们用模型算的过程。然后让他们尝试用同样的写法计算新的问题。

发现算法的策略

发现算法的策略是指除"标准"算法以外，无需实物操作或逐一数数来计算的任何策略（Carpenter et al.，1998）。对于 1 年级、2 年级的学生而言，《美国共同核心课程标准——数学》（CCSS - M）（NGA Center & CCSSO，2010）将这种策略描述为"基于位值、运算性质或加减法之间的关系"（p.16，p.19）。更具体地说，学生应当能够"利用他们对位值和运算性质的理解，形成、讨论并使用有效、准确且可以推广的方法来计算十进制计数法中整数的和与差"（p.17）。有时，发现算法的策略在探索、使用和理解之后成为可以心算的方法。举例而言，在积累了一定经验之后，学生可能能够在头脑里计算 75＋19（75＋20 是 95，少 1 是 94）。而对于 847＋256，学生可能需要写下中间的步骤（如，给 847 加 3）以便在计算过程中帮助记忆（教师可以自己试试看）。在课堂教学时，发现策略的过程中要鼓励学生写下来，因为这样更容易与其他同学分享，并帮助学生关注计算的思路。而至于是笔算、部分笔算还是完全心算，它们之间的区别并不重要。

很多研究旨在发现不同年龄的学生在处理计算问题时是如何在多种策略间进行选择的（Csikos，2016；Keiser，2010；Lynch & Star，2014；Rittle-Johnson，Star，& Durkin，2010；

Verschaffel，Greer，& De Corte，2007）。越来越多的证据表明,学生能在没有明确指导的情况下自己建构出多位数加减的计算方法(Carpenter et al.，1998，p. 4)。让学生提升本领的一个行之有效的方法是鼓励他们倾听同学们所发现的策略,并对这些策略进行分享、探索和检验。需要注意的是,对于学生没有理解的策略,教师不要让他们去生搬硬套。

与"标准"算法对比。思考以下发现算法的策略和"标准"算法之间存在的显著差异。

1. 发现算法的策略面向的是数而非数字。使用"标准"算法计算"45＋32",学生思考的是"4＋3"而不是"40＋30"。长期提倡创造策略的研究者凯米(Kamii)认为,"标准"算法会让学生"忘却"位值(Kamii & Dominick,1998)。与之相反,发现算法的策略则是使用完整数的。例如"618－254",发现算法的策略可能会从 600－200 等于 400 开始计算。另一种方式可能是从 254 开始,加 46 得到 300,然后再加 300 得到 600,等等。在这两种情况中,计算都是面向数的。

2. 发现算法的策略是从高位开始而非从低位开始的。因为策略关注的是整个数,往往从一个数最大的部分(最左边的数位)开始。比如 263＋126,很多发现算法的策略会从"200＋100 等于300"开始,只需一步就对最终答案的大小有了一些感觉。对比起来,"标准"算法则会从 3＋6 等于9 开始,从最右边开始一位一位地算,直到最后一步答案才揭晓(唯一例外的是标准长除法竖式)。

3. 发现算法的策略是一系列灵活的选择,而不是"唯一正确的方法"。为了算起来更容易,发现算法的策略取决于所涉及的数。请心算这两道题:465＋230 和 526＋98。用的是同一种方法吗？ 与之相反,"标准"算法则推荐在所有问题中用同一种方法。学生在解决 7 000－25 时如果用"标准"算法常常会有错误,心算反而相对更简单一些。

发现算法策略的好处。发现算法策略的形成与使用可以促进计算精熟度及其他发展,具体好处如下：

- 更少出错。研究显示,学生使用发现算法的策略,由于自己能够理解因而更少出错(Gravemeijer & van Galen,2003)。如果学生不能理解"标准"算法中的潜在概念,他们不但会出错,且这些错误往往还是系统性的,难以补救。而发现算法的策略更少造成错误,其错误也很少是系统性的。

- 更少需要重复教学。早期,学生发现用自己的算法策略来计算往往又慢又费时,教师常为此担心。但学生在早期阶段这些艰难的付出是有成效的,能帮助他们建立起有意义的、整合良好且牢固持久的概念网络,这可以显著减少重复教学的时间。

- 发展学生的数感。学生通过他们理解的策略发展并使用面向数的灵活算法,可以形成对数系统的丰富理解。比较而言,过早使用"标准"算法的学生则无法解释为什么可以这么算。

- 发现算法的策略是心算和估算的基础。当发现算法的策略成为计算的常态,就没有必要讨论心算,仿佛心算是一个独立的技能。随着学生越来越熟练地掌握这些灵活的方法,他们自然就能在头脑中使用这些策略或有时只需简略记下一些中间步骤。

- 灵活的发现算法的策略往往比"标准"算法更为快捷。思考 76＋46,创造策略可能是 70＋40＝110，6＋6＝12,然后 110 与 12 的和等于 122。这一计算可以在头脑中完成,即便需要记录，也比"标准"算法的步骤更加省时。

○ 发现算法的策略本身就是十分重要的"做数学"的过程。学生创造计算策略或使用其他同学分享的有意义的策略，就是在经历构建意义、建立自信的过程。如果算法是直接"告诉"的，学生（很可能包括教师自己）往往无法体会到这一过程的发展。通过让学生参与这种数学的形成过程，向他们揭示完全不同的有价值的"做数学"的方法。

○ 发现算法的策略在标准测验中也能很好地帮助学生。有证据显示，使用发现算法策略的学生在标准测验里的计算表现一样或优于使用"标准"算法的学生（Fleischman, Hopstock, Pelczar, & Shelley, 2010；Fuson, 2003）。

活动 11.9

城市人口

让学生合并或比较所在学校的不同班级、所在区域的不同城市或县镇的人口数量。比如，在卡片上写上城市名，然后将人口数量也直接写在卡片上或写在相应表格里供学生参考。然后给学生两张卡片，或者让学生自己编应用问题。能够接受较大数的学生可以解决人口密集地区的问题，而需要循序渐进的学生则可以从两个人口稀少的地区开始。

心算。心算策略只是指任何可以在头脑中完成的发现算法的策略。一名学生能心算的问题对另一名学生而言可能需要书写的支持。起初，学生可能还没有准备好在头脑中进行计算，因为他们仍然处于直观操作阶段，或者在思考问题时需要做部分记录。随着学生日益熟练，他们可以也应当挑战一下适当的心算。教师常常会惊讶于学生（和教师自己）强大的心算能力。

尝试心算下面这道题：

$342+153+481$

反思角 对于这一任务，尝试下面的方法：先加"百"，边加边说出总数——"3 个百，4 个百，8 个百"，随后给这个部分的和接着加上"十"，最后加上"一"。

"标准"算法

"标准"算法的学习途径有三个主要部分：（1）了解每个步骤及如何实施；（2）了解算理及如何应用；（3）了解在何时使用哪种算法，并能够对不同算法进行比较（Fan & Bokhove, 2014）。"标准"算法教学的重点不应仅仅是一系列步骤的记忆，而应将这些步骤理解为一个过程。算法应当具有以下特点：确定性（精确的步骤），可靠性（只要使用适当，总能得到正确答案），清晰性（过程是可以理解的），有效性（是有效方法），概括性（可解决一系列类似的问题）（Fan & Bokhove, 2014）。

《美国共同核心课程标准——数学》(CCSS－M)（NGA Center & CCSSO，2010）要求学生最终要掌握"标准"算法的相关知识（4 年级掌握多位数加减法，5 年级掌握多位数乘法，6 年级掌握多位数除法）。注意，要求掌握这些"标准"算法的年级都要远远晚于相关主题引入的时间。这一时间线表明首先需要有概念的全面发展。重要的是人们已经认识到，如果从一开始就只教授"标准"算法，学生将失去探索其他有用方法的机会。提高运算精熟度的核心是理解"标准"算法的原理以及何时应用它们是最佳选择（与发现算法的策略相比）。

必须理解"标准"算法。当教师还在尝试教学发现算法的策略时，学生可能从兄弟姐妹或者其他家庭成员那里学到了"标准"算法。他们中有一部分会觉得自己已经知道了"正确"的方法，因而对学习更灵活的策略心怀抵触。这时教师该如何应对？

首先也是最重要的，是"标准"算法和所有其他策略一样，都要遵守相同的原则：使用它就意味着必须理解这么算的道理并能够解释。"让我们看看为什么这个方法是可以的"，在这样的氛围里，学生可以从理解竖式中获益，就像他们应该能够对其他方法进行推理一样。但是负责解释的应该是学生而不是教师。记住，"凡是学生能说的，永远不说！"(Reinhart，2000)

学生一旦理解了"标准"算法，它就会成为方法"工具箱"中的又一个策略。"标准"算法是促进学生对数学深度理解的一个重要部分(Fan & Bokhove，2014)。但仍要强调的是，与其他策略一样，"标准"算法可能在一些情况下比其他情况更有用。有些问题中，心算策略就比"标准"算法更加有用，比如 504－498；而在另一些问题中，如 4 568＋12 813，则是"标准"算法有明显的优势。因此，需要在各种情况下讨论哪种策略是最适用的。

延迟！延迟！延迟！学生不太可能自己发现出"标准"算法。教师需要向他们介绍并解释每种算法，并帮助他们理解这些算法是怎样实现的、为什么能够解决问题。不论教师在课堂中如何小心谨慎地将这些算法仅仅作为另一种选择来介绍，学生都可能会感觉到"标准"算法是"唯一正确的方法"。所以，要在发现算法的策略上花费大量的时间——数月，而非数周。再次强调，《美国共同核心课程标准——数学》(CCSS－M)（NGA Center & CCSSO，2010）要求，学生在掌握"标准"算法之前的一到两年间要学习多种基于位值和运算性质的策略（见图 11.11）。学生在用发现算法的策略计算的过程中所获得的理解，会令"标准"算法教学更容易进行。如果教师觉得这种延迟是在浪费宝贵的时间，不妨想想，"标准"算法一遍又一遍地教了多少年，可学生还是不理解这些策略也依然出错，这说明直接教授竖式事倍功半。

"标准"算法	引入与发展的时间	要求掌握的时间
多位数加减法	1～3 年级	4 年级
多位数乘法	3～4 年级	5 年级
多位数除法	3～4 年级	6 年级
小数加减乘除	5 年级	6 年级

图 11.11　CCSS 文件关于延迟"标准"算法的建议

算法的文化差异。有些人觉得数学是全世界通用的,事实上,在符号、约定和算法上,存在着许多文化差异。教师对学生可能带进课堂的各种算法以及他们"做数学"时记录符号的方式了解得越多,就能更好地帮助学生并与家长沟通。美国的"标准"算法可能在其他国家或地区中并不常用,因此在评估每位学生的经验时鼓励各种算法就很重要。

比如,"同加"是很多拉美和欧洲国家使用的一种减法策略。它基于这样的知识:被减数和减数同时加上相同的数量,二者的差(答案)不变。例如要算 15－5,如果被减数和减数都加上 10,变成 25－15,答案(或者说差)不变,都是 10。再思考 62－27,如果使用教师认为的"标准"算法,很可能会将数重组,即把被减数十位的 6 划掉,然后在个位 2 的旁边写上一个小"1"(变成 12),再算 12 － 7 等等。如果使用"同加"策略,如图 11.12(a)所示,就在 62 的个位旁写个小"1"(表示 10),得到 12,意味着给 62 加了 10,随后给 27(减数)的十位加 1,实际也是加了 10,变成减 37,正好抵消了被减数所加的 10。

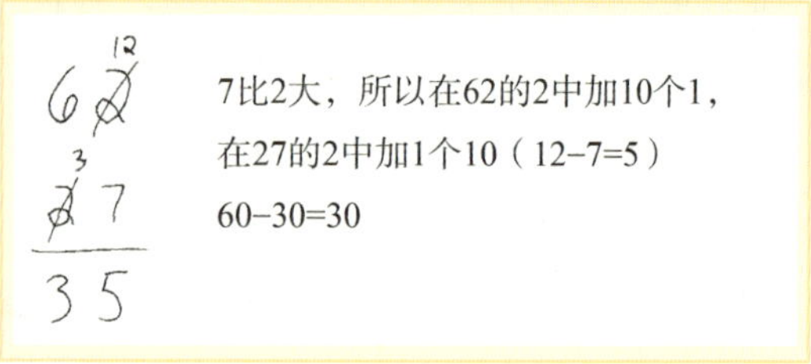

7比2大, 所以在62的2中加10个1,
在27的2中加1个10（12−7=5）
60−30=30

图 11.12(a)　"同加"算法

用数线来思考数与数之间的距离尤其有帮助(Whitacre et al., 2016/2017)。学生使用基于"同加"的"差不变"策略(Humphreys & Parker, 2015),可能会在 62 和 27 上都加 3,变成 65－30,问题就简单了许多,如图 11.12(b)所示,而到数线上看其实就是学生将相同的差移到了一个新的位置。也许对有些教师来说这一方法有些让人困惑,但不妨试试看,尤其是在被减数中有 0 的时候(如,302－178),这个方法十分高效。更为重要的是,教师可能会存在的困惑能让我们设身处地感受到学生,特别是当学生(以及他们的家人)在听到一种完全不同于他们所知道的正确算法之外的算法时会有怎样的反应。

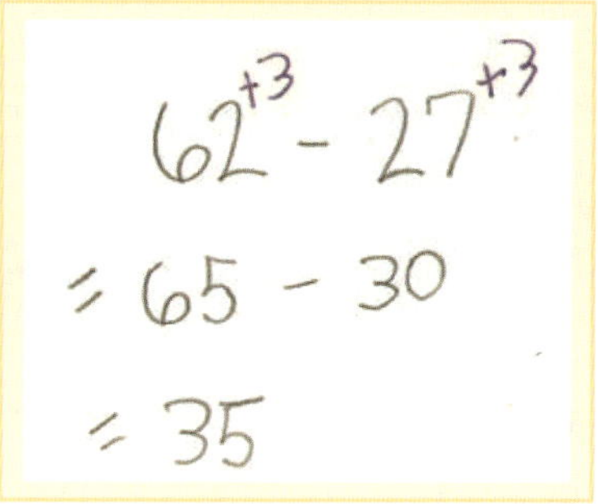

$62^{+3} - 27^{+3}$
$= 65 - 30$
$= 35$

图 11.12(b)　使用"同加"或"差不变"的策略

为什么"同加"策略能得到相同的答案? 画一条开放的数线,在上面标记减法问题"302－178"中的两个数。注意两个数之间的差或者说距离(这里为 124)。现在,使用"同加"改变两个数,使之变成更容易算的减法。注意新问题中两个数之间的差或距离,和原问题是完全相同的。因为被减数与减数同时加上(或减去)相同的数量,只是把数沿着数线移动了相同的距离,因而两个数之间的差保持不变。

算法的文化差异中另一个很重要的地方,就是其他国家或地区对心算的重视(Perkins & Flores, 2002)。事实上,有些学生为自己的心算能力感到很自豪。来自其他国家或地区的学生,不展示计算过程就能直接给出答案往往是得益于他们的文化。

四. 加法.减法算法策略的发展

如果教师只是袖手旁观的话,一般而言学生不会自发地发现计算方法。学生发现算法策略的发展受教师及其课程的影响(Verschaffel et al.,2007)。下面我们会讨论一些教学方法,来帮助学生发展多位数加减法的发现算法策略。

营造支持发现算法策略的环境

发现算法策略源自对数的深刻理解。位值概念的发展为学生开始挑战创造策略做好准备。比如 NGA Center & CCSSO(2010)建议,给定一个 100 到 900 之间的数,2 年级学生应当能够用心算找到比它大(或小)10 或者 100 的数。该标准要求学生公开分享自己新出现的想法。学生需要这样的课堂环境——可以让他们像数学家一样无所畏惧地探索。当学生在课堂中尝试探索新的想法,比如使用发现算法策略时,他们应当有信心无论他们表达的想法多么幼稚或初级,都会得到教师的理解和支持。

前面提到过一些形成问题解决环境的一些特征,有必要在这里重申,这将有助于形成敢于冒险、猜测检验并尝试新方法的氛围。学生也需知道要百折不挠,并随时体验"能力范围内的数学困境",因为真正的学习原本如此。"我们使用困境一词以表明学生为理解数学、弄清并非显而易见的事情所付出的努力……而非指学生几乎完全不理解材料时所感受的绝望"(Hiebert and Grouws,2007)。我们要鼓励学生坚持学习那些具有挑战性,但在他们能力范围内又能够理解的材料。

谨记以下几点:

○ 避免一名学生讲出正确答案时立刻给予确认,要给其他学生时间和机会来判断答案和方法是否正确。

○ 期待并鼓励学生之间的互动、提问、讨论以及猜想。用充分的时间进行讨论。

○ 鼓励学生阐明之前的知识并尝试构建新的想法。

○ 提升尝试新事物的好奇心和开放性。

○ 对于学生无论是正确还是错误的想法,都用非评价性的方式来予以讨论。

○ 通过指导和有策略的提问将简单的想法推向更加深刻的思考。

○ 用熟悉的情境和故事问题作为背景并与学生的经验联系起来。避免使用"裸数"直接让学生计算,因为这对于学生计算策略的发展毫无益处。

○ 匿名展示学生的作品,并允许学生们评判他人的推理。

提供支持发现算法策略的模型

在加减法问题中有四种常见的发现算法策略,这些策略可以延伸到更大的数上:拆分策略(也叫作分解策略),跳跃策略(与往后数和往前数相似),还有近路策略(有时叫作补偿/抵消策略)(Heinze,Marschick,& Lipowsky,2009;Torbeyns,De Smedt,Ghesquiere,& Verschaffel,2009)。将一个数"拆分"成几个部分(经常是根据位值)的策略适用于所有运算。你在记录学生的想法时，试着用箭头和线清晰地展示两个计算是如何相关联的，如图 11.13(a)所示。

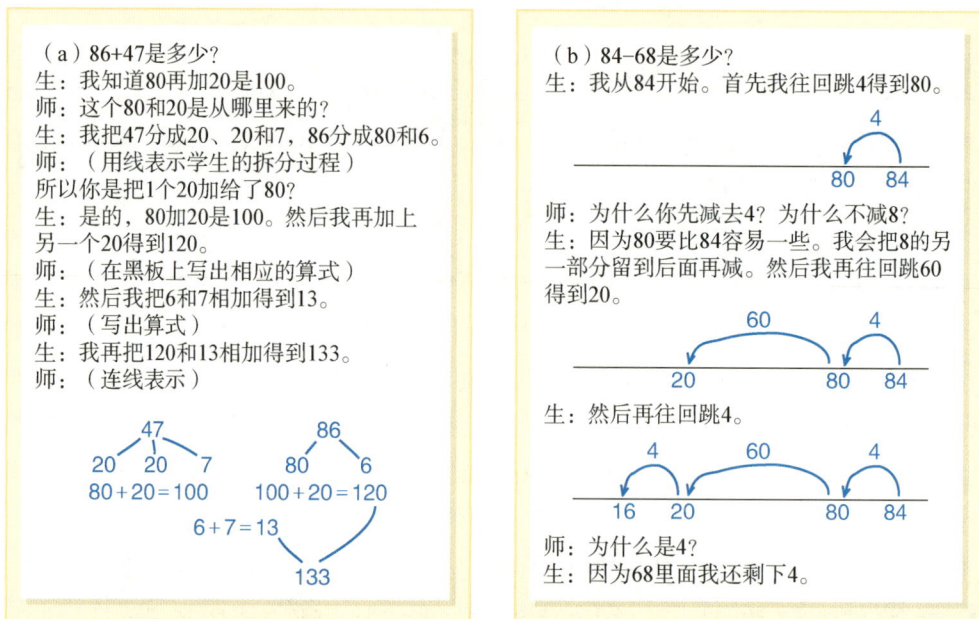

（a）86+47是多少？
生：我知道80再加20是100。
师：这个80和20是从哪里来的？
生：我把47分成20、20和7，86分成80和6。
师：（用线表示学生的拆分过程）
所以你是把1个20加给了80?
生：是的，80加20是100。然后我再加上
另一个20得到120。
师：（在黑板上写出相应的算式）
生：然后我把6和7相加得到13。
师：（写出算式）
生：我再把120和13相加得到133。
师：（连线表示）

（b）84-68是多少？
生：我从84开始。首先我往回跳4得到80。
师：为什么你先减去4？为什么不减8？
生：因为80要比84容易一些。我会把8的另
一部分留到后面再减。然后我再往回跳60
得到20。
生：然后再往回跳4。
师：为什么是4？
生：因为68里面我还剩下4。

图 11.13　两种记录学生思维过程的方法，以便全班理解

　　拆分策略解决 146＋321 这样的问题要用到学生对位值的理解，从第一个数(146)开始，依次算出 146＋300＋20＋1。这也是一个很棒的心算策略，强调的是基于位值的分解。

　　跳跃策略使用的是空白数线（也叫作开放数线），即事先并没有写好数或标记的数线，如图 11.13(b)所示。学生可以利用它来进行一系列的跳跃，这在加减法中是一种非常有效的思考策略(Caldwell，Kobett，& Karp，2014；Gravemeijer & van Galen，2003；Verschaffel et al.，2007)。空白数线比通常的数线更灵活，因为学生可以在任何地方做刻线、写上任何数字，且能避免对刻线之间的间隔产生混淆。此外，使用空白数线能让学生更少犯计算错误(Gravemeijer & van Galen，2003；Verschaffel et al.，2007)。

　　通过使用空白数线，来模拟学生的思考过程是引入空白数线的最好时机，特别是在刚开始把单位刻度介绍给学生的时候。要提醒学生：数线就像一把尺子，用特定单位标记出长度——至于空白数线，其实是我们通过跳跃创造了自己的单位刻度。学生先根据他们正在解决的问题来决定起始数和最终数，随后他们通常会利用"友好数"进行跳跃，再计算跳跃的总数(Barker，2009)。当学生在分享或解释自己从起始数开始，往上或往下数的每个步骤时，就可以记下他们在数线上所做的跳跃。随着一定的练习，学生会发现空白数线是支持和解释自己思维的有效工具。

　　条形图也是能支撑学生思维并帮助他们向他人解释想法的有效工具，条形图尤其适用于"比较"和"部分-整体"情境的问题，图 11.14 展示了这两种例子。

　　近路策略涉及对数的灵活调整。比如，就像学生在学习基本事实时用 10 作为基准数，他们也

可以把像 38 或 69 这样的数移动到最近的整十数（在这个例子里是 40 或者 70），之后为抵消再去掉 2 或 1。再举个例子，51－37 可以这样思考：37＋10＝47，然后 47 再加 4 等于 51。或者，同样的问题 51－37 也可以想成 51＋6＝57，而 57－37＝20，再减 6（因为开始为了让问题变简单加了 6）得到 14。所以，51－37＝14。

在每个例子里，问题中的数和问题类型都会影响学生对策略的使用。因此，教师要仔细考虑所提出故事问题的类型和所用的数。

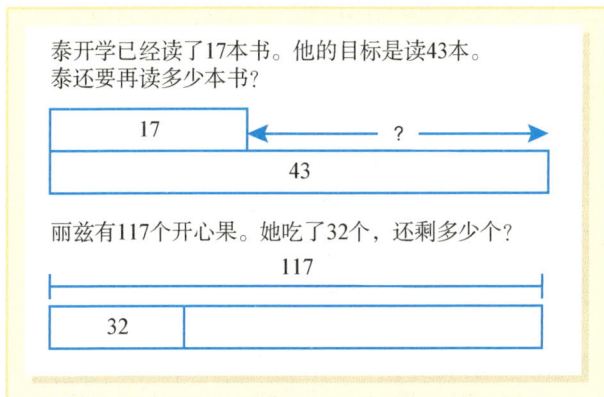

泰开学已经读了17本书。他的目标是读43本。泰还要再读多少本书？

| 17 | ← ? → |
| 43 | |

丽兹有117个开心果。她吃了32个，还剩多少个？

| 117 | |
| 32 | |

图 11.14　使用条形图帮助思考关于数量及其之间关系的问题

探索减法策略

教师问学生："你怎么用算式、画图或者数线来展示自己解决问题的过程呢？"对于学习有困难的学生，需要对活动作出调整。

《美国共同核心课程标准——数学》(CCSS-M)建议，到 2 年级结束，学生应当能够运用基于"位值、运算性质、加法之间的关系"的策略"计算 1 000 以内的加减法"(NGA Center & CCSSO, 2010，p. 19)。在进一步学习"标准"算法之前，强调发现算法的策略可以增强学生的数感和对位值的理解。请试试不用"标准"算法计算下面两道题：487＋235 和 623－587。往上数策略对减法来说有时是最容易的，尤其是像"623－587"这样两个数比较接近的时候。有时其他策略更有优势，比如，分出 50 或 25 的倍数往往是一种有用的方法。对 462＋257 来说，拿出 450 和 250，相加得到 700。再加剩下的 12 和 7，总和是 719。这些只是学生可能会用的许多创造策略中的少数几个例子。

学生应当使用他们能理解并能高效运用的策略，教师的目标也许是每名学生至少有一两种方法，这些方法不仅合理有效也可用于许多不同的数，但不同学生会习惯使用自己所擅长的不同策略。换句话说，没有必要让所有学生都在同一个问题上使用相同的策略。下面我们来探索学生经常使用的各种发现算法的策略。

加减一位数

当加或减一个较小的数量，或求两个十分接近的数的差时，很多学生会通过数数来解决。应当将拓展学生基本事实和数系统"十结构"的知识作为目标，从而达到让学生不再需要数数来得到答案。例如，当计算跨越十（如，58＋6）的问题，利用整十数（60）思考，算 58＋2＋4，就能拓展学生对"凑十法"的使用（即，加到整十再加剩下的）。同样地，对于减法，学生可以拓展"平十法"。比如 53 − 7，先减 3 等于 50，然后再减 4 是 46。

活动 11.11

跨越整十

利用十格板，快速回顾基本数学事实(第九章)中的"凑十法"和"平十法"。然后给学生提供小十格板、十进制学具、有双十格板的位值垫，或百数表等材料，并提出一个加法或减法的故事问题，让问题中的数跨越整十但数的变化或差小于 10。下面有一些例子：

- 汤米看书看到 47 页，然后又读了 8 页。他最后读到了第几页？
- 从 68 到 75 的距离是多少？
- 露丝有 52 美分，她用 8 美分买了个小玩具。现在她还剩多少？

听听有哪些学生只会逐个往后数或往回数而不管十，建议他们使用图 11.15 中所示的百数表或者十格板来帮助自己思考。也要了解他们是如何解决相关的基本事实的，因为本质上，基本事实（8＋6，13−5）与那些十位数更大的问题（上面的 58＋6，53−7）在对十的使用上是相同的。让使用这一策略的学生分享他们的想法。如 47＋6，他们可能会说："我从 6 中拿出 3 加给 47 得到 50，然后加上剩下的 3 等于 53。"

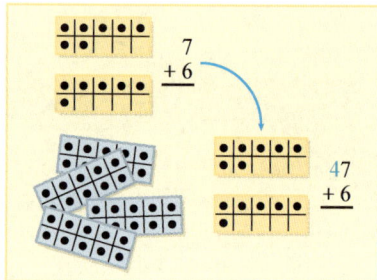

图 11.15　学生将"凑十法"拓展应用于更大的数

从一位数加减过渡到两三位数的加减，加减整十数或整百数是很重要的中间步骤。求整十数、整百数的和或差很容易心算。例如下面的问题：

$$300＋500＋20$$

挑战学生，要求他们心算。再让学生分享他们的想法，并倾听他们对位值相关词语的使用："3 个百加 5 个百是 8 个百，再加 2 个十等于 820。"先从那些不需要重组的问题开始，再逐步发展到更难的问题，如 70＋80，继续使用十进制学具帮助学生以"十"或"百"为单位进行思考。

活动 11.12

我是……谁是……

让学生心算两位数加减整十数(或其他熟悉的组合)，在练习心算能力的同时又为多位数加减做准备。使用"我是……谁是……"游戏卡，人数最多为 30 人。如果学生少于 30 人，给那些需要挑战的学生发两张卡片。卡片中也有一些简单的组合(如，谁是 20＋ 10？谁是 37＋ 10？)，把这些卡片给学习有困难的学生，以保证他们能够理解游戏，并用"十"作单位。开始游戏时，教师喊出任一张卡片上算出的数，比如："谁是 22?"持有该卡片的学生应该回答"我是 22，谁是……"——读出其他卡片上的数，游戏继续。直到 30 张卡片都被点到，游戏结束。

多位数加法

学生对多位数加减法精熟度的发展，始于 1 年级整十数加法的学习，一直持续到 4 年级，这时学生应该能"用'标准'算法熟练地进行多位数加减"（NGA Center & CCSSO，2010）。这种精熟度要通过多年的探索来建立，包括用直观模型画图、加减法之间的互逆关系、位值和运算性质的策略来探索。尽管两位数加法是 2 年级的教学重点，学生在 3 年级、4 年级时仍有可能在这些计算上面临挑战。涉及两个两位数之和的问题可以激发许多种个性化策略，而这些策略正是进行三位数（及以上）加法的基础。一些策略可能会从其中一个数开始，先往后加到下一个整十数，或先把另一个数上的几个十加到这个数上。

让我们从下面这个问题开始：

一些童子军去野外旅游。其中女童子军有 46 名，男童子军有 38 名。一共有多少名童子军参加了这次野外旅游？

图 11.16 展示了解决这个问题的四种不同的创造策略。这些答案的记录方法只是一些建议，但注意其中对空白数线的频繁使用。

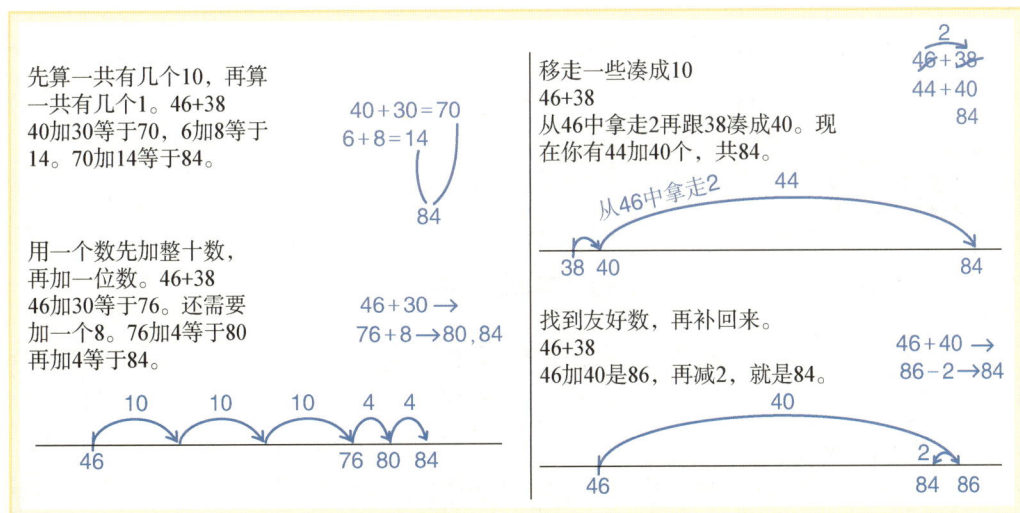

图 11.16　解决两位数加法的四种不同的发现算法的策略

注重凑十的近路或抵消策略在一个加数个位是 8 或 9 的情况下非常实用，为了促进这些策略的发展,可以呈现像加数是 39 或 58 这样的问题。注意使用这些策略时,通常只需对两个数中的一个进行调整。

反思角 试一试,尽你所能用多种不同的方法计算 367＋155。你的方法中有几种和图 11.16 中的类似?

下面的活动能促进学生把 10 作为基准数来对数进行调整。

活动 11.13

调整一下

创编能促使学生想到利用 10 的一组计算题,要点是试着帮助学生了解不同的调整方法。考虑使用下面这组计算题:

$$50＋30 \quad 48＋30 \quad 50＋32 \quad 51＋28 \quad 53＋29$$

每次只出示一个问题,给学生一些思考的时间,询问答案并让学生解释自己的方法。记录学生的策略以便回顾。如果没有学生提到用 50＋30 帮助解决后面的相关问题,教师可以提出挑战的问题让他们思考:如何利用 50＋30 帮助解决其他所有的问题? 通过倾听同学的分享,其他学生会更加清楚不同的调整方法,这一点对学习有困难的学生来说尤其重要。

用 10 作为基准数,有多种方法来解决上述活动中的加法问题。就 51＋28 来说,一名学生可能会将 51 变为 50,将 28 变为 30, 50＋30 等于 80,然后减去 2 以抵消加了 30(代替应加的 28),再加 1 以弥补加了 50(代替应加的 51),得到 79。其他学生可能会想 51 很接近 50,就把 51 中的 1 加给 28 得到 29,再 50＋29 等于 79。还有学生可能先加整十(50＋20),再加单个(1＋8)得到 79。记住,教师的目标是帮助学生发展对他们而言既有效又能理解的策略。在倾听同伴们找到两个数之和的说理过程中,学生就能接触到各种各样的策略。

评价角

阶段性地关注一名学生以确定他(她)对策略的使用是否灵活。

在诊断性访谈中提出以下问题:46＋35。观察学生开始是利用位值对数进行拆分,还是选择凑出下一个十。具体而言,对 46＋35,一名学生可能会给 46＋4 得到 50,然后再加上剩下的 31。或先给 46 加 30,得到 76,再加 4 得 80,然后加上余下的 1。不论哪种方法,都要注意学生用十做单位的灵活程度。学生可能会使用开放的数线,然后借助之前学习的十个十个数和一个一个数的技能,以 10 为单位跳跃着往上数。他们可能会一边往上数"46,56,66,76",一边在数线上画出相应的弧线来标记跳过的 10,也可能会将数拆分成其他好算的数,比如 50 或 25。如果学生不能始终如一地把十作为单位,教师就需要帮助他再发展一下位值概念。

活动 11.14

奇数还是偶数？

　　用两个连续两位数的加法问题给学生热身。这两个数的和是奇数还是偶数？你是怎么知道的？试试其他两位或三位的加数。它们的和是奇数还是偶数？你觉得两个数的和总会是这样吗？为什么？

想加算减

　　对于基本数学事实能运用"想加算减"策略的学生，同样也能将它用于多位数问题。这一策略解决减法问题非常有效，尤其对于学习有困难的学生而言（Peltenburg, van den Heuvel-Panhuizen, & Robitzsch, 2012），如 38－19，可以想："19 再加多少得到 38?"注意这个策略对于像 42－6 那样的问题可能没那么高效。使用变化量未知的加入问题或缺失部分的问题（已在第八章中讨论），能够鼓励学生使用"想加算减"的策略。下面分别举了一个例子。

> 　　山姆有 46 张篮球卡，他参加了一个卡片展后又买了些新卡，现在他一共有 73 张，他在卡片展上买了多少张卡？
>
> 　　胡妮塔数了老师的所有铅笔，有些削过，另一些没削。她一共数出了 73 支，其中 46 支没有削过，有多少支铅笔是削过的？

　　图 11.17 展示了用"想加算减"来解决减法故事问题的过程，使用"十"仍然是这些策略中重要的一部分。当然，离开情境简单地问两数之差，学生也有可能会采用这些策略。

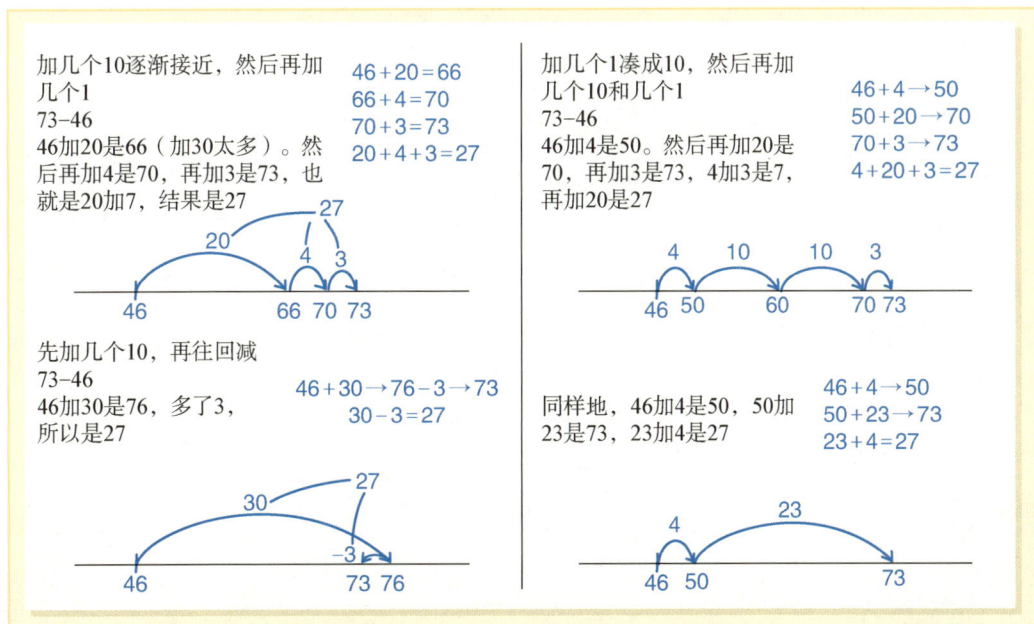

加几个10逐渐接近，然后再加几个1
73－46
46加20是66（加30太多）。然后再加4是70，再加3是73，也就是20加7，结果是27

$$46+20=66$$
$$66+4=70$$
$$70+3=73$$
$$20+4+3=27$$

加几个1凑成10，然后再加几个10和几个1
73－46
46加4是50。然后再加20是70，再加3是73，4加3是7，再加20是27

$$46+4 \rightarrow 50$$
$$50+20 \rightarrow 70$$
$$70+3 \rightarrow 73$$
$$4+20+3=27$$

先加几个10，再往回减
73－46
46加30是76，多了3，所以是27

$$46+30 \rightarrow 76-3 \rightarrow 73$$
$$30-3=27$$

同样地，46加4是50，50加23是73，23加4是27

$$46+4 \rightarrow 50$$
$$50+23 \rightarrow 73$$
$$23+4=27$$

图 11.17　用"想加算减"解决减法问题的三种不同的创造策略

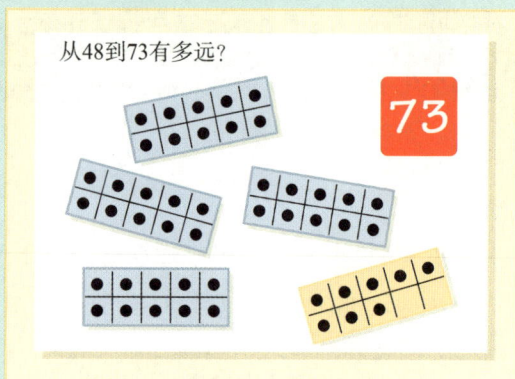

活动 11.15

离我的数还有多远？

两人一组使用一套十格卡。一名学生用卡片摆出一个小于 50 的数，另一名在一张纸上写一个大于 50 的数，如图 11.18 所示。对于学习有困难或希望问题更有挑战性的学生，教师可以选择调整第二个数的大小（如小于 100，小于 500）。两人需要一起找出十格卡上的数加多少才能得到纸上写的数，并写出相应的算式。一旦有了答案，学生应当展示他们的答案和较小的数是如何相加得到较大的数的，一段时间后，十格卡可以逐渐退出使用。

图 11.18　使用"想加法"解决"还有多远?"问题

"拿走"

利用"拿走"的动作来心算减法则要困难得多。然而，拿走策略却是很普遍的，可能是因为有些教科书强调"拿走"就是减法的意义（即使减法还有其他的含义），图 11.19 展示了下面问题的四种解决策略。

> 操场上有 73 名学生，其中 46 名 2 年级学生先进了教室，操场上还有多少名学生？

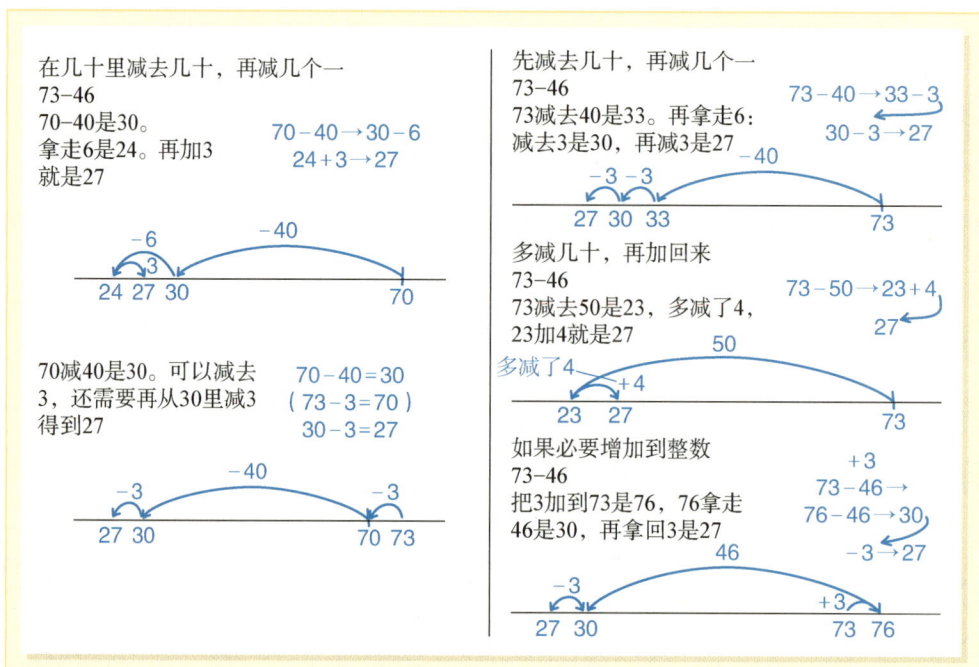

图 11.19　"拿走"减法中四种不同的创造策略

其中两种方法都是从整十部分减去整十开始,反映了大多数学生操作十进学具的方式,另外两种方法在做减法的过程中保持了其中一个数的完整。当减数是整十数或接近整十数时,可以使用拿走作为心算的方法。试一试在头脑中完成 83−29:首先拿走 30,然后再加回 1。有些学生可能一开始听到同学在用这一策略时会感到困惑,尤其不能理解的是为什么要加回一个 1。他们会认为因为给 29 加了 1 得到 30,应该从得数中减去 1。让他们用十进制学具来模拟这个过程,这样他们就能看到当自己拿走 30 时,是多拿走了 1,因此需要把 1 加回来。

反思角 试着计算 82−57。使用"拿走"和"想加算减"两种方法。你能不看图 11.17 和图 11.19 就找到所有的策略吗?

还记得本章先前提到的"同加"或"差不变"策略(Humphreys & Parker, 2015)吗?有些学生也会将它们与"拿走"策略结合使用。比如,对 32−17,学生可能会想 17 和 20 差了 3,所以如果给 17 加 3 得到 20,就需要给 32 也加 3 得到 35(保持两数之间的差不变)。现在问题变成了 35−20 即 15。鼓励学生使用空白数线来观察为什么 32−17 和 35−20 的结果相同。

就很多减法问题而言,尤其是三位数减法,"想加算减"策略明显比"拿走"策略要更容易。对于那些明明能得益于"想加算减"策略却不使用它的学生,你可以带领他们回顾一些简单的"缺失部分"的活动来鼓励这种思考。

拓展与挑战

前面几节中所提到的每个例子中和都不超过 100,且都涉及跨越一个十,也就是说,如果使用"标准"算法,它们都需要重组或交换。在准备教学时,教师应当考虑到一个问题是否需要跨越一个十,所涉及的数的大小,以及学生心算的可能性。

跨越一个(或多个)十。 对大部分策略而言,不需要跨越十的加或减会更容易一些。尝试用每个策略计算 34+52 或 68−24,看看情况是什么样的。简单的问题也自有意义,其中之一便是能建立信心,教师还可以挑战学生:"想不想来个更难的问题?"此外还有一个问题,即跨越 100 或 1000 的问题,不妨尝试用不同的策略解决 58+67。跨越 100 对减法而言也是个问题。像 128−50 或 128−45 这样的问题就会比不需要跨越 100 的问题如 298−187 要更难一些。

更大的数。 2 年级学生应该可以使用各种策略计算三位数加减法(NGA Center & CCSSO, 2010)。如果不使用"标准"算法,该怎样解决这些问题:487+235 和 623−247?注意到了吗?对减法而言,"想加算减"策略通常是有效的。对这些较大的数,学生偶尔会使用其他策略,比如"砍成"50 或 25 的倍数。如 462+257,抽出 450 和 250,等于 700,这就剩下 12 和 7,最终等于 719。

五. 加法、减法的"标准"算法

学生不太可能自己想"标准"算法，所以需要教师来介绍和解释，并帮助学生理解"标准"算法是怎样做的，为什么能这么算。鉴于用概念的方式教学算法非常重要，教学时一定要帮助学生理解"百""十"和"一"等单位。

"标准"算法需要理解"重组"，即将一个数位上的"10"换成左侧数位上的"1"——或者反过来，将某一位上的"1"换成右侧数位的"10"。不要再使用"进位"和"借位"这两个已经过时的词，因为它们容易误导学生。最初小学生可能不理解"重组"这个词的意思，不妨从"交换"这个词开始吧。10 个"一"可以交换 1 个"十"，1 个"百"可以交换 10 个"十"，注意这些策略并不涉及重组。

加法的"标准"算法

在教学加法的"标准"算法时要记住两件事：(1)要确保学生始终将其视为一种可选择（非必需）的方法，就像学生自己发现的算法一样，它也是在某些情况下比其他方法更好；(2)就像任何其他程序（算法）一样，它必须始于直观，随后在概念（重组）和算法之间建立起明确的联系。算法实际上是对直观材料演示运算的一种记录。

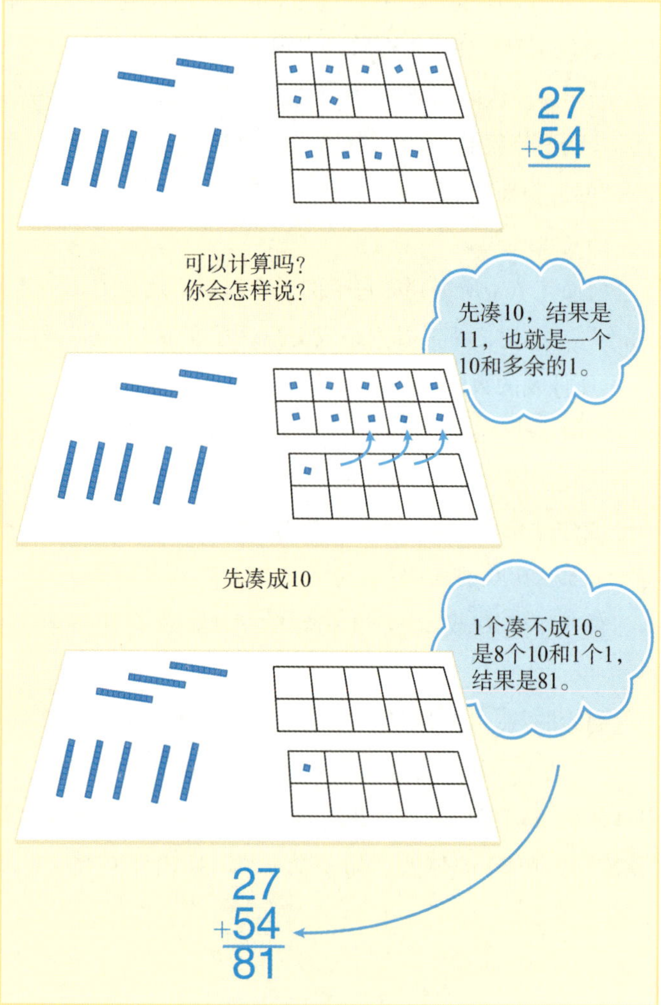

从直观模型开始。最初的教学应将重点放在重组的过程上，且无需用数值方式记录。给学生提供位值垫和十进制学具，让他们用十进学具在位值垫的上部摆出一个数，再在它的下面摆出第二个数，如图 11.20 顶部所示。指出计算的步骤：从个位那一列开始，然后让学生自己解决。多给一些探索的时间，再让学生解释自己是怎样做的以及为什么这样做。让学生在投影仪上展示自己

可以计算吗？
你会怎样说？

先凑 10，结果是 11，也就是一个 10 和多余的 1。

先凑成 10

1 个凑不成 10。是 8 个 10 和 1 个 1，结果是 81。

$$\begin{array}{r} 27 \\ +54 \\ \hline 81 \end{array}$$

图 11.20　从右到左做加法

的作品,或用交互白板中的模型帮助自己解释。一堂课上,深入讨论一两个问题比用学生理解不了的规则解决很多问题更有成效。

发展书面记录。在学生用十进制学具来模拟每个步骤时,教师使用"加减法记录页"帮助学生记录各列数字。最初,要通过提问对每一步进行仔细的引导,如图 11.21 所示,在三位数问题中也可以采用类似的方法。还可以让两人一组,一名学生操作,另一名学生记录,再两人交换,每个问题都应如此。

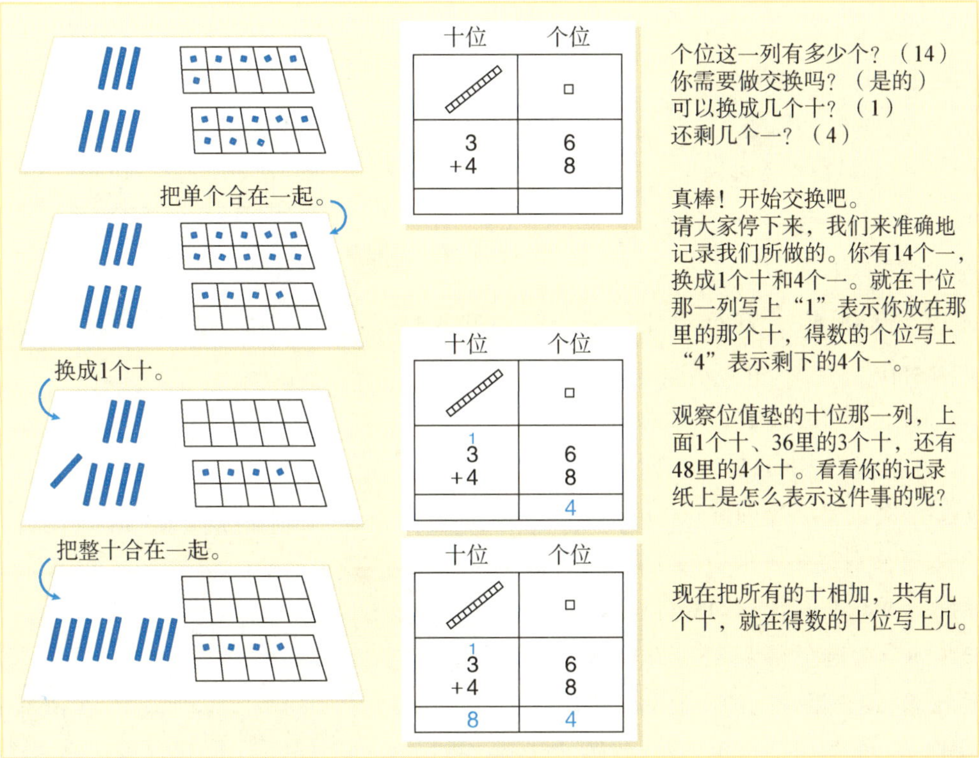

图 11.21　帮助学生在纸上记录他们在位值垫上所做的每一步

学生在记录答案时常常会犯这样的错误:

$$\begin{array}{r} 57 \\ +69 \\ \hline 1116 \end{array}$$

很显然这个学生把位和值的联系忘掉了,把个位和十位看成了两个单独的问题。这样的学生应该用其他方法检查自己的答案。在这个例子中,可以通过提问让她估计一个合理的答案:"你觉得答案会在 100 到 200 之间,还是 200 到 300 之间?"帮助学生看到,答案上千是不合逻辑的,随后再让她用十进方块来模拟这个问题。

图 11.22 展示了传统记录方式的一个变式,这一变式非常实用,因为它突出了数字实际的值,并且相对而言更为有效,至少到三位数的计算是这样。这种记录方式称为部分求和法,它注意了数字的实际数值因而避免了"进位"问题。如果学生倾向于从左边加起,部分求和法不过就是用纵向方式记录的"加整十,再加单个,最后合起来"这一发现算法策略(图 11.16)。这一变式对学习有困难的学生而言尤其有效。

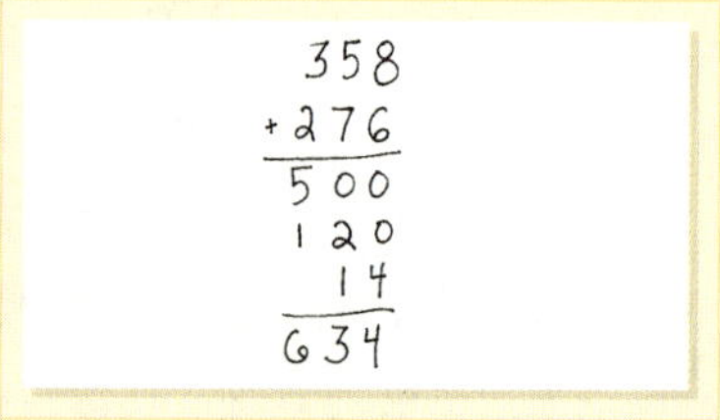

图 11.22 部分求和法可以从左到右使用也可从右到左使用

减法的"标准"算法

发展减法算法的一般方式与加法相同,当学生借助模型完全理解了过程后,就可以通过"操作-记录"的方式将它与书写形式建立联系。

从直观模型开始。 首先,让学生将减法问题看作"拿走"。有着减法的这一层含义,他们只需在位值垫(个位为双十格)的上半部分,用学具模拟上面的数(被减数)。对于要减掉的数,让学生将每一位数字分别写在一张小纸片上,并将它们放在位值垫相应列的底部,如图 11.23 所示。为避免错误,建议先完成所有的交换,使得纸片上的所有数量可以一次性拿走。同时向学生解释,和做加法一样,减法也需要从个位那一列开始。

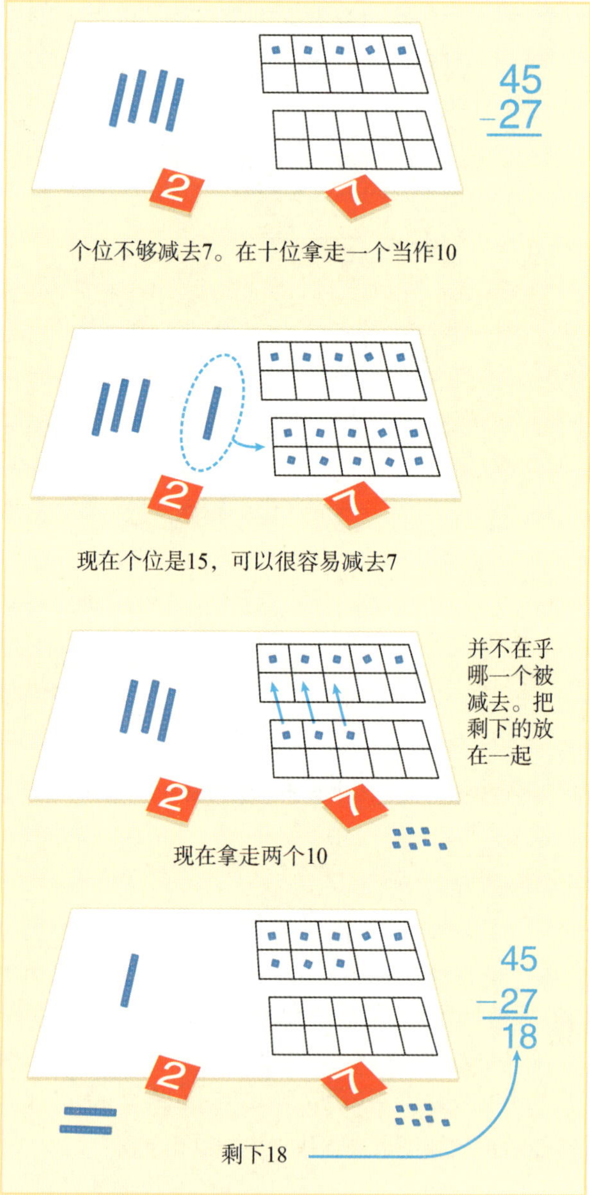

对 0 的困难要有预期。 涉及 0 的问题总会产生特殊的困难,学生在"跨 0 重组"时的常见错误最好在直观操作阶段解决。例如,在 403－138 中,学生必须完成两次交换:将 1 个百换成 10 个十,再将 1 个十换成 10 个一。当学生有了用十进制学具进行交换的经验后,在提示学生应当如何跨 0 重组前先进行下面的活动。

个位不够减去7。在十位拿走一个当作10

现在个位是15,可以很容易减去7

并不在乎哪一个被减去。把剩下的放在一起

现在拿走两个10

剩下18

图 11.23 用模型做两位数减法

活动 11.16

跨 0 交换

　　教师提出一个需要跨 0 交换的问题,例如 103-78。两人一组用十进制学具和位值垫来合作探究。确定答案之后让他们用一个发现算法的策略来检验答案是否正确,如果他们操作学具和用发现算法的策略得到的答案不同,鼓励他们思考为什么。随后让学生分享自己的想法,并由此展开讨论。

　　发展书面计算能力。与加法一样,在计算的过程中用加减法记录页记下每个步骤。当学生能够解释记录过程中使用的符号,逐渐淡化对实物材料的依赖时,他们会朝着完全使用符号发展。同样,要特别注意 0 的问题。

　　如果学生遵循天然的直觉,从最大部分开始(即从左边而不是右边开始),可以采用类似于图 11.24 中所呈现的记录方式。交换是在左边一列减法完成之后,在剩下的部分中进行的。在类似 462－168 的问题中,依然存在"跨零重组"的困难,自己试试看。

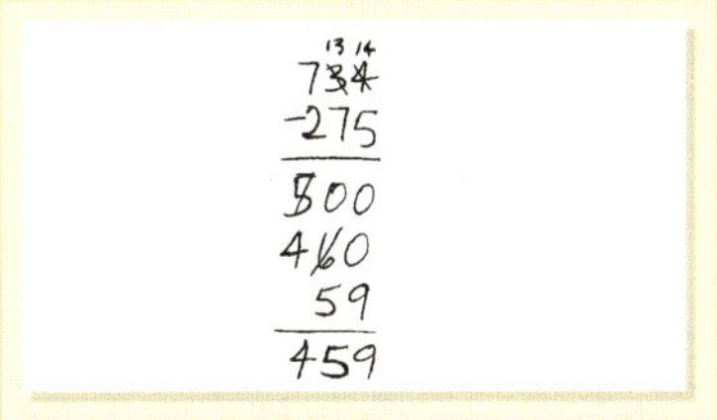

图 11.24　一种从左边开始的减法记录方式

反思角　将减法中的重组策略,尤其是跨 0 重组,与想加算减策略进行对比。例如,试着解决这个问题:428 加多少等于 703? 再想想教学生用跨 0 重组法解决这道题。哪个更简单? 为什么?

活动 11.17

选择你的策略

　　告诉学生下面的问题,不是要他们解决——而是要他们判断,在众多的发现算法策略和"标准"算法中他们会选择哪一种,为什么? 对于学习有困难的学生或英语非母语的学生来说,为了帮助他们思考,可以列出加减法策略清单并投影展示出来。教师依次说出每个策略的名称,让选择了这个策略的同学举手示意,然后让他们用自己选择的方法解决问题。完成的学生伸出大拇指放在胸前。可以让学生分享所用的各种策略,然后问全班学生,对于每个问题,哪种策略看上去最好以及为什么。教师要仔细考虑每个问题选用什么数,以引导学生使用不同的策略。

　　下一个活动要求学生从众多策略中选择最有用的策略。

六．加法、减法的估算

　　估算是一种让学生做出决策的高级思维技能,需要给学生思考和讨论的机会。因此,我们除了要知道如何找到问题的精确答案之外,每个人都要解决一些需要"大概"答案的数字问题。我们都可能遇到过这样的情况,一位朋友在头脑中快速完成了一些近似计算,让我们意识到心算技能有多么实用和重要。估算是抽象的思维和推理,它能为未来的数学探索奠定基础;因为我们希望学生在计算之前先估算以加强数感或计算后再通过估算以判断答案的合理性,最好是两者兼而有之。

现实生活中每当遇到一个计算问题时,我们总有多种选择来考虑如何找到一个合理的答案。我们首先要决定的是:是要一个精确的答案,还是近似的答案就行了? 如果需要精准,我们可以使用算法策略、"标准"算法,甚至计算器。如果需要估算,估算需要多接近真实值也要视情境而定。

估算的目的是能够灵活而快速地得出一个适用又合理的近似结果。《美国共同核心课程标准——数学》(CCSS - M)中"数学实践 5"规定,学生应能"通过有策略地使用估计和其他数学知识发现可能的错误"(p.7),善于估算的学生倾向于采用他们长期形成的各种各样的计算策略。

理解估算

估算的目的是对于某个特定的情境,能够灵活而快速地得出一个合理的估计值。在 K-8 数学课程中,"估计"一词指的是三种不同的概念:

○ 估测:在没有进行精确测量的情况下确定近似的测量值。例如,我们可以估计一个房间的长度或一个西瓜的质量。

○ 估数:确定一批物品的大致数量。例如,我们可以估计礼堂里的学生数或罐子中的糖豆数。

○ 估算:对于我们无法或不需要精确计算的问题,确定大致的计算结果。例如,我们可能想了解自己在商店的大致花费,需要将一些商品的价格加起来看 20 元是否够用。

与精确计算相比,学生不太擅长估算,甚至有时会觉得估算不舒服(Siegler & Booth,2005)。很多学生还把"估计"和"猜测"混为一谈,实际上这三种估计都不涉及"猜测",每种都要用到推理和意义建构。例如,估算就要用到真实的计算。因此,以下两点颇为重要:(1)估算活动时避免使用"猜"或"猜测"等词语;(2)明确地帮助学生看到猜测和合理估计之间的区别。

在重点关注"标准"算法的情况下,估算很可能会被忽略。但如果回忆一下问题解决的过程,四步中的最后一步就是反思。如果学生在计算时练习估算,并在完成计算后再反思,他们应该能看出自己的答案是否在合理范围内。例如前面所提到的 403-138,扫一眼,答案应该大于 200,所以应该能意识到 175(一个常见的错误)这个答案是不可能的。

估算教学的建议

下面是一些帮助学生发展估算技能时值得记住的一般性原则。

使用真实的例子。讨论使用估算的真实生活情境。一些常见的例子包括购物比价(哪家店里的商品更便宜);计算距离规划旅程;确定大致的每月总量(学校用品、割草收入,玩平板电脑游戏的时间等);计算观看体育赛事或电影的开销,包括交通、票务和小吃。看报纸标题,找找哪些地方用的数是近似值,哪些是精确结果(如"学校有数百名学生辍学"和"14 名学生在公交事故中受伤")。真实的案例更能激发学生——例如,问一个大一些的学生:"你有一百万秒大了吗? 你是怎么知道的?"

使用估计的语言。像是大概、差不多、比……稍多(少)、在……之间等词,都属于估计的语言。学生应当理解他们正使用有效的方法以获得尽可能接近的估计结果,但没有"唯一正确"或是"胜出"的估计。语言可以帮助传达这一想法。

使用情境。情境在估计中起着重要作用。例如,了解一辆车的价格是 950 美元还是 9 500 美元是很重要的,参演校园剧的人数可能是 30 人、300 人还是 3 000 人? 有了背景知识提供的补充信息,一个简单的计算就能确定重要的数值。

接受一个估计范围,或提供一个范围选项。既然估算是基于计算的,那为什么会有不同的答案呢? 当然是因为任何特定的估算,都取决于所采用的策略和对数所做的调整。另外,估算也会根据需要而改变。根据一个人出生的大概年份估计他的年龄,与估计在便利超市用最后的 5 美元买需要的 3 件物品够不够是完全相同的。

估算一下,270＋325 大约是多少? 如果用 200＋300,可能会说 500。或者可能会用 250 代替 270,用 350 代替 325,得到 600。也可以用 300 代替 270,然后再加 325,得到 625。其中只有唯一"正确"的吗? 通过分享学生的估计,让他们讨论不同的估计结果是怎样产生的以及为什么会有不同的结果,他们会逐渐开始意识到,估计值基本都落在准确答案周围的一个范围内。

重要提示:不要奖励或过度强调最接近的估计。对学生来说把握"接近"的答案已经很难了,担心精确度并寻求最接近的答案更会加重这一问题。相反,应该关注答案对当前的情境和问题而言是否合理。教师只需要为估计的结果提供一个范围,可以询问学生答案是在 300～400 之间、450～550 之间还是 600～700 之间。

关注灵活的方法而非答案。记住让学生反思其他同学使用的策略能导致额外的策略发展。正如班级讨论对于发展学生的发现策略非常重要一样,课堂讨论对于估算也十分重要。对任何给定的估算问题,总有一些很好但各不相同的估算方法。下面的活动不需要用特定的数来回答问题。

活动 11.18

超过还是不到?

投影展示"超过还是不到"(如图 11.25)。在这个例子里,答案或是高于 1.5 美元,或是低于 1.5 美元,但每个任务中"超过或者不到"的数可以是不同的。教师可以给活动设定一个让学生感觉更亲切且有意思的情境(如能量棒或水果的价钱)来玩"超过还是不到"活动,活动进行中再不断改变数值(如"买 5 个,每个 43 美分",接着"买 6 个,每个 37 美分",等等)。

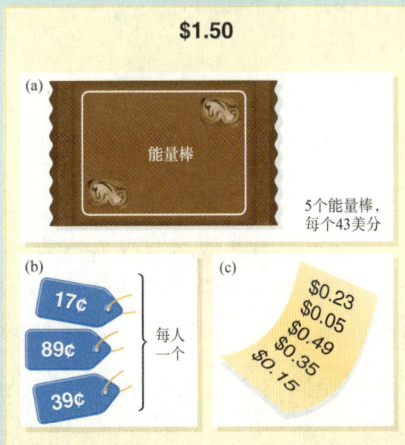

图 11.25　"超过还是不到?"是估计活动好的起点

下面是"超过还是不到?"活动的另外一些例子:

> 37＋75(超过/不到 100)
>
> 712－458(超过/不到 300)

七. 加法·减法的估算策略

在加法与减法的估算中有许多能派上用场的策略,下面是几个可以呈现给学生的策略。

截头法

截头法适用于全部或大部分数的位数相同的加减法,图 11.26 说明了这一方法。注意如果一个数的位数比其余数要少,这个数最初就可能被忽略了。还要注意的是,用截头法估算时只使用了最前面(最左边)的数,就好像其他数位上全都是零那样算。

完成最左边数位的数字加减之后,为了补偿被忽略的数,需要进行调整。调整实际上是一项单独的技能。对于低年级学生来说,先练习最左边的数字计算即可。

截头法使用起来很简单,因为它不要求对数进行近似或改变。教师需要确保的是学生能密切关注位值,并且只考虑最高数位的数字,尤其是当数的位数不同的时候。

近似法

在 3 年级,学生应能"用心算和包括四舍五入在内的估算策略来评估答案的合理性"(NGA Center & CCSSO,2010,p. 23)。在此之前,学生是不需要使用四舍五入法的。在 3 年级、4 年级,学生利用对位值的理解来对整数进行四舍五入。多个数相加时,将它们四舍五入到相同位值往往是个好办法,在对每个数取近似数的同时不断相加。图 11.27 展示了一个近似法的例子。

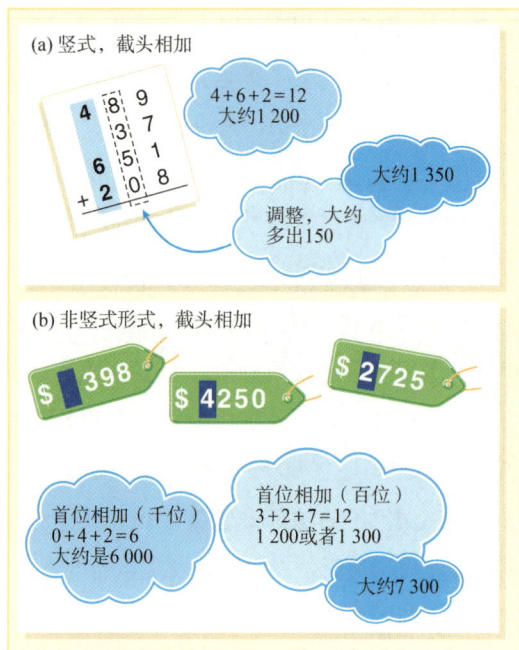

图 11.26 截头法估算加法

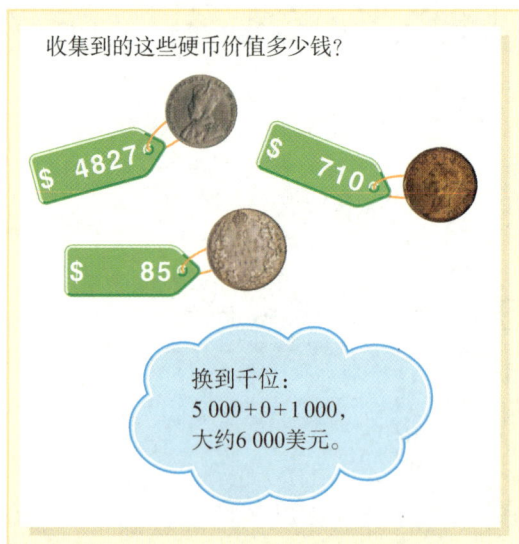

图 11.27 利用位值进行四舍五入

活动 11.19

舍还是入？

在地板上用彩色胶带、晾衣绳或是收银纸条做出一条数线，用便利贴标记出整十数（10、20、30……），整百数（100、200、300……），或其他任何想标记的一类数作为基准数，让数之间的间隔大一些，每两个数之间能站 3 到 4 名学生。然后将数分发给学生，比如 53，学生就站在数线上 53 对应的位置，再找到最接近的整十数（50），讨论个位数是 5 的例子（或其他更大数值之间一半的位置），并说明约定——如果在两个数的中间位置，我们就约定往上取整，即"五入"。

对只涉及两个数的加减法问题，一种策略是只给其中一个数近似。比如可以只给减数近似，将 6 724－1 863 变为 6 724－2 000，得出结果 4 724。教师可以到此为止，也可继续调整。调整可能是这样的：因为减去了一个更大的数，结果一定变得更小了，所以往大的方向调整，约为 4 800。

借助友好数

有时找出相加等于基准数（如，10，100，500）的两个或三个数会非常有用。如果清单中的数稍微调整一下就等于这些数量，也会让估算变得更加轻松，图 11.28 展示了这种方式。在减法中，往往可以通过调整其中一个数让结果变得更加显而易见，如图 11.29 所示。

图 11.28 加法中借助友好数估算

图 11.29 减法中借助友好数估算

下面的活动（改编自 Coates & Thompson，2003）混合了心算和估算，思考把数放到哪里，利用估算来寻找准确的答案。

活动 11.20

格子算式

用"数字卡"和"运算卡"，将它们从卡纸上剪下来以便学生在格子算式模板上轻松操作。给学生 3 张数字卡（如，3，5，7）和 2 张运算卡（"＋"和"－"），向他们展示一系列只有答案的算式，要求他们用手中的数字卡（放在方框中）和运算卡（放在圆圈中）得到指定的答案。

对学习有困难的学生，教师可以把运算符号（比如能产生答案 42 的"＋"或"－"）制作在展示答案的卡片上。确定运算符号可以减少学生需要做的判断，从而把注意力更好地集中在数上。

评价角

在诊断性访谈中，让学生解决下面的问题：查理想买两款电子游戏卡，一个游戏卡是 99 元，另一个是 118 元，估计一下他需要攒多少钱才能买下这两款游戏卡？

询问学生是怎样得出估计结果的，如果学生手指书或在桌上比划，试图在头脑中实施"标准"算法，那他的估算水平很可能欠佳，因为 99 元很接近 100，这一事实对学生合并两个价格十分重要。如果学生不确定是该把 99 变成 100 还是变成 98（因为它们同样接近），便可确定他对估算目的缺乏理解。估算能力不容易用纸笔测验来评估，而要求解释的访谈能提供更多关于学生表现的实质性证据。

表 11.1　加减法中的常见挑战与错误认识

常见挑战与错误	具体表现	教学策略
1. 学生错误地记录加法算法，没有重组并忽略了位值	$$\begin{array}{r} 56 \\ +\ 97 \\ \hline 1413 \end{array}$$ 学生在做这道加法时，记下了每一列上的所有的数字和。	◆ 让学生在位值垫上用十进学具展示出这两个数的值。 ◆ 在加减法问题中，避免只读数字（如，只说"5"而不是"5个十"或"五十"）。因为语言会造成学生的困惑，导致他们分别写下两个和而不是重组。 ◆ 让学生先估计答案。他们觉得答案会上百吗？上千吗？然后问："这个答案合理吗？" ◆ 让学生使用"部分求和法"来记录并找到总和，再让学生用另一种策略来检查答案。
2. 逆向重组	$$\begin{array}{r} 63 \\ +52 \\ \hline 16 \end{array}$$ 学生从十位开始往后加，而不考虑位值。所以在这个案例中，当他们算十位 6+5 得到 11 后，然后写下1，再将"1"和个位上的数重组：1+3+2=6。	◆ 要求学生检查自己答案的合理性——如果我们开始有 63 个物品，再加上一些，最后可能只有 16 个物品吗？ ◆ 再回头使用十进学具和位值垫来直观模拟问题计算，展示如何记录每一步，使操作与"标准"算法保持一致。

续　表

常见挑战与错误	具体表现	教学策略
3. 混淆加法算法与乘法算法	$\begin{array}{r} \overset{1}{6}7 \\ +\ 7 \\ \hline 144 \end{array}$ 对于这道题,学生说:"7+7等于 14,写下 4,将 1 加到 6 上。"然后就像乘法一样做,说,"7+6=13,再加 1 等于14,结果为 144。"	◆ 再次回到两个重要问题上——在计算前先估计,推断合理答案大概是多少;重新返回用十进学具操作来模拟问题情境。
4. 在两位数减法中,学生总是从较大的数(数字)里减去较小的数(数字)而非重组	$\begin{array}{r} 70 \\ -23 \\ \hline 53 \end{array}$ 对于这道题,学生说:"从 3 里拿走 0 得 3,再从 7 里拿走 2 得 5。结果是 53。"	◆ 用从零或其他较小的数中减去一个数来提示学生。手里举着 3 个方块并提问:"你能拿走 5 个吗?"以强化这种情况:要拿走的比拥有的多。 ◆ 在位值垫上用学具表示出被减数,再减掉减数,要强调单位数量不够时要进行重组。
5. 学生在涉及跨零重组的减法中犯错	$\begin{array}{r} \overset{5}{6}\overset{}{0}\overset{15}{5} \\ -347 \\ \hline 368 \end{array}$ $\begin{array}{r} \overset{5}{6}\overset{}{0}5 \\ -347 \\ \hline 168 \end{array}$	◆ 让学生使用估算检查答案的合理性。 ◆ 让学生用十进学具和位值垫来表示被减数,并操作表示减去另一个数,将结果与原本的答案进行比较并讨论其间的差异。 ◆ 要求学生使用其他策略检查答案。
6. 学生将"同加"或"差不变"策略错误地推广到加法中	$\begin{array}{l} 38^{+2}+75^{+2} \\ =40+77 \\ =117 \end{array}$ 对于像 38+75 这样的问题,学生这样推理:因为 38 离 40 还差 2,他会给 38 加 2(就是 40)然后认为他需要给 75 也加 2(就是 77),因为他没能理解"同加"策略以及为何这一策略只适用于减法。	◆ 让学生用具体材料来表示数量,解决原本的加法问题以及他所创造的问题。然后要求学生比较。 ◆ 让学生使用数线来表示并解决原本的加法问题和他所创设的问题,让学生尝试确定为什么答案不一样。 ◆ 让学生使用"同加"策略解决减法问题,然后在数线上展示原本的问题和改编后的问题。借助数线上的表示,让学生理解为什么用"同加"策略得到的差是相等的。
7. 学生认为他在估算之后必须找到一个精确的答案	要求学生估算时,例如 624-83,学生将 83 变成 100,用624-100 得到 524,但随即又投入计算以寻求精确答案。	◆ 要求学生估算时,避免通过找到精确值来检查他们的估算结果。 ◆ 使用只需估算(无需精算)的真实情境的例子。 ◆ 讨论为什么在估算时并不需要一个精确的答案。

第十二章　发展乘法和除法的计算策略

学习目标

在阅读本章内容之后,你应该能够完成如下学习目标:

12.1　理解位值以及运算性质在乘法各种运算策略中的重要作用;

12.2　掌握乘法运算的不同模型和记录方法;

12.3　理解多位数除法的运算策略;

12.4　理解除法标准算法的发展过程以及如何记录学生思考的方法;

12.5　掌握多位数乘除法的估算策略,并以此来培养学生解决问题的灵活性和判断答案合理性的能力。

学生们进入高年级之后便开始关注乘除法的运算策略。事实上,在《美国共同核心课程标准——数学》(CCSS - M)里,3 年级的标准里超过一半都涉及对乘法运算的理解(Kinzer & Stanford,2013/2014),然而对于乘除法运算策略的研究远远不够(Verschaffel et al.,2007),并且乘除法运算间的关系也要比加减法更难以掌握(Robinson & LeFevre,2012)。克服这些挑战的方法就是营造一个鼓励灵活解决问题的教学环境,激发学生勇于探索和尝试新想法、新思路。只是"知道"了"标准"的乘除法算法[①]而并不理解每步骤含义的学生,通常很难跟得上班级的学习进度(Biddlecomb & Carr,2011;Burns,Ysseldyke,Nelson & Kanive,2014;Fuson & Beckmann,2012/2013),这个问题在加减法的学习中也同样出现过。只有当学生能够以各种方式计算多位数乘法和除法问题,能够记录下他们的解题步骤,解释他们的思路并能够探讨某一种策略如何优于另一种策略时,他们才真正走上了成为独立学习者的道路。

大观念

○ 在乘法和除法运算中,可以通过多种不同的数的分解和组合灵活地运算。

○ 乘除法运算的灵活性是建立在深刻理解乘法交换律、结合律和分配律基础之上的。理解乘法和除法之间的逆运算关系也至关重要。

○ 乘法和除法运算应根据具体数字及情境而选择顺时而变的灵活计算策略,要想成功地使

---

① 译者注:本章所提到的乘除法的"标准"算法,是指用竖式计算乘法、除法的方法。

用这些策略就要求使用者能够完全理解这些策略,也就是说要全面掌握使用策略的过程以及该过程相关的结果。

○ "标准"算法是历史智慧的沉淀,每一步都是先对一个位值进行操作,再渐次转换到相邻位值继续进行操作。

○ 几乎所有的估算都是利用适当的近似值,通过心算的方式完成运算。

一. 乘法的运算策略

当学生使用灵活的运算策略时,他们就是将先前的知识扩展到新的情境,在这个过程中他们开始理解为什么这些数学思想是正确的。你将帮助学生从个位数乘法问题的简单矩阵过渡到用来记录多位数乘法的部分积的大一些的矩阵,然后再逐渐过渡到乘法的"标准"算法,让我们看看这些想法如何融合在一起! 和加减法的运算比较,学生能够灵活地组合和分解数对乘法运算来说更为重要,而这种能力取决于学生能否充分理解乘法的分配律。例如,要计算 43×5,可以考虑将 43 分为 40 和 3,再将它们分别乘 5,再将结果相加。学生需要充足的机会通过理解自己和同学的想法来发展这些概念。

乘法的不同表达方式

如图 12.1 所示,6×34 可以用多种方式来表示。通常,问题情境会影响模型的选择。如果每个班级有 34 名学生,要确定 6 个班级需要多少橙子,学生可以用 6 组 34 来表示。如果问题是关于长方形的面积(6 厘米 $\times$ 34 厘米),则可能是某种矩阵形式。但是无论什么样的情境,学生都应该能够做到正确表达 6×34,能选择有意义的方式来思考乘法并策略性地解决乘法问题。

学生如何表示积与他们所采用的解题方法直接相关。首先,看到每个班级都有 34 名学生,会先想到 34 的双倍等于 68,然后有三组,所以 $68 + 68 + 68 = 204$。请注意,我们希望学生不再使用重复加,而是用乘法来思考问题。另一个

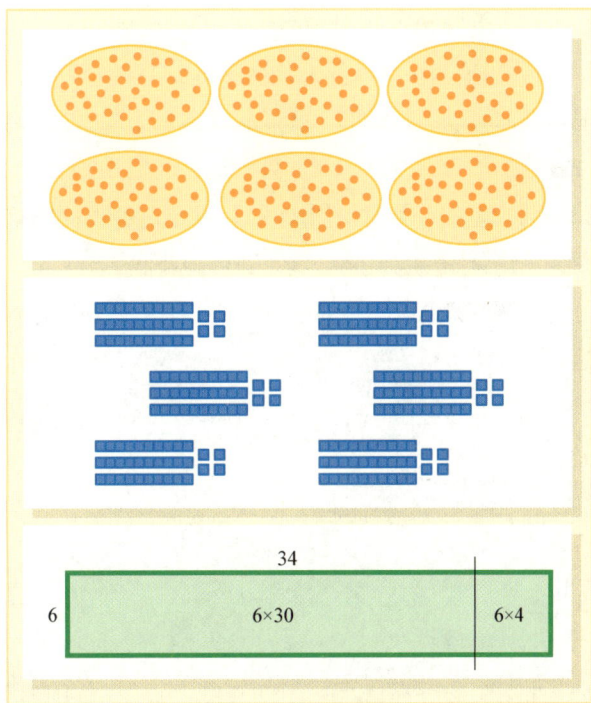

图 12.1 不同的 6×34 的表达方式适用于不同的计算策略

方法是考虑如何将六组十进制的计数器分成"十"和"一":6 乘以 3 个"十"或 6×30,6 乘以 4 个"一"或 6×4,然后将这两个积加在一起。有些学生单独使用"十":6 个"十"是 60,所以 $60 + 60 +$

60(180)，然后再加上 24 等于 204。

  所有这些方法都应该是学生在解决多位数乘法计算时能自然而然想到的，教师需要不断地把不同的表达方式介绍给学生，直到学生们全面掌握了这一系列有用的方法并可以随意应用。有些教师担心这些繁多的解题方法可能会增加学生的压力和困惑，但研究发现，尽早接触并相互比较这些方法，可以帮助学生提高解题的灵活性从而增强学习效果(Rittle-Johnson et al.，2010)。

两、三位数乘一位数

  与加减法的学习一样，把乘法放在情境学习会很有帮助。下面的这三个类型就列举了学生是如何通过对他们有意义的模型来对乘法进行探索的，这些都是乘法推理研究中确认行之有效的方法(Baek，2006；Confrey，2008；Petit，2009)。

  完整数策略(包括双倍)。不能熟练地将数字分解为多个部分的学生，总是把数字当作单一的完整个体来处理的。通常，这些初级策略都是在重复加的基础上完成的。从长远来看，这种方法既不是有效的(如 234×78)也不是有用的(想想分数的乘法)(Devlin，2011)。最初，学生可能会列出长长的数字并依次累加。为了淡化这个过程，鼓励学生认识到如果他们累加完前两个数字，那么后面两个数的和也是一样的结果。依此类推，这种双倍加是许多学生的主要解决方法(Flowers & Rubenstein，2010/2011)。双倍加充分体现了分配律，例如双倍加 47 就是双倍的 40 加双倍的 7；双倍加也体现了结合律，例如双倍加 70 或 $2×(7×10)$ 与双倍加 7 然后乘 10 或 $(2×7)×10$ 是一样的。图 12.2 展示了两种不同完整数方法。

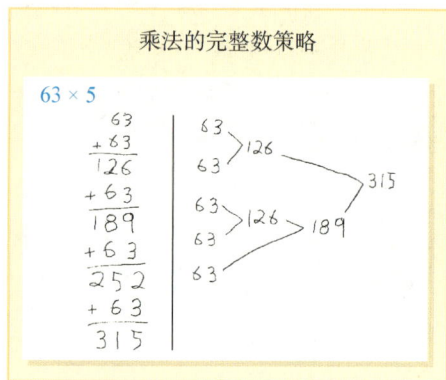

图 12.2 使用完整数策略的学生不会将数字分解为几个十和几个一

  分解数策略。学生通过对位值的理解能够以各种方式来分解数字，图 12.3 展示了至少四个这样的分解策略。

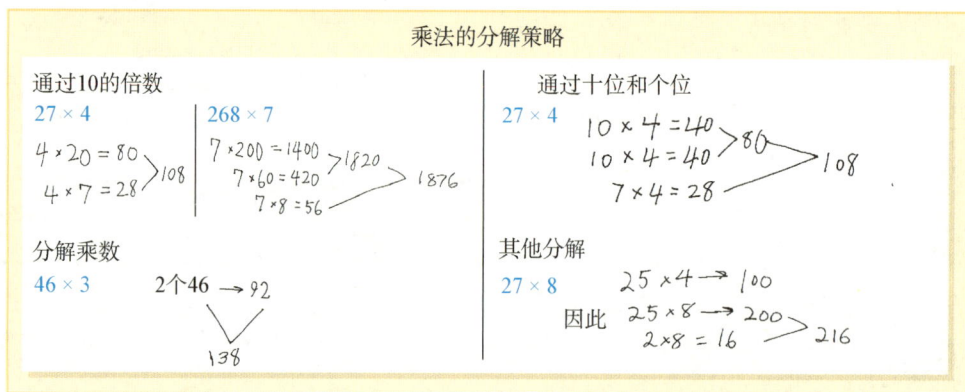

图 12.3 分解数来计算乘积的四种不同方法

"几十"的这个分解数策略(可以扩展到数百,数千等)与"标准"算法相同,只是学生总是从最大位值开始,这种心算策略非常强大。另一个有效的策略是心算 25 和 50 的倍数,然后通过加或减一个小的数进行调整,所有分解数策略都是基于乘法的分配律。

补偿策略。我们都会通过巧妙处理数字的方法来让计算变得容易一些,图 12.4 列举了如何把 27×4 的计算变得更容易,再通过补偿来进行调整结果。第二个例子显示了"先减半后加倍策略",其中一个乘数减半而另一个乘数加倍,在涉及 5 或 50 时,通常使用这种方法。因为这些策略取决于所涉及的具体数字,所以它们并不适用于所有计算,但对于心算和估算是非常有用的策略。

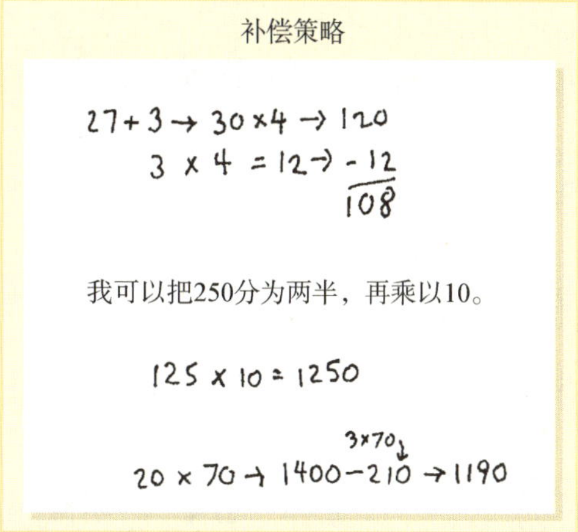

两、三位数乘多位数

当学生从两、三位数乘一位数发展到两位数乘法时,要先让他们练习涉及 10 和 100 倍数的积。这样有助于加深他们对位值的理解,强调数值而不是单独的数字。请考虑以下问题:

补偿策略

$27 + 3 \rightarrow 30 \times 4 \rightarrow 120$
$3 \times 4 = 12 \rightarrow -12$
$\overline{108}$

我可以把250分为两半,再乘以10。

$125 \times 10 = 1250$

$20 \times 70 \rightarrow 1400 - 210 \rightarrow 1190$

图 12.4 补偿策略,或者对一个乘数做了调整以补偿另一乘数的改变

> 童子军的一个筹款项目需要 400 包电池。如果每个包里面装 12 节电池,那么童子军总共需要多少节电池?

学生可以通过 4×12=48 来确定 400×12 等于 4 800。请注意在这里要说 48 个 100。要注意那些只是简单地"数"零而不理解原因的学生。他们可能会说:乘 10,只需在结尾处加一个零。但很快这条规则就会"失效"(Karp, Bush, & Dougherty, 2014),因为学生们在尝试解决 2.5×10 时会发现这个规则行不通了。让学生尝试解决整十数乘整十数的问题,如 30×60 或 210×40。然后学生应该转向任意两位数乘两位数的乘法问题,即乘数不仅仅是 10 的倍数,比如下一个问题就可以用许多不同的方式来解决。

> 游行队伍中有 23 个小丑,每个小丑都带着 18 个气球。请问总共有多少个气球?

有些学生可能会求 6×23 的积,然后将结果累加三次。另一种方法是求出 20×23 的积然后减去 2×23 的积。还有人会先计算四个单独部分的积:10×20=200,8×20=160,10×3=30 和 8×3=24。 两位数的乘法既复杂又具有挑战性,但学生可以通过各种有趣的方式来解决这些问题,其中许多方法都有助于学生发展对"标准"算法的理解,图 12.5 显示了在学习"标准"算法之前

的三个 4 年级学生的计算过程。肯尼思的计算表明他把乘数 12 分解成为 $3\times2\times2$，布兰农使用的是完整数策略，他可能需要通过观察和聆听其他同学的策略，来体会提高计算效率的策略。尼基开始按位值划分数字，他的方法在概念上与"标准"算法非常相似，但没有传统的记录方法。

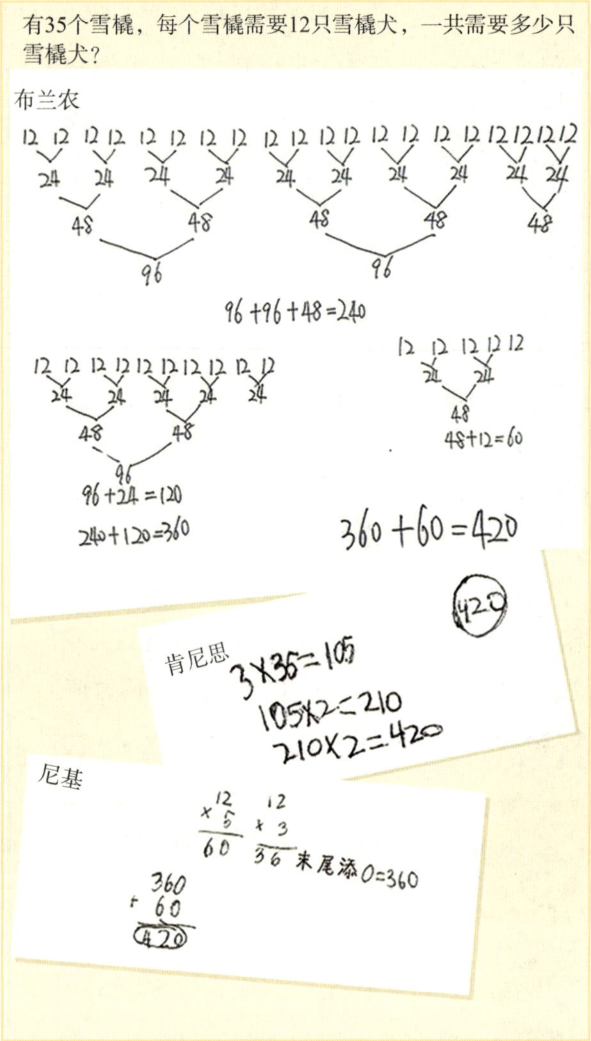

关联算式组问题。 解决多位数乘法的一种方法称为关联算式组问题或有时称为数学串，这种方法鼓励学生根据他们已经知道的一系列（或一串）数学事实，通过推理数字之间的关系来进行有用的组合，从而完成更复杂的计算。

再如，对于 34×50，学生可能会依据下列已知数学事实：

3×50

10×50

34×25

30×20

图 12.5　三名学生解决乘法问题采用的不同运算策略

学生可以分析上面这些已知事实来判断哪些可用来帮助求得 34×50 的积（有多种选择）。他们也可以考虑添加或许有用的数学事实。在这种情况下，让学生先估算一下最终的结果，再去看看用哪些关联算式会更有帮助。例如，在 34×50 的关联算式组中，3×50 和 10×50 可能有助于考虑 30×50。30×50 和 4×50 的结果加在一起就可以得到 34×50。看起来似乎是 34×25 比 34×50 更难。但是，如果知道 34×25，则只需将获得积的答案双倍加就可以了。考虑如何使用 10×34（以及其他一些相关问题）来求 34×25。在初期阶段，可以发动全班一起来创建这个关联算式组，但是当学生熟悉这种方法后，应该鼓励他们每个人都可以创建自己的关联算式组。

关联算式组问题可以帮助学生思考如何将数字分解为更容易的部分，将数字拆分成不同的部分，在用各个部分相乘的过程中所使用的位值概念以及与乘法分配律相结合的策略是一项非常有价值的简便方法，这个简便方法也可以帮助学生理解"标准"算法。《美国共同核心课程标准——数学》(CCSS - M)规定学生不一定会使用正式术语分配律,但希望学生能够理解这个乘法特性,因为这对于理解乘法(及其与代数思维的联系)至关重要。

反思角 试试为 86×42 创建一系列关联算式组问题,尽可能囊括所有可能性,然后利用这些关联算式组问题来计算求积。有多少种方法?

你的关联算式组中有这些问题吗? 你还用了什么别的呢?

2×80	4×80	2×86	40×80
6×40	10×86	40×86	

创建关联算式组问题方法唯一的要求就是关联算式组里的数学事实最终能够帮助解决问题。

二. 乘法的"标准"算法

如果学生没有充足的机会先尝试自己去探索乘法的运算策略,那么乘法的"标准"算法可能是四种运算方法中最难理解的。所以首先应该利用直观或半抽象模型来理解乘法"标准"算法的概念,同时也要在这个过程中把如何记录乘法融合进来。

从直观模型开始
乘法运算当然可以使用各种直观模型,但在学习两位数乘法时,面积模型具有明显的优势。

面积模型。从一个情境开始,给学生画一个 6 厘米乘 47 厘米的长方形花园。要求学生计算花园的面积是多少,让学生分小组利用十进制计数工具来解决问题。

如图 12.6 所示,长方形可以被分成两部分,一部分是 6 个"一"乘 7 个"一",或 42 个"一"。另一部分是 6 个"一"乘 4 个"十",或 24 个"十"。请注意,十进制语言 6 个"一"乘 4 个"十"等于 24

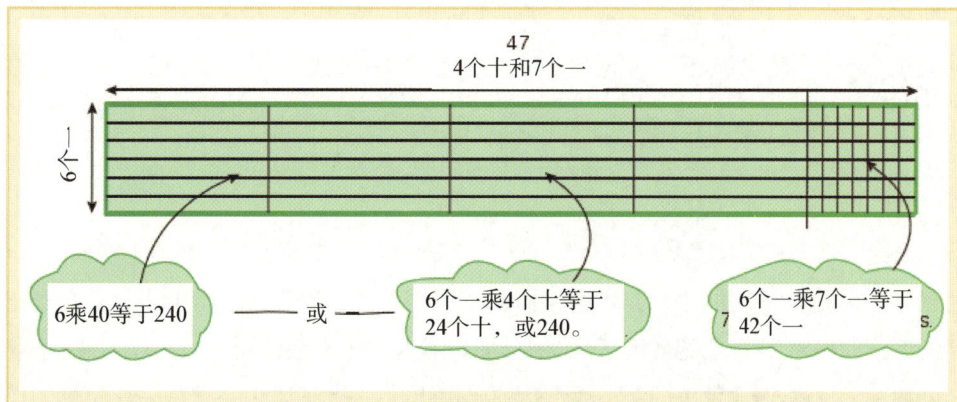

图 12.6 十进制计数器是用来体会两位数乘一位数乘法的非常有用的模型

个"十"，表示这部分里有多少个"十"。说"6 乘 40 等于 240"也是正确的，也就知道该部分有多少单位或平方厘米。当 4 实际代表 40 时，你不能说"6 乘 4"。每个部分被称为部分积。通过将两个部分积相加，就可以获得长方形的总积或面积。

面积模型可以看成一个相连数组。这个长方形区域是帮助学生理解和推导乘法算法的一个重要直观表示（Barmby，Harries，Higgins，& Suggate，2009；Izsák，2004）。这个面积模型通过行与列的结构把彼此相等的数组自然地组织在一起，能直观地展示交换律和分配律（这在数线上是做不到的）。这个面积模型还成功地与"标准"的乘法算法表示联系在一起，也与后面的知识如分数乘法（Lannin，Chval，& Jones，2013）和代数式的乘法等建立了联系（Benson，Wall & Malm，2013）。

对于面积模型，一个非常有意义的探索就是事先准备好边长分别为 25 厘米和 60 厘米的长方形，每一组同学用这样一个长方形来确定多少个单位长度的小方块（十进制模型）能够把这个长方形铺满。之后，学生就可以容易地在网格纸上把这个长方形描绘出来，或者轻松地回答"边长分别为 36 厘米和 47 厘米的长方形面积是多少？"的问题。

对于 36 厘米乘 47 厘米的矩形，大多数学生都会尽可能先用"百"块。一种方法是将 12 个"百"块放在一个角落里，这样放置将会在两侧留下可以使用"十"块的狭窄区域和最后仅能容纳"一"的最小矩形。特别是如果学生早先有过在数组中找乘积的经验，找出每个子矩形的大小并将它们组合到一起算出整个矩形的大小就会相对简单，参见图 12.7 是如何划分这四个区域的。

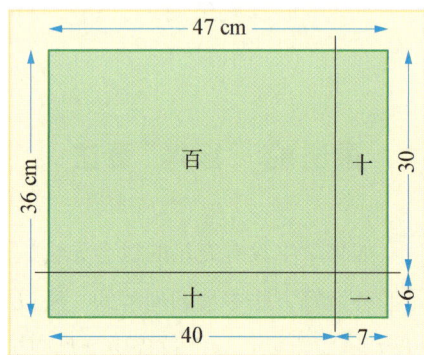

图 12.7　这个 36×47 矩形的四个部分恰好适合一、十和百活动

活动 12.1

组组拆拆

首先确定问题，例如 23×18，使用十进制计数器或一厘米方格纸来构建或绘制相应的面积模型。然后，让学生用尽可能多的方法来将矩阵"切割"成不同的部分，并记录下来。例如，他们可以将矩阵切割成 23×10+ 23×8。还有哪些其他的垂直或水平切割方法？这种切割方式与乘法的哪些属性相关？在开展此活动之前，可以给学生提供一个参考数组或面积模型，上面明确标明包括"数组、面积模型、切割、垂直、水平"等词汇，这对于学习有困难的学生尤其有帮助。在后面的总结讨论中，一定要特别强调关键概念的词汇（分配律、分解、策略等）。

开放数组。 开放数组（Fosnot & Dolk，2001；NCTM，2014）是面积模型的半抽象表现形式，在学生充分体验了用具体的计数器/块构建面积模型之后就可以介绍给学生了。从空白矩形开始，学生可以根据分配律来标记各个区域（细分的数量取决于乘数的位数）。学生在每个区隔内记录部分积。请注意，开放数组的大小通常不按比例绘制，因此通常不是精确成比例的。但是该

模型可以有效地把乘法视作为长方形的面积,这与"标准"算法是一致的。开放数组不仅可以用来探索后面的分数乘法、两个多项式乘法,还可以追溯到早期埃及和俄罗斯农民是如何探索乘法的,这是个很有趣的数学话题(Lee,2014)。图 12.8 显示了为计算 72×36 而利用开放数组的四个步骤:根据问题中的位数创建一个数组;用位值分解后的乘数标记边,各部分相乘,然后把部分积累加在一起得到最终结果。

研究人员通过 6 年级学生在解决乘法问题时所采用的各种策略来分析其灵活性、准确性和高效率。结果表明对于 13×7,只有 11% 的学生使用了乘法的"标准"算法。当计算两位数乘两位数时,20% 的学生使用"标准"算法,其中不到一半能得到正确答案(Keiser,2010)。有意思的是,这项研究进一步证实了研究人员先前的观察结果:如果学生知道其他的算法策略,在处理两位数乘两位数时,"标准"算法并不是学生最常用的方法。学生最常选择的是面积模型或数组方法,并且准确率最高(关联算式组策略的选择在准确度和频率上排在第二位)。

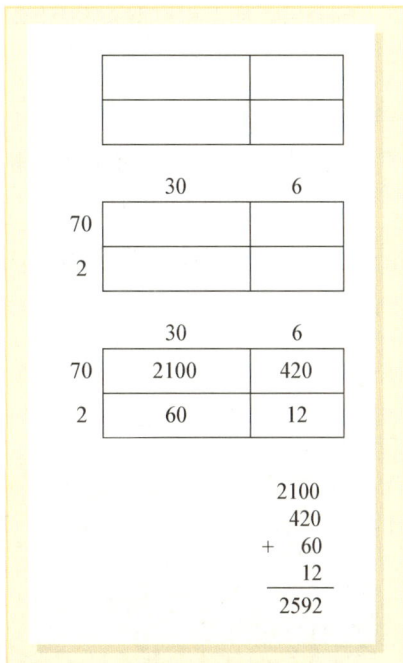

图 12.8　开放数组记录多位数乘法

让学生从用十进制计数模型填充矩形面积中渐渐脱离出来,鼓励他们使用网格纸来取代十进制计数模型。在网格纸上,学生可以按照具体数字画出精准的长方形。在学生理解如何利用长方形的两个维度来获得积之前,不要给学生灌输任何记录方式技巧。

"算式"记录方式

为了帮助学生学习乘法算式的记录方式,用带有位值列表的演算纸会很方便,这种演算纸可以方便学生在列表里计算并记录乘法。当两个部分积分开写然后加在一起时,几乎不涉及任何新的知识。但是,如图 12.9(a)右侧所示,把第一个部分积的数字进位重组后写在上面,以便将最后的积写在同一行上。这样的做法往往是计算错误的一个主要原因,这是由于表示进位的小数字常常会在做后续乘法之前就被先加上或直接忘了加。相反,为了避免错误,鼓励学生计算部分积,然后记录部分积的书写顺序不需要区别。图 12.9(b)显示了学生如何计算每一个部分积,这种记录方式反映了心算过程。

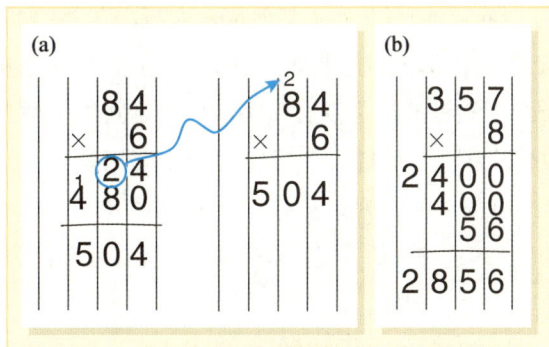

图 12.9　在"标准"算法中,首先记录个位的乘积(a)。第一个积的十位数字进位被写在上面。在(b)中,可以按任何顺序记录部分积

部分积。 从面积模型来看，计算部分积的过程相对简单。可以在十进制的网格纸上绘制矩形。可以用十进制计数器来填充矩形，或者可以使用开放数组，那么将有四个部分积，各自对应于矩形的四个不同部分。

在这个学习过程中，可能会使用不同的数学语言。比如 36×47，如图 12.10 所示。在部分积 30×40 中，如果使用十进制语言——"三个十乘四个十等于十二个百"，结果表明该部分中有多少格子。不要说"三乘四"，这样才能促进对位值的理解而不是停留在数的表面，需要强调的是十乘十的积是百。

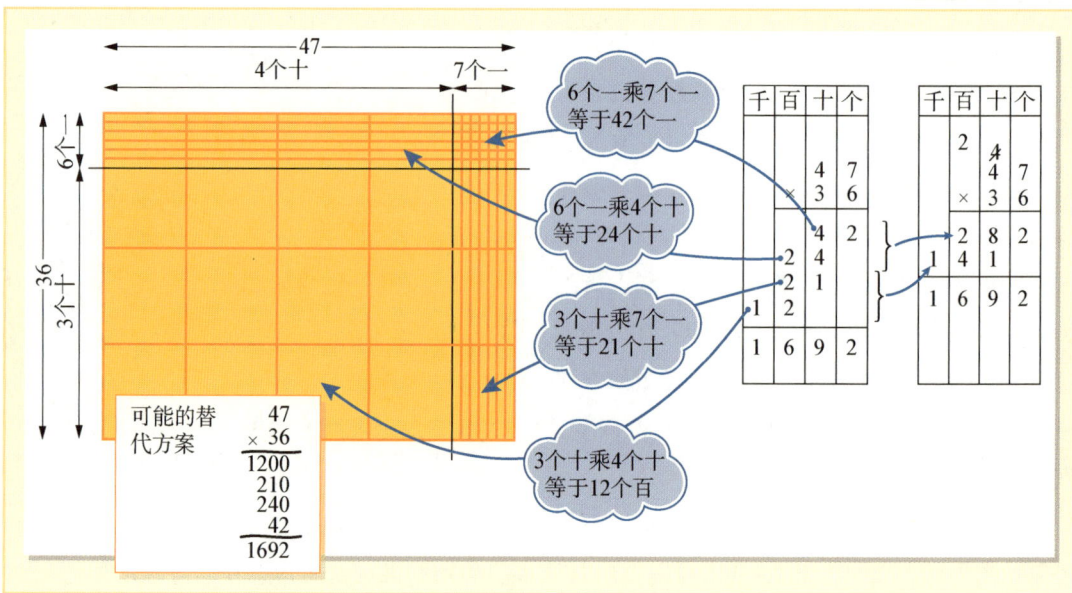

图 12.10　36×47 矩形，用十进制计数器来填充矩形，用十进制语言把四个部分积与"标准"算法格式联系起来

图 12.10 还展示了如何按乘法"标准"算法的顺序记录四个部分积，以及如何根据进位后的位值来重组数字。这里的进位没有以小字体的形式写在数字上方，因为这也是造成计算错误的主要因素之一。图 12.10 的左下方列举了另一种方法来表示四个部分积，使用这种方法，计算 538×29 时会有六个部分积，但错误要少得多！

格子乘法。 记录多位数乘法的另一种方法称为格子乘法，从历史上看这种方法在很多文化中已被广泛采用。在这里，学生使用具有由对角线分割的正方形的网格（参见格子乘法模板）来进行对位值列的思考。请看图 12.11，查看 36×72 的算式。

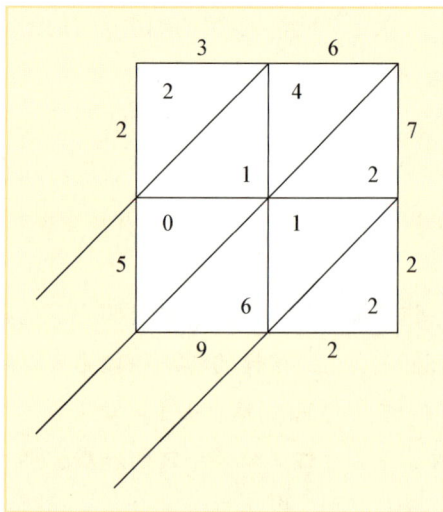

图 12.11　用格子乘法表示 36×72

三．除法的运算策略

虽然许多成年人认为除法是计算操作中最繁重的，但学生可能会觉得它比乘法更容易。3~5 年级开始介绍整数的除法计算策略，到了 5 年级就应该掌握除法算法（NGA Center & CCSSO，2010）。

目前为止我们已有两种除法的概念。首先是以下面这个故事为例的平均分：

> 艾琳的存钱罐有 783 枚硬币。她希望与她的 4 个朋友平分。艾琳和她的每个朋友会得到多少枚硬币？

另一个是包含除或重复减的概念：

> 大象鲍伯很喜欢花生。它的训练员有 625 个花生。如果训练员每天给鲍伯 20 个花生，这些花生能喂多少天？

这两种类型的题目都应该让学生尝试解决。然而，平均分的类型更容易用十进制计数模型来体会，也更容易与"标准"算法中的分配概念联系起来。当然，最终学生要能够灵活运用适合自己的策略来解决这两类问题。

图 12.12 显示了三名 4 年级学生处理除法问题的策略。第一个例子（a）说明了使用十进制计数模型平均分来计算 72÷3，当"十"不够分的时候，把"十"换成"一"得到 12 个"一"，然后继续平均分配 12 个，最终得到每组 24 个。这种用十进制计数学具直接建模的方法易于理解也便于操作（Boote，2016）。

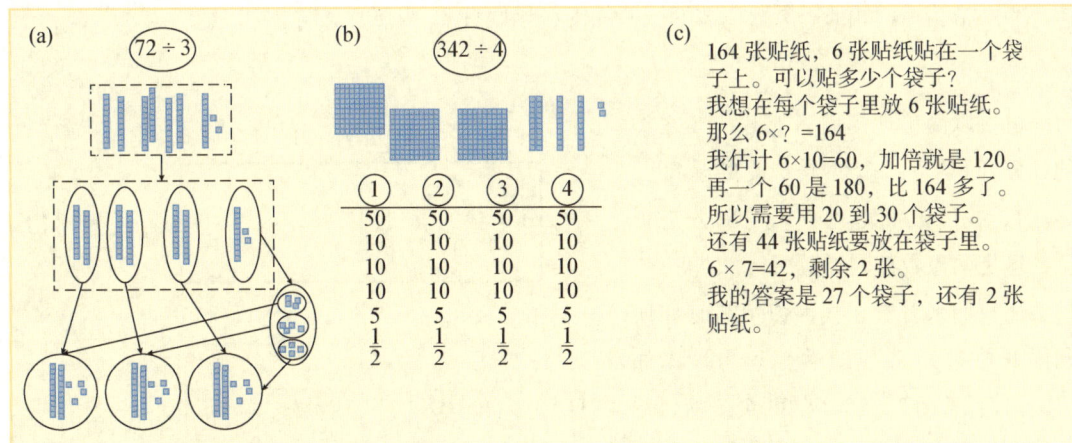

图 12.12　学生利用学具图表来解决除法问题

资料来源：Based on Developing Mathematical Ideas：Numbers and Operations，Part I，Casebook，by Deborah Schifter，Virginia Bastable，and Susan JoRussell. Copyright © 2000 by the Education Development Center，Inc. Published by Pearson Education，Inc.．

图 12.12(b)中的学生在计算 342÷4 时,她先用直观模型摆出 342,然后用前面学习平均分时用过的纸盘来表示四列。在注意到百位不能给每个纸盘都放一个后,她将 3 个"百"中的 2 个"百"分成两半,在四个列中分别放入 50。这让她留下了 1 个"百",4 个"十"和 2 个"一",在将 1 个"百"转换成 10 个"十"(现在她有 14 个"十")后,她继续给每列分了 3 个"十",即 30。现在她剩下 2 个"十"和 2 个"一",或者 22 个"一"。她知道 4×5 等于 20,所以她给每列 5 个"一",然后将剩下的 2 个"一"都分成两半,每列为 $\frac{1}{2}$。

图 12.12(c)中的除法问题涉及估算:如果每个袋子上贴 6 张贴纸,现在有 164 张贴纸,可以贴多少个袋子? 她想知道在 164 中有多少组 6。第一步,她通过 6×10＝60 然后双倍加得到 120,如果再加一次就太多了。她知道答案是在 20 和 30 之间,然后去思考 44 有多少 6,她知道有 7 个,还剩下 2 张。所以,她的回答是 27 个袋子,余下 2 张贴纸。

找因数策略。在图 12.12(c)中,请注意学生使用的乘法策略。她试图找出"多少个 6 相乘会最接近 164 且余数少于 6"。这种方法利用的是乘法和除法之间的关系来解决除法问题。

反思角 在继续阅读之前,请先考虑一下 318÷7 的商。不要使用"标准"算法,想一想多少乘 7(或 7 的多少倍)接近而不会超过 318。

解决这个问题可以从几个方面着手,例如,因为 10×7 等于 70 和 100×7 等于 700,所以答案在 10 到 100 之间。你也可以从 10 的倍数着手考虑。40 个 7 是 280,50 个 7 是 350。所以,40 不够而 50 太多了,答案必须是四十多。然后可以尝试 40 到 50 之间的数字,或者添加几个 7。或者,你发现 40 个 7(280)还差 20＋18 或 38。38 中有 5 个 7 也就是 35,剩下 3 个,最后就是 40＋5 或 45,其余数为 3。

解决下面这样的包含除问题,可以鼓励学生利用这种找因数策略:

> 格雷斯的相册一页可以放 6 张照片。如果她有 82 张照片,需要多少页?

也可以简单地提出诸如 82÷6 之类的任务,问学生:"多少个 6 最接近 82?"请注意,找因数策略对于无论除数是个位数还是两位数都同样适用。

让我们来看看在找因数策略时如何利用开放数组来帮助学生思考。比如 843÷6,看看图 12.13 中的两个步骤。首先将已知乘数放在矩形的左边,同时估算另一个乘数需要几个"百"、几个"十"、几个"一"(参见图 12.13 的顶部)。然后

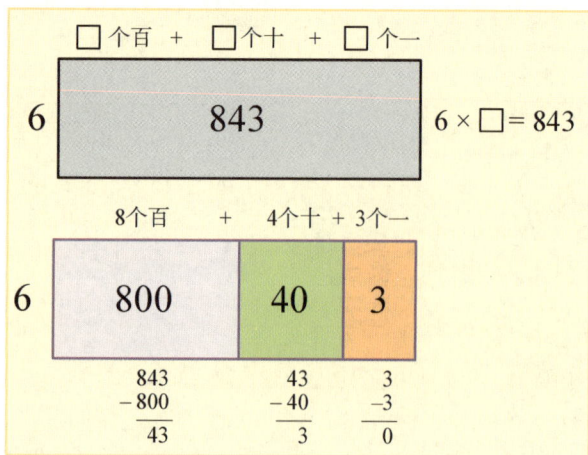

图 12.13 利用开放数组帮助学生用找因数策略来思考

根据对位值的理解,在每一个位置上找到最大乘数,并在每种情况下,用被除数减去该位置上所得的部分积,然后继续转到下一个位置。如果学生的估值低了,他们可以再加一个开放数组来弥补,最后把所得的每个部分因数加起来得到商(和余数)。

关联算式组。找因数策略的另一种方法是跟乘法一样可以使用关联算式组,以下是针对不同除法问题的两个关联算式组示例(原题目在列的底部以粗体下划线表示):

关联组 1	关联组 2
100×4	10×72
$500 \div 4$	5×70
25×4	2×72
6×4	4×72
	5×72
527 ÷ 4	**381 ÷ 72**

需要注意的是,在关联组中要有除法关联问题。在第一个例子中,$400 \div 4$可以很容易地代替100×4,而125×4则可以代替$500 \div 4$。这就是利用乘法和除法之间的反向关系。

关联算式组方法不仅可以让学生通过不同的方法来解决问题,也可以让他们从不同的起点来思考问题。

反思角 从不同的起点开始,以两种不同的方式计算$514 \div 8$,看看在得出结论之前这两种不同出发点的方法是不是在某个地方能殊途同归?

例如,以下是$514 \div 8$的四个可能的起点:

8×10　　$400 \div 8$　　8×60　　$80 \div 8$

在第一次要求学生使用两种不同的策略解决问题时,他们的第一种方法也许会使用简洁的方法,但是第二种方法通常会使用效率低下的方法(或者直接用除法的"标准"算法)。例如,要计算$514 \div 8$,学生可能采用耗时良久的重复减法($514 - 8 = 506$,$506 - 8 = 498$,$498 - 8 = 490$,等等),再数数减去8的次数。也会有学生就画514个符号,然后每8个圈一组。这些学生都不会灵活地去思考其他有效的方法,所以鼓励他们从不同的起点来思考问题,就是在帮助他们寻找其他的除法运算策略。

分解重组法。在处理被除数是3位数而除数是2位数的除法问题时,学生可以根据数字特点将数字分解成心算起来更方便的形式。例如,如果要求计算$157 \div 13$,学生可以通过将被除数分解为$(130 \div 13) + (27 \div 13)$来得到$(10 + 2)$,且余下1的答案。必须再次提醒学生:可以分解的是被除数,而不是除数,如果学生需要更详尽的解释,可以使用十进制计数器和纸板来演示如何通过不同的分组来表示同样的数字(参见第八章)。

四. 除法的"标准"算法

《美国共同核心课程标准——数学》(CCSS - M)（NGA Center & CCSSO，2010）要求在 4 年级的时候介绍除数是一位数的整数除法，为 5 年级的除数是两位数的除法奠定基础。学习多位数除法的算法是在 6 年级，如果学生到了 5 年级对除数是一位数的除法还没有掌握好，那么下面提到的这些发展除法概念的方法应该会对他们有所帮助。在加、减、乘、除四种运算中，除法计算似乎是教师最不了解的算法(Raveh，Koichu，Peled，& Zaslavsky，2016)。

从直观模型开始

长除法是一种"标准"算法，总是从最左边一位或最大的位值开始。最经常教授的算法是从平均分的概念来理解长除法，我们下面将详细探讨一下这个方法。

平均分模型。 传统上，如果提出 $4\overline{)583}$，我们应该就会听到有人说："在 5 那里商 1。"这种方法对学生来说可能是莫名其妙的。他会想：怎么能忽略"83"呢？怎么能每一步不断改变问题呢？所以最好的方法是让学生把 583 看作是 5 个"百"，8 个"十"和 3 个"一"，而不是独立的数字 5、8、3。如果给出一个情境就容易让学生理解了。例如十个能量棒为一盒，十盒为一箱，那么问题就变成：我们一共有 5 箱 8 盒 3 个能量棒，需要在 4 所学校之间平均分配。在这种情况下，就很合理地先把箱来平均分，直到不能再分了，就把剩余的箱拆分成盒，再继续平均分，依此类推。

反思角　使用十进制计数器和四个纸盘，来计算 583 除 4，尝试在不使用"商几余几"这样的语言（除法思想）的情况下体会包含除的过程。

从概念上思考"标准"除法算法时，语言起着非常重要的作用。大多数成年人都习惯于"商几余几"，以至于他们很难放手。对于问题 583÷4，可以考虑下面这样的语言：

- 我想在这四所学校中平均分配 5 个"百"，8 个"十"，和 3 个"一"。每所学校都可以得到 1 个"百"。然后余下 1 个"百"。
- 我把余下的 1 个"百"换成 10 个"十"。这样我就有了 18 个"十"。我可以给每所学校 4 个"十"，剩下 2 个，2 个"十"不够分给四所学校了。
- 我可以用 2 个"十"换成 20 个"一"，然后加上我已有的 3 个"一"，总共有 23 个"一"。我可以给四所学校各 5 个"一"，余下 3 个"一"作为余数。总而言之，我给每所学校 1 个"百"，4 个"十"，5 个"一"，最后余下 3 个"一"。

活动 12.2

多多跳

　　使用多多跳游戏板（类似飞行棋）让学生两人一组进行游戏，两人同时从"起点"开始。第一个人先转多多跳的旋转针，"起点"的数是被除数，针上的数字作为除数，如果除完后有余数，就可以跳等于余数的空格数。如果没有余数,则保持原位不动。如果他们移动的格数是正确的,他们会获得多转一次的机会。先到达终点的人是获胜者,可以通过调整除数来改变难易程度。

用直观模型来找部分商。 可以利用条形图模型与重复减相结合的方法来找部分商,比如 $1506 \div 3$,利用已知的乘法事实,通过重复减去部分积(包含除)的方法来进行记录(见图 12.14)。

	200	+	200	+	100	+	2=	502
3	1506		906		306		6	
	−600		−600		−300		−6	
	906		306		6		0	

图 12.14 使用条形图表示部分商

"算式"记录方式

记录长除法的算式并不直观,所以需要详尽明确地讲解算式符号是如何记录模型所体现的平均分行为。下面的四个步骤很关键:

1. 均分并记录分到每组的大小。
2. 记录能均分完的总数,用乘法算出这个数。
3. 记录剩余的数。用减法算出这个数。
4. 转换(如有必要)成右侧数位(低一个数位)的余数,并与原数位上已有的数加在一起,在下一列中记录新的总数。

在学生处理除数是一位数的问题时,步骤 2 和 3 似乎是多余的。但当没有计数器可用的时候,他们会发现这些步骤确实很有帮助。

替换法。 图 12.15 详细解释了上面描述运算过程的每个步骤,左边是"标准"算法,右边是一个替换法的记录:与实操模型相匹配的替换法的详尽记录。与"标准"算法的每一步"落下"的步骤不同,要替换的数字被划掉,原有的数也被划掉。在下一栏的这一列中,把这俩数合并后的数量写出来。在这个例子中,有 2 个"百"替换成了 20 个"十",再加上原有的 6 个"十",共计 26 个"十",因此 26 写在十位数那一列中。

学生觉得这种替换法更容易理解[①]。当教师向学生介绍这种方法时,建议使用那种宽列除法算式表(如图 12.16),宽的列表可以让学生方便写下替换后的数字,尤其可以避免替换中出现 0 的时候常常把 0 忽略的问题。

重复减法。 最常见的算式记录一般是基于重复减和包含除的。这种方法可以看作是将部分积和找因数方法相结合的好方法,其中部分积记录在除法计算右侧的一列中(见图 12.17)。有些学生可能很喜欢这种策略,这个方法对学习困难的学生也特别适用,学生可以选择从他们知道的相关数学事实的任何一点开始,这种方法对除数是多位数的除法也很有用。

---

① 替换法是约翰·范德沃尔发明的一种成功教学法,并经对 3~8 年级的学生进行测试,验证是非常成功的一个方法,是在其他教科书中找不到的。

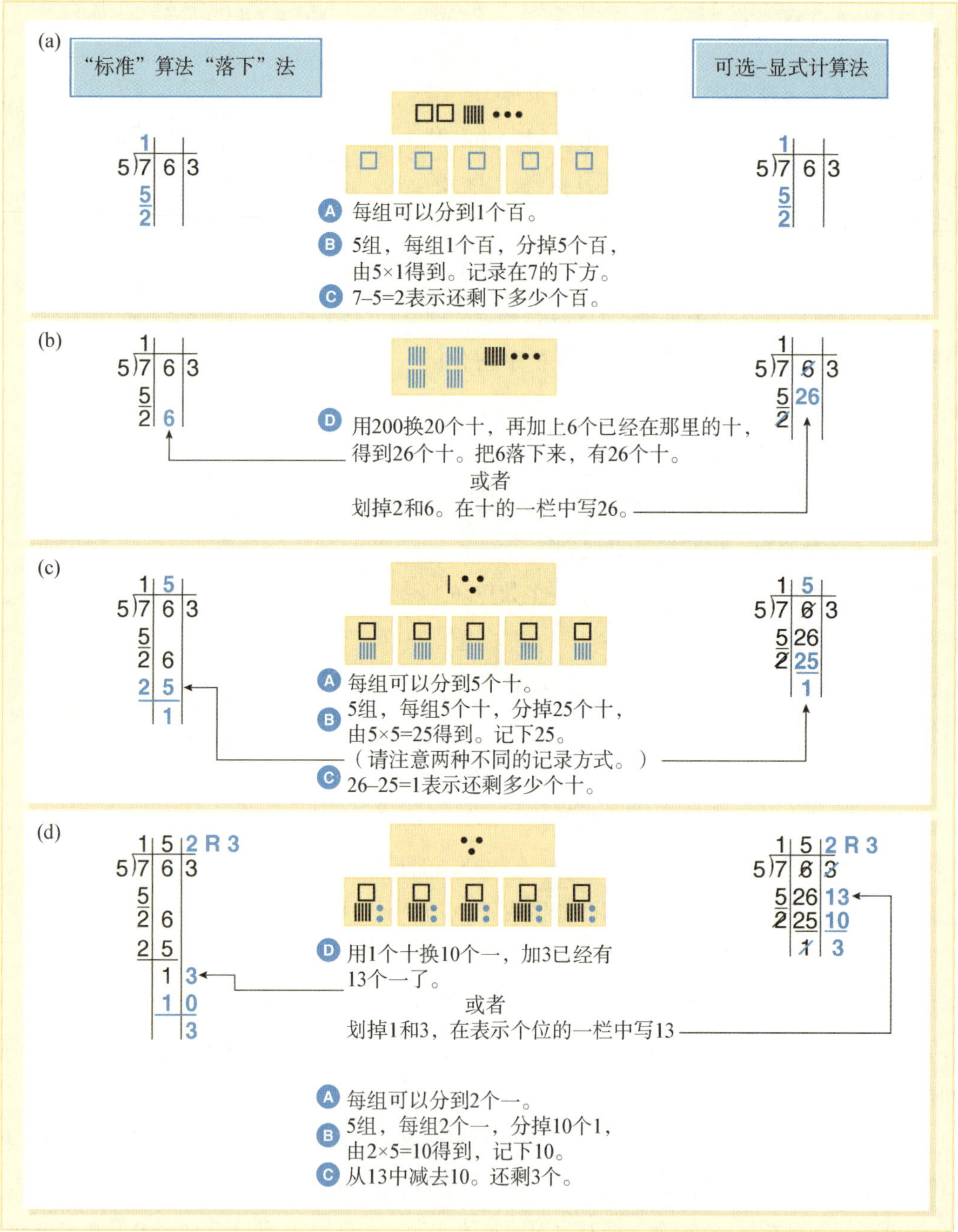

(a)

"标准"算法 "落下"法

可选–显式计算法

□□ ‖‖‖ •••

□ □ □ □ □

Ⓐ 每组可以分到1个百。

Ⓑ 5组，每组1个百，分掉5个百，
由5×1得到。记录在7的下方。

Ⓒ 7–5=2表示还剩下多少个百。

(b)

‖‖‖ ‖‖‖ ‖‖‖ •••

Ⓓ 用200换20个十，再加上6个已经在那里的十，
得到26个十。把6落下来，有26个十。
或者
划掉2和6。在十的一栏中写26。

(c)

| :•

□ □ □ □ □

Ⓐ 每组可以分到5个十。

Ⓑ 5组，每组5个十，分掉25个十，
由5×5=25得到。记下25。
（请注意两种不同的记录方式。）

Ⓒ 26–25=1表示还剩多少个十。

(d)

:•

□ □ □ □ □

Ⓓ 用1个十换10个一，加3已经有
13个一了。
或者
划掉1和3，在表示个位的一栏中写13

Ⓐ 每组可以分到2个一。

Ⓑ 5组，每组2个一，分掉10个1，
由2×5=10得到，记下10。

Ⓒ 从13中减去10。还剩3个。

图 12.15 "标准"算法和替换法一一对应

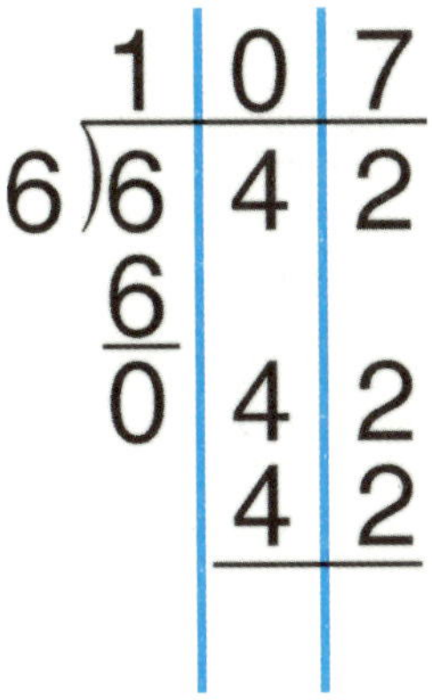

图 12.16　宽列除法表以减少计算错误

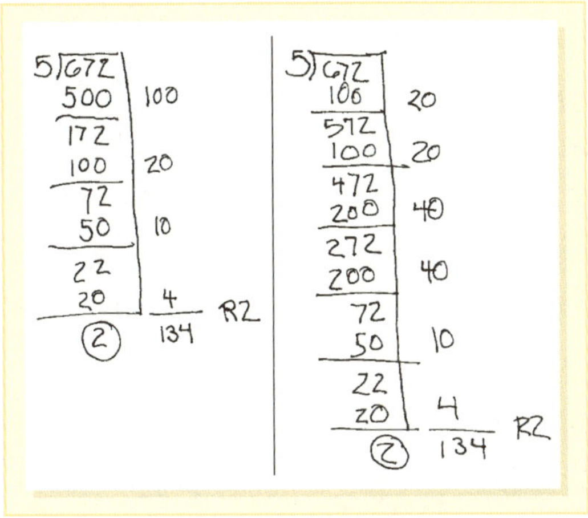

图 12.17　侧面的数字表示从被除数中减去的除数的数量

除数是两位数的除法

《美国共同核心课程标准——数学》(CCSS－M)规定，5 年级学生应该能够"根据位值、运算属性以及乘除法之间的关系等各种策略来解决被除数最多是四位数、除数是两位数的整数商"，同时能够使用方程式、矩形阵列、面积模型来解释计算过程(NGA Center & CCSSO，2010，p.35)。这一点尤其重要，因为对于长除法的理解和掌握与否是决定高中数学成功的关键因素(Siegler et al.，2012)。

直观操作。 假设你有一大堆贝壳要和 36 个朋友一起分。你保守估计每个人至少可以分得 6 个贝壳。你给每个人分了 6 个，然后你发现余下的贝壳比 37 个还多，你不会把分出去的每人 6 个贝壳收回来，再每人 7 个或 8 个地重新分配，而是直接把这剩下的贝壳再继续分出去就对了。

贝壳的例子展示了长除法中关于如何"估计""分多少"这两个有意思的点。首先要"少"分一些，因为后面总可以继续追加分。其次为了避免一开始分"多"了，可以先假装有更多的组(或人)来分。例如，如果要把 312 除以 43(在 43 组或"朋友"之间分 312)，则先假设有 50 组(往大了近似到整十)。因为计算 6×50 的积比较简单，所以可以轻松得出 312 分给 50 组的话，每组可以分 6 个，而实际上只有 43 组，所以可以合理地判断每组至少可以分得 6 个。

符号表达。 无论是"标准"算法还是替换法都可以如图 12.18 那样把思考的过程展示出来，把往大了近似的 70 写在左侧的"思考泡泡"里。这样做的一个好处是用 70 的倍数与 3 742 比较，要比用 63 的倍数与 3 742 比较容易得多，在一步步解决问题的同时，可以用符号表达并明确每步的具体意义。

事实证明，这种方法对于第一次学习除法的学生来说非常有帮助，对于学习上有困难的学生甚至一些初中生也很有用，它减少了心算的压力，也基本上消除了用橡皮擦修正错误的必要。如果开始的估计值太低，那没关系，反正后面会继续分，如果你总是往大了近似，那么这个估计值永远不会过高。这一点对于下面的转换法也适用。

一个较为轻松的方法

除数是两位数的时候，在每一步找估算值就不容易了。首先从位值的角度出发让学生思考他们的答案是在万位、千位、百位还是十位，然后帮助他们从除数的整十、整百倍数开始通过"双倍加"的方法来找到估算值（Martin，2009）。举例来说，对于 3 842÷14 这个问题，首先确定答案是百位的，那么学生就会列出 100，200，400 和 800 与 14 的乘积（见图 12.19）。你能看出知道 100×14 是如何帮助学生算出 200×14 和其他两个积吗？使用这个"双倍加"图表，可以通过组合来帮助学生知道除数乘以 100 到 900 的乘积。例如，要知道 300×14，只需把 100×14 与 200×14 的乘积加在一起就可以了，或者从 400×14 的乘积中减去 100×14 的乘积。理解这些积也从逻辑上帮助学生理解了除数乘以 10 到 90 的乘积，然后就可以将重点放在被除数的平均分配上，从而减少学生的压力。这个辅助图表能够帮助学生轻松找到估算值，从而让他们专注于除法的过程。

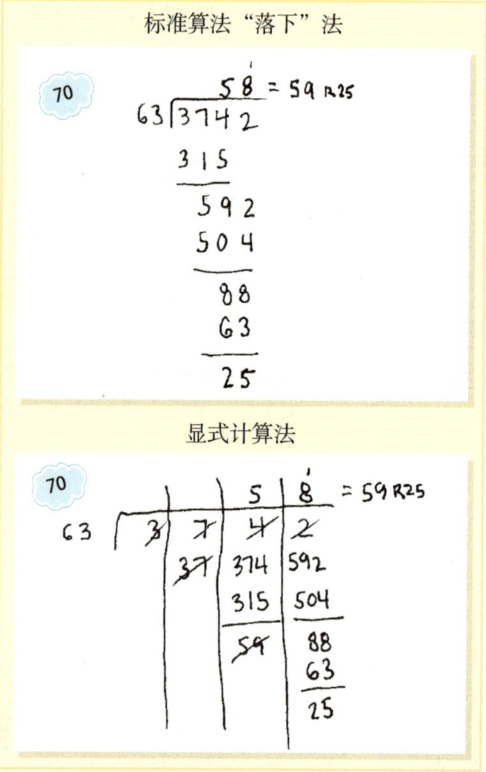

图 12.18 将除数近似到 70 来进行估算，但用 63 来乘以这个估算值。在"一"列中，每组分 8。哎呀！剩下 88，多过 63 了，那每组再给 1 个就好了

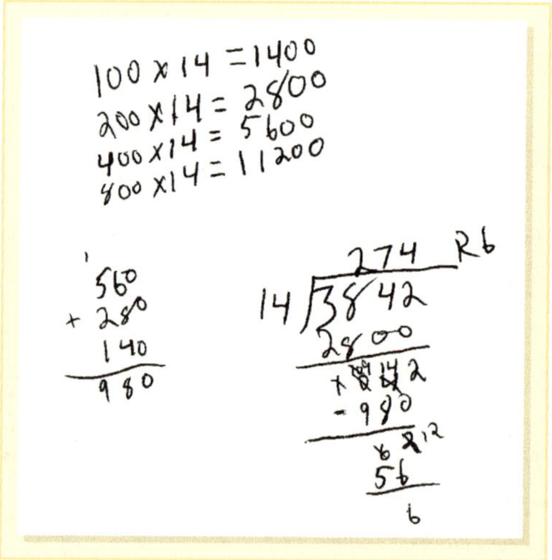

活动 12.3

试试双倍加

选一个除数是两位数的除法问题，比如 936÷18。给学生提供对应除数"双倍加"图表（Martin，2009）（或者给他们一个"双倍加"图表模板）（在本例中为 10、20、40 和 80 与 18 的乘积），然后通过找因数和重复减来思考除法。看看这对于估算过程是否有帮助。对于学习有困难的学生，可能需要循序渐进。第一天给他们已经填好乘积的"双倍加"图表，第二天给他们空白的"双倍加"图表，让他们自己把对应的乘积填上，然后过渡到他们能够独立完成创建合适的"双倍加"图表。这种逐渐减少学习支架的方法就是在帮助学生慢慢地学会独立思考和解决问题。

图 12.19 学生使用"双倍加"图表找到合适的估计值

学者分析了中学生在有问题情境中的除法问题和单纯计算除法问题时所采用的策略(Keiser，2012)。研究发现在解决上述两类除数是两位数的除法问题时,91 名学生中只有 4 名学生使用了"标准"算法,而他们中又只有两个人算对了,大部分同学都习惯于用重复减和找因数的策略。学生对运算属性理解不足就会出现计算错误,例如在计算 95÷16 时,学生会出现将其分解为(95÷10)+(95÷6),这是一种常见的错误:学生们认为分配属性可以分配除数,但事实上只能分配被除数。

评价角

为了评估学生对除法算法的理解,可以让使用不同策略的学生来详细地解释每个步骤。要求他们使用与除法概念相关的术语。使用观察清单来记录学生的反应,要注明他们对算法的理解程度。对于学习有困难的学生,可能需要通过一个简短的诊断性测试来真正掌握他们的理解水平。让学生先解决 115÷9 这样的题目,然后让他们解释计算过程中的每一步。如果解释不清楚,就再用计数器来实际操作,然后与具体步骤一一对应起来。

五．乘法、除法的估算策略

估算在日常生活中经常会用到,尤其是乘法的估算。比如计算小费或者计算每加仑汽油能跑的英里数时都会用到估算。随着科技的发展,很多具体计算都会由机器来完成,这使得估算能力变得更为重要。估算能力很好的人就能够注意到问题的答案是否合理,也不容易被错误的结果误导。

乘法和除法的估算能力体现了一个人对整数运算灵活流畅的理解能力。《美国共同核心课程标准——数学》(CCSS-M)规定,4 年级学生应"用心算和估算策略(包括近似)来判断答案的合理性"(NGA Center & CCSSO,2010,p.29)。

估算的教学

估算一下,27×325 的结果大约是多少呢?如果你用 20×300 来估算,那么结果是 6 000。如果你用 25 来取代 27,想到四个 25 就是 100,又因为 325÷4 大约是 81,那么你的估算结果是 8 100。如果你用 30×300 来估算,那么结果是 9 000,而用 30×320 来估算,结果是 9 600。这些不同的答案中,哪一个是"正确的"呢?

学生掌握的估算策略越多,就越能更好地判断哪一个估算最适合当前的情境。相反,如果总是指定一个估算策略(如把每个数字近似到一个方便的数或者"好算数"再乘)让学生去应用,他们就不会发展出针对具体情况合理选择不同估算策略的能力。有的时候,近似反而更麻烦,而其他的策略或许可以更快更准确。

如何选择估算题目所涉及的数是需要智慧的,不能一开始就是两位数乘以三位数,而是在情境中从一个乘数是一位数的乘法开始，研究表明学生更容易在乘数是一位数乘法的估算中获得成功(Liu，2009)。另外，开始需要做小的调整，而不要进行特别大的调整，这些决定都会帮助学生把重点放在理解估算策略上。

侧重询问信息，而不是答案。想想如果让学生对 7×＄89.99 的积进行估算时，他们可能承受的焦虑吧。为了"应付"教师，学生经常会赶紧计算出一个确切的数，然后找个近似值取个整数就算是估算了(Hanson & Hogan，2000)。为了鼓励学生进行真正的估算，可以提出类似这样的问题："结果是大于 1 000 还是小于 1 000?"或"用 500 美元来买门票够吗?""大约多少钱?"和"600 美元够不够?"是完全不同的两个问题。还有一种方法是让学生选择答案是在哪个区间：100 美元到 400 美元，还是 500 美元到 800 美元之间? 还是 900 美元到 1 200 美元之间? 随着学生对估算更加熟练，可以把范围区间缩小。

下面的每个活动都涉及一种估算策略，且解决这些问题都不需要计算出具体的结果。

活动 12.4

高了还是低了?

给学生一道计算题，再给出至少三个可以用来估算这道题的式子。学生的任务是判断这几个估算的结果会高于还是低于实际计算值。例如，对于 736×18 这个题目，学生判断下面这几个式子的结果是高了还是低了，并解释他们的想法。

750×10	730×15
700×20	750×20

还可以针对其他问题探索高或低的估算，并针对此活动的教学计划探索扩展课程。

活动 12.5

够好的了

给学生一个有一定难度的计算题目，例如：带有学校徽标的 T 恤批发单价为 6 美元，社团现有 257 美元，他们可以买多少件 T 恤? 要求学生做的是让他们讲讲解决问题需要采取的步骤(但并不需要具体执行这些步骤)。对于学习有困难的学生，可以把步骤列出来，让他们排序先做哪个后做哪个。学生们一起讨论，分享各自的想法，然后让学生执行一两步，看看他们是否得出合理的估算。

估算的策略

估算比单纯的计算所涉及的脑力更复杂，因为估算需要对数与数之间的关系有更深入的了解(Hartnett，2007)。心算并不是在"脑海中"有块黑板，然后图象成像一样地在那块黑板上进行计算。心算是指通过推理数与数的关系从而决定使用哪种策略(Erdem，2017；Varol & Farran，2007)，估算策略对心算很有帮助(见表 12.1)。

表 12.1　估算的策略

估算策略	描　述	例　子
最左位法	◆ 此方法侧重于数中的最左侧数字。先确定第一个数字,把其余位置的数字都先当作零一样看待,然后再根据刚才被忽略的数字来进行必要的调整。这种方法已被证明是学生最容易掌握的方法之一(Star & Rittle-Johnson, 2009)。 ◆ 在估计时,避免用长除法形式来呈现 7)3 482,因为这样的呈现形式就让人去计算而不是估算了。在情境中或者以 3 482÷7 形式来呈现就好多了。	◆ 480×7 根据最左位可估算到 400×7,或 2 800。 ◆ 452×23,先根据最左位可估算到 400× 20 或 8 000。第二步调整为 9 000。 ◆ 3 482÷7,首先确定估算的正确位值(100×7 太低,1 000×7 太高,所以估算值应该在百位)。被除数有 34 个百,因为 34÷7 在 4 到 5 之间,根据最左位可估算到 400 或 500。在这个例子中,因为 34÷7 几乎是 5,所以 500 是更精确的估算值。
近似法	◆ 是指将问题中的数字替换为更容易心算的其他数字的方法。在乘法中,学生可以用一个乘数的近似值也可以把两个乘数都替换成近似值。 ◆ 使用尺度为 5、10、100 等的数线。数线的两端可以标记为 0 和 100、100 和 200、100 和 1 000,或者任何适合所给定题目的范围。假设给定的数字是 463,如果需要近似到最近的 100,那就是 500;如果近似到最近的 50,那就是 450,见图 12.20。	◆ 如果一个乘数可以近似到 10、100 或 1 000,则可以在不调整其他乘数的情况下轻松估算所得积,见图 12.21(a)。 ◆ 如果一个乘数是一位数,就对另一个乘数找近似,例如对于 7×485,把 485 近似到 500,估算值是 3 500。这个估算值有点高了,因为多出来 7×15,如果需要更精确的估算值,则减去约 100(7×15 的估值),见图 12.21(b)。 ◆ 另一个选择是将一个乘数向上近似,另一个乘数则向下近似。对于 86×28,86 介于 80 和 90 之间,但 28 非常接近 30。所以可以把 86 近似到 80 而 28 近似到 30,估算值为 2 400,仅略低于 2 408 的实际乘积,图 12.21(c)提供了一个类似的例子。
友好数法	◆ 此方法是指将数变成一个可以使问题更容易心算的数字。通常在除法中会把除数或被除数(或两者)调整到附近的数再进行除法。许多百分比、分数和速率所涉及的除法都常常使用这个方法。	◆ 413×24 可以被看作是 400×25。因为 4×25 等于 100,10 000 是个很好的估算值。 ◆ 497÷48 大约是 500÷50,所以 10 是合理的估算值。 ◆ 请参见图 12.22 中的其他示例。

估算策略是产生近似结果的特定方法。学生学习估算的时候,很多人会采用相似的方法。但是,如果他们不知道下面这些估算策略,那一定要把这些策略详细介绍给他们。

图 12.20　可以用不同的方式标记空数线,从而帮助学生找近似值进行估算

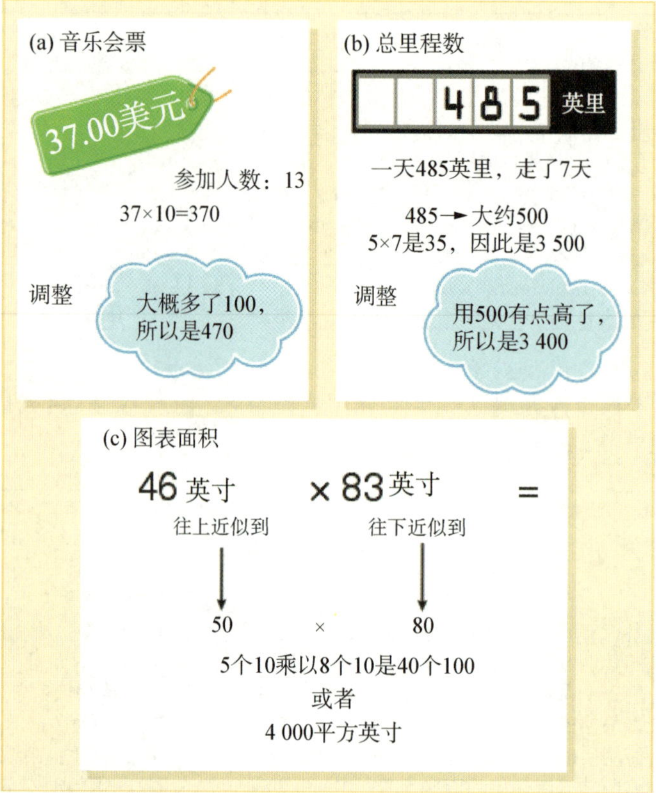

(a) 音乐会票

37.00美元

参加人数：13
37×10=370

调整　大概多了100，所以是470

(b) 总里程数

4 8 5 英里

一天485英里，走了7天

485 → 大约500
5×7是35，因此是3 500

调整　用500有点高了，所以是3 400

(c) 图表面积

46 英寸　**× 83** 英寸　**=**

往上近似到　　　往下近似到

↓　　　　　　　↓

50　　　×　　　80

5个10乘以8个10是40个100
或者
4 000平方英寸

图 12.21　近似法在乘法中的应用

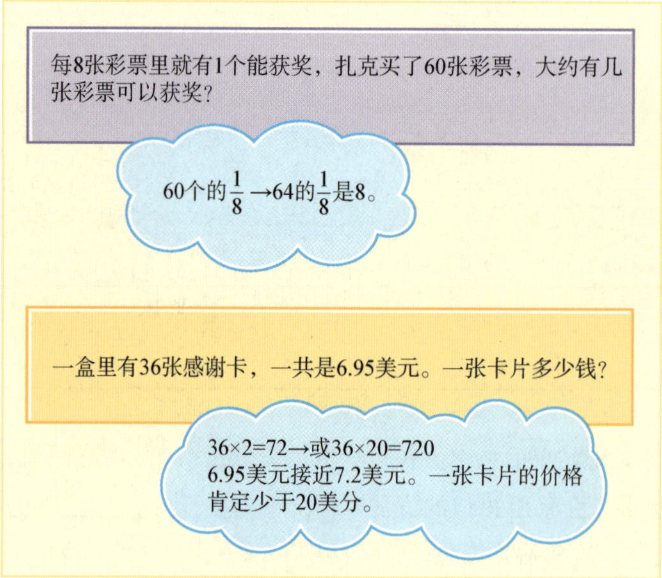

每8张彩票里就有1个能获奖，扎克买了60张彩票，大约有几张彩票可以获奖？

60个的 $\frac{1}{8}$ → 64的 $\frac{1}{8}$ 是8。

一盒里有36张感谢卡，一共是6.95美元。一张卡片多少钱？

36×2=72 → 或36×20=720
6.95美元接近7.2美元。一张卡片的价格肯定少于20美分。

图 12.22　近似法在除法中的应用

估算的评测是令很多教师感到困惑的部分,学生们常常先在纸上计算完了,然后直接找个近似值就说这是估算值了,教师该如何识别这些呢? 一种方法是准备大约三个估算练习,投影出来,每个题目只显示 20 秒(取决于具体任务难度),让学生们立刻写出估算值并判断估算值是"高于"还是"低于"精确计算的结果。不要求他们做任何具体计算,把这些题都过了一遍之后,再把所有的题目都投影出来,让学生写下具体估算的每个步骤,并让他们解释为什么他们的估算是合理的。这样的评测,要比给他们一大堆估算题目让他们做的效果好多了,只需要做几道题目就能了解学生是否掌握了估算。

活动 12.6

你的方法是什么?

给出一个估算的题目,例如"胡安估计 139×43 大约是 6 000,你觉得他是怎么想出 6 000 的?这是一个好方法吗? 估计值是大于还是小于实际答案,你是怎么知道的? 该如何调整? 为什么有人会选择用 150 来替代 139,而不是用 140 来替代?"几乎每个估计都可能涉及不同的策略方法,探讨不同的方法可以帮助学生理解估算并没有一个单一正确的答案。

活动 12.7

跳,跳,跳!

从某个起始数开始,这个起始数也是跳跃数,让学生根据给定的目标数估算一下需要跳多少次(乘以跳跃数)可以跳到这个目标数。根据学生能力的不同,可选择不同的数字来调整题目的难易程度。

跳跃数	目标数	跳跃次数的估算值	估算合理吗?
5	72		
11	97		
7	150		
14	135		
47	1 200		

如果要在计算器上检查估算的答案,学生可以输入 0+[跳跃数]并按一次等号=就是又跳了一次,或者用[跳跃数]×[跳跃次数估计]。学习有困难的学生可能需要一个数线来帮助他们思考,他们可以用不干胶贴纸把目标数字标出来,再用另一个颜色点来标记他们的第一个估算值,这样就可以帮助他们来决定是需要增加还是减少跳跃次数。

活动 12.8

击中目标

这个计算器游戏专注于使用四种操作中的任何一种进行估算。首先,选择开始编号和操作。对学生(或带投影设备的全班)轮流输入起始编号、选择编号,努力使结果落在规定的目标范围内。以下乘法示例说明了该活动:

起始编号:17

目标:800~830

如果尝试的第一个数是 25,则按 17×25 得到 425,这不在目标范围内。然后将计算器传递给合作伙伴,清除屏幕并再次估计,因为第一次用 25 乘时,得到的值 425 大约是目标范围数的一半,所以第二次学生的估计值会是一个接近 50 的数,如 17×45,得到的是 765,这已经很接近但仍然不在目标范围内。计算器返回到第一个人手里,清除结果并重试,直到估计结果落在规定的目标范围内为止。图 12.23 给出了所有四种操作的示例,准备开始编号列表。

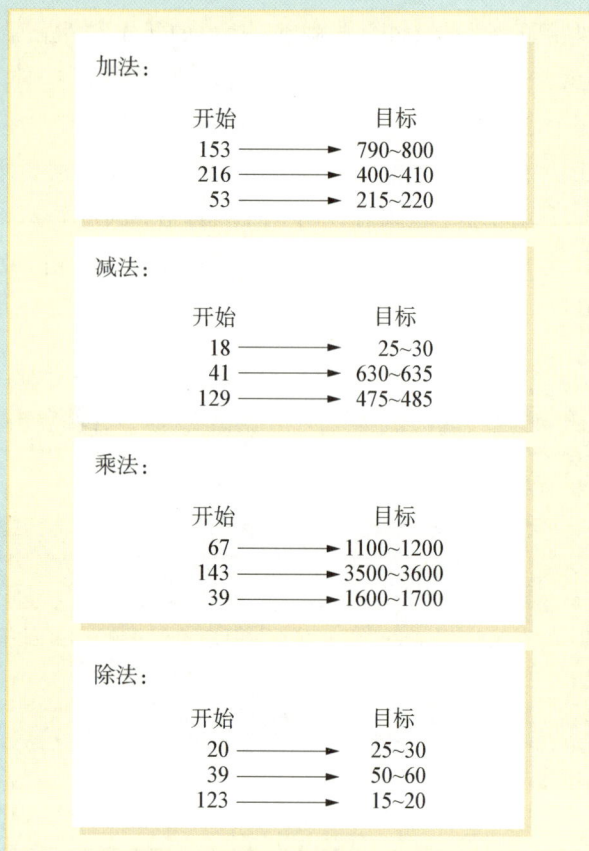

加法:

开始	目标
153 ⟶	790~800
216 ⟶	400~410
53 ⟶	215~220

减法:

开始	目标
18 ⟶	25~30
41 ⟶	630~635
129 ⟶	475~485

乘法:

开始	目标
67 ⟶	1100~1200
143 ⟶	3500~3600
39 ⟶	1600~1700

除法:

开始	目标
20 ⟶	25~30
39 ⟶	50~60
123 ⟶	15~20

图 12.23 "击中目标"游戏的可能起始编号和目标

表 12.2 乘除法中的常见挑战与错误认识

常见挑战与错误	具体表现	教学策略
1. 学生在做乘法时忽略中间的 0	计算 $$\begin{array}{r} 4005 \\ \times9 \\ \hline 3645 \end{array}$$ 有的学生只是写了 $9×5$ 的积,然后又写了 $9×4$ 的积,而忽略了中间十位和百位上的 0。	◆ 通过以 4 005 之类的数来探讨如何用学具来体现数中的 0,探讨 0 在这里的意义。 ◆ 永远不要将 0 称为"占位符"。这个术语给人的印象是它不是一个数值,而是一种填充空间的方法。 ◆ 借助于 4 000×10 来讨论这个答案是否合理。
2. 学生用类似加法的方法来分别考虑十位和个位的数	当计算 $28 × 36$ 时,学生先计算 $20×30$,再计算 $8×6$ 的积,然后把这两个积加在一起。	◆ 回到使用数组模型理解乘法阶段,回顾乘法的分配律以及各部分积之间的联系,然后再重新检查他们的计算过程,让学生指出他们计算的部分积是数组/行列模型中的哪几个部分,看看少了哪几个部分积。

常见挑战与错误	具体表现	教学策略
3. 学生在处理乘法问题重组数字的时候有了错误	计算 $\begin{array}{r} \overset{3}{}3\ 7 \\ \times\quad 5 \\ \hline 3\ 0\ 5 \end{array}$ 学生在十位数之上使用重新分组 3,然后在它们相乘之前就加上它。因此,学生不是先 5×7 然后再用 5×30。而是在 5×7,得到进位的数字 3 中的"3"与原来的 3 相加得到的 6 来做十位了,所以 5×60,得到 305 的答案。	◆ 回到用计数器和面积模型来显示部分积,然后考虑使用开放数组,这样学生应该能看到实际上应该乘以的数。 ◆ 让学生尽量不要使用"标准"算法,除非他们能解释"标准"算法的步骤和意义。
4. 在除法中错误地使用分配律	在计算 $95\div16$ 时把问题分解为 $95\div10+95\div6$。学生认为可以使用分配律拆分除数,但其实只能将被除数分解。	◆ 回到用小一些的数,并且用纸盘来表示组。也就是组的数量不变,是需要"平均分配"成多少组的数量。 ◆ 这种错误认识是很普遍的,也可能不是短期能消除的。因此教师在发现学生有这种认识之前就有备而来,防患于未然,在课堂里讨论。
5. 学生在做除法时忽略中间的 0	有的学生认为 $8\,002\div2=41$。	◆ 在学生开始计算之前先估算一下:答案是几十,几百,还是几千? ◆ 从小一点的数开始,例如 $202\div2$,并用计数器和两个纸盘实际操作一下这个除法。然后把这个实操与算法联系起来。

第十三章　代数思维、方程和函数

学习目标 ————————————————————————

在阅读本章内容之后，你应该能够完成如下学习目标：

13.1　描述"数"和"代数思维"的联系，包括利用运算性质培养数感，使计算熟练自如；

13.2　说明和描述如何从学前到 8 年级融入规律和函数的教学；

13.3　找到能深刻理解"等价"的策略，认识到学生对符号的理解（如等号、不等号和变量）存在挑战；

13.4　定义数学模型，并描述适用于不同年级的例子。

当学前班的孩子用"实物、手指、想象、绘画、声音（如拍手声）、情景表演、口头语言或等式"来表示加法或减法的时候，代数思维就已经开始了（NGA Center & CCSSO，2010，p. 11）。小学生要能够理解并应用一些重要的代数思想（Blanton et al.，2015a，2015b），这包括能认识到算术和代数之间的紧密联系。到了初中，学生会以变量、表达式和方程等更为抽象和符号化的方式来学习代数，尽管《美国共同核心课程标准——数学》（CCSS - M）把"函数"作为一个板块在 8 年级正式引入，但函数思维早在更低年级就开始渗透了。当学生考虑几个量共同变化（如购买 T 恤的数量和 T 恤总价之间的关系）的情况时，函数思维就已发生。"代数思维"贯穿数学的各个领域，也是数学推理的核心。

↗ **大观念**

- 代数是概括算术和表示规律的有用工具。在多个问题之间发现规律性和一致性为学生提供了概括的机会。

- 鼓励学生探索计算方法和计数系统的结构。例如，通过对结论"$a+b=b+a$"的概括，能够让我们无需计算就知道等式"$83+27=27+83$"是成立的。

- 函数的本质是描述两个事物之间的关系。鼓励学生通过探索等式、表格、图象等不同表征方式之间的联系来加强对函数的理解。

- 理解符号尤其是那些涉及等式和变量的符号是学好数学的基础。

- 数学建模是用数学方法去分析探究现实世界中的问题、现象的过程。

一. 代数思维

人类试图去理解这个世界,了解事物之间的关系(Fosnot & Jacob,2010)。代数思维就是人类用于泛化算术、发现算法和属性中的规律,并对表达式是否成立等进行定量推理的过程。所以代数应该以能让学生看到它是理解数学和现实世界的有用工具的形式呈现出来。

代数思维包括从数和计算的经验中概括出一般规律,并用有意义的符号系统将这些规律形式化。代数思维渗透到数学的各个领域,并且对数学在日常生活中的使用发挥着至关重要的作用。

研究人员建议从三个方面来培养代数思维,它们都融入了"一般性"和"符号化"的核心概念(Blanton,2008;Kaput,2008)。本章内容将围绕这些主题展开,如下所示(括号中为各节标题):

1. 研究十进制计数系统的结构,包括在算术运算中的结构。(连接"数"与"代数"、运算性质)

2. 研究规律、关系和函数。(规律和函数)

3. 开展数学建模。(有意义地使用符号、数学建模)

我们将具体分析从学前到 8 年级如何展开这三方面的教学。

二. 连接 "数" 与 "代数"

代数常被称为"概括的算术"。学生要对运算或规律进行概括,就需要观察多个例子并注意到这些例子中相同的"结构"。寻找"结构"应该是学习"数"的日常部分,下面结合例子来谈谈它是怎样连接"数"和"代数"的。

数的组合

从学前班就可以开始让学生在一系列问题中概括总结一般规律。如学前班常做的"数的分解"、小学低年级做加减法用的一些策略,都可以用来"总结规律"。下面是尼阿戈伊(Neagoy,2012)设计的,以"后院的小鸟"为情境的"数的分解"问题:

> 七只小鸟落在你家的后院,其中一些落在树上,另一些落在喂食器上。树上、喂食器上可能分别有多少只鸟?

可以给学生提供"框架图"显示各种分解方法,并写出相应的算式。观察图和式,数形结合能帮助学生感悟加法交换律(Billings,2017),也可以用表格来记录数据并分析(参见活动"后院的小鸟"),还可以换成其他活动来增加情境的多样化。

在《美国共同核心课程标准——数学》(CCSS‐M)中,3～4 年级才会引入"变量",以求解方程中缺失的未知数;"变量"的概念会在 6～8 年级的"式与方程"板块得到进一步强调。实际上"变量"完全可以在更早期就开始渗透给学生。如"后院的小鸟",在学生解决了上述问题后,教师可以提问:"如果树上有 t（表示树上鸟的数量）只小鸟,那么喂食器上有几只小鸟?"学生可能回答:"7 减 t",教师便写下"$7-t$"。学生也可能回答:"f"（表示喂食器上鸟的数量）,教师可以进一步追问:"t 和 f 有怎样的关系? 可以用什么等式表示?"这里就有三个等式表示它们的关系: $t+f=7$; $7-f=t$; $7-t=f$。

位值关系

心算的基础是位值概念,这也是十进制数的核心构架。心算"49+18",会怎么处理? 很多人会从 18 中取出 1,然后移动到 49 里,得到等价算式"50+17"（或者反向移动 2,得到等价算式"47+20"）。前四章已经介绍了许多这样的策略,这里就不重复了。

百数表能帮助学生注意"10"和"1"的关系。可以利用百数表向学生提问:"从 72 到 82 我们加了什么? 从 5 到 15 呢? 从 34 到 44 呢? ……"学生从这些例子中能发现,数加了 10,正好向下移动了一行。不妨试试自下而上呈现的百数表,即用向上计数替代向下计数。这样能使图表语言和运算语言一致,即向"上"移动与"加上"一致(Bay-Williams & Fletcher, 2017)。百数表上数的移动可以用箭头表示。比如说,→代表"向右移动 1 格"或"加 1",↑表示"向上移动一行"或"减10"。考虑让孩子们完成下面的问题:

14 →→←←   63 ↑↑↓↓   45→↑←↓

有些学生会逐个地往后或往前数;另一些学生可能根据箭头方向确定是按"10"或"1"来"跳跃"计数;还有一些学生可能认识到向下的箭头"抵消"了向上的箭头,这表明他们在做归纳概括(Blanton,2008)。具体来说,他们认识到一个普遍的规律:"+10"和"−10"的结果是"零变化"。鼓励学生用含有数或变量的等式表示箭头移动的规律。例如,对于第一个问题,就有: $n+1+1-1-1=n+(1-1)+(1-1)=n$。 在归纳概括规律时,使用变量和数的机会越多,学生使用符号的能力就越强。

评价角

学生在做类似活动时,教师要注意观察并记录:哪些学生是逐个数的,哪些学生是跳跃数的,哪些学生是根据加减互逆运用"抵消"策略的。这样的记录有助于教师确定后续交流的顺序。确保先交流更为基本的方法,再交流概括程度高的方法,从而使课堂讨论更有层次。

活动 13.1 为学生提供了一种通过一个有趣的情境来探索位值和加法的规律。

活动 13.1

对角和

给每个学生一个百数表。学生从中任意框出一个正方形,如右图所示,将对角上的两个数相加。可以允许低年级学生或学习有困难的学生使用计算器。这样能保证所有学生都能探索出规律而不至于被计算困扰。

让学生与同伴交流他们所计算的对角两数和,比较后看看发现了什么。再请学生探索不同的正方形。留出充足的时间给同伴交流"有什么规律,为什么会有这个规律"。

本活动还可以进一步拓展,可以把正方形改为长方形,看对角和的规律,如数 15、19、75 和 79。

23	24
13	14

反思角　在进一步阅读之前,请停下来思考:为什么上述活动中的"对角和"是相等的? 应该问学生什么样的问题才能确认他们认识到了"10"和"1"之间的关系?

下面补充一些可以在百数表中探索的其他活动。每个活动的问题都包含两个方面:从一开始关于"数"的,再到后面关于"概括(即代数思维)"的。

- 选择一个数。先向下移动 2 格,再向右移动 1 格。原数和新数之间有什么关系? 可以用什么代数式表示?

- 选择一个数。先把它和左右相邻两个数相加,再除以 3。你的答案是什么? 你能解释一下为什么会这样吗? 能用变量来解释吗?

- 根据不同的数值(2,4,5 等)跳跃计数,如以 2 为"跳数",即 2 个 2 个地数。哪些计数方式构成了对角线图案? 哪些又构成了竖列图案? 构成竖列图案的数有什么规律?

- 找到两个"跳数",使得按其中一个数跳跃计数得到的所有的数,都落在按另一个数跳跃计数所得的数的上面,即一种图案是另一种图案的一部分。这两个"跳数"之间有什么关系?

教师在活动中提出诸如"规律什么时候出现?"以及"为什么会有这样的规律?"之类需要归纳概括的问题,能够加深学生对数概念的理解。

算法

学习运算时要经常让学生解释他们是如何解决问题的。例如计算"504－198",在学生解释想法时,教师可以这样记录一个学生的策略:"504－200＋2",同时提问:"你是这么想的吗?"或者

"这个算式和原来算式的结果一样吗？"这样的课堂提问可以引发对运算性质丰富多样的讨论（Blanton et al.，2011）。

算术问题呈现方式的细微变化可以为学生提供归纳概括的机会（Blanton，2008）。例如，与其考虑一些不相关的计算问题，不如考虑有关联的一组问题，从而激发学生对泛化规律的探讨。例如：

$$3\times7=? \qquad\qquad 6\times7=?$$

在讨论上述两个式子的关系时，学生注意到 6 是 3 的 2 倍，因此乘积也存在 2 倍的关系。这一策略可以应用于任何一个"×6"的算式中，从而帮助学生解决一些更具挑战性的任务。

问题组的呈现有助于学生发现和描述规律，这些规律可以促进学生理解运算和相关算法。例如：

$$\frac{1}{2}\times12= \qquad \frac{1}{4}\times12= \qquad \frac{1}{8}\times12= \qquad \frac{3}{4}\times12= \qquad \frac{3}{8}\times12=$$

学生计算完了上面这组算式之后，通过"是什么""为什么""一定……吗"等问题，让学生聚焦于教师希望他们归纳的内容上：

"在这些问题中你发现了什么规律？"

"为什么会有这样的规律？"

"这个规律一定成立吗？什么时候会成立？"

在这组算式中，这样的讨论可以帮助学生理解分子和分母之间的关系，以及它们在乘法中意味着什么。

三．运算性质

运算性质对计算而言必不可少（Blanton，Levi，Crites，& Dougherty，2011）。表 13.1 列出了学生必须掌握的运算性质，以及通常他们所采用的描述方式。在《美国共同核心课程标准——数学》（CCSS-M）中，运算性质是贯穿学前班～8 年级的重要主题之一。传统教科书里常常把重点放在判定是哪种运算性质上，在笔者看来这是远远不够的。所以本书强调的是运算性质的应用。重点是帮助学生识别和使用运算性质来生成等价的表达式，从而灵活有效地解决问题。在本书前几个章节中已经讨论了运算性质。本章将重点介绍如何强调运算性质，继而加强学生对数与运算的深刻理解。

表 13.1 运算性质

名称	符号表示	学生可能的描述方式
加法		
交换律	$a+b=b+a$	把两个数按任意顺序相加时,会得到相同的答案。
结合律	$(a+b)+c=a+(b+c)$	当三个数相加时,可以先把前两个数相加,再加上第三个数;也可以先把后两个数相加,再加上第一个数。无论哪种方法,都会得到相同的答案。
加法单位元	$a+0=0+a=a$	任何数加 0,都得到它本身。
	$a-0=a$	任何数减 0,都得到它本身。
加法逆元	$a-a=a+(-a)=0$	任何数减它本身,结果是零。
加减法的互逆关系	如果 $a+b=c$,那么 $c-b=a$ 和 $c-a=b$	遇到"减法"问题时,可以反过来用"加法"思考。
乘法		
交换律	$a\times b=b\times a$	把两个数按任意顺序相乘时,会得到相同的答案。
结合律	$(a\times b)\times c=a\times(b\times c)$	三个数相乘时,可以把前两个数相乘,再乘第三个数,也可以把后两个数相乘,再乘第一个数。无论哪种方法,都会得到相同的答案。
乘法单位元	$a\times 1=1\times a=a$	任何数乘 1,都得到它本身。
乘法逆元	$a\times\frac{1}{a}=\frac{1}{a}\times a=1$	任何数乘它的倒数,结果是 1。
乘法和除法的互逆关系	如果 $a\times b=c$,那么 $c\div b=a$ 或 $c\div a=b$	"除法"问题可以根据乘除互逆关系使用"乘法"思考。
乘法对加法的分配律	$a\times(b+c)=a\times b+a\times c$	两个数相乘时,可以把一个数分成两部分(如 7 可以是 2+5),每个部分乘另一个数,然后相加。

理解运算性质

学生在做有关数的问题时,要注意一些等价的表达。例如,考虑与儿童进行"数的对话",老师要求学生说明:是否" $3+7=7+3$ "?

有学生可能会解释说两边加起来都为 10,所以它们是相等的。另一个学生可能会说:"我只知道它们是相等的,并没有将它们相加。就像胡萝卜放在两个盘子里——如果你把两个盘子调换一下,胡萝卜的数量还是一样的。"显然,后一个学生应用了加法交换律。为了确保这个性质能够一般化,老师要求学生用变量来写(例如, $a+b=b+a$),这使得数和代数的连接更加明朗。1 年级就可以开始使用和理解变量了(Blanton et al., 2011; Carpenter, Franke, & Levi, 2003)。这一想法可以推广到诸如 $394+176=n+394$ 之类的方程,这类方程通过算术计算会更为复杂。

正如可以使用问题组来概括算法一样，也可以使用问题组来研究运算性质，例如以下两个问题组所示：

第一组	35	52	23	46
	$\times 52$	$\times 35$	$\times 46$	$\times 23$

第二组　$\dfrac{1}{6} \times 12 = \quad 12 \times \dfrac{1}{6} = \quad \dfrac{2}{3} \times 12 = \quad 12 \times \dfrac{2}{3} =$

学生能理解整数乘法的交换律，却可能认识不到乘法交换律也适用于分数（事实上适用于所有实数）。问学生："分数也成立吗？""其他类型的数呢？""所有的数都成立吗？"活动 13.2 为学生提供了一种创造性的方式来理解加法或乘法的运算法则，以及其他一些运算性质。

活动 13.2

五种得到"0"的方法

学生两人一组。每组任选一个数（可以准备一副扑克牌，让学生从中抽取）。例如，学生选到 7，就要列出 5 个以 7 开始，并且结果为 0 的算式。比如，$7-5-2=0$ 或 $7+3-10=0$。确保学生使用正确的符号和分组，从而确保算式正确。鼓励学生用计数圆片或数线来探索各种可能的方法，并描述从等式中发现了什么。发现哪些可以一般化的概念或性质：如加法逆元、加法单位元和加法交换律等。

讨论这类问题有助于学生理解这些运算性质。下面是一个来自 1 年级的课堂片段，看看老师是怎么帮助学生理解加法交换律的。

老师：（指着黑板上的 $5+3=3+5$）对吗？

卡门：没错，因为 $5+3=8$，$3+5=8$。

安迪：两边都有一个 5 和一个 3，都没有别的了。

老师：（在黑板上写 $6+9=9+6$）这个对吗？

全班同学：对！一样的！

老师：（在黑板上写 $25+48=48+25$）这回还对吗？

全班同学：对！

老师：观察这些例子，谁能说说是怎么回事？

雷内：如果两边的数相同，得到的结果也是一样的。

老师：和我用什么数有关系吗？

全班同学：没有关系。

老师:(在黑板上写 $a+7=7+a$)a 是什么数?

迈克尔:因为两边都有 a,所以它可以是任何数。

老师:(在黑板上写 $a+b=b+a$)a 和 b 又是什么数?

孩子们:任何数!

请注意这位老师是如何从概念的角度来发展对加法交换律的认识——注重归纳概括而不是记忆。

运算性质也可以用几何图形来表示。以乘法分配律为例,8×43 可以表示为一个矩形的面积。可以在矩形中画一条分割线[表示 $8\times(40+3)$],进而再分为两个矩形[表示 $8\times40+8\times3$],在这个过程中原有数量保持不变,如右图所示。

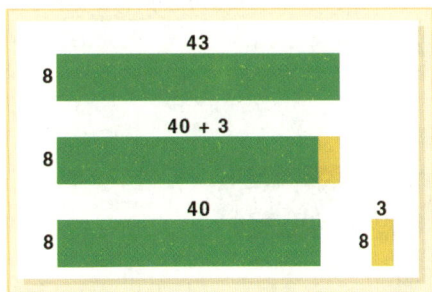

在此基础上向学生提出更有挑战性的任务:让他们泛化这个问题。可以先用文字来描述,再用符号表示,如 $a\times b=(c\times b)+(d\times b)$,其中 $c+d=a$。确保学生既能从具体例子联系到一般规律,又能从一般规律联系到具体例子。它可能是算术中最重要的核心思想(Goldenberg,Mark,& Cuoco,2010)。

应用加法和乘法的性质

发现可概括的特性并能证明其正确性是代数推理的一种重要形式,也是做数学的核心(Ball & Bass,2003;Carpenter et al.,2003;Schifter,Monk,Russell,& Bastable,2007)。

奇数和偶数为探索数字系统的结构提供了很好的情境(Stephens,Blanton,Knuth,Isler,& Gardiner,2015)。让学生探索不同的数,找出有多少是成对的,有多少是剩余的。学生可以用小方块操作,如图 13.1(a),同时在表中记录数据,如图 13.1(b),归纳奇数和偶数的特征。在此基础上,学生还可以用小方块、表格或其他方法进一步探索奇数和偶数之和的特性,例如活动 13.3。

两人平分 6 个小方块	两人平分 9 个小方块	数	最多分成几对	剩下的数
		4		
		6		
		9		
		10		
		11		
		12		
(a) 两人平分小方块		(b) 探索分成几对剩下多少		

图 13.1　探索奇数偶数,归纳数学关系

活动 13.3

坏了的计算器：你能修好吗？

给每个学生发一个计算器。两人合作从两个问题中选择一个来探索。先判断问题是否可行。如果可行，分享具体方法。最后解释可行或不可行的原因。

1. 如果计算器上的所有偶数键(0, 2, 4, 6, 8)都坏了，你能让计算器显示屏上显示偶数吗？如果可以，该怎么操作？

2. 如果计算器上的所有奇数键(1, 3, 5, 7, 9)都坏了，你能让计算器显示屏上显示奇数吗？如果可以，该怎么操作？

可以请先完成的同学解决另一个问题，或者用变量来写下证明。

反思角 判断下面说法是永远成立、有时成立还是永远不成立。

  ○ 三个连续自然数的和等于中间数乘 3。

  ○ 二分之一大于四分之一。

让学生判断某个说法是否总是成立、有时成立还是永远不成立是很好的锻炼。这样的练习有利于促进他们应用和证明的能力，同时还能消除他们可能存在的某些误解(Muir，2015)。像上面这两个例子可以作为很好的数字对话，也能创建一种鼓励学生大胆猜测的课堂文化。有时学生们会过度、不恰当地泛化，仅仅是通过举例验证发现某个说法恰好成立，就认为这个说法永远成立(Yopp & Ellsworth，2017)。让学生做猜测讨论可以帮助他们超越举例验证的办法，使用示意图、几何图形、数线或变量来证明自己的猜测。

数与运算性质的应用是数学能力的核心——《美国共同核心课程标准——数学》(CCSS‑M)内容标准和数学实践(NGA Center & CCSSO，2010)都强调了这一点。强调寻求一般性的规律和结构对所有的学生都有帮助，从学习有困难的学生到学习优秀的学生无一例外(Schifter，Russell，& Bastable，2009)。要做到这样，就需要教师在计划的时候——思考哪些问题可以帮助学生概括规律——要贯穿数学内容领域（不仅仅是在"代数"单元），例如活动 13.4。

活动 13.4

"我的猜想你来讲"

首先给学生提供一个猜想。例如：

猜想：对于乘法，用一个因数的一半乘另一个因数的两倍，乘积不变。

要求学生：

(1) 举例验证，看看是否总是正确的；

(2) 证明或反驳它，可以用直观的图或语言(如图 13.2)，并问学生如何把这个猜想用符号表示出来。

所有的学生都能在讨论中通过表达想法和组织语言中受益。学习困难的学生从对反例的陈述和讨论中也会获益良多。

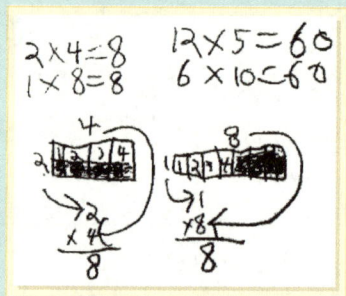

图 13.2　一位学生对猜想的证明

四. 规律和函数

规律存在于数学的所有领域。发现规律以及学习描述、解释和扩展规律是代数思维的一部分,这意味着精通数学的学生在做数学时会关注规律。当 1 年级、2 年级学生说"每多一个人,就多了两只脚"时,他们就已经开始了函数思维(Blanton et al.,2011)。下面来看"后院的小鸟"这个问题的修改版:

> 五只小鸟落在你的后院里,其中一些落在树上,另一些落在喂食器上。树上、喂食器上可能分别有多少只小鸟?

5 只小鸟在树上和喂食器上有 6 种分解方式,7 只小鸟有 8 种方式,10 只小鸟则有 11 种方式。小学高年级和初中学生应该能够解释为什么会这样:对于任意数量的小鸟(n),有($n+1$)种方法,因为在喂食器上可能有 0,1,2,…,n 只小鸟。从具体的问题入手,有助于学生列举各种数的组合,从而概括规律。为了扩大讨论范围,可以提出这样的问题:"如果有 340 只小鸟呢? 这个规律还适用吗? 如果有 20 种不同的分解方式,那么有多少只小鸟呢? 这有什么规律吗?"

重复的规律

顾名思义,重复的规律即具有重复"核心"的规律。例如,一串珠子不断重复这样的规律:红蓝红蓝红蓝……那么它的"核心"就是"红蓝"。《美国共同核心课程标准——数学》(CCSS-M)中没有特别提到重复的规律,但它是早期方程和表达式的构成要素(Confrey et al.,2012)。非数字规律可以为以后的数字规律奠定基础。实物材料的操作与在纸上涂涂画画相比,有两个好处:一是可以反复试验不用担心出错;二是不必受限于纸上的空间对规律拓展的阻碍。通过对实物材料如彩色积木、纽扣和连接立方体的操作,学生可以创造并扩展规律。在积累了一些关于规律的经验后逐渐形成找规律的意识。规律可以用符号化的方式来记录,例如红蓝规律的核心有两个不同的元素,就可以记为"AB"。图 13.3 提供了一些例子。

研究重复规律最重要的是让学生识别重复的"核心"(Warren & Cooper,2008)。可以把实物材料放在投影仪上,让学生大声说有什么,

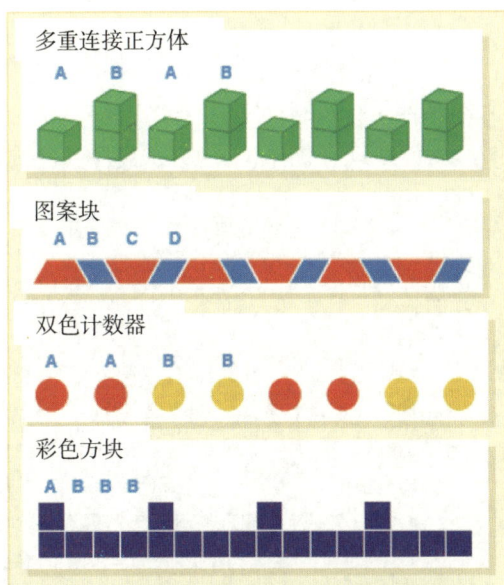

图 13.3 使用各种操作材料呈现的重复的规律

再问下一个会是什么,在预测了几个之后让学生说出规律是什么,可以用字母来表示。例如,有三种重复的形状,就用 ABC 表示。

重复的规律无处不在! 如春夏秋冬四季更替、周一到周日循环往复、一年十二个月周而复始……可以让学生思考现实生活中的"AB"规律——例如,"上学,放学"或"饭前摆桌子,饭后收拾桌子"。儿童读物的押韵、词句,常常会有重复的规律,例如《有规律的鱼》(*Pattern Fish*)(Harris,2000)。再如,《假如你给老鼠一块饼干》(*If You Give a Mouse a Cookie*)(Numeroff,1985)(或本系列中的任何一个),就会发现一个非常长的重复规律,其中每个事件最终都会返回给老鼠一块饼干,意味着这个序列将重复。

反思角 口头的规律可以朗读出来。例如,"do, mi, mi, do, mi, mi"(ABB)就是一个简单的歌唱规律;身体的运动,如上下左右挥动手臂,可以形成"上,侧,侧,下,上,侧,侧,下"(ABBC)的规律。重复的规律能加强学生对数的理解,例如活动 13.5,能加强学生对倍数的理解。

活动 13.5

沿线推测

为学生提供一个可以扩展的规律。例如,链制作的"ABC"规律。在学生开始扩展规律之前,让他们推测哪个元素将位于第 12 个位置。注意,在 ABC 模式中,第三、第六、第九和第十二项是 C 元素,因为它们是 3 的倍数。在学生做出推测后,让他们检查规律并解释自己推测的依据。这个活动也可以用来做有余数的除法。如,为了找到"ABC"规律的第 100 项,学生认为所有 3 的倍数都是 C,所以余 1 就是 A。

奥运会就是真实环境下的重复规律(Bay-Williams & Martinie,2004b)。夏季奥运会在 2020 年、2024 年举行,之后每四年举办一次($4n$),冬季奥运会在 2022 年、2024 年举行一次,依此类推($4n+2$)。飓风的命名也是重复的规律(Fernandez & Schoen,2008),参见活动 13.6。

活动 13.6

飓风的名字

飓风的命名是这样的:一年中第一个飓风的名字以字母 A 开头,然后是 B,依此类推。每个字母开头的名字都有 6 个,以 6 年为周期循环使用(超强飓风用过的名字除外,在此之后会弃用)。飓风名字有性别,并以"AB"规律交替出现。请学生从字母表中选择一个字母,并在飓风命名表中查找以该字母开头的六个名字。回答以下问题(假设这些名字没有被弃用):

- 第一个名字会出现在哪些年? 最后一个名字又会出现在哪些年? 女性名字出现在哪些年?
- 2020 年、2025 年以及 2050 年的飓风会有什么名字?
- 给你一个年份,你如何用文字和符号来描述这一年飓风的名字?

增长的规律

增长规律中元素的数量会一步步地循序增加。从小学到初中都可以进行对增长规律的探索。研究增长规律的重点是分析元素的个数是如何随新元素的添加而变化的。图 13.4(a) 是一个增长的规律，其中图形 1 需要 3 个三角形，图形 2 需要 6 个三角形，依此类推。增长的规律实质是函数——元素的数量是图形序号的函数（在本例中，三角形数量＝3×图形序号）。

几何图形的增长规律是很好的范例，因为规律可以通过图形显现且学生可以动手操作。几何图形增长规律的种类是无穷无尽的，图 13.4 仅展示了三种增长规律。活动 13.7 的问题与图 13.4(a) 中的规律配套。探究任何增长的规律都可以参考该活动中的提问，这些提问可以帮助学生对函数情境进行推理。

探究增长规律的过程包括：观察图形，对数值关系进行推理，把规律扩展到某个更大的项（或第 n 项）(Friel & Markworth, 2009)。学生对增长规律的体验应该从简单的开始（如图 13.4），再学习更为复杂的（如图 13.5 中的点阵规律）。

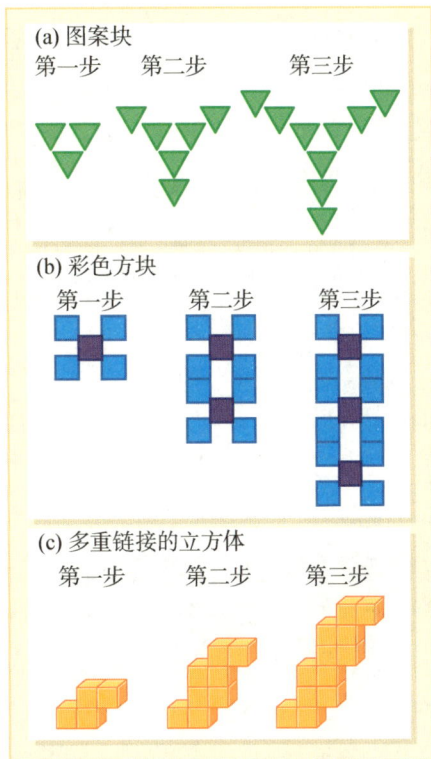

图 13.4　可操作的几何图形增长的规律

活动 13.7

推测数量

两人或小组合作，让学生探索几何图形增长的规律。可以从探究如图 13.4 所示的一步增长规律开始。分发"推测数量：三角形增长规律"活动页面，让学生探索并回答以下问题：

- 下表显示每个图形中三角形的个数，请完成下表。

图形序号	1	2	3	4	5	10	20
三角形个数							

- 第 10 个图形中有多少个三角形？第 20 个呢？第 100 个呢？说说你的想法。
- 任意一个图形有多少个三角形？请用文字说明。
- 请用符号表示，第 n 个图形里有多少个三角形。

函数中的关系

学生在探索增长的规律时可能会注意到三种形式。这三种形式是相关的但并不互相依赖。

换句话说,学生不需要先找出递推规律就能直接发现对应关系(Blanton et al.,2015a)。下面以"T 形图案的增长规律"为例来介绍这三种形式。

递推规律。 递推是指能够看到规律是如何一步步变化的(Bezuszka & Kenney,2008;Blanton,2008)。也就是说,大多数学生很容易看到规律是怎样从一步到下一步变化的(增加或减少)。对于"T 形图案的增长规律",递推就是"方块的数量每次增加 3"。

在点阵规律中递推就是"添加连续的偶数"[图 13.5(a)]。至少可以通过两种不同的方式观察到这个规律[图 13.5(b)和 13.5(c)]。

共变思维。 共变思维是指能够注意到一个变量跟着另一个变量一起变或步调一致协同变化(Blanton et al.,2011)。在"T 形图案的增长规律"中,学生可能会说:"每增加一步,所需的方块数就会增加 3。"这个认识比发现递推规律更复

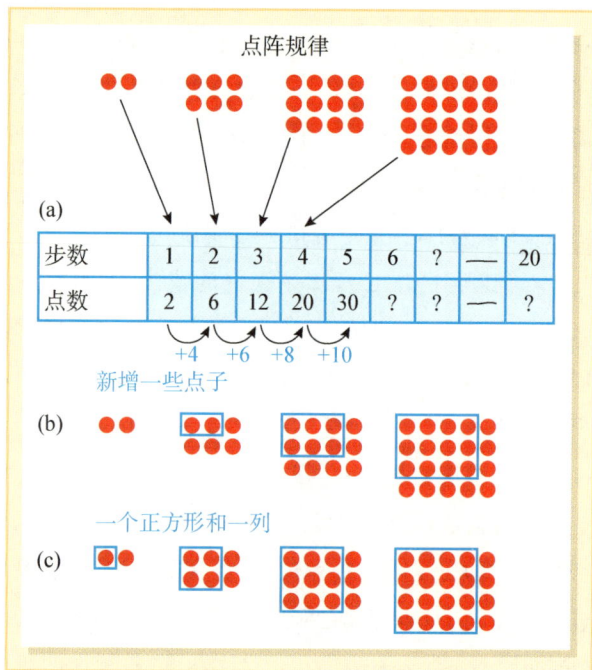

图 13.5 点阵规律中的关系分析

杂。因为学生需要考虑一个量的变化如何影响另一个量的变化(以及它们如何共变)。

对应关系。 对应关系是用函数规则表示两个量之间的关系。换句话说,它要求观察整个表中的数据,看看如何用输入(x)生成输出(y),在"T 形图案的增长规律"中,规则是"$3x+1$"。例如要找出第 100 个 T 形图案的方块数。如果用递推规律,则需要找到所有之前的 99 个 T 形图案的方块数;但如果注意到 x 和 y 是如何对应的(即显性的规则),就可以直接用该规则计算第 100 个 T 形图案所需要的方块数。

1 年级的小学生就可以运用函数思维(Blanton et al.,2015a;Tanish,2011)。"输入—输出"活动可以从幼儿开始,一直持续到中学。绘本《好事成双》(*Two of Everything*)(Hong,1993)讲述的变两倍的故事,可以作为引导学生学习很好的素材。哈克塔克斯把东西放进缸里,当它们从缸里出来时,会变成原来的两倍,让学生解释在不同的日子里缸的变化规律。教师还可以用鞋盒或冰箱的抽屉做成"输入—输出"的盒子:把盒子装饰成机器模样,添加"容易""中等"和"困难"按钮,并设计适合学生年级的函数(Fisher,Roy,& Reeves,2013)。这可以成为一个有趣的日常活动,让学生发现"输入—输出"的对应规则。

当学生探索增长规律以及其他共变情况时,可以通过下面这样的提问来促进学生函数思维的发展:

- 什么在变？什么保持不变？
- 比较的是哪些量？
- 怎么用表格表示你得到的信息？
- 从表格中发现了什么关系？
- 怎么用图表示得到的信息？
- 从图中发现了什么关系？
- 能用语言或者符号来表示这个规律吗？

函数的特征。 表13.2总结了描述函数的一些术语。用这些术语来讨论函数，能帮助学生更好地理解函数的特征。

表13.2　描述函数的一些术语

概念	描　述	举　例
自变量和因变量	自变量表示输入，或者是用来找到另一个值的任何值；因变量表示输出。	在"积木块的周长"问题中，自变量是积木块的个数；因变量是周长。可以说，周长取决于积木块的个数。
离散和连续	若只有某个或选定的若干个值是符合要求的，则函数是离散的；若沿直线或曲线的所有值都是函数的解，则函数是连续的。	离散："积木块的周长"问题中，只有自变量取正整数值才有意义。 连续："步行速度"，在任何给定时间，都有一段步行距离（即使该距离为0米）。
定义域和值域	函数的定义域表示自变量的取值范围；值域表示因变量的取值范围。	在"积木块的周长"问题中，定义域和值域都是正整数。

评价角

能够在函数不同表征之间建立联系是理解函数最重要的体现。而唯一能判断学生能否建立这些联系的方法就是询问。教师可以在诊断性访谈中问一些如前文列出的问题，看看学生能否将图与情境、表格和公式联系起来。

函数图象

到目前为止，我们已经用了四种方式表示增长的规律：(1)实物或图画；(2)表格；(3)文字；(4)符号公式。这里介绍第五种表征方式——图象。图象能有效地说明共变关系。图13.6列出了"热狗销售问题"的五种表征方式。重要的是学生在表征过程中的体验，从而理解不同表征方式并建立它们的联系。

图13.7分别显示了"T形图案的增长规律"与"点阵规律"的图象。前者是直线（线性关系）。后者则是曲线，如果将这些点连在一起，它们将构成抛物线的一半。

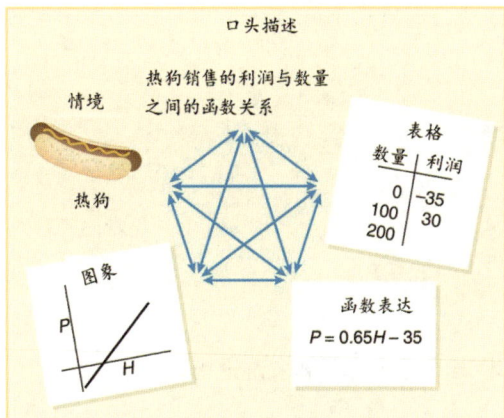

图 13.6　"热狗销售问题"函数的 5 种表征

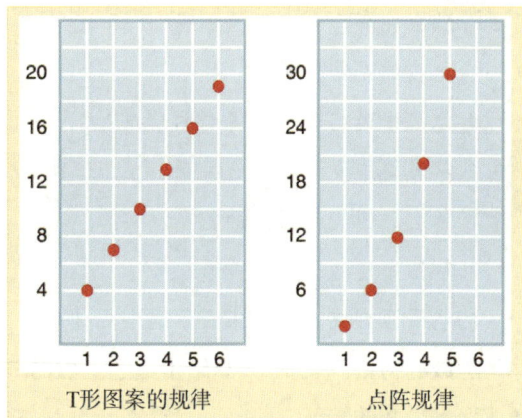

图 13.7　两种增长规律的图象

活动 13.8

周长的规律

　　使用实物投影仪或交互式白板，显示几行由相同形状拼成的图案(如图 13.8)。两人一组或小组合作让学生探究周长增长的规律，教师要观察学生会注意到哪种规律。可以提问:6 个正方形的周长是多少? 10 个正方形的周长呢? 任意多个正方形呢? 对于梯形和六边形，可重复这个探究过程(或者让不同小组研究不同的形状)。分发坐标纸，让学生画图象说明图形个数与周长之间的关系。

图 13.8　积木块的周长，你能确定每行由 n 个相同积木拼成的新图形的周长吗?

反思角

在确定函数及其对应规则时哪种表征方式最有用?

初学探索规律的学生会使用哪种表征方式?

　　同时呈现三个有相关的增长规律图象，学生就有机会对图象和表格、规律进行比较，从而建立起它们之间的联系(如图 13.9)。例如，让学生讨论两个坐标之间的关系(如，对六边形而言，横坐标每多 1，纵坐标就多 4)。讨论图象中的这些信息在表格里应该在哪里找，以及这些信息对规律本身意味着什么。

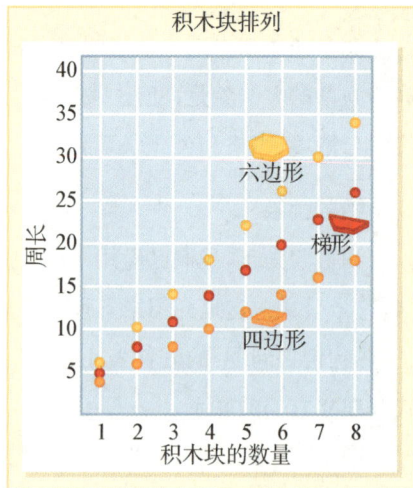

图 13.9　三种积木块的周长增长图象

学生也需要有定性描述图象的机会。在没有确切数值的情况下去探索函数会使他们的注意力集中于数量之间的共变关系上。这也是活动 13.9 的重点。

科技角

函数绘图工具几乎对任何函数都能很快地画出图象。还可以在同一坐标系里绘制多个函数。可以追踪曲线的路径查看任意点的坐标。可以任意调整可视区域的范围，使得查看距离原点几千个单位的图象的某一部分与查看在区间[－10，10]之间的图象一样容易。放大图象，还可以尽可能高的精度找到某个具体的交点。

活动 13.9

画草图

使用画草图活动页面，或者把下面的情境投影出来。让学生从中选择一个故事画出图象(无需标数，草图即可)：

- 从冰箱中取出一份冷冻晚餐，放进微波炉加热后再放在桌上。这份晚餐从冰箱取出前 30 分钟开始的温度变化(假设从冰箱中取出晚餐的时刻为 0)。
- 一辆 1970 年购买的大众甲壳虫汽车，从购买到现在的价值变化(它的主人非常爱护这辆车，车况保持良好)。
- 从开始往浴缸里放水直到洗完澡把浴缸里的水完全排空，其间浴缸的水位变化。
- 按销售项目数量计算的利润问题。
- 掷出的棒球从释放到落地为止的高度变化。
- 同上一情境，棒球的速度问题。

画出草图后，学生之间可以结对相互比较。教师也可以有选择地让全班一起讨论某些草图。看学生根据草图能不能匹配上对应的情境。教师要确保所选用的情境是所有学生都熟悉的，否则需要更改情境或辅助他们理解。对于学习有困难的学生，可以先让他们给情境配图(这会比给图配情境容易一些)。参见图 13.10 中的示意图。可以反过来用下面的活动来巩固：提供示意图，让学生写一个与之匹配的故事。

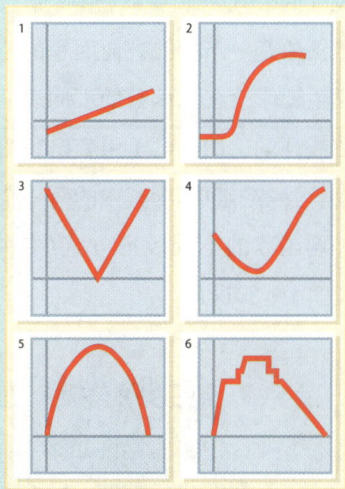

图 13.10　将每个图与活动 13.9 中描述的情况进行匹配。讨论每种情况下发生了什么变化

线性函数

函数有线性的和非线性的。其中，线性函数是中学数学的重要部分，《美国共同核心课程标准——数学》(CCSS - M)强调了线性函数在整个中学阶段的重要性，尤其是 7 年级和 8 年级以线性为主(NGA Center & CCSSO，2010)，而小学数学中增长的规律往往是线性的。因此，我们对

线性函数做专门的讨论。

 反思角 回忆一下本章所出现的例子，哪些是线性函数？哪些是函数但不是线性的？

线性函数的例子包括"后院的小鸟"（它们可能以多少种方式出现在喂食器上和树上）"几何图形的增长规律""T 形图案的规律"和"积木块的周长"。"点阵规律"是非线性的（为二次型）。

对线性函数而言，其核心是递推规律具有恒定的变化率——这正是线性的核心概念（Smith，2008；Tanish，2011）。

在中学，学生需要注意情境中的关系是否为线性（NGA Center & CCSSO，2010）。下面情境中的关系是线性的还是非线性的？

> 米亚用 24 码长的栅栏来建一个长方形的羊圈。她在考虑要建的羊圈的大小，并想用代数方法分析。（1）用一个方程来描述长度和宽度之间的关系。（2）用一个方程来描述长度和面积之间的关系。

宽度的公式是 $w = 12 - l$（l 是长度），宽度随着长度的增加以恒定的比率减少，因此关于宽度的函数图象是一条直线。而面积的公式是一个二次式 $a = l(12 - l)$。

学生要学会根据函数的不同表征方式（图片、实物、方程、图象、表格和情境）判断它是线性的还是非线性的。图 13.11 用表格和图象说明了长方形羊圈的问题。教师可以组织一个卡片分类的活动：写一组函数，为其中的每一个函数都准备对应的方程、图、表和一个情境。要求学生找到描述相同函数的不同表征方式（有关连接不同表征方式的卡片集和想法的相关资料，请参阅 Wells，2016/2017）。

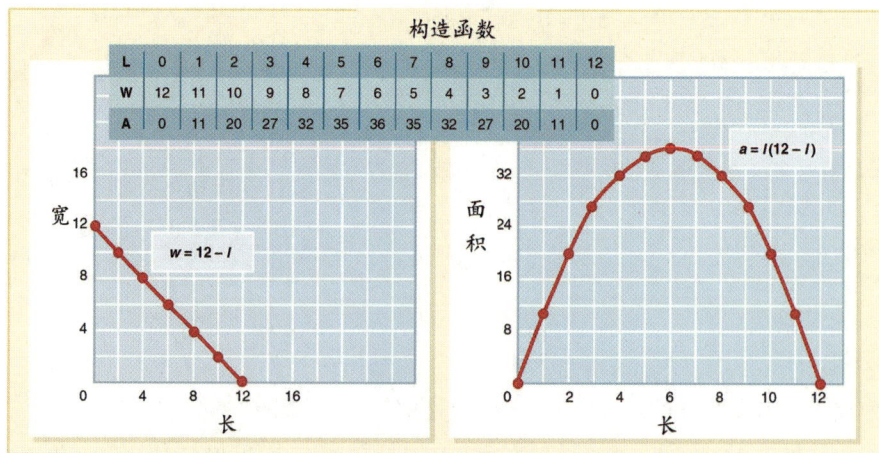

图 13.11　周长为 24 个单元的矩形，宽与面积分别作为长度的函数

变化率和斜率。比率包括两个不同的事物以及它们之间的关系(详见第十七章)。比率问题广泛存在于周围生活中:几何图形增长的规律(图形序号与块数)、植物的生长速率(时间和高度)、每小时的工资、汽车每英里耗油量、利润率以及单价(如公交车票单价)等。

线性关系比率的探索就产生了斜率的概念。斜率是描述线性函数变化率的数值。例如,六边形周长增长规律中周长公式是 $y = 4x + 2$,这里的变化率是 4,因为每增加一个六边形,周长就增加 4。所有线性函数都可以写成这种形式:$y = mx + b$(当 $b = 0$ 时,$y = mx$)。

从概念上讲,斜率表示 x 增加 1 时 y 增加多少。如果一条直线包含点(2,4)和(3,-5),你可以看到当 x 增加 1 时,y 减少 9。所以变化率(斜率)是 -9。对于点(4,3)和(7,9),当 x 增加 3 时,y 增加 6。因此 x 增加 1 时,y 增加 2,即斜率为 2(用 6 除以 3)。通过不断的探索和经验积累,学生能归纳概括出用 y 值的差除以相应 x 值的差得到变化率(斜率)。如果学生想理解并真正掌握根据两点坐标求斜率的算法,那么一定要首先通过推理来探索这个过程。

零斜率和无斜率。这是两个经常混淆的概念,所以理解它们一定要放到情境里。看看下面这个步行速度的故事:

> 你以每小时 1 英里的速度步行 10 分钟,停下来看一窝小鸟,3 分钟后以每小时 2 英里的速度再步行 5 分钟。

停下来 3 分钟的函数图象该怎么来表示呢? 停下来的速度是多少? 这段时间你的速度是 0。因为这 3 分钟内你离出发点的距离保持不变,所以图象会是一条水平线。

现在假设一个关于步行的图象里有一条垂直线,即没有斜率的直线。这意味着什么? 你没花时间就走了一段距离! 即使你是短跑世界纪录保持者,这也是不可能的。别忘了斜率是指 y 根据 x 每增加 1 时的变化值。

成比例和不成比例。线性函数可以成比例,也可以不成比例。例如,挣的金额与工作时间成正比例(假设是按小时计费),但如果一个人一开始就攒了些钱,由于这笔另加上的钱(常数),总金额与工作时间就不再成比例了。因此,所有成正比例的情况都可以表示成形如 $y = mx$ 的方程,不成比例的线性情况则为 $y = mx + b$。需要注意的是,成正比例的函数图象是通过原点的直线。学生会发现这些直线的斜率就是两个变量之间的比率。

"积木块的周长"问题是不成比例的。对六边形的周长来说,虽然周长有一个不变的增加量为 4,但对于任意数目的该图形,都需要另加上 2(两端各加 1)。换句话说,不能像成比例的情况那样,只用输入的数乘一个因子,就得到输出的数。

在不成比例的情况下寻找两个量之间的变化规律会困难一些。学生希望使用递归值(例如,+4)作为因子(×4)。向表中添加额外的行(或列)可以突出显示递推规律和对应关系(Burton,2017;Panorkou & Maloney,2016)。对于"T 形图案"的规律,扩展的表格如下所示。

输入： 图案序号[x]	规律	输出： 图形的个数[y]	简化形式
1	4	4	4+0(3)
2	4+3	7	4+1(3)
3	4+3+3	10	4+2(3)
4	4+3+3+3	13	4+3(3)
x	4+3+⋯	?	4+(x−1)(3)
		规则：$y = 4+3(x-1)$ 或 $y = 3x+1$	

在成比例的情况下，第 20 项的数是第 10 项的 2 倍，因为二者关系只用乘即可。但是如果不成比例需要另加一个常数时，这个简便的倍数关系就不成立了，这是学生容易犯的错误，所以与他们一起分析这些错误可以帮助他们理解（Lannin，Arbaugh，Barker，& Townsend，2006）。

平行、重合和垂直。 8 年级的学生应该能比较不同的线性关系，包括平行、重合和垂直（NGA Center & CCSSO，2010）。选择合适的情境对理解这些非常重要。

> 拉里和玛丽在暑假里同时开始挣钱，每人每天都挣 30 美元。暑假开始的时候玛丽已经负债 50 美元，而拉里则已有 20 美元的积蓄。到第 3 周的时候拉里比玛丽多多少钱？到 7 周的时候他比玛丽多多少钱？什么时候两人的钱会同样多？

拉里和玛丽挣钱的速率是相同的。因此图象中以同样的速率上升，即斜率相同。拉里的总金额（$y=30x+20$）和玛丽的总金额（$y=30x-50$）的函数图象是平行的。这一点不用画图就知道，因为变化的速度（或斜率）是相同的。怎么改变情境让两条直线重合呢？答案是它们的初始值和斜率都必须相同。

斜率也能告诉我们两条直线何时垂直（虽然不太明显）。利用坐标纸可以看出一条直线的斜率是其垂线斜率的负倒数。

五. 有意义地使用符号

想学好数学的一个条件就是要对符号有深刻的理解。符号可以代表真实的情景交融，可以作为描述真实情况、解决现实问题的有用工具（例如，计算需要销售多少饼干才能赚取 x 美元；或者 y 个员工需要以什么速度工作才能按时完成项目）。遗憾的是，多数代数课本都过度强调符号的操作运算而忽视了发展学生对符号的真正理解认识（Sherman，Walkington，& Howell，2016）。

通过对描述现实情境的等价表达式来推理探索是理解数和符号意义最有效的方法。活动

13.10 就是这样一个典型例子。

活动 13.10

铺瓷砖——第 1 部分

分发"铺瓷砖——第 1 部分"活动页面,彩色的正方块(可选)。要求学生用 8×8 的正方形表示一个游泳池,现在要在游泳池的四周铺瓷砖(如图 13.12)。要求学生至少找出两种方法求出需要的瓷砖数量,但不能逐个数。学生要写下每种方法的算式并解释算式各部分在图中的含义。例如,他们可能看到顶部和底部各有 10 个正方形,两侧各有 8 个正方形。就可以写成:10＋10＋8＋8＝36 或(2×10)＋(2×8)＝36

图 13.12 你有多少种不同的方法来计算 8×8 的泳池边界瓷砖的块数?

下面每个算式同样可以对应图中瓷砖的不同分组方式:

4×9

4×8＋4

4×10－4

100－64

(还可能会有其他算式,因为学生可能会用加法代替这里的乘法。)让学生比较不同的算式,并讨论它们在描述泛化规律时是否都是正确(即等价)的。

这个活动中包含了算式即数值表达式——这是一个很好的开始,为学生在两个重要领域的学习积累了前期经验:(1)等号(＝)和不等号($<$,$\leqslant$,$>$,$\geqslant$);(2)变量。这将在接下来的两节中讨论。

等号和不等号

等号是初等算术、代数和所有数学中最重要的符号之一。而从 1975 年到现在的研究表明,"＝"是一个人们知之甚少的符号(Kieran,2007;RAND Mathematics Study Panel,2003),并且在教科书里很少以一种鼓励学生理解等价关系的方式呈现——而这种理解方式对于代数学习至关重要(McNeil et al.,2006)。《美国共同核心课程标准——数学》(CCSS-M)明确指出,培养学生对等号的理解可以从 1 年级开始。

为什么说让学生正确理解等号和不等号如此重要?学生要理解数字系统的关系并能用符号来解释表达生活中的数量关系。当学生不能理解等号时,他们在处理代数表达式上就会存在困难(Knuth,Stephens,McNeil,& Alibali,2006)。思考方程 $5x＋24＝54$,它要求学生把等号两边看成等价的表达式。仅仅对左边进行处理是不可行的。如果学生理解了等号两边是等价的,就能看到 $5x$ 必须比 54 小 24,即 $5x＝30$。因此,x 一定等于 6。

关系性思维。学生认识等号有三种不同的层面，且这三种层面是渐进发展的（Stephens et al.，2013）。首先，他们对等号有一种"运算"观，即等号表示算出结果；然后，学生发展了一种"关系-计算"观，在这个阶段，学生明白等号代表两个计算结果之间的关系，但确定两边是否相等的方法便是计算；最后，学生对等号形成一种"关系-结构"观（也就是我们所谓的关系性思维）。在这一阶段，学生确定两边是否相等的依据是等号两边数的关系，而不是计算。

请看对于 $7+n=6+9$ 这一问题，解释 $n=8$ 的两种截然不同的方式：

○ 由于 $6+9=15$，我要算出 7 加多少等于 15。这个数是 8，所以 n 等于 8。

○ 7 比另一边的 6 大 1。这意味着 n 应该比 9 小 1，所以它一定是 8。

方法 1 先计算等号一侧的结果。再据此结果来调整另一侧而使等式成立，此为"关系-计算"法；方法 2 利用等号两边表达式之间的关系，不需要计算每一边的值，此为"关系-结构"法。当数较大时，"关系-结构"法更有效实用。

反思角 下面等式中，方框里应该填几？

$$8+4=\square+5$$

你认为低年级小学生和初中生通常会怎么解决这道题？

在一项经典的研究中，不超过 10% 的 1～6 年级学生填了正确答案 7。而最常见的答案是 12 和 17。（思考：学生们是怎么会得到这些答案的，他们是怎么想的？）而到了 6 年级，145 个学生中居然没有一人填 7（Falkner，Levi，& Carpenter，1999）。这些年来尽管在对等号理解方面做了很多努力，然而最近对 100 多名 3 年级学生的研究表明，这方面的问题依然存在（参见图 13.13 中两道题目的前测结果）。

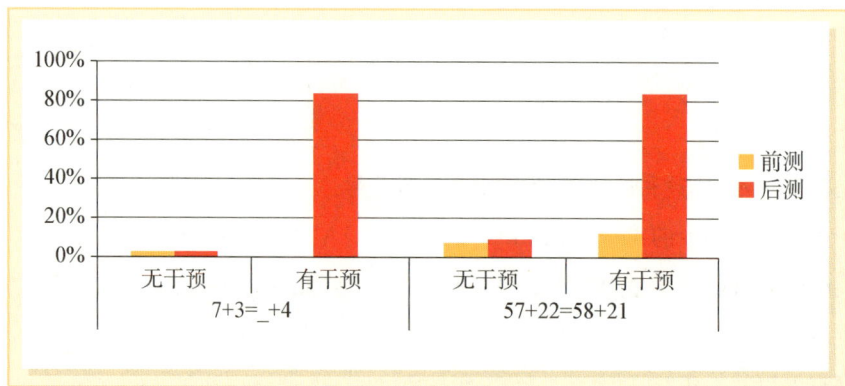

图 13.13　3 年级学生对等号意义理解的代数思维干预

这种错误认识究竟来自哪里？学生在小学里遇到的大多是如下的算式：$5+7=$ ＿＿＿＿ 或 $8\times45=$ ＿＿＿＿。很自然地学生会认为"="表示"答案是"，而不是表示等价的符号（Carpenter et al.，2003；Kieren，1981，McNeil & Alibali，2005）。除了缺乏对等号的"运算"观，造成这样的错误还有很多其他原因：过度关注答案而不关注一般化的规律、不注意数和运算的性质，以及缺乏对变量符号的理解(Carraher & Schliemann，2007)。

如图 13.13 所示，通过对这些问题的教学干预，确实会提高学生对等号的关系性理解，即他们认识到等号两边必须相等。在教计算时，稍微改变一下教学方法就能起到这样的作用。例如，与其总是要求学生计算结果(如 $45+61$ 或 $4×26$)，不如让他们找出等价的表达式(Blanton，2008)。对于 $45+61$，学生可能会写 $45+61=40+66$。而对于乘法问题，学生可以写出 $4×26=4×25+4$ 或 $4×26=2×(2×26)$。活动 13.11 介绍了一种处理等价表达式的方法，这个方法也有助于学生掌握"凑 10 法"学习基本数学事实(基于 Fosnot & Jacob，2010)。

活动 13.11

十加几

将 $10+1$ 到 $10+8$ 这些算式，如下所示裁成卡片。

两人一组，每组发一副扑克牌(去掉大小王、A 和 J、Q、K)。每人抽一张牌，写成一个加法算式，例如，$8+5$。判断和游戏板上哪个算式等价，并记录一个等式：$8+5=10+3$。如果和小于或等于 10，就抽第三张牌。再思考与哪张牌组成的加法算式与原式等价。注意，学生不需要做出加法结果，他们只要找到等价的表达式。重点是通过这些讨论让学生注意到泛化、运算性质以及等号的意义。

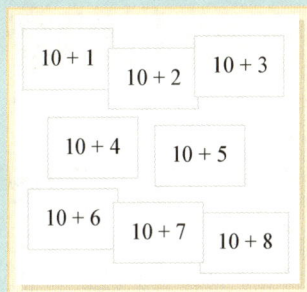

另一种加强对符号理解的方法是鼓励学生用符号写下他们的心算策略。例如，一个学生可能会说，他算 $0.25×n$，是算这个数的一半里的一半。用符号可以写成：$0.25×26=\frac{1}{2}×\left(\frac{1}{2}×26\right)$。这个过程能加深学生对等号、数以及数的不同形式之间关系的理解，例如，$\frac{1}{2}×\frac{1}{2}=\frac{1}{4}$，所以 $0.5×0.5=0.25$。此外，可以让学生填补缺失加数或乘数的等式，或结果／答案在等号左边的式子，例如，$50=5×10$。

也许是由于不等式在课程或现实生活中不太常用，所以人们对不等式的理解和关注都更低。《美国共同核心课程标准——数学》(CCSS-M)第一次提到不等式是在 6 年级。其实理解和使用不等式是很重要的，也可以在低年级时通过比较数量就引入不等式的概念：两个数量是相等的还是一个比另一个大？

数线是理解不等式很有用的工具。例如，可以让学生在数线上展示 $x<5$：

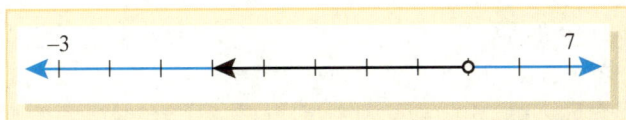

下面这个例子借助现实生活中与钱相关的情境来帮助学生理解不等式：

> 你有 100 美元，想为 5 个朋友买价格相同的礼品卡，此外你还要花 10 美元为这些礼品卡配卡片夹。请用符号描述这个情境。

反思角　你会怎么写这个不等式？学生又会怎么写？预计他们会遇到哪些困难？重要的是，你会提出什么问题来帮助学生理解不等号的意义？

学生可能会用以下任何一种方式记录（用 a 表示一张贺卡的价格）：

$$5a + 10 \leqslant 100 \qquad 10 + 5a \leqslant 100 \qquad 100 \geqslant 10 + 5a \qquad 100 \geqslant 5a + 10$$

他们也可能用的是不含相等情况的不等号："$<$"和"$>$"。与学生讨论"小于"或"小于等于"是什么意思。请学生讨论本题中哪些符号更有意义，再把结果画图表示，看看图是否有意义。

用小于号还是大于号是学生常感困惑的地方。让学生用语言说出不等式的含义。例如，第一个不等式可以直译为"5 张贺卡的价钱和 10 美元卡片夹加起来必须小于或等于 100 美元"；最后一个不等式可译为"我有 100 美元，这必须大于或等于 5 张贺卡和卡片夹的价钱"。提问的时候要考虑可以帮助学生从定量角度分析问题出发，比如，"哪个必须更多，是你拥有的钱多还是你要花的钱多？"

评价角

让学生写一个现实生活中包含不等关系的问题。教师可以增加要求，如"必须是多步的"和"请把结果在数线上表示出来"。通过学生的书写，既给学生提供了在不同表征之间建立联系的机会，也给教师提供了了解学生理解程度的机会。

建立等号是平衡的概念。可以且必须用具体的方法培养学生对等价的理解。接下来的两个活动展示了如何通过肢体活动、实物操作和直观演示加强对等号"平衡"概念的理解。

活动 13.12

跷跷板表演

让学生举起手臂模仿跷跷板的样子。假设你有些大而多汁的橙子，每个都一样重；还有些小苹果，也都一样重。让学生想象你在他们的左手中都放了一个橙子（学生应弯腰使左侧低一些）。然后，把另一个橙子放在右边（学生两臂保持水平）。接着，橙子还在，想象把一个苹果加到右边，再加一个苹果在左边。让他们想象如何将苹果向右移动才能再次达到平衡。学习有困难的学生很难理解表达式相等这一抽象概念，因此，此项活动对他们来说特别重要。

在表演几个跷跷板的例子后,让学生写出跷跷板方程(例如,这里描述的是 $a = a$;$a + b + b > a$;$a + b = a + b$),进一步让学生用语言来描述他们的发现。例如,"如果你有一个平衡的跷跷板,并且在一边加上一些东西,它就会向这边倾斜"或者"如果你从跷跷板的两边取走相同的物体,它仍然是平衡的"。

探索实物后,接着可以探索天平上的数。如图 13.14 所示。

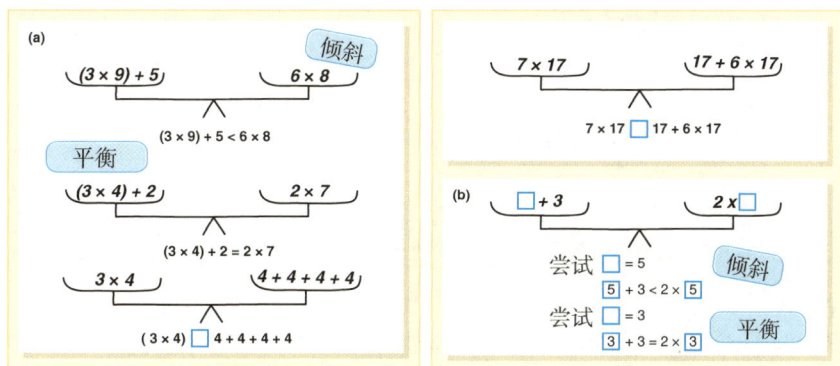

图 13.14 使用方程和不等式中的表达式和变量

活动 13.13

倾斜还是平衡?

给出两个算式让学生判断它们是相等,还是其中一个会大于另一个,如图 13.15(a)。倾斜或平衡方程卡组 A 是有关整数的例子;倾斜或平衡方程卡组 B 是分数的例子。可以把平衡垫投影出来或分发给学生。让学生用卡片来匹配。给出的平衡垫,其中一个平衡,另一个倾斜。要求学生写等号("=")或不等号(">"或"<")表示每种情况,并说出它们的意思。其中一些例子,学生可以通过分析两边的关系判断是否相等,而不用通过计算。动手操作和直观演示可以为学习有困难的学生提供很好的帮助。

还可以使用不完整的算式,如图 13.14(b)。要求学生分别找出一个数,使得:天平一侧向下倾斜;另一侧向下倾斜;两侧平衡。

判断真假。真假语句的判断可以帮助学生建立关系性理解并澄清他们的错误观念(Carpenter et al.,2003)。这些都可以作为数字对话的重点。而且天平(或跷跷板)的具体概念也有助于学生推理。

当等式一侧是一个算式而另一侧只有一个数时,学生通常会认可它是等式,即使对于最初不太熟悉的形式如"7=5+2"可能会引发一些讨论。而对于一个两边都没有运算的等式(8=8),讨论可能会更活跃。在语言上,把"＝"读成"等于"(而不要读"得")能强调等号"相等"的意义。不等式也应以类似的方式来探讨。

活动 13.14

判断真假

用简单的例子介绍真假语句或真假等式,解释其含义。然后展示几个简单的等式,其中有真有假。如下面的例子适用于小学:

$$7 = 5 + 2 \qquad 4 + 1 = 6$$
$$4 + 5 = 8 + 1 \qquad 8 = 10 - 1$$

例子中也可以包含其他运算,但计算要简单。让学生和同伴交流:哪些等式为真以及为什么,哪些为假以及为什么。

对于大一些的学生,可以使用分数、小数和较大的数。如:

$$120 = 60 \times 2 \qquad 1 = \frac{3}{4} + \frac{2}{1} \qquad 318 = 318$$

$$\frac{1}{2} = \frac{1}{4} + \frac{1}{4} \qquad 345 + 71 = 70 + 344$$

$$1210 - 35 = 1310 - 45 \qquad 0.4 \times 15 = 0.2 \times 30$$

根据学生给出的判断理由,教师可以相应地调整后面的等式。让学生先向同伴解释或展示自己的想法,再与整个小组分享。这种安排可以让英语非母语的学生和学习有困难的学生充满安全感地去大胆表达。

求解方程。天平是一个具体可以帮助学生理解等式的工具。如果从一侧添加或减去一个数,必须从另一侧添加或减去一个相同的数,这样才能保持平衡。图 13.15 显示了两个方程的解题过程,一个用了天平示意图,另一个没用。上述观念也适用于不等式,只是保留下来的还是不等关系。换句话说,如果原来一边比另一边大,两边同时减

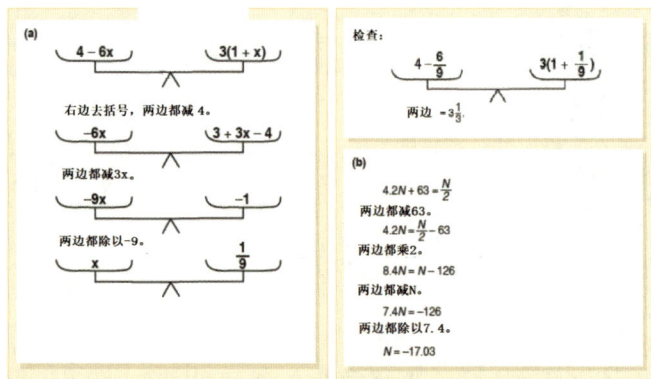

图 13.15 利用天平建立对等式的理解

去 5,仍然是一边比另一边大。即使不再使用天平,也可以用心算推理来强化等价的概念。例如,可以使用推理策略来探索开放等式。研究表明,1 年级的学生就可以从中理解变量了(Blanton et al.,2011)。鼓励学生全面地去分析等式,通过讨论看看这些开放等式里缺少的是什么(以及他们是如何推理得出的)。

活动 13.15

□里填什么?

让学生在下面的等式里填空,并要求他们说出理由。提醒学生不必总是通过计算来找出缺失的数。鼓励学生观察这些等式,看看能否不通过计算就能填空。进一步提示学生思考是否有多种方法找到这个数。以下是适合不同年级的一些样例:

$4+\square=6$　　$4+5=\square-1$　　$\square+5=5+8$　　$3\times7=7\times\square$

$5+27=n+28$　　$12\times n=24\times5$　　$6\times n=3\times8$　　$15\times27=n\times27+5\times27$

$0.5+a=5$　　$4.5+5.5=a+1$　　$a\times4=4.8$　　$2.4\div a=4.8\div6$

用一些很难计算的数,能激励学生用关系性理解来解决:

$126-37=n-40$　　　　$37\times18\div37=n$　　　　$20\times48=n\times24$

$68+58=57+69+n$　　$7.03+0.056=7.01+n$　　$\dfrac{3}{10}+n+\dfrac{1}{10}=\dfrac{2}{5}+\dfrac{1}{5}$

判断真假和不完整等式有助于促进 3 年级学生对等号的理解(Molina & Ambrose,2006)。研究表明,3 年级学生缺少对等号的关系性理解。例如,$8+4=$＿＿＿＿＿＿＿$+5$,全部 13 名学生的答案都是 12。他们发现让学生自己写出不完整等式,能特别有效地帮助他们巩固对等号的理解。

活动 13.16

我写你判断

让学生自己写出真假或不完整的等式,同学来判断或解决(对不等式同样适用)。为了辅助学生思考,可以提供一些有数字的骰子。学生可以通过掷骰子来得到不同的数。

要求学生写出三个等式(或不等式),其中至少有一个为真,一个为假。对于需要额外辅助的学生,尤其是学习有困难的学生,可以提供陈述记录页面。该页面提供了编写等式和不等式的选项。学生之间通过交流发现错误的陈述。教师可以挑选有趣的等式或不等式作为后续全班讨论的侧重点。

让学生写真/假等式时,他们常常会倾向于用大的数或者在式子里用好多的数。这会激励他们写出来的式子更有"关系-结构"思维。

中学生开始有更多的机会接触方程，他们就更容易通过画图来对不同的方程进行对比。学生需要许多持续的机会探索鼓励关系性思维的问题（Stephens et al.，2013）。天平活动、判断真假和开放的等式（或不等式）有助于学生理解如何在等号（或不等号）上"移动"数或变量，使之保持等价。

评价角

在学生解决这些任务时，教师要尽可能一对一地进行访谈（尽管不可能保证和每个人都谈）。听听他们是否使用"关系-结构"思维。如果不是，可以鼓励他们："你能不计算就找到答案吗？"这种提问有助于推动学生走向关系性思维，也会为下一步的教学提供思路。

用字母表示的意义

用字母表示可以用多种方式解释。虽然字母表示在小学阶段的使用是有限的，但研究人员认为，小学生可以理解字母表示，而这种经历为他们到中学将遇到更复杂的数学问题做重要准备（Blanton et al.，2011）。字母可用于表示特定但未知的量（如缺失的数量）或表示变化的量（如函数的输出）。遗憾的是，学生经常会想到前者而不是后者。小学和初中要着重积累这两方面的经验，这也是接下来两节内容的重点。

字母表示特定的未知数。"补全等式"（活动 13.15）是字母作为方程中未知数的例子。许多包含情境的实际问题中的字母也是特定的未知数，如下面这个简单的例子：

> 一个碗里有 25 个草莓，加里和杰里米把它们都吃完了！加里吃了 9 个草莓，杰里米吃了多少个？

虽然学生可以不用代数解决这个问题，但可以由此开启字母符号的学习。让学生用符号表示：$9+s=25$，$25-9=s$ 或 $25-s=9$。随着时间的推移，问题的难度会加大。直观的示意图可以帮助学生推理故事的意义，并帮助他们写出相关的等式（Gavin & Sheffield，2015）。对于这个问题，学生可能会创造出下面的两幅示意图：

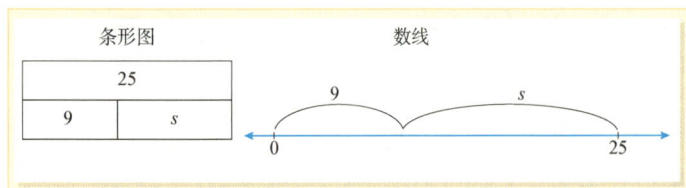

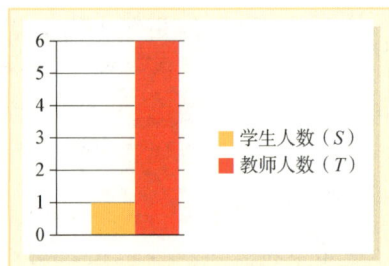

对学生来说,把故事转换成含有字母的等式是非常具有挑战性的,特别是当文字顺序与符号顺序不一致时。例如,学生人数(S)是老师(T)的 6 倍,学生可能会按照故事顺序错写成 $6S = T$(Clement,1982)。可以通过示意图帮助学生思考,本题的条形图如上页右所示。

另一个有用的策略是让学生在解题前比较数量(不用具体的数)的大小。对于这个问题,可以先思考是学生多还是老师多。

在图 13.16 中展示了一系列天平上的问题,每种不同形状代表不同的值。当不涉及数时,如前两个例子所示,学生可以找到使天平平衡的形状间的数量关系。如果为其中一种形状给定任意值,则可以相应地找到其他形状的值。针对不同年级学生,可以对问题的难度进行调整。后三个在台秤上的问题,每种形状的值都未知,但可以通过推理来确定。

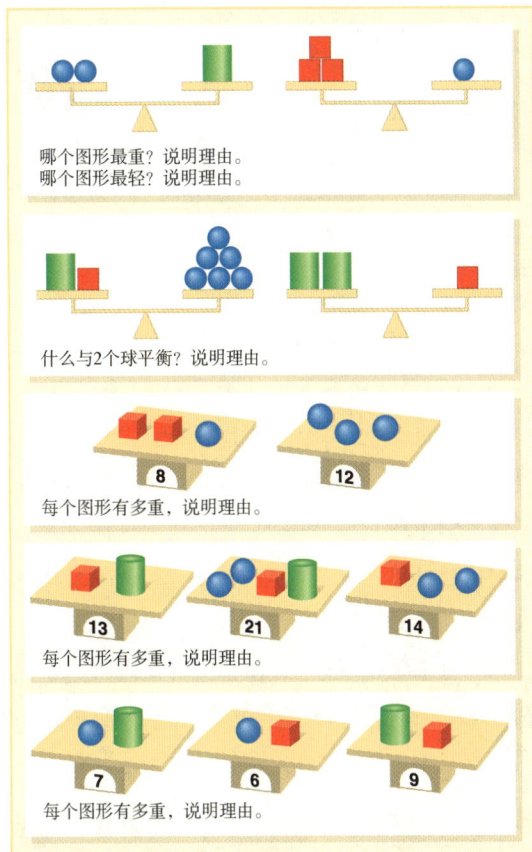

图 13.16 不同天平上的多变量问题示例

球的重量

学生将根据以下三个等式计算出三个球的重量:

1. 棒球 + 橄榄球 = 1.25磅

2. 棒球 + 足球 = 1.35磅

3. 足球 + 橄榄球 = 1.9磅

让学生看每一个等式,并观察它们之间的关系。例如,他们可能会注意到足球比橄榄球重 0.1 磅,要求同样用等式写下他们所有的发现。依此类推,直到找到每个球的重量。

一种可能的方法:将等式 1 和 2 相加:

然后拿掉足球和橄榄球，减掉 1.9 磅（基于等式 3 中的信息），得到两个棒球重 0.7 磅。除以 2，一个棒球是 0.35 磅。

正如在活动 13.17 中所看到的，学生可以探究含三个变量的方程。变量或缺失的值可以通过推理（而不是用解方程组的正式策略）来确定。

传统上，解方程组是一系列不太关注意义的步骤（如作图法、代入消元法和加减消元法）。精通数学的学生应该能够使用多种方法，当然也包括这三种，但他们也可以使用推理策略。与其每天带着学生死记硬背一种方法，或通过测试来判断学生是否掌握每种方法，不如把精力放在鼓励学生根据具体情况使用适当的工具、选择合适的方法。就作图法而言，学生需要理解这个交点在给定的问题情境中意味着什么。

所有策略中，学生必须尝试的是观察。学生常常不停下来观察一下两个方程中的数值特点，就直接用代数方法解方程组。请看下面这些方程组，看看哪些可以通过观察或口算（不使用前面列出的三种方法之一）就能解出 x 或 y。

$x+y=25$，$x+2y=25$ $3x+y=20$，$x+2y=10$

$8x+6y=82$，$4x+3y=41$ $\frac{y}{3}=5$，$y+5x=60$

表达式化简。 表达式化简对学生来说通常比较困难，因为他们更习惯于解方程和寻找答案（通常是一个数）。了解如何化简和识别等价表达式，是基于运算性质的代数的基本技能。学生常常对"化简"的含义感到困惑。活动 13.10（铺瓷砖——第 1 部分）可以扩展到变量，如活动 13.18 所述。

活动 13.18

铺瓷砖的表达式——第 2 部分

玛丽安娜的泳池露台扩建了——她正在建造不同边长的正方形泳池。让学生准备含有变量的表达式，用一种有效的方法来描述任意边长的正方形游泳池所需要的露台瓷砖块数。

如果正方形的边长为 p，则瓷砖的块数可以用类似的方法求出：

10+ 10+ 8+ 8   (2×10) + (2×8)   4×9   100- 64

(p+ 2) + (p+ 2) + p+ p   2×(p+ 2) + (2×p)

4×(p+ 1)   (p+ 2)² − p²

最后，再提出挑战性的问题，要求学生对任意的矩形游泳池写一个变量表达式。比较每一个表达式，并让学生解释为什么任意两个表达式是等价的。

326 | 美国中小学数学教师实践手册（第 10 版）

请学生在图形计算器的表格函数中输入这些表达式,并作图,看看它们是否等价(Brown & Mehilos,2010)。观察这些不同的表达式,并注意它们之间的联系,看哪个表达式是最简单的。

帮助学生理解保持等价的重要性的一个有效方法是通过一些实例来验证它们是否正确。如果有错误,该如何修正错误(Hawes,2007;Renkl,2014;Star & Verschaffel,2016)。图 13.17 展示了化简 $(2x+1)-(x+6)$ 时错误的例子,三个学生分别是如何修正的。教师也可以创建一些表达式化简的例子,或者使用学生的实例。活动 13.19 为学生提供了一种有趣的方式来探索运算性质和等价表达式。

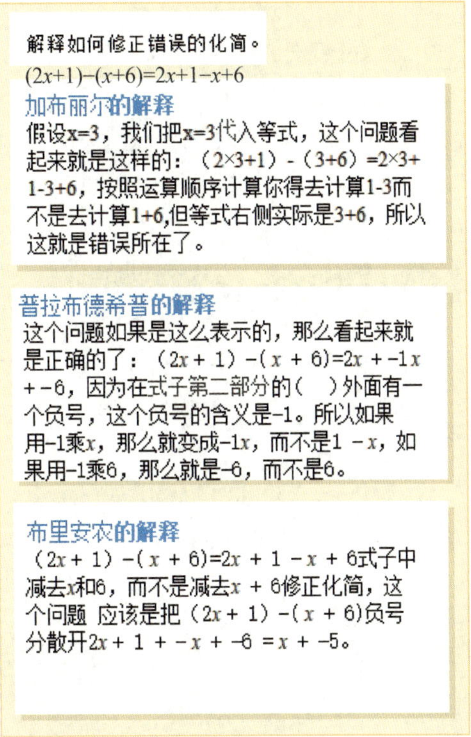

解释如何修正错误的化简。

$(2x+1)-(x+6)=2x+1-x+6$

加布丽尔的解释

假设x=3,我们把x=3代入等式,这个问题看起来就是这样的: $(2×3+1)-(3+6)=2×3+1-3+6$,按照运算顺序计算你得去计算1-3而不是去计算1+6,但等式右侧实际是3+6,所以这就是错误所在了。

普拉布德希普的解释

这个问题如果是这么表示的,那么看起来就是正确的了: $(2x+1)-(x+6)=2x+-1x+-6$,因为在式子第二部分的( )外面有一个负号,这个负号的含义是-1。所以如果用-1乘x,那么变成-1x,而不是1-x,如果用-1乘6,那么就是-6,而不是6。

布里安农的解释

$(2x+1)-(x+6)=2x+1-x+6$ 式子中减去x和6,而不是减去+6修正化简,这个问题 应该是把 $(2x+1)-(x+6)$ 负号分散开 $2x+1+-x+-6=x+-5$。

图 13.17　三位学生为修正错误的化简提供了不同的解释

资料来源:Figure 3 from Hawes,K.（2007）."Using Error Analysis to Teach Equation Solving." Mathematics Teaching in the Middle School,12（5）,p. 241. Reprinted with permission. Copyright © 2007 by the National Council of Teachers of Mathematics. All rights reserved.

活动 13.19

解决谜题

本活动的目的是解释"为什么会这样?"首先,让学生做以下运算:

任意写一个数。
加上这个数的后面一个数。
加 9。
除以 2。
减去一开始的数。

现在,你可以"猜出他们的心思"。每个人最后都得到 5! 问学生:"为什么会这样?"然后让他们用表达式来探索。[从 n 开始,与它的后面一个数相加: $n+(n+1)$,等于 $2n+1$。 加 9 之后,等于 $2n+10$。 除以 2,得到 $n+5$。 减去一开始的数 n,结果是 5。]

对于数学学习有困难或变量运用有困难的学生，建议他们用一个物体(如小立方体)代替具体的数，并按题中的步骤进行操作，如图 13.18 所示。接下来，使用解谜活动页面探索新的谜题。在这个问题中，结果是一个两位数，十位数字和个位数字恰好对应了第一个选择的数和第二个选择的数。请学生解释为什么会这样。

任意写一个 1～9 的数。

乘 5 加 3。

乘 2 再加另一个一位数。

减 6，然后……

最后的得数是多少？这个得数与你选择的两个数有什么关系？

图 13.18　小立方体说明"解决谜题"的步骤

字母表示变化的量。 在小学低年级阶段，学生就会体验变量和两个变量的共同变化。例如，当描述任意数量的狗有多少条腿时，学生可能会写 $L = 4 \times D$，意思是腿的数量是狗的四倍。重要的是，必须强调变量代表的是事物的数量，因为学生可能会将变量混淆为事物的标记(Blanton et al.，2011)。再来看一下前文提到的故事，但是去掉结果：

加里吃了 9 个草莓，杰里米也吃了一些。该如何描述他们一共吃了多少个草莓？

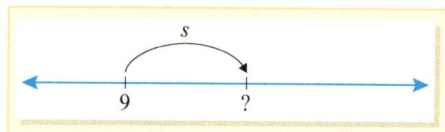

因为已经给出总数，目标变成了写一个表达式，在本例中是 $9 + s$。也可以用数线表示：

数线是发展变量概念的一个重要模型。如图 13.19 所示，找出变量与数的关系以及与变量之间的关系有助于学生对变量的理解(Carraher, Schliemann, & Schwartz, 2008；Darley, 2009)。

借助数线，教师可以问这样的问题："x 的值是多少？可以是任何数吗？如果我们不知道 x

是多少,怎么把 $\frac{1}{3}x$ 放到数线上?""想一个 x 不可能取到的值。"注意,在这两个例子中,x 可以是任意正数。但是,如果将 $x+2$ 放在数线上靠近 x 的某个地方,则它们之间的间距为 2,你可以使用此距离作为标准来近似估计 x 的大小。学生使用整数的数线是一个很好的连接代数的桥梁。教师可以在教室里贴一条代数数线,通过替换上面的数值来提供很多机会进而思考变量的相对值。

　　情境对于写变量方程非常重要。比较下面的两个问题(Blanton,2008):

　　1. 安妮有 10 美元。诺亚比安妮多 3 美元。诺亚有多少钱?

　　2. 安妮有一些钱。诺亚比安妮多 3 美元。诺亚有多少钱?

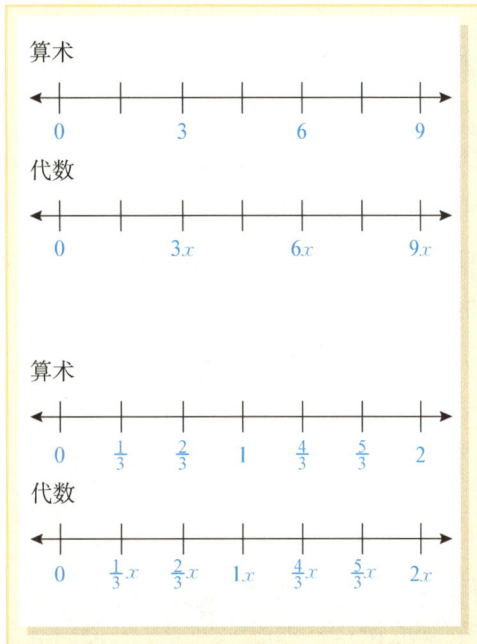

图 13.19　使用数线建立变量的意义

　　小学生可能在表格中列出各种可能的钱的数量,并最终将答案表示为 $Annie + 3 = Noah$,或者更简单地,$A + 3 = N$。

　　下面的情境适合中学生探究变量:

> 　　假设你有 10 美元,可以去买 2 美元的燕麦卷和 1 美元的水果卷,要求花掉所有的钱且不找零,有多少种购买方法?

　　探索这个问题,学生首先会在表格中记录数据,并寻找规律。他们注意到,当燕麦卷的数量变化 1 时,水果卷的数量变化 2。用符号表示为 $2g + f = 10$,其中 g 是燕麦卷的数量,f 是水果卷的数量。

　　在探索变量时,包含小数和分数也很重要。

> 　　你在学校商店买了一些铅笔和橡皮擦正好花了 35 美元。已知铅笔 1.75 美元/盒,橡皮擦 1.25 美元/盒。什么方程可以表示这种情况?有多少种购买组合方法?

　　一旦有了方程(在本例中是 $1.75x + 1.25y = 35.00$),可以请学生将方程中的数和变量带回到情境中理解。要给学生充分的时间去探索,鼓励他们使用表格或其他策略。前面提到过,通过在表上添加额外的行或格有助于学生更好地组织和理解数据。例如,图 13.20 中调整后的表格能帮助学生掌握数量(如铅笔支数)与总价(铅笔价格)的动态变化。

六. 数学建模

"模型"这一术语有多种含义。它包括操作模型、演示模型和概念模型等（COMAP & SIAM，2016；Felton-Koestler，2016/2017）。本书中有许多关于这些模型和建模的例子。数学模型还可以用来描述真实世界的现象。考虑以下抽水问题（基于 Herbel-Eisenmann & Phillips，2005）：

> 秋天，游泳池需要清空了，可以创建一个模型来描述游泳池的清空情况：$W = -350(T - 4)$（T 是时间，以小时为单位，W 是水量，以加仑为单位）。

每盒$1.75		每盒$1.25	总金额$35.00
	$35.00		$0
20		0	
	$0		$35
0		28	

图 13.20　调整后的表，每行包含数量和总价

资料来源：Hyde, A., George, K., Mynard, S., Hull, C., Watson, S., and Watson, P. (2006). "Creating Multiple Representations in Algebra: All Chocolate No Change," *Mathematics Teaching in the Middle School*, 11(6), 262 - 268. Reprinted with permission. Copyright © 2006 by the National Council of Teachers of Mathematics. All rights reserved.

为了让学生理解并使用这个模型，教师可以问这样一些问题，例如：在排水之前，游泳池里有多少水？每小时排出多少加仑的水？把游泳池里的水排空需要多长时间？虽然这些问题有助于学生理解模型（方程），但这并不是一个让学生参与数学建模很好的例子。数学建模要更精确，它是"用数学来表示、分析、预测或以其他方式来洞察现实世界现象的过程"（COMAP & SIAM，2016，p. 8）。这个建模的过程能够回答真实的看似杂乱无序的现实问题，这也是所有学生从小学开始就需要学习解决家庭、工作和学校问题的过程（COMAP & SIAM，2016；Usiskin，2015）。《数学建模教育评估与教学指南》（GAIMME）报告（2016）对教师如何将数学建模融入 K-8 教学提供了很好的指导。

让我们来比较一下让学生做乘法（以及其他数学）时的可能问题：

1. 判断 $14 \times 25 = 7 \times 50$ 是对还是错？证明你的答案。

2. 埃洛伊丝想在暑假里读 25 本书，一共 9 周。她每周需要读多少书？

3. 希尼想要手工制作带蝴蝶结的便签卡，然后包装起来在秋季工艺展上出售。她需要做多少张便签卡才能赚到她想要的钱？

反思角　这些任务中哪些是高质量的任务？哪些是使用模型的例子？哪些是数学建模的例子？

所有这些任务都具有高质量和使用模型的潜力。例如第一个问题，可能会让学生画矩形说明为什么第一个因数的一半乘第二个因数的 2 倍会得到相同的积。第二项任务可以是一个简单的除法问题，但如果认真考虑现实情境的话，也可以就书的篇幅、每周的阅读量等展开讨论。只有最后一项任务才能使学生参与数学建模。如果在看这个问题的时候能够想到这里缺少足够的信息来解决这个问题，那么这就是一个数学建模问题。需要提出和回答的问题包括：

1. 卡片的设计和制作（卡片会有多大？什么类型的纸？每张卡片上用多少丝带？可能还需要哪些其他用品？）；

2. 卡片的包装（她会把一组卡片系在一起还是放在盒子里？一组有多少张卡片？）；

3. 成本（每盒的成本是多少？花多少钱制作盒子是合适的？）；

4. 目标（她想做多少个或她希望赚多少钱？）。

光想一下就知道这个任务是多么杂乱无序。想成功地制作卡片，要用到多少乘法和其他数学知识。如图 13.21 所示的数学建模过程可以找到解决方案。同样，解决这个任务的过程也可能是杂乱无序的。因为在实践中它不一定是线性的，可能会在不同的阶段之间来回跳跃。学生必须做出真实的选择（例如，卡片的大小、缎带的长度），在考虑选项和做出决定时，他们还会从合作交流中受益。教师帮助他们学习这个过程，帮助找到他们所寻找的信息，同时又通过评价来对他们实施过程中的技能（而不仅仅是他们的成果）给予反馈辅助（Cannon & Sanders，2017；COMAP & SIAM，2016）。

数学建模
找出问题
找到一些我们在现实世界中想知道、想做或想理解的事情，从而形成一个现实世界中的问题。
做出假设并确定变量
选择在现实问题中显得重要的"对象"，并确定它们之间的关系；再决定要保留（或忽略）哪些对象，哪些关系；从而得到原始问题的理想化版本。
数学化
将理想化的问题转化为数学术语，得到理想化问题的数学表达式。这个公式就是模型。通过做数学运算，看看得到什么样的认识和结果。
分析和评估解决方案
需要考量的几点：是否解决了问题？返回现实情境时是否有意义？结果是否可行、答案是否合理、后果是否可接受？
重复上述过程
根据需要重复上述流程以此来改进和扩展模型。

图 13.21　数学建模过程

资料来源：COMAP and SIAM. 2016. Guidelines for Assessment and Instruction in Mathemstical Modeling Education (GAIMME).

数学模型适用于研究现实世界的真实挑战。请学生思考一个他们想要探索的现实世界的问题。这类任务的例子越来越多。如：

- 哪笔交易折扣最大？（来源于报纸的真实信息，或提供诸如买一送一、打七折、买二送一的选项）
- 十年后我们学校将有多少学生？（Usiskin，2015）
- 盆浴和淋浴哪个更节水？（Anhalt，2014）

七. 代数思维贯穿整个课程

笔者用"代数思维"一词而不是"代数"的一个原因，是寻找规律、规则和一般化的结论已超越了通常被归为代数的课程主题。数和代数之间的紧密联系（例如，运算性质和一般化）已经在本章有所体现。此外，数学建模涉及使用所有的数学而不仅仅是代数。下面我们简要地分享一些能帮助学生明白这些联系的方法。

几何、测量和代数

测量公式是函数。每个公式至少包含一个函数关系。例如，圆的周长是 $c = 2\pi r$，我们可以说周长与半径有关。非线性公式如锥体的体积 $\left(V = \dfrac{1}{3}\pi r^2 h\right)$ 也是函数。这里体积是圆锥高度和半径的函数。如果半径保持不变，体积就是高度的函数；同样，如果高度不变，体积就是半径的函数。

下面的活动探索了盒子的容积是如何随着小正方形的大小变化而变化的。

活动 13.20

设计最大的盒子

给每个学生或一组学生一张卡片，让他们从四个角上剪下大小相同的正方形。可以指定不同的正方形边长(如 2 厘米，2.5 厘米，3 厘米等)。再让学生把卡片按虚线折叠，粘成一个无盖的盒子。计算盒子的容积。然后让学生交换盒子，并找出其他盒子的容积。盒子的容积将随正方形大小的变化而变化(如图 13.22)。要求学生将数据记录在表格中。

学生记录了几组数据后，可以要求他们写出一个公式。给出盒子的容积与剪下正方形边长的函数关系。利用这个函数来确定正方形的边长为多大时，能使盒子的容积最大。

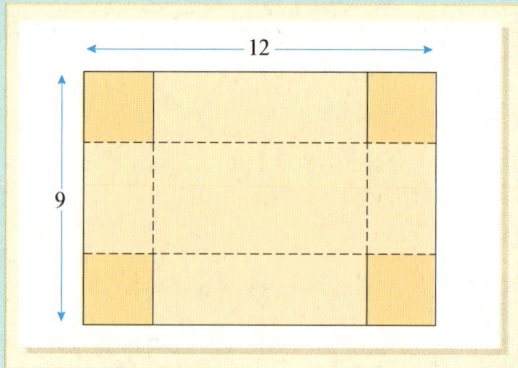

图 13.22　从卡纸上剪下四个正方形。剪下多大的正方形，能使盒子的容积最大？

或者，用不同边长的正方形折盒子，看看正方形边长和盒子的容积之间有什么关系。

数据与代数

数据可以从体育记录、人口普查报告、报纸的商业版和许多其他来源获得。还可以让学生通过测量或调查来收集数据。互联网上也有很多可以找到数据的网站。

实验。 有许多实验可以探究两个变量之间是否存在函数关系。收集真实的数据就是一种很好的实验方法。它可以让不同程度的学习者都参与到活动中来,并学习如何用数学来描述生活现象。

收集数据后,应该用表格或图象来表示数据。其目的是确定变量之间是否存在关系,关系是线性的还是非线性的。看下面这些有趣的实验:

○ 用干的意大利面条来搭建"桥"的数量与它所能承受的重量(以五分币为单位)之间有什么关系?(Kroon,2016)

○ 100 名学生站成一排,要花多长时间才能完成一个类似于足球比赛中的"人浪"动作?用 5 到 25 名不同数量的学生做实验。这种关系能预测给定时间内完成一个"人浪"动作需要多少学生吗?

○ 火柴盒玩具车从坡道上滚下的距离与坡道高度之间有什么关系?

○ 纸飞机的飞行时间是如何受到飞机机头上回形针数量影响的?

○ 多米诺骨牌的数量与倒下所需的时间之间有什么关系?(使用整百张多米诺骨牌)

○ 用不同数量的报纸和固定数量的橡皮筋做成纸团,把纸团揉成一个球。纸张数量和球可以投掷的距离之间的关系是什么?

○ 滴在纸巾上的斑点数量与斑点直径有什么关系?对不同品牌的纸巾而言,关系会不同吗?(McCoy,1997)

类似这样的实验都很有趣,而且对很多学习者来说都很容易理解。它们还为学生提供了一个设计实验的机会——数学和科学的完美结合。

散点图。 通常在现实世界中,观察到的现象似乎都暗示着某种函数关系,但它们不一定像我们前面所举的例子那样清晰明了。在这种情况下,通常需要把数据绘制在图上,而这个图就是散点图。

通过对散点图的观察,可以发现是否存在着某种关系。例如,如果存在线性关系,学生可以大致画出一条最佳拟合直线,或者利用作图技术进行线性回归,找到最佳拟合直线及其方程。

代数思维

我们是以代数思维是如何渗透到整个数学课程的方方面面开始本章的,现在也同样以这个理念来结束本章的讨论。如果把代数作为死记硬背的固定模式来教给学生,他们就会错过寻找规律、识别联系和应用自己的数学思想的机会。如果不重视代数思维,或者不把代数与有意义的情境联系起来,学生就会遇到各种困难,也会因此产生各种错误认识(例如,Carpenter et al.,2003;Collins & Dacey,2011;Kieren,1981;Sakow & Karaman,2015)。本章讨论了许多问题;表 13.3 列出了学前~8 年级学生关于代数思维最常见的一些误解。强调理解、强调代数思维,并结合有意义的情境是最好的教学方法。

表 13.3　与代数思维有关的常见挑战与错误认识以及教学策略

常见挑战与错误	具体表现	教学策略
1. 认为等号的意思是"答案是……"	对于等式 8＋4＝□＋5，学生把 12 或 17 填入方框中。像 8＝5＋3 和 6＝6 这样的等式没有意义，它"不符合"学生对等号的解释。	◆ 重新审视/发展平衡的概念（双盘天平、真/假等式、不完整等式等）。 ◆ 把等号读成"等于"或"和……同样多"。例如，把 4＋5＝9 读成"4 加 5 和 9 同样多"。 ◆ 让学生重新表达"得到"（例如，5＋12 得到 17，重新表述为"5＋12 等于 17"）。 ◆ 当学生用不同方法解决问题时，记录他们的等价表达（如 8＋7＝8＋2＋5）。
2. 如果一个等式不是以 $a＋b＝c$ 的形式写的，就认为它写得"不恰当"	学生对有些等式形式不理解，例如： $17 = 17$（陈述形式） $5＋7 =? ×2$（等式两边都有运算） $62 =? － 24$（运算在等式的右边）。	◆ 始终使用多种等式形式。 ◆ 写等式时（例如，表示实际问题的等式），要用不同方法（例如，乘法和除法）。
3. 认为字母是一个物品的标记而不是物品的数量	给出了一个关于罐装果汁的问题，$6c$ 表示罐装果汁数量的 6 倍时，学生可能会错误地将 $6c$ 理解为 6 罐果汁。（注：在测量中，字母可以是一个标记即测量单位。如 6 m 意为 6 米。）	◆ 定义字母。 ◆ 强调它的意思是数量。 ◆ 使用不同的字母，使它们不总是与背景匹配。 ◆ 要求学生选择并定义字母。 ◆ 让学生写出完整的标记，而不是使用缩写。 ◆ 在等式中交替使用方框、空格和字母，强调它们都表示缺失的数。
4. 检验几个例子，便决定是否总是成立	学生根据 $5＋7 = 12$，$15＋17 = 32$，便得出结论：奇数加奇数总是偶数。	◆ 区分验证和证明（参见活动 13.4）。 ◆ 鼓励使用直观图形和实物操作来证明对任何数都是正确的。
5. 混淆字母 x 为乘号×，或相反	对于 $4x＋5$，学生不知道是乘，还是加。	◆ 使用其他字母，比如 n。 ◆ 要明确告诉学生为避免混淆，一旦使用字母，乘号就变成了一个点或括号。
6. 化简含有字母的表达式，忽略字母或括号的使用	发生如下错误： $5x＋9 = 14$（或 $5x＋9 = 14x$） $a＋b = ab$ 矩形长 = 7，宽 = $4＋x$，则面积 = $28＋x$。	◆ 使用具体的表征，比如用一个装了些棋子的袋子表示 x（$5x$ 就用 5 个袋子表示）。 ◆ 让学生说出表达式的意思。 ◆ 呈现这些错例，讨论为什么它们是不正确的。
7. 在解决应用问题时，将文字与方程机械地匹配	对于像"玛丽亚的年龄是阿隆索的两倍"这样的表述，记录成方程：$2M = A$。	◆ 从问谁年龄大开始。 ◆ 让学生用数代入，看看方程是否符合情况（或做一个表格）。 ◆ 提供经常使用的经验，例如预热活动，从简单的表述开始，再逐渐复杂。
8. 解释不等式及其解的意义	学生不知道哪些符号与诸如"小于""不大于"或"至少是"这样的词语匹配。学生们不明白如何解释 $a \leqslant 5$。	◆ 使用情境和数线（例如，艾莉森有 5 美元，说明她可能在商店花多少钱）。 ◆ 让学生创造与不等式相关的情境。 ◆ 在不等式教学上花更多的时间。

常见挑战与错误	具体表现	教学策略
9. 确定线性情况下的方程,特别是当形式为 $y = mx + b$ 时	参见积木块的规律和点阵中的规律。学生可以看到接下来是什么(递推规律),但不能确定规则(对应关系)。	◆ 使用图和表格来看看什么保持不变,什么发生了变化。 ◆ 考虑表格中增加额外列(如本章前文所述)。 ◆ 问学生每一步中,什么保持不变,变了什么。 ◆ 在表格中找到初始情况,讨论其含义以及如何帮助找到明确的规则(对应关系)。

第十四章　分数概念

学习目标

在阅读本章内容之后,你应该能够完成如下学习目标:

14.1　描述并举例说明分数的意义和分数模型;

14.2　解释包括均分和累加在内的一些基本概念;

14.3　运用不同的分数模型说明等值分数的概念;

14.4　掌握比较分数的策略以及从概念层面教学这一内容的方法。

如果学生想学好代数及后续数学内容,他们就必须充分理解分数这一重要概念。分数事实上也一直是美国及各国学生数学学习的一个难点(OECD,2014)。美国教育进展评估项目(NAEP)的多年研究结果都表明:美国学生对分数概念的理解不够透彻(Sowder & Wearne,2006;Wearne & Kouba,2000)。而这一不足导致学生在分数运算、小数和百分数的概念理解以及代数学习的过程中都会遇到困难(Bailey,Hoard,Nugent,& Geary,2012;Booth & Newton,2012;Brown & Quinn,2007;National Mathematics Advisory Panel,2008;Siegler,Fazio,Bailey,& Zhou,2013)。因此,强调分数的重要性,提高分数教学的趣味性,着力帮助学生理解分数的意义对于教师来说就尤为重要了。

大观念

○ 教师能够并且应该从不同的角度解释分数(例如,表示部分与整体的比、表示两个整数相除),呈现分数的不同模型:面积模型(例如,花园面积的$\frac{1}{3}$)、长度模型(例如,1 英寸的$\frac{3}{4}$)、集合模型(例如,全部玻璃球数量的$\frac{1}{2}$)。

○ 分数是对一个整体均分的结果。因此,教师可以在整数均分的基础上继续通过平均分的活动(例如,4 个人分 2 个三明治)来引入分数单位及其个数。

○ 均分和累加是学生理解分数意义的两种方式。均分是指把一个整体分成多个相等的部分(例如,将一个整体平均分成四份)。累加是指复制一份,再数出来(例如,1 个四分之一、2 个四分之一,等等)。

○ 等值分数是指用不同的分子、分母表示大小相同的一类分数。

○ 可以借助分数的相对大小推理比较分数大小。估算和推理在帮助学生理解分数的过程中非常重要。

一. 分数的意义

学生对分数的理解本质上是一个发展的过程。教师应该从 1 年级就开始帮助学生积累有关分数的经验。根据核心课程标准的规定,1 年级、2 年级的学生会学习均分图形,并将这些与分数相关的部分称为"平均分后的一份或几份"。到 3 年级时,分数的学习已经成为重中之重,主要的学习内容集中在分数的符号表示、分数单位(分子为 1 的分数)的探索以及分数的大小比较。4 年级着重理解等值分数,并开始学习分数运算(第十五章)。如此长时间的重点学习充分说明了分数概念的复杂性和重要性。学生必须花费大量的时间,并且积累充足的学习经验,才能深刻理解分数这一重要概念。

学生也许知道 $\frac{3}{5}$ 就是把一个图形平均分成五份后,用阴影表示其中的三份。然而,对分数的理解要远比这个认识丰富复杂得多。这是因为分数有多种定义方式,它还可以借助面积模型、集合模型,或者在数线上呈现。接下来我们先介绍分数的意义,后面一节再详述如何开展分数概念的教学。

分数的概念

理解分数意味着要理解这一概念可能表示的所有含义。最常用的分数定义是从部分-整体这个角度来描述的。但是,众多研究分数学习的学者认为:让学生掌握分数的多种含义有助于他们更好地理解分数(Clarke, Roche, & Mitchell, 2008; Lamon, 2012; Siebert & Gaskin, 2006)。

反思角 我们通常会在一个图形中画阴影,以这种方式来表示分数。除此之外,你还能怎样表示分数?试着给出三种方式。

部分-整体。 理解部分-整体的关系,是建立分数概念的一个有效起点(Cramer & Whitney, 2010)。整体中的部分可以是一块阴影表示的区域,一群人中的部分(班中 $\frac{3}{5}$ 的人参加了外出实践学习),或一段长度的部分(我们走了 $3\frac{1}{2}$ 英里)。

除法。 在整数范围内,除法意味着平均分。因为平均分能和学生的生活建立有意义的联系,易于学生理解,所以分数的教学也应建立在学生等量分享事物的经验基础上(Empson & Levi, 2011; Lamon, 2012; Siegler et al., 2010)。然而,遗憾的是,在教学中教师一般不会把分数与除法关联。为了帮助学生在除法和分数之间建立联系,教师可以考虑提供下列两个任务:

○ 四个朋友要分 8 个奶酪棒,如果保证每人分得的数量相等,那么一个人能分到多少个奶酪棒?

○ 四个朋友要分 10 个奶酪棒,如果保证每人分得的数量相等,那么一个人能分到多少个奶酪棒?

教师要让学生自行决定每人能分到多少个奶酪棒,还应该对用除法和分数的形式表示这个数都很熟悉,例如 $\frac{10}{4}$, $4\overline{)10}$, $10\div 4$, $2\frac{2}{4}$ 和 $2\frac{1}{2}$(Flores, Samson, & Yanik, 2006)。

测量。测量要先确定某一段为单位长度,再用单位长度确定物体的长度。例如,分数 $\frac{5}{8}$ 就是以分数单位 $\frac{1}{8}$ 作为单位长度,数出或者量出 5 个单位长度得到。也即, $\frac{5}{8}$ 就是 5 倍的 $\frac{1}{8}$。沿着这个思路,学生就会把分数看成是分数单位的倍数(Steffe & Olive, 2010)。

运算符。分数作为运算符是建立在"将分数看作分数单位的倍数"这一概念之上的。用分数来表示运算时,如 20 平方英尺的 $\frac{4}{5}$,观众人数中的 $\frac{2}{3}$,表示某个整数的一部分,学生用心算就能得到答案。而这一概念在学校的课程设置中并未得到足够的重视(Usiskin, 2007)。

比例。比例也是一个经常用到分数的情境,对此我们在第十七章还会详细讨论。例如,分数 $\frac{1}{4}$ 可以表示某一事件发生的可能性。比例可以是部分对部分,也可以是部分对整体。例如,比值 $\frac{3}{4}$ 可以是穿夹克的人(部分)比没穿夹克的人(部分),也可以是部分比整体,即穿夹克的人(部分)比班上所有的人(整体)。

分数语言和符号

我们写分数的惯例是上面一个数,下面一个数,中间一条横线。这种规定对初学者来说却是复杂、难以理解的。因此,分数教学应该从文字写法(例如,四分之一)入手,而不应直接引入符号语言(例如, $\frac{1}{4}$)。这样学生就可以把注意力先集中在理解分数作为部分的意义。在《美国共同核心课程标准——数学》(CCSS-M)中,1 年级、2 年级的学生用文字语言探索部分和整体之间的关系,3 年级才引入分数符号。此外,教师要注意介绍分数词汇的时机,一定是在学生讨论解题方案的过程中引入说明。例如,当一个布朗尼蛋糕或其他物体被平均分时,教师可以介绍:"我们称它们为'四分之一',当一个整体分成四等份时——每份都是四分之一。"

学生或许理解一半和四分之一的含义,却还不能领会符号 $\frac{1}{2}$ 和 $\frac{1}{4}$ 表示什么。符号意义的建构可以通过数份数(累加),或者运用不同的模型,尤其是在数线上表示分数。另外,教师列举分数时,要包括小于 1、等于 1(例如, $\frac{4}{4}$)和大于 1(例如, $\frac{8}{4}$ 和 $\frac{4}{3}$)的情况。教师要让学生积极参与数

份数的活动,而后提出下列问题来帮助他们理解分数符号的含义:

分数中的分子能告诉我们什么?

分数中的分母能告诉我们什么?

等于1的分数会是什么样子的呢?

你怎么知道一个分数比1大还是小?比2大还是小?

分数线下、上的数分别表示什么含义?3年级的学生可能会给出这样的解释:

○ 分母表示一共分成多少份。例如,如果一个整体有四个相等的部分,也就有四份,那我们就是在数四分之一。

○ 分子表示数出的份数。它表示我们有多少份,以四分之三为例,分子为3,就表示数出了3个四分之一。

教师还需要在符号与可视化的教具之间建立联系,以便帮助学生理解符号的含义。例如,为了帮助学生理解 $\frac{5}{4}$,教师可以分别借助披萨(面积)、数线(长度),以及装有物品的袋子(集合)表示这个数值。

反思角　你如何运用分数(或含分数的算式)表示下图(大正方形代表整体)?

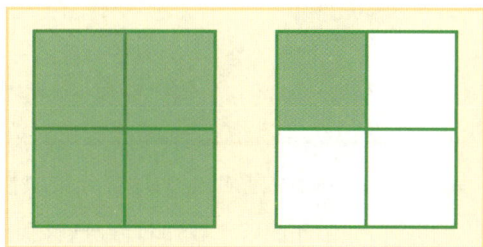

至少有下列四种表示方式:

$$\frac{5}{4} \qquad 1\frac{1}{4} \qquad \frac{1}{4}+\frac{1}{4}+\frac{1}{4}+\frac{1}{4}+\frac{1}{4} \qquad 1+\frac{1}{4}$$

你认为学生能够用上述四种方式来描述图中表示的数量吗?

请注意这个例子涉及的是大于1的分数。教师选例时要在大于、等于和小于1的分数之间轮换。这个设计细节非常重要,有助于学生深入理解分数,认识到分数是介于整数之间的数值(亦可与整数相等)。普遍的教学实际情况是学生很少接触到等于或大于1的分数(例如, $\frac{6}{6}$、$\frac{5}{2}$ 或 $4\frac{1}{4}$),这其实会干扰他们对分数相对大小的理解。

假分数这个名词用来描述大于1的分数,例如 $\frac{5}{2}$。这个名词本身常常会给人带来困扰,因为"假"隐含了这种表述是"不被认可"的。但事实上并非如此,在代数学习中,假分数通常是首选的表示方法。小学阶段，教师尽量不要使用这个名词，可以用"分数"或"大于 1 的分数"来表达。还需注意的是，《美国共同核心课程标准——数学》（CCSS - M）中不再使用"假分数"这个描述。

分数的相对大小

分数本身并不能说明整体的大小，它只告诉我们部分和整体之间的关系。考虑下列情况：

披萨谬论：马克可以选择一个披萨的三分之一或是半个披萨。因为他饿了，而且他喜欢吃披萨，所以选了一半。他的朋友简则选了三分之一的披萨。但最后简得到的披萨却比马克多。怎么会这样呢？

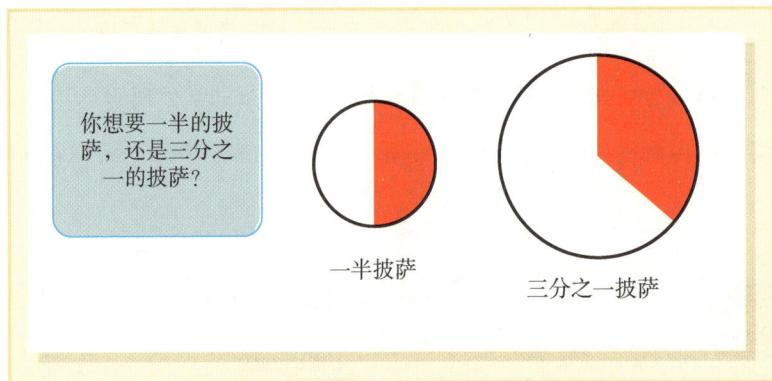

这幅图说明了马克的选择是如何事与愿违的。"披萨谬论"的关键在于即使是在同一情境中讨论两个或多个分数，人们也不能（像马克那样）假定不同分数所对应的整体相等。每当学生提问"什么是整体"或"什么是单位 1"时，教师都要帮助他们理解分数中整体和部分之间的关系。另外，只有当分数所对应的整体相等时，他们才能够比较、组合或进行其他运算。

分数模型

大量研究表明，在分数学习过程中可视化的教具使用非常重要（Cramer & Henry，2002；Empson & Levi，2011；Petit，Laird，Marsden，& Ebby，2016；Siebert & Gaskin，2006），因为操作实物模型有助于学生在头脑中构建抽象模型进而真正理解分数（Cramer & Whitney，2010；Petit，Laird，& Marsden，2010）。遗憾的是，在介绍分数模型的时候，教科书通常只呈现面积模型（Hodges，Cady，& Collins，2008），这种单一的模型使学生没有机会使用多种模型探索分数，也没有充足的时间将可视化的教具和相关的分数概念联系起来。

使用教具能够帮助学生澄清那些在纯符号系统中容易混淆的想法。教师可以让学生在一个任务中使用多种可视化的教具，由此帮助他们在不同模型之间建立联系。此外，也应该让学生体会现实世界中对他们有意义的分数（Cramer & Whitney，2010）。但这时要注意：特定的情境往往只适合用某种方式表征。例如，如果学生需要回答谁走得最远，那么数线模型就要比分数圆片更合适。表 14.1 简要介绍了面积、长度和集合三种模型，并指出每种模型的整体和部分。

表 14.1 分数概念学习的几个模型及其比较

模型类别	描述	情境实例	可视化教具的实例
面积	分数被定义为一部分面积（或区域）与整个面积（或区域）之间的关系。	墨西哥馅饼(圆形食品)；一盘布朗尼蛋糕；菜园或游乐场。	分数圆片/矩形图形块①；七巧板；钉子板；网格纸。
长度	分数表示为纸带长度（整体）的一段，或数线上 0 与某点间的长度（距离）与给定整体长度（距离）之间的关系。（使用数线可以既呈现正分数，又呈现负分数）	走路/旅行的距离；字符长度；音乐节拍；用英寸或码测量。	奎逊纳棒；纸带；数线。
集合	分数是由集合整体和部分中离散物品的数量来确定的。	班级、学校及体育场里的学生；袋子里某物品的种类。	实物(如铅笔、玩具)；计数物品（例如，双色计数小圆片，彩色立方块，泰迪熊，贝壳)。

面积模型

面积是探索分数的一个很好的起点，这是因为我们经常需要等分面积。分数圆片是最常用的面积模型。圆形模型能很好地反映出部分-整体的分数概念，同时帮助学生看出某个部分相对于整体的大小(Cramer，Wyberg，& Leavitt，2008)。图 14.1 还给出了其他的面积模型，说明了不同形状作为整体的情况。其中，网格纸或点子图能让人更灵活地决定整体和部分的大小。市面上有很多面积模型的教具可以购买，包括圆形和矩形的小片、图形块、钉子板和七巧板等。活动 14.1(改编自文献 Roddick & Silvas-Centeno，2007)使用图形块来帮助学生学习均分和累加的概念。

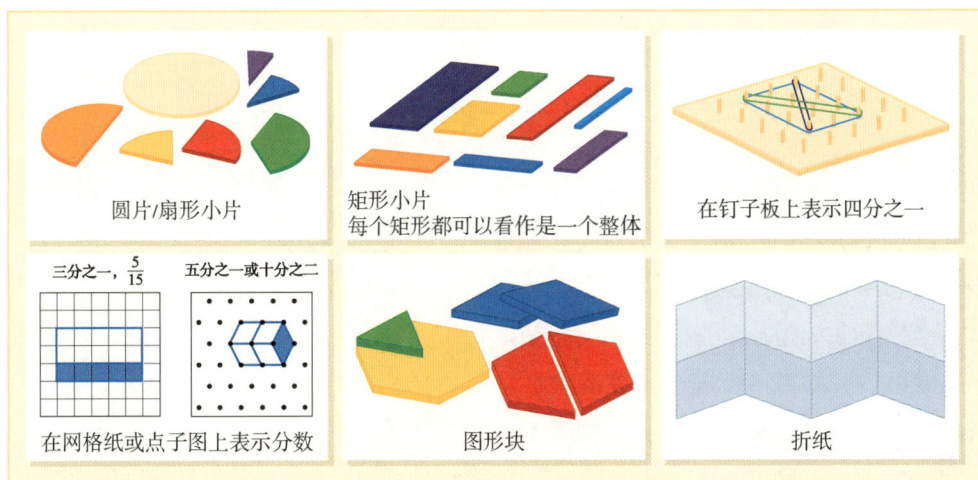

图 14.1 分数的面积模型

---

① 译者注：这里教具通常只有菱形、三角形、梯形和六边形四种形状。

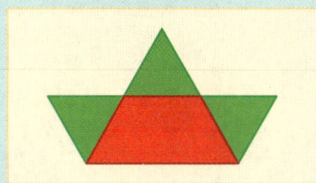

活动 14.1

游乐场上的分数

用图形块搭建这个"游乐场"。

全部游乐场作为整体，请找出分别对应下列分数的图形，并把它们画在纸上。

对于 1 年级、2 年级的学生，题目不以分数符号的形式给出，要用文字描述（例如，某物的一半或四个三分之一）。

$\frac{1}{2}$ 的操场　　$\frac{1}{3}$ 的操场

$1\frac{1}{2}$ 的操场　　$\frac{2}{3}$ 的操场

2 个操场　　$\frac{4}{3}$ 的操场

作为这个活动的延伸，教师还可以综合使用不同形状的图形块，突出八分之一、三分之一和六分之一的使用。

长度模型

在长度模型中，进行比较的不是面积而是长度或测量值。如图 14.2 所示，或者比较实物的长度，或者细分数线。长度模型在帮助学生理解分数方面非常重要，但它在美国的课堂中并没有得到广泛应用。学者们（Petit et al.，2010；Siegler et al.，2010）发现数线有助于学生从其他角度理解分数概念，认识到一个分数其实也是一个数（而不是一个数在另一个数之上）。因此，研究人员建议教师要帮助学生认识到分数也是数，是对原来的整数数系进行扩充后数的认识。教师可以从低年级开始就引入数线，让它成为帮助学生理解分数是数这个概念以及其他分数概念最重要的工具（Siegler et al.，2010，p.1）。

学生使用数线的经历是从整数开始的。事实上，学生能否把整数正确地标示在数线上，与他们能否深入理解分数概念、能否正确进行分数运算息息相关（Jordan et al.，2013）。由于直线是一维的，数线能更

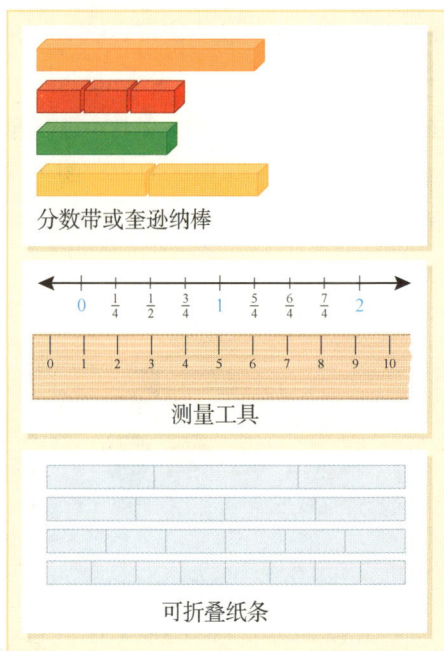

图 14.2　分数的长度或测量模型

好地帮助学生理解分数的大小。例如，学生可以看到，同样长的纸条，均分为两份得到的单位分数要比均分为四份得到的单位分数大（Saxe，Diakow，& Gearhart，2012；Siegler et al.，2011）。

数线与现实世界中经常用到分数的情境关系密切,如测量的情境。另外,讨论音乐也是探索分数的一个绝佳时机:学生可以在探索 $\frac{1}{2}$、$\frac{1}{4}$、$\frac{1}{8}$ 和 $\frac{1}{16}$ 音符的过程中加深对分数的理解(Courey,Balogh,Siker,& Paik,2012;Goral & Wiest,2007)。

奎逊纳棒包含下列不同的颜色和长度的小棒。

因为任何长度都可以作为整体,奎逊纳棒使用起来非常灵活。例如,如果想让学生学习 $\frac{1}{4}$ 和 $\frac{1}{8}$,可以选择长度为 8 的棕色奎逊纳棒作为"单位长度"(即棕色棒的长度为"单位1")。那么长度为 4 的(紫色)棒就是 $\frac{1}{2}$,长度为 2 的(红色)棒就是 $\frac{1}{4}$,长度为 1 的(白色)棒就是 $\frac{1}{8}$。想要探索 $\frac{1}{12}$,就把橙色和红色的棒放在一起作为整体。

与上述实物模型相比,数线是一个更为复杂的长度模型(Bright,Behr,Post,& Wachsmuth,1988)。但它同时也是分数教学中必须多加强调的一个最基本的模型(Clarke et al.,2008;Flores et al.,2006;Siegler et al.,2010;Usiskin,2007;Watanabe,2006)。和整数学习一样,数线能够帮助学生确定数的相对大小。下面的活动(参见 Bay-Williams & Martinie,2003)就是以一个深受学生喜爱的游戏为背景,让学生利用线性模型来思考分数。

活动 14.2

谁会赢?

准备"谁会赢?"的活动页,同时给学生提供纸带或者让他们画一条数线。这个游戏有两种玩法,教师依据自己的教学目标决定如何进行。

已知有几个朋友在玩"红绿灯"的游戏,即一个孩子所站的位置表示红绿灯,其他学生按照"红灯停,黄灯减速走两步再停,绿灯通行"的规则走向红绿灯。

下列分数表示他们从起点开始已经走过的距离。请学生们通过各种推理策略判断"谁会赢"。

第一种玩法是让学生把每个人已经走过的距离在同一个数线或纸带上标注出来,根据标注结果判断谁会赢。第二种玩法是学生不能在数线或纸带上标注,需直接推理比较。

玛丽:$\frac{1}{8}$ 拉里:$\frac{1}{2}$ 卡里:$\frac{5}{6}$ 汉:$\frac{5}{8}$ 肖恩:$\frac{5}{9}$ 胡安:$\frac{2}{3}$

这个游戏也可以通过改变分数值或调整游戏人数(分数个数)设计个性化教学。由于英语非母语的学生可能并不熟悉"红绿灯"这个游戏,所以教师要首先帮助他们建立相关的背景知识。比如教师可以在班上与同学模拟游戏或者演示如何使用估算的方法。

集合模型

在集合模型中，"整体"就是一组物体，"部分"则是整体的子集。例如，3 个物体是有 12 个物体的集合的四分之一，其中 12 表示整体或单位 1。运用集合模型时，需要把一组多个小圆片看作一个单一的量，这种理解方式对于部分学生而言是很困难的。教师可以用一条线圈起集合中的所有物体，帮助学生"看到"整体。图 14.3 展示了分数的几个集合模型。

学生在使用集合模型时常会有一个误解：只关注子集的大小，而不管整体中有多少个相等的子集。例如，如果 12 个小圆片构成一个整体，那么含 4 个小圆片的子集不是整体

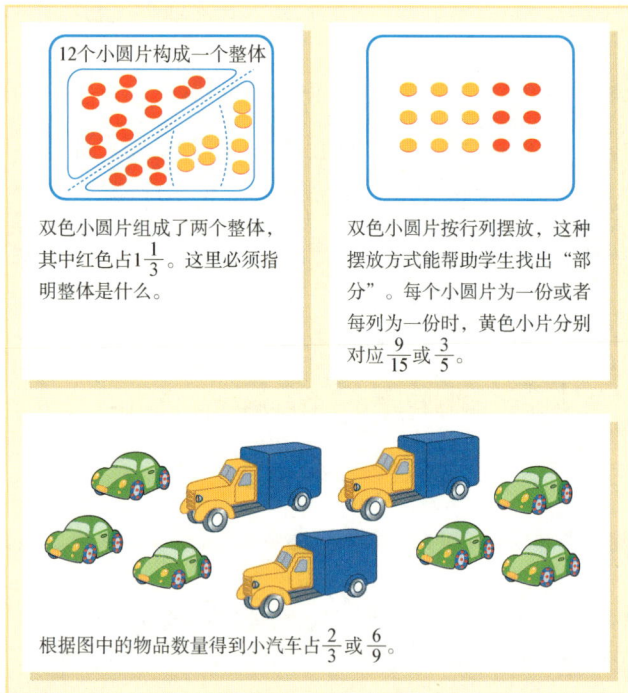

12 个小圆片构成一个整体

双色小圆片组成了两个整体，其中红色占 $1\frac{1}{3}$。这里必须指明整体是什么。

双色小圆片按行列摆放，这种摆放方式能帮助学生找出"部分"。每个小圆片为一份或者每列为一份时，黄色小片分别对应 $\frac{9}{15}$ 或 $\frac{3}{5}$。

根据图中的物品数量得到小汽车占 $\frac{2}{3}$ 或 $\frac{6}{9}$。

图 14.3　分数的集合模型

的 $\frac{1}{4}$，而是 $\frac{1}{3}$。这是因为该整体由 3 个相等的子集构成。尽管学生在理解和运用集合模型时有些困难，但集合模型能够帮助他们在分数、比例以及众多相关现实情境之间建立重要的联系。

双色小圆片是一种有效的集合模型教具。教师可以使用正反面不同颜色的小圆片表示集合中的各个部分。其实，任何可数的物体（例如，一盒蜡笔）都可以作为集合模型。下面这个活动将班上的学生看作一个整体，它可以作为例行活动、热身或气氛调动活动安排在教学中，也可以组织为一节完整的课。

活动 14.3

班级中的分数

邀请一组学生作为整体。例如，如果教师想练习一半、三分之一和六分之一，可以邀请六名同学到教室前面。教师先说："如果你穿着网球鞋（或有棕色头发等），请走到右边；如果不是，就往左边走。"然后提问："这六名同学中，穿网球鞋的占几分之几？""这个小组的一半有多少名学生？"让学生写出分数符号并分享答案。如果学生给出了等价分数（例如，一个说"六分之三"，另一个说"一半"），教师须指明：尽管两个答案都正确，而且在数值上等价，但具体到这一游戏情境，它们表示的实际意义并不相同。因为"六分之一"指的是一个人，所以"六分之三"表示有"3 个人"。而"一半"，也就是"二分之一"，强调有两个人数相等的"组"。上述活动结束后，教师还可以改变受邀学生的总数（如 8 名或 12 名学生）再进行其他活动。

评价角

作为教师,除非看到某个学生能运用三种模型表示出$\frac{1}{4}$,否则很难知道学生是否真正理解分数的含义。所以如果教师想要检测学生的分数知识,一个直接的做法就是给学生一个分数值(如$\frac{3}{4}$),让他们在分数评估活动页(或将一张纸折成三个部分,分别在顶部写上面积、长度和集合模型)画出对应的模型,并让他们给出与模型对应的情境问题。

二. 分数是数

分数学习的第一个目标是帮助学生建立"分数是整体的部分"这一概念,即当一个整体或单位 1 被分成大小相等的份额时,"部分"(也即分数)就产生了(参见表 14.1 给出的每种分数模型中整体和部分的含义)。

对于学生来说,在分数学习的过程中还需建立一个非常重要的概念:分数是数——是有具体值的数量。均分和累加(重复计算一个数量)与人们熟悉的整数概念关联紧密。研究人员早已发现这两种行为对于有意义地学习分数非常重要(Olive,2002;Pothier & Sawada,1990)。这两个动作一方面突出了分数作为数的本质特征,另一方面也为人们理解分数代表(与整体相对的)部分创设了情境。因此,教师若想有效地进行分数教学,首先要选择适当的情境任务,明确要求学生进行均分和累加。

均分

将图形分割成大小相等的多个部分称为均分。当一个布朗尼蛋糕(或其他面积)被分成四等份时,每份都称作四分之一。通常学生看到的对分数的呈现(无论哪个模型)都是已经被均分的图形。尤其是用面积模型表示时,均分后的各部分往往形状都相同(尽管这样的划分并不是必要的)。这种做法其实会干扰学生识别分数作为部分的关键特征(Watanabe,2007)。

传统的分数教学由整体-部分的任务入手,让学生识别一半、三分之一、四分之一等,这其实是把分数结构强加给学生。考虑到学生经常有在家人和朋友之间公平分享物品的经历,分数学习可以很好地从分享活动开始(Siegler et al.,2010),让学生在一个对他们而言有意义的活动中发展分数概念,理解分数作为部分的意义(Lewis,Gibbons,Kazemi,& Lind,2015)。

分享的任务。 分享的任务通常以简单的故事形式给出。

四个朋友要分两块饼干。每个人能得到多少饼干?

然后，问题变得稍困难一些：

> **假设要把四块饼干公平地分给三个孩子。每个人能得到多少饼干？**

研究人员建议教师安排分享任务时要遵循儿童的学习路径，以他们对整数的理解和日常的分配策略为基础（例如，Empson & Levi，2011；Lewis，et al.，2015；Siegler et al.，2010）。表 14.2 具体介绍了学生的分数学习路径，并辅以实例。

表 14.2　等分问题的学习路径

学习路径	问题实例
1. 答案为整数的问题。	三个孩子想公平分享 15 颗葡萄。每个孩子能得到几颗？
2. 有 2、4 或 8 人参与平均分，每人所得为带分数（大于 1）的问题。	两个孩子分 5 个墨西哥馅饼，如果他俩得到的馅饼数量相同，那么每个孩子分得多少馅饼？
3. 有 2、4 或 8 人参与平均分，每人所得小于 1 的问题。	四个孩子分 3 块饼干，如果每人得到一样多的饼干，那么每个孩子能分得多少饼干？
4. 有 3 人参与平均分，每人所得为带分数（大于 1）的问题。	三个孩子要分 10 根黏土棒来做动物。如果每人得到的一样多，那么每个孩子能分得多少？
5. 有 3 人参与平均分，每人所得小于 1 的问题。	三个孩子想要平均分 2 个披萨。如果每人得到的一样多，那么每个孩子能得到多少？

分享的故事有以下三个特点：

1. 故事中分享的物品要能让学生很容易就画出来进行均分（如方饼干、布朗尼蛋糕、百吉饼、曲奇、薄饼、椒盐脆棒等）。

2. 故事中没有分数（分数是均分后产生的）。

3. 学生不需要接受正式规范的分数教学，也不需要使用分数符号就可以解决问题。

分享布朗尼蛋糕就是一个关注均分得等份的经典活动（参见 Empson，2002）。如果使用实物（如面团），教师甚至可以让幼儿园的孩子们完成分享任务（Cwikla，2014）。

活动 14.4

切面团

　　教师先给学生一团面和一把塑料刀。然后，教师解释任务：要想办法把饼干公平地分给每个学生。大家可以从一个不太难的例子开始。例如：

　　四个朋友要分十个布朗尼蛋糕。如果每人得到的数量相同，那么每人分得多少蛋糕？

为确保每组"布朗尼"蛋糕大小相同,教师可以提供方形饼干模具来切面。邀请学生制作自己的方形布朗尼,并展示如何在四个朋友之间均分,必要时还可以把蛋糕切开。在"切面团"的活动页面上画有十个布朗尼蛋糕和四个小朋友,用于帮助学生(特别是学习有困难的学生)

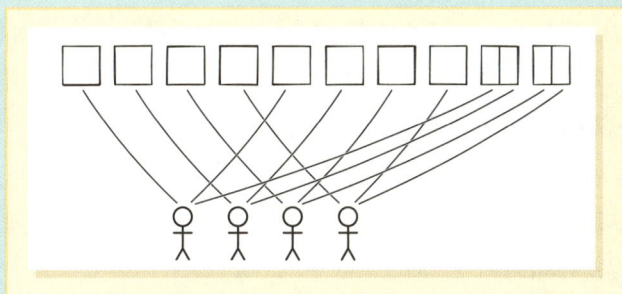

图 14.4　10 个布朗尼平均分给 4 个孩子

解决问题。教师要鼓励学生分享思考过程。对于这个问题,许多学生采用的策略是:先给每人两个布朗尼,然后把剩下的布朗尼都一分为二(如图 14.4)。

这个活动结束后,教师可以改变蛋糕和朋友的数量,给出其他任务(参见下面的其他示例)。

教师还可以通过更改问题中涉及的数字来开展分层教学,如下列变式题目:

5 个布朗尼平均分给 2 个孩子

2 个布朗尼平均分给 4 个孩子

5 个布朗尼平均分给 4 个孩子

4 个布朗尼平均分给 8 个孩子

4 个布朗尼平均分给 10 个孩子

3 个布朗尼平均分给 4 个孩子

当待分物体的数量大于参与分享的人数时,也就是保证每人都能分到完整的物品时(如把 5 个物品分给 2 个人),一些学生是先分整个的物体,再把剩余的整体切开分掉;另一些人则是把全部的整体一分为二,再半个半个地分。如果用"全部一分为二"的策略把 5 个物品分给 4 个人,最后还需要把两个"一半"分给 4 个人。有些学生发现每人又得到了"一半的一半"(还有学生可能已经认出这是四分之一)。费利沙尝试解决五个孩子平分两块饼干的问题。但最后在确定每人分得的分数值时,却忘记了整体是什么。

最后一个例题,把 3 个布朗尼分给 4 个孩子,更具挑战性。一方面参与分享的人数要多于物品的数量,另一方面仅仅通过一分为二是不能解决问题的。针对这个问题,可以把每个布朗尼蛋糕等分成四份,给每个孩子四分之一,最终每人共分得四分之三。学生(甚至是成人)在看到问题和最终答案之间的联系时都会很惊讶。

平均分成三份或六份的题目也很有挑战性,因为学生也不能通过"一分为二"来找到答案。下面给出一些例子:

4 个披萨平均分给 6 个孩子

4 个披萨平均分给 3 个孩子

5 个披萨平均分给 3 个孩子

图 14.5 给出了三个不同的分享情境,以及学生在解题时可能使用的均分策略。图 14.6 展示

了一个学生是如何通过均分图形来解决"把 5 个披萨平均分给 3 个孩子"的问题。找寻规律的过程中,学生会多次猜测并进行验证,教师可以在适当的时候提醒学生:"想想你刚才分披萨的过程,要分给多少个人,你能找到这两者之间的规律吗?"这时,学生会注意到:如果要分给 3 个人,那么剩余的每个披萨都要分成三份。

　　根据这些分享任务的难度不同来设计分层课程就很方便。在分层课程中,所有任务的目标(平均分享)相同,但具体任务的难度各异。图 14.7 展示了一位教师为"均分布朗尼"设计的三层任务(Williams,2008)。

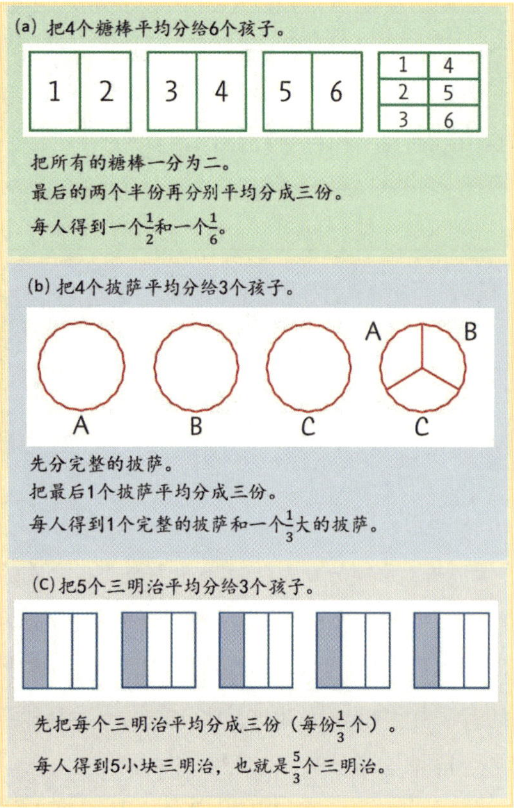

图 14.5　平均分的不同过程

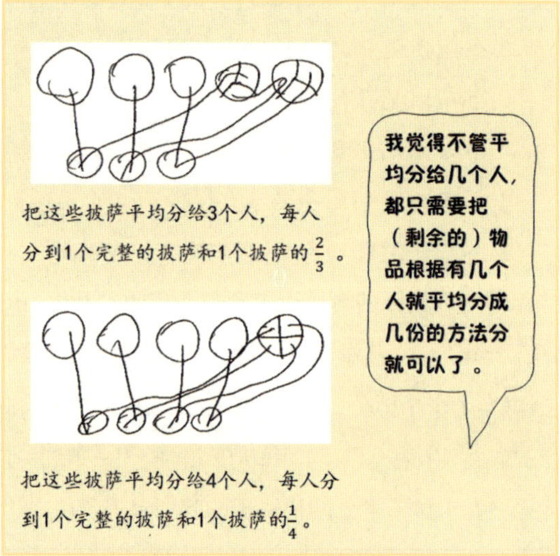

图 14.6　伊丽莎白解释平分披萨的方法

第一层任务:提供给那些仍需练习"一分为二"策略的学生	第二层任务:提供给那些已经掌握"一分为二"策略,准备尝试其他方法的学生	第三层任务:提供给那些准备融合"一分为二"和其他新策略来解题的学生
2 个人怎么平分 3 个布朗尼?	4 个人怎么平分 3 个布朗尼?	3 个人怎么平分 5 个布朗尼?
2 个人怎么平分 5 个布朗尼?	3 个人怎么平分 4 个布朗尼?	3 个人怎么平分 2 个布朗尼?
4 个人怎么平分 3 个布朗尼?	3 个人怎么平分 5 个布朗尼?	6 个人怎么平分 4 个布朗尼?
3 个人怎么平分 4 个布朗尼?	6 个人怎么平分 4 个布朗尼?	5 个人怎么平分 4 个布朗尼?

图 14.7　均分布朗尼问题的分层课程示例

为了强化学生平均分的观念,教师可以先让学生用实物模型按指定要求均分,再让他们画出自己使用的模型来等分。图形块是研究平均分的一个好工具,这是因为其中的一块图形未必就正好是等分后的一份。教师可以用不同的图形块拼出一个大图形后再问均分的情况,这种活动可以帮助学生更好地关注公平(平均)分享的本质。例如,让学生用六种形状不同(面积也不相同)的图形块摆出一块"饼干",提问:"这块饼干可以直接平分给 6 个人吗?"(Ellington & Whitenack, 2010)答案是"不"。然后问学生能否摆出一块可以被平分成六份的饼干。

运用多种模型表示均分。使用不同的分数模型可以为学生理解分数打下坚实的基础。下面我们将运用面积、长度和集合模型探讨均分的概念。图 14.8 展示了如何用三种模型表示六分之一。

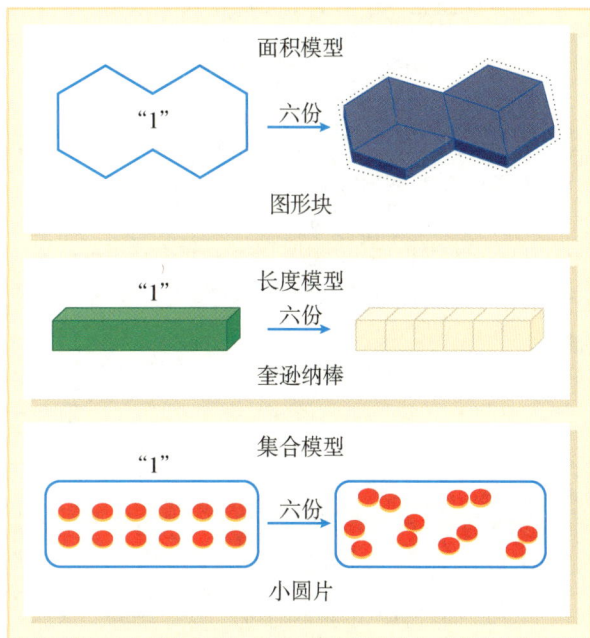

图 14.8 判断哪些整体被平均分成了 6 份?请解释你的答案

面积模型是学生在分数学习中首先接触的模型。当把一块面积平均分成多个与分数对应的部分时,学生须意识到:(1)所有部分的面积必须大小相等,形状却不一定相同;(2)单位面积(整体)平分后部分的数量决定了分数单位的大小(例如,平分成 4 份就意味着每份是面积整体的四分之一)。此外,可视化的教具有时并不会显示所有的分区,让学生理解这一点也很重要。例如,考虑右边的图片。

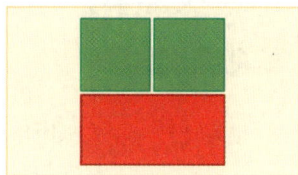

学生可能会想:"如果我把这个图形分成大小一样的小块,那么就有四个部分;因此,图中更小的正方形区域代表四分之一。"而那些对分数概念缺乏理解的学生可能会说"正方形区域表示三分之一"。

一些教具,如分数条或分数圆片,可能会误导学生,让他们觉得代表分数的各个部分必须形状和大小都相同。用彩色瓷片拼成的矩形(如右所示)可以帮助学生消除这种误解。

如果学生能意识到每种颜色的瓷片代表三分之一,那么他们也能理解代表分数的各个部分大小必须相同,但形状可以不同。活动 14.1("游乐场上的分数")提供了一个实例,说明如何使用图形块强调均分后的部分面积大小必须相等。类似地,教师还可以让学生用不同的图形块组成其他图形作为整体。活动 14.5 通过让学生将整体划分成形状不一的几个部分提供了类似的经验。

活动 14.5

是不是四分之一？

　　"是不是四分之一"的活动页分别给出了 $\frac{1}{4}$ 的正例和反例。对于学习有困难的学生，教师尤其要注意给他们展示反例（如图 14.9）。

　　让学生确定哪些整体被正确地均分为四份，得到四分之一，哪些不正确。对于学生的每个回答，教师都要让他们解释推理过程。而后教师可以变换数字改编题目，提问是不是三分之一或八分之一。为了进一步挑战学生，还可以让他们根据下列四个要求画出对应的形状（参见"是不是六分之一"的活动页）。

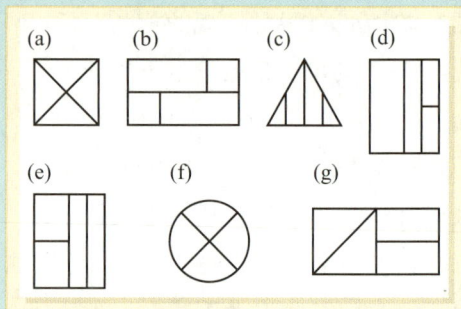

图 14.9　哪些整体中的各个部分都是四分之一

上述活动中（如图 14.9），七个示例可划分为四组：

1. 形状相同，大小相等（等值）：(a)和(f)

2. 形状不同，大小相等（等值）：(e)和(g)

3. 形状不同，大小不等（非等值）：(b)和(c)

4. 形状相同，大小不等（非等值）：(d)

评价角

　　活动 14.5 很适合用作诊断性访谈，评价学生是否理解均分的关键在于保证各部分大小相等。如果学生除了(e)和(g)之外都判断正确，说明他们错误地认为各部分的形状也必须相同，那么教师接下来就应该安排练习强调各个部分大小相等才是本质。例如，可以让学生用尽可能多的方法均分一个正方形。

　　在长度模型中进行均分，对于学生理解"分数是数"至关重要。例如，学生要能够把数线上的一个单位长度分成四等份，并且意识到每份都是四分之一。

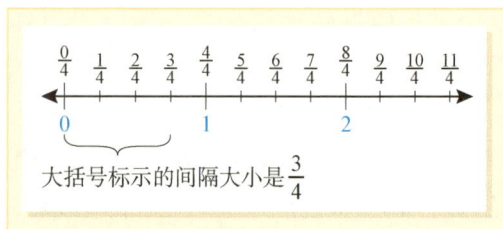

大括号标示的间隔大小是 $\frac{3}{4}$

　　使用数线时，学生可能会忽略间隔的大小（McNamara & Shaughnessy，2010；Petit et al.，2010）。教师可以用纸带来帮助学生理解数线。举例时让大小相等的着色部分处于不同的位置，但不呈现分割的方式，以此加强学生对"均分后的各部分大小相等"这一本质的理解。活动 14.6 和活动 14.7 分别使用纸带和数线组织上述活动。

活动 14.6

彩色部分是几分之几?

在进行活动前,教师要准备多个纸带(把宽 8.5 英寸长 11 英寸的纸张裁剪成 1 英寸宽的纸带再涂阴影,或者剪几段收银机用的热敏纸)。在纸带的不同地方(不要都是左对齐的情况),给表示某分数的一段涂色(Sarazen, 2012)。具体示例如下:

给每个学生一个纸带,说明纸带表示整体。让学生解释彩色的部分是什么分数以及他们是怎么得到答案的。学生常常会有这样的误解:数过之后发现纸带被分成了三段,每段就都是三分之一。如果学生犯了这个错误,教师就追问每个部分是否大小相等;如果不等,先请他们把纸带平均分。可以用牙签或没煮过的意大利面条来表示分割:

此外,学生还可以通过测量每段的长度来验证他们的推理是否正确。

下一个活动的重点是利用纸带帮助学生更好地理解数线。

活动 14.7

妮可走了多远?

给学生一些数线,但只显示某些刻度。教师可以用诸如步行上学的情境,针对每根数线提问学生:"妮可已经走了多远? 你是怎么知道的?"

学生可以通过测量每个部分的长度来验证他们的推理是否正确。

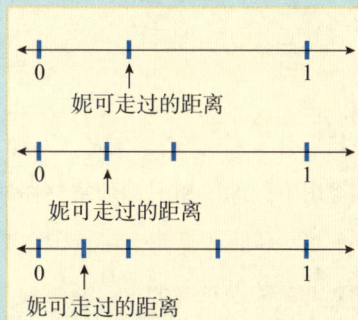

在数线上定位一个分数点对学生而言是极具挑战性但又非常重要的活动。学生在学习和使用数线时常犯四个错误：(1)使用错误的分数符号；(2)更换单位(整体)；(3)数刻度线的个数而不是间隔的数量；(4)只数显示的刻度线，忽略没有标出的刻度线(Shaughnessy，2011)。因此，教师须大量使用数线帮助学生探索分数，同时围绕数线设计形成性评价活动，检测学生对分数概念的理解。

在新加坡(一个在国际数学测试中表现优异的国家)，分割长度条是解决情境问题常用的一种策略。我们一起来看下列应用题(Englard，2010)：

> 护士有54卷绷带，其中这些绷带的$\frac{2}{9}$是绿色的，其余是蓝色的。有多少卷蓝色绷带？

为了解决这个问题，学生首先把一个长度条分成9个部分，然后计算出每部分对应多少卷绷带。

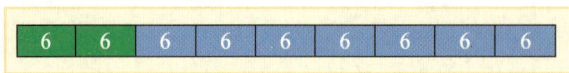

这是一个分数作为运算符的例子，你注意到了吗？这类问题能够很好地为学生学习分数乘法做铺垫。

学生也可以均分硬币、计数小圆片和棒球卡等集合模型。图14.8中的第三个例子中，12个小圆片被平均分成6份，每份是六分之一。也就是说，与分数对应的是均分后所得的份数6，而不是每份中小圆片的数量2。与使用其他模型一样，当学生没搞清什么是"部分"时，他们可能也看不出该如何平均分。例如，如果学生看到图片上有两只猫和四条狗，他们可能会认为$\frac{2}{4}$是猫(Bamberger，Oberdorf，& Schultz - Ferrell，2010)。考虑下列问题：

> 伊洛伊斯有6张交易卡，安德烈有4张，而卢有2张。卢的交易卡占三个人总数的几分之几？

如果有学生回答"三分之一"，那么他只看到有交易卡的人数，并没有考虑到要均分卡片。

运用不同的模型深刻理解整体的各个部分必须大小相等，是学生理解分数概念非常重要的一步。这一步也为探索分享等值分数的任务奠定了基础。所有这些都是学习分数运算的前提条件(Cramer & Whitney，2010)。

累加

在整数学习中，学生是先学数数再学加减法。事实上，数数对于学生进行加减运算帮助很大。分数学习也是如此。数均分后的部分,也就是累加。累加有助于学生理解部分(分子)和整体(分母)之间的关系,也有助于他们理解分数也是数。通过反复练习,学生应该能流利地回答"一个整体里有几个五分之一",就像他们知道一个"十"里有几个"一"一样。然而,2008 年 NAEP 的结果表明,只有 44% 的学生正确回答了这个问题(Rampey,Dion,& Donahue,2009)。累加活动是为了帮助学生从测量的角度理解分数。以 $\frac{3}{4}$ 为例,它可以看作由 3 个四分之一累加而成(Post,Wachsmuth,Iesh,& Behr,1985;Siebert & Gaskin,2006;Tzur,1999)。

累加的概念赋予了分数符号明确的含义:

○ 分子表明"数"了多少个。

○ 分母显示"数"的是什么。

累加可以通过实际操作具体地实现。用一个小片代表一个分数单位或一个部分,通过重复计数来"测量"整体中有多少个分数单位或部分。通过均分我们可以准确地得到大小相等的部分,而进行累加操作,即估计一个部分的大小并验证自己的想法,有助于学生理解分数单位的相对大小(Tzur & Hunt,2015)。

活动 14.8

估一估、数一数

　　教师要选择一个与长度相关的情境问题,如椒盐脆棒、甘草棒或缎带。首先,给每对学生几个纸带,其中的一个颜色特殊,代表整体(椒盐脆棒)。然后,教师让学生针对下列每个情况,估计"一份有多长"。待学生检验过他们估计的结果后,再试一次。特别规定:不允许折叠纸张!

　　2 个朋友分享　　3 个朋友分享　　4 个朋友分享

　　6 个朋友分享　　8 个朋友分享　　12 个朋友分享

　　以 3 个朋友分享的情况为例,学生拿出一个纸带剪下他认为的三分之一,累加三次(用剪下的那段纸带丈量三次或者剪三段纸带首尾相接)以后,看是否正好是一个整体的长度。如果三段的总和太短或太长,他们可以再试一次,直到总长大致接近整体的长度。最后把符合要求的那段纸带标记为"三分之一"或 $\frac{1}{3}$。教师在进行观察时,可以让学生数一数,说出对应的长度,如三分之一、三分之二、三分之三等。教师还可以提问:"你怎么判断你剪的这段纸带是不是平分后的一份?""下一次你剪的时候,会长些还是短些,为什么呢?""你是如何确定分数单位长度的呢?"

累加在长度模型中就像在测量一样,所以是有实际意义的。同时,借助数线模型也能很好地表示带分数的累加。

艾米丽有 $2\frac{1}{2}$ 码的缎带。她要剪 $\frac{1}{4}$ 码的缎带来做蝴蝶结。她一共能剪多少段?

首先，学生要画一条带子（或一条线）代表 $2\frac{1}{2}$ 码：

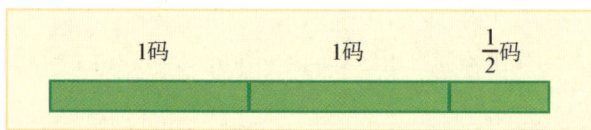

| 1码 | 1码 | $\frac{1}{2}$码 |

接下来，按每段 $\frac{1}{4}$（分数单位）均分带子，数一下共计 10 个 $\frac{1}{4}$：

活动 14.9

和整体比一比

    分发"不同的分数"活动页以及奎逊纳棒给学生。例如，给学生七个浅绿色的小棒和一个纸条，纸条上写着"每个浅绿色的小棒是 $\frac{1}{8}$"。学生的任务是判断这一堆小棒是大于、小于还是等于一个整体。另外，学生还须画图或使用符号语言来解释他们的答案。教师可以添加情境（如分糖果、披萨或黏土棒）来帮助学生理解和推理问题。教师还可以提问："对比用四分之一和三分之一组成一个整体的情况，为什么我们需要更多的四分之一？""我们用四个一半可以得到两个整体，而四个三分之一却只比一个整体多些，为什么会这样？"说到这里，教师还可以顺势和学生讨论带分数，如提问："还有其他表示四分之十的办法吗？"学生的回答可能是：两个整体和四分之二、两个整体和一半，或者一个整体和四分之六。

教师可以组织学生进行许多有关累加长度的活动，例如，让他们找出什么是整体或单位 1。

活动 14.10

整体乐趣多

    使用"整体乐趣多"和"剪出分数带"的活动页。后者如下图所示：

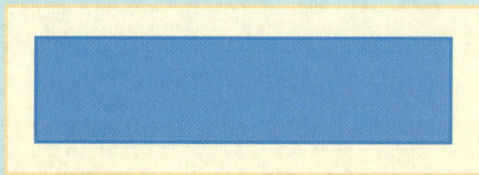

告诉学生这条带子是整体的四分之三,让他们在纸上画出其他长度(如$\frac{5}{2}$)的纸带。教师可以改变给定纸带表示的分数以及让学生画出的纸带长度,多次重复上述活动。为了有效地帮助学生理解题意,教师还可以提供相关的问题情境(如走路)。这里需要注意的是:活动既要涉及小于 1 的分数,又要涉及大于 1 的分数,以及带分数的形式。

在解决活动 14.10 中的任务时,学生首先要把纸带平均分成三份,找到$\frac{1}{4}$,再通过累加$\frac{1}{4}$,找到其他长度。

累加也可以借助面积模型来完成。如图 14.10 中,分数圆片代表墨西哥馅饼。教师也可以先让学生用纸盘和各种颜料绘制出自己的分数模型,再用自制扇形摆出不同的分数 (McCoy, Barnett, & Stine, 2016)。例如,给学生一堆分数扇形同时说明每个扇形表示多少。然后,让学生数扇形的个数:"$\frac{1}{4}$,$\frac{2}{4}$,$\frac{3}{4}$,$\frac{4}{4}$,$\frac{5}{4}$",并且回答问题:"如果我们有五个四分之一,那它们是大于、小于,还是等于一个整体?"为了强调每个分数扇形的大小,教师还可以调

图 14.10　利用面积模型操作累加

整说法为"一个四分之一,二个四分之一,三个四分之一等等"。参见图 14.10,在学生数扇形的过程中,也有一些很好的问题建议供教师使用。例如,让学生比较不同的扇形堆:"如果有十个四分之一,我们拼出的比两个整体还要多;如果我们有十个十二分之一,却连一个整体都拼不出来,这是为什么呢?"

学生很容易把"分割后部分的数量"与"分割的次数"混淆。活动 14.11 继续使用图形块(参见活动 14.1),来帮助学生理解"均分后各部分的大小相等"这一本质(Champion & Wheeler, 2014;Ellington & Whitenack, 2010)。在这个搭建活动中,学生常常要进行均分和累加的操作。

活动 14.11

神奇生物

让学生用图形块搭建一个符合要求的"生物"(一个生物代表一个整体)。搭建的要求可以从某

种颜色的图形块占总体的几分之几开始，例如"红色梯形占这个生物面积的四分之一"。在此基础上，教师还可以增加更多的约束条件。

- 使用至少两种颜色的图形块来搭建你的生物，其中蓝色平行四边形占这个生物面积的六分之一。
- 使用三种颜色的图形块来搭建你的生物，其中黄色六边形占这个生物面积的一半。
- 使用四种颜色的图形块来搭建你的生物，其中绿色三角形占这个生物面积的三分之一。

等学生根据要求搭建好自己的"神奇生物"后，再让他们数一数，确保所搭建的生物是"完整"的。

教师还可以让学生制定搭建生物的要求，指导他们把"目标生物"的轮廓画在纸上，同时写出要求，例如："红色梯形占这个生物面积的_____。"同学互换任务，看能否计算出应该填写几分之几。

学生当然还可以使用集合模型进行累加，但这类活动通常难度更大。例如，给学生一堆双色小圆片并提问："如果这 5 个小圆片是整体的 $\frac{1}{4}$，那么 15 个小圆片是整体的几分之几？"教师也可以通过猜谜的方式给出问题，例如："我有一堆小圆片，其中这 3 个代表整体的 $\frac{1}{8}$，那么我一共有多少个小圆片？"如果给出的不是分数单位，那么学生需要先均分得到一份再累加。例如："我有一堆小圆片，这 20 个代表整体的 $\frac{2}{3}$，那么我一共有多少个小圆片？"学生需要先找到 $\frac{1}{3}$（10 个小圆片），累加 3 次后得到三分之三（一个整体），也就是 30 个小圆片。"数数小圆片：寻找部分"和"数数小圆片：寻找整体"两个活动页给学生提供了类似的问题来解决。

还可以让学生使用计算器进行累加，这样的活动能帮助学生从操作实物过渡到在脑海中抽象这一过程。

活动 14.12

计算器中数分数

很多计算器能够显示分数的规范写法，还提供了以带分数还是最简分数表示结果的选项。先让学生输入一个分数（如 $\frac{1}{4}$），再"+"这个分数。要得到结果，可以按下"O Op|"键，不断重复直到所要的分数出现。显示器上会表明累加四分之一的次数，也会表明按键 Op| 的次数。教师可以提问学生："多少个四分之一相加可以得到 3？""多少个五分之一相加可以得到 2？"再逐渐增加问题的难度："多少个四分之一相加可以得到 $4\frac{1}{2}$？""多少个三分之二相加可以得到 6？ 先估计结果再用计算器验证。"学生（尤其是学习有困难的学生）也可以结合具体的实物模型（如奎逊纳棒）来计算。

评价角

图 14.11 和图 14.12 的活动可以作为表现性评价任务，用来检测学生对均分和累加的操作与理解。如果学生能正确解决，就意味着他们可以学习分数等值和分数比较的新内容了；如果学生没能正确作答，教师就需要给他们提供一系列类似的题目，同时提供问题情境或各类模型（面积、长度或集合）予以辅助。

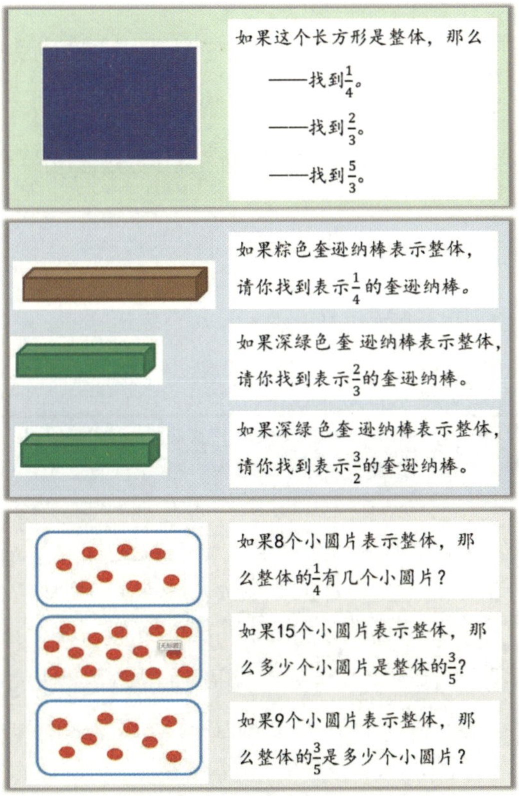

图 14.11　给定整体和分数，找出分数对应的部分 　　图 14.12　给定部分和对应的分数找出整体

分数的大小

具体到分数学习的过程中，数感方面的要求是：学生能够利用直觉来感受和判断分数的大小。这就需要学生把分数看作数，来帮助他们发展"分数感"（Fennell, Kobett, & Wray, 2014）。学生可以通过问题情境、实物模型和脑海中的抽象表象来帮助他们深刻理解分数的相对大小（Bray & Abreu-Sanchez, 2010；Petit et al., 2010；Tobias, 2014）。

和整数一样,学生在分数估算过程中显示出的能力和信心要逊于他们在精确计算时的表现。然而,重视估算可以加深学生对分数的理解(Clarke & Roche,2009)。因此,教师应多提供机会让学生推理分数的相对大小。例如提问学生:"我们的同学中有几分之几穿着毛衣?"或者调查学生"最喜欢的晚餐",得到统计结果后提问:"我们班上有几分之几的同学选择了意大利面?"此外,教师还可以让学生估计涂色区域占整个图形的几分之几,或者估计数线上某点对应的分数值(如图 14.13)。

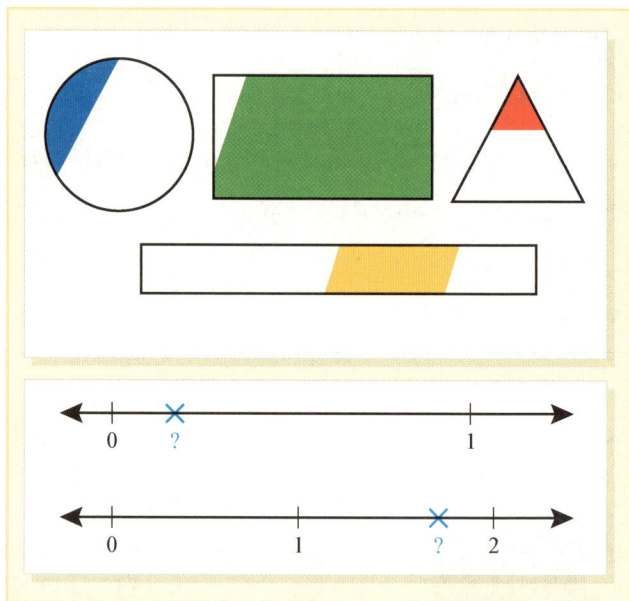

图 14.13 大约多少? 你认为每个图形对应哪个分数,给出答案并解释理由

数线是帮助学生深入理解"分数的相对大小"的一个非常好的模型(Petit,Laird,& Marsden,2010)。因此,常常用来估计分数的相对大小。

活动 14.13

数线上的分数

找一根和房间(过道或体育馆也可以)长度相同的绳子。请两名同学分别站在绳子的两端,拉紧绳子并出示对应的分数卡片。例如,左边的学生出示"0",而右边的同学出示"1"(当然两端也可以换成其他分数)。给学生一些(适合他们学习水平的)写着不同分数的卡片和夹子,再找一名往绳子上夹卡片的志愿者。学生可以先通过对折绳子找到一些基准分数(如 $\frac{1}{4}$,$\frac{1}{2}$ 或 $\frac{3}{4}$),再使用其他策略确定分数卡片在数线上的相对位置。教师可以提问学生:"这个分数卡的近似位置正确吗?""你是怎么知道的?"多次重复直到学生把所有卡片都夹在数线上。在准备分数卡片时,教师可以提供等价分数(对应数线上的同一点)、大于 1 的分数(使用更长的绳子并请多名同学拿着绳子),后期还可以加入小数和变量(参见 Bay,2001)。因此,建议教师多次组织这个活动。

在用过数线和其他(实物)模型后,教师要给学生提供机会,鼓励他们在脑海中想象哪个基准分数更近,借此来推理分数的相对大小。例如,如果学生通过等分数线上 0 到 1 的一段来判断 $\frac{3}{20}$ 在哪里,他们会发现 $\frac{3}{20}$ 距离 0 更近,而 $\frac{9}{10}$ 距离 1 更近。对于大于 1 的分数也同样适用。比如说,

$3\frac{3}{7}$接近于基准分数$3\frac{1}{2}$。

活动 14.14

0、一半和 1

把学生分成若干小组,给每个小组准备一些分数卡片。需要有几个卡片大于 1,$\frac{9}{8}$或者$\frac{11}{10}$,其余的卡片介于 0 和 1 之间。要求学生把所有卡片分成三类,分别接近 0,$\frac{1}{2}$和 1。对于那些接近$\frac{1}{2}$的数,学生还需判断哪些数大于$\frac{1}{2}$,哪些小于$\frac{1}{2}$。接近 0 和 1 的情况也类似处理。该活动的难度主要取决于教师选择的分数。第一次组织这个活动时,教师可以选择三个非常靠近基准值的分数,如$\frac{1}{20}$、$\frac{53}{100}$或$\frac{9}{10}$。在后续几天,教师主要选择分母小于 20 的分数,还可以加入几个处于两个基准值正中间的分数,如$\frac{2}{8}$或$\frac{3}{4}$。让学生解释他们是如何通过观察分子和分母来确定答案的。对于英语非母语的学生,教师要保证他们理解"基准"这一术语的含义,鼓励他们画图表示或口头说明自己的想法。

作为上述活动的延伸或变式,教师还可以让学生自己制作接近某个基准值的分数卡片。

三．等值分数

正如在第十三章所讨论的,等值是一个非常关键却不容易理解的概念。分数的等值关系就更难理解了。在《美国共同核心课程标准——数学》(CCSS－M)中,分数的等值和比较从 3 年级开始强调,要到 4 年级当学生进行分数运算时才正式应用。如果学生没能深入理解等值分数,那么他也无法熟练掌握分数的运算。

等值分数的概念

反思角 你怎么知道$\frac{4}{6}=\frac{2}{3}$? 至少想出两种不同的解释再往下读。

以下是上述问题可能的一些答案:

1. 它们是一样的,因为可以把$\frac{4}{6}$化简成$\frac{2}{3}$。

2. 如果一共有 6 个物品,拿走 4 个,那就是$\frac{4}{6}$。也可以把 6 个物品分成三组,那么 4 个物品就是三组中的两组,也就是$\frac{2}{3}$。

3. 如果从 $\frac{2}{3}$ 考虑，给分子和分母同时乘 2，就得到 $\frac{4}{6}$，所以它们相等。

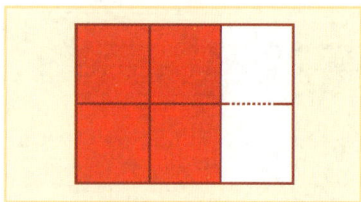

4. 如果把一个矩形平均切成 3 份，再把其中的 2 份涂上了阴影，那阴影部分就是这个长方形的 $\frac{2}{3}$。再把这 3 份都一分为二，那么总份数就是 6，此时阴影部分为 4，是长方形的 $\frac{4}{6}$。所以 $\frac{2}{3}$ 和 $\frac{4}{6}$ 是相等的量。

上述答案都是正确的。但教师要进一步思考从这些答案中还能得到什么。答案 2 和 4 从概念层面很好地解释了原因，但叙述稍显繁琐。答案 1 和 3 从运算的角度来说明，虽然简洁，却无法体现作答者对分数概念的理解。概念和运算层面上的解释是有区别的。

概念：如果两个分数表示的量或值相等（值相等的话它们就是相同的数），那么这两个分数等值。
运算：想得到一个等值的分数，那么就用分子和分母同时乘以或除以一个不为零的数。
过快过早地讲授运算法则其实会阻碍学生对分数、等值分数的理解。学生需要大量的经验和时间积累来理解概念和运算之间的联系。教师要有耐心！

等值分数的模型

教师需要借助大量情境和模型来帮助学生深入理解并灵活运用等值分数。在学生的学习经验中，这是他们首次遇到一个固定的量可以有多个名称（实际上是无限多个名称）。我们还是以面积模型来帮助学生理解等值的概念（如图 14.14）。

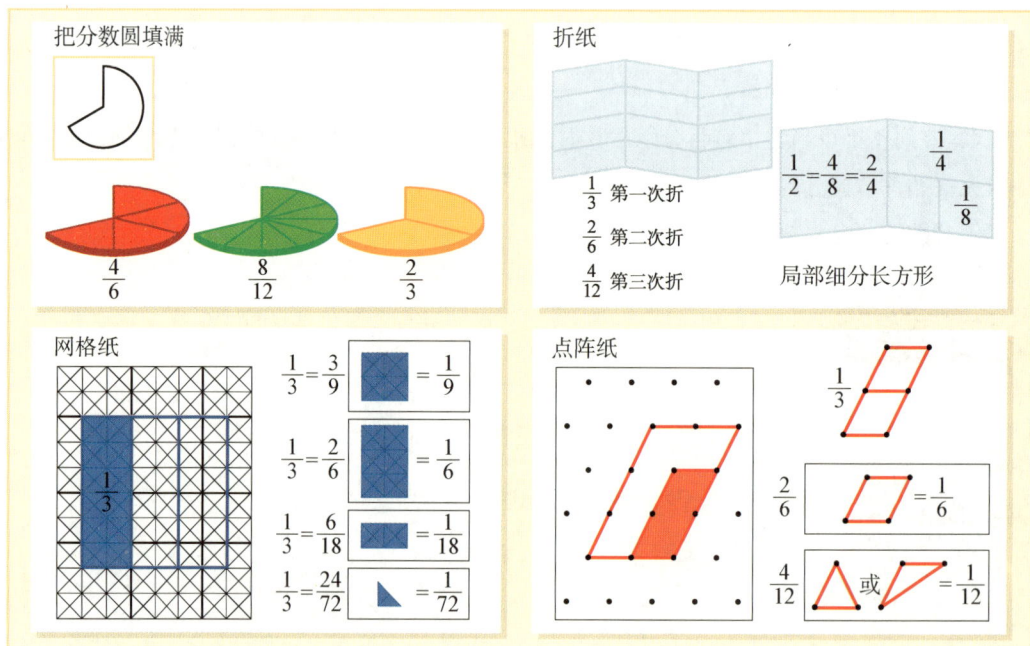

图 14.14　等值分数的面积模型

活动 14.15

堆堆乐

提供有助于探索分数的教具(例如,图形块、七巧板、分数带或分数圆片),同时准备好写着不同分数的卡片,如 $\frac{2}{3}$、$\frac{1}{2}$、$\frac{3}{4}$、1、$\frac{3}{2}$、$\frac{4}{3}$ 和 2(注:你可以从比 1 小的分数开始,再到等于和大于 1 的分数)。再选择一个与教具对应的情境(例如,煎饼,墨西哥馅饼,披萨或者圆形饼干)。学生使用教具进行如下操作:(1)确定一个整体;(2)在整体上摆出卡片上的分数;(3)找到尽可能多的等值分数,依次堆叠在整体上。例如,已知卡片上的分数是 $\frac{3}{4}$,学生可以把完整的分数圆片作为整体,取三个四分之一小片堆放在完整的圆片上,然后继续找其他可以拼出 $\frac{3}{4}$ 的小片,如把 6 个八分之一堆叠上去。要求学生记录他们找到的所有可能的情况,画出草图并写出等量关系式。还要让学生结合具体情境来解释等价关系。例如,如果他们吃了四分之三的披萨,就相当于吃了八分之六,这两种情况切后每份的大小不同。然后更换卡片重复上述操作,注意卡片上的分数不要总是最简形式。

在后续的课堂讨论中,教师可以让学生思考,除了现有教具能够摆出来的等值分数,他们还能否列举出其他的等值分数(举例后还须验证)。例如,向学生提问:"如果我们的教具中有代表十六分之一的小片,你能摆出 $\frac{3}{4}$ 的等值分数吗?具体是多少呢?如果你有任意大小的小片,你还能说出与 $\frac{3}{4}$ 等值的其他分数吗?""如果一个披萨被切成了 16 等份,与 $\frac{3}{4}$ 等值的分数是多少?"

活动 14.16 将从使用实物教具过渡到在纸上画图表示,它为寻找等值分数提供了更多的可能性。

活动 14.16

点阵纸中的等价关系

"等值分数"的活动页包括三种网格纸,每种网格纸上的阴影部分表示一个分数(每个封闭的大图形表示一个整体)。针对第一种网格纸上的给定分数,教师提问学生它有多少个等值分数。然后让学生(独立完成或小组合作)尝试找出来,并加以解释。最后,以类似的方式完成另外两种网格纸上的题目。或者,教师也可以把活动页中的三个题目分别裁剪成任务卡,然后将任务卡和笔放置在三个地方。让学生两两一组找到尽可能多的等值分数。完成一个任务后再轮转到其他地方。必要时,让学生用笔写出自己的思考过程。相关操作细节参见扩展课程:点阵纸中的等价关系。

当然,教师还能让学生在空白的网格纸上绘制自己的图形(参见 Blackline Masters 5-11)。图 14.14 就分别提供了在对角线网格纸和等距点阵纸上绘制分数的示例)。

在点阵纸中进行的寻找等值分数的活动其实与拉蒙(Lamon,2012)所说的"Unitizing"相关。"Unitizing"是指为了给某个数量命名,寻找不同的方式切分这个数量。拉蒙指出这一关键能力不仅与等值分数相关,也与比例推理相关。

想要帮助学生理解等值分数,那么教师一定要使用长度模型。比如,让学生在数线上标出 $\frac{2}{5}$ 和 $\frac{4}{10}$ 的位置,这个活动能让学生看到两个分数是等值的,只是均分数线的方式不同(Siegler et al.,2010 年)(参见活动 14.13"数线上的分数")。奎逊纳棒既可以表示整体,又可以表示部分。如图 14.15 所示,学生可以用较小的奎逊纳棒找出给定部分对应的分数值。如果想得到一个更大的整体或者大于一个整体的值,也可以用多个小棒拼接而成。此外,折纸条也是一种呈现等值分数的方法。如图 14.15 所示,二分之一被连续对折细分,不同的折叠会产生不同的等值分数。

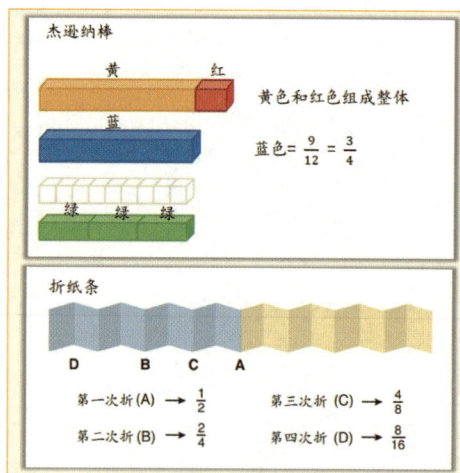

图 14.15　等值分数的长度模型

乐高积木是一种非常能激发学生兴趣的教具,它也可以辅助学生学习如何找到等值分数,古尔德(Gould,2011)在其论文中深刻细致地阐述了这一观点。乐高积木块既可以作为面积模型(成行列),又可以看作是集合模型(学生可以数积木块上的圆柱小突起)。

活动 14.17

乐高园地

给每个学生分发一个 2 乘 6 的乐高块,让他们先来描述这块积木(一行 6 个圆柱小突起,有两行,共计 12 个)。如果教师面对的是 2 年级的学生,或者只想做个热身活动,那么他可以提问学生:你能用哪种颜色的乐高块覆盖老师刚发给你的积木(例如,用 6 个 2 乘 1 的乐高块)。然后,再让学生想象:12 块这样的乐高积木能拼成一个园地,我们把它当作整体。如右图所示,它可以被各种较小的积木块所覆盖。

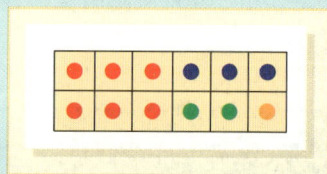

接下来,让学生用不同的乐高积木搭建自己的园地(如 1×2, 1×3, 2×2, 1×1, 2×6 等大小不同的积木)。搭建完成后,再让学生说出某种积木块所占的比例是几分之几(例如,2 乘 6 的积木块占 $\frac{6}{12}$,也就是 $\frac{1}{2}$ 和 $\frac{2}{4}$)。

为了让 4 年级的学生练习累加操作,尝试与分数加法建立联系,教师可以要求学生用关系式来描述自己的乐高园地。对照上述给定图片,可以写出:

$$\frac{6}{12}+\frac{3}{12}+\frac{2}{12}+\frac{1}{12} \text{ 或 } \frac{1}{2}+\frac{1}{4}+\frac{1}{6}+\frac{1}{12}$$

注意:学生在确定不同积木所对应的分数时可能会出错,比如他们看到蓝色部分有三块积木,就会认为蓝色部分占 $\frac{1}{3}$ 而不是 $\frac{1}{4}$(Wilkerson, Bryan, & Curry, 2012)。而这正是一个开展课堂讨论的好话题:蓝色部分(简化后的)的分数值到底是多少呢?

双色小圆片(集合模型)也是一种学习分数等值关系的有效工具。

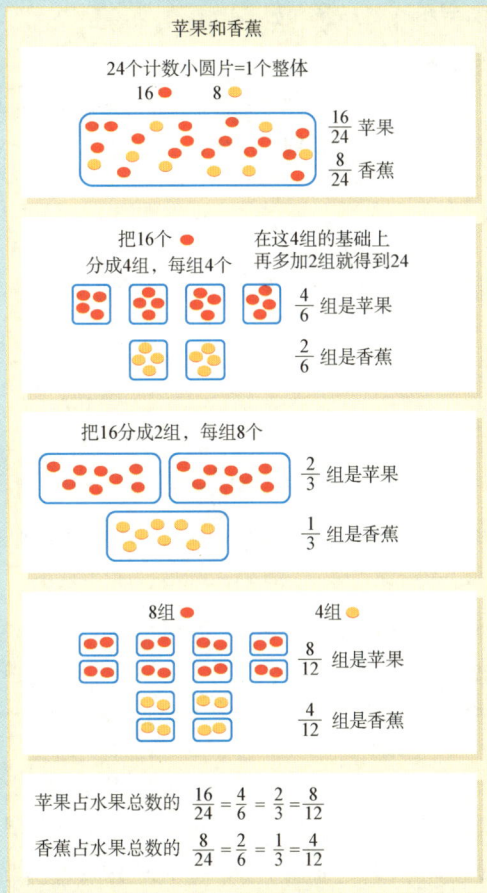

活动 14.18

苹果和香蕉

使用"苹果和香蕉"的活动页,或者让学生准备特定数量的双色小圆片。例如,24 个小圆片组成一个整体,其中 16 个红色(苹果),8 个黄色(香蕉)。教师先让学生把所有水果平均分组,要求每组只有一种水果。让学生找到尽可能多的分法;每找到一种分法,就记录下苹果和香蕉对应的分数值。为了便于发现规律,教师可以引导学生把所有的数值都填在一张表里。此外,为了鼓励学生想出不同的均分方法,教师还可以问学生:"每组 4 个水果,有可能吗?"解决问题时,既可以把小圆片分成不同的堆(集合模型),也可以摆放成不同形状的行列(面积模型)(如图 14.16 和图 14.17)。英语非母语的学生可能不明白题目中"组"的含义,因为在教室范围内,这个词通常指的是安排学生。所以教师在建模活动开始前要花时间解释将物品分组意味着什么。

苹果和香蕉

24个计数小圆片=1个整体

16 ● 8 ●

$\frac{16}{24}$ 苹果

$\frac{8}{24}$ 香蕉

把16个 ● 分成4组,每组4个

在这4组的基础上再多加2组就得到24

$\frac{4}{6}$ 组是苹果

$\frac{2}{6}$ 组是香蕉

把16分成2组,每组8个

$\frac{2}{3}$ 组是苹果

$\frac{1}{3}$ 组是香蕉

8组 ● 4组 ●

$\frac{8}{12}$ 组是苹果

$\frac{4}{12}$ 组是香蕉

苹果占水果总数的 $\frac{16}{24} = \frac{4}{6} = \frac{2}{3} = \frac{8}{12}$

香蕉占水果总数的 $\frac{8}{24} = \frac{2}{6} = \frac{1}{3} = \frac{4}{12}$

图 14.16 等值分数的集合模型

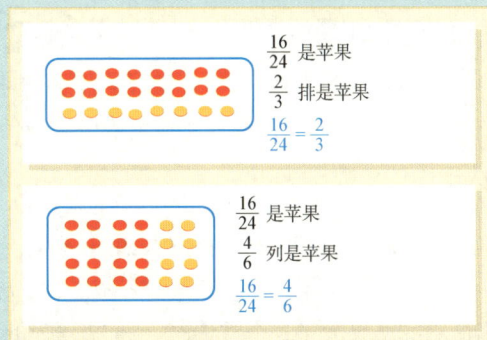

$\frac{16}{24}$ 是苹果

$\frac{2}{3}$ 排是苹果

$\frac{16}{24} = \frac{2}{3}$

$\frac{16}{24}$ 是苹果

$\frac{4}{6}$ 列是苹果

$\frac{16}{24} = \frac{4}{6}$

图 14.17 等值分数的行列形式

我们前面介绍的一系列活动都是按照题目中规定的要求来寻找等值分数。从活动 14.19 开始，我们主要探讨如何使用教具在概念和运算之间建立联系。

活动 14.19

补全等式

使用"补全等式"的活动页或者给学生一个含未知部分的分数等式。要求学生用计数小圆片或矩形模型演示说明如何找到等值分数。例如：

$$\frac{5}{3} = \frac{(\ )}{6} \qquad \frac{2}{3} = \frac{6}{(\ )} \qquad \frac{8}{12} = \frac{(\ )}{3} \qquad \frac{9}{12} = \frac{3}{(\ )}$$

缺失的数可以处于分子或分母的位置；缺失的数也可能比其等值分数的对应部分更大或更小（四种可能都在上述示例中有所体现）。图 14.18 展示了某学生是如何用等式和矩形来说明等价关系的。上述例子中等值分数之间是简单的整数倍关系。接下来，让学生考虑如 $\frac{6}{8} = \frac{(\ )}{12}$ 或 $\frac{9}{12} = \frac{6}{(\ )}$ 的等值分数。在这两组等价关系中，对应分子和分母不是整数倍关系。此外，给学生的题目还要涉及分数大于 1 的情况：如 $\frac{8}{x} = \frac{6}{6}$、$\frac{10}{3} = \frac{x}{9}$。

图 14.18　某生用均分矩形说明分数间的等价关系

教师设计"补全等式"时，可以指定某个模型让学生使用，例如网格纸（面积）、纸带/数线（长度）或双色小圆片（集合）。针对学习有困难的学生，教师还可以鼓励他们用钟表来寻找等值关系。例如，找到 $\frac{10}{22}$、$\frac{3}{4}$、$\frac{4}{6}$ 的等值分数（Chick，Tierney，& Storeygard，2007）。NCTM's Illuminations 这个网站提供了一个非常好的活动叫作"分数的乐趣"。该活动由三个单元组成，分别通过面积、长度和集合模型探讨分数的大小比较和顺序排列，以及分数的等值关系。每个单元有 5～6 节课，运用一系列教具让学生积极参与活动进行分数学习。

大于 1 的分数

学生必须学会在大于 1 的分数（如 $\frac{13}{6}$）和带分数之间灵活转化（如 $2\frac{1}{6}$）。如果学生持续地累加，当最后的结果大于一个整体时，他们就会写出形如 $\frac{13}{6}$ 的形式。如果教师进一步鼓励学生说出自己数过了几个整体，那么只要学生理解分子和分母的意义，他们无需应用算法就能得到 $\frac{13}{6}$ 和

$2\frac{1}{6}$ 等值。如果学生还没有足够的累加经验,教师一定要创造机会让他们多加练习。避免直接告诉学生"用分子除以分母(商就是整数部分),余数保留分数的形式"。如图 14.19 所示,可连接的正方体能有效说明如何把大于 1 的分数改写成整数或带分数(Neumer,2007)。学生知道一个

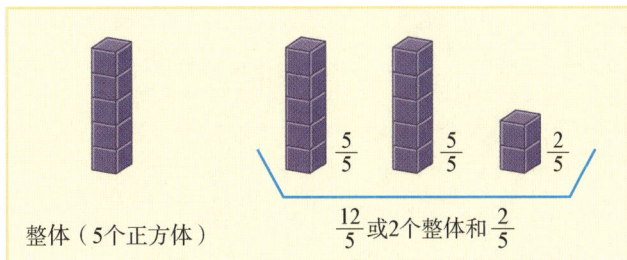

正方体是一个分数单位($\frac{1}{5}$),$\frac{12}{5}$ 就要数出 12 个五分之一,然后连接正方体可以得到 2 个整体。反之,学生也可以从带分数入手,构建好 $\frac{12}{5}$ 后找出总共用了多少个立方体(或五分之一)。反复练习这类问题,可以帮助学生发现解题过程中的规律。实际上,这个活动解释了带分数和大于 1 的分数之间转化的算法。

图 14.19 用可连接的正方体表示 $\frac{12}{5}$ 和 $2\frac{2}{5}$ 的等值关系

教师要帮助学生逐步从使用实物模型过渡到在头脑中成像。鼓励学生通过脑海中演示模型及其操作过程找到给定分数的两种等值形式。以 $3\frac{1}{4}$ 为例,把 4 个四分之一看成一个整体,那么四分之八就是两个整体,四分之十二就是三个整体。再加上额外的四分之一就是 13 个四分之一,即 $\frac{13}{4}$。请注意:累加的概念在这一解题过程中发挥着重要作用。教师不要催促学生使用标准化的算法,那样做会干扰学生理解两种形式(带分数和大于 1 的分数)之间的关系,要让学生在充分经历这个过程后自行泛化总结规律。

等值分数的探索

当学生理解了分数可以有不同(但等值)的名称时,就说明他们可以开始学习等值分数的算法了。算法是指将分子和分母同时乘一个不为零的数,就得到等值分数。面积模型可以直观地说明如何沟通等值分数的概念和"标准"算法,让学生注意到分子和分母同时变化的规律。

活动 14.20

分菜园

让学生在白纸上画一个正方形的"菜园",或者直接给每个学生一张正方形的纸(比如折纸)。首先,教师要解释题意:把菜园按行均分,以便种植各种蔬菜。对第一个例题,教师可以演示:把菜园均分成四行(每行四分之一),其中 $\frac{3}{4}$ 的菜园要种植玉米。同时要求学生也按行均分自己的正方形,并把其中的四分之三涂上阴影,如图 14.20 所示。然后,教师继续读题:"为了让每个家人和朋友都能分

享收获的玉米（$\frac{3}{4}$），我们可以给他们每人都分些玉米地。"如果只有两个人参与分享,先让学生演示该如何竖直地分割菜园(每小块菜地为八分之一),再让他们回答:根据新的均分方式菜园的几分之几会种植玉米（$\frac{6}{8}$）。紧接着,由学生或教师增加参与分享的人数,再让学生演示如何均分菜园。每当菜园被重新划分,学生都要用表格和/或等式记录当下菜园中玉米地所占的份额。

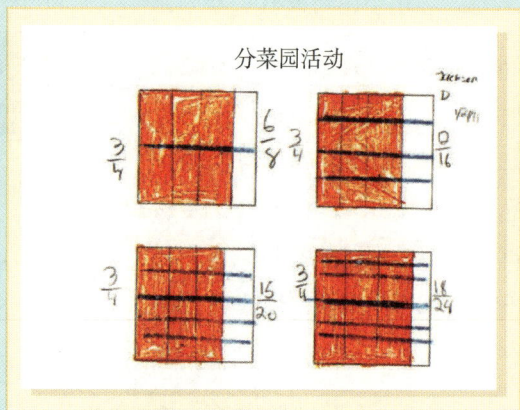

图 14.20　某 3 年级学生通过分菜园说明分数的等值关系

参与分享的人数	1	2	3	4		
玉米地的块数	3	6				
菜园的总块数	4	8				

当学生完成表格或其他记录后,教师要预留时间引导他们观察这些分数和均分后的菜园,总结规律。学生先独立完成,再全班分享。图 14.21 提供了部分学生的解释,说明了他们所"注意"到的内容。

(a) 我注意到给3（分子）,给两个数（分子和分母）都乘2,就得到了一个新的分数。

(b) 你把分子分母乘个数,就产生了等值分数。

(c) 你注意到什么?我注意到如果你用分子乘一个数,你也用分母乘相同的数。

图 14.21　根据分菜园的结果,学生解释自己注意到哪些有关等值分数的规律

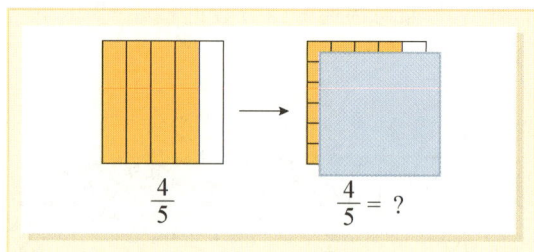

$\frac{4}{5}$　→　$\frac{4}{5} = ?$

图 14.22　如果你看不到所有的小格子,你怎么确定整体的均分方式呢

部分学生需要积累更多的活动经验才能正确解题。教师可以借助不同的呈现方式帮助学生理解分数转换的过程。如图 14.22 所示,教师可以沿水平方向把正方形均分成六个部分,遮住绝

大部分的正方形后问学生："$\frac{4}{5}$ 现在又可以写成什么新的样子呢?"

这个练习的目的是让学生发现等值分数与分数乘法之间的联系。通过观察遮住的正方形，学生会发现阴影部分有四列六行，也就是 4×6 个小格。类似地，整体应该是 5×6 个小格。因此，$\frac{4}{5}$ 也可以表示成$\frac{4\times6}{5\times6}$,或$\frac{24}{30}$。

最简分数。用乘法算得的等值分数的分母会变得更大。寻找 $\frac{6}{8}$ 的等值形式，我们既可以通过乘法得到$\frac{12}{16}$，也可以通过除法得到$\frac{3}{4}$。用最简分数表示意味着分子和分母没有共同的整数因子。如图 14.23 所示,颠倒前面的过程就是计算最简分数的方法。事实上,寻找公因子或计算最简分数都与分组过程相关。

有关分数简化,还应注意以下两点:

1. 注意避免使用"减少分数"的说法。因为这种表述暗示分数将会变小,而分数是被简化了,并没有缩小。

2. 如果学生没能把分数化成最简形式,不要说他的答案错误,因为这不符合等值分数的理解：$\frac{1}{6}+\frac{1}{2}$,答案$\frac{2}{3}$和$\frac{4}{6}$都是对的。

乘 1。在数学上,等值关系是基于乘法单位元(任何数乘 1 保持不变)定义的。任何 $\frac{n}{n}$ 形式的分数都可以当作乘法单位元来使用。因此,$\frac{3}{4}=\frac{3}{4}\times1=\frac{3}{4}\times\frac{2}{2}=\frac{6}{8}$。进一步地说,这里的 n 也可以是分数。如,$\frac{6}{12}=\frac{6}{12}\times\left(\frac{\frac{1}{6}}{\frac{1}{6}}\right)=\frac{1}{2}$。《美国共同核心课程标准——数学》(CCSS - M)希望 4 年级的学生可以理解这个想法。

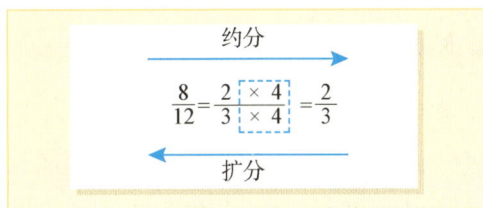

图 14.23 利用等值分数的算法化简分数

四. 分数的比较

当学生想知道两个或更多的分数是否等值时,他们其实就是在比较分数了。如果几个分数不等值,那么学生就还可以确定哪些更小,哪些更大。建议教师问这样的问题:"这两个(或更多个)分数中,哪个更大,还是它们相等?"(Smith,2002,p.9)他指出这样提问明确了一种可能:两个看起来不同的分数,实际上可能是相等的。因此,有关分数等值的活动能够(也应该)融于分数比较的活动之中。例如,在分菜园的活动中,吉亚得到 $\frac{5}{6}$,妮塔得到 $\frac{5}{8}$。 教师可能会问每个人分得的菜地一样多吗(如果不等,谁分得更多)?

利用数感比较分数

从对艾丽的访谈中我们可以看出,如果学生对分数的理解有限,那么比较分数的相对大小就会是十分困难甚至是根本不可能完成的任务。NAEP 调研的结果显示:只有 21% 的 4 年级学生能够解释为什么一个分数单位大于或小于另外一个——例如,比较 $\frac{1}{5}$ 和 $\frac{1}{4}$（Kloosterman et al.,2004）。而在 8 年级,也只有 41% 的学生能够将三个最简分数正确排序（Sowder,Wearne,Martin,& Strutchens,2004）。这些事实说明教师需要帮助学生掌握利用数感比较分数的策略的重要性! 这将是本节讨论的重点。

利用情境。本章已多次提到情境和可视化的教具对于帮助学生理解分数的重要性（Bray & Abreu - Sanchez,2010；Petit et al.,2010；Tobias,2014）。例如,用弹力带测量长度能很好地加深学生对分数等值和大小比较的理解（Harvey,2012）。此外,由于圆片是深受师生欢迎的分数教具,而分享又常会让人联想到食物,所以许多问题情境都是围绕蛋糕、饼干和披萨展开分数学习的。广泛地使用情境能够让学生在自己的生活中发现分数。另外,由于数线是一维的,它可以使比较更加直观。因此,教师可以设置更多让学生在线性情况下比较分数的例题(如,人们步行/跑步的距离;头发/横幅的长度;植物生长的高度)。

活动 14.21

橡皮筋

剪一些橡皮筋(长度约为 1 米或 1 码)备用。把橡皮筋拉长,均分成 10 份并标记刻度。给每两个学生一根橡皮筋,让他们用这根可拉伸的数线,先在桌子上找到相对于桌长几分之几的点,再回答问题:"哪个距离更大,还是它们相等?"

1a. 占整个桌子长度的 $\frac{5}{10}$。

1b. 占整个桌子长度的 $\frac{1}{2}$。

2a. 占整个桌子长度的 $\frac{3}{10}$。

2b. 占整个桌子长度的 $\frac{3}{8}$。(注:他们需要意识到这时整体被均分成了 8 份)

3a. 占整个桌子长度的 $\frac{3}{4}$。(注:他们需要意识到这时整体被均分成了 8 份)

3b. 占整个桌子长度的 $\frac{6}{8}$。(注:他们需要意识到这时整体被均分成了 8 份)

对于提早完成活动的学生,教师可以邀请他们再列一组分数(等值与否均可),然后和他人互换任务,再次用橡皮筋确定哪个分数较大(或者几个分数等值)。

分数单位的比较。如前文所述,整数知识可能会干扰分数的比较。学生可能会想:"7 大于 4,所以 $\frac{1}{7}$ 就应该大于 $\frac{1}{4}$。"(Mack,1995)教师的直接告知并不能让学生真正理解每份的大小与份数之间的关系,他们必须多次经历有关均分、累加、分数大小和等值的活动,才能逐渐形成自己的认识。

活动 14.22

给分数单位排序

教师列出一组分数单位,如 $\frac{1}{3}$,$\frac{1}{8}$,$\frac{1}{5}$ 和 $\frac{1}{10}$(假设每个分数单位对应的整体大小相同)。要求学生运用推理把分数单位从小到大依次排列。让学生同时用面积模型(如分数圆)和数线说明自己的推理。最后让学生回答这样的问题:比较圆上的 $\frac{1}{3}$ 和数线上的 $\frac{1}{3}$,你注意到了什么? 从而将两种表征方式联系起来。

改编题目,把所有的分子换成除 1 外的某个数,重复上述步骤。

继续改编题目,给学生提供分子不同、分母不同的分数,重复上述步骤。教师还可以改变参与比较的分数个数开展个性化教学。另外,回顾活动 14.2"谁会赢?"和活动 14.13"数线上的分数",这两个活动也都可以让学生使用面积模型,便于他们把分数标示在数线上。

学生可能会意识到分母越大,分数反而越小(这个规律很重要,学生需要掌握),但这个规律只有在同分子分数比较的情况下才一定正确。学生可能会过度推广这一认识。因此,这个"猜测"很适合在全班范围内探索讨论。

比较任何分数。你很可能学过比较两个分数的特定算法,如找到公分母或者交叉相乘。运用这些算法时不必考虑分数的具体情况,但他们通常并不是解决问题最有效的策略。如果在学生本该深入思考分数相对大小的时候,过早地让他们学习了这些规则,那么他们就很有可能失去了培养数感(概念性知识)的机会,也就很难灵活熟练(程序性知识)地比较分数。

反思角 观察图 14.24 中的每组分数,尝试从 4 年级学生的角度找出每组分数中哪个更大。

哪个分数更大?

选择一个有效的策略来比较。

说说你是怎么知道哪个分数更大的。

A.	$\frac{4}{5}$ 或 $\frac{4}{9}$		G.	$\frac{7}{12}$ 或 $\frac{5}{12}$
B.	$\frac{4}{7}$ 或 $\frac{5}{7}$		H.	$\frac{3}{5}$ 或 $\frac{3}{7}$
C.	$\frac{3}{8}$ 或 $\frac{4}{10}$		I.	$\frac{5}{8}$ 或 $\frac{6}{10}$
D.	$\frac{5}{3}$ 或 $\frac{5}{8}$		J.	$\frac{9}{8}$ 或 $\frac{4}{3}$
E.	$\frac{3}{4}$ 或 $\frac{9}{10}$		K.	$\frac{4}{6}$ 或 $\frac{7}{12}$
F.	$\frac{3}{8}$ 或 $\frac{4}{7}$		L.	$\frac{8}{9}$ 或 $\frac{7}{8}$

图 14.24 用有效的推理策略比较分数

活动 14.23

哪个分数更大?

让学生使用合适的推理策略来确定哪个分数更大。然后针对某个问题，请学生说明他们是如何确定答案的。讨论不同的推理策略，再询问学生："该策略适合哪种分数比较的情况?"

这里我们总结分享四种不同的比较方法。学生可根据所要比较分数的具体情况来选择。通常已经熟练掌握分数比较的学生能够快速找到最佳方法。

1. 同分母分数。要比较 $\frac{3}{8}$ 和 $\frac{5}{8}$ 的大小，可以考虑你有某个东西的 3 份和 5 份。（这种方法可用于解决问题 B 和 G）

2. 同分子分数。以比较 $\frac{3}{4}$ 和 $\frac{3}{7}$ 的大小为例。如果把一个整体均分成 7 份，那么每份一定比只分成 4 份的情况要小。（这种策略可用于解决问题 A，D 和 H）

3. 大于/小于基准分数。要比较分数 $\frac{3}{7}$ 和 $\frac{5}{8}$ 以及 $\frac{5}{4}$ 和 $\frac{7}{8}$ 的大小，上述两种想法都行不通。看第一组，$\frac{3}{7}$ 比 $\frac{1}{2}$ 小，而 $\frac{5}{8}$ 比 $\frac{1}{2}$ 大；因此，$\frac{5}{8}$ 更大。第二组分数则是一个大于 1，一个小于 1。（这种策略可用于解决问题 A，D，F，G 和 H）

4. 接近基准分数。为什么 $\frac{9}{10}$ 比 $\frac{3}{4}$ 大? 这两个分数都和整体差一个分数单位。$\frac{9}{10}$ 和 1 只差 $\frac{1}{10}$，所以它比 $\frac{3}{4}$ 更接近 1。同样地，$\frac{5}{8}$ 比 $\frac{4}{6}$ 小是因为它比 $\frac{1}{2}$ 大 $\frac{1}{8}$，而 $\frac{4}{6}$ 比 $\frac{1}{2}$ 大 $\frac{1}{6}$。（对于解决问题 C，E，I，J，K 和 L 而言，这都是一个好办法）

在解决图 14.24 中的问题时都使用了上述哪些策略? 希望你在解决其中（至少）一个题目时，

(a)

A $\frac{4}{5}$ 更大，因为它比整体小 $\frac{1}{5}$，而 $\frac{4}{9}$ 接近 $\frac{1}{2}$。

B 分母相同，但是 $\frac{5}{7}$ 的分子更大，所以这个分数就更大。

C $\frac{4}{10}$ 更大，因为它们都比一半要小，而 $\frac{1}{10}$ 更小，所以 $\frac{4}{10}$ 更接近一半，更大。

D 因为 $\frac{5}{3}$ 比整体大，而 $\frac{5}{8}$ 才比一半大八分之一。

E $\frac{9}{10}$ 更大，因为两个分数都比整体小一个分数单位，但 $\frac{1}{10}$ 更小，所以 $\frac{9}{10}$ 就和整体更接近。

F $\frac{4}{7}$ 更大，因为它的分母更小，同时分子更大。

(b)

A $\frac{4}{5}$ 距离整体只差一个分数单位。$\frac{4}{9}$ 接近 $\frac{1}{2}$。

B $\frac{5}{7}$ 比 $\frac{4}{7}$ 大，因为 $\frac{5}{7}$ 更接近整体。

C $\frac{4}{10}$ 比 $\frac{3}{8}$ 大，因为 $\frac{4}{10}$（和一半比）对应更小的份额。

D $\frac{5}{3}$ 比 $\frac{5}{8}$ 大，因为 $\frac{5}{3}$ 比一个整体还大。

E $\frac{9}{10}$ 比 $\frac{3}{4}$ 大，因为 $\frac{9}{10}$（和整体比）对应更小的份额。

F $\frac{4}{7}$ 比 $\frac{3}{8}$ 大，因为 $\frac{4}{7}$ 更接近整体。

图 14.25　两个学生解释他们如何完成图 14.24 中 A 到 F 的分数比较问题

使用多种甚至是全部策略。许多分数比较的问题如 D 和 H,可以用多种方法解决。这就给学生提供了非常好的机会,让他们分享思考过程,判断哪种策略适用于哪类分数比较问题。图 14.25 展示了两个学生解决 A～F 的推理过程。

由教师直接教学"分数比较的四种方法"并不利于学生掌握如何选择有效的策略。学生应该在自己的推理过程中逐渐清晰地形成这些策略。教师可以在设置题目上下功夫,通过比较特定的分数,启发学生去思考哪些方法更适合更有效。教师还可以引入情境来帮助学生推理,如赛车和铺地毯(Freeman & Jorgensen,2015),或者提供数线及其他可视化教具辅助学生思考。例如,教师给出两个分子相同的分数,让学生判断哪个更大并解释原因。可以要求学生用教具演示说明如何说服同伴,还可以组织讨论具体策略在何时更适用,为什么适用。

运用等值分数比较

如果上述解题策略都行不通,还可以借助等值分数进行比较。让学生思考是将其中一个分数变成它的等值分数,还是两个分数都变,这也是一种推理活动。例如,比较 $\frac{6}{8}$ 和 $\frac{4}{5}$。除了把两个分数通分(再使用之前的策略 1)外,还可以只把 $\frac{4}{5}$ 变成 $\frac{8}{10}$,变形后两个分数都和整体差两份(再使用之前的策略 4)。或者将两个分数都改写为分子是 12 的分数(再使用之前的策略 2)。我们可以想象,正是在这种分数比较的过程中,学生逐渐建立了对分数的数感。而这种对分数的扎实理解和灵活运用对于学生熟练进行分数运算至关重要。相关内容会在下一章谈到。

五. 教学注意事项

因为分数的教学非常重要,又因为分数的内容其实并不容易理解(即便对成年人也是如此),所以有必要把分数教学涉及的大观念和具体挑战再简明扼要地重述一遍。希望你已经意识到了:分数不好理解的原因之一是要学习的内容量大。从部分和整体关系到除法定义,既要理解分数用面积、长度和集合模型的不同表征方式,又要理解不同模型对应的问题情境。很多解题策略可能我们在自己的学习经历中都完全没有涉及。而作为教师,现在一定要把它们融于教学过程,以便我们的学生能充分地理解分数,进而在学习代数和后期其他数学内容时得心应手。

均分和累加是分数教学的一个重要方面。分数的等值包括分数比较,也是核心内容,要求学生深刻理解并熟练操作。教师还需用可视化的教具演示说明运算过程,帮助学生在两者之间建立联系。同时要注意切忌过早地教学算法。

长期从事分数教学研究的学者克拉克及其同事(Clarke et al.,2008)以及克莱姆和惠特尼(Cramer & Whitney,2010)根据研究给教师提出如下建议。这些建议也很好地总结了本章内容。

1. 提高对发展数感和理解分数意义的重视程度,不要为了应用而死记硬背操作步骤。
2. 提供多样的模型和情境让学生表示分数。

3. 强调分数是数，广泛而大量地使用数线表示分数。

4. 只要学生需要，就一定要安排时间让他们借助具体的图示并利用抽象的符号理解等值关系，还要帮助他们灵活地寻找等值分数。

5. 将分数与关键的基准值联系起来，鼓励学生估算。

分数学习的挑战与误解

学生总是在已有知识的基础上进行学习。当他们初遇分数时，自然而然地会利用自己对整数的认识来解决新问题（Cramer & Whitney，2010；Lewis & Perry，2017；Siegler，Carpenter，Fennell，Geary，Lewis，Okamoto，& Wray，2010）。要想帮助学生进入更高的理解水平，最有效的方法就是让他们使用多种表征方式和解题策略，并对自己的选择和结论进行解释和论证（Harvey，2012；Pantziara & Philippou，2012）。表 14.3 总结了学生学习分数过程中经常出现的挑战和误解，以及教师该如何帮助他们。预测学生的困惑对教学设计而言至关重要，同时也极大地影响了教师如何选择教学任务以及如何设置课程结构。

表 14.3　分数学习中的常见挑战与错误认识以及教学策略

常见的挑战与错误	具体表现	教学策略
1. 分子和分母是独立的两个数（不把分数看作数）	把 $\frac{3}{4}$ 看作是一个 3 在一个 4 上面。学生无法把分数如 $\frac{3}{4}$ 标示在数线上，因为他们觉得它不是一个数。	◆ 在数线上找出分数值（如每天安排分数热身活动，让学生把分数值贴在教室的数线上）。 ◆ 以英寸为单位进行测量，要求测量达到不同的精度（例如取邻近的 $\frac{1}{4}$，$\frac{1}{8}$ 或 $\frac{1}{16}$）。
2. 分数的各部分不需要大小相等	学生说下图中绿色的部分是 $\frac{3}{4}$（三个四分之一）。 	◆ 让学生用各种模型以自己的方式表示分数。 ◆ 提供如左图所示的问题，整体中的一些分区尚未绘制，要求学生补全均分的方法，显示出大小相等的各个部分。
3. 分数的各部分必须形状相同	学生说这个正方形里没有显示出四分之一： 	◆ 提供均分的正例和反例（参见活动 14.5）。 ◆ 让学生以尽可能多的方式表示四分之一（或八分之一）。

续　表

常见的挑战与错误	具体表现	教学策略
4. 分母大的分数更大	学生认为 $\frac{1}{5}$ 比 $\frac{1}{10}$ 小，因为 5 比 10 小。	针对误解 4 和 5： ◆ 引入情境，例如，询问学生愿意出去玩 1 个小时的 $\frac{1}{2}$，$\frac{1}{4}$，还是 $\frac{1}{10}$，并解释为什么。
5. 分母大的分数更小	学生认为 $\frac{1}{5}$ 比 $\frac{7}{10}$ 大，因为五分之一比十分之一大。	◆ 提供可视化的教具，例如用纸带或分数圆直观展示每个分数的近似大小。 ◆ 引导学生在比较分数时使用估算和参照基准分数的策略。
6. 无法表示大于 1 的分数	学生无法表示出像 $\frac{11}{8}$ 这样的分数，因为它比整体大	◆ 从分数学习初期就给学生提供大小不同的分数（小于、等于和大于 1 的分数）。 ◆ 在数线上累加直至超过 1。
7. 已知部分不能确定整体	给学生一个代表 $\frac{3}{4}$ 的模型图，他无法根据给定信息找出整体。	◆ 增加提升这方面能力的题目练习（参见图 14.12 和活动 14.11）。 ◆ 鼓励学生画数线或者用其他模型。 ◆ 先关注分数单位（四分之一是什么？）再找整体。

第十五章　分数的运算

学习目标

在阅读本章内容之后,你应该能够完成如下学习目标:

15.1　描述如何在理解的基础上进行分数运算教学的过程;

15.2　演示说明如何利用不同的分数模型进行加减运算;

15.3　将整数乘法与分数乘法结合起来,在有意义的情境中理解分数乘法;

15.4　通过现实生活中测量和平均分的情境建立整数除法与分数除法的联系。

把整数运算的相关知识和法则推广到分数运算时,学生常常会感到疑惑,例如 5 年级的学生会问:"为什么当 29 乘 $\frac{2}{9}$ 时,得到的答案变小了?"(Taber,2002,p. 67)但多数情况下这种推广是能够帮助学生理解分数运算的。学生已有的对整数运算和分数意义的深刻理解(包括分数的相对大小和等值分数),构成了他们理解分数运算的基础(Petit et al.,2010;Siegler et al.,2010),教师须在此基础上开展教学。遗憾的是,太多的分数运算教学缺乏对其意义的强调,这种情况必须扭转。在分数运算的教学中,教师要帮助学生回答这样的问题:"我们什么时候需要把分数乘起来?""为什么我们在计算分数除法时要颠倒相乘?"如果教师围绕下面这些大观念来组织分数运算的教学,那么学生是能够回答上述问题的。

大观念

- 分数四则运算的意义与整数四则运算的意义相同。因此,在分数范围内理解每种运算的意义应该作为运算教学的起点。
- 在分数加减法中,分母决定了分数的单位,分子表示分数单位的个数。运算中的加减就是分数单位个数的加减。
- 重复加和面积模型可以很好地帮助学生理解分数乘法的概念和算法。
- 等分除模型和包含除模型分别对应理解分数除法的两种思考过程。
- 估算是运算教学不可分割的一部分。要通过估算帮助学生理解分数运算的意义,预判运算结果的大小。

一．理解分数运算

学生对分数运算的掌握情况，与代数的学习密切相关。如果学生在对分数运算还未充分理解的情况下（只死记硬背了四种运算的算法却不理解其中的算理）就开始学习正式的代数内容，那么他们将会在学习代数时遇到困难，而这种不良影响会持续发酵最终限制学生在大学阶段的学习及其职业选择。《美国共同核心课程标准——数学》（CCSS‐M）也强调了分数运算的重要性，建议教师预留充分的教学时间，依照下列学习路径进行教授：

4 年级：同分母分数的加减法，分数乘整数的问题。

5 年级：提高分数加减法的精熟度，理解分数乘法的意义，围绕特定问题（分数单位除以整数和整数除以分数单位）来理解分数除法的意义。

6 年级：完善对分数除法的理解。

7 年级：解决涉及有理数四则运算的现实情境问题和数学问题。

也许当年你做学生时，每种分数运算就只学习一种指定的（"标准"）算法，所以这种在理解的基础上掌握分数运算对你来说很不一样。每种运算只教一种算法看上去似乎更快捷，但其实并不高效！首先，这些标准化的算法无法帮助学生从概念上真正理解运算及其含义。当学生只是机械地根据算法的步骤进行计算时，他们并不清楚在什么情况下该使用这种算法，也就无法评估所得答案是否有意义。其次，学生会在短时间内快速遗忘那些缺乏理解的运算步骤，对于学习数学有困难的学生而言更是如此。很快教师就会发现，这些不同的算法就如同摆在学生面前的一团乱麻。他们会问："我是该算出公分母呢，还是把分母加起来或者乘起来？""需要颠倒哪个数，第一个还是第二个？"最后，只要问题稍作改动，比如把分数写成小数或者带分数的形式，学生就会出错。所以教师必须帮助学生在理解的基础上学习分数运算，避免上述无效练习。

有效的教学过程

学生必须理解分数运算问题的解决过程，并且能够灵活运用各种方法解题。在很多情况下，学生可以通过自己思考或"创造"的方法来解决问题，不一定要循规蹈矩地使用"标准"算法。学生在解决分数运算问题时的灵活性也是其计算精熟度的一种表现。

一份关于有效教授分数运算的报告指出，教师应"帮助学生理解分数计算的步骤有什么意义"（Siegler et al.，2010）。该报告建议分四个步骤进行教学，简述如下（这也是本章后续内容安排的线索）：

1. 使用情境任务。这句话你一定很熟悉了，因为几乎本书的每一个主题中都建议使用情境。有关分数的情境问题有助于学生形成自己的解题方法，也有助于他们加深对分数的理解（Cramer & Whitney，2010；Lewis，Gibbons，Kazemi，& Lind，2015）。问题的情境不需要太复杂，但必须是学生熟悉的、符合分数使用实际情况的（例如，以英寸或杯子为单位进行测量的情境，要使用一半、四分之一、八分之一这样的分数，而三分之一或五分之一则与实际情况不符）。

2. 运用多种模型探索。面积、长度和集合模型可以分别从不同角度刻画分数，帮助学生深入理解分数的概念(Zhang，Clements，& Ellerton，2015)。这里要重点强调的是一方面要让模型与情境建立联系(例如,在"走路"的情境中使用长度模型),另一方面要让模型与符号运算相关联。可视化的教具是能够帮助学生理解符号及其相关运算的。但想要实现这种辅助功能,必须由学生反复不断地经历运用模型探索的过程,最终在模型与分数符号运算之间建立明确的联系。

3. 重视估算和学生"创造"的策略。" $2\frac{1}{2} \times \frac{1}{4}$ 比 1 大还是小？和 2 比呢?"估算能让学生把关注点放在数和运算的意义上,鼓励学生反思并帮助他们建立对分数的数感。如果要求不可以使用"标准"的方法计算,学生能否靠推理找到问题的答案呢？方法之一是应用分配律,将带分数拆为两部分分别乘 $\frac{1}{4}$：$\left(2 \times \frac{1}{4}\right) + \left(\frac{1}{2} \times \frac{1}{4}\right)$。两个 $\frac{1}{4}$ 就是 $\frac{2}{4}$ 或 $\frac{1}{2}$，$\frac{1}{4}$ 的一半是 $\frac{1}{8}$，一半加上八分之一,你就得到了 $\frac{5}{8}$。

4. 强调对计算过程中遇到的挑战、常见错误和困惑的讨论。学生会在新的学习中使用其已有的知识。将整数运算的知识迁移到分数运算,一方面可以促进分数的学习。例如,教师可以先提问学生"2×3 表示什么",再让他们回答"$2 \times 3\frac{1}{2}$ 表示什么"。另一方面,尽管运算的概念在整数和分数范围内相同,但计算的过程却不同。这就意味着用整数的知识解决分数运算问题也会导致困惑(例如,某些学生进行分数加法运算时会把分母相加)。教师应把常见的误解呈现给学生并组织他们讨论:为什么有些方法可以直接应用得到正确答案,而有些方法却会导致错误(Siegler et al.，2010)。

教师要持续地帮助学生在情境、模型和计算过程之间建立联系。想让学生充分理解上述三者之间的关系需要投入大量的时间,安排大量的练习机会。尽管在本章中,各个运算是分开讨论的,但教师教学时,应该首先给学生提供机会,让他们判断该用哪种运算解决问题。通常学习了减法后,老师布置的都是运用减法的情境题目,这其实回避了一个核心问题:"该选择哪种运算来解决这个问题呢?"

反思角 要解决图 15.1 中的情境问题,你会选择哪种运算?

---

a. 杰里米过生日,他的朋友吃了蛋糕的 $\frac{3}{4}$，杰里米吃了蛋糕的 $\frac{1}{8}$，杰里米吃了多少蛋糕?

b. 杰里米过生日,他的朋友吃了蛋糕的 $\frac{3}{4}$，杰里米吃了剩余蛋糕的 $\frac{1}{8}$，杰里米吃了多少蛋糕?

c. 杰里米过生日,他的朋友吃了一个蛋糕的 $\frac{3}{4}$，又吃了另一个蛋糕的 $\frac{1}{8}$，这个朋友吃掉了多少蛋糕?

d. 杰西卡走了一英里的 $\frac{1}{8}$，她的目标是走一英里的 $\frac{3}{4}$，她距离完成目标还有多远?

e. 杰西卡去学校要走一英里的 $\frac{1}{8}$，她的目标是走一英里的 $\frac{3}{4}$，她需要往返学校多少次才能完成目标?

图 15.1 含分数的情境问题

让我们看看图 15.1 中杰里米的情况(面积模型)。在问题 a 中,答案已经给出,杰里米吃了蛋糕的 $\frac{1}{8}$。在问题 b 中,你必须计算出 $\frac{1}{4}$ 的 $\frac{1}{8}$ 是多少,即蛋糕的 $\frac{1}{32}$。在问题 c 中,由于不清楚两块蛋糕是否大小相同,我们无法解决这个问题。如果题目中明确指出两块蛋糕大小相同,那么这个问题该用加法来解决。在有关杰西卡的第一个问题(长度模型)中,需要计算目标距离和已走距离的差值来确定她还要走多远。最后一个情境问题要求回答"往返多少次",也就是"四分之三中有多少个八分之一"。学生可以数八分之一的个数,也可以直接计算 $\frac{3}{4} \div \frac{1}{8}$。教师可以在整个学年的教学中安排类似的情境问题作为热身练习,让学生思考情境中发生了什么,进而讨论应该选用哪种运算解决问题,并说明为什么。

二. 分数加法和减法

前面我们提到了有效教授分数运算的四个步骤,这里我们将详细说明如何通过这四步来加深学生对分数加减法的理解(分数加法和减法通常一起教学)。学生要找到解决分数问题的各种方法,学生"创造"的方法有助于他们理解标准化的算法(Clarke et al., 2008)。

情境问题和模型

与分数加减法有关的情境有很多。我们先回忆一下 CCSS - M 对于整数加法的分类:加入、分离、部分整体和比较(NGA Center & CCSSO, 2010; Chval, Lannin, & Jones, 2013)。这些分类也适用于分数加法。同样地,分数减法可分为拿走(分开)和差别(比较)两类。对于整数加减法的分类总结可参阅第八章。

在现实生活中,人们常以英寸为单位测量物体(缝纫、切割用于门道的铸件、在墙上挂画等)。一英寸是一个整体或单位1,通常刻度值还有半英寸、四分之一英寸、八分之一英寸、十六分之一英寸。在实际情境中考虑这些分数之间的关系(例如, $\frac{1}{2} = \frac{2}{4} = \frac{4}{8} = \frac{8}{16}$),可以通过找到等值分数(例如,四分之一英寸也就是八分之二英寸),把一些问题转化成同分母分数相加,就可以心算出结果了。

多样化的情境可以引发学生的兴趣。这里有几个好的案例。请你阅读后思考它们之间有什么不同(除情境本身的不同以外):

雅各布为派对点了 3 个披萨。但在客人到来之前他很饿,就先吃了一个披萨的 $\frac{3}{8}$,还剩下多少个披萨?

莉迪亚星期五跑了 $1\frac{1}{2}$ 英里,星期六跑了 $2\frac{1}{8}$ 英里,星期天跑了 $2\frac{3}{4}$ 英里。她三天一共跑了多少英里?

萨米收集了 $\frac{3}{4}$ 磅核桃,查拉收集了 $\frac{7}{8}$ 磅。谁收集的更多?多多少?

在测量相框所需的木材时，伊丽莎白发现她需要两块 $5\frac{1}{4}$ 英寸长和两块 $7\frac{3}{4}$ 英寸长的木材。请问她一共需要买多长的木材做相框？

需要注意的是，上述几个情境问题：(1)包含多种加法类别(加入、比较等)；(2)混合使用面积和长度模型；(3)涉及整数、(真)分数和带分数；(4)包括加法和减法；(5)有时涉及两个以上的加数。教师呈现每个问题后，先要做一件非常重要的事：请学生画图或者用学具演示情境故事，再写出对应的符号算式为情境中的问题建立准确的数学模型。下面的段落中会经常使用有意义的情境，讨论如何将情境、模型和符号语言联系起来。

评价角

教师可以给学生提供上述任意情境问题，再配以观察表记录，就能够开展形成性评价了。记录表中会有下列条目：(1)能够合理估算；(2)能够选择适当模型并正确使用学具或画图演示；(3)能够识别出四分之几与八分之几等值；(4)可以将符号表达和可视化的学具联系起来。教学中，学生可能会有如下表现：能够用模型或画图表示分数，却找不到等值关系；选择分数圆片来演示情境，但对于问题的理解并没有帮助。如果遇到这类情况，那么教师在下一步教学中就应该明确关注图示和符号之间的对应，或者选用其他教具或不同的画图方式来说明问题。

模型

前面提到(参见第十四章)，面积、长度和集合模型是表示分数的常用模型。由于用集合模型演示分数加法运算时，容易让人有"把分母也加起来"的想法和操作，从而心生困惑。因此，教学分数加法应先考虑使用面积和长度模型。

面积模型。 分数圆是演示分数加减的一种非常有效的可视化学具，它可以帮助学生在头脑中想象大小不同的扇形代表着大小不同的分数(Cramer, Wyberg, & Leavitt, 2008)。图 15.2 展示了学生是如何先估算(在数线上画叉标记)再用分数圆进行分数加法的。

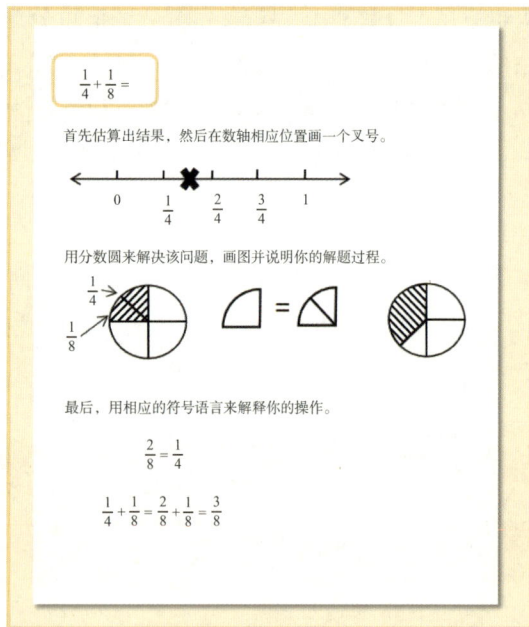

图 15.2　学生进行估算并使用分数圆解决分数加法问题

资料来源：Cramer, K., Wyberg, T., & Leavitt, S. (2008). "The Role of Representations in Fraction Addition and Subtraction." *Mathematics Teaching in the Middle School*, 13 (8), p. 495. Reprinted with permission. Copyright. 2008 by the National Council of Teachers of Mathematics. All rights reserved.

再考虑下列与圆形相关的情境:

> 杰克和吉尔点了两个中号披萨,一个是奶酪的、一个是意大利辣香肠的。杰克吃了 $\frac{5}{6}$ 个披萨,吉尔吃了 $\frac{1}{2}$ 个披萨。那么他们一共吃了多少披萨?

反思角 不考虑用符号语言通分求解,请你想想两种学生可能使用的解题方法。

如果学生通过画分数圆来解决问题,那么有些人就会试着先把第一个披萨中剩余的 $\frac{1}{6}$ 填满,这就需要搞清楚如何从 $\frac{1}{2}$ 中拿走 $\frac{1}{6}$。如果他们知道 $\frac{1}{2}$ 就是 $\frac{3}{6}$,那么拿走 $\frac{1}{6}$ 去填空缺就很容易了。

另一种方法是学生在画了两个披萨后,发现 $\frac{5}{6}$ 个披萨比半个披萨多两个 $\frac{1}{6}$,将两个一半的披萨拼在一起,最后得到一整个披萨加上 $\frac{2}{6}$ 个,也就是 $1\frac{2}{6}$。这两个方案都很好,也都是教师要鼓励的推理类型。

还有很多其他的面积模型可以在教学中使用,如分数矩形和图形块。和分数圆一样,我们能以不同的方式切分矩形找到有利于解决问题的办法,活动 15.1 就提供了一个运用分数矩形的实例。

活动 15.1

一起种菜园

分发"空菜园"活动页(或者给每个学生一张白纸表示矩形菜园)。向学生解释题意,让他们按照下列要求设计菜园:

阿尔、比尔、卡丽、丹尼尔、恩里克和法维奥每人都将分种学校菜园里的一块地,具体的分配要求如下:

阿尔:$\frac{1}{4}$,比尔:$\frac{1}{8}$,卡丽:$\frac{3}{16}$,丹尼尔:$\frac{1}{16}$,恩里克:$\frac{1}{4}$,法维奥:$\frac{1}{8}$。

他们决定结对一起工作,如果按照以下组合方式,每组要种植菜园的几分之几? 说明你的理由。

比卡和丹尼尔;阿尔和卡丽;法维奥和恩里克;卡丽、法维奥和阿尔。

为了给学生更多的挑战,教师还可以让他们解决类似拼图的问题:"哪一组分种的地最少? 哪一组分种的地最多? 哪一组分种的地正好是菜园面积的一半?"

长度模型。奎逊纳棒是长度模型的一种。假设还是让学生计算杰克和吉尔吃东西的问题,但这次吃的是长条三明治(长度情境),这时就可以建议学生用奎逊纳棒或分数条来建模。首先

要决定的是用哪种（颜色或长度的）小条表示整体。这一步在使用分数圆时是不需要考虑的，因为完整的圆就是整体。此外，因为题目中有两个三明治，建模时需注意两个分数对应的"整体"长度一致。具体到这个问题，满足条件的最短整体可以用 6 节小棒或深绿色的分数条表示，它们都便于分出六分之一（1 节小棒或白色分数条）和一半（3 节小棒或浅绿色分数条）。图 15.3（a）给出了解题过程。

如果让学生比较杰克和吉尔吃掉的三明治，又该如何表示呢？图 15.3（b）给出了说明。我们回忆一下，减法可以看作是一个"分离"过程，即整体已知，一部分被移除；也可以看作是"比较"的过程，即对比两个数量找出差值；还可以回答"还需要多少"，即从一个较小的数量开始，要找出还需增加多少才能达到一个较大的数量（"想加算减"）。上述三明治的例子是"比较"的类型，教师在编题时，还要确保给学生提供另外两类减法问题的机会。

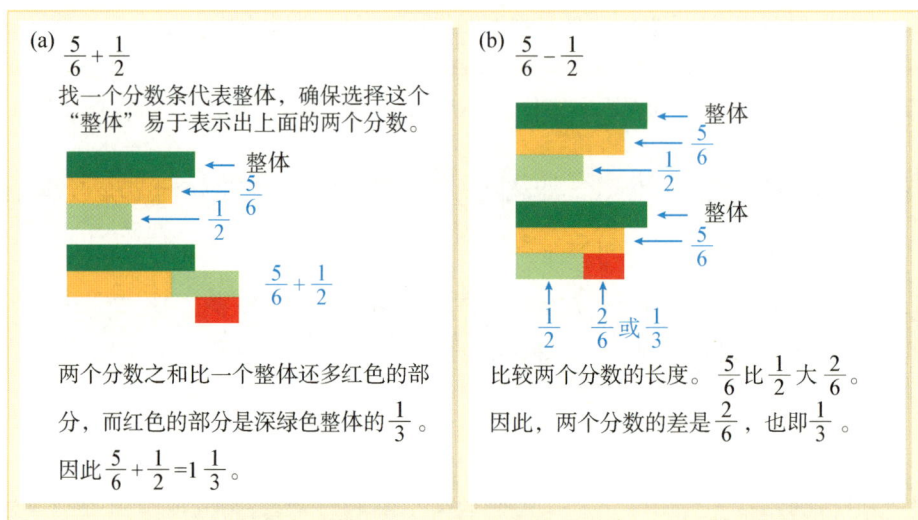

图 15.3　使用奎逊纳棒进行分数加减

数线是教学分数加减的另一个重要模型（Siegler et al.，2010）。数线的优势之一在于它可以和尺子相关联。尺子是学生熟悉的物品，也很可能是涉及分数加减最常见的实际情境。使用数线比使用面积模型更具挑战性，因为它要求学生理解 $\frac{3}{4}$ 既是 4 份中的 3 份，又是介于 0 和 1 之间的一个数值（Izsák，Tillema，& Tunc-Pekkam，2008）。同时使用面积模型和数线能够加强学生对分数加减的理解（Clarke et al.，2008；Cramer et al.，2008；Petit et al.，2010）。

活动 15.2

跳一跳

让学生在尺子上画出跳转步骤，计算下列分数加减题目（学生可能会自然地运用等值分数来推理，这种方法不需要计算公分母）。

$$\frac{3}{4}+\frac{1}{2} \qquad 4\frac{1}{2}-3\frac{3}{4} \qquad 4\frac{1}{8}-\frac{1}{2}$$

教师可根据上述问题配以相关的长度情境(例如院子里草的高度,头发长长或剪短),或者让学生自己编制情境问题。引导学生在尺子上画出跳转步骤能够激发他们在不计算公分母的情况下创造出自己的解题策略(Taber,2009)。在学生分享解题策略时,教师需要关注他们是如何计数累加以及如何使用等值分数的。

在解决第一个问题时,学生可能会以 1 为基准。他们先多数出 $\frac{1}{4}$ 得到单位 1,再加上余下的 $\frac{1}{4}$,最终得到 $1\frac{1}{4}$。或者他们可以先从 $\frac{3}{4}$ 中拿出 $\frac{1}{2}$ 与另一个 $\frac{1}{2}$ 凑成单位 1,然后再加上 $\frac{1}{4}$。

为了引导学生使用特定的策略(取走或求差),教师可以在选择情境和确定题目涉及的分数值上多花些心思。例如,以下列两种方式给出减法问题:

1. 德蒙一天要跑 $2\frac{1}{2}$ 英里,如果他刚刚跑完了 $1\frac{1}{4}$ 英里,他还需要跑多少英里?

2. 德蒙在 $2\frac{1}{2}$ 英里的标记处,而詹姆斯在 $1\frac{1}{4}$ 英里的标记处,德蒙比詹姆斯领先了多少英里?

当学生积累了很多使用面积和长度模型的经验时,他们就能够在这些可视化的学具和算法之间建立联系了。

估算

估算是帮助学生理解分数运算、实现熟练运算最有效的方法之一(Johanning,2011)。谈到估算,人们经常会引用第二次美国国家评估(Post,1981)中学生对下列题目的作答情况:

在不使用纸笔计算的前提下,估算 $\frac{12}{13}+\frac{7}{8}$。

近三分之二的初中生能够计算出这个问题的精确答案,但只有四分之一的学生能正确估算(Reys,1998)。请注意,笔算答案时需要找到 $\frac{1}{13}$ 和 $\frac{1}{8}$ 的公分母,但若只要求估算(不允许笔算),那么只要意识到每个分数都接近 1,答案接近 2 就可以了。

估算分数的和与差可以采用不同的方法(Siegler et al.,2010):

1. **基准**。判断分数是否接近 0, $\frac{1}{2}$ 或 1（或者接近 3, $3\frac{1}{2}$ 或 4——邻近的两个整数，以及它们中间含 $\frac{1}{2}$ 的带分数）。确定每个分数的基准值后，进行心算加减结果。

> 示例：$\frac{7}{8} + \frac{1}{10}$。可以这样想："$\frac{7}{8}$ 接近 1，$\frac{1}{10}$ 接近 0，它们之和约为 $1+0$，也就是接近 1。"

2. **分数单位的大小**。根据相近的分数单位的大小来判断分数有多大，然后将这些信息应用到计算中。

> 示例：$\frac{7}{8} + \frac{1}{10}$。可以这样想："$\frac{7}{8}$ 只比整体（单位 1）少 $\frac{1}{8}$，$\frac{1}{8}$ 接近（大于）$\frac{1}{10}$，所以结果接近 1 但比 1 小。"

教师可以把活动 15.3 作为例行活动、热身活动或贯穿整节课的重点活动多次使用。

活动 15.3

大于或小于 1

教师出示问题，最长 10 秒钟后把它隐藏或删掉，然后让学生估算分数的和或差，他们只需要判断答案大于 1 还是小于 1 即可。

为了便于教师看到每个人的结果，可以让学生使用"小于 1"或"大于 1"的卡片，或者在迷你白板上写"大于"或"小于"，还可以让学生使用表决器，或者给出拇指向上或向下的手势。

在组织学生讨论估算方法的过程（包括在头脑中使用数线或其他模型帮助推理）时，教师要关注学习数学有困难的学生，他们可能需要画出数线来思考分数的大小，或需要更长的时间来思考题目中涉及的数量。图 15.4 中提供了多个问题，教师要在一个题目讨论结束后，再呈现下一个题目。

估算

1. $\frac{1}{8} + \frac{4}{5}$

2. $\frac{9}{10} + \frac{7}{8}$

3. $\frac{3}{5} + \frac{3}{4} + \frac{1}{8}$

4. $\frac{3}{4} - \frac{1}{3}$

5. $\frac{11}{12} - \frac{3}{4}$

6. $1\frac{1}{2} - \frac{9}{10}$

> 给作业纸标号（写上 1 到 6 号），在纸上只写估算结果。
>
> 估算
> 借助邻近的整数和基准分数。

图 15.4 分数估算的示例

随着学习的不断深入，教师可以在活动 15.3 中融入更具挑战性的任务，或者考虑为不同组别的学生提供不同基准值的任务，实现个性化教学。以下是一些变式问题：

○ 使用除 1 以外的其他基准值。例如，估计分数加减法的结果是否大于或小于 $\frac{1}{2}$, $1\frac{1}{2}$, 2

或 3。

- 选择都小于 1 或都大于 1 的分数对进行估算，找到与它们之和或差最接近的基准分数（含一半）。
- 让学生写出略小于或略大于 1（或其他数值）的算式，然后与同伴交换，互相判断估算结果是大于 1 还是小于 1（或其他值）。

反思角　　回答图 15.4 中的例题，测试你自己的估算技能。看算式 10 秒钟后写下估算结果。在写出所有六个估算结果后，再来判断你的估值是高于还是低于实际结果。

用杯子盛放液体也是一个与分数相关并且学生较为熟悉的情境，例如，我们经常会说几量杯水或几量杯牛奶（Fung & Latulipe, 2010; Zhang et al., 2015）。活动 15.4 就是以杯子为情境鼓励学生估算分数的和或差。

活动 15.4

填一填

请学生填写杯子中缺失的分子或分母使得算式近似成立。要注意的是所填均为整数。用量杯盛放牛奶（或水）的情境让学生针对"量"来进行推理。这里提供了四个例题：

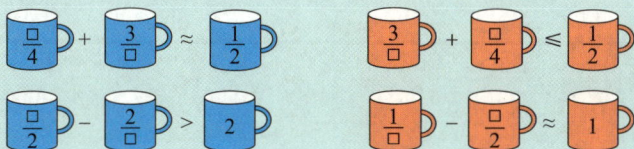

$$\frac{\Box}{4} + \frac{3}{\Box} \approx \frac{1}{2} \qquad \frac{3}{\Box} + \frac{\Box}{4} \leq \frac{1}{2}$$

$$\frac{\Box}{2} - \frac{2}{\Box} > 2 \qquad \frac{1}{\Box} - \frac{\Box}{2} \approx 1$$

因为是估算问题，所以一道题可能会有多个正确结果，也可能完全无法解决。（你能从上述四个题目中找出不可能的情况吗？）

算法

可视化学具和情境的使用可以促进学生对算法的理解。分数的记法常会导致计算错误。即使学生能够使用模型正确计算分数加减法，换成用符号语言时他们又会出错。为避免这种情况的出现，教师就要确保学生将分数符号与情境和可视化学具联系起来。

同分母分数的加减运算

分数加减法的学习从解决同分母分数的问题开始。根据《美国共同核心课程标准——数学》（CCSS - M）的建议，这一内容从 4 年级开始学习。同分母分数求和时，教师须确保学生理解运算的关键：因为分数单位相同，所以它们能够相加（Mack, 2004），这也是第十四章中讨论的累加思想。换句话说，$\frac{3}{4} + \frac{2}{4}$ 这个问题本质上是在提问"一共有几个四分之一"。而 $3\frac{7}{8} - 1\frac{3}{8}$ 则是要找出需倒数(取走)多少个八分之一,或者找出两个数之间相差多少个八分之一(比较)。累加的思想将分数运算与整数运算关联起来,也解释了为什么分母要相同。

🗣 评价角

学生能否轻松地解决同分母分数加法问题是教师判断能否引导他们学习算法的一个重要概念性指标。教师通过诊断性访谈进行评价,使学生:(1)解释分母和分子的含义;(2)按照加法的分类,确定某个加法问题属于哪个类别;(3)借助模型加以说明。上述做法有助于教师发现学生对分子和分母的理解是否深刻。如果学生的回答是基于规则而非以理解部分和整体间的关系为基础,那么教师要鼓励学生关注分数的含义。例如,围绕分数单位进行提问:"三个五分之一加上一个五分之一等于多少个五分之一?"只有当学生充分理解同分母分数相加的本质,才能开始学习异分母分数的加法。否则,后续所有符号语言的学习和使用都只能是知其然,不知其所以然。

异分母分数的加减运算。正如第十四章所讨论的,充分理解等值这一概念对于掌握分数运算至关重要。如果学生能熟练地在 $\frac{1}{2}$,$\frac{2}{4}$,$\frac{4}{8}$,$\frac{8}{16}$ 以及 $\frac{3}{4}$,$\frac{6}{8}$ 和 $\frac{12}{16}$ 之间转换,他们就能根据题目需要找出合适的等值分数参与加减运算。例如,算式 $\frac{3}{8} + \frac{1}{2}$ 代表某人的步行距离,请学生思考他走了多远。由于学生有充足的现实生活中的步行经历,学生应该能把一半换成八分之四来解决问题:

$$\frac{3}{8} + \frac{1}{2} = \frac{3}{8} + \frac{4}{8} = \frac{7}{8}$$

学习异分母分数的加减运算时,教师应该先提供算式中只有一个分数需要通分的题目,也就是两个分数的分母存在着倍数关系,例如 $\frac{5}{8} + \frac{1}{4}$。我们可以使用吃披萨的情境,先让学生估计总共吃掉的披萨是否比一整个还多。然后,请学生画图或使用模型来演示解决问题的方法,并在此过程中写下相应的分数并用符号语言记录。在学生介绍自己的解法时,教师根据学生的汇报,在黑板上写出等价的表达式并询问学生它们是否相等:

$$\frac{5}{8} + \frac{1}{4} = \frac{5}{8} + \frac{2}{8}$$

在这样的基础上,教师再呈现算式中两个分数都需要通分的题目,即两个分数的分母不存在倍数关系,例如 $\frac{2}{3} + \frac{1}{4}$(或 $\frac{2}{3} - \frac{1}{4}$)。教师继续请学生借助情境和可视化学具解释算式的意义并尝试得到计算的结果。在讨论学生的解决方法时，要引导他们关注要点：算式中的分数通分后，就得到了一个与原问题等价的同分母分数问题，因为分数单位相同，就可以用分子直接相加减的方法，计算出分数单位的个数得到最终结果。如果学生还会对两个问题的等价性表示怀疑："$\frac{8}{12}+\frac{3}{12}$ 和 $\frac{2}{3}+\frac{1}{4}$ 是一样的吗"，就说明他们还没能很好地理解等值分数的概念，那么教师需要帮助学生多加练习，多积累使用可视化教具和情境的相关经验（如图 15.5）。

图 15.5 中的三个示例展示了如何借助模型理解异分母分数加减法的算理。这里要注意的是，无论使用哪种模型，学生都要考虑该把整体均分成多少份（也就是确定公分母是多少），使得均分后的分数单位正好是两个分数通分后的分数单位（例如，$\frac{1}{5}+\frac{1}{2}$，就需要把整体均分成 10 份，分数单位是十分之一）。

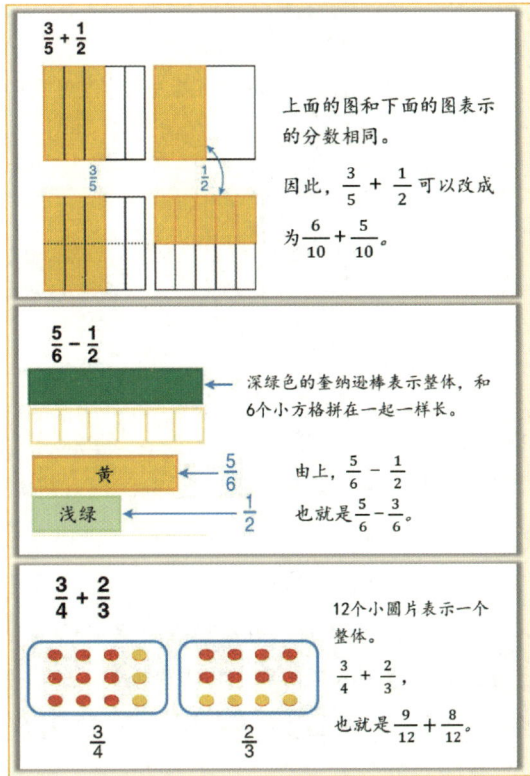

图 15.5　用不同模型表示公分母的情况

随着学习的深入，教师给出的题目不再涉及情境或可视化学具，但学生要能够根据任何题目编出情境问题或给出可视化的表征。我们在整数和代数的相关章节曾讨论过：不要只呈现"结果"未知的题目，算式中的"条件"也可能是未知的。这一点非常重要，有助于学生将加减法联系起来。我们前面提供的任何一个情境问题都能改编成条件未知的题目。例如：

萨米和查拉一起收集核桃。查拉收集了 $\frac{7}{8}$ 磅，两人一共收集了 $1\frac{1}{2}$ 磅，那么萨米收集了多少磅？

活动 15.5 给出了一个结果已知的题目，提供机会让学生积极推理来解决分数问题。

活动 15.5

你能让等式成立吗？

"你能让等式成立吗？"的活动页中包含了一系列需要补全的算式组，例如：

$$\frac{\square}{6}+\frac{\square}{3}=1 \text{ 和 } \frac{4}{\square}-\frac{\square}{2}=\frac{1}{2}$$

教师先给出一个题目，让学生找出并分享可能的整数答案。当学生给出一种方法时，教师可以追问："还有其他方法让等式成立吗？"这里需要注意的是，设计题目时要包括在整数范围内无解的情况，例如：

$$\frac{1}{\square} - \frac{1}{\square} = 1$$

在学生解决问题时，请他们解释推理过程。教师要鼓励学生使用可视化的学具（如数线或分数圆片）辅助解题。

补全如活动 15.5 中的等式需要学生在推理的过程中思考分子和分母的作用，理解为什么分子可以相加，而分母却不能。

必须要先找到公分母吗？ 教师经常会说："计算分数加减，先找到公分母。"这是一种方法，但并不是唯一的方法。

当学生用推理解决问题时，他们将会发现很多种无需计算公分母的正确解法（Taber，2009）。如前所述，使用数线解决分数加减问题时（参见活动 15.2"跳一跳"），往往不用通分。这里需要重点强调的是有关运算精熟度的要求也包括适宜策略的选择。因此，教师要鼓励学生选择策略，即便在学生掌握利用通分解决分数加减问题后，教师仍要继续鼓励他们运用推理解题。

大于 1 的分数

尽管在课程目标的叙述以及传统的教材中，有关带分数的要求和学习通常列为独立章节，但是我们并不需要为带分数的加减运算单独设立算法（请注意，前面的讨论带分数已贯穿其中）。教师应该在所有的情境和例子中融入带分数，鼓励学生使用对他们而言有意义的方法解决问题。

带分数相加时，通常先关注整数部分。考虑下列问题：你有 $5\frac{1}{8}$ 码的布，用了 $3\frac{5}{8}$ 码，还剩下多少码布？可以用算式 $5\frac{1}{8} - 3\frac{5}{8}$ 描述这个情形，这是一个和长度有关的情境，所以我们可以借助数线思考。根据情境，学生很可能会先减去 3，留下 $2\frac{1}{8}$，然后再减去 $\frac{5}{8}$。学生可能会倒着数（与累加对应），直到 $1\frac{1}{2}$ 停止。另一种方法是先从 2 个整体中取走 $\frac{5}{8}$，剩下的 $1\frac{3}{8}$ 再加上 $\frac{1}{8}$，得到 $1\frac{4}{8}$ 或 $1\frac{1}{2}$。标准化的算法就不那么直接直观了，先把一个整体换成 $\frac{8}{8}$，加上 $\frac{1}{8}$ 后得到 $1\frac{9}{8}$，然后减去 $\frac{5}{8}$。

学生在把带分数（按整数和分数部分）拆分重组的过程中容易犯许多错误。其实可以让学生将带分数改写为大于 1 的分数[①]，这是个非常好的替代策略。把带分数改写成大于 1 的分数，也许让你立即想到分数相乘，其实它也同样非常适用于分数加减法。让我们再看看 $5\frac{1}{8} - 3\frac{5}{8}$，它

[①] 译者注：《美国共同核心课程标准——数学》（CCSS－M）中没有出现"假分数"的表述，建议小学阶段的教学用"大于 1 的分数"来表示"假分数"。参见第十四章。

可以改写为 $\frac{41}{8} - \frac{29}{8}$（参见第十四章从概念理解的角度引导学生改写）。因为 $41-29$ 等于 12，所以答案是 $\frac{12}{8}$ 或 $1\frac{1}{2}$。我们能看出，这是一种普适且高效的解法。综上，教师可以为学生提供两种解法，鼓励他们在不同情况下判断哪种策略更有效。

挑战和误解

学生会自然地将他们已学的整数运算的知识和法则迁移到分数运算，但有时会因为过度泛化而导致错误。因此，教师要清楚分数运算中常见的误解并应该引导学生多加讨论。表 15.1 罗列了一些常见的挑战和误解，并提出了一些教学建议。

表 15.1 分数加减法中的常见挑战和错误认识

常见的挑战与错误	具体表现	教学策略
1. 应用整数运算法则	$\frac{1}{2} + \frac{1}{2} = \frac{2}{4}$	◆ 要求学生说出分子和分母的含义。 ◆ 用熟悉的情境讲述故事。 ◆ 要求学生根据算式编写熟悉的情境故事以便理解运算。 ◆ 使用面积和长度模型，确保学生将可视化表达与算法中的步骤对应起来。
2. 操作模型得到的答案与使用符号语言计算得到的答案不同（不觉得"有两个不同的答案"是有问题的）(Bamberger et al.，2010)	对于以下任务： 罗德里格斯女士烤了一盘布朗尼蛋糕，并将其切成 8 等份出售。她早上卖出 3 块，下午又卖出 2 块。一共卖出了这块蛋糕的几分之几？还剩几分之几？ 学生可以正确画图表示： 却写下了：$\frac{3}{8} + \frac{2}{8} = \frac{5}{16}$。	◆ 让学生判断能否有两个不同的答案同时正确。 ◆ 请学生辩论哪个答案正确，说明另一个答案为什么错误。 ◆ 让学生用相同的模型呈现解题方法。 ◆ 鼓励学生用数线解决问题。
3. 不求公分母，就直接应用标准化算法加减分子(Siegler et al.，2010)	$\frac{4}{5} + \frac{4}{10} = \frac{8}{10}$	◆ 让学生用数线或分数带模拟问题的解决过程。

续　表

常见挑战与错误	具体表现	教学策略
4. 难以确定公分母(有关求公倍数的基础知识掌握不熟练)	对于 $\frac{5}{6} - \frac{1}{4} =$ _____ 这样的问题,学生无法确定(公)分母是什么。	◆ 提供游戏和活动强化学生对乘法基础知识的掌握。 ◆ 练习求公倍数,如活动 15.6。 ◆ 组织学生讨论:尽管计算时使用较小的公分母(如 12)更简易,但任何公分母(如 24)都可以解决问题。 ◆ 让学生讨论他们找公分母的策略。 ◆ 提供两颗轨道卫星相遇信号干扰的情境让学生探索、理解公倍数的知识(调整题目涉及的数量,只含一位数),参见"信号干扰问题"活动。
5. 带分数:计算分数部分时,总是用大数减去小数(Petit et al.，2010；Siegler et al.，2010；Spangler，2011)	在解决类似 $3\frac{1}{4} - 1\frac{3}{8}$ 的问题时,针对分数部分,学生会选择用较大的分数减去较小的分数($\frac{3}{8} - \frac{1}{4}$)。	对于这些有关带分数的问题,可参考下面的教学策略: ◆ 让带分数贯穿分数加法学习的始终(而不是将其安排在最后单列章节学习),同时在练习中安排更多的带分数。 ◆ 使用情境和模型,尤其是数线。例如,让学生思考如何在数线或尺子上直观解决 $4 - \frac{7}{8}$。 ◆ 围绕出错的学生作业集体讨论。
6. 带分数:当参与运算的一部分是整数时,不知道该怎么办	对于 $4 - \frac{7}{8}$ 这样的问题,学生会在 4 下面添加分母 8,得到 $\frac{4}{8} - \frac{7}{8}$。	
7. 带分数:只关注问题中的整数部分	当遇到类似 $14\frac{1}{2} - 3\frac{1}{8}$ 这样的问题时,学生认为答案是 $11\frac{1}{2}$ 或 $11\frac{1}{8}$。	

活动 15.6

公倍数闪卡

　　教师可以使用"公倍数闪卡"组织学生练习。闪卡的正面有两个数,通常小于 12(如图 15.6),代表两个分母。教师也可以给学生一叠有数的卡片。然后,让学生两两一组。学生 A 翻出一张"公倍数闪卡"或两张有数的卡片,说出它们的一个公倍数(例如,对于 6 和 8,学生 A 可能回答公倍数是 48,学生 B 需要说出一个更小的公倍数如 24)。谁找到了最小公倍数,谁就可以得到这张卡片。设计卡片上的两个数时,可以有互质的一组数,

在卡片正面写2到12之间的两个数,卡片背面则写上它们的最小公倍数。

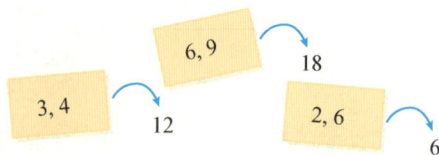

同样地,教师也可以制作公约数闪卡。

图 15.6　最小公倍数闪卡

如 9 和 5;有倍数关系的一组数,如 2 和 8;有公约数的一组数,如 8 和 12。对于学习这部分知识有困难的学生,教师可以先从有倍数关系的一组数开始练习,再慢慢过渡到其他的数。

三．分数乘法

你能想到一个需要使用分数乘法的情境吗？你是否在数学课堂外的什么地方用过分数相乘的算法？通常，这些问题的答案都是否定的。但这并不是因为人们周围没有涉及分数相乘的情境，而是因为人们不理解分数乘法的意义，自然也就不会使用相关的算法。

正如你将在本章后半部分看到的，累加（计数）和均分这两个基本思想是理解分数乘法的关键。如果学生还未能充分操作、体会累加和均分，那么教师必须想办法让他们多加练习，以便把这两个基本思想应用到解决分数乘法问题。

分数乘法的实质是按比例缩放。如果想将某物放大 2 倍，就把它乘 2。而按 1（1 倍大小）缩放时，数量不变（乘法单位元的性质）。同样地，乘 $\frac{1}{2}$ 表示缩小到原始尺寸的一半，而乘 $1\frac{1}{2}$ 表示放大到原始尺寸加上其一半的大小。这种按比例缩放的概念能够提高学生判断答案合理性的能力。

情境问题和模型

整数相乘时，我们会说 3×5 表示"5 个 3 相加"（等组集合模型），或者"3 行 5 列"（面积或行列模型），又或者"3 的 5 倍"（数线模型）。这里要注意的是，尽管集合、面积和长度模型都可以用于描述乘法结构，但教师要引导学生依据特定的情境选择适合的模型，以便他们能全面地理解分数乘法。教师引入分数乘法的问题情境不必太细致复杂，但要考虑情境和数的设置是否有助于学生理解。下文中，我们将以问题难度为线索，由易到难安排内容。

整数乘分数。整数乘分数是指形如 $5 \times \frac{1}{2}$，$6 \times \frac{1}{8}$，$10 \times \frac{3}{4}$，$3 \times 2\frac{1}{3}$ 的问题。根据《美国共同核心课程标准——数学》(CCSS-M)中的建议，这一内容安排在 4 年级学习。学生学习分数乘法应该从解决这类问题入手，因为从概念层面上讲，这类问题与整数乘法一致，都是基于等组相加简化为乘的基本思想。

> 马文每天吃 3 磅肉，他一周吃了多少肉？
>
> 墨菲每天吃 $\frac{1}{3}$ 磅肉，她一周吃了多少肉？

反思角　你会用什么算式表示上述两种情况？用什么推理策略来解决这两个问题？

对于马文的情况，算式是 7 个 3 磅相加，也就是 7×3。也可以通过跳数 $3+3+3+3+3+3+$

3 解决这个问题,得到答案 21 磅(如果你知道乘法口诀,一步即可)。同样地,墨菲吃了 $7 \times \frac{1}{3}$ 磅,

也可以通过跳数来解决: $\frac{1}{3} + \frac{1}{3} + \frac{1}{3} + \frac{1}{3} + \frac{1}{3} + \frac{1}{3} + \frac{1}{3}$,也就是总共三分之七 $(\frac{7}{3})$。请注意,

这里的跳数,也称作累加,是整数乘分数问题的本质。

活动 15.7

拼一拼

给学生一套图形块教具(由正六边形及其组成部分构成,参见第十四章)。教师指定黄色六边形作为整体,首先提问绿色、蓝色和红色小片分别代表什么分数值,再要求说出不同数量的小片相当于多少个整体:

5 个蓝色小片?　　10 个绿色小片?

最后,教师让学生写出上述问题对应的算式。例如:

$5 \times \frac{1}{3} = 1\frac{2}{3}$ 或 $\frac{5}{3}$ 　　　$10 \times \frac{1}{6} = \frac{10}{6}$ 或 $1\frac{4}{6}$ 或 $1\frac{2}{3}$

教师还可以编制多种其他任务,例如指定其他图形作为整体。如果以两个六边形作为整体,那么问题中涉及的分数也会随之改变。

活动 15.7 中使用的是图形块,教师也可以用分数圆代替或者作为辅助学具。观察上述两个问题的答案,我们可以发现任何分数(包括大于 1 的分数) $\frac{a}{b}$ 都可以看作由 $a \times \frac{1}{b}$ 得来 $(a \times \frac{1}{b} = \frac{a}{b})$。这一规律非常重要,需要学生自己在大量探索同类问题的过程中逐渐发现。除了用面积模型表示外,教师还应该提供长度模型的示例。例如用"跳一跳"的活动页来探索等长跳转(参见活动 15.2 中的加减法版本)。

分数乘整数。 接下来学生要学习的问题类型是分数乘整数,如 $\frac{2}{3} \times 12$。

尽管乘法满足交换律,但实际上这种分数乘法问题的本质是均分(而不是累加)。分数定义本身就意味着它是一种运算(Lamon, 2012)。例如: $\frac{1}{2} \times 8$, $\frac{1}{2} \times 5$, $\frac{1}{5} \times 8$, $\frac{3}{4} \times 24$, $2\frac{1}{2} \times 3$ 等属于比较或缩放的乘法类型问题。在《美国共同核心课程标准——数学》(CCSS - M)中,这种类型的分数乘法问题是在 5 年级引入的。

教师可以配合教具给出下列故事情境来帮助学生理解这类分数乘法问题:

1. 从学校步行到公共图书馆需要 25 分钟。当安娜问妈妈她们走了多远时,妈妈说走了全程的 $\frac{1}{2}$。她们已经走了多少分钟呢?(假设步行速度一定)

2. 麦克收集了 15 辆汽车模型,其中三分之二的汽车模型是红色的。请问麦克有几辆红色的

汽车模型?

要再次强调的是,这类问题的本质是平均分(找出整体中的一部分)。在解决此类问题的过程中,学生会如何思考呢? 以问题 2 为例,学生可能将 15 等分成三组(或者将一条线段平均分成三段),然后看两份是多少。用符号表示的话,15 的 $\frac{2}{3}$ 也就是 $15 \div 3 \times 2$。

计数小圆片(集合模型)能够有效地帮助我们在整体中确定部分。在第十四章,我们介绍了如何用双色计数小圆片来理解均分和累加的概念。当时,教师会提出这样的问题:"如果整体是 45,那么整体的 $\frac{1}{5}$ 是多少?""如果整体是 24,那么整体的 $\frac{3}{8}$ 是多少?"现在,教师可以在提问方式上稍作变动,让学生写出与给定情境匹配的乘法算式,这样就能更清晰地体现这类问题与分数乘法之间的联系。

面积模型(如矩形)也能够有效直观地说明这类分数乘法问题,并且有助于把问题推广到更一般的情形(Witherspoon,2014),参见活动 15.8。

活动 15.8

横幅有多大?

教师先向学生解释或展示一卷用于制作横幅的纸,它的宽为一英尺(或者一码、一米)。然后,教师打开纸卷,剪下制作第一个横幅的纸:1 英尺宽 6 英尺长。

提问学生:"这个横幅的面积是多少?"($1 \times 6 = 6$ 平方英尺)。教师可以再剪一段不同长度的横幅(宽为 1 英尺)让学生计算横幅的大小。而后,教师解释下一步操作:沿长边裁剪,做出更窄的横幅,请学生在已有矩形上表示出 $\frac{1}{2}$ 英尺 $\times$ 6 英尺的新横幅,并计算出它的面积:

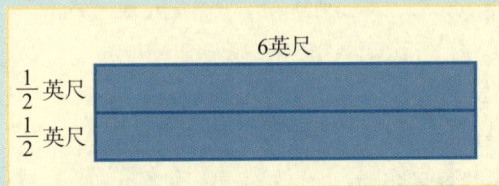

学生写出每半个横幅的面积是 3 平方英尺:

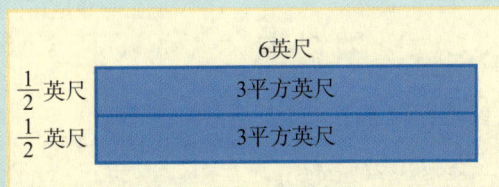

教师可以继续改编题目，将新横幅的宽度变为三分之一、四分之一等，重复上面的过程让学生确定新横幅的面积。而后，同时改变横幅的长度（如 12 英尺、15 英尺）和宽度（如二分之一、四分之一、三分之一）继续探索。针对每个具体问题，鼓励学生思考横幅长度、宽度的放缩与其面积变化之间的关系，进而找出确定横幅面积的规律。对于学习数学有困难的学生和需要借助实物操作解题的学生，教师可以提前准备纸条或者一英寸的网格纸，让他们通过折叠或画图表示均分的过程。

分数乘分数——可直接约分。当学生有了整数乘分数（15 个 $\frac{2}{3}$）和分数乘整数（15 的 $\frac{2}{3}$）的经验，下一步就是引入分数乘分数的问题。但教师在选题时注意不要给学生呈现那些不能直接约分的题目。教学时，可以先从口述任务开始，让学生计算一个分数的几分之几，例如，找到五分之二的一半。

下面的三个问题可以心算出来吗？

还剩下 $\frac{3}{4}$ 个披萨。如果要把剩余披萨的 $\frac{1}{3}$ 给哥哥，那么哥哥得到了整个披萨的几分之几？

有人吃了面包的 $\frac{1}{10}$，剩下 $\frac{9}{10}$。如果要用剩余面包的 $\frac{2}{3}$ 做法式吐司，做法式吐司用了整个面包的几分之几？

格洛里亚用了 $2\frac{1}{2}$ 管的蓝色颜料画天空。每管颜料重 $\frac{4}{5}$ 盎司，她一共用了多少盎司的蓝色颜料？

图 15.7 介绍了如何为这类问题建模。当然，表示均分的方法有很多种，关键是要让学生用自己的方式建模并解决问题。例如，在表示 $\frac{3}{4}\times\frac{1}{3}$ 时，学生可以画出四分之三的三分之一（如图 15.7 所示），也可以先找到每个四分之一的 $\frac{1}{3}$，再将其加起来（Izsák，2008）。

任务	找到初始量	表示是初始量的几分之几	解决问题的方法
披萨 找到 $\frac{3}{4}$ 个披萨的 $\frac{1}{3}$，也就是 $\frac{1}{3}\times\frac{3}{4}$。	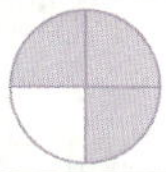	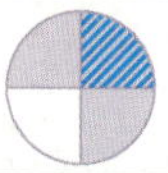	$\frac{3}{4}$ 个披萨的 $\frac{1}{3}$，是一整个披萨的 $\frac{1}{4}$。 $\frac{1}{3}\times\frac{3}{4}=\frac{1}{4}$
面包 找到 $\frac{9}{10}$ 个面包的 $\frac{2}{3}$，也就是 $\frac{2}{3}\times\frac{9}{10}$。	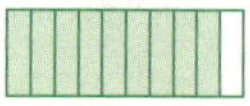	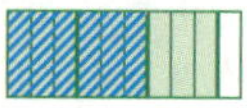	$\frac{9}{10}$ 个面包的 $\frac{2}{3}$，是6片面包，是整个面包的 $\frac{6}{10}$。 $\frac{2}{3}\times\frac{9}{10}=\frac{6}{10}$
颜料 找到 $\frac{4}{5}$ 管颜料的 $2\frac{1}{2}$ 倍，也就是 $2\frac{1}{2}\times\frac{4}{5}$。	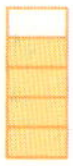	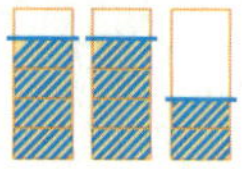	$\frac{4}{5}$ 的 $2\frac{1}{2}$ 倍， $\frac{4}{5}+\frac{4}{5}+\frac{2}{5}=\frac{10}{5}$

图 15.7　三个乘法问题的可视化表示

分数乘分数——不可直接约分。当分数无法直接约分,被均分的对象必须细分为更小的单元时,问题也变得更具挑战性。

> 扎克还剩下 $\frac{2}{3}$ 的草地要割。午饭后,他又割了剩余草地的 $\frac{3}{4}$,午饭后扎克割了整个草地的几分之几?

> 动物管理员有一大瓶动物们最喜欢的饮料——动物可乐。猴子喝了 $\frac{1}{5}$ 瓶,斑马喝了剩下的 $\frac{2}{3}$。斑马喝了多少动物可乐?

反思角　先想想该如何解决这两个问题。可以画图解决,但不要用计算法则。

在扎克割草的问题中,需要把两块草地(即剩余的三分之二)等分成四份。我们再看动物可乐的问题,需要将四份可乐(即剩余的五分之四)等分成三部分。这时,对分母和分子概念的理解又一次发挥了重要作用:分母表示一共分成多少份,决定分数单位的大小,分子表示数出的分数单位的个数。图 15.8 给出了一个解决扎克割草问题的方法。平均分纸条是解决分数乘法问题(尤其是需要细分的问题)的一个有效方法(Siebert & Gaskin, 2006)。图 15.8 中的纸条先被折叠或平均分成三等份,然后用阴影表示出三分之二。接下来,这三分之二需要再等分(细分)成四份,其中的四分之三重新着

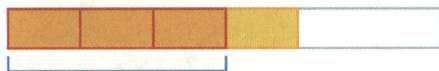

图 15.8　不可直接约分的分数乘法问题的一个解法

色。最后把重新着色的部分与整体进行比较。$\frac{2}{3}$ 的四分之三占整体的多少? 答案是一半。动物可乐问题也可以通过类似的方法解决。

分数相乘的过程也可以用计数小圆片来模拟(如图 15.9),但是用集合模型表示整体和解释答案的难度都比较高。具体操作时,教师要选择与图示相匹配的情境,如成排的椅子。另外,教师要多鼓励学生使用圆片,提示他们关注整体的变化以及答案的意义。

用分数条解释分数乘法。 分数条是一种非常强大的可视化学具，能够直观说明分数的乘积可以比分数本身小很多，也能说明当分数都接近 1 时，它们的乘积也接近 1。此外，分数条还能很好地将分数相乘的算法步骤可视化。

给学生一个正方形，让他们等分、着色表示出起始的分数值（如图 15.10）。例如，计算 $\frac{3}{5} \times \frac{3}{4}$，也就是要找到 $\frac{3}{4}$ 中的 $\frac{3}{5}$，先从表示 $\frac{3}{4}$ 开始（图 15.10 中的步骤 a）。下一步是找到 $\frac{3}{4}$ 的五分之几，就在表示 $\frac{3}{4}$ 的区

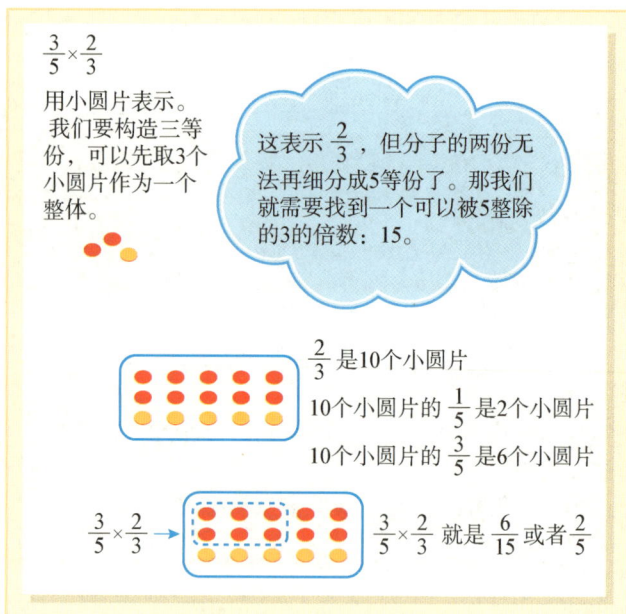

图 15.9　用计数小圆片模拟分数乘法问题

域里画等距的水平线将其五等分（步骤 b）。这些水平线也可以延伸出去贯穿整个正方形，将整体平均分；之后将五份中的三份再次着色（步骤 c）。重叠的着色部分与整体比较就表示 $\frac{3}{4}$ 中的 $\frac{3}{5}$ 占整体的几分之几。

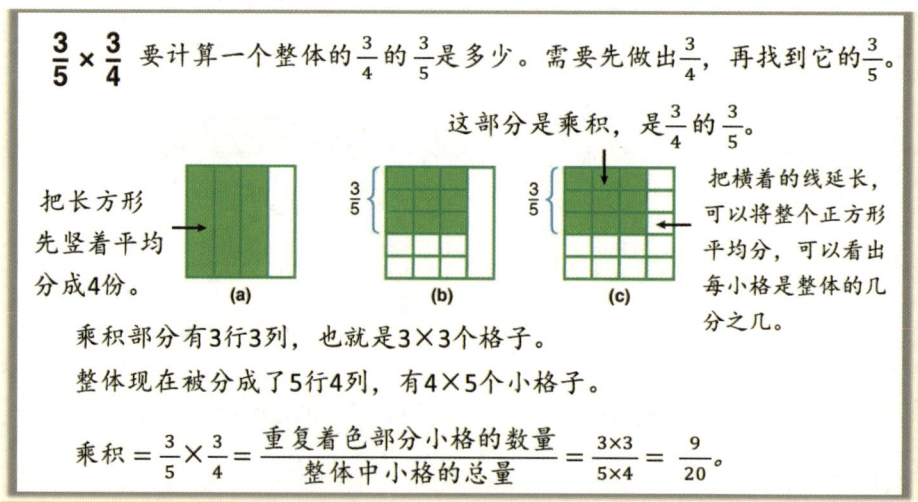

图 15.10　理解分数乘法的标准化算法

缝拼被是学习分数乘法的一个非常好的情境，因为每个要拼接的小块都是长方形或正方形，它们是整体缝拼被的一部分，有对应的分数值。

活动 15.9

缝拼被①

让学生在网格纸上画出一张长 8 英尺、宽 6 英尺的拼接被草图，或者设计一个和教室面积相等的拼接被！教师解释活动要求，每个小组负责准备拼接被的一部分：绘制一幅 3 英尺乘 2 英尺的画。然后，让学生回答每个小组提供的是整个拼接被的几分之几。

然后，教师改变表述方式重新布置任务。每组准备拼接被的一个部分，长为整个图案的 $\frac{1}{4}$，宽为整体的 $\frac{1}{2}$。让学生画出整个拼接被，并说出他们小组负责准备的是几分之几。教师还要帮助学生建立这个联系：$\frac{1}{4}$ 长 × $\frac{1}{2}$ 宽 = $\frac{1}{8}$ 面积（$\frac{1}{4} \times \frac{1}{2} = \frac{1}{8}$）。

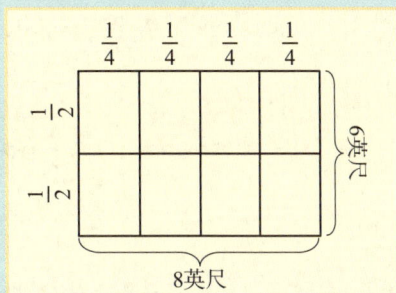

活动 15.10 可以促进学生积极探索分数的乘法运算以及乘法的交换律。

活动 15.10

修建游乐场

向学生展示下列问题：

A 和 B 两个社区分别在两个 50 码乘 100 码的草地上修建游乐场。社区 A 须将他们草地的 $\frac{3}{4}$ 改造为一个游乐场，游乐场中的 $\frac{2}{5}$ 要铺设柏油路。社区 B 将草地的 $\frac{2}{5}$ 用作游乐场，游乐场中的 $\frac{3}{4}$ 铺设柏油路。请问哪个社区的游乐场更大？哪个社区的柏油路更多？画图解题并说明你的想法。(Imm, Stylianou, & Chae, 2008, p.459)

教师先让学生预测哪个社区的游乐场更大，记录下大家的估算结果后，让学生两两一组分别为社区 A 和 B 解决问题。学生各自独立完成图示和解题后，比较答案互相讨论，同时准备向全班同学汇报小组结论。

估算

在现实世界中，我们常常会遇到整数和分数相乘的情况，估算和精算都非常有用。

例如，打折促销时我们经常看到物品上贴着"半价"的标签，下一章我们会讨论，分数可以完美替换百分数。要估算 36.69 美元的 75% 是多少，把 75% 想成 $\frac{3}{4}$ 就更容易算出四分之一（约 9

---

① 资料来源：改编自 Tsankova, J. K., & Pjanic, K. (2009/2010). The area model of multiplication of fractions. Mathematics Teaching in the Middle School, 15(5), 281–285.

美元)和四分之三(约 27 美元)。

当问题中涉及的数比较复杂时,教师可以鼓励学生使用下列估算策略:用相近的数、找基准、参照分数单位的相对大小。

- 相近的数:例如,要估算 36.69 美元的 $\frac{3}{5}$ 是多少,可以考虑相近的数 35 美元。35 的五分之一是 7,所以五分之三是 3×7 或 21。

在学习分数加减法估算时,我们讨论过的两种策略也适用于分数乘法的估算:

- 基准:估算 $\frac{7}{8}\times\frac{5}{12}$ 可以这样想:"结果接近但略小于 1 乘 $\frac{1}{2}$,所以答案会比基准值二分之一小。"

- 分数的意义:估算 $\frac{1}{3}\times3\frac{4}{5}$ 可以这样想:"我要知道这个值的三分之一。3 的三分之一是 1,$\frac{4}{5}$ 的 $\frac{1}{3}$ 大于 $\frac{1}{5}$(因为 $\frac{4}{5}$ 有四个分数单位),所以结果大约是 $1\frac{1}{5}$。"

学生选择哪种估算策略取决于给定分数的大小。教师可以让学生分享他们的估算方法,需要注意的是,要确保学生不是先计算出准确答案再四舍五入得到估算值。

算法

当学生积累了足够多的使用面积模型(或长度模型)的经验时,他们就会开始注意到其中的规律。这里的"足够多"很可能比教师通常提供的还要多得多。换句话说,只给学生提供两三个例子是远远不够的,他们需要用几周的时间完成不同类型的题目,使用不同的表示方法。做练习的过程中,学生慢慢会关注分母与均分网格(或等分线)之间的关系,以及分子对解题方法的影响。

等学生准备好了,能开始学习标准化的算法时,请他们先解决下列三个问题:

$$\frac{5}{6}\times\frac{1}{2} \qquad \frac{3}{4}\times\frac{1}{5} \qquad \frac{1}{3}\times\frac{9}{10}$$

针对每个问题,让学生通过垂直和水平地均分正方形来演示解题过程。教师可以提问:"你是怎么确定分数单位(分母)的?"以第一个问题为例,教师可以问:"你怎么知道分母是 12 的?对于其他题目,这个规律还成立吗?"然后,让学生找找看,确定共有多少个分数单位(分子)时有什么规律。

教师还应频繁持续地让学生估算答案的大小,说明理由,并验证估算结果的合理性。仍以第一个题目为例,学生可能会注意到:因为 $\frac{5}{6}$ 接近但小于 1,所以答案会略小于 $\frac{1}{2}$。

大于 1 的分数

在教学过程中,至少含一个带分数的分数乘法问题(如 $\frac{3}{4}\times2\frac{1}{2}$)应该与乘数都小于 1 的问题结合起来。当问题涉及带分数时,学生会看到乘一个小于 1 和乘一个大于 1 的数有着不同的影响。活动 15.11 就着重说明了这种推理(Thompson, 1995)。

活动 15.11

你能看到吗?

教师给出一个部分着色的图片,如下图所示。

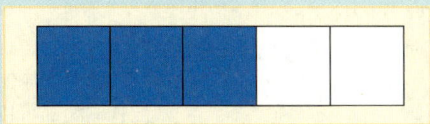

提问学生下列问题,并让他们解释思考过程。

你能看到多少的 $\frac{3}{5}$ 吗?　　　你能看到 $\frac{3}{5}$ 的 $\frac{5}{3}$ 吗?

你能看到多少的 $\frac{5}{3}$ 吗?　　　你能看到 $\frac{3}{5}$ 的 $\frac{2}{3}$ 吗?

如图 15.11 所示,矩形模型也能很好地说明乘数大于 1 的分数乘法问题。许多教科书要求学生先将带分数转换成大于 1 的分数形式(也就是我们通常所说的假分数),再让分数相乘。转换为假分数是解决这类问题的一种有效方法,但并不是唯一的方法。事实上,学生可以有多种"乘"的方法。当学生把 $2\frac{1}{2}$ 看作是 $2+\frac{1}{2}$,就可以先分别计算 $\frac{3}{4}\times 2$ 和 $\frac{3}{4}\times\frac{1}{2}$,再将结果相加——这实际上运用了分配律。如果两个乘数都是带分数,就把它们分别拆分相乘,得到四个部分乘积再相加,这和两个两位数相乘一样。

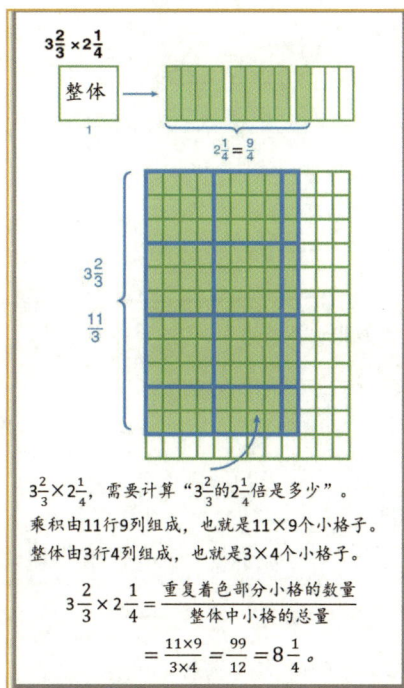

反思角 请找出这个乘法中的四个部分乘积:$3\frac{2}{3}\times 2\frac{1}{4}$。

图 15.12 呈现了先将带分数分别拆分后两两相乘,再将四个部分乘积相加的计算过程。这种方法在概念理解上的要求更高,也更适用于估算。还需注意的是,图

图 15.11 用于解决乘数小于 1 的分数乘法可推广到带分数乘法

15.12 中的四个部分乘积都可以在图 15.11 的矩形中对应找到。正如本书中多次提到的,对学生来说,理解这两种不同的计算方法并能够选择出适合自己的方法是非常重要的。

挑战和误解

当学生开始学习分数乘法时,他们已经内化的、有关整数乘法和分数加减法的部分概念可能

会给他们带来一些困惑。如果教师没给学生提供充足的时间让他们从概念上探索分数乘法的意义和算理，而是急于让他们记忆法则（如分子、分母同时相乘），这种困惑还会加剧。如表 15.2 所示，生硬地记忆那些未被理解的规则，容易引发学生的误解和错误，也将成为学生后续解决比例和代数式问题的一个重要障碍。

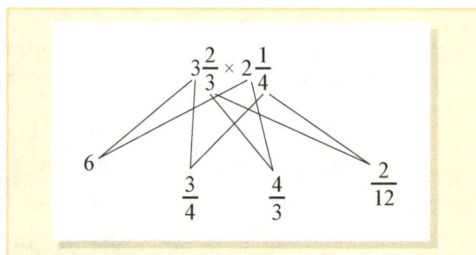

图 15.12　两个带分数相乘时，有四个部分乘积。把它们相加可以用于计算或估算乘积的大小

表 15.2　分数乘法中的常见挑战和错误认识

常见挑战与错误	具体表现	教学策略
1. 按分数加减的计算方法通分分母	$\frac{1}{4} \times \frac{3}{8} = \frac{2}{8} \times \frac{3}{8} = \frac{6}{8}$	◆ 引导学生回顾分数加法和乘法的意义，理解它们的计算步骤为什么不同，也可以借助矩形或数线模型比较两种运算。 ◆ 在可视化学具与算法步骤之间建立联系。 ◆ 解题前先估算结果，解题后将计算得到的乘积与估算结果进行比较。
2. 不会估算结果	对于像 $\frac{8}{9} \times \frac{3}{5}$ 这样的问题，学生认为 $\frac{8}{9}$ 接近 1，就用它来估算，相乘后再近似得到估算结果。	◆ 明确教授并反复练习前文中建议的估算策略。 ◆ 鼓励学生估算所有的题目并进行讨论，利用估算保证答案的合理性。
3. 因为乘积比乘数小就觉得它是错的	学生计算 $\frac{1}{4} \times 4\frac{1}{2}$ 得到乘积 $1\frac{1}{16}$，认为答案一定是错的。	◆ 使用可视化学具说明。 ◆ 教师提供情境背景或者让学生创设与问题对应的情境帮助理解。
4. 混淆乘和除	例如解决"24 美元的 $\frac{1}{3}$ 是多少"，学生没有除以 3 或乘 $\frac{1}{3}$（两种方法都正确），而是除以 $\frac{1}{3}$。	◆ 估算。 ◆ 提问学生："所得结果应该比给定值大还是小？" ◆ 让学生解释情境和答案，看能否说得通。
5. 在问题情境中曲解"谁是谁的几分之几"的问题	在扎克割草的问题中（求 $\frac{2}{3}$ 的 $\frac{3}{4}$ 是多少），学生会认为问题是求解：$\frac{3}{4} - \frac{2}{3}$ 或 $\frac{3}{4} \div \frac{2}{3}$，或者其他问题。	◆ 避免在表述情境问题时仅提供关键词，这样做非但无效，还会使问题变得更复杂，让学生难以着手解决。 ◆ 让学生先集中注意力定性地思考情境中的数量关系（不要关注问题中涉及的具体数）。 ◆ 鼓励学生用更简单的方式复述情境，再将其转化成符号语言。

四. 分数除法

你能举出现实生活中要除以分数的实例吗？尽管从概念层面上来说我们在许多实际情形中

都用到了涉及分数的除法，但很少有人能回答上面的问题。你知道"颠倒相乘"的算法吗？你在实际生活中用过它吗？在 K‐8 年级的数学学习中，分数除法的算法总是最神秘的一个。我们无论如何也要解开这个谜，帮助学生真正理解什么情况下使用分数除法以及如何计算得到结果。

在第十四章中讨论的平均分和累加是学生探索分数除法绝对必要的先验知识。学习分数除法时，教师应该依次给学生提供下列四类问题：

a. 整数除以整数：$14 \div 5$ 或 $22 \div 7$。

b. 分数除以整数：$\frac{1}{2} \div 4$ 或 $\frac{7}{8} \div 2$。

c. 整数除以分数：$4 \div \frac{1}{3}$ 或 $4 \div \frac{2}{3}$。

d. 分数除以分数：$\frac{7}{8} \div \frac{1}{8}$ 或 $2\frac{1}{4} \div \frac{1}{2}$。

这四类问题将在下文一一阐述。在《美国共同核心课程标准——数学》(CCSS‐M)中，分数除法从 5 年级开始学习。5 年级的学生先解决前三类问题，并且只涉及分数单位。6 年级的学生对所有的类型都有所接触；到了 7 年级，开始引入负分数。

情境问题和模型

学生学习分数除法要以他们已经掌握的整数除法的知识为基础。与整数除法一样，分数除法也有两种含义：等分除和包含除(Gregg & Gregg, 2007；Kribs‐Zaleta, 2008；Tirosh, 2000)。通过下文中的例子我们可以发现：除法的这两种含义是学习不同类型的分数除法问题所必需的基础。

整数除以整数。平均分或分享的情境能很好地解释整数除以整数(Lamon, 2012)。即便是很小的孩子，也能理解什么是分享(如 2 个人分享 3 块饼干)。与分享相关的任务是第十四章的一个主要议题，这是因为它与平均分的思想关联紧密。这里，我们主要讨论分数除法的学习路径。

平均分的结果是每个人都得到整体中相等的一部分：4 个人分享 5 个三明治($5 \div 4$)。如果把每个三明治四等分，就会看到每个人得到四分之五(第一个人从每个三明治中取出黄色部分，第二个人取出红色部分，依此类推)：

这里需要注意的是：$5 \div 4 = \frac{1}{4} \times 5 = \frac{5}{4}$。第一个算式表示 4 个人平均分享 5 个三明治；第二个算式表示 5 个三明治中的四分之一(即一个人的平均份额)；最后的结果表示每个人得到四分之五，也就是从五个三明治中分别取出四分之一的总和。学生必须能说明这些等价算式的意义以及它们之间的联系。

不管问题中涉及的数有多复杂，上述推理都适用。想想 11 个人分享 92 个三明治($92 \div 11$)，依旧是每人分得每个三明治的 $\frac{1}{11}$,一共 92 个三明治,所以每人得到 $\frac{92}{11}$ 个。

当学生清楚地意识到整数除以整数等于整数乘对应的分数单位时,他们就可以把同样的推理推广到分数单位除以整数的情况了。

分数除以整数。 根据《美国共同核心课程标准——数学》(CCSS－M)的要求,这类分数除法问题在 5 年级引入时只涉及分数单位 $\left(\frac{1}{4} \div 3\right)$,在 6 年级时则包括不是分数单位的情况 $\left(\frac{9}{10} \div 3 \text{ 或 } 2\frac{1}{2} \div 6\right)$。 这里需要注意的是,在等分除问题中,教师常会问:"一个人分得多少?"其实,同类型的问题还包括"一小时走了多少英里"或"一个蝴蝶结需要多长的丝带"。

💡 **反思角** 根据 $\frac{1}{4} \div 3$ 创设一个问题情境。

活动 15.12

故事汇编

教师可以为学生提供不同的情境来探索同一个问题。这里有三个故事(分别对应面积、长度和集合模型):

- 分菜园。三个园丁平分 $\frac{1}{4}$ 英亩的土地来种植,每个园丁分种多少英亩?

- 水瓶。要把 $\frac{1}{4}$ 加仑的水平均倒进三个水瓶中,每瓶倒入了多少水?

- 奶酪棒。阿洛买了一袋奶酪棒,他带着其中的 $\frac{1}{4}$ 去野餐。野餐时,阿洛与另外两个朋友决定三个人平分带来的奶酪棒。每人得到的奶酪棒是整袋的几分之几?

学生完成三个活动后,教师可以让他们比较各自选用的可视化教具有什么不同,再让他们把运算的意义与可视化的表达联系起来。然后要求学生写出每个问题的算式(应该是同一个算式!)。解题过程中,教师要强调问题是"一份/人/瓶多少",让学生明确求什么。学生探索完这个初始任务后,可以增加挑战难度,让他们根据如 $\frac{1}{4} \div 3$ 的算式创设不同的问题情境。

和这个算式匹配的情境有很多。活动 15.12 中的情境分别对应面积、长度和集合模型。在寻找有趣的情境时,还要考虑给学生提供超越具体模型(可用多种不同模型表示)的情况。

在学生研究了分数单位除以整数的问题之后,他们就可以在情境的帮助下解决任意分数(含带分数)除以整数的情况。剪丝带做蝴蝶结就是一个有关长度模型的好例子:

凯西有 $5\frac{1}{3}$ 码的丝带,她要做四个蝴蝶结来包装生日礼物。如果她想用等长的丝带做蝴蝶结,那么每个蝴蝶结要用多少码丝带?

如果把 $5\frac{1}{3}$ 看作是分数单位的集合,那么一共有 16 个三分之一要用于平均分,也就是 4 个三分之一制作一个蝴蝶结。或者,我们也可以考虑先给每个蝴蝶结分 1 码,还剩 $1\frac{1}{3}$ 码。这 4 个三分之一再继续分配,最终每个蝴蝶结用丝带 $1\frac{1}{3}$ 码。在这个除法问题中,分数单位(三分之一)无需进一步均分。学生需要大量练习这种分数单位的个数正好可以平均分,分数单位无需再细分的题目,积累足够的经验后才能进一步探索更复杂的任务。

在下列问题中,分数单位还须继续细分才能完成均分:

麦克要用 $1\frac{1}{4}$ 小时做三件家务事。如果他把时间平均分配,那么做一件家务事要用多少小时?

此处的问题是"做一件家务事要用多少小时",麦克的 5 个四分之一小时不能正好分成三等份。因此,全部或者某些"部分"还需要再细分。图 15.13 显示了如何用三种模型(面积、长度和集合)模拟这个等分过程。三种模型都将每个四分之一等分成三份,分数单位就变成了十二分之一。总共有 15 个十二分之一,每件家务事就用 $\frac{5}{12}$ 小时(也可以将小时转化为分钟来验证所得结果:$1\frac{1}{4}$ 小时是 75 分钟,除以 3 件家务事,每件 25 分钟,$\frac{25}{60}=\frac{5}{12}$)。

整数除以分数。这类问题可以用测量的过程来说明(也称为重复减或包含除),也就是我们需要重复多次地从总数中拿走数量相等的组。例如,"如果你有 13 夸脱柠檬水,以及容积为 3 夸脱的小水壶,那么你能装满几个小水壶?"请注意这不是分享的情境,而是重复减的情况。这个题目中,我们问的是:"13 中有多少个 3?"

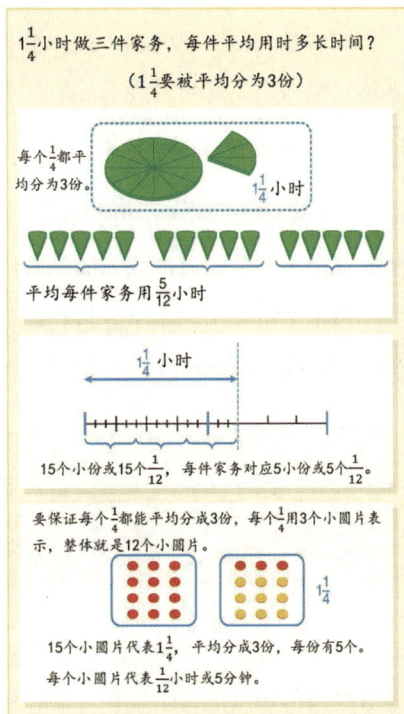

图 15.13 三种模型表示等分除(除数为整数)

以测量过程解释除以分数的问题是个好办法。这是因为学生可以画图表示测量过程(Cramer et al.,2010),而演示整数除以分数的方法又有很多。此外,由于测量过程能够帮助学生理解分数除法的算法,让学生在情境中去操作测量就变得非常重要。例如,让学生计算某套餐所含的单人餐量就是个不错的情境。活动 15.13 用准备三明治套餐的情境为学生理解除以分数单位的问题打下基础。

活动 15.13

三明治套餐

超级三明治餐厅推出新套餐了。一份儿童餐是 $\frac{1}{6}$ 个超级三明治，成人餐分为小号和中号，分别

是 $\frac{1}{3}$ 和 $\frac{1}{2}$ 个超级三明治。员工需根据顾客点套餐的情况快速判断一共需要多少个超级三明治。

1. 同样用 6 个超级三明治，分别可以做出儿童餐多少份，小号成人餐多少份，中号 成人餐多少份？

$$6 \div \frac{1}{6} \qquad 6 \div \frac{1}{3} \qquad 6 \div \frac{1}{2}$$

2. 请解释下列式子分别表示怎样的套餐准备过程(说出一共需要多少个超级三明治，顾客点了哪种套餐)。然后估算：哪种情况做出的套餐份数最多？解释你的推理。

$$8 \div \frac{1}{3} \qquad 5 \div \frac{1}{2} \qquad 6 \div \frac{1}{6}$$

要注意的是上述问题 1 提供机会让学生比较当单位分数做除数时，其大小对于结果的影响。教师要组织学生讨论为什么除数位置的分数较小时，反而能得到更多的套餐。这种讨论能帮助学生在乘除法之间建立联系，学生可能还会注意到更为一般的规律：$1 \div \frac{1}{n} = n$，因此，$a \div \frac{1}{n} = a \times n$（Cavey & Kinzel，2014）。问题 2 则让学生在解决新问题的过程中验证问题 1 所引发的猜想。这两个问题都可以用不同的可视化学具加以说明。

当学生解决了以单位分数做除数的测量问题后，他们就可以开始探索一般的、非单位分数做除数的情况了，例如：

一家冰沙店刚买了一台机器，每次能做出 6 品脱的冰沙。店里的冰沙杯可装 $\frac{3}{4}$ 品脱，那么这台机器每次做出的冰沙可以装几杯？

与这个情境匹配的可视化模型有很多，可以画一条垂直的数线或一个条形图，也可以用六个等分成四份的矩形。学生也许能轻松地算出四分之一的总数（24），但他们不确定如何计算其中有多少份四分之三。教师要鼓励学生用可视化的模型表示，将三个四分之一组成一份。

分享或均分的除法含义也可以（并且应该）用于解决整数除以分数的问题。还记得吗？分享任务的重点问题是"一人/份有多少"。在第十四章，我们曾安排了一系列任务要求学生在部分已知的情况下找到整体（参见图 14.12）。这些任务本质上也都在提问"一份（一个整体/单位 1）是多少"，对于学生理解除以分数的意义很有帮助。活动 15.14 又提供了一系列类似的任务，明确揭示它们与分数除法的联系。

活动 15.14

整体是多少？

使用"数数小圆片；整体是多少"活动页，或者给学生一堆双色计数小圆片。要求他们完成如下任务：

1. 如果 8 个小圆片代表整体的 $\frac{1}{4}$，那整体有多少个小圆片？

算式：$8 \div \frac{1}{4}$

2. 如果 15 个小圆片代表整体的 $\frac{3}{5}$，那整体有多少个小圆片？

算式：$15 \div \frac{3}{5}$

3. 如果 18 个小圆片代表整体的 $2\frac{1}{4}$，那整体有多少个小圆片？

算式：$18 \div 2\frac{1}{4}$

让学生在解题过程中描述他们的推理策略。教师要引导学生关注：他们是先找到一个分数单位有多少（例如，四分之一或五分之一）个小圆片，再通过累加（乘法）找到一个整体中有多少（例如，四分之四或五分之五）个小圆片。

这类分享任务与分数除法法则的意义密切相关，我们将在下一节讨论。

分数除以分数。 随着学习的深入，学生也将能够解决更复杂的问题，所涉及的情境和分数都会更具有挑战性。格雷格和格雷格（Gregg & Gregg，2007）利用测量过程中"单人份"的概念，设计了以 $\frac{1}{2}$ 个饼干为一个单人份的问题情境，用来帮助学生从解决整数除以分数的问题过渡到求解分数除以分数。

图 15.14 给出了一组例题和对应的图示来描述学生从整数除以分数过渡到分数除以分数（有余数）的学习路径。这一过程中，教师可以穿插更多的题目辅助学生。如图 15.14 所示，让学生逐步接触更复杂的题目有助于他们利用原有的整数知识建立对分数除法的理解。

看上去似乎含带分数的问题会更难，但尽早涉及带分数实际上能帮助学生更好地理解分数除以分数：

> 农场主布朗有 $2\frac{1}{4}$ 加仑的液体浓缩肥料，用 $\frac{3}{4}$ 加仑浓缩液就能配制成一罐混合肥料。布朗能做几整罐混合肥料呢？

图 15.14　从测量的角度求解"多少份"的任务，用于帮助学生理解除法的概念

你可以自己先试着解决这个问题，可以使用任何模型或者通过画图来说明解题过程。请注意要找出 9 个四分之一中有多少组 3 个四分之一，答案应该是 3 罐（而不是 3 个四分之一）。教师要提醒学生关注所说分数对应的整体，强调这一点非常重要，因为在解题过程中，学生很容易就忘记所描述的分数究竟对应哪个整体（单位 1）了。

分数除以分数也可以从平均分的角度来解释，我们以下面的活动为例具体说明。

活动 15.15

1 _____ 是多少？

教师给出一系列情境题目，它们的核心问题都是"1 _____ 是多少"，然后让学生画出条形图或者其他模型说明一份是多少，例如：

丹花了 $3\frac{3}{4}$ 英镑买了一盒 $\frac{3}{4}$ 磅的麦片，每磅麦片多少钱？

安德烈娅发现，如果她在晨练时快走，能用 $\frac{3}{4}$ 小时走 $2\frac{1}{2}$ 英里。她想知道自己每小时能快走多少英里。

对于这两个问题，首先学生要找到四分之一对应的数量（平均分），再找出一个整体对应的值（累加）。安德烈娅快走的问题更难些，因为 $2\frac{1}{2}$ 英里，或 5 个半英里，不能正好等分成三份。提示：可以把每个半英里均分为三部分。

商不为整数

许多问题都不能刚好平均分成几份，所以理解剩余量就变得非常重要。如果凯西有 5 码丝带做蝴蝶结，而一个蝴蝶结需要 $1\frac{1}{6}$ 码，那么她只能做四个蝴蝶结，因为剩余的丝带不够做一个，而做半个丝带没有实际意义。但如果农场主布朗开始有 4 加仑的液体浓缩肥料，在配制了 5 罐混合肥料，也就是用去了 $\frac{15}{4}$ 或 $3\frac{3}{4}$ 加仑的浓缩液后，他还可以用剩下的 $\frac{1}{4}$ 加仑浓缩液继续配制不到一罐的混合肥料。因为四分之三的浓缩液混合后得到一罐，所以他的 $\frac{1}{4}$ 加仑（也就是一罐混合肥料所需三份浓缩液中的一份）能配制出 $\frac{1}{3}$ 罐。

理解上述内容之后，可以再让学生尝试另一个问题：

约翰在建造露台。每块石板需要用 $\frac{1}{3}$ 立方码的混凝土浇筑而成。混凝土卡车能装载 $2\frac{1}{2}$ 立方码的混凝土。如果最后剩余的混凝土不够浇筑一块完整的石板，约翰可以放上隔板做一块小石板。请问约翰能用卡车上的混凝土做多少块石板？

反思角　选用你认为合理明了的方法解决这个问题。

解法之一是数数 看 $2\frac{1}{2}$ 中有多少个三分之一。

通过上图我们可以看出：黄色的整体可以做成 3 块石板，橙色的整体也可以做成 3 块，还有 1 整块和 $\frac{1}{2}$ 块不完整的小石板，答案是 $7\frac{1}{2}$。学生总会想把余数部分写成 $\frac{1}{3}$，因为他们是以三分之一为一份来测量的。这就需要教师强调：最终的问题是"能浇筑多少块石板"，所以答案是 $7\frac{1}{2}$。

找公分母对于计算分数除法有用吗？我们再来看看刚才的问题，$2\frac{1}{2} \div \frac{1}{3}$ 可变形为 $2\frac{3}{6} \div \frac{2}{6}$，抑或是 $\frac{15}{6} \div \frac{2}{6}$。那么问题就变成了"15 个六分之一中，有多少组 2 个六分之一"，或者"15 中有多少个 2"。这样也能得到正确答案 $7\frac{1}{2}$。这种解法和"标准"算法同样有效，而且对学生而言更有意义。图 15.15 给出了两个除法问题，都通过上述通分的方法（但表示方式不同）找到了答案。

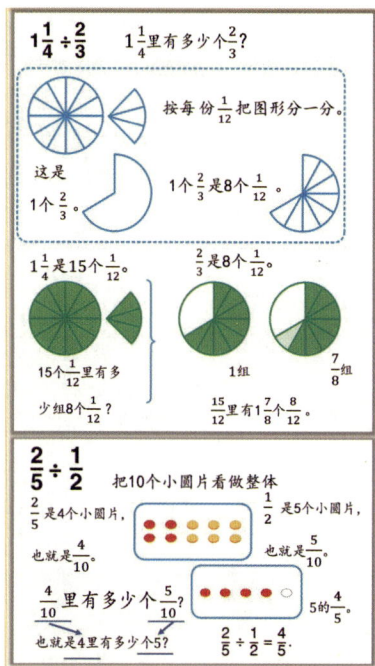

图 15.15　用找公分母的方法解决分数除法问题

评价角

针对所有的分数运算，教师可以使用数学地图（例如"算法—图示—概念—情景"活动）开展前后测或者表现性评价，考查学生能否使用符号语言和可视化模型表示运算过程，能否说明运算概念和算法之间的联系。

估算

估算能够很好地帮助学生理解除法的意义。$\frac{1}{6} \div 4$ 意味着什么？它的答案是否比 1 大？比 $\frac{1}{2}$ 大？比 $\frac{1}{6}$ 大？给出的三个问题的答案都是否定的。如果学生理解这个算式的含义（六分之一等分为四份，得到的每份都更小了），答案就会显而易见。相反地，考虑 $12 \div \frac{1}{4}$ 意味着什么？它的答案是否比 1 大？比 12 大？一望而知,给出的两个问题的答案都为"是",因为实际上是在回答"12 中有多少个四分之一"(12 个整体中有 48 个四分之一)。找相近的数对于估算分数除法也非常有效。例如,估算 $5\frac{1}{3} \div \frac{3}{5}$,就想 $5\frac{1}{3}$ 接近 5,$\frac{3}{5}$ 接近 $\frac{1}{2}$,可以算 5 中有多少个一半,估算结果约为 10 个。

活动 15.16 鼓励学生估算分数除法,这一活动也适用于其他运算。

活动 15.16

估一估：除法

　　这个活动从分数除以整数或从整数除以分数开始都可以,但两种题型要混合出现。出示题卡,几秒钟后拿开。学生估算结果并选择对应的选项卡(如下图)。然后让学生两两一组,比较他们的选项卡并判断答案是否合理。

　　分数除以整数
　　选项卡：

小于 $\frac{1}{8}$	小于 $\frac{1}{4}$	小于 $\frac{1}{2}$	小于 1	大于 1	大于 2

　　题组 1：

$$\frac{1}{2} \div 3 \qquad \frac{5}{6} \div 2 \qquad \frac{7}{9} \div 3 \qquad \frac{9}{2} \div 3 \qquad \frac{15}{4} \div 3$$

　　整数除以分数
　　选项卡：

小于 1	大于 1	大于 2	大于 4	大于 8

　　题组 2：

$$3 \div \frac{1}{3} \qquad 1 \div \frac{2}{3} \qquad 2 \div \frac{1}{3} \qquad 4 \div \frac{7}{8} \qquad 4 \div \frac{3}{8}$$

　　学习数学有困难的学生也许需要可视化学具辅助,教师可以给学生准备奎逊纳棒或分数圆片,让他们能更容易地看出每个分数的相对大小。

活动 15.16 还可以加入分数除以分数的问题,选项卡则换成：商＞1,商＝1,商＜1(Johanning & Mamer,2014)。教师也可以让学生写出符合不同要求的除法算式。学生做的估算越多,他们(理解分数除法所必须)的数感就越好。

发展算法

分数的除法运算有两种不同的算法,下文分别探讨它们的教学方法。

通分。通分是解决分数除法问题的一个好办法,但它在美国并不为人熟知,也没有得到广泛使用。让我们再回到题目 $2\frac{1}{2} \div \frac{1}{3}$，它可以变形为 $2\frac{3}{6} \div \frac{2}{6}$ 或 $\frac{15}{6} \div \frac{2}{6}$。问题也就转化为"在 15 个六分之一中有多少组 2 个六分之一?"或者"15 中有多少个 2?"答案是 $7\frac{1}{2}$。图 15.16 以解决 $\frac{5}{3} \div \frac{1}{2}$ 为例，使用面积模型演示了问题转化的过程。请注意，一旦找到了公分母，那么思考过程就和解决整数除法问题 $10 \div 3$ 一样。由此得到的算法步骤如下:分数相除，先通分，再对分子做除法。例如，$\frac{5}{3} \div \frac{1}{4} = \frac{20}{12} \div \frac{3}{12} = 20 \div 3 = \frac{20}{3} = 6\frac{2}{3}$。

尝试用分数圆、分数带和计数小圆片来模拟用通分的方法计算 $1\frac{2}{3} \div \frac{3}{4}$ 的过程。

颠倒相乘。 "颠倒相乘"是一个广为教学而学生却未能深入理解的运算法则。教师可以提供一系列

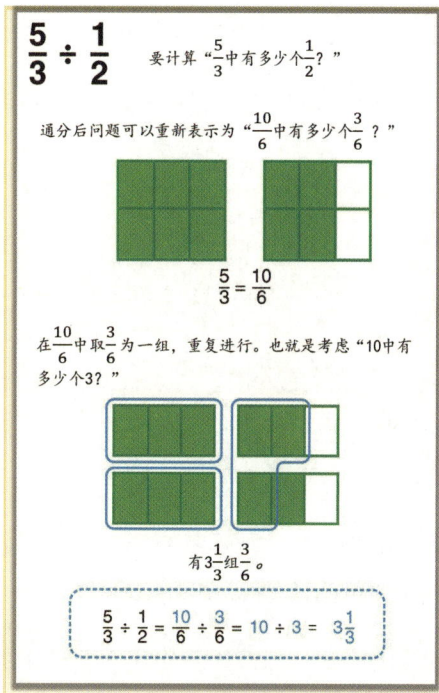

图 15.16　用通分的方法解决分数除法问题的模型解释

问题让学生求解并找出其中的规律。这种活动有助于学生理解"颠倒相乘"的内在规律。例如，第一组先提供除数是分数单位的问题，教师出示题目后要提问(括号中)对应的问题。这里，我们以分餐为问题情境。

$3 \div \frac{1}{2} =$ 　　(3 个盒子中有多少份 $\frac{1}{2}$ 单人份?)

$5 \div \frac{1}{4} =$ 　　(5 个盒子中有多少份 $\frac{1}{4}$ 单人份?)

$8 \div \frac{1}{5} =$ 　　(8 个盒子中有多少份 $\frac{1}{5}$ 单人份?)

$3\frac{3}{4} \div \frac{1}{8} =$ 　　($3\frac{3}{4}$ 个盒子中有多少份 $\frac{1}{8}$ 单人份?)

让学生仔细比较研究这些问题(包括其他问题)并找出计算规律。他们会注意到其实解题过程就是第一个数乘第二个分数的分母。例如，针对第三个例子，学生可能会说:"每整盒有五份，所以 5×8 等于 40。"我们也可以在平均分的情境中理解这类除以分数单位的问题，回答"一份(一个整体/单位1)有多少份?"例如，玛丽花 3 美元买了半磅咖啡，买一磅咖啡要付多少钱? 列算式

为 $3 \div \frac{1}{2}$。想要算出一磅咖啡的价格，就把半磅的价格翻一倍，得到 6 美元。

然后，教师给学生提供第二组类似的问题，除数不再是分数单位：

$$5 \div \frac{3}{4} =$$

$$8 \div \frac{2}{5} =$$

$$3\frac{3}{4} \div \frac{3}{8} =$$

让学生解决上述问题，并与第一组对应问题的答案进行比较。例如，8 中有 40 个五分之一，如果我们把 2 个五分之一看作一组（五分之二），那么所得组数就是个数的一半——20。用分餐情境来理解的话，如果每份食物的量扩大为原来的两倍，那么份数就变成原来的一半。同样地，如果除数是 $\frac{3}{4}$，那么找到有多少个四分之一后，还要将它们平均分成三份，所得份数就是个数的 $\frac{1}{3}$。这就意味着我们必须把分数单位的总数除以 3。

上述例子都是测量类型（包含除）的问题，每份（组）的大小已知，而份（组）数待求。平均分或等分除的示例也能很好地解释颠倒相乘这个标准化算法。思考下面有关骑行的例子：

> 安迪骑车去公园，他已经骑了 $1\frac{1}{2}$ 英里，是全程的 $\frac{3}{8}$。他去公园单程需要骑行多少英里？

如果你已经骑行了八分之三，那么首先会想找到八分之一是多少，也就是用 $1\frac{1}{2}$ 除以 3 得到 $\frac{1}{2}$。现在你知道单程的八分之一是 $\frac{1}{2}$ 英里，那么求单程就乘 8。$8 \times \frac{1}{2} = 4$，得到 4 英里。

不管用包含除还是等分除来解释，分母就是表达到底被分成多少份，就是说到底分成多大的分数单位，是四分之一、五分之一还是八分之一，反映在算法上就是要乘分母。分子告诉我们每份/组的多少，所以反映在算法上就是要除以分子。在某个时间节点，人们突然发现，如果直接颠倒分数做乘法，更为简单，这就是"颠倒相乘"的由来。

挑战和误解

在分数除法的学习中，最大的问题就是不理解算法的含义。一旦学生明确了分数除法的意义，他们就可以想出不同的解题方法，并且判断所得答案是否合理。理解分数除法的关键在于理解除数是个单位量（Cramer et al.，2010；Dixon & Tobias，2013；Philipp & Hawthorne，2015），只有明白了这一点才能解释余数的含义（Coughlin，2010/2011；Lamon，2012；Sharp & Welder，2014）。表 15.3 列出了学生学习分数除法的挑战和误解，以及教师如何提供帮助。

表15.3 分数除法中的常见挑战与错误认识以及教学策略

常见挑战与错误	具体表现	教学策略
1. 认为答案应该更小	学生解决了像 $\frac{4}{5} \div \frac{1}{10} = 8$ 这样的问题，但他们觉得答案不可能是 8，因为它比题目中的分数还大。	◆ 多投入时间练习估算。估算可以作为一个学习目标，如活动 15.16 中所述。另外，教师也可以让学生在计算前都先估算，计算后再检验估算结果的合理性。 ◆ 用可视化学具辅助说明。 ◆ 引入问题情境或者让学生创设符合问题的情境。
2. 不能将图示与正确的得数联系起来	学生明白 $1\frac{1}{2} \div \frac{1}{4}$ 是要求"$1\frac{1}{2}$ 中有多少个四分之一"。他们数过之后得到 6，但却认为答案是 $\frac{6}{4}$（Cramer et al.，2010）。	◆ 强调单位/每份量。提问："有多少个四分之一？" ◆ 引入可视化学具和问题情境。 ◆ 讨论为什么答案不是 $\frac{6}{4}$（从一个做过的例子开始讨论）。
3. 不知道整体（单位 1）是什么	学生得到答案 $\frac{3}{8}$，但当教师问他"是什么的 $\frac{3}{8}$"时，他却不知道。	挑战 3 和 4 是相互关联的。教师可以给学生提供如下帮助： ◆ 强调单位量是什么（除数）。 ◆ 提问："单位量/每份量是什么？""整体/总量是什么？" ◆ 使用与单位量有关的情境（例如，分享墨西哥馅饼、英尺等等）。 ◆ 针对余数提问："剩余的这部分相当于整份的几分之几？"
4. 写余数时参照整体，而不是基于要分享或分配的量	在解决问题 $3\frac{3}{8} \div \frac{1}{4}$ 时，学生先把每个整数计成 4 个四分之一（共 12 个四分之一），再从分数部分拿走一个 $\frac{2}{8}$，最后把剩余的 $\frac{1}{8}$ 也写在答案上，得到 $13\frac{1}{8}$。（他们没有意识到 $\frac{1}{8}$ 是 $\frac{1}{4}$ 的一半，因而正确答案应该是 $13\frac{1}{2}$）	

第十六章　小数和百分数

学习目标

在阅读本章内容之后,你应该能够完成如下学习目标:

16.1　明确为什么位值系统是理解小数(十进制分数)的核心;

16.2　了解将分数与小数联系起来的实物模型;

16.3　了解如何进行小数比较和排序;

16.4　发展小数运算的多种策略;

16.5　解释百分数与分数、小数之间的关系。

人们需要在不同情况下根据不同的需求来解释小数的意义,例如按精度要求读取测量值、计算抵押贷款、解释计算机的输出结果、理解奥运会中胜负只在百分之一秒之间的运动统计数据等。小数在很多行业都非常重要,如对于护士、药剂师和飞机制造工人来说,精确度直接影响着公众的安全。

与理解分数相比,学生和老师理解小数更为困难(Martinie,2007;Lortie-Forgues, Tian, & Siegler,2015;Stacey et al.,2001;Vamvakoussi, Van Dooren, & Verschaffel,2012)。因此,我们必须认真深入地理解小数概念以及小数与分数的关系。研究表明,教师自己对小数内容的掌握(包括小数运算)与他们在教学中向学生解释这些内容的教学效果高度正相关(Depaepe et al.,2015)。

《美国共同核心课程标准——数学》(CCSS-M)建议教师可以按照下面路径组织学生进行小数的学习:

4 年级:理解小数的计数方法(到百分位),并比较小数的大小。

5 年级:进行小数运算(到百分位),将小数的大小比较扩展到千分位,学习小数的近似值。

6 年级:进行小数运算(所有小数),学习小数四则运算的基本算法,探索某个量的百分数(百分比)。

7 年级:形成"对数的统一理解",能够灵活地在小数、分数和百分数之间转换。

分母为 10、100、1000 等的分数叫作十进制分数,十进制分数又称为小数。例如 $\frac{7}{10}$ 和 $\frac{63}{100}$,也可以写成 0.7 和 0.63。在本章中,我们会同时使用这两个术语,用十进制计数方法表示有理数。

无论是从教学法理论的层面还是从教学操作的层面,了解分数和小数之间的联系都非常有用。
下面的大观念也都集中在这种联系上。

大观念

- 十进制位值系统可以分别向两个方向无限延伸到非常小和非常大的值。任何两个相邻的
  位值之间都满足"10-1"的关系。
- 小数(也称为十进制分数)是根据十进制位值原则表示分数(分母为 10、100 等)的一种
  方法。
- 小数点是逐渐发展起来用于标记单位量位置的,小数点左边第一位是个位。
- 小数的加减法是根据相同数位上的数相加减的基本概念,由整数加减法扩展而来的。
- 两个数相乘或相除,无论小数点在什么位置,所得到的答案的数字个数都是一样的。因
  此,小数乘除法的计算可以先看作整数乘除,再通过估算或者找规律来确定小数点的
  位置。
- 百分数就是分母为 100 的分数,它是分数和小数的第三种写法。

一.扩展位值系统

在与学生探索小数之前,教师要先组织复习整数位值的知识。最基础的就是任意两个相邻
的计数单位之间满足"10-1"的关系。通过具有十进制结构的学具,如图 16.1 所示的长条和方
格,我们可以看出每 10 个较小的部分可以组成 1 个相邻的较大的部分(左面第一位)。相反,某数
的小数点向右移动一位,就需要把这个数除以 10(1 除以 10 就是十分之一)。

"10-1"——双向延伸

在学习位值时已经理解了"满十进 1"的关系无限持续到越来越大的数位。如果我们用纸
质材料演示十进制,例如小方格组成长条的过程将随着数位变大无限交替出现。同样地,在数
位降低的过程中,每向右移动一个位置就除以 10(1 除以 10 是十分之一)。这里的关键问题就
变成了"是否存在最小的数位"。学生先前的经验中最小的单位是"一个"。最小的单位还能再
被等分成 10 个小长条吗? 小长条还能再进一步等分成 10 个更小的方格吗? 依此类推,无限
延续。

组织上述讨论的目的是帮助学生理解"10-1"关系是可以在两个方向上无限延伸的,没有最
大的数位,也没有最小的数位。数位系统以个位为轴呈现了对称性(个位的左边是十位,个位的
右边是十分位,等等),而不是人们普遍误认为的以小数点为对称轴。无论比较哪两个相邻的数

位,它们之间的关系都一样。图 16.1 就说明了这种关系。

在这个阶段,教师也要提醒学生"退位重组"这一重要概念。学生不仅要掌握"满十进1"（从一个较小的数位上升到较大的数位）,还要灵活地将 2 451 重组看作 24 个百、5 个十和 1 个一；或者是 245 个十和 1 个一；再或者是 2 451 个一。这个过程对于思考 0.6 是 6 个十分之一或是 60 个百分之一来说非常重要。

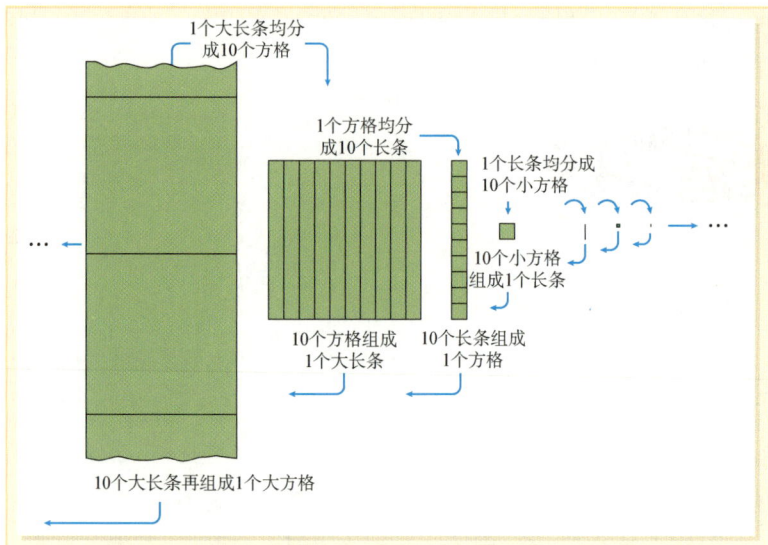

图 16.1　理论上讲长条和方格可以在两个方向无限延伸

小数点的作用

小数点标记出了个位（或单位量）的位置。这就是为什么在计算器上得到整数答案时,不会出现小数点。只有当个位需要标出时,才会显示小数点。学生还须认识到,在某个数整数部分的左边或小数部分的右边添加 0 不会改变这个数的大小。

上述讨论中,有一个重要思想须加以重视。那就是并没有说明为什么应该选择某个位置（或者某个学具小片）作为个位（单位量）。以长条和方格为例,哪部分代表个位呢? 边长为 1 厘米的小方格吗? 为什么是它呢? 为什么不是一个更大或更小的方格呢? 为什么不是长条呢? 其实,选择任何一个形状表示个位都可以。如图16.2 所示,一个数量也可以写成不同的形式,这取决于我们选择什么作为单位量来度量总量。

小数点位于两个数位之间,规定小数点左边的数位是单位量或个位。因此,小数点通过位于单位量右下角来实现标示单

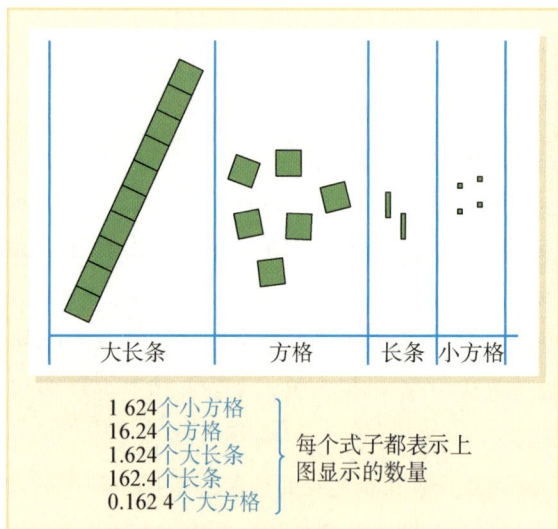

图 16.2　小数点位置说明哪个数位是单位量

位量这一功能。对于小于 1 的小数,我们在表示时规定个位上为 0,例如 0.60。为了提示学生注意小数点,图 16.3 给出了一种建议:用"眼睛"把学生的注意力集中在单位量或个位上。

活动 16.1 形象地说明了小数点用于指定单位量的规定,以及单位量变化后数量本身大小不变的事实。

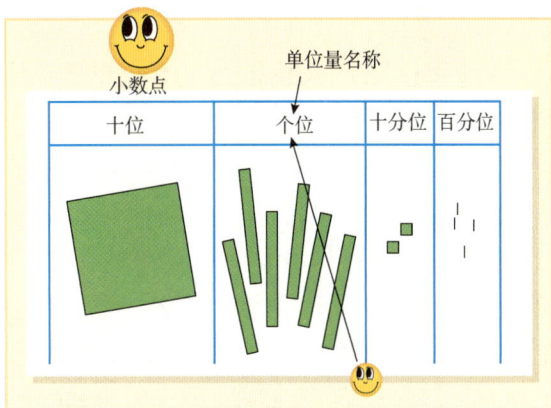

图 16.3 小数点总是"向上看着"单位量的数位名称。这里表示的数是 16.24

活动 16.1

小数点

让学生将十进制计数器的各种小片放在桌面上。例如,参考图 16.2 摆出 6 个方格、2 个长条和 4 个小方格。在这个活动中,我们把这三种小片分别称作方格、长条和小方格。由于活动过程中会变换学具(小片)所代表的数量,所以教师还需和学生提前约定好如何命名表示更大及更小数位的学具。例如,小方格右边的称为小长条和迷你方格,方格左边的称为大长条和大方格。教师可以在教室的显眼处摆放对应的学具,贴上名字标签以便学生参照,这对于语言表达和数学学习有困难的学生来说非常重要。每个学生还应该有一个"微笑"的小数点。教师让学生写出和说出他们有多少个方格、多少个大长条等等。学生根据问题确定小数点的位置,再写出、说出自己桌面上的学具所表示的数。

测量单位、货币单位

在很多情境中,只有明确单位量才能理解数的意义,因此用小数点标记单位量非常有用。例如,在米制系统中,几个位值都有名称(如图 16.4 所示),小数点可以在不改变实际测量值的情况下指定这些数位中的任何一个作为单位量。

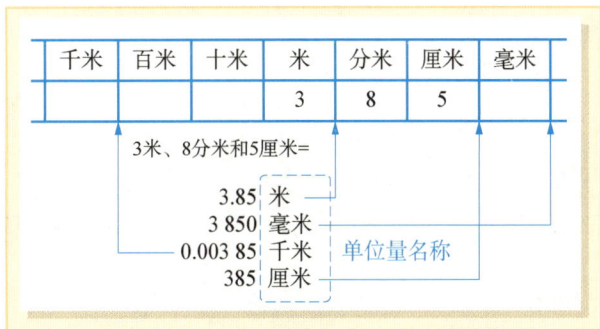

图 16.4 在米制中,每个位值都有名称。任何位值都可以作为单位长度,小数点用于标示哪个长度为单位长度

我们的货币体系也是十进制的。在 $172.95 中,小数点将 1 美元指定为单位量。不管写成哪种形式,这笔钱里都有 1 个百(美元)、7 个十、2 个一、9 个角(十分之一美元)和 5 个分(百分之一美元)。如果指定美分为单位,那么相同的金额就会被记为 17 295 美分或 17 295.0 美分。这个金额还可以记为 0.172 95 千美元或者 1729.5 十美分①。

---

① 译者注:十美分(dime)在英语中是一个单词,因此也可以作为单位。

在米制长度、重量或美国货币体系等度量情境中，单位的名称要写在数的后面，而不是像位值图那样把单位名称写在数的上方。在新闻中，我们可能会听到国会斥资 7.3 十亿美元。这里的单位是十亿美元，而不是美元①。一个城市的人口可能会是 2.4 百万人，相当于 2 400 000 人。

精度和等值

《美国共同核心课程标准——数学》(CCSS‐M)指出，"达到数学精熟度的学生对于待解决的问题，可以根据具体的现实背景，确定合适的精确度"(2010，p. 7)。考虑两个度量值 0.06 和 0.060。它们在数量上是相等的，但后者表示的精度更高。添加额外的零，就表明测量值精确到千分位，且共有 60 个千分之一。而第一种情况，测量值只精确到百分位，所以真实的测量值可能是 0.058 或 0.063，而不一定是精确的 0.060。例如，棒球运动员的平均击球率是以千分之一为单位来计算的，如某选手本赛季的平均击球为 0.345。此外，在工程师建造桥梁的情境中，虽然 0.045 00 与 0.045 在数量上相等，但两个数表示的精度不同，它们之间的差别也非常重要。

二. 连接分数和小数

尽管 3.75 和 $3\frac{3}{4}$ 表示相同的数量，但对于学生而言，分数和小数的世界是截然不同的。甚至连成年人也倾向于把分数看作是集合或区域（例如某物的四分之三），而把小数看作是数值（例如重量）。当我们告诉学生 0.75 与 $\frac{3}{4}$ 相等时，起初他们对这个等价关系可能会感到困惑，因为小数的写法隐藏了分母。教学小数、分数记数法的一个重要目标是帮助学生理解：这两个系统表示的概念相同。下面我们分享一些帮助学生理解分数和小数之间联系的方法。学生渐渐地还会发现，并不是所有的分数都可以明确地表示为一个小数。

正确地读小数

教师在读小数时，要确保自己的表达方式有助于学生理解并建立小数计数法与分数计数法之间的关系。教师总要读成"五又十分之二"而不是"五点二"。使用小数点的读法会割裂小数点后面的部分与分数之间的关系。教师注重教学语言的准确性实际上为学生"听出"小数和分数间的联系提供了机会。这样，当学生听到"十分之二"时，他们会同时想到 0.2 和 $\frac{2}{10}$。研究表明，在学生比较小数时，尤其是（中间）有零的情况，标出小数的位值能够非常有效地帮助学生(Loehr & Rittle‐Johnson，2016)。

还要注意，教师在读十进制分数时要多使用"又"（"又"表示小数点）这个字，所以 1.16 要读作"一又百分之十六"。无论是教师还是学生谈到十进制分数，都要强调小数末尾的"分位"。学生起初并不能察觉词汇之间的细微变化，比如"十"和"十分位"(tens 和 tenths)，所以教师需要在发音时突出"分位"(ths)。强调小数结尾的这个发音对于每个学生来说都很重要，而对于英语非母

---

① 译者注：十亿(billion)在英语里也是一个词，所以可以作为单位。

语和学习数学有困难的学生更是如此。如果没有明确的强调，他们可能不会注意到区别。

小数的可视化模型

许多分数模型学具并不适用于表示小数，因为它们无法表示百分位或千分位。此外，研究表明：在小数和图形表征之间建立联系是教学难点（Cramer et al.，2009）。与分数学习一样，为了帮助学生从概念的层面理解小数，教师也要为学生提供多种模型来表示小数（Cramer，2003）。

面积模型。有三种面积模型能够表示小数，分别是具有十进制结构的学具、有理数转盘和 10×10 网格。下面我们逐一介绍每种模型。

具有十进制结构的学具在前文提到过，这里我们将借助"小数结构卡片"把学具和小数更明确地联系起来。教师先将卡片正确地摆放在对应的学具下，如十分位、百分位等等，以便学生看出小数是如何由各个位值（左对齐）上的数字组合而来。

活动 16.2

变换单位

给学生一组具有十进制结构的学具，要求他们摆出一个特定的组合，例如：3 个方格、7 个长条和 4 个小方格。教师把藏在身后的单位量（如长条）展示给学生，学生则需写出与桌面上学具组合对应的数，再大声说出答案。对于英语非母语以及学习数学有困难的学生，教师可以给学具贴上名字标签便于他们参考。使用不同的学具组合、变换单位量，重复进行该活动。教师出题时，要包括某数位为零的例子，如 3.07，以便学生能更好地理解这类小数。此外，教师还可以让学生两两一组，一个学生给出学具组合，另一个学生确定单位量，两个人写下并说出对应的数。

有理数转盘（如图 16.5）的圆周上标记着 100 个等分间隔，沿某个半径剪开，两个不同颜色的转盘插组在一起（如图所示），可以表示出任何小于 1 的分数。有理数转盘上表示的分数可以通过圆周上的标记读成十进制分数（小数），也可以仍记作分数（例如 $\frac{3}{4}$），所以这个模型可以进一步帮助学生建立分数和小数之间的联系。

10×10 网格（如图 16.6）是最常见的面积模型，研究表明它能够为学生学习小数提供强大的视觉辅助。具有十进制结构的 10 厘米方格纸在之前的整数学习中表示"百"，现在代表整体或"1"。那么每条是十分之一，每个小方格是百分之一。100×100 的网格形成了一个大方格，可以细分成 10 000 个小方格。教

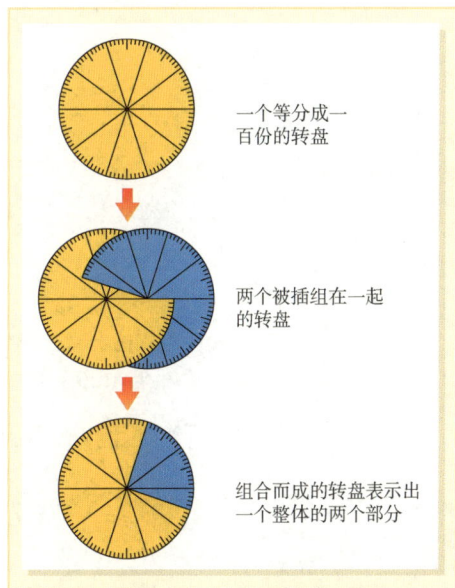

一个等分成一百份的转盘

两个被插组在一起的转盘

组合而成的转盘表示出一个整体的两个部分

图 16.5　有理数转盘。例如转盘旋转后使得蓝色部分表示转盘的 $\frac{25}{100}$（也是 $\frac{1}{4}$ 或 25% 个圆）

师可以让学生判断 0.1、0.01、0.001 和 0.000 1 分别是多少个小方格，注意在读数时使用恰当的名称。

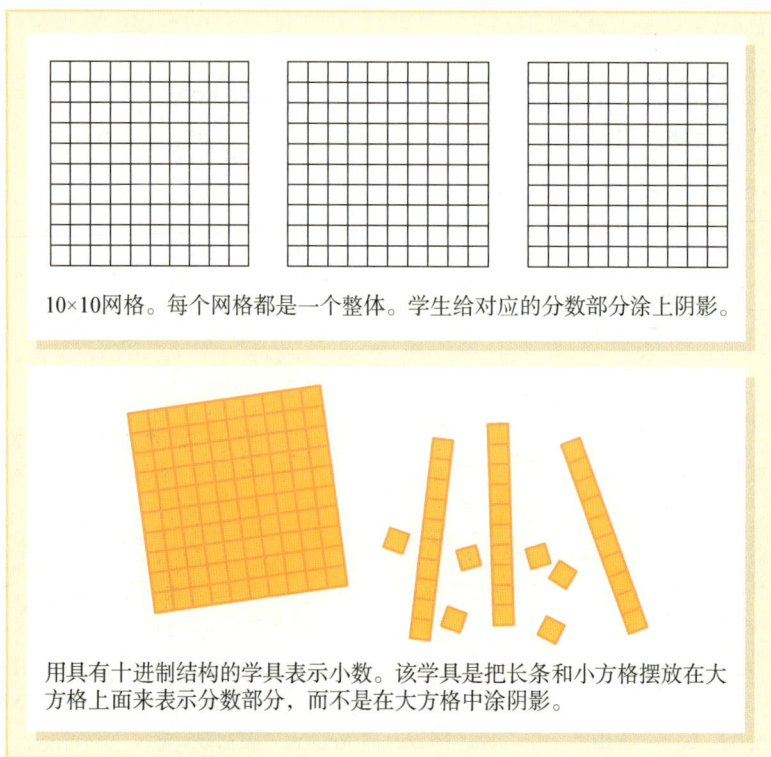

图 16.6　10×10 小数网格模型

活动 16.3

掷骰子涂色

给每对学生一个 10×10 网格和一个骰子。骰子的 6 个面分别写着 $\frac{1}{10}$、$\frac{1}{100}$、$\frac{5}{100}$、$\frac{1}{1000}$、$\frac{5}{1000}$、$\frac{10}{1000}$ 或 0.1、0.01、0.05、0.001、0.005 和 0.010(或是分数和小数的组合)。一名学生掷骰子，并用记号笔在 10×10 网格上涂出对应的数量。例如，如果某学生掷出十分之一，就要将网格上整列十个小方格涂上颜色；若掷出百分之一就涂一个小方格；若掷出千分之一，则需要先将小方格十等分得到十个更小的部分。最终，学生会注意到 $\frac{10}{1000}$ 等价于 $\frac{1}{100}$。如果学生只学习十分之一和百分之一，教师要把骰子表面上的数调整为合适的值。每对同学要试着将整个方格或 1 涂满。这个活动能让学生发现这些小数之间的大小差别，常常会令他们有出乎意料的惊喜。

长度模型。 对于小数学习来说,最好的长度模型就是米尺。每分米是一米的十分之一,每厘米是百分之一,每毫米是千分之一。任何等分为 100 份的数线模型对于学习百分之一都同样有用,教师甚至可以设计一个横跨整个墙面或者地板的数线。

整数运算中使用的空数线(无刻度)对于帮助学生比较小数、思考比例关系和位值也很有用(Martinie,2014)。已知两个或多个小数,教师可以让学生在空数线上标出它们的位置。教师还可以提供 0、一半、1 或者其他整数、小数作为基准值,考查学生对于小数大小的掌握情况。数线能有效地展示出学生对小数大小的掌握情况,同时也概括了一个贯穿整数和有理数的重要统一原则——这些数都可以依据数量从小到大排序(Durkin & Rittle-Johnson,2015;Siegler,Thompson,& Schneider,2011)。

活动 16.4

极速前进

给学生提供长纸带(多张纸粘在一起或收银机使用的长条打印纸)。几个朋友正在跑步,他们名字旁边的小数表示他们距离起点有多远。你认为谁会赢? 你能在一条线上标记出这几个人(在起点和终点之间)的位置吗?

艾梅——0.34
希萨——0.124
里奥——0.56
莱拉——0.85
麦可——0.45
杰拉德——0.732

教师可以调整问题中的小数或者增减跑步的人数,从而设计分层教学。

集合模型。 许多教师用货币为模型教学小数,这种方法在一定程度上是有用的。但是,货币通常只涉及两位小数并且不成比例(例如,1 角的实体大小并不是 1 美元大小的十分之一,在实物层面货币之间的比例关系并不对应)。像 3.2 或 12.138 9 这样的小数与货币无关,这可能会给学生带来困扰。学生初次接触小数时使用的模型理应更加开放灵活,所以即便货币确实是小数应用的一个重要领域,我们也不建议教师在引入小数教学时以货币作为第一个模型。

多种命名方式和表现形式

让学生熟悉各种可视化模型有助于他们灵活地用十分之一和百分之一表示数量,也有助于他们用不同的方式读写小数。教师可以让学生表示一个十进制分数,以 $\frac{65}{100}$ 为例,然后探索下列问题:

○ 这个分数大于还是小于 $\frac{1}{2}$? 与 $\frac{1}{3}$,$\frac{1}{4}$ 相比呢?

○ 想说明这个分数由十分之一和百分之一组成，还有其他不同的读法吗？（"6 个十分之一和 5 个百分之一""65 个百分之一"）适当的时候，教师还可以引入千分之一来表示。

○ 用不同的方式写出这个分数（$\frac{65}{100}$ 或 $\frac{6}{10} + \frac{5}{100}$ 或 $\frac{60}{100} + \frac{5}{100}$）。

这里要注意的是，小数通常读成一个数。也就是说，0.65 读作"零点六五"。但从理解小数位值的目标出发，就必须把这个数想成是 6 个十分之一和 5 个百分之一。带分数，如 $5\frac{13}{100}$，通常与小数 5.13 的读法相同，都读作"五又百分之十三"。但为了突出位值，这个数须理解为 $5 + \frac{1}{10} + \frac{3}{100}$。

评价角

让学生写出由 3 个十分之一、6 个百分之一、7 个一组成的数。这个任务用于考查学生对小数位值的掌握程度。教师要观察学生是否理解这个题目，是否按所见数字的顺序从左到右错写成 36.7 或 0.367，而没有得到 7.36 这一正确答案。

使用十进制计数器也有助于学生将分数转化为小数，这是活动 16.5 的重点。

活动 16.5

盖格子起名字

在这个活动中，学生要使用具有十进制结构的纸质学具。师生共同定义大方格代表 1。然后，让学生用他们的长条和小方格（分别表示"十分之一"和"百分之一"）来覆盖大方格的某个分数部分。例如，让学生覆盖大方格的 $2\frac{35}{100}$，其中整数部分需要额外的大方格。这个任务是为了帮助学生决定如何将分数读写成小数，同时借助实物模型呈现分数和小数之间的联系。对于学习数学有困难的学生而言，教师可以让他们用涂阴影的方式表示分数（而不是在纸上覆盖），然后命名并写出这个十进制分数。

在活动 16.5 中，$2\frac{35}{100}$ 与 2.35 等同是因为它们都有 2 个整体、3 个十分之一和 5 个百分之一。让学生通过实物模型看到这种联系是非常重要的。教师还可以把上述表示大方格的 $2\frac{35}{100}$ 的学具材料放在位值表中，用小数点纸片标记个位，如图 16.7 所示。

计算器在学生学习小数概念的过程中可以发挥重要作用。

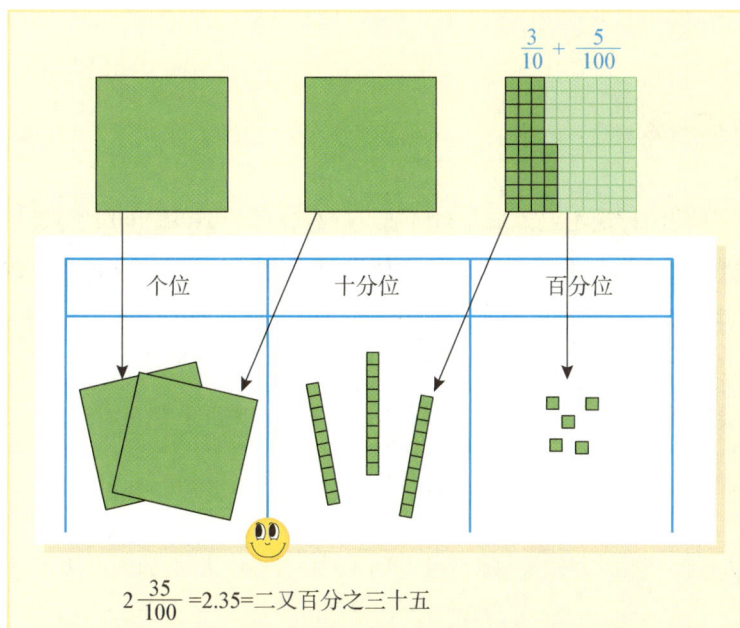

图 16.7　运用实物模型把分数转换成小数

活动 16.6

用计算器数小数

　　教师先让学生练习使用计算器的"计数"按键：按+ 1= = ，然后让他们重新按键：+ 0.1= = 。当显示 0.9 时，大家暂停一下来讨论这个值的意义，以及下一次重复计数会显示什么数。学生可能会说出一个常见的误解，预测下一次的结果是 0.10(因为 9 的后面是 10)。如果让学生每次按键后，都使用具有十进制结构的学具累加十分之一，那么这个预测活动会更加有趣。再按一次就意味着增加 1 个十分之一，也就是共有 10 个十分之一。为什么计算器没有显示 0.10? 当第十次按键显示为 1 时(计算器通常不会显示小数右面末尾的 0)，教师要围绕 10 个十分之一得到 1 个整体来组织讨论。然后继续累加十分之一直到 4 或 5，并提问：从一个整数到下一个整数要按几下? 对于学习数学有困难或英语非母语的学生，还可以让他们跟着计算器一起大声数出"十分之一、十分之二……"，以便在强化学生使用正确数学语言的同时帮助他们形成小数的相关概念(例如：10 个十分之一等于 1 个整体)。教师还须提醒学生：当一个数位上的数是 9(有 9 个对应的单位)，再加 1(1 个单位)时，这个数位就"满了"，就要满十进一到左边的数位(正如汽车里显示的里程数)。当学生掌握了十分之一的情况，再尝试用 0.01 或 0.001 累加计数，这能显著说明百分之一和千分之一究竟有多小! 从 0.001 到 0.01 要数 10 次，而到 1 要数 1000 次。

　　支持分数输入的计算器会有分数－小数转换键，这一功能使得它们成为连接分数和小数的重要工具。有些计算器会把诸如 0.25 这样的小数转换成分数 $\frac{25}{100}$，并且允许手动或自动化简。

教师可以增加难度：不让学生使用换算功能，自己解释为什么 0.25 和 $\frac{25}{100}$ 等价。

三．发展小数数感

到目前为止，我们的讨论主要集中在如何把小数与分母为 10 和 100 的分数联系起来。小数数感包含更多内容，意味着学生要能够针对小数做更多直觉的判断，或者对小数有更灵活的理解。将小数与学生熟悉的分数联系起来，对于帮助学生比较小数的大小、对小数排序、利用基准值进行小数的估算、发展小数数感都非常有用。

NAEP 的考试结果表明，学生在理解分数与小数之间的关系上存在困难。在 2004 年，只有不到 30％的美国高中生能够将 0.029 正确转换为 $\frac{29}{1\,000}$（Kloosterman，2010）。2009 年，肖内西（Shaughnessy）发现参与她研究的 6 年级学生（美国）中，有 46％以上的人不能将 $\frac{3}{5}$ 写作小数。很多人将 $\frac{3}{5}$ 写成 3.5，0.35 或 0.3。她还发现，超过 25％的人无法将 $\frac{3}{10}$ 写成小数。当学生将小数 4.5 写成 $\frac{4}{5}$ 时，他们的这种误解就显而易见了。从分数作为除法的角度来理解，分子除以分母确实是将分数转换为小数的一种方法，但这种方法对于学生理解转换前后的等值关系作用不大。

与小数有关的常见分数

学生对于常见分数，如二分之一、三分之一、四分之一和八分之一，已经在概念层面非常熟悉了。他们应该把对这类分数概念的熟悉感扩展到对应的小数形式上。实现上述目标的一种方法是让学生从概念的角度把自己熟悉的分数转换为小数，我们来看下面两个活动。

活动 16.7

分数化小数

教师给学生一个熟悉或常用的分数（例如 $\frac{3}{5}$），让他们转换为小数。要求学生在 10×10 网格纸上涂阴影来表示这个数（或者用具有十进制结构的学具来完成）。参照他们在网格上画阴影的部分或摆出的长条方格学具，让学生写出和这个分数相等的小数。

教师提供分数的顺序要符合逻辑，从二分之一和五分之一开始，然后是四分之一，可能的话还可以出示八分之一。把三分之一写成小数是一个挑战，因为所得结果是无限循环小数。针对英语非母语的学生，教师在介绍"小数"这个英文单词时一定要说明单词中的"deci-"就表示十分之一。对于学习数学有困难的学生，教师可以先给他们呈现涂有阴影、表示不同分数的 10×10 网格，让他们找出表示 $\frac{1}{2}$ 的网格，再让学生不用数格子的方式找出与 $\frac{50}{100}$ 一样多的网格。

图 16.8 展示了上述活动中学生如何利用 10×10 网格将分数转换为小数。以分数四分之一为例,学生经常会涂出一个 5×5 的方格(一半的一半)。那么接下来的问题就是如何把这个分数转换为小数。教师先要鼓励学生思考如果把每半个长条看作为 0.05,再推断出两份的半个长条(0.05+0.05)等于 0.1。这样的话,阴影部分就是 0.1+0.1+0.05=0.25,如果学生数涂有阴影的方格就又能得到 $\frac{25}{100}$。这样就在学生先验知识的基础上找到

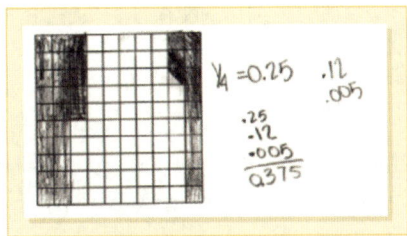

图 16.8　某学生使用 10×10 的网格将 $\frac{3}{8}$ 转换为小数

了解决的方案。找分数 $\frac{3}{8}$ 对应的小数是一个很有趣的挑战。教师可能要提示学生先找到 $\frac{1}{4}$,然后注意到 $\frac{1}{8}$ 是四分之一的一半。要记住将小方格十等分后得到的小长条是"小方格"的十分之一(或整体的千分之一)。因此,一个"小方格"的一半是 $\frac{5}{1000}$。最后,教师要注意观察学生是如何发现 $\frac{2}{8}+\frac{1}{8}=\frac{37}{100}+\frac{5}{1000}=0.375$ 的。

在学生的脑海中,圆形模型与分数学习联系紧密,所以教师很有必要安排时间让学生使用有理数转盘(如图 16.5 所示)完成分数化小数的练习。具体的使用方法我们会在下一个活动中详细说明。

活动 16.8

先估后验

教师给学生呈现有理数转盘的背面,引导学生调整转盘表示给定的分数,例如 $\frac{3}{4}$(见图 16.9)。接下来,让学生估算多少个百分之一和这个分数相等。学生需要说明他们是如何估算出来的,以及如何确定对应的等值小数。对于学习数学有困难的学生,教师可以把有理数转盘剪成十分之一,甚至是百分之一,用作比较工具(如图 16.9)。

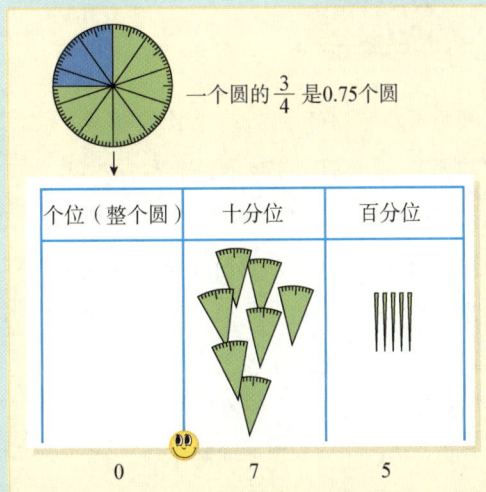

图 16.9　分数模型也可以用作小数模型

数线是连接小数和分数的一个非常有用的模型。下面的活动可以帮助学生理解分数和小数之间存在的相等关系。

活动 16.9

双数线上的小数和分数

给学生 5 个小数,这些小数要在两个连续的整数之间,它们对应的相等的分数都是学生比较熟悉的,比如 3.5, 3.125, 3.4, 3.75 和 3.66。让学生在练习本上先标记出第一组两条数线的端点,对照我们这里的例子就是从 3.0 开始到 4.0 结束。保持这两条数线都是空数线,或者只有四分之一、三分之一或十分之一的标度(不加标签)。学生的任务是在第一条数线上标出五个给定小数的位置,在平行的第二条数线上标出每个小数的等值分数。完成这个活动后,再画出另一组数线,尝试不同的端点和五个小数。

让学生借助模型探索将 $\frac{1}{3}$ 转换为小数,是一个引入无限循环小数概念很好的机会。这部分内容要等学生升入 7 年级再来学习(NGA Center & CCSSO, 2010)。让学生试着用长条和小方格将整个 10×10 网格均分成三份。每份先分得 3 个长条,还剩 1 条;分割剩下的长条,每份再得到 3 个小方格,又剩 1 个。均分这 1 个小方格,每份又得到 3 个小长条,仍剩 1 条(回忆一下,具有十进制结构的学具中,每个更小的小片一定是均分前的小片的 $\frac{1}{10}$)。很明显,这个过程是永无止境的。那么结果就是:$\frac{1}{3}$ 等同于 $0.333\cdots$ 或者 $0.\dot{3}$。为了计算及操作的方便,$\frac{1}{3}$ 约等于 0.333。同样地,$\frac{2}{3}$ 是以数字 6 为循环节的小数,约为 0.667。最终,学生会发现许多分数是不能用有限小数表示的。

评价角

教师可以通过下列活动来检测学生对小数的理解,这些活动简单但是非常有效:让学生用多种模型表示两个相关的小数,例如用空数线、10×10 网格和具有十进制结构的学具来表示 0.5 和 0.05(Martinie, 2014)。然后让学生描述他们为什么这样表示。如果学生用某种模型表示小数时有明显的困难,就可能意味着他们还没有完全理解小数的概念。在空数线上定位小数可能是最有趣也是最能体现学生掌握程度的活动了(如图 16.10)。

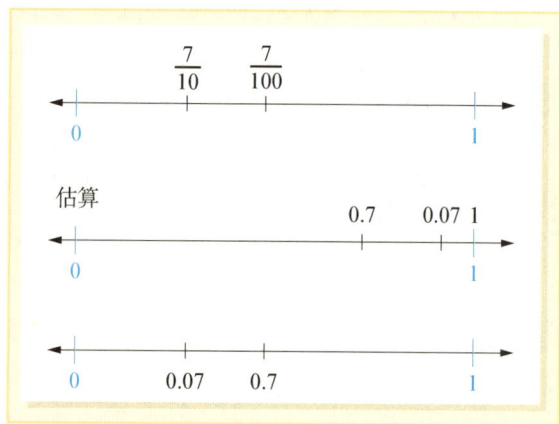

图 16.10 三个学生尝试画出数线并在上面标出 0.7 和 0.07

与小数相近的分数。在现实世界中,我们看到的小数很少与常用分数完全等价。与小数 0.52 最接近的分数是什么? 在第六次 NAEP 测试中,只有 51% 的 8 年级学生选择了 $\frac{1}{2}$。其他的选择是 $\frac{1}{50}$(29%),$\frac{1}{5}$(11%),$\frac{1}{4}$(6%)和 $\frac{1}{3}$(4%)(Kouba,Zawojewski,& Strutchens,1997)。这再次说明学生需要反复练习才能熟练掌握小数的大小。

与分数一样,教师首先需要帮助学生建立起来的小数基准值是 0,$\frac{1}{2}$ 和 1。例如,7.396 更接近 7,$7\frac{1}{2}$ 还是 8? 为什么? 学生可能会说:"它更接近 7,因为 3 小于 5",或者"与 7 比,它更接近 $7\frac{1}{2}$"。老师如何回应学生们的回答? 通常,0,$\frac{1}{2}$ 或 1 这三个基准值已经能够帮助学生正确理解问题。如果要求更高的精确度,教师可以鼓励学生考虑其他常用分数(三分之一、四分之一、五分之一和八分之一)。在这个例子中,7.369 接近于 7.4,也就是 $7\frac{2}{5}$。如果学生有很好的小数数感,就能够找到一个与之相近的分数,这也是完成下一个活动所需的技能。

活动 16.10

最佳匹配

给学生一叠分数-小数卡片,一半的卡片上写着学生熟悉的分数,另一半的卡片上写着与这些分数接近但不相等的小数。在这个记忆类游戏中,学生要把每个分数与最接近的小数配对。游戏的难度取决于分数间的接近程度。有些学生可能会先配好一对,后来意识到有更好的匹配方式。对于学习数学有困难的学生,教师可能每次都需要提醒他们仔细思考那个数到底是接近 0,$\frac{1}{2}$,还是 1,以便帮助他们完成配对。此外,教师要鼓励学生分享他们的想法,因为他们对使用策略的推理会对其他同伴很有帮助。作为后续练习,教师还可以让学生试着完成更多的"相近的常见分数"活动,以便更好地了解他们使用的推理策略。

评价角

通过诊断性访谈的评价方式,教师可以检测学生是否灵活掌握了模型与分数和小数这两个有理数符号系统之间的联系。教师可以给学生提供一个数,用分数、小数或实物模型三者之一来表示,然后让学生给出另外两种表示形式和对应的解释。请看下面的几个例子:

○ 将分数 $\frac{5}{8}$ 写成小数。使用画图或实物模型(米尺或 10×10 网格)来解释说明为什么你写

出的小数与 $\frac{5}{8}$ 是相等的。

○ 小数 2.6 可以表示什么分数？使用实物模型和语言来解释你的答案。

○ 用分数和小数来表示数线上的这个点（用箭头标出）。解释你的推理。

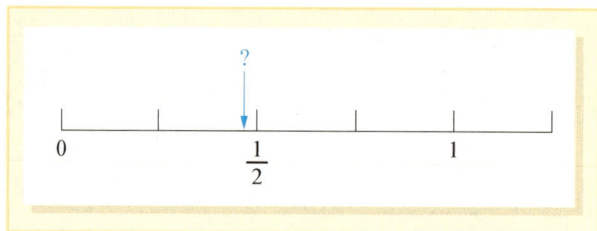

最后一个例子中，尤其有趣的是观察学生首先选择哪种表示方式，分数还是小数；再观察他们是通过分数小数之间的转化得到另一部分答案，还是完全另起炉灶重新估算。

其他十进分数。我们先回忆一下：分母是除数，分子是被除数。例如：$\frac{3}{4}$ 也就是 $3 \times (1 \div 4)$

或 $3 \div 4$。如何在一个只有四则运算功能的简单计算器上表示 $\frac{3}{4}$ 呢？那么只要输入 $3 \div 4$ 就可以了，计算器会显示 0.75。

很多时候，学生仅仅把分子除以分母当作是分数化小数的一种算法，至于为什么要这样操作，他们并不明白。教师可以利用这个机会帮助学生建立更广义的概念，即 $\frac{a}{b} = a \div b$，其中 b 不为 0。

在帮助学生熟悉小数概念时，计算器是一个重要的工具。用计算器找小数的等价形式也可以让学生发现有趣的规律。请参考下面这些问题：

○ 什么样的分数化成小数后，是有限小数？你能发现其中的规律吗？答案取决于分子、分母，还是与两者都有关？

○ 对于给定的分数，你如何判断它对应小数的循环节的长度？试着除以分母 7、11 和 13，然后给出一个猜想。

○ 探索所有的九分之几：$\frac{1}{9}$，$\frac{2}{9}$，$\frac{3}{9}$，$\cdots$，$\frac{8}{9}$。注意 $\frac{1}{3}$ 是 $\frac{3}{9}$，$\frac{2}{3}$ 是 $\frac{6}{9}$。用你发现的规律来预测 $\frac{9}{9}$ 应该是什么。但 $\frac{9}{9}$ 不是应该等于 1 吗？

○ 你如何确定循环小数 $3.454545\cdots$ 对应的分数？

最后一个问题可以推广到任意循环小数，它同时说明所有循环小数都是有理数。

小数、分数的大小比较和排序

学生需要掌握分数、小数混在一起的大小比较。要能将混在一起的小数和分数按从小到大顺序排列,这就需要他们能够比较分数和小数的大小。但是,小数的比较,尤其是不规则小数的比较,与整数比较有着重要而明显的区别。学生初学这部分内容时,很容易犯错。

评价角

考虑下列小数:0.36,0.058,0.375,0.97,0,2.0 和 0.4,让学生把它们从小到大排序。教师可以参考表 16.1 中的内容,确定学生在比较和排列小数时是否出现常见的挑战和误解(Desmet,Gregoire,& Mussolin,2010;Muir & Livy,2012;Steinle & Stacey,2004a,2004b)。提前了解这些困惑能帮助教师了解如何引导学生从概念出发,提升对小数的理解水平。

表 16.1　小数大小比较和排序时的常见挑战和错误认识

常见挑战与错误	具体表现	教学策略
1. 小数越"长"越大	0.375 > 0.97 或 0.44 < 0.440。	◆ 学生将整数比较的规律过度推广到小数比较,认为数位越多的数就越大。让学生使用小数模型表示出每个数,再进行比较。例如,在 10×10 网格上用涂阴影的方式将两个小数表示出来,能够帮助学生准确比较。
2. 小数越"短"越大	0.4 大于 0.97,因为"十分之一大于百分之一"。	◆ 让学生表示这两个小数,教师针对"量"来进行提问:例如,"十分之几总是大于百分之几吗?"
3. 中间的零无影响	0.58 小于 0.078,认为"0 没有影响"。34.08 和 34.8 相等。	◆ 围绕例子来说,当学生对十分位上的零感到困惑时,让他们用小数卡片构造小数。如果需要的话,再将小数与实物模型或数线联系起来。
4. 小数小于零	0.36 小于 0,因为 0 是整数,在个位上(在小数点左边),左边的数位大于右边的数位,因此 0 大于部分小数(在小数点右边有值的小数)。	◆ 引入情境,例如,问学生想要 0 美元还是 0.5 美元。 ◆ 在网格纸上表示小数,通过视觉辅助看出每个小数的大小,再与零比较。
5. 倒数思想	当学生比较 0.4 和 0.6 时,他们认为 0.4 更大。事实上他们将 0.4 与 $\frac{1}{4}$,0.6 与 $\frac{1}{6}$ 联系起来,最终做出 0.4 更大的错误决定。	◆ 使用具有十进制结构的学具,例如在 10×10 网格上用涂阴影的方式将两个小数的大小可视化。
6. 相等	学生们认为 0.4 并不接近 0.375,0.3 小于 0.30。	◆ 通过面积模型或数线把这些数表示出来,帮助学生查看它们是否大小相近,以及 0.3 和 0.30 是否相等。

所有这些困惑和误解都说明:学生必须从概念层面理解小数的构成。

小数单位的大小。学生会有上述错误认识,往往是因为没有理解十分位、百分位、千分位及其他数位之间的大小关系,所以让学生在数线上找到某些数或者用其他模型来表示数是非常重要的。下面的活动旨在促进学生探讨小数有多少个计数单位,在理解计数单位大小的基础上能够比较小数的大小。

活动 16.11

植物比高

　　教师在两个连续的整数之间选择四五个小数,选择的数要让学生在排序过程中有些难度。教师可以引导学生在植物生长的情境中讨论小数的相对大小。首先,让学生预测这组小数从小到大的顺序;然后,请他们选用一种模型(如图 16.11 所示的空数线或者 10 000 网格纸)证明自己的排序。在学生思考哪个植物(数)更高(大)的过程中,他们能够更深刻地理解哪个数位对小数的大小影响最大。对于学习数学有困难的学生,教师可以明确讲解来帮助他们。例如,把其中的一个小数 3.091 写在黑板上。教师从整数开始提问:"它更接近 3 还是 4?"然后到十分位:"它更接近 3.0 还是 3.1?"再继续提问百分位和千分位。教师要在每个数位让他们自选模型或者从概念角度解释自己的选择。

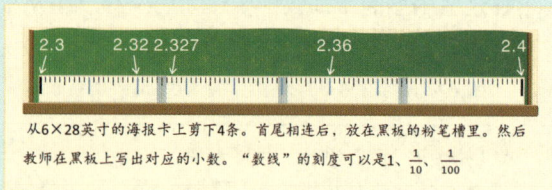

从 6×28 英寸的海报卡上剪下 4 条。首尾相连后,放在黑板的粉笔槽里。然后教师在黑板上写出对应的小数。"数线"的刻度可以是 1、$\frac{1}{10}$、$\frac{1}{100}$。

图 16.11　数线上的小数

　　小数的稠密性。有一个重要概念:任意两个数之间总存在第三个数。如果学生只接触近似到两位小数的例子,他们的认识会受限,觉得 2.37 和 2.38 之间没有数(Steinle & Stacey, 2004b)。找到任意两个小数之间的小数,需要学生对小数的稠密性有所理解。线性模型有助于说明上述概念,我们来看下面的活动。

活动 16.12

接近的小数

　　让学生说出 0 到 1.0 之间的一个小数。接下来,让他们说出比第一个小数更接近 1.0 的小数。以相同的方式连续多次提问,得到的每个小数都比前一个更接近 1.0。类似地,教师还可以更换其他的基准值,例如更加接近 0 或 0.5。对于学习数学有困难的学生,教师可以先让他们使用模型或数线来辅助判断,再确认这些学生能否不借助学具解释想法。另外,教师还可以提供两个小数供他们选择。一段时间后,教师逐渐减少对这些学生的辅助,回到最初的活动形式。

活动 16.13

聚焦放大

　　在教室前面把数线(比如晾衣绳或收银机用的纸带)布置好。让学生标出 0.75 和 1.0 的位置。然后让学生"聚焦放大"数线,在这两个值之间找到并记录另外三个值,同时要求他们分享思考的过程和策略。这里需强调的是,教师要保证英语非母语的学生理解单词"between"(之间)的含义,教师甚至可以与学生一起在教室前方演示这种关系。对于学习数学有困难的学生,教师可以给他们一组小数,让他们选出三个位于 0.75 和 1.0 之间的小数。

当学生试图找到最接近的小数时,他们对于小数稠密性的困惑也会逐渐显现出来(Ubuz & Yayan,2010)。很多时候,当学生需要判断哪个小数更接近给定的小数时,他们会认为十分位与十分位是可以比较的,却不考虑百分位。例如,当教师问哪个小数更接近 1.9,是 0.2 还是 0.21 时,学生会选择 0.21(忽略了 0.2=0.20)。学生也不确定 0.513 是否接近 0.51,他们还可能认为 0.3 接近 0.4,但距离 0.317 很远。这些例子都说明,学生需要多多积累侧重小数稠密性的活动经验,同时也说明他们可能还没有准备好学习小数运算。

四. 小数的运算

即便学生对小数的大小有着充分的理解,他们对小数运算的结果也可能只是一知半解(Siegler & Lortie-Forgues,2015)。在以往的教学中,小数运算是由下列法则主导的:将小数点对齐(加法和减法),数出所有乘数小数点后的位数(乘法),以及将被除数和除数中的小数点移位(甚至使用"去掉"这一错误的教学语言)以便除数变为整数(除法)。目前,仍有一些教科书继续强调这些法则。然而,如果小数运算是建立在学生对位值以及小数与分数之间关系的稳固理解之上,那么就不总是需要这些具体的法则。《美国共同核心课程标准——数学》要求学生理解并能够解释算法和算理(NGA Center & CCSSO,2010,p. 33)。当那些学习小数运算有困难的学生只接受严格的算法教学时,他们最初对小数的理解水平也会迅速下降。短短十天,学生的平均日测成绩就从 80% 左右下降到 34%(Woodward,Baxter,& Robinson,1999)。

加法和减法

学习小数加减法要比知道"小数点对齐"复杂得多。《美国共同核心课程标准——数学》(NGA Center & CCSSO,2010,p. 33)指出:5 年级的学生应该"运用他们对小数模型、小数计数法和运算性质的理解,计算两位小数的加减法。他们要能够熟练运算,能够合理估算结果"。

运算的教学总是这样:从情境问题引入,通过视觉辅助(或运用模型)在情境中帮助学生理解运算的意义。教师给学生呈现问题时要考虑顺序,题目中涉及的小数类型要由易到难。先用小数点右侧数位相等的小数(如 2.5+1.4 或 0.45-0.33),再涉及小数点右侧数位"不规则"的小数(如 0.836+0.7)。退位减法问题,如 0.5-0.321,要求的思维过程更为复杂,只在后期出现。小数运算的方法与学生熟练熟知的整数运算有所不同,让他们牢记这一点并不容易。学生有时会不恰当地沿用整数运算的思维,例如他们计算 0.26+0.3 会得到结果 0.29。

估算小数的和与差。 估算很重要,因为很多情况下,我们只需要一个大概的结果。学生在学习小数运算的标准化算法之前,应该先熟练掌握小数估算。这与《美国共同核心课程标准——数学》的相关要求一致,5 年级的学生开始学习小数运算,但直到 6 年级才要求掌握小数运算的标准化算法。事实上,学生只有在对位值、相等关系和小数的大小充分理解后,才算准备好可以开始学习、理解小数运算(Cramer & Whitney,2010)。对于那些已经学过小数的运算规则却无法判断答案是否合理的学生来说,强调估算尤为重要。合理的估算值首先至少要保证小数点左边,也就是整数部分的数位个数正确。

首先，请你试试估算下列计算问题答案的整数部分。

1. $4.907 + 123.01 + 56.123$
2. $459.8 - 12.345$
3. $0.607 + 0.18$
4. $89.1 - 0.998$

你的估算值可能是：

1. 在 175 到 200 之间
2. 略小于 450
3. 接近 0.8
4. 大约 88

上述几个估算问题，只要我们理解小数的计数方法和掌握基本的整数估算策略（例如看高位，四舍五入和找相近的数），就能找到合理的估算结果。教师在鼓励学生估算时，要引导他们把关注点放在数的大小、运算的意义以及各种策略的使用上。还需注意的是，教师在教小数加减法给学生时，可将问题水平式呈现，以便学生更好地估算。

小数加法和小数减法的算法。 学生学习整数运算时，教师非常关注他们多样化的算法和策略。遗憾的是，在学习分数和小数运算时教师对此的关注会减少。若学生的计算策略以位值为基础，将非常有效。与标准化的算法相比，这些运算策略更有助于他们从概念的角度来理解运算过程。因此，教师要继续鼓励学生使用这类策略。研究表明，将小数位值融合到小数加减法的课程里能显著提高学生的成绩（Rittle-Johnson & Koedinger，2009）。即使学生已经学习、理解了标准化算法，教师也应该鼓励他们总结各种方法，以便根据给定情况选择最佳策略。达到数学精熟度的学生经常会这样做。

请看下面这个问题：

杰西卡和苏美各自用秒表记录了自己跑四分之一英里的时间。杰西卡说她用了 74.5 秒。苏美的计时更为精确，她用了 81.34 秒。谁跑得更快？快多少秒？

理解小数计数方法的学生应该能说出两个人跑步速度的近似差别——接近 7 秒。之后，教师要鼓励学生用各种策略找到确切答案。估算能够帮助学生避免把小数点后的 5 和 4 对齐这样的常见错误。有的学生可能还会注意到 74.5 加 7 等于 81.5，他们算出多出的部分（0.16），再从估算的 7 秒中减掉，最终得到的差是 6.84。其他学生可能会从 74.5 开始算起，加上 0.5 等于 75，然后再加 6 秒得到 81 秒，最后加上剩下的 0.34 秒。这个方法可以用空数线有效表示，数线的模型也与这个问题情境匹配。学生的另一种策略是将 74.5 改写成 74.50,然后根据整数退位减法的先验知识解题。教师可以提供类似的小数加减法情境问题,涉及小数位数不同的小数,来帮助学生理解运算过程。

当学生完成了几个小数加减法的情境问题后,教师要重点关注学生能否借助多种表征方式灵活地思考问题,这也是下一个活动的主要目的。

活动 16.14

表示和与差

给学生提供"问题转换"的活动页,活动页由横竖两线分成四个部分。其中左上角写着如"73.46+ 6.2+ 0.582 = "的问题,要求学生先估算再计算结果。第二个任务是在右上角写出一个符合上述算式的情境问题。在左下角学生可以画出空数线或者具有十进制结构的学具,通过模型来演示运算过程。最后在右下角,学生要解释自己的思考过程,自己是如何估算的,以及用什么策略计算小数加法问题的。同样的活动方式也适用于小数减法。

评价角

在学生完成活动 16.14 的过程中,教师可以借助"观察记录表"来记录学生是否表现出对小数概念的理解、对小数点作用的理解。教师要注意学生能否运用所学的算法求得正确的和,是否在解释自己想法时有困难,或者他们能否根据算式编写匹配的情境问题,能否画出对应的模型进行解释。如果学生完成上述几个任务都有困难,教师就需重新回到基本的小数概念的教学。

随着学习的深入,学生能越来越熟练地用标准化算法进行小数加减法运算,但教师仍需继续为他们提供多种机会来进行估算、运用讨论过的模型解释运算过程、使用简算巧算策略解决问题,并根据算式编写情境问题。

例如,NLVM 网站上(http://nlvm. usu. edu/en/nav/vlibrary. html),"3 的圈圈"这个游戏就是一个很有挑战性的推理活动,学生需运用逻辑推理找出相加后和是 3 的小数(游戏本身可并不像听起来那么容易)。持续解决这类问题会提高学生小数加减运算的精熟度。

乘法

由于多种原因,小数乘法往往不太容易理解。例如,学生最初会疑惑:两个两位小数相乘,乘积怎么会是一个四位小数(Lortie-Forgues,Tian, & Siegler,2015)。另外,由于学生过度推广了整数范围内"乘积总是大于乘数"的规律,他们面对小数相乘的结果小于乘数的情况也会深感困惑。在以往的教学中,学生只是盲目地被告知要数出各个乘数的小数位数,以便确定小数点在答案中的位置。通常很少有人去试着检验所得答案是否合理。但是,达到数学精熟度意味着学生要对小数乘法有更深刻的理解。他们要能运用具体的模型或通过画图的方式演示运算过程,基于位值原理和运算性质的简算巧算,解释推理过程(NGA Center & CCSSO,2010)。要让学生形成这种深刻理解,估算是必不可少的步骤。

估算乘积。现实世界中,有很多涉及分数、小数和百分数的估算。估算的关键是用整数估计有理数。

估算下列问题,针对每道题目会选用哪个数来估算? 另外,说说哪道题目容易估算? 哪道题目比较困难?

1. 5.91×6.1

2. 145.33×0.109

3. 0.54×9.871

学生的推理可能是这样的:

1. 这个问题大约是 6 乘 6,所以答案是 36。

2. 这个就好比有 145 个十分硬币,除以 10,大概是 14.50。或者大概是 145 的十分之一,也就是 14.5。

3. 第一个数接近二分之一,所以大概 10 的一半是 5。

当两个小数乘数非常小时,估算就变难了。但我们仍然可以看看乘积是否比乘数更小(从很小的部分当中再拿走一小部分,会得到更小的部分)。

活动 16.15

击中目标

首先确定一个目标范围。然后,在计算器中输入初始数,并把它交给第一个玩家。整个游戏过程只能用一种运算。通常玩过第一轮或第二轮后,就需要输入小数作为乘数或除数了。这个活动能帮助学生很好地理解小数乘除法。例如,选定的目标范围是 262 到 265,初始值是 63:

玩家 1:×5 = 315(太大)

玩家 2:×0.7 = 220.5(太小)

玩家 1:×1.3 = 286.65(太大)

玩家 2:×0.9 = 257.985(太小)

玩家 1:×1.03 = 265.72455(非常接近!)

(下一步你要按什么?)

这个游戏可以用除法来玩。教师还可以将游戏调整为加减法:第一个玩家在给出数字后按下+或−,然后再按= 。

算法。教学小数乘法时,要引入情境问题,还要借助那些对理解整数乘法有帮助的实物模型。在学习乘法算法时,应当发挥估算的重要作用。学习之初,我们先考虑这个问题:

农夫给每个罐子装了 3.7 升的苹果汁。如果买了 4 罐,会有多少升苹果汁?

教师提问:"答案比 12 升大,对吗? 最多可能是多少升呢?"有了估算结果后,学生选用自己的方法(基于位值和运算性质)找到准确答案。一种可能的解题方法是先将 3.7 翻倍(等于 7.4),再翻一倍得到总量。另一种方法是先算 3×4,再加 4 倍的 0.7。最终,学生们得到 14.8 升这个结果。而后,教师要将学生简算、巧算的每种解题方法和数线联系起来,具体展示该如何在数线上跳转。

面积模型对于说明小数乘法也特别有用(Rathouz,2011)。教师可以选择一个与矩形行列对应的情境问题,如下所示:

> 某园丁有 1.5 m² 的花园可以种花。她决定花园面积的 0.6 用来种风信子。那么她总共能种多少平方米的风信子?

我们来看这个学生的解法(如图 16.12),他用网格图来表示、解决 0.6×1.5 这个问题。每个大方格代表 1 m²,每行 10 个小方格之和是 0.1 m²,每个小方格为 0.01 m²。阴影部分表示 0.6 m²+0.3 m²＝0.9 m²。请注意,这个模型是成比例的,它能够为学生提供视觉辅助,帮助他们感受不同乘数的大小。

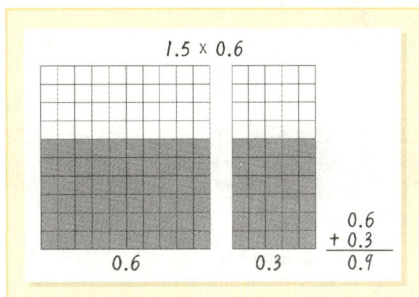

图 16.12　某学生使用 10×10 的方格推理 1.5×0.6

教师也可以给学生提供能用空数线来解释的情境问题,例如:

> 青蛙每次跳 4.2 英寸,跳了 5 次后它距离起点有多远?

图 16.13 展示了如何用数线表示青蛙的跳跃。这个小数乘法的模型图应该能让学生回想起他们在解决整数相乘问题时用到的策略,这种联系对学生理解小数乘法标准化算法的意义会很有帮助。

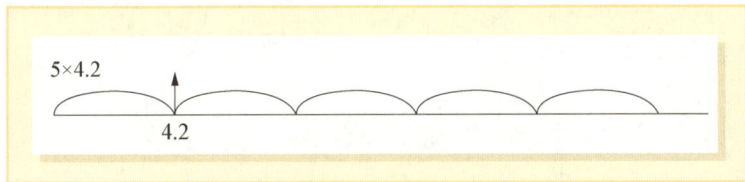

图 16.13　用数线来说明小数乘法

让学生比较两个乘法问题,它们乘数的数字完全相同,但分别为小数相乘和整数相乘问题。例如,比较 23.4×6.5 和 234×65 有什么相似之处? 有趣的是它们的乘积也有着完全相同的数字:15 210(有时小数乘积末尾的零可能被忽略)。暂且不考虑小数点的位置,让学生使用计算器来探索类似问题乘积的相似之处。最终，引导学生注意到答案中的数字总是一样的。学生确认这一规律后，教师再组织学生完成下面的活动。

活动 16.16

小数点该放哪儿？乘法

让学生计算 24×63 的乘积。然后，仅用这个结果（1512）和估算，给出下列问题的准确答案：

0.24 × 0.63   24 × 0.63   2.4 × 63   0.24 × 0.63

对于每个题目，学生都要写出他们放置小数点的原因。以第一个问题为例，学生可能会说 0.24 接近四分之一，6 的四分之一小于 2，所以答案一定是 1.512。学生可以用计算器检验结果。英语非母语的学生可能会用不同的、在其原来的国家或地区普遍使用的简算巧算策略。即使他们在表达自己的推理时有语言上的困难，但围绕具体问题展开推理来寻找其他解法对他们也非常重要。

反思角   让学生解释他们放置小数点的原因，而不是仅让他们数位数，教师这样做有什么好处？

帮助学生全面理解算法的另一个方法是将小数改写成与它们等价的分数形式。计算 3.4 × 1.7 就等同于计算 $\frac{34}{10} \times \frac{17}{10}$，相乘后得到 $\frac{578}{100}$，再改写回小数就是 5.78。这个过程对应将小数点左移两位（Rathouz，2011）。

当小数相乘得到更小的乘积时，用估算的方法来确定小数点的位置就会很困难。例如，已知 37 × 83 = 3 071，似乎对于确定 0.037 × 0.83 乘积小数点的位置并没有多大帮助。但解决这个问题，有助于学生学习标准化算法，同时有助于他们理解乘法的性质。

解题过程是这样的：

$$0.037 \times 0.83 = \left(37 \times \frac{1}{1\,000}\right) \times \left(83 \times \frac{1}{100}\right)$$

$$\left(37 \times \frac{1}{1\,000}\right) \times \left(83 \times \frac{1}{100}\right) = 37 \times 83 \times \frac{1}{1\,000} \times \frac{1}{100}$$

$$37 \times 83 \times \frac{1}{1\,000} \times \frac{1}{100} = (37 \times 83) \times \left(\frac{1}{1\,000} \times \frac{1}{100}\right)$$

$$(37 \times 83) \times \left(\frac{1}{1\,000} \times \frac{1}{100}\right) = 3\,071 \times \frac{1}{100\,000} = 0.030\,71$$

这些计算可能看起来很复杂，但如果了解十进制分数相乘的过程就会明白：为什么要数每个乘数的小数位数，然后把小数点放在乘积的对应位置使得乘积的小数位数等于各乘数的小数位数之和。小数乘法的标准化算法是先按照整数乘法计算，计算完成后，如果可能的话通过推理或估算来确定小数点的位置;如果无法估计,按照前面说明的确保各个乘数中一共有几位小数,积就有几位小数。即使学生学了标准化算法,他们也仍需要从概念层面理解位值的意义,理解在"数"各个乘数小数位数和"移"小数点的过程中十进制的重要性。如果教师只关注机械生硬地应用计算法则,学生就失去了理解运算意义和结果的机会,同时他们也更容易在应用规则时犯错(Martinie & Bay-Williams,2003)。

下面两个问题主要考查学生的数感,能够为教师揭示学生理解小数的有用信息。

1. 考虑这两个算式:$3\frac{1}{2} \times 2\frac{1}{4}$ 和 2.27×3.18。不用计算想想哪个算式的乘积更大? 说出理由,保证让班里的其他人能听懂。

2. 0.26×8 比 0.25×8 大多少? 在不计算的情况下怎么能知道答案?

学生在讨论、解释这两个(或其他类似的)问题时,能够深刻反映出他们的小数数感和分数数感,也反映出他们在小数和分数两种表征之间建立联系的情况。

除法

和小数乘法一样,学生计算小数除法也常常是死记硬背、缺乏理解。同样,整数除法运算的意义能够帮助学生理解小数除法。

估算商。 估算和使用实物学具对于帮助学生深刻理解小数除法十分必要。事实上,最好的除法估算方法通常都是在想乘法,而不是直接想除法。

请看下面的问题:

> 到华盛顿的路程是 282 英里。开车用了 4.5 小时。平均每小时行驶多少英里?

要估算这个商是多少,就是要想多少乘 4 或 5 接近 280。学生可能会想 $60 \times 4.5 = 240 + 30 = 270$,所以商大概是每小时 61 或 62 英里。

下面这个例子没有情境。

> 估算 $45.7 \div 1.83$。只需要思考 $1\frac{8}{10}$ 的多少倍接近 46。

反思角 上述问题的答案比 46 大还是小? 为什么? 比 20 大还是小? 现在考虑 1.8 接近 2,那么 2 的多少倍是 46? 沿这个思路继续思考得到一个估算结果。

因为 1.83 接近 2,所以估算结果接近 23。同时,因为 1.83 小于 2,所以准确的答案一定大于 23——我们说大概是 25 或 26(答案约为 24.972 677)。

算法。尽管通过估算我们可以得到一个合理的结果，但和小数乘法一样，我们仍然需要学习小数除法的标准化算法。图 16.14 给出了一个小数除以整数的问题，同时说明如何运用标准化算法精确算到需要的数位（图中右侧的解法对应第十二章中提到的"替换法"）。通过推理，我们也可以判断小数点的位置：把 2 个十换成 20 个一，每组分得 2 个一，所以商中"2"所在的数位就是个位。

小数除法的标准化算法与小数乘法类似：首先忽略小数点，把所有的数当作整数来计算；完成后，用估算的方法确定小数点的位置。这种方法适用于除数大于 1 或接近学生熟悉的值（如 0.1，0.5，0.01）的情况。如果学生有办法解决除以 45 的问题，那他们就能应对除以 0.45 和 4.5 的情况。思考如下：因为 4.5 是 45 的十分之一，则最终结果就是原来的十倍，所以把答案乘十即可。

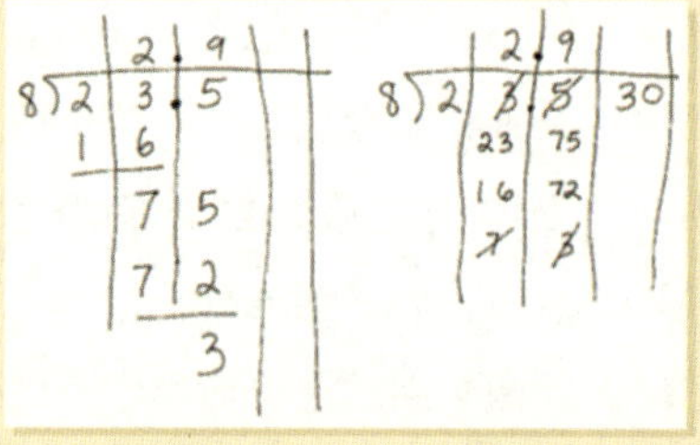

把 2 个十换成 20 个一，就得到 23 个一，每组 2 个一，共分掉 16 个，还剩 7 个一。
把 7 个一换成 70 个十分之一，就得到 75 个十分之一，每组 9 个十分之一，共分掉 72 个，还剩 3 个十分之一。
把 3 个十分之一换成 30 个百分之一。
（只要你需要，可以继续将剩余部分换成更小的数位来计算）

图 16.14 除法标准化算法的拓展

活动 16.17

小数点该放哪儿？除法

教师给出算式 146÷7 含 5 位数字但没有小数点的商，写成：146÷7= 20 857。任务要求学生仅用上述信息，估算下列问题，得到一个较为准确的结果。

146 ÷ 0.7　　1.46 ÷ 7　　14.6 ÷ 0.7　　1 460 ÷ 70

对于每个问题，学生要写出所得答案的理由，再用计算器验证结果。和乘法的活动一样，英语非母语的学生可能会采用不同的简算、巧算策略，教师要重视这些不同的方法。同样地，教师要组织学生明确讨论共同的挑战或误解，以及如何解决它们。

五．百分数

百分数其实是百分之几的另一个名称，也就是分母固定为 100 的标准化比例。如果学生能把分数和小数表示为百分之几的形式，那么在说法上，百分之几是可以和几个百分之一互换的。以分数 $\frac{3}{4}$ 为例，把它表示成百分之几的形式就是 $\frac{75}{100}$，把它写成小数形式就是 0.75。0.75 和 $\frac{75}{100}$ 的读法可以完全一样："百分之七十五"。当用作运算符时，某物的 $\frac{3}{4}$ 与某物的 0.75 或 75% 相同。因此，百分数只是一个新的计数方法或名称，不是一个新的概念。

实物模型和名词术语

实物模型可以展示分数、小数和百分数之间的关系。如图 16.15 所示,有理数转盘、10×10 网格、具有十进制结构的学具同时适用于分数、小数和百分数,因为这三种计数方式表示的概念是一致的。有理数转盘的圆周上有 100 个刻度,这个模型可以表示百分数以及百分之几的分数。同样地,10×10 网格中的每个小方格都表示整个网格的百分之一,每一行或每一列的 10 个小方格不但表示网格的十分之一,也表示网格的百分之十。

赞博(Zambo,2008)建议使用 10×10 网格将分数与百分数连接起来。通过把图形中每四个方格中的一个标记出来,或者把网格一角中 5×5 的区域着色,学生可以发现 $\frac{1}{4}$ 和 $\frac{25}{100}$ 或 25% 之间的联系。赞博进一步建议:更复杂的数还能够引发学生展开有趣的讨论,例如,$\frac{1}{8}$ 可以让学生发现它其实就是 100 个方格中的 $12\frac{1}{2}$ 个(25 个方格的一半),或者 $12\frac{1}{2}$%(或 12.5%)。

同样,学生应该对常见分数(一半、三分之一、四分之一、五分之一和八分之一)所对应的百分数和小数都很熟悉。例如,五分之三是 60%,也是 0.6。整体的三分之一通常表示为 $33\frac{1}{3}$%,而不是 33.333 3…%。让学生探索这些对应关系时要给他们提供具有十进制结构的学具或者情境来辅助。

下面让我们看一个非 10×10 的面积模型(基于 Smith,Silver,& Stein,2005)。

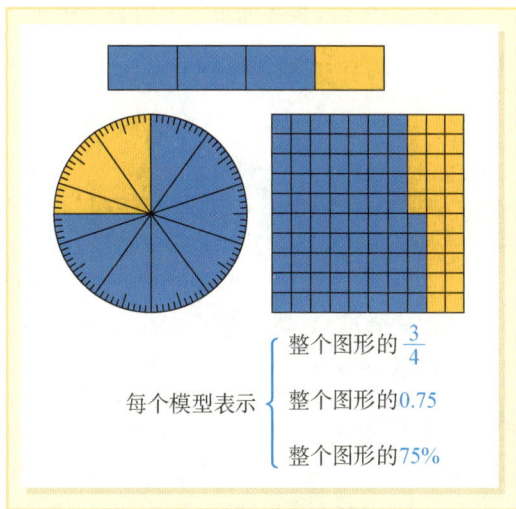

每个模型表示 { 整个图形的 $\frac{3}{4}$ / 整个图形的 0.75 / 整个图形的 75% }

图 16.15 模型连接了三种不同的符号

活动 16.18

阴影区域

学生对 10×10 网格的使用已经非常熟悉。这个活动使用"阴影区域"活动页,让学生脱离熟悉的工具,用非 10×10 网格思考分数、小数和百分数。

阴影部分占整个区域的百分之几?用小数怎么表示?解释你的想法。

学生可能会注意到,这个例子中两列表示矩形面积的四分之一或 25%,所以一列是 12.5%。

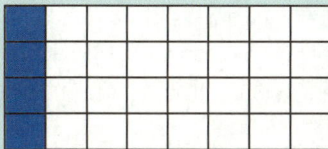

扇形图呈现数据为学生探索百分数提供了另一个机会（Whitin & Whitin，2012）。除了用有理数转盘表示百分数，还可以使用百分数项链。在下面的活动中，我们会具体介绍。

活动 16.19

百分数项链

  用钓鱼线或结实的绳子把 100 颗大小相同的珠子串起来，紧紧地打结做成一个圆形的"项链"。每当课上出现扇形图时，就可以把这个百分数项链作为估算工具使用。已知任意的扇形图，甚至是后面章节中图 20.10 中由人组成的圆图，我们都可以将百分数项链置于其中，让两个圆心重合（不要让百分数项链与扇形图的外边缘对齐）。如果百分数项链更大，那么学生可以将扇形图中划分各个区域的线延长并与百分数项链相交；如果扇形图更大，如图 20.10 中的情况，就可以直接使用划分区域的线。让学生数一下确定某区域的两条直线之间共有多少个珠子。例如，扇形图的某个区域表示有多少学生想去科罗拉多大峡谷度假，这个区域对应了 24 颗珠子。这里的珠子数是一个估算值，表示约 24% 的学生选择科罗拉多大峡谷。百分数项链为我们提供了一个探索"百分之几"有意义的模型，还为我们提供了一种估算百分数的非正式的方法——数出给定区域对应的珠子数。

🖩 科技角

NCTM Illuminations 的网站上有一个名叫"分数模型"的活动，旨在帮助学生探索分数、带分数、小数和百分数之间的等价关系。学生选定一个分数和一种模型类别［长度、面积（矩形或圆形）或集合］，网站就会用指定模型表示出分数，同时给出其他所有的等价形式。

活动 16.20

记忆配对游戏

  这个活动要使用百分数卡片。有些百分数卡片上画着含阴影区域的扇形图（$\frac{1}{2}$ 的扇形图用阴影表示），另外一些卡片上写着匹配的百分数（写着 50%）。活动将以记忆游戏的形式进行，学生将卡片正面朝下放置，每次翻两张卡片，目标是将涂有阴影的扇形图和对应的百分数匹配。为了帮助学习数学有困难的学生，教师可以让他们使用有理数转盘（如图 16.5）这个可调节数值的模型。另外，NCTM Illuminations 的网站上有一款类似的虚拟游戏，名叫"Concentration"。这款游戏中的卡片除了有百分数的形式外，还有分数。

有一些与比例思维密切相关的学具也可以用来辅助学生掌握百分数的概念。例如，三段模

型也就是三个矩形,分别表示原始量、增减量和最终量(Lo & Ko, 2013；Parker, 2004)。矩形模型由于方便定位和分割,所以能够帮助学生分析问题的各个方面,以及各部分间的关系。尤其是在解决某些易混淆的问题时,如计算在原始量的基础上增长某个百分数后的数量,矩形模型格外有用。2005年的 NAEP 测试有这样一道题目:某公司原有员工 90 人,其员工数量增长了 10％后,现有员工多少人? 图 16.16 展示了某学生如何运用帕克(Parker, 2004)的方法表示出问题的各个部分,并找到正确答案。

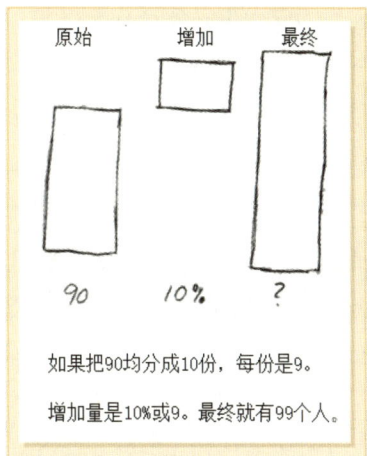

如果把90均分成10份,每份是9。

增加量是10%或9。最终就有99个人。

图 16.16　某学生使用比例模型来推理百分比

教师还可以引导学生从小数点的位置来理解有关百分数的概念。小数点用于标记单位量的位置。当个位是单位时,0.659 表示比 1 的 $\frac{6}{10}$ 大的一个数。"个位"的情况比较好理解("1"或整体的 $\frac{6}{10}$)。但 0.659 也同时是 6.59 个 $\frac{1}{10}$、65.9 个 $\frac{1}{100}$、659 个 $\frac{1}{1\,000}$。所以我们在表示数时,必须明确指出单位量。百分数就是分母为 100 的分数,当小数点将百分位标识为单位量时,"百分数"这个名词就可以看作是"百分之一"的同义词。所以说,(整体或 1 的)0.659 就等于同一个整体的 65.9％或 65.9 个 $\frac{1}{100}$。如图 16.17 所示,教师可以通过放置小数点将百分位标记为单位量。也可以从规则的角度告诉学生:"要将小数转化为百分数,就把小数点向右移动两位。"显然,从概念理解的角度出发,前者更有意义。因此,教师在教学过程中要把百分之几(％)和几个百分之一在读法和写法上等同起来。

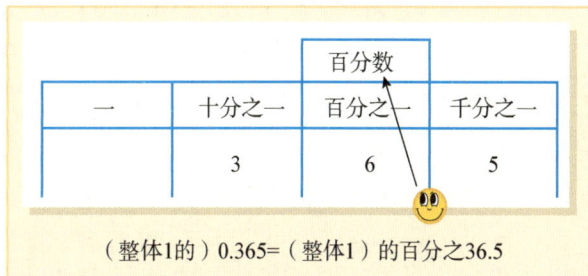

一	十分之一	百分之一	千分之一
	3	6	5

(整体1的) 0.365=(整体1) 的百分之36.5

图 16.17　百分之一也可以理解为百分比

情境中的百分数问题

百分数必须放在具体情境中来考虑(Bu & Marjanovich, 2017)。有些教师可能会立即联想到"三空"百分数问题,即"_____ 是 _____ 的百分之 _____"(20 是 80 的 25％)。这类问题正好有三个空需要填数,教师给定其中的两个,要求学生说出第三个(未知)。但是,由于没有具体情境,学生在设定比例关系时并不确定该把哪个数放在哪个空。换句话说,他们的"决定"既和问题理解无关,也没能与计算过程联系起来。另外,与百分数有关的常见情境,如销售单价、税收、食品成分(脂肪所占的百分比)、体育报道和经济走向等,也极少采用"_____ 是 _____ 的百分之 _____"的表述形式。

尽管学生必须会在无情境的条件下（如图 16.18 所示）理解、计算百分数，让他们在现实情境中综合使用多种模型探索百分数关系是非常重要的(Shahbari & Peled, 2016)。教师在寻找或编写百分数问题时，要以它们在新闻、电视或其他真实环境中出现的模样呈现给学生。此外，教师还要遵循下列教学百分数的原则：

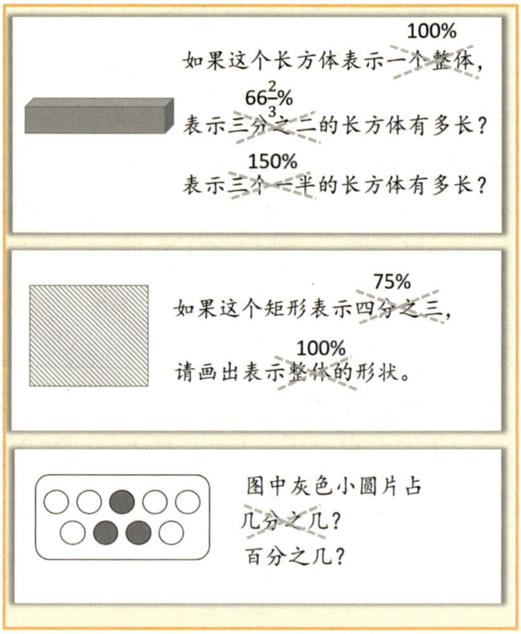

○ 教学初始阶段涉及的百分数都是熟悉的分数（一半、三分之一、四分之一、五分之一和八分之一）或简单的百分数 $\left(\frac{1}{10}, \frac{1}{100}\right)$，要选择一些好算的数，因为练习的重点是让学生理解其中涉及的关系，而不是复杂的计算。

○ 要求学生使用模型、画图或借助情境来解释他们的解题方法。与其给学生 15 道只需计算得结果的问题，不如给他们 3 道题目要求他们画图并解释过程。教师要记住的是让学生探索数量关系，而不是单一地训练计算技能。

○ 不要急于给学生介绍能解决不同类型问题的算法或法则——要鼓励他们去发现规律。

○ 使用专业术语部分、整体、百分数（或分数）。帮助学生意识到现在的百分数练习和之前的分数练习是同一类问题。

○ 鼓励学生心算。

下列题目都遵循相关的教学原则，只涉及学生熟悉的百分数和好算的整数。请尝试解决这些问题，确定每个数是部分、整体还是百分数，并且画条形图来解释或描述思考过程。图 16.19 展示了某学生使用条形图进行推理的过程。

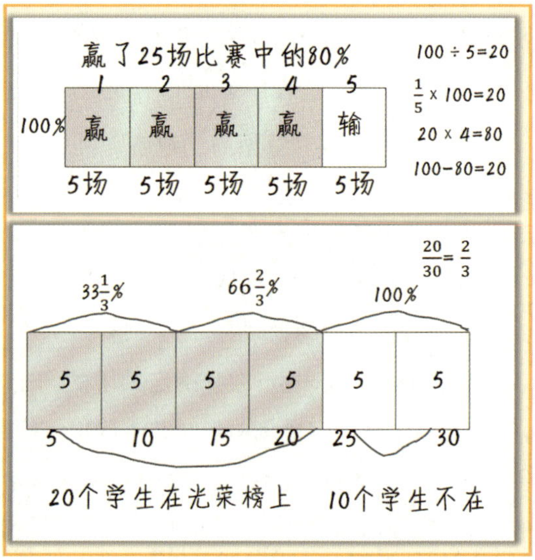

1. PTA（家长教师协会）报告说，出席会议的家庭占总体的 75%。如果有 320 个家庭的孩子在这所学校读书，有多少个家庭参加了这次会议？

2. 一支棒球队今年打了 25 场比赛，赢了 80%，那么输了多少场比赛？

图 16.18　部分-整体的分数练习可转化为百分数练习

图 16.19　学生画图解决百分数问题

3. 在卡特老师的班上有 20 名学生,或者说有 $66\frac{2}{3}\%$ 的学生在光荣榜上。她的班上共有多少学生?

4. 赞恩以 $12\frac{1}{2}\%$ 的折扣购买了他的新电脑,支付了 700 美元。那么打折后他买电脑省了多少美元?

5. 如果尼古拉斯已经读了 180 页书中的 60 页,他目前读完了这本书的百分之几?

6. 五金店一种小部件的进价是每件 80 美分,售价是每件 1 美元。那么这种小部件的售价比进价增加了百分之几?

评价角

上述这些基于情境的百分数问题可以用作表现性评价有效检测学生的理解水平。教师可以给学生一两道题目,让他们解释自己的答案为什么合理;还可以给出一个百分数的情境,并把百分数换成分数(例如,用 $\frac{1}{8}$ 代替 $12\frac{1}{2}\%$),看学生如何解决这个问题,处理分数和百分数的过程有哪些不同。

如果教师关注的是学生的推理和论证,而不是有多少题目答案正确,那么一定可以收集到所有需要的评价信息用于下一步的教学决策。

估算

许多百分数问题涉及的数都不简单(学生不太熟悉)。而现实生活中的百分数问题,通常知道近似或估算的结果就足以帮助人们了解整个情况。此外,基于对关系理解的估算还能够验证运算的选择以及小数点的位置是否正确。

之前讨论过的两个方法可以帮助学生估算涉及百分数的问题。首先,如果问题中的百分数不简单,可以将其替换为一个接近的易于处理的百分数。其次,选择与百分数相近的好算的数,使计算变得更容易。本质上,就是要将复杂的百分数问题转换为一个更熟悉的问题。我们可以参考下列例子。

1. 可容纳 83 000 人的体育场上座率为 73%。有多少人观看了比赛?

2. 俱乐部的会计报告说 68.3% 的应付款已经收齐,总计 385 美元。如果所有的应付款都集齐,俱乐部还将收入多少美元?

3. 麦克斯特雷克的 842 次击球中有 217 次击中。他的平均击中率是多少?

| 反思角 | 使用熟悉的百分数、分数和好算的数来估算上面三个问题。 |

可能的估算方法如下：

1. 使用 $\frac{3}{4}$ 和 80 000，所以大概是 60 000 人。

2. 使用 $\frac{2}{3}$ 和 380 美元；俱乐部将会再收 $\frac{1}{3}$，约为 190 美元。

3. 击中次数（217）大约是总次数（842）的 $\frac{1}{4}$；$\frac{1}{4}$ 是 25%，所以麦克斯特雷克的击中率略高于 25%。

在实际生活中，有几个经常需要估算百分数的情境。当学生充分理解百分数的概念并且能够灵活运用它时，就有很多种方法来思考百分数了。

小费：要算小费的话，可以先找到总额的 10%，再加上它的一半，得到 15%，或者将 10% 翻倍得到 20% 的小费。

税额：根据销售税税率，可以先找到 10%，取一半后再找到 1%，最后根据需要加减。学生也应该意识到：找百分数对应的部分其实是乘法运算过程。所以说计算 50 美元的 8%（税款）和 8 美元的 50%（一半）结果一样，都是 4 美元。

折扣：降价 30% 也就是原价的 70%。根据原价数值，选择那个更容易心算的百分数（30% 或 70%）。例如，原价 48 美元的套装降价 30%，就只要付 70%。将 48 美元近似到 50 美元，计算 0.70×50（联系 7×5），所以付的钱要少于 35 美元。

上面的描述都不是要死记硬背的规则，而是通过探索的推理活动。这种讨论有助于学生充分理解百分数的概念和乘法交换律。

我们在本章前面已经总结了学生在比较小数时常常遇到的一些挑战，这里表 16.2 还列举了其他的挑战。当学生呈现出不完整或不成熟的想法时，这其实正是他们学习的绝好机会，教师可以参照我们分享的指导方法来帮助学生逐渐完善对数学内容的理解。

表 16.2　小数和百分数中的常见挑战或错误认识以及教学策略

常见挑战与错误	具体表现	教学策略
1. 不清楚"零"什么时候对于小数的大小很重要，什么时候可以忽略	学生认为 0.80 比 0.8 大十倍（Irwin，2016）。 学生不确定 0.6 和 0.60 是否相等。	◆ 这种混淆与"乘 10 就在数的末尾加上一个零"这个不准确的规则有关。 ◆ 学生应继续使用模型表示数，感受数的大小。例如，在 10×10 网格上涂阴影来表示每个数，再进行比较。
2. 学生混淆整数计数法和小数计数法	学生将百分之一写成 0.100（Irwin，2016）。	◆ 给出两个"匿名"学生对这个问题的回答，让学生讨论谁的推理正确，谁的错误，为什么？

续 表

常见挑战与错误	具体表现	教学策略
3. 分数化小数时,学生的思维不能与分数的大小和/或位值的理解对应	学生将 $\frac{4}{5}$ 写成 4.5。将 $\frac{1}{4}$ 写成 1.4 或 0.4。	◆ 使用模型讨论一个披萨的 $\frac{4}{5}$ 和 4.5 个披萨是什么样子。 ◆ 在 10×10 网格上涂阴影来表示 $\frac{1}{4}$,1.4,0.4。
4. 乘法的积会"变大",除法的商会"变小"	学生会错误地选择"a"答案:$8\div0.4=$ a. 小于 10 b. 大于 10 (Fagan & Tobey, 2015)	◆ 学生仍在使用并过度推广了仅在整数范围内成立的推理。建议学生用具有十进制结构的学具表示并解决除法问题。 ◆ 使用行列模型表示并解决乘法问题(如图 16.12)。
5. 学生混淆百分数与分数或小数	$\frac{1}{10}$ 或 0.1 等于 $\frac{1}{10}$%	◆ 让学生在 10×10 网格上涂阴影来表示每个数,然后比较它们是否等价。
6. 计算小数加减法时,两个数的数位右对齐,而不是以小数点对齐	$5.17+0.2=5.19$ $0.25-0.1=0.24$	◆ 这种做法表明学生仍在使用整数范围内的思维,他们需要更多地使用模型,明确地将围绕模型的操作和表示转换成符号表示。继续让学生使用具有十进制结构的学具来解决问题,同时指导学生如何记录它们的和(或差)。 ◆ 尽可能多地使用情境,因为在具体的情境下更容易解释这些数。
7. 学生混淆了小数加法运算和小数乘法运算	$0.5\times0.2=0.7$	◆ 选取学生容易理解的数,用模型、估算或推理的方式说明。以给定的题目为例,为什么十分之二的一半是十分之一(而不是十分之七)。
8. 学生混淆了整数乘法算法和小数乘法算法	学生用小数点两边的数分别乘第二个乘数:$2.3\times10=20.30$	◆ 让学生用 10×10 网格或具有十进制结构的学具来解决这道题目,然后将实物操作与计算过程联系起来。 ◆ 引导学生在真实的情境中估算结果并验证其合理性,然后使用模型演示解题过程。
9. 学生认为百分数不能大于 100	将 1.45 写成 0.145%	◆ 使用具有十进制结构的学具来研究这两个数。这个问题必须放在具体情境中帮助学生来理解,例如一棵植物一年内新长的高度超过了 100%。
10. 学生忘记了百分数的位值,认为一位的百分数是十分之一	将 9% 写成 0.9	◆ 使用有理数转盘或具有十进制结构的学具来探索这两个数。
11. 学生将百分数本身看作变化量参与原值的加减	给出问题:"餐馆里有 50 个人,然后这个群体增加了 10%,现在餐馆里有多少人?"学生回答 60 人。	◆ 借助模型和讨论慢慢研究这个问题。帮助学生理解增长率的本质,参见图 16.16 使用模型解决问题。

常见挑战与错误	具体表现	教学策略
12. 学生计算出百分数对应的增减量,但没有计算最终的数量	给出问题:"当商场提供 10% 的折扣时,原价 25.00 美元的魔术套装现在的价格是多少?"学生回答 2.50 美元。	◆ 用含 5 列 2 行的模型表示并解决这个问题。整个区域表示 25.00 美元,将 2.5 美元的部分涂色。组织学生讨论折扣本身和折扣后价格的区别。
13. 学生认为,先增长 $n\%$,再下降 $n\%$ 就恢复到原来的值	给出问题:"由于预算削减,玛丽去年 15 000 美元的薪水减少了 20%。今年她加薪 20%,她现在的薪水是多少美元?"学生回答 15 000 美元。	◆ 学生没能识别出百分数所对应的"整体",没发现第二个百分数对应的"整体"与第一个不同。如图 16.16 所示,让学生用比例模型来演示这个问题情境,讨论变化过程中的参照量,并将两个"整体"都标注出来。

学习目标

在阅读本章内容之后,你应该能够完成如下学习目标:

17.1　描述比的本质特征(包括它与分数的关系),阐明帮助学生理解和使用比的方法;

17.2　利用加法关系和乘法关系的例子来展示成比例和不成比例的情形;

17.3　解释解决比例问题的不同方法并描述这些方法的学习进程;

17.4　比较传统的比例推理与基于研究的比例推理教学方法。

比例推理远不只是列比例解题——它是针对乘法关系进行推理的一种方法。和等价一样,比例推理也贯穿数学的各个方面。很多重要数学概念的核心内容都是比例推理,例如相似性、数量或规模的相对增长、扩张、放缩、π、恒定变化率、斜率、速度、速率、百分比、三角比、概率、频率、密度、正比例和反比例(Heinz & Sterba-Boatwright,2008,p. 528)。据估计,超过一半的成年人缺乏对比例的思考和应用(Lamon,2012)。造成这一后果的直接原因就是他们所经历的比例学习只专注套用公式来计算比例问题中的未知数量。如果教学中继续使用这种死记硬背的方法,势必使学生在用到比例推理时不可避免地出现困难。

学生对比和比例关系的学习最早始于小学阶段的测量和乘除运算。在《美国共同核心课程标准——数学》(CCSS-M)中,比和比例的学习进程是这样安排的:

4 年级:解决涉及乘法比较的乘法问题。

5 年级:确定两个变量之间的比例关系。

6 年级:侧重如何将比和比率与乘除法联系起来;学生解决有关比和比率的问题。

7 年级:侧重比例原则,解决多步运算问题;学生要能够把比例写成方程式并画出图象,同时解决涉及利息、税收和酬金等的问题。

大观念

○ 比是两个量或度量值的乘法比较。学生学习比的一个关键里程碑是能够把它看作一个独立存在,与构成它的两个度量值不同。

○ 比和比例不是围绕加法的比较,而是围绕乘法的比较。这就意味着相等的比不能由加减法得到,而要由乘除法得到。

○ 比率是表示比的一种方法,实际上它表示无穷多个等价比。

○ 比例思维是经由比较和确定等价比的数学活动和经验发展而来。这就意味着要让学生在各种基于问题的情境中运用推理来解决比例问题,而不是死板地套用公式。

一. 比

比(ratio)是在给定的乘法关系中(与加减法关系不同),与两个量或度量值相关的数。围绕比的推理主要是关注两个共变的量。比和比率是 6 年级数学学习的四个关键内容之一(NGA Center & CCSSO,2010),这两个概念学习的基础是学生先前对乘法推理,特别是对乘法比较的理解。

比的类型

部分对部分的比。比可以将整体的一部分(9 个女孩)与同一整体的另一部分(7 个男孩)联系起来。这个例子可以表示为 $\frac{9}{7}$,意思是 9 比 7,而不是七分之九(分数)。换句话说,部分对部分的比虽然可以写成分数的形式,但它不是分数,情境告诉我们这是一个部分对另一部分的比。

部分对部分的比会贯穿整个课程体系。在几何中,相似图形的对应部分就是部分对部分的比。正方形的对角线与边长的比是 $\sqrt{2}$,圆周长与直径之间的比是众所周知的 π。

在代数中,直线的斜率是每个单位长度对应的竖直距离与水平距离的比。某事件发生的概率是部分对整体的比,但某事件发生的几率是部分对部分的比。

部分对整体的比。比可以表示部分对整体的关系,例如,某班级女生人数(9)与班级学生总人数(16)的比,可以写成 $\frac{9}{16}$,或者看作是班级总人数的 $\frac{9}{16}$(分数)。百分比和概率都是部分与整体比的例子。

比作为商。比可以看作是商。例如,如果 1.00 美元买了 4 个猕猴桃,金额与猕猴桃个数的比是 1.00 美元比 4 个,也就是 $\frac{1}{4}$,这个结果是一个商,相除后得到每个猕猴桃的价格(单价)是 0.25 美元。

比作为比率

每加仑汽油能行驶的英里数、每加仑油漆可以覆盖的(墙面的)平方码、公共汽车的载客量以及一个花束中玫瑰花的数量,这些都是比率。比率表示两个不同类单位量之间的关系。两个度量单位之间的关系也是比率,例如,英寸对英尺、毫升对升、厘米对英寸。比率还可以表示无限组等价的比(Lobato,Ellis,Charles,& Zbiek,2010),例如,如果一个人的运动率是 3 天运动 10 英里,这也意味着他 6 天运动 20 英里,9 天 30 英里,依此类推。

比与分数

比与分数密切相关,它们是有重合但又有本质区别的两个概念(Lobato et al.,2010)。因为它们都可以用带"分数线"的符号形式来表示,所以教师一定要帮助学生理解分数和比,"既相关又不同"的这一特点。针对下面的三个例子,教师可以提出这样的问题:"这是分数、比,还是两者都是?"

1. 在宠物店中,猫和狗的数量之比是 $\frac{3}{5}$ 。

2. 在宠物店中,猫和宠物的数量之比是 $\frac{3}{8}$ 。

3. 马里奥步行了一英里的八分之三($\frac{3}{8}$英里)。

第一个例子中的比不是分数,因为分数不是部分与部分之间的关系。第二个例子中的比是部分对整体的比,可以调整说成八分之三的宠物是猫,所以它既是比又是分数。第三个例子中的这个分数是长度,因为没有乘法比较,所以它不是比。

理解比的两种方式

比的建立不是一个书写任务,而是一个认知任务(Lobato et al.,2010)。它们是想说明:比是一种关系,不管它被表示成 $\frac{2}{5}$,2∶5 还是 2÷5,这种关系都可以通过不同的方式来理解。然而遗憾的是,通常对"比"的教学都停留在表面,让学生写下符号 3∶5,然后告诉他们这表示女孩与男孩的比。我们要扭转这个局面,在教学中突出比是围绕乘法关系的推理,是关于乘法比较的组合单位。

乘法比较。 乘法比较是学生理解比的一个重要基础(见第八章)。我们来看下列关系:魔杖 A 有 10 英寸长,魔杖 B 有 15 英寸长。两根魔杖长度的比是 10 比 15 或 2 比 3。但这种表述方式并没有反映出两个测量值之间的关系。其实,有两种说法可以突出用倍数比较大小的关系:

> 短魔杖是长魔杖的三分之二长;
> 长魔杖是短魔杖的二分之三倍长。

与乘法比较相关的问题可以用两种方式来表述:"一个数是另一个数的多少倍?"或者"一个数是另一个数的几分之几?"(Lobato et al.,2010,p. 18)当比较两个不同类单位量之间的关系时(例如每 2 个魔术师有 6 根魔杖),这个比就是比率。学生需要解决现实世界中涉及乘法比较的问题,这些问题的难度应该随着学生经验的积累而增大(Cohen,2013)。

活动 17.1

池塘养鱼

　　将三个问题依次出示给学生，要求学生用纸带图来表示每个问题。下面是第一个问题：

　　为了生态平衡，环保专家埃德温每往池塘里放 3 条鲈鱼，就会放 8 条蓝鳃鱼。如果埃德温在池塘里放了 24 条蓝鳃鱼，他需要放多少条鲈鱼？

　　在学生解决了这个问题后，教师可以继续提问：鲈鱼的数量是蓝鳃鱼的几分之几？ $\left(\frac{3}{8}\right)$ 蓝鳃鱼的数量是鲈鱼的几分之几？ $\left(\frac{8}{3}\right)$ 更换故事中的未知信息，继续提问。

　　需要注意的是，教师需要保证学生知道两种鱼类的名称并理解这里的"如果"是"假设"的意思。

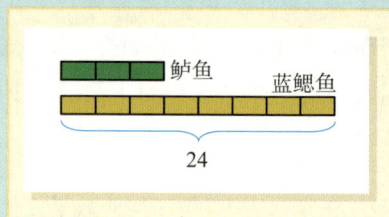

　　组合单位。"组合单位"需要把"比"看成一个单位。比如说，4 个猕猴桃 1.00 美元，把它看成一个单位，再考虑其他成立的倍数情况，如 8 个猕猴桃 2.00 美元，16 个猕猴桃 4.00 美元，等等（上述每种情况都是由最初的比组合而成的新单位）。这就是累加（见第十四章的讨论）。对应地，我们还可以均分单位：2 个猕猴桃 0.50 美元，1 个猕猴桃 0.25 美元。任何数量的猕猴桃都可以通过组合单位找到对应的价格。

　　学生能够通过这两种方式理解、运用"比"是非常重要的。活动 17.2 先提供了一个把比看作是组合单位的情境，再切换到乘法比较的角度。

活动 17.2

纸杯生日蛋糕

　　教师告诉学生：他们将为纸杯蛋糕涂上浅绿色的糖霜并在学校里出售。糖霜的制作配方写着：浅绿色的糖霜需要 2 滴绿色食用色素和 5 滴蓝色食用色素。让学生计算出要涂 1 盘、2 盘、5 盘等纸杯蛋糕需要多少滴食用色素（单元组合思维）。学生可以用表格记录数据。

　　接下来，让学生算出 1 滴绿色色素需要配多少滴蓝色色素，1 滴蓝色色素对应多少滴绿色色素（乘法比较）。让学生思考这些信息如何帮助他们确定不同盘数的蛋糕所需的色素滴数。对于有些学生尤其是那些学习数学有困难的学生，视觉辅助会帮助他们进行比较。教师可以用绿色和蓝色的瓷砖或小圆片（或者画图）来演示。

二. 比例推理

　　利息、税收和小费等现实生活情境，以及相似图形、图表和斜率等几何情境，都涉及"比"的比较,需要运用比例推理。

学生从幼儿园开始就会用到比例推理,最初是一一对应的关系;随着年级的提高继续学习位值、分数概念和乘法推理(Seeley & Schielack,2007);到中学时,比例推理已成为最重要的内容,为后面代数和几何的学习奠定基础。

比例推理(Proportional reasoning)很难用一两句话来定义。它不是一个非黑即白只有会和不会两种情况的知识点,而是一系列综合能力的体现。根据莱蒙(Lamon,2012)的研究,具有比例推理能力的人常会这样思考:

- 理解"比"是表示某种关系的独立存在,有别于参与比较的数量(参见前文关于组合单位的讨论)。
- 认识到现实世界中比例关系与非比例关系的不同。
- 体会共变。他们理解两个量同时变化的一种关系,并且能够看出一个量的变化如何影响另一个量的变化。
- 会用各种策略解决比和比例的问题,其中大多数策略都不是用固定的算法而是灵活多样的。

换句话说,上述几项综合能力也是体现学生在比和比例的学习中达到的精熟程度。下面依次讨论后三项。

比较的情境

教师要给学生提供各种比较情境的机会,从而可以讨论比较是基于加法关系、乘法关系,还是常数关系(Van Dooren,De Bock,Vleugels,& Verschaffel,2010)。比是表示乘法关系(部分对部分或部分对整体)的数,它所反映的数量或度量值之间的相对关系在不同的情形下保持不变。以猕猴桃问题(4 个 1.00 美元)为例,其中的乘法关系(相对度量)可应用于其他情形(8 个 2.00 美元,40 个 10.00 美元,等等)。

反思角

解决下列问题:

1. 珍妮和尼蒂步行上学,她们步行的速度一样。尼蒂先出发。当尼蒂走过 6 个街区时,珍妮刚走过了 2 个街区。那么当尼蒂走过 12 个街区时,珍妮走了多远?

2. 莉萨和琳达在同一个农场种玉米。琳达种了 4 行,莉萨种了 6 行。如果 8 周后琳达的玉米才能成熟采摘,那么莉萨的玉米要多少周后才能采摘?

3. 肯德拉和凯文都用同一个配方做饼干。肯德拉要做 6 打,凯文要做 3 打。如果凯文用了 6 盎司的巧克力,肯德拉需要多少盎司的巧克力?

你能分辨出上面三个问题中哪个是加法关系、乘法关系或常数关系吗?在这些情境的描述中,有哪些标志性语言能帮助区分不同的关系?你又该如何帮助学生区分呢?

我们来看一下每个情境中数量比较的方式。第一个问题是加法关系，因为两个人步行的速度一样，珍妮总会落后尼蒂 4 个街区，所以她走了 8 个街区。问题描述中给出了两个女孩之间的距离（差），是加法关系的情境。但如果错误地用乘法推理来解题，结果就成了 4 个街区。第二个问题是常数关系，因为不管种了多少行玉米，它都要 8 周才能长成熟。如果用乘法推理来解决这个问题，就会得到错误答案 12 周。最后一个问题是乘法关系，答案是 12 盎司。你做对了吗？

分析加法和乘法情境。想要让学生区分加法推理和乘法推理，就要让他们在同一个情境下观察两种推理并对比比较它们的推理结果。我们来看下面的问题，这是中国教师引入"比"概念的常用例题（Cai & Sun，2002，p. 196）。

米勒先生有 25 名学生，当他们被问及是否为篮球迷时，20 人答"是"，5 人答"不是"。那么球迷和非球迷的人数之间有什么关系，尽可能多地给出不同答案。

学生可能会给出下列关系：

- 球迷比非球迷多 15 人。
- 非球迷比球迷少 15 人。
- 球迷是非球迷的 4 倍。
- 非球迷是球迷的 $\frac{1}{4}$。
- 每当有 4 名同学喜欢篮球，就会有 1 名不喜欢。

前两种说法的重点是两个数的差，是加法关系。另外三种描述的则是乘法关系，尽管说法上略有不同，都表示球迷与非球迷的人数比为"4∶1"。学生也可能会错误地说成"球迷比非球迷的人数多 4 倍"，这是因为他们弄不清该用加法推理还是乘法推理（Rathouz，Cengiz，Krebs，& Rubenstein，2014）。学生需要仔细对比这些关系描述，确定哪些是加法推理，哪些是乘法推理。

下面这个任务，改编自《加起来》（National Research Council，2001），它能够激发学生思考如何解释加法推理和乘法推理。

> 两周前，两朵花分别高 8 英寸和 12 英寸。现在它们的高度分别是 11 英寸和 15 英寸。哪朵花长得快？是 8 英寸的花还是 12 英寸的花？

加法推理得到的结果是它们长得一样多，都是 3 英寸。而乘法推理得到的结果是 8 英寸的花长得更快。因为同原先的高度相比，8 英寸的花长高了 $\frac{3}{8}$，而 12 英寸的花长高了 $\frac{3}{12}$。两种推理都为这个情境问题提供了有效合理的答案。在分析判断这两种不同推理方法的过程中，学生们能够更好地理解加法比较和乘法比较之间的区别。

活动 17.3

哪边更多?

　　教师给学生提供类似于图 17.1 中的问题,让他们判断哪边更多,同时分享判断的理由。在学生分享推理的过程中,教师要帮助他们区别对"差"的关注(加法推理)和对"比"的关注(乘法推理)。如果没有学生回答问题,那么教师可以直接举例引入问题:"艾米觉得第二组有更多的圆形。你能解释一下她为什么这样选吗?"或者"哪个班女生所占的比更大?"

(a) 哪队有更多的女孩?

恒星队　　　　　彗星队

(b) 哪组有更多的圆形?

A　　　B

图 17.1　能同时用加法比较和乘法比较的两组图画情境

　　通过探讨现实问题尤其是那些涉及社会公正的事件,学生会有多方面的收获。例如人口增长、犯罪率、国会中不同种族的代表议席、移民率等可以让学生多了解现实世界(Simic-Muller,2015)。下面的两个题目都是与学生的实际生活息息相关,看看是怎么通过这些题目来比较加法推理和乘法推理的(参见 Simic-Muller 对相关内容的全面讨论)。

　　1. 选择附近规模不同的两个城市、城镇或社区,看一下它们的人口变化,其中两个区域的人口变化数量相近(例如,都增加了 2 000 人),但乘法推理的变化差别较大。教师可以提问学生:"变化了多少?""你觉得这一变化给两个地方带来的影响相同吗?"

　　2. 选择你所在地区两个不同市/县的人口数量和犯罪次数,之后提问学生:"哪个社区更安全? 你是如何判断的?"

　　针对上面这两个问题,教师要引导学生讨论:在解释特定的情境问题时,哪种类型的推理在什么情况下更合理。讨论的过程中,不仅要考虑用到的数学,还要考虑涉及的实际社会问题。这类任务能够引导、鼓励学生关注自己周围的社会生活环境(Beigie,2016;Simic-Muller,2015;Turner & Strawhun,2007)。

　　区别常数、加法或乘法关系的情境。虽然上述问题能有效帮助学生理解常数关系、加法关系和乘法关系之间的差异,但是学生通常遇到的大多数问题是不能同时用这几种方法来解决的。学生必须识别出故事描述的是哪类关系(参见本章开始时的三个任务)。在需要进行乘法推理的情况下使用加法推理或颠倒过来,都会导致错误答案。请解决图 17.2 中给出的五个评价题目,它们旨在检测学生能否恰当地使用加法或乘法推理（Bright，Joyner，& Wallis，2003）。想一想，这些问题中哪些是乘法情境，哪些是加法推理情境呢？

选择题

1. 艾伦太太拍摄了一张哈特拉斯角灯塔的照片，大小为 3 英寸乘 5 英寸。现在她在复印机上按下 200% 的选项放大打印原来的照片。那么，原照片和放大后的照片相比，哪张照片更像正方形？
   A. 原照片更像正方形
   B. 放大后的照片更像正方形
   C. 原照片和放大后照片的方正程度一样
   D. 信息不充分，无法确定哪张照片更像正方形

2. 科学俱乐部有四块独立的长方形地块，用于植物实验：

1 英尺×4 英尺	7 英尺×10 英尺
17 英尺×20 英尺	27 英尺×30 英尺

   哪块地的形状最接近正方形？
   A. 1 英尺×4 英尺
   B. 7 英尺×10 英尺
   C. 17 英尺×20 英尺
   D. 27 英尺×30 英尺

3. 苏和茉莉娅在跑道上跑得一样快。苏先开始，当她跑完 9 圈时，茉莉娅跑了 3 圈。那么当茉莉娅跑完 15 圈时，苏跑了多少圈？
   A. 45 圈
   B. 24 圈
   C. 21 圈
   D. 6 圈

4. 篮球赛季中期时需要为全明星赛推荐最好的罚球手。以下是四位选手的数据：

诺瓦：11 投 8 中	彼得森：29 投 22 中
威廉姆斯：19 投 15 中	雷诺兹：41 投 33 中

   谁是最好的罚球手？
   A. 诺瓦
   B. 彼得森
   C. 威廉姆斯
   D. 雷诺兹

5. 请你把这个问题的答案写下来。
   一个农民有三块田，分别是：185 英尺×245 英尺、75 英尺×114 英尺、455 英尺×508 英尺。如果你从这些田地上空飞过，哪块看起来最方？哪块看起来最不方？解释你的答案。

图 17.2　五个用于检测学生比例推理的评价题目

这里要注意的是涉及矩形表征的题目（1，2 和 5）要运用乘法推理找到矩形的边（部分对部分）的比。篮球问题（4）运用加法推理和乘法推理均可，而步行比较问题（3）不能用乘法推理，只能用加法推理。

通常教科书和教师教学使用的比例题目都很相似，而且几乎不会与加法推理做对比，所以学生就找到了一个规律，自然地将四个量（三个已知一个未知）按比例的形式排列，根本不会注意情境描述的是哪种比较类型。这样的话，学生只关注了比例的外在结构，并没有关注比例的概念（Heinz & Sterba-Boatwright，2008；Watson and Shaughnessy，2004）。想要改变这种情况，关键是要改变题型，并重点讨论问题情境究竟呈现了哪种比较类型。

下面两个非常相似的问题可以帮助学生区分加法推理和乘法推理：

> 1. 一辆红色汽车和一辆银色汽车以相同的速度匀速行驶。当红色汽车跑了 20 英里时,银色汽车跑了 12 英里。当这辆银色汽车跑了 32 英里时,红色汽车跑了多远?
>
> 2. 一辆红色汽车和一辆银色汽车以不同的速度匀速行驶。它们同时驶过 95 号出口。当红色汽车行驶到距离 95 号出口 20 英里时,银色汽车开出了 16 英里。当这辆银色汽车开出了 32 英里时,红色汽车距离 95 号出口有多远?

利用变量表示关系能进一步帮助学生理解加法比较和乘法比较之间的区别(Lim,2009)。第一个问题中的关系是"红色＝银色＋8",因为红色汽车总是在银色汽车前面 8 英里处。第二个问题中的关系是"红色＝银色的 $\frac{5}{4}$",因为每当红色汽车行驶 5 英里,银色汽车就行驶 4 英里。

评价角

图 17.2 中的题目以及前面的两个任务都可以用作表现性评价。教师也可以选择其中的一两个题目进行诊断性访谈。例如,某个 8 年级的学生解答题目5,他先是错误地使用加法推理的策略(将两边作差)来解题。当教师提问:"那么一个非常大的矩形,1 000 000 英尺×1 000 050 英尺,是不是就更不像正方形?"他回答说:"哦,不是,这是一个比例情境。"之后,他用一个非常新颖的策略解决了这个问题(如图 17.3)。

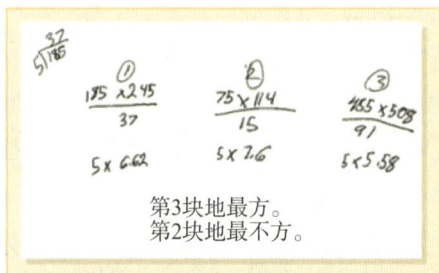

图 17.3 雅各布注意到每块地的一条边都能被 5 整除,因此,他将每个比都简化为 5 乘几的形式,再来比较

活动 17.4

铅笔对铅笔

如果可能的话,阅读关于巨人的一本书或一首诗。教师举起一个剪出来的很大的铅笔图片(例如,30 英寸长),向学生解释说这就是巨人用的铅笔尺寸。然后提问:"如果这是巨人用的铅笔,那么他有多高?""他的手会有多长?"让学生两两一组,根据巨人的铅笔长度(和学生自己的铅笔长度),至少解决上述两个关于巨人测量问题中的一个。

使用加法推理的学生会发现,这个巨人只比他们高 24 英寸,让他用一支 30 英寸的铅笔还是太大了。然后,他们可能会开始思考多少支自己用的铅笔拼起来等于那支超大的铅笔,发现大约要 5 支。让学生把自己的发现写在海报上,并且解释说明他们发现的过程。来自其他国家或地区的学生可能更熟悉厘米,所以教师可以让学生自行选择使用哪种单位(英寸或厘米)。在活动汇报环节,组织学生讨论他们的思维过程,说明为什么这个问题不用加法比较,而要用乘法比较。

共变

共变听起来像是一个高中或大学才学习的概念,但它的含义其实就是两个不同的量一起变化。例如,5 个芒果要支付 2.00 美元(乘法关系中的两个数量),随着芒果数量的变化(例如,变成 10 个芒果),所付金额也在变化。反之,所付金额变化,得到芒果的数量也随之变化。知道一个变量(所付金额或所得芒果的数量),就可以确定另一个变量是多少。

组内比和组间比。 在同一情境下两个度量的比叫作组内比。以芒果为例,芒果数量和金额的比就是组内比,因为形成比的这两个度量是同一情境中的两个量。

组间比是指在不同情境下,两个对应度量的比。还是以芒果为例,原始芒果数(5)和第二种情境下的芒果数(10)之间的比为组间比,因为形成比的这两个度量是不同情境中的对应量(都是芒果数)。

图 17.4 有效地说明了两种比的差别以及该如何区分组内比和组间比。类似的图画对于学生建立比例非常有帮助,尤其是那些难以理解抽象表达的学生。

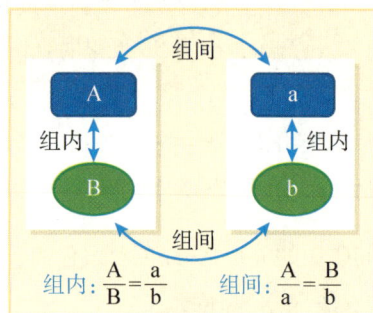

图 17.4　在一个比例情境中,两个组间比是相等的,两个组内比也是相等的

活动 17.5

不同的物体,相同的比

　　教师给出一张卡片,让学生选择一张卡片以保证这两张卡片上对应物体的比相同。这个活动可以让学生从有视觉辅助的表示转向用数字表达,并引入比作为比率的意义。在所示的情境中,以每辆卡车中的箱子数作为比率(而不是每箱对应几个卡车)最有意义。引导学生找出每对物体数量的比率(1 个单位的数量),这样更便于比较(如超市的价格标签上通常会列出单价以方便人们比较不同品牌的价格)。

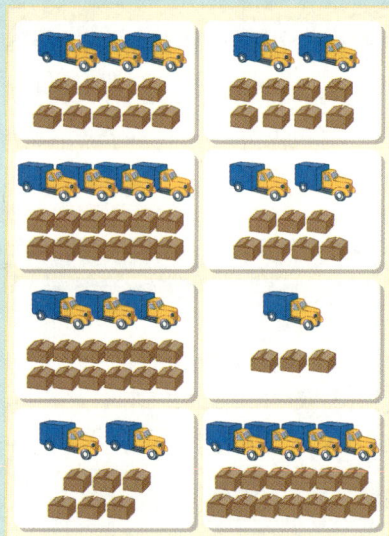

图 17.5　探索比和比率的卡片

评价角

借助观察工具可以发现学生究竟是在用组内比、组间比,还是两者都使用。用班级记录表标

识出每个学生使用比的类别的情况。教师还可以用同样的方法,记录学生在解决比例情境问题时运用不同策略的情况(本章后面会详细介绍)。

测量与几何中的共变。组内比和组间比也适用于测量中的单位转换。如果把图 17.4 中的大写字母 A 和 B 看作是英寸与英尺的换算,那么如何利用组内和组间的比来确定 60 英寸对应的英尺数呢?

$$\frac{12 \text{ 英寸}}{1 \text{ 英尺}} = \frac{60 \text{ 英寸}}{? \text{ 英尺}}$$

无论是发现了组间比是 ×5(从左到右),还是组内比是 ÷12(从英寸到英尺)都可以解决问题。即使对成年人来说,测量单位之间的转换也是困难的,所以在《美国共同核心课程标准——数学》(CCSS－M)中,它是 6 年级的一个学习目标。列出像上面这样的组内比和组间比的方程可以帮助学生找到单位转换的方法。

在《美国共同核心课程标准——数学》(CCSS－M)规定的 8 年级课程中,学生会学习几何图形的相似性。组内比和组间比对于这部分内容的探索尤为重要。学生常常很难确定比较的是哪些图形特征。活动 17.6 可以帮助学生进行分析和比较。

活动 17.6

看上去很像的矩形

　　矩形 A、I 和 D 的两边之比是 3∶4。矩形 C、F 和 H 的两边之比是 5∶8。矩形 J、E 和 G 的两边之比是 1∶3。矩形 B 是正方形,所以它的两边之比是 1∶1。

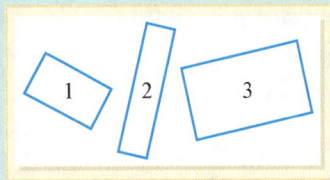

　　让学生把这些矩形分成"看上去很像"的三组。如果学生已经知道几何学中"相似"这个术语,那么就直接用"相似"。要解释"看上去很像"的意思,教师可以先在黑板上画三个矩形,其中两个相似,另一个明显不同,如上面的例子所示。然后,让学生用比的语言解释为什么矩形 1 和 3 相似。

　　在学生确定分组结果后,停一下,教师要组织他们讨论为什么这样把矩形分组。有的学生可能会尝试找相等的边,而有的学生可能会去计算矩形两边的差,教师要对学生的这类回答有所准备。鼓励学生针对给出的解释进行评判。接下来,让学生测量每个矩形的边长,记录时精确度为半厘米,把数据写在"看上去很像"记录表中。讨论结果,并要求学生解释矩形边的比和分组之间的关系。若分到一组的是成比例(相似)的矩形,则每个组组内的比例相等。对于学习数学有困难的学生,教师可以从每个分组中选取一个矩形作为学习讨论的起点。

比例推理与几何图形相似之间的联系相辅相成。相似的图形为学生理解比例提供了视觉辅助,而比例思维加深了学生对相似性的理解。有关相似图形的讨论要集中在图形之间的比和图形内部的比。

　　一些动态几何软件可以很方便地让学生探索比。如图 17.6 显示,点击"对齐网格"按钮后在网格上绘制两条线段，在测量线段长度的同时，它们之间的两个比也算了出来。当调整任一线段的长度时，其度量比也随即变化。我们还可以用动态软件来探索图形的放缩（例如，相似图形）及其相应的测量值。具体地说，先绘制一个图形，然后根据任意比例系数放缩（按比例放大或缩小），再算出图形放缩前后（边和面积）的比，然后将之与比例系数对比。

绘制比例图是相似性的一个重要应用，而乘法亦是按比例缩放（例如使某物放大三倍或缩成二分之一大小）。因此，绘制比例图是帮助学生理解乘法推理和比例推理间联系的一个重要方法。缩放活动要求学生依照给定图画，画出与之相似、大小不同的草图。

A
B
AB = 2
C
D
CD = 4
AB/CD = 0.5
CD/AB = 2.0
E
F
EF = 5
G
H
GH = 7

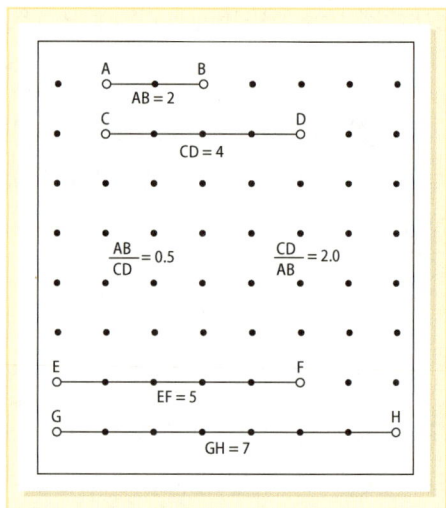

图 17.6　借助动态软件画出线段或几何图形来判断它们是否成比例

活动 17.7

缩放图画

让学生在 1 厘米、0.5 厘米的网格纸上（或在点格纸上）画出一个顶点明显的简单图形。然后，画出与第一个图形相似的放大图或者缩小图。如图 17.7 所示，绘制缩放图形时，可以选用规格相同或不同的网格纸。先让学生比较图形中各边之比（如图 17.7 中的 1），再比较图形之间的比（如图 17.7 中的 2）。

两个图形中对应边的比应该总是一样的。一个图形中两条边的比应该与另一图形中对应边的比相同。

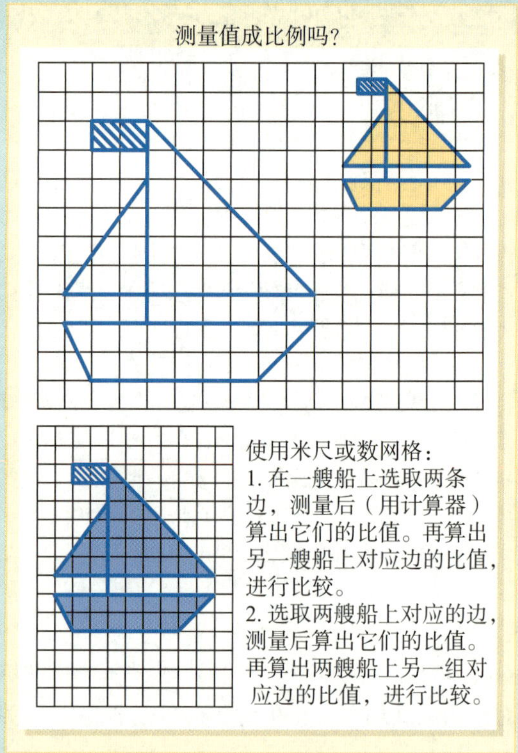

测量值成比例吗？
使用米尺或数网格：
1. 在一艘船上选取两条边，测量后（用计算器）算出它们的比值。再算出另一艘船上对应边的比值，进行比较。
2. 选取两艘船上对应的边，测量后算出它们的比值。再算出两艘船上另一组对应边的比值，进行比较。

图 17.7　比较网格纸上的相似图形

比较相似图形的对应边、面积和体积之比，可以得出一些有趣的规律。如果我们知道一个图形的边长，就可以创建 1 与 k 的比，用于表示它与另一个相似图形间的比例关系（变量 k 通常在比例中使用，而变量 m 常常在方程中表示斜率，它们都是两个数值间的比，称作比例系数）。如果两个图形是成比例的（相似的），那么对应的线性长度之间的比都等于比例系数。

假设有一个 3×3 的正方形，然后又画了一个 6×6 的正方形，它们之间边长之比是 $1 : 2$。这两个图形的面积比是多少？为什么是 $1 : 4$？也可以用类似的方法比较对应立方体的体积，如果现在把立方体的边长增加一倍，变化前后立方体的体积比是多少？为什么？回到图 17.7 中帆船的例子，想想这两艘船的面积比是多少？请通过测量核实一下结果是否正确。

下面是一些有关绘制比例图的有趣情境：

○ 如果想做一个太阳系的比例模型，用乒乓球代表地球，那么该用多大的球来代表太阳？"太阳"和"地球"距离多远？

○ 如果想在一张标准大小的海报上（尽可能大地）画出所在城市（或一些感兴趣的地区）的地图，该选择多大的比例尺？

○ 利用地图上的比例尺来估算两个地点之间的距离和旅行时间。

○ 让玩具车沿斜坡行驶，并用秒表计时。这辆车的时速是多少英里？如果汽车的速度与大小成比例，那么一辆真车的速度会是多少？

○ 小妹妹想给她的洋娃娃准备一张桌子和一把椅子。她的洋娃娃有 14 英寸高。那么桌子该做多高？椅子呢？

○ 确定一辆 10 挡变速自行车在不同挡位上踏一圈走过的不同距离。提示：需要数一下前后变速轮上的齿数。

代数中的共变。代数中的共变问题也可以与测量和几何联系起来。由于共变主要集中在图象和方程上，就可以与代数建立联系。如图 17.8 所示，让学生画一组相似的矩形，其中一个角重合，较大的矩形放在下方。过重合的顶点在对角线方向画出一条直线，你会发现所有矩形对角的顶点都在这条线上。如果以这一系列矩形重合的顶点为原点，将它们放在平面直角坐标系当中，刚才画出的沿对角线方向的直线斜率就是矩形两边之比。这样就很容易看出与代数的联系了。

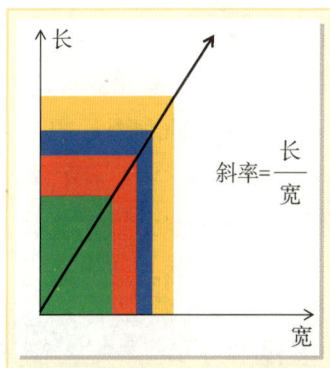

图 17.8　一系列成比例的矩形，它们的斜率相同，都等于对应两边之比：斜率 $= \dfrac{长}{宽}$

比例情境是线性情境，画出等价的比的图象能非常清晰有力地说明这一概念。《美国共同核心课程标准——数学》（CCSS-M）也强调了用图象来表示比和比例的必要性（NGA Center & CCSSO，2010）。比或比率是图象的斜率。如果直线经过原点，通常将它统一表示为 $y = mx$，或者 $y = kx$，其中这里的 k 通常特指比例系数。

活动 17.8

画矩形之比

　　该活动可以与活动 17.6 联系起来。让学生选择一组相似的矩形，并在比例表中记录测量值。然后，让学生用他们掌握的等价比的知识自己画出另外三个相似的矩形。教师还须观察学生是否画出非整数边的矩形（例如，一条边长为 $4\frac{1}{2}$ 厘米）。

　　接下来，让学生将 6 个矩形的数据画在图上。图 17.9 中的图象正是基于一组相似矩形的两条对应边的比。图象画出后，继续挑战学生，让他们找出第七个相似的长方形。同时，教师也可以通过提问帮助学生理解图象，例如："图象上的一个点表示什么？（即使这个点与已知的矩形并不对应）""如果某相似矩形的宽为 1 厘米，那么长为多少厘米？（这就是单位比率）"还可以让学生尝试去找到另一种单位比率的形式（长度为 1，求宽度）。而后，问学生如果他们知道短边，如何找到长边（反之亦然）。

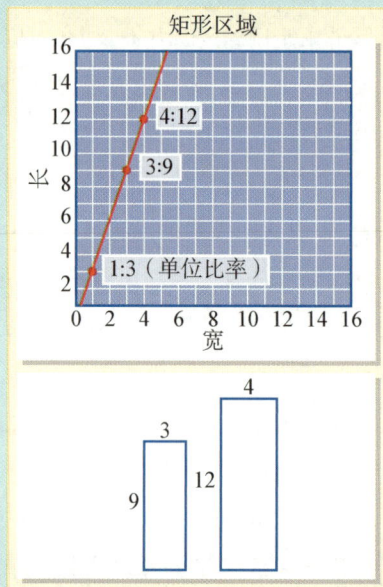

图 17.9　两个相似矩形对应边的比在图象中的显示

　　学生学习的难点包括：不知道要画哪个点，犹豫用哪个轴来表示这两个度量值，也搞不清楚图象的含义（Kastberg，D'Ambrosio，Lynch-Davis，Mintos，& Krawczyk，2014）。对于比，选择哪个变量为横坐标（x 轴），哪个变量为纵坐标（y 轴）都是可以的。所有等价比的图象都落在一条经过原点的直线上。如果直线的方程可以写成 $y = mx$ 的形式，那么斜率 m 必然是恒定不变的比。

　　除了利用几何图象，还要采用相关的情境。教师要让学生在情境中分析数据，并以不同的方式（表格、图象、方程）表示数据。例如，像水龙头滴水这样的情境就能够帮助学生理解速率和比例推理（Williams，Forrest，& Schnabel，2006）。

活动 17.9

水龙头滴水

　　给学生提出这样的问题：如果你每天刷两次牙，刷牙时水龙头一直开着，你一天会浪费多少加仑的水？ 两天呢？ 一个星期呢？ 一个月？ 任意天呢？

　　如果可能的话，让学生收集真实的数据，或者使用推荐的刷牙时间（例如，2 分钟）。让学生探究天数与浪费水量之间的比，并使用表格、图象和方程来记录他们的数据。教师还可以鼓励学生考虑其他类似的环境问题。确定两个变量，以及它们之间可能存在的比的关系，并用多种方式表示这个比。

斯特恩(Stemn, 2008)与其学生完成了这项真实测量和实际收集数据的调查,研究发现这个活动有助于学生理解乘法比较和加法比较之间的不同。她班上的学生还尝试以他们常用的纸杯为测量工具,算出 1 加仑的水能装满多少杯。同学们发现两纸杯水约等于四分之一加仑之后,每个学生都开始思考他/她一天浪费了多少加仑水。例如,某学生浪费了 5 杯水,他/她推理得到自己浪费了四分之二再加上另外四分之一的一半(八分之一)加仑的水。所以,他/她每天都浪费一共八分之五加仑的水。最后,学生把结果记录在一张表里:

浪费的水对应的纸杯数	1	2	3	4	5
浪费的水的加仑数	$\frac{1}{8}$	$\frac{1}{4}$	$\frac{3}{8}$	$\frac{2}{8}$	$\frac{5}{8}$

老师鼓励学生把表格中的分数都改写成分母相同的形式。学生会认识到纸杯数量和加仑数量间的比是 $1:\frac{1}{8}$。这里要注意代数推理和测量之间的联系。公式 $y=\frac{1}{8}x$ 描述了纸杯数量(x)与加仑数(y)之间的比。这个调查也向学生展示了如何利用非标准化的测量工具(纸杯)推理测量转换,这对学生来说是一个颇有挑战性的概念。

三. 比例问题的解决策略

前面提到过运算的精熟度包括灵活性、有效性、准确性和选择合适的策略四个方面。这当然也应该是比例问题的教学目标。情境中的数决定了有时可以使用某些简单的推理策略,而有时则需要更复杂的策略。交叉相乘是最为人熟知的,但同时也是最抽象、最不直观的策略。只有当学生能够借助带状图、双数线和比例表等图示或工具运用推理解决比例问题后,教师才能引入交叉相乘这一方法。另外,设置的题目如果能用多种方法求解也会帮助学生掌握比例推理(Berk, Taber, Gorowara, & Poetzl, 2009; Ercole, Frantz, & Ashline, 2011)。解决比例问题,找到未知量的策略主要包括:

- 比率
- 放缩
- 比例系数(组内比或组间比)
- 比例表
- 双数线比较
- 图象
- 交叉相乘

这里需要重申的是,所有的上述策略都只在特定的情境中有效,在教学中都应予以足够的重视；在学生学习了新的策略后，教师要鼓励他们使用所有掌握的策略（而不是仅用新近学习的那个）。前三个策略最直观，因此也是学生最有可能自行探索发现的。我们可以此为起点开展教学。

比率、放缩

单位比率和比例系数可以让很多比例问题通过心算就得以解决。关键在于知道这两种策略，并根据问题中特定的数选择最适合的方法。看下面两个例子。

> 塔米花 2.40 美元买了 3 个小部件。她以同样的价格购买 10 个同样的小部件需支付多少钱？
>
> 塔米花 3.75 美元买了 4 个小部件。买一打（12 个）同样的小部件需支付多少钱？

反思角　　请你考虑一下，如果不使用交叉相乘，学生还可能用哪些方法来解决上面两个问题，如果他们已经掌握了交叉相乘，又该如何鼓励他们发现算法策略来解决问题？

第一个情境问题，最容易确定的可能是一个小部件的价钱——单位比率或单价。将 3 个小部件的价钱除以 3 即可。然后，用小部件的单价 0.80 美元乘以 10 得到答案。这种解决比例问题的方法借助的是单位比率。请注意单位比率属于组内比。

第二个情境问题，可以继续借助单位比率，但除法运算其实并不容易。这里因为 12 是 4 的倍数，所以学生更容易注意到一打的价钱是 4 个价钱的 3 倍，或者说比例系数就是 4。这是一种构建的策略。请注意构建策略通常将比看作为组合单位。虽然使用比例系数（构建策略）解决比例问题是一种有用方法，但通常只有当数字相匹配（即比例系数为整数）时，才较常用这种方法。所以教师在给学生准备题目时，要注意数的选取，要选择方便计算，能让学生有机会同时探索（并比较）两种方法。

试试借助单位比率或发现及构建比例系数来解决下面两个问题：

> 在办公用品超市，4 支铅笔需支付 0.59 美元，如果付 7.79 美元，则可以买一大盒 5 打①同样的铅笔。如果你买了一大盒，和买 4 支铅笔的价格相比，每支铅笔节省多少钱？
>
> 一盒口香糖球的价格是 4.80 美元，数量为 2 打。布里奇特想买 5 个口香糖球，她要付多少钱？

要解决铅笔的问题，可能已经注意到了铅笔与铅笔的比是 4 比 60（5 打），也就是 1 比 15。如果把 0.59 美元乘 15 这个变化因子，就得到了以同样的价格买一大盒 60 支铅笔需支付的金额。

---

① 译者注：一打为 12 个。

在口香糖球的问题中,根据组间比 24 个比 4.80 美元就可以找到每个口香糖球的单价是 0.20 美元,再乘 5 就得到了最终结果。教师还可以用故事串组织整节课学习比和比率的推理策略。

紧接着,教师给学生的问题要涉及更难的数,让学生用相同的推理策略找出答案。例如,尝试用两种策略解决下列题目:

> 布瑞恩 17.4 分钟跑了 5 千米。如果他保持这个速度继续跑,23 分钟能跑多远?

教师鼓励学生用多种方法解决问题是非常重要的。下面这个活动就有特别多的解法,也因此广泛用于各种研究和课程里。

活动 17.10

柠檬水

　　如图 17.10 所示,给学生展示两个柠檬水罐的图片。小方块表示不同罐子所用的柠檬水配方。这个活动中,配方分别是:

3 杯水 　　　　　　　4 杯水

2 杯浓缩柠檬汁 　　　3 杯浓缩柠檬汁

　　每个黄色方块表示一杯浓缩柠檬汁,每个蓝色方块表示一杯水。问学生哪罐柠檬水口味更浓些,还是两罐口味一样浓。教师也可以用分数值。例如,让学生推断出哪个配方柠檬味更浓:

$\frac{3}{4}$ 杯水 　　　　　　$\frac{3}{2}$ 杯水

$\frac{1}{8}$ 杯浓缩柠檬汁 　　$\frac{1}{4}$ 杯浓缩柠檬汁

　　■=1杯水　　　■=1杯浓缩的柠檬汁

图 17.10 比的比较问题:哪罐柠檬水的味道更浓,还是两罐口味一样浓?

　　观察第二个问题中的组内比和组间比,你发现了什么? 两种配方的组内比均为 ×6(或 ÷6);水和浓缩汁的组间比均为 ×2 或 ÷2。所以这两个配方最后口味浓度相同!

反思角　　解决柠檬水的问题并写下你的理由。是否有不止一种方法来验证答案?

　　"比较柠檬水配方"因为可以用很多方法进行比较,所以是一个质量非常高的活动。来看看下面的几个解题思路:

　　1. 计算一杯浓缩柠檬汁配多少水。我们会看到,这种方法用的是单位比率:每杯浓缩汁的水量 $\left(1\frac{1}{2} \text{ vs } 1\frac{1}{3}\right)$。

2. 写出部分-部分的分数（浓缩汁比水），再比较分数（$\frac{2}{3}$ vs $\frac{3}{4}$ 或者看水比浓缩汁）。

3. 写出部分-整体的分数（浓缩汁比混合液整体）（$\frac{2}{5}$ vs $\frac{3}{7}$）。

4. 换算成百分比。

5. 将一罐或两罐柠檬水分别累加，直至两罐的水量或浓缩汁量相等。

柠檬水活动可以通过调整难度来实现差异化教学，也可以用来鼓励学生使用某种特定的策略。例题里的数字关系并不简单。如果题目给出的是 3 比 6 和 4 比 8（两罐口味相同），那么问题就简单多了。如果是比较"2 比 5"和"4 比 9"这两个配方，将第一个比翻倍后与第二个进行比较就容易多了。如果比较"3 比 6"和"2 比 5"这两个配方时，求单位比率的方法就更显而易见了（1 比 2 vs 1 比 $2\frac{1}{2}$）。

还有一个非常好的活动可以代替或辅助混合果汁题目一起来使用，那就是混合颜料来制作色卡样本。

活动 17.11

制作色卡

让学生选择红、黄、蓝三原色中的两种，写出 5 种不同渐进色的配方（例如，用红色和黄色配出渐进的橙色），或者教师也可以设计出一系列配方，其中含配比相同的配方，让学生排序（例如，从最红的到最黄的）。使用真实的颜料，让学生测试他们的配比，做出自己的配色表！（详见 Beswick, 2011）

最后两个活动是综合性题目。其中，第一个活动不再是混合类型的题目，而是让学生比较食物的分量，这个问题也有多种解法。

活动 17.12

哪个小组披萨多？

给学生讲下面的故事（也可以改编成你班上学生的故事）。在解题前，让学生先选择：他们认为在哪个小组分到的披萨更多，先记下学生的答案。然后要求学生用比率或放缩的策略把论证过程讲给大家听。

两个童子军小组将要举行披萨派对。黑熊队领队点的披萨可以让每 3 个组员分 2 个披萨。浣熊队领队点的披萨可以让每 5 个组员分 3 个披萨。那么哪个队的队员能分到的披萨更多？

当每个学生都独立完成解题后，让他们两两结对比较各自的策略，看看他们是否会达成一致意见。

图 17.11 给出了两种不同的推理策略。如图 17.11(a) 所示，两个小组都用了均分的方法（与除法的均分一样），披萨就被等分成更小的部分，这种方法是要找出单位比率——每人多少披萨。但请注意，这个问题并没有说两个小组分别就只有 3 个和 5 个队员。任意 2 比 3 和 3 比 5 的倍数都能用于比较。这种缩放的方法在图 17.11(b) 中呈现。为了方便比较，可以将 "2 比 3" 扩大至 3 倍，把 "3 比 5" 扩大至 2 倍，那么 "两组" 所分的披萨数量就一样多。从分数的角度来看，即比较同分子的两个分数。因为浣熊队队员人数更多（分母更大），所以每人分得的披萨就更少。

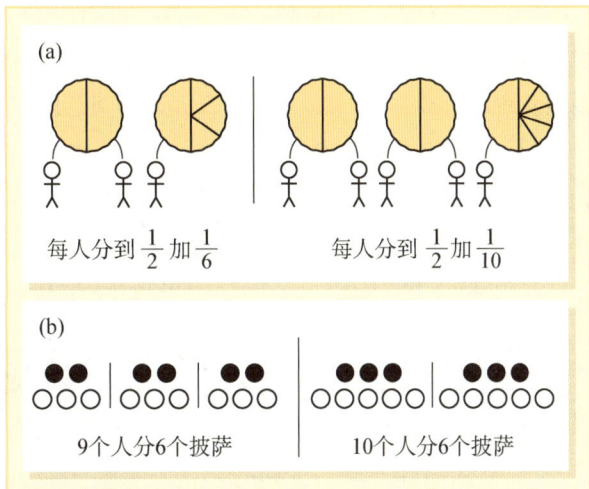

图 17.11 使用比率和放缩策略比较每个组员所得的披萨

引入真实生活的情境能帮助学生更好地理解他们周围的世界。单位比率无处不在，可以让学生通过真实的比较来探索单位比率。例如，比较物品的价格。具体思路包括：比较同一物品不同尺寸包装的单价（如整袋的土豆、纸巾等）；比较两种不同的物品（如 1 加仑牛奶和 1 加仑水）或每个单位面积的价格（如披萨）（Beigie，2016；de la Cruz & Garney，2016）。除了价格，学生还可以探究国会议员的种族背景（如每 100 个美国公民中就有一个是拉美族裔，再来看看美国参议院中拉美族裔的人数）或国家债务（如考虑每个公民所欠的债务）。这样的实际调查可以让学生通过自己感兴趣的主题来探索应用单位比率（Beigie，2016）。

本节分享的部分问题是把所有的数都给出，只要求学生进行比较，而另外一些问题则需要求出未知量。有的借助单位比率解题最简便，有时最好用累加的策略，还有的可以采用其他策略解题。学生比较和解决比例情境问题的经验越多，他们就越能更好地进行比例推理。

比例表

比例表是一个可以用来很好地组织和呈现信息，显示两个变量是如何关联的工具。它既可以用来做累加策略的工具，也可以帮助确定单位比率。看看下面这个表格：

英亩	5	10	20	60
松树	75	150	300	?

根据这个情境，教师的问题可能是 "60 英亩土地上有多少棵松树？" 或者 "要种 750 棵松树需要多少英亩土地？" 学生可以利用加法推理在比例表中生成更多的列（例如，在上面一行加上 10，

在下面一行加上 150）。他们也可以看看英亩数和松树棵数之间的关系（×15），这就得到了比率（每英亩 15 棵松树）。符合这个情境问题的方程是 $y=15x$，其中 x 是英亩数，y 是松树棵数。一旦发现这个规律，学生就能算出 15×65 英亩＝975 棵松树。而比例表的优势之一就是它既不需要变量也不需要方程，所以借助它计算比例问题没有那么抽象。

比例表还能帮助我们找到某个特定的等价比。由于比例表中呈现了不同的比，所以既可以比较这些比，也可以根据已有信息算出未知量。活动 17.13 提供了具体例题，而图 17.12 说明了比例表的用法（参考 Dole，2008；Lamon，2012）。

活动 17.13

用比例表来解题

如果你以每 $\frac{1}{10}$ 小时 $\frac{1}{2}$ 英里的速度匀速奔跑，那么跑完一场迷你马拉松（13 英里）需要多长时间？

教师可以给每对学生一组卡片。或者根据学生学习程度的不同给他们不同难度的卡片来开展差异化教学。对于每一张任务卡，要求学生：(1)完成一个比例表；(2)解决问题；(3)用方程 ($y= kx$) 来表示比例关系。

这些题目就是典型的求解比例问题：已知一个比和第二个比的一部分，题目要求找到第四个数。图 17.12 给出了用比例表解决木星上物体重量问题的三种不同方法。从这个例子我们可以看出，与求未知数的题型相比，用比例表解题有下列几个优点：首先，因为学生给每一行的数据都加上标签，就更容易把数值写在正确的位置上，从而可以顺利比较。另外，比例表使得等价的比更加明显，同时说明有无穷多个等价的比。最后，比例表可以很好地与图象关联，具体如何实现，我们来看活动 17.4（详见 Swanson，2015）。

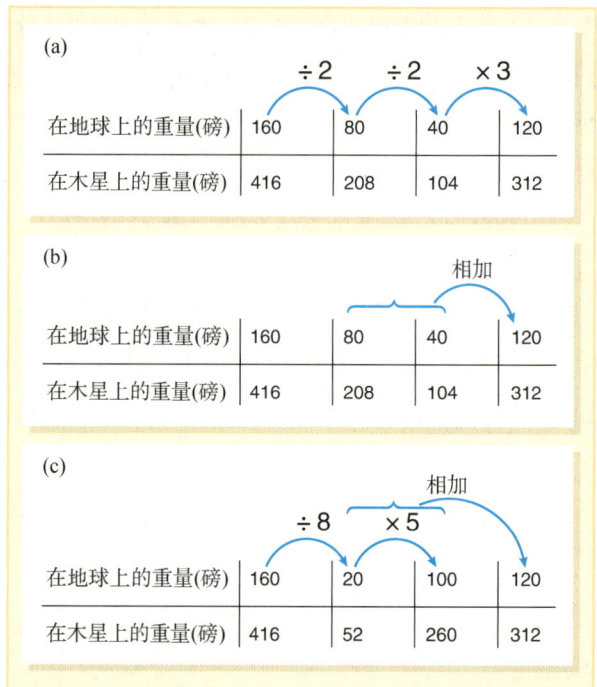

(a)

	÷2	÷2	×3
在地球上的重量(磅)	160	80	40	120
在木星上的重量(磅)	416	208	104	312

(b) 相加

在地球上的重量(磅)	160	80	40	120
在木星上的重量(磅)	416	208	104	312

(c) 相加

	÷8	×5	
在地球上的重量(磅)	160	20	100	120
在木星上的重量(磅)	416	52	260	312

图 17.12　在地球上重 160 磅的物体在木星上重 416 磅。如果某物在地球上重 120 磅，那么它在木星上重多少磅？使用比例表的三种解题方法

活动 17.14

发条玩具

这项活动教师需要准备(或让父母捐赠)一些小发条玩具(速度要恒定的)。给每组学生分发一个玩具和一把尺子(码尺、米尺均可)。教师要求学生建立比例表来记录玩具移动的距离(如英寸或厘米)和时间,写下玩具在 2 秒、4 秒、6 秒等时间内移动的距离。再让学生画图象表示距离和时间的关系(注意:尽管 x 轴上通常表示时间,但它其实既可以表示时间,也可以表示距离)。而后,让学生利用已有数据计算玩具移动的单位速率。在小组活动过程中,让某个学生来解释比例表和图象中不同数量的含义。最后,让每个小组准备一张海报,上面画着他们的玩具、比例表、图象和单位速率。当全班学生一起探讨不同小组的发现时,再让他们比较不同玩具的速率。

条形图

条形图以视觉直观的方式帮助学生理解乘法关系,是非常好的学具。《美国共同核心课程标准——数学》(CCSS－M)是这样定义"条形图"的:用于说明数量关系的图。也称为带状图、长条模型、分数墙或长度模型(NGA Center & CCSSO,2010)。请看这句话:班上男生和女生的人数比是 3∶4。这个情况就可以用条形图表示(如右图),或者画成均分线段图,还可以画在 1 厘米或 0.5 厘米网格纸或点格纸上,以及通过折叠和剪切纸来展示这个关系。

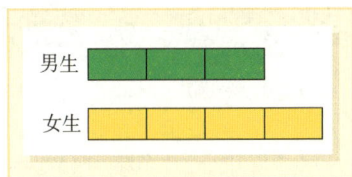

一旦这个基本的比的关系给定,学生就可以借助条形图来解决问题了。来看下列三个问题以及对应的条形图。

1. 如果有 12 个女生,男生有多少人?(一个部分给定,求另一个部分)

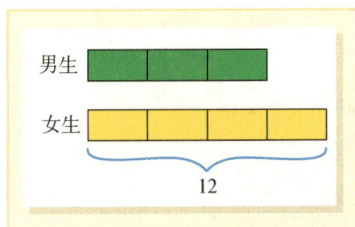

在观察表示女生人数的条形图时,学生可发现:要用 12 除以 4,每等份为 3;因此有 9 个男生。

2. 如果有 21 个学生,男生有多少人?(整体给定,求其中一个部分)

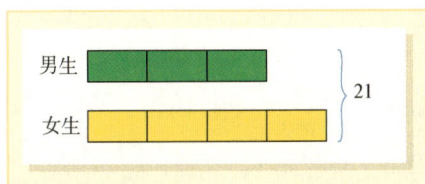

对学生来说,解决第二个问题难度较大(Cohen,2013)。因为对他们来说,如何建立比例关系表示这个问题,尤其是个难点。

3. 女生比男生多 5 人。女生有多少人?(部分之间的差给定,求其中一个部分)

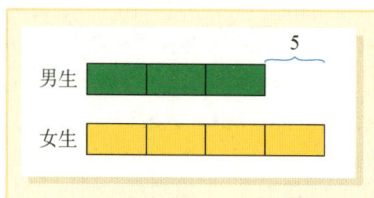

我们可以看出 5 表示四分之一的女生人数,所以女生有 20 人。

双数线图

双数线图与条形图类似,但可能没有明显显示出分割成的一段。需要注意的是,与条形图一样,必须要明确标记好每个数线。

活动 17.15

你和动物园

找一些几英寸大小的塑料动物,这些动物彼此之间有一定的比例。这个活动可以用橡皮泥来做,也可以用剪纸来做。让学生用双数线来搭建一个微型动物园的场景,就从准备一个自己的复制品开始吧!

每对学生或每组学生都有一个塑料动物,并要求他们根据动物的比例来代表自己。第一个任务是让他们确定动物的实际身高(他们可以在网上查找,或者教师可以提前准备好数据展示给学生),以及他们自己的实际身高。下面是一个例子:

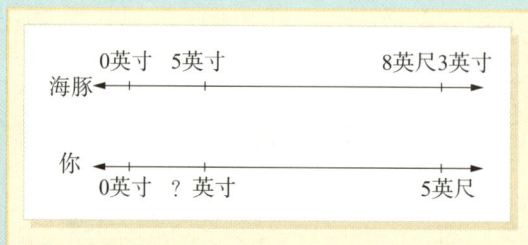

一旦知道了"你"这个数线,学生们就可以确定他们想为动物园创造的其他动物。让学生选择两种最喜欢的动物,最好是不太难画或者不太难用橡皮泥捏的动物。例如:秃鹰、树蛙、蟒蛇、熊猫、老虎和狐猴。

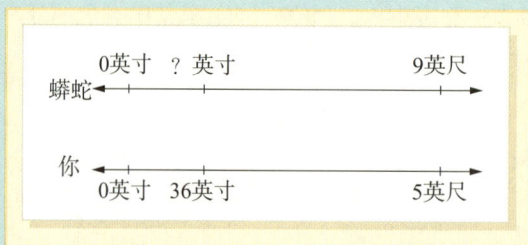

方程(交叉相乘)

建立比例(方程式),并用交叉相乘来找未知值,有时被认为是解决比例问题的"标准"算法。这一策略留在本章的最后是因为从发展的角度讲,它应该是最后教给学生的策略。它是最抽象和最不直观的,遗憾的是学生们经常在引入比例推理后不久就会"被教到"这个策略,或者更糟的是他们只学习这一种策略。培养学生进行比例思考的能力(进行比例推理),最大挑战的是教授比例思想而避免所谓的快速计算(Smith,2002,p.15)。在用交叉相乘时,学生应该理解他们为什么这么做,并且教师仍然要鼓励学生通过推理找到未知值,而不是仅仅使用交叉相乘算法。要让学生形成对使用比例的理解,并与等比的理解联系起来。

创建一个可视化的模型。 与其一开始就告诉学生设定比例,不如让他们用画图的方式来阐释共变的关系问题。图 17.13(a)是一个简单的草图,然后很容易据此得出比例。图 17.13(b)则是一个反映情境的示意图。这两个例子都包含两个方程,一个关注组内比,另一个关注组间比。利用视觉辅助来设置比例是支持学习者非常有效的方法。

解决比例的问题。 查看图 17.13 中的情境。学生(和成年人)通常会先确定这些问题的单位比率。举个例子,可以求出 1 磅苹果的价格,用 0.80 除以 4,然后乘 6 得到 6 磅的价格。列式是 $(0.80 \div 4) \times 6 = 1.20$。或者也可以从 4 磅扩大到 6 磅(组内比),也就是 1.5 倍。将 0.80 乘相同的比率,得到 1.20 美元。列式为 $([6 \div 4] \times 0.80) = 1.20$。一个列式在乘法中使用 0.80 美元,另一个列式在除法中使用 0.80 美元。这正是我们在线段和图象

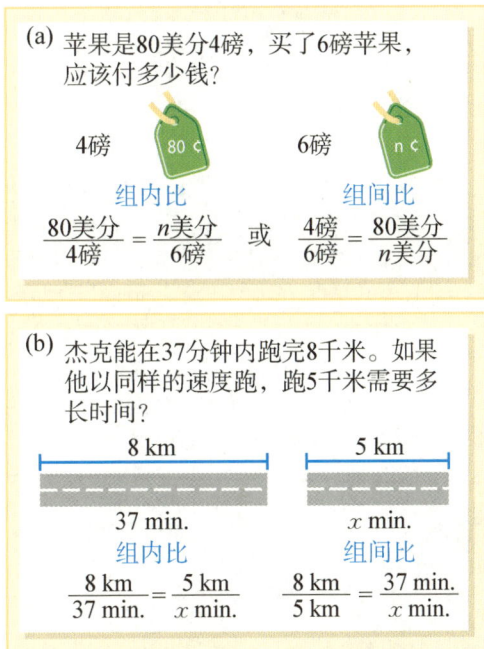

(a) 苹果是80美分4磅,买了6磅苹果,应该付多少钱?

4磅　80¢　　　6磅　n¢

组内比　　　　　　　　组间比

$$\frac{80美分}{4磅} = \frac{n美分}{6磅} \quad 或 \quad \frac{4磅}{6磅} = \frac{80美分}{n美分}$$

(b) 杰克能在37分钟内跑完8千米。如果他以同样的速度跑,跑5千米需要多长时间?

8 km　　　　　　5 km

37 min.　　　　　x min.

组内比　　　　　　　　组间比

$$\frac{8\text{ km}}{37\text{ min.}} = \frac{5\text{ km}}{x\text{ min.}} \qquad \frac{8\text{ km}}{5\text{ km}} = \frac{37\text{ min.}}{x\text{ min.}}$$

图 17.13　画图能够帮助设定比例方程

方法中使用的两种方法:(1)比例因子,(2)单位比率。如果把比率交叉相乘,就会得到完全相同的结果。如果把这两个比率反过来写,也就是每个分数的倒数,也会得到同样的结果。试试看!

理解之后的交叉相乘策略是有用的,因为它高效,尤其是当数字难度增加时,其他策略不一定能够适用。

评价角

因为有很多方法可以进行比例情境的推理,所以确认学生到底是如何推理的就是教学评价很重要的一部分。书写是一种颇为有效的方法。教师可以简单地让学生解释他们是如何解决问题的,也可以通过使用特定的书写提示或句子开头给他们一定的辅助。还可以让学生解释两种

不同的解题方法。

百分比的问题

百分比问题可以使用本节中的任何策略来解决（例如，比例表）。上面描述的双数线也是解决百分比问题的一个很好的工具。它能有效地帮助学生找出哪些部分是未知的。一旦创建了双数线，学生就可以用这个图来建立一个比例。一条数线的值对应于问题中的数字或度量。在第二个数线上，这些值以百分比表示对应的值（整个值为 100）。

活动 17.16

理解百分比的故事

这个活动可以处理任何一组传统的未知百分比问题。教师可以从故事开始制作一组卡片，每张卡片上都有自己的问题。图 17.14 提供了三个这样的情境，以及如何在双数线上解决问题。为了使活动具有交互性，并与具体表现形式联系起来，可以遵循以下步骤：(1)将不同的问题分发给每一组；(2)让每组学生在一张记事卡上建立双数线(不要解)；(3)与另一对学生交换双数线草图；(4)写出与双数线匹配的比例，并求解；(5)将卡片归还给原来的一对，检查答案是否说得通。

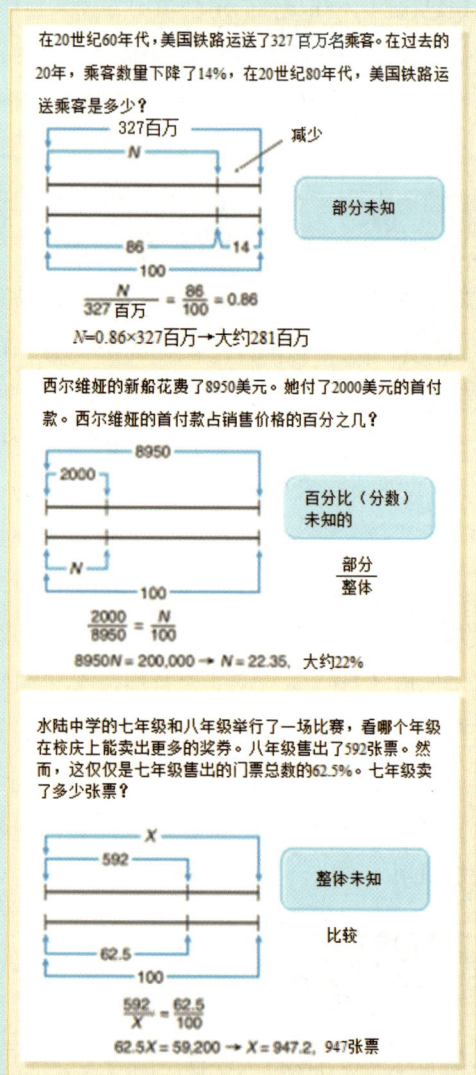

在20世纪60年代，美国铁路运送了327百万名乘客。在过去的20年，乘客数量下降了14%，在20世纪80年代，美国铁路运送乘客是多少？

减少

部分未知

$$\frac{N}{327百万} = \frac{86}{100} = 0.86$$

$N=0.86\times327百万 \rightarrow$ 大约281百万

西尔维娅的新船花费了8950美元。她付了2000美元的首付款。西尔维娅的首付款占销售价格的百分之几？

百分比（分数）未知的

部分／整体

$$\frac{2000}{8950} = \frac{N}{100}$$

$8950N = 200,000 \rightarrow N = 22.35$, 大约22%

水陆中学的七年级和八年级举行了一场比赛，看哪个年级在校庆上能卖出更多的奖券。八年级售出了592张票。然而，这仅仅是七年级售出的门票总数的62.5%。七年级卖了多少张票？

整体未知

比较

$$\frac{592}{X} = \frac{62.5}{100}$$

$62.5X = 59,200 \rightarrow X = 947.2$, 947张票

图 17.14　表示为双数线和方程的百分比问题

请注意,对于不同类型的百分比问题,双数线表示是多么灵活。它不仅允许对部分到整体的场景进行建模,还允许对增加或减少的场景进行建模,以及对两个不同的量进行比较的场景建模。线性模型的另一个优点是它不限制学生思考大于 100 的百分比,因为直线可以代表超过 100% 的百分比(Parker,2004)。

四. 比例推理的教学

这一章我们了解了比例推理,它是数学中最重要的概念之一,可以帮助我们解释无数的现实生活问题,也是进一步学习数学的基础。比例推理可能具有挑战性。表 17.1 简要总结了这些挑战以及相应的教学策略。

大量对学生如何在各种比例任务中进行推理的研究,为教学提供了很多有意义的参考(例如,见 Bright et al.,2003;Lamon,2007,2012;Lobato et al.,2010;Siegler et al.,2010)。下面用一些行之有效的关于比和比例的教学方法来作为本章的总结。

1. 运用组合单位和乘法比较的思想来构建对比的理解。学习有关乘法比较的更多知识应该有助于理解比,这是一种应用于比例的策略。

2. 通过提供每个例子和差异的讨论,帮助学生区分常量比较、加法比较和乘法比较。

3. 在大量的情境中提供关于比和比例的任务,包括涉及测量、价格、几何和其他可视化的情境,以及各种关于比率的内容。

4. 让学生参与解决比例问题的各种策略,采用由直观到逐渐抽象的教学顺序。引导学生使用比例表、图表(如条形图和双数线图)和方程等推理策略来解决比例推理问题并理解学生所使用的策略。

5. 虽然理解和使用交叉相乘很重要,但它并不是比例的学习目标,真正的学习目标是了解比、比例和比例推理,并能使用本章表述的任何一种策略有效地解决相关的问题。

表 17.1 与比例有关的常见挑战和错误认识以及教学策略

常见挑战与错误	具体表现	教学策略
1. 当问题需要乘法推理时,使用了加法推理	学生认为因为巨人的铅笔比常人长 15 英寸,所以巨人比常人高 15 英寸(参见活动 17.4)。	◆ 参见比较情境类型中的讨论和任务部分。 ◆ 使用活动 17.3 和活动 17.4。
2. 加法推理和乘法推理使用上的混淆(Rathouz, Cengiz, Krebs, & Rubenstein, 2014)	学生说:"对于乘法的比较来说,是四倍多而不是四倍长吗?"	◆ 比较这两句话及其内在含义。 ◆ 使用精确的语言。 ◆ 用复述来给学生示范正确的语言。
3. 确定如何绘制比例图(Kastberg, D'Ambrosio, Lynch-Davis, Mintos, & Krawczyk, 2014)	学生不能决定这两个测量用哪个数线;学生很难解释完整的图表。	◆ 用比值来探讨哪个变量在 x 轴上,哪个变量在 y 轴上。 ◆ 比较两种方法的图。 ◆ 针对具体的值来讨论它们在情境中的含义。

第十八章 测量

学习目标

在阅读本章内容之后,你应该能够完成如下学习目标:

18.1 描述测量的过程,认识和使用非标准测量单位和标准测量单位,展示说明如何估计测量结果;

18.2 展示说明如何测量物体的长度;

18.3 解释面积公式;

18.4 解释如何测量体积;

18.5 展示说明比较物体重量的策略;

18.6 解释如何测量角;

18.7 描述时间教学最好用的模型;

18.8 解释数(大量)硬币的策略。

测量是用数来描述连续量的过程,它是数学这个课程体系中最"实用"的内容之一。对于具备数学素养的人而言,无论是工作还是生活,测量都无处不在。从测量信息量的千兆字节,到描述电脑字体大小的字号,从计算油耗每加仑能跑的英里数,到一道佳肴的食谱,测量存在于现实生活的方方面面。但对于学生而言,测量并不是一个容易理解的内容。国际研究数据一致表明:美国学生对测量的掌握,要弱于课程体系中的其他数学内容(Mullis et al.,2004;Provasnik et al.,2009;Thompson & Preston,2004)。

在《美国共同核心课程标准——数学》(CCSS-M)中,测量的内容在 K-8 各个年级都会出现,其学习轨迹所涉及的内容也会很多。为了结构清晰,我们会在下面每个小节(如:长度、面积、体积等)中具体说明其涉及的学习轨迹,在此不再赘述。

大观念

○ 测量就是用与某个属性相对应的单位进行比较。长度要和与长度对应的单位来比较,面积与面积单位比较,时间则与时间单位比较,依此类推。

○ 估计测量结果、掌握常用测量单位的基准值,都有助于学生熟悉测量单位、合理正确地测量。

○ 测量工具(如尺子、量角器)通常同时有多个测量单位(如厘米和米),以方便测量不同大小的需求。

○ 面积和体积公式使得只需测量物体的长度就可以计算出其面积和体积是多少。

○ 面积、周长、表面积和体积是相关的。例如,在保持图形面积(或体积)不变的前提下改变图形形状,那么周长(表面积)也会随之改变。

一. 测量的意义和过程

如果让学生测量一个水桶(如图 18.1)。他们要知道的第一件事就是要测量水桶的"什么"。他们可以测水桶的高度、深度、底面直径或周长。这些测量都是针对长度的。此外,水桶的外表面积是可以确定的,它的体积(或容积)和重量也可以度量。这个水桶的每个可测量的方面都是它的属性。

一旦学生确定要测量物体的哪种属性,他

图 18.1 测量一个水桶的不同属性

们就可以选择一个与该属性对应的单位。测量长度要用具有长度属性的单位,测量体积则要用具有体积属性的单位,依此类推。

从技术层面上来说,测量值就是一个数,用于说明被测物体与给定测量单位在某个属性上比较的情况。例如,要测量某物体的长度,可以直接把它与连续摆放多个度量单位进行比较。对于学校教学中涉及的待测量属性,我们可以说测量就是用与该属性对应的测量单位去"填满""覆盖"或"匹配"。

概括地说,测量某物必须要经历三步:

1. 确定被测量的属性。

2. 选择一个具有相同属性的测量单位。

3. 通过填充、覆盖、匹配或其他方法,比较测量单位和待测物体的这一属性。完全匹配时所需测量单位的个数,就是测量值。

测量工具,如尺子、秤、量角器,是能够使得填充、覆盖、匹配等测量过程更为便捷的工具。比如说,尺子就是把长度单位排成一行,再标记对应的数;量角器则是把角度单位顺次排列并标记数。

概念和能力

学生要测量教室的长度,如果他们试着用 1 米长的绳子首尾相接来测量,有时会出现这样的情况:绳子会重叠,或者像蛇一样呈弯曲形状,没有拉紧。他们是否理解长度这一概念其实是教室的一个属性? 他们是否理解每条 1 米长的绳子都具有长度这一属性? 他们有可能知道要数清连接两堵墙之间的绳子条数,但他们可能并不知道他们所比较的是测量单位(1 米长的绳子)与被测物体(教室的长度)之间的一个共同属性。所以教师要帮助学生提高使用测量单位进行测量的能力并帮助他们在该能力与理解测量的概念之间建立明确的联系,参见表 18.1 中的概述。

表 18.1　测量的教学指导:相关活动经历

步骤	目标	活动类型	备注
1. 进行比较	学生理解待测物体的属性。	针对属性进行比较(如较长/较短,较重/较轻)。尽可能采用直接比较法。	只要学生充分理解属性是什么,就无需再进行比较活动了。
2. 使用测量单位的实物模型	学生理解怎样使用测量单位以填充、覆盖、匹配或其他方式,比较某个属性,最终会产生一个数,也就是测量值。	使用测量单位的实物模型进行填充、覆盖、匹配等比较属性。	先使用非标准化的测量单位,再逐步过渡到标准化单位的使用,然后引入测量工具和公式。
3. 使用测量工具	学生基于理解,灵活使用常用测量工具。	制作测量工具(用单个测量单位组合而成),并将其与单个实物模型进行比较,从而理解测量工具的功能。	如果不细致比较非标准化(非正式)工具与标准化工具,学生就无法洞悉它们之间的联系。

比较。在进行属性比较时,例如长度比较,有时候可以将两个物体对齐直接比较。但经常我们需要借用第三个物体进行间接比较。举个例子,如果学生想比较两个盒子的体积,那么他们就必须设计出一种方法间接比较。他们可能会先用豆子把一个盒子装满,再将其倒入另一个盒子中。再如我们比较废纸篓的高度与其口径周长。由于无法直接比较这两个长度,就需要借助细绳作为中间参照物。当人们无法直接比较两个物体时,需要引入第三个物体完成比较,这被称作间接测量的传递性法则。

教师在帮助学生进行比较时,语言使用要精准。避免用诸如"大一些"和"小一些"这类含混不清的词语,而要用如"长一些""装得更多"这种更为精准的表述。

运用测量单位的实物模型。除了时间和温度(以及光的强度、速度和声音等其他在基础教育阶段基本不涉及的属性)外,针对 K-8 年级这个阶段涉及的物体待测量的属性,我们大都可以找到测量单位的非标准及标准实物模型。以长度为例,吸管(非标准)或 1 英尺长的纸条(标准)都可以用作测量单位。

为了帮助学生建立清晰的单位概念,教师要准备充足的测量单位,让学生去填充或匹配被测物体的对应属性(这个活动被称作铺砖,它还涉及均分的内容)。我们可以用巨人的脚印(非标准化)首尾相接来测量大厅的长度。我们也可以选择用格子卡片(非标准化)作单位测量桌面,其实就是把格子卡片像铺砖(覆盖)一样铺满整个桌面。稍难一点的操作是只用一个测量单位(这个活动叫累加。请注意数大小相同的分数小片也叫累加)。也就是说,我们这次只有一张格子卡片,通过持续移动并记录好那些已经被覆盖过的面积,就可以测量相同桌面的面积。这种方法不仅更难操作,还可能会掩盖测量的意义,即覆盖整个桌面需要多少个测量单位。

用大小不同的单位测量同一个物体有助于学生理解选用测量单位的重要性,这也是《美国共同核心课程标准——数学》(CCSS-M)对 2 年级学生的要求。对每个单位,都应该遵循这样的顺序:在正式测量前先预估测量值;测量;在测量后反思讨论之前的估测值。学生还应该认识到:使用的测量单位越小,得到的测量值越大,反之亦然。这个与单位转换相关的规律,对于某些学生而言是一个难点。这种先估计再测量后反思的过程能够帮助学生更好地在脑海中建立这种相反关系。

使用测量工具。 在 2003 年 NAEP 考试中(Blume,Galindo,& Walcott,2007),对这样一道题——如图 18.2 所示,被测物体并没有放在尺子的顶端(Kloosterman,Rutledge,& Kenney,2009),只有 20% 的 4 年级学生和 56% 的 8 年级学生给出了正确

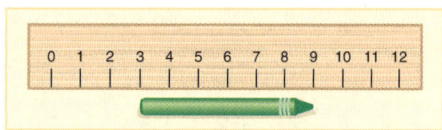

图 18.2 "蜡笔有多长?"

的测量值。同一个测试里还有一道题是测量工具上读数的增量不是 1 个单位,学生们也觉得困难。这些结果表明,会用测量工具与理解它的工作原理之间还是有区别的。

当学生会用自己熟悉的实物模型制作简易的测量工具时,他们就更容易理解工具在测量中的意义。尺子就是一个很好的例子。如果学生把单个实物模型沿着卡纸带排列并标记出来,他们就会明白,重要的是尺子上的空格,而不是尺子上的刻度线或数。只有让学生对比累加单个单位进行测量和利用测量工具进行测量并加以讨论,才可以帮助他们理解到这两种方法在本质上是一样的。

引入非标准化测量单位

在小学低年段进行测量教学时,通常都是从非标准化测量单位开始。让人遗憾的是,在高年段涉及其他属性的测量时,教学却总是忽略这非常重要的第一步。在学习测量之初使用非标准化单位对所有年级的学生而言都很有帮助。这是因为非标准化单位:

- 侧重于被测物体的属性。例如,讨论如何测量某个不规则图形的面积时,既可以使用正方形瓷片,也可以使用小圆片作为测量单位。用不同的测量单位覆盖不规则图形会得到不同的结果。因此,讨论的焦点就会是测量面积究竟意味着什么。
- 避免教学目标的混淆。想想这节课究竟是引导学生学习面积测量的意义,还是理解什么是平方厘米。
- 为使用标准化测量单位提供合理缘由。让学生们用各自的非标准化单位对同一个物体进行测量,他们会得出不同甚至是让人疑惑的答案。这时,就顺理成章地可以引入标准化测量单位了。

安排学生使用非标准化单位进行测量的时间因学生的年龄和理解程度以及被测属性的不同而不同。有些学生需要多次经历用非标准化单位测量长度、重量和容积的过程。而有些 4 年级学生可能只需要一两天来体会用非标准化单位测量就可以建立起经验。当使用非标准化单位的测

量达到既定目标时,就可以进入下一阶段。

引入标准化测量单位

有测量意识的学生应该熟悉标准化的测量单位,能够利用这些单位估计测量值(也就是在脑海里把总长度均分成多个单位长度,并数出单位长度的数量),还能合理解释标准量结果。测量教学中最大的挑战或许就是帮助学生认识并区分下列两个目标:(1)理解测量某种属性的意义和方法;(2)学习测量该属性的常用标准化单位。

针对标准化测量单位的教学可以围绕这三个大目标展开:

1. 熟悉测量单位。学生应该对常用单位的大小以及它们所测量的属性有基本的认识。了解 1 升水大约是多少,或者能估计出一个架子长约 5 英寸,这些能力和精确测量同等重要。

2. 选择合适的测量单位。学生应该知道在给定的情况下,要选用合理的测量单位,达到所要求的测量精度。例如,测量草坪买草籽的精度与你测量窗户买玻璃的精度一样吗? 选用适当的标准化测量单位和判断测量精度都是学生需要通过练习逐渐掌握的技能。

3. 掌握测量单位之间的关系。学生应该知道常用测量单位间的关系,如英寸、英尺和码或毫升和升。

熟悉测量单位

有两类活动可以帮助学生熟悉标准化测量单位:(1)针对某个具体测量单位的认识;(2)将测量单位或者它的简单整数倍和日常生活建立联系,形成个人的参照体系。教师可以给学生一个标准化测量单位的实物模型,并让他们找到与给定单位相当的物体。例如,给学生 1 米长的绳子,让他们在教室、操场、学校周边或家里找到约 1 米长的物体。可以让学生画表格列举出半米长、一米长、稍短(长)于一米、二米长的物品名称。这里要注意的是一定要包括曲线或圆弧的长度。之后,可以让学生试着估计某给定物体的长度是长于、短于还是接近一米。

教师可以给学生安排一项特殊的家庭活动作业,请全家人一起测量社区附近几条经常走的线路,如去学校和超市等等。如果可能的话,可以把米尺或 1 码的滚轮尺让学生带回家以方便他们测量距离(当然,这一活动也可以用其他测量单位完成)。另外,学生还可以针对其他感兴趣的地点来测距,也可以让家庭成员帮助学生体会在当地真实情境下 1 英里或 1 千米的距离。

对长度而言,参照身体部位作为基准是很有趣的。随着时间的推移,学生会对他们身体上的"尺"越发熟悉,可以利用身体上的"尺"在各种情况下估计长度,见活动 18.1。

活动 18.1

身体上的"尺"

量量你自己。你脚的长度、步幅的长度、手掌的跨度(五指并拢或张开)、手指的宽度、手臂的跨度(手指到手指以及手指到鼻子)是多少呢? 将上述数据绘制成一个点线图。(其实你也会发现这些测量数据之间会有非常神奇的比例关系!)比比你的颈围、腰围、身高和头高。身体上的某些部位可以作为标准化测量单位的参照物,这很实用;而另一些部位则可能是完美的标准化单位模型(孩童手指甲的平均宽度大约是 1 厘米,大多数人都可以在手上找到一个 10 厘米的长度)。

选择合适的单位。量房间时,该用英寸还是英尺? 水泥块的重量,该用克还是千克? 想要正确回答这类问题,学生首先必须知道某个单位到底有多大,但仅掌握上述知识还远远不够。学生还需要考虑对测量精确度的要求。例如,要给墙壁贴石膏线,需要对墙壁进行非常精准的测量,可能会将最小的测量单位锁定在英寸或厘米上,并且还会测量到小数部分。但如果只需要确定买几个 8 英尺长的石膏条时,测量数据精确到几英尺就足够了。

活动 18.2

猜单位

在新闻、标识牌、网络信息及其他日常生活场景中找到各类测量实例。给出背景信息和测量值,但不要呈现测量单位。例如,地毯的广告,关于油价的文章等等。任务是让学生估计测量使用了什么单位。教师要组织学生讨论他们的答案,针对学习有困难的学生,可以给他们提供现实生活中可能出现的测量单位,让他们给单位分类(如面积、容积、重量、时间、长度)。

测量系统和单位

美国是三个(另外两个国家是缅甸和利比里亚)未采用国际单位制(International System of Units, SI)的国家之一。国际单位制即国际公制非常重要,广泛应用在产品设计、生产、贸易及产品标签等方面,因此为了参与全球贸易,美国学生(无论是作为消费者还是雇员)都必须了解国际公制(NIST,即美国国家标准技术研究院,2015;NCTM,2015)。然而,2004 年的 NAEP 测试结果显示,只有 37% 的 8 年级学生知道 1 升等于多少毫升(Perie,Moran,& Lutkus,2005)。在美国,英制系统依旧广泛应用于各种职业(如木工行业)和日常生活中。因此,学生需要熟知多种测量系统(NCTM,2015)。有趣的是,美国学生对国际公制的掌握程度要好于英制系统(Preston & Thompson,2004)。熟悉两种系统中的测量单位能够帮助学生判断测量值是否合理。此外,用我们日常生活中的常用物品作为参照也很有帮助。例如,门的高度通常为 2 米多,门把手距离地面约 1 米;回形针重约 1 克,宽约 1 厘米;一个凤梨或 1 升水约重 1 千克。

无论是国际公制还是英制系统,内部单位之间的关系都是依规定惯例。因此,教学中只要直接告知学生规则,再设计活动来强化这种关系即可。但对于小学高年级和初中学生而言(无论是国际公制还是英制系统),明确标准化测量单位之间的基本关系对于学生解决单位转化问题变得越来越重要。

二. 估计和近似

测量中的估计是指不借助测量工具，仅利用视觉信息和已有经验进行测量或比较的过程。人们几乎每天都在实践中运用这个技能：我的糖还够不够做饼干？你能把这个球扔出 15 米远吗？这个手提箱是否超过重量或大小的限制？我的车能停进那个车位里吗？下面是测量活动中需要估计的几个原因：

○ 帮助学生关注被测属性和测量过程。例如，如何以纸牌为单位来估计一本书封面的面积。要完成这个活动，需要先明确面积是什么，还要知道如何将测量单位放在书的封面上。

○ 为测量活动提供内在动机。看看估值与真实测量值能有多接近是一件很有趣的事。

○ 熟悉标准单位。如果要用"米"来估计门的高度，那么必须先了解 1 米的长短。

○ 通过使用基准量更多地进行比例推理。这个建筑物的宽度大约是足球场长度的四分之一——可能有 25 码（一个足球场的长度是 100 码）。

在所有的测量活动中都要强调近似语言的使用，因为所有的测量值都不精确。例如，这个桌子大概有 15 个橙色小棒那么长。数学书的正面可以用稍少于 8 张的卡片覆盖。因为很多测量值都不是整数，对于学生来说使用近似语言就非常有用。随着学生越来越熟练，他们测量时会选用更小的测量单位或使用分数来表示结果，测量精度也就更高。这其实是一个非常好的机会来帮助学生认识到所有的测量都有误差，而选用更小的单位或将测量单位分成更小的部分，都能使测量精度更高。测量的误差绝不能超过半个单位。

比如说一把只显示四分之一英寸的尺子，也就是测量单位为四分之一英寸，要用它来测量缎带的长度。如果缎带的长度介于 $3\frac{3}{4}$ 和 4 英寸之间，我们通常可以把测量值近似到更接近的数。若缎带的长度大于 $3\frac{3}{4}$ 与 4 英寸的中间值，我们就说它有 4 英寸长；但若缎带的长度小于 $3\frac{3}{4}$ 与 4 英寸的中间值，我们就说它的长度接近 $3\frac{3}{4}$ 英寸。这两种情况下，误差都在 $\frac{1}{8}$ 英寸或半个单位之内，可以对"误差"忽略不计。如果要追求更高的精度，就可以选择更小的单位，保证近似或误差在可接受的范围之内。

因为数学上不存在"最小的单位"，测量误差总会存在，所以要避免"某测量值是精确的"这样的说法。《数学实践标准》（*The Standards for Mathematical Practice*）（NGA Center & CCSSO，2010）中"对精度的关注"是期望学生可以"明确不同测量单位的使用范围，在选用时有所考量"并且"用与实际情境相符的精度来解释测量值"（p. 7）。

测量估计策略

要让估计成为每个测量活动的第一步。与估算一样，学生进行测量估计时也需掌握一定的策略。这里介绍三种策略。

1. 建立基准量或参考对象。有些学生可能在自己脑海中已经建立了(既包括对单个测量单位,也包括对标准测量单位整数倍的)基准量或参考对象,并且能够在活动中练习使用基准量或参考对象,这些学生在估计活动中的表现要远远优于那些没有学过使用基准量的学生(Joram & Gabriele, 2016)。想要估计得与真实值接近,学生就一定要关注单位的大小(Towers & Hunter, 2010)。参考对象要选择那些学生非常容易想象的事物。如图 18.3,用儿童的身高估计房间的长度。方法一:使用窗户、广告牌,以及这几个"大块"之间的空隙。方法二:使用脑海中的基准量——"我的身高大约是 5 英尺。这个屋子可以让 5 个孩子首尾相接躺下再加上 3 英尺,也就是 28 英尺。"

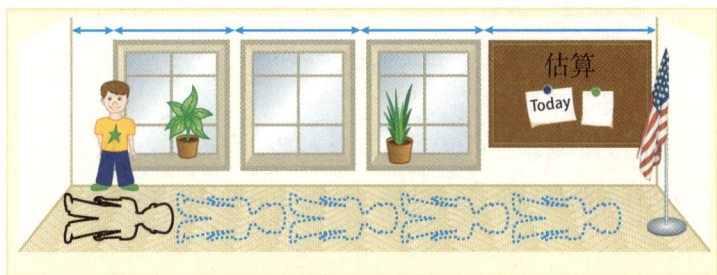

图 18.3 使用基准量和组块法进行测量估计

2. 使用"组块法"。组块法就是将一个待测事物分成多个部分,以便更好地估计。图 18.3 给出了一个使用组块法的例子:分别估计窗户、公告板以及这几个"大块"之间的空隙,使得估计更容易。再比如,学生要估计一摞书的重量,如果他们能找到一本的参考量,知道书的"平均"重量,那么估计也就简单了。但如果高度待测的墙体没有任何可拆分的组块,就需要我们在脑海中将它均分,两等分、四等分甚至是八等分,直至能够估计平均分后的一份为止。组块法对于长度、体积、面积和表面积的测量估计都适用。

3. 单位累加。在估计长度、面积和体积时,这时候很容易通过想象或实物标记出一个单位的大小,再借助手或其他方式持续标记。例如,如果知道自己的步幅约是 $\frac{3}{4}$ 米,那么就可以沿待测长度计步,再乘步幅进行估计。手和手指的宽度也一样非常有用。

提高测量估计能力最好的方法就是让学生大量练习。下列几个教学要点需特别注意:

1. 细致讲解每个策略。学习并练习每个策略后,学生可以在多种策略中选出那个最符合特定情境的策略。

2. 针对不同学生的测量估计进行讨论。这些对话一方面能够提醒学生注意估计的其他方法,另一方面也表明不是只有一种正确方法用来估计。

3. 汇总基准量列表。针对常用测量,汇总建议使用的基准量,列成表格并张贴在班级内。

4. 认可某个范围内所有的估算值。所谓"好的"估计,对不同的测量而言意义是不一样的。对于长度测量,10% 以内的偏差都是合理的,而对于重量和体积来说,30% 的偏差也是可接受的。

5. 切勿追求"胜出的"估计值。强调比赛优劣的做法会打消学生进行估算的想法,他们只是要找到"准确"的答案。

6. 鼓励学生给出一个包含实际测量值的估值范围。例如,门的高度在 7 到 8 英尺之间。让学生侧重的是测量估计中合理的最小值和最大值,这不仅是现实生活中的实用方法,也能够引导学生更清楚地认识到估计的近似本质。

7. 让测量估计成为一项持续不断的活动。每天或每周都安排测量估计活动。让学生记录他们的估计值并进行 5 分钟的讨论。还可以邀请一名或一组学生给出要估计的测量值。

8. 保证教学语言的精准。"测量"和"估计"这两个词不得替换使用（Towers & Hunter,2010）。随意混用会让学生混淆这两个词。

测量估计活动

任何测量活动都可以安排一个"先估计"的环节。想要突出强调估计过程本身,只需找一个能被估计的测量对象,让学生估计即可。请看活动 18.3 和活动 18.4。

活动 18.3

测量估计

选择一个被测对象,可以是盒子、南瓜、学校墙上的一幅画,甚至可以是校长。每天选择一个不同的属性或维度进行估计。以南瓜为例,学生可以估计它的高度、周长、重量、体积和表面积。

活动 18.4

寻物游戏

给每个小组一份清单,包含非标准化或标准化的测量,让学生找到接近测量值的事物。起初,不允许学生使用任何测量工具,可以让学生给出建议,说明如何判断结果的准确性。对于需要特殊帮助的学生,可以给他们一个参照物,如 1 平方英寸的样例或 1 毫升的样例。

评价角

使用观察记录表记录学生针对各种现实物品的重量、面积、体积、长度等进行估计和测量的表现。鼓励学生解释自己得到估计值的过程。如果只是询问估计值,教师将难以发现学生的理解情况,也无法为下一步教学提供依据。

三. 长度

长度通常是学生学习测量的第一种属性。确定物体的长度属性,要定位物体的两个端点,再找到端点间的距离。想要测量长度,我们需选择一个单位(具备长度属性的单位)并重复这个单位与被测物体比较。理解长度是理解周长、面积以及体积的基础(Sisman & Aksu, 2016)。

比较

在学龄前阶段,学生从直接比较两个或多个长度开始学习;小学 1 年级则逐步学习间接比较(NGA Center & CCSSO, 2010;NCTM, 2006)。通过活动 18.5 和活动 18.6,教师可以为学生提供直接比较长度的机会。

活动 18.5

比长短

　　让学生探索一组物体与给定的"目标"物体相比,哪个较长、较短或者一样长。改变目标物品,学生会发现原来"较短"的物品现在属于"较长"的了。另一个类似的活动是让学生将一系列物品按从短到长的顺序排列。

活动 18.6

找长度(单位)

　　学生两人一组,教师给每组分发纸条、雪糕棒、绳子或其他明显具备长度属性的物体作为"目标"单位。学生的任务是在教室中找到 5 种物体,其长度比"目标"单位更短、更长或大致相当。学生可以通过画图或写字记录他们找寻的结果。对于学习数学有困难的学生,教师要确保他们手里有一个"目标"单位,便于他们进行实物比较。还可以用标准化测量单位(例如,米尺或 1 米长的绳子)作为"目标"单位来重复这个活动,让学生熟悉重要的标准化单位。

还要让学生比较非直线的长度。可以采用间接比较的方法,即借助另一个物体进行测量。参见活动 18.7。

活动 18.7

小路弯弯

　　用胶带或粉笔在地板上(或室外)画出一些弯曲的小路。让学生判断哪条路最长,哪条路次之,依此类推(Battista, 2012)。学生对于如何测量曲线给出建议(有的学生会考虑曲线两端点间的直线距离),以便比较。作为提示,教师可以给每两个学生提供一根长的细绳(起初细绳要长于被测路径)。对于那些学习数学有困难的学生,教师可能需要用胶带帮他们把长绳末端固定在小路的起点处,并帮他们用记号笔在长绳上标记最终的测量结果;再以同样的方式用另一根绳子测量另一条小路,最后比较两根绳子标记的长度。对于那些认为直路比弯路"看起来更长"的学生,教师可以让他们进行这样的探索:在地板上分别沿这两条路走走,看走哪条路用的时间更长。

使用长度单位的实物模型

无论是非标准化的还是标准化的长度单位，进行单位累加时都要遵循下列四个原则 (Dietiker, Gonulates, Figueras, & Smith, 2010)。所有测量单位必须：

○ 长度相等，否则无法通过计数的方式进行累加。

○ 沿被测长度直线摆放，否则实际测量的是另外一个不同的长度。

○ 中间无空隙，否则有部分长度未被测量。

○ 当中无重叠，否则有部分长度被多次测量。

起初，学生可以先用各种非标准化单位测量长度，例如：

○ 巨人脚印：用硬纸板剪出约 20 个长度为 $1\frac{1}{2}$ 到 2 英尺的巨人脚印。

○ 测量绳：把绳子剪成 1 米长的小段。这些绳段可用于测量物体（如教师的桌子、树干或南瓜）的周长。

○ 吸管：吸管可以很容易地剪成更小的单位，也可以用一根长绳把吸管串联起来。细绳穿吸管可以作为帮助学生学习使用直尺或卷尺的桥梁工具。

○ 短单位：小方块、牙签和回形针都可以作为常用的非标准化测量单位，串联起来测量较短的长度。奎逊纳棒也很有用，它们都是整厘米长（国际公制），而且便于首尾相接摆放。

活动 18.8 鼓励学生自己想办法测量长度。

活动 18.8

老师有多高？

通知学生，他们接到了校长分派的一项重要任务。校长需要知道学校每位教师的准确身高。学生得决定如何测量自己老师的身高，并且要把测量过程和结果详细记录下来并书面呈报给校长。如果教师想给学生一些提示，可以问："如果我躺下，会不会对测量有帮助？"然后，让学生在你的脚和头处进行标记，并画出两点之间的线段。

学生两人一组，自行选择一个非标准化或标准化单位进行测量。针对每种测量单位，教师要准备足够多的单位保证能覆盖被测长度。让学生先估计，再用所选单位进行测量。

学生完成测量后，教师紧接着提问："你是如何得到测量值的？""用相同单位进行测量的同学，他们的答案都一样吗？如果不一样，为什么？""要校长怎么做才能画出和老师一样高的线段？"

教师要引导学生关注"认真地将测量单位首尾相接摆放"的重要性。讨论如果测量单位重叠、单位之间有空隙、单位摆放不成直线，会带来哪些影响。可以让学生更换不同的单位进行二次测量来增加难度。

活动 18.9

估计和测量

　　把教室里待测量的物体(如图 18.4)都列在一个表里,或者使用所附的非标准化单位估计测量记录单。用胶带沿物体被测长度裹一圈进行标记。被测长度要包括弧形或其他非直线距离。让学生先估计再测量。学习数学有困难的学生可能无法独立完成估计这一步,教师可以给一些提示帮助。例如,将 10 个单位摆成一行,帮助他们将长度可视化。学生可以先沿着物体摆放 10 个单位,再进行估计。当然,整个活动页也可以用标准化单位来完成。

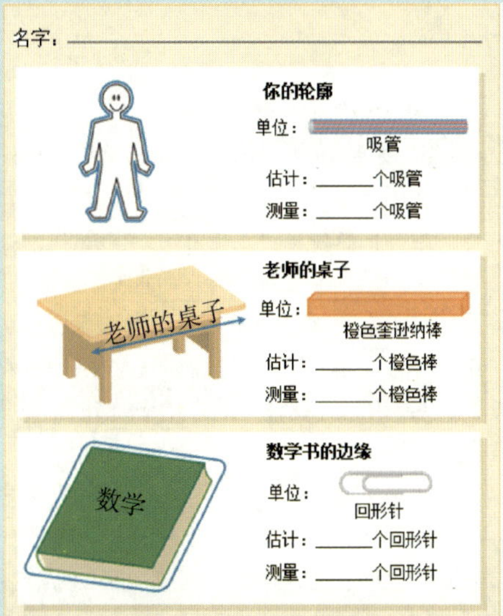

图 18.4　非标准化单位估计测量记录单

评价角

　　在这些活动中进行观察、参与讨论,能帮助教师掌握学生对长度测量的理解情况。教师还可以围绕下列活动展开诊断性访谈:

- 让学生用画线段或标记距离的方式表示出特定数量单位累加的长度。观察学生是否知道需要把测量单位无重叠无空隙地排成一条直线。

- 在课堂上演示某个(虚构的)学生如何用尺子测量物体长度。演示各种错误,包括有空隙、有重叠、一次测量中使用大小不同的单位、沿物体摆放尺子时有波动(不直)等情况。学生的任务是解释这些测量为什么不准确。

- 让学生测量两个不同的物体。提问:"较长的物体长了多少?"观察学生是借助他们已有的两个测量值回答问题,还是通过第三次测量发现两者间的差异。

- 让学生分别用小回形针和大回形针先后测量同一长度。看他们能否发现测量结果与测量单位之间的反向关系。

　　通过评价,如果发现学生对于长度测量存在一些困惑,那么可以针对这些问题组织课堂讨论,帮助学生开展自我评价以加深理解。

尺子的制作和使用

从用实物单位进行测量到用标准化尺子进行测量是一个极具挑战性的跨越。帮助学生理解尺子的一个方法是让他们制作自己的尺子。

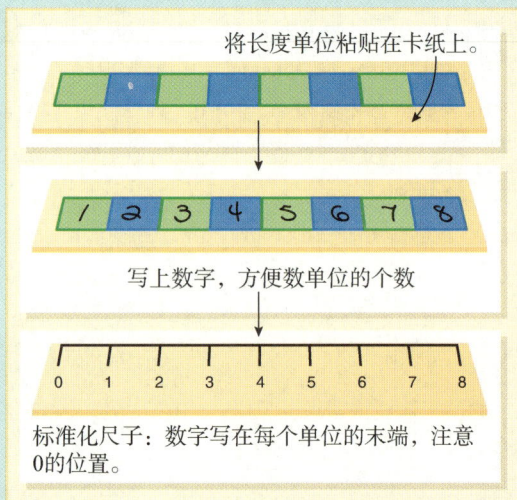

活动 18.10

制作使用尺子

用两种颜色的卡纸制作小纸条(5 厘米长和 2 厘米宽)。组织学生讨论如何通过首尾相接的方式用这些小纸条作为单位进行测量。然后让学生把两种颜色的小纸条交替粘在长条卡纸上,制作自己的尺子,如图 18.5 所示。

让学生用自己的新尺子去测量教师列表给出的待测物体,再讨论测量结果。由于尺子制作得不合适或学生不理解尺子的工作原理,学生的测量数据会有差异。

也可以考虑使用大一点的非标准化单位,比如把学生的脚印(无重复无空隙地)粘在长条纸上。年龄稍大的学生还可以在英寸或厘米网格纸上涂格子,用标准化单位来制作尺子。要让学生用自己的尺子去测量超过尺子的长度,并讨论测量过程。

将长度单位粘贴在卡纸上。

写上数字,方便数单位的个数

标准化尺子:数字写在每个单位的末端,注意 0 的位置。

图 18.5 理解尺子上数字的含义

鼓励学生探索用尺子测量长度的多种方法。必须从尺子末端开始测量吗？如果从中间某个单位开始测量要怎么操作？最终,学生会在自己手工制作的尺子上写上数字,如图 18.5 所示。开始的时候,数字可以先写在每个单位中间,说明数字是为了预先帮助数出单位的个数。当数字以标准化的方式定位,写在单位末端时,尺子就变成了一条数线。

教师要帮助学生在自制手工尺子和标准化尺子之间建立清晰明确的联系。给学生一把标准化的尺子,让他们找到并讨论它与自制手工尺有哪些异同。单位是什么？那些数字表示什么意思？刻度线的作用是什么？单位从哪里开始？能不能制作一把与标准化尺子单位相同的手工尺？

评价角

研究表明:当学生看到有刻度线有数字的标准化尺子时,他们通常并不认为数字表示测量单位或刻度间间隔的个数,而是误以为数字表示刻度线的个数。这种误解经常会导致各种错误。教师评价时,可以给学生提供一把有刻度线但没有数字的尺子。让学生用这把尺子测量一个比尺子稍短的物体。使用观察记录表记录学生是在数刻度线间间隔,还是在数刻度线。

还有一个非常好的评价活动可用来检测学生对尺子的理解情况。让学生用一把前两个单位损毁的"破尺子"去测量。使用"破尺子"活动页,其中尺子的单位长度被进一步等分为分数单位。使用观察记录表记录学生是否认为由于这把尺子没有起点,所以无法测量。同样也要将那些能够正确测量、点数单位数量的学生记录下来。

观察学生如何用尺子测量一个比尺子长的物体,同样可以为教师提供有价值的信息。如果学生只是简单地读出尺子上最后一个数字,那么他很可能并不理解尺子代表的是一列连续首尾相接排列的单位。

单位转换

英制单位系统中单位间的转换几乎没有什么规律可言。与之相反,国际公制中单位之间的转换则系统地按照十进制设置。理解各个测量单位对应的十进制的不同位置对于掌握国际公制的单位转换非常重要。随着学生逐步掌握了十进制的计数结构,他们也就能够理解国际公制中的七个位置:三个小的测量单位(十分之一、百分之一、千分之一)以及三个大的测量单位的前缀(十、百、千)。教学过程中要避免让学生机械地套用规则,例如"厘米转换成米,就要将小数点左移两位",因为它们经常被错误地理解或使用,还难以记忆。教师应该从概念层面帮助学生建立有意义的联系去理解单位转换。

2 年级的学生要开始思考单位的大小与测量结果大小之间的关系(NGA Center & CCSSO,2010)。4 年级和 5 年级的学生必须能够在同一个测量系统中进行单位互换。但是,这其中的一个难点是对于同一个物体,使用的测量单位越大反而得到的测量值就越小,反之亦然。活动18.11 可以帮助学生理解这种反向关系。

活动 18.11

换单位

让学生用给定单位测量某个长度,并且将相关结果记录在"单位变换记录表"中。然后,教师让学生变换测量单位,新单位为原单位的两倍或一半。学生的任务是预测用新单位测量相同长度所得的结果。学生写下自己的答案后讨论估计的过程,再进行实际测量。为增加难度,教师还可以给出一个新单位,该单位为原单位的很多倍。

在上述活动中,教师要强化测量单位越大测量结果就越小,测量单位越小测量结果就越大这个基本规律,它对于(4 年级和 5 年级)学生学习标准化单位的转换非常有帮助,对初中生而言也是一个非常好的比例推理任务。

当学生完成下面的活动后,教师要鼓励学生寻找并总结规律:把较大的单位转换成较小的单位要用乘法。那么把较小的单位转换为较大的单位,会是怎么一个过程呢?

活动 18.12

转换单位

给学生分发由两列组成的单位转换表格。针对前一半表格，从班级中挑选几个物体分别用英尺和英寸对其进行测量，并让学生描述两个测量值之间的关系。学生很可能会注意到：选择的单位越长，完成测量所需要的单位数量就越少，反之亦然。对于后一半表格，挑选的物品只用英寸测量，再让学生转换为英寸。转换计算完成后，学生应该以英寸进行测量验证自己的答案。活动结束后，尝试用其他单位进行转换。

对于其他长度的测量（如周长），我们将会在后面两个小节中进行讨论。

四. 面积

面积是对某个区域内部二维空间的测量。与其他被测属性一样，学生在测量面积前首先要理解面积这个属性。2011 年的 NAEP 测试中有这样一道选择题：已知正方形的周长是 12 个单位，求它的面积。该题目提供了配图，正方形的每条边上都有 2 个三等分的标记线。测试结果显示，只有 24％的 4 年级学生选择了正确的面积答案；而 44％的学生选择答案 8，他们可能只是点数了所有边上刻度线的个数（National Center for Educational Statistics，2014）。

由于学生在学习乘法时已经对点阵模型十分熟悉，面积的估计和测量是从 3 年级开始学习；到 4 年级，学生要会用公式计算矩形的面积；5 年级的学生要能够解决把大的面积单位细

正方形的周长是12个单位

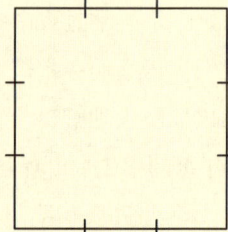

正方形的面积是多少？
A. 6个平方单位
B. 8个平方单位
C. 9个平方单位
D. 12个平方单位

分为更小的面积单位的问题，并利用面积计算三维物体的体积；到 6 年级，学生将进一步解决各种多边形的面积问题，学习表面积；7 年级学生开始探索圆的面积。

比较

与长度比较相比，从概念层面理解面积比较更具挑战性，这是因为形状不同的图形面积却可能相等。有关面积的比较活动要帮助学生区分大小（如面积）、形状、长度及其他属性。一个细长的矩形与一个边长较短的三角形相比，矩形的面积有可能更小。很多学生并不理解这样的事实：即虽然将给定面积分割组合成不同的图形，图形的形状已发生改变（周长也有可能发生变化），但面积大小始终如一。

只有当图形拥有一些共同的属性或形状，其面积才可以进行直接比较。例如，两个宽度相同的矩形可以直接比较，参见矩形比较活动页。我们也可以直接比较两个圆形的面积。但是，这种特殊形状的面积比较并不能真正引发学生思考面积的属性。我们更推荐开展面积重组（面积守

恒)的活动。

两片拼拼

　　从"等面积矩形活动页"上剪下多个矩形。每两个学生需要六个矩形。让他们把每个矩形沿对角线对折并剪开,得到两个全等三角形。接下来,学生的任务是把两个三角形拼成不同的图形(包括恢复成原始的矩形)。游戏规则是边长相等才能拼接,拼接要精准贴合。让学生们以小组合作的方式开展活动,找出所有可能的情况,并把三角形粘贴到白纸上固定记录(如图18.6)。讨论它们的面积。有没有哪个图形的面积大于其他图形? 你是怎么知道的? 帮助学生总结:尽管每个图形的形状都不同,但是它们的面积相等。

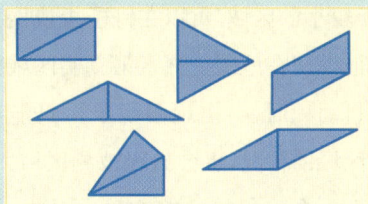

图 18.6　形状不同,面积相等

　　这种裁切和重组的活动能有效帮助学生理解面积和形状之间的联系,尤其是对英语非母语的学生而言(Fernandes,Kahn,& Civil,2017)。

　　七巧板这个古老的游戏,也可以达到相同的教学目标。如图18.7所示,一套传统的七巧板是通过裁切一个正方形得到的。其中两个小三角形可以用于拼成平行四边形、正方形或一个中号三角形。围绕这个重组过程,同样可以展开面积相等但形状不同的讨论。

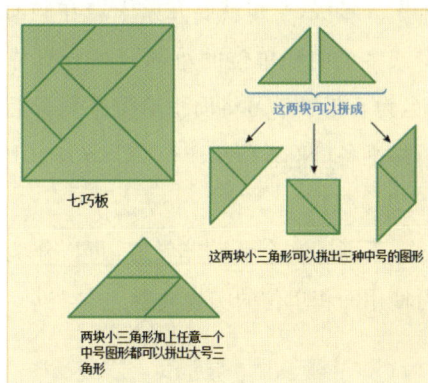

图 18.7　运用七巧板探究面积概念

七巧板的面积

　　如图18.8,给学生分发"七巧板拼图轮廓"和一套七巧板。先让小组估计哪个图形的面积最大(或最小),再让学生运用七巧板判断:哪些图形面积更大或更小,哪些图形面积相等。让学生解释他们的答案。

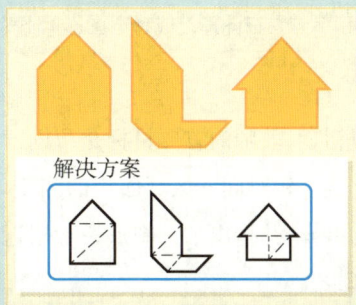

图 18.8　比较七巧板拼成的不同图形的面积

使用面积单位的实物模型

教师需要给学生提供充足的机会，让他们去"覆盖"二维图形的"表面积"，逐步理解面积属性。

方块。 尽管学生探索面积最常用的工具是小方块，事实上任何一种易于覆盖平面的物品（不一定是正方形）都适用，例如便利贴、报纸、地砖或扑克牌。学生可以自行选择面积单位（如桌面、公告板或书的封面）来测量教室地面的面积。对于较大的区域，可以用胶带在地板上勾勒出边缘；对于较小的区域，可以在钉子板或网格纸上画出来，以便学生现场动手操作。教师还可以让学生借助模型在地图上探索某真实区域的实际面积（Wickstrom，Carr，& Lackey，2017）。

测量面积时，会出现面积单位只能部分覆盖被测区域的情况，也会出现被测区域太小，根本放不下一个面积单位的情况。因此，教师要注意被测图形的选择。学习初期要选择那些面积单位能正好沿图形边缘完全覆盖的。但到了3年级，学生就要开始学着在脑海中把两个或多个面积单位的小部分整合算作一个单位，为5年级学习将面积单位平均分后进行测量做准备（NGA Center & CCSSO，2010）（如图18.9）。

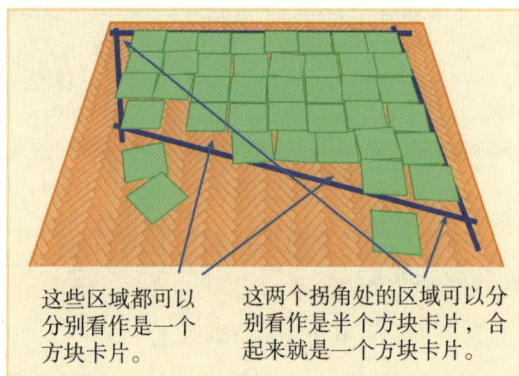

这些区域都可以分别看作是一个方块卡片。

这两个拐角处的区域可以分别看作是半个方块卡片，合起来就是一个方块卡片。

图18.9　用方块卡片测量一个大图形的面积

下面的这个活动非常好，可以作为学生学习使用面积单位的实物模型。

活动 18.15

覆盖比较

给学生分发活动页，活动页上的这几个图形面积都不相等，但也无法一眼识别哪个最大或最小。让学生先估计面积最大和最小的图形，再考虑用什么方法来比较。利用头脑风暴法，找出尽可能多的方法并汇总成表格，以便帮助那些需要特殊辅导的学生。学生可以在待测图形上画出面积单位，把面积单位贴在图形上或者把图形剪下来放在网格纸上。

学习初期，教师的首要目标是帮助学生明确面积的测量是通过覆盖或铺砖来完成的，不要急于引入公式。针对同一区域面积的测量，各小组很可能会得到不同的测量值。引导学生讨论测量结果的差异，并指出估计图形边缘附近的面积是难点所在。要避免给学生造成"只有一种正确方法"的印象。

在测量矩形的面积时，学生要联系点阵模型应用乘法。要想建立这种联系，学生首先要能把矩形区域看成是行列的组合。下面这个比较活动能很好地引导学生朝这个方向去思考。

活动 18.16

比较矩形

　　给学生分发"比较矩形"的活动页，其中包括 4 个面积差不多大的矩形、一个方块单位的实物模型和一把可以测量单位的尺子。学生不能把矩形剪开来，但可以在矩形上画图。他们的任务是：用尺子确定哪个矩形面积最大，或者哪些面积相等。各种方法都适用，最后用文字、数值或画图解释自己的答案。这里就每组矩形的大小给出几个建议：

　　　　4×10 和 5×8　　　5×10 和 7×7　　　4×6 和 5×5

　　对于学习有困难的学生，可以把活动页上的矩形印在与实物方块对应的网格纸上。

　　这个活动的目标是让学生把已有的对乘法概念的理解应用于矩形面积的计算，这一过程中并不介绍面积公式。想让学生运用"数出沿矩形一边的一行小方块的个数，再乘邻边的长度"这种方法，就先要帮助他们把第一行整体看作一个单位，再重复这个单位填充整个矩形（Outhred & Mitchelmore，2004）。有的学生可能或尝试着在矩形中画出所有的小方块，而有的学生则用尺子只找出矩形相邻两边对应的方块数量，再借助乘法来确定总面积（如图 18.10）。在这个活动中，还要让学生分享自己的策略。最终，越来越多的学生能够借助乘法推理学会面积公式。

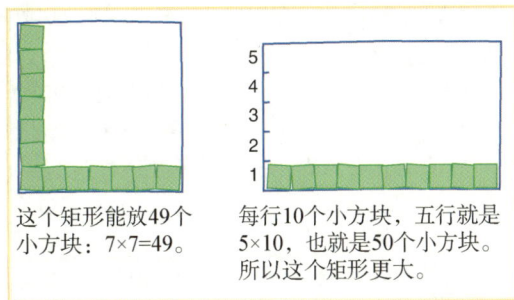

这个矩形能放49个小方块：7×7=49。

每行10个小方块，五行就是5×10，也就是50个小方块。所以这个矩形更大。

图 18.10　学生用乘法确定方块单位的总数

　　网格。 各类网格可以看作是"面积尺"。网格之于面积，就像尺子之于长度：它将多个测量单位平铺开来便于你测量。可以把不同规格的网格印在透明纸上，放在待测区域上面来数格子单位；另一种方法是在网格纸上重新画出待测区域。

面积和周长的关系

　　学生经常会混淆面积和周长。NAEP 测试中有这样一道题目：给定矩形，但只标记出相邻两边的长度，求它的周长。尽管周长是《美国共同核心课程标准——数学》（CCSS-M）中 3 年级的内容，但只有 71％ 的 8 年级学生给出正确答案。产生混淆的原因是由于最初面积和周长的学习都围绕矩形区域展开，但也有可能是因为过早地开始公式教学。在较短时间内相继学习面积和周长对于学习数学有困难的学生而言会更加困难（Parmar，Garrison，Clements，& Sarama，2011）。

这个矩形的周长是多少厘米？	这个矩形的周长是 32 英寸，那么边长 A 是多少英寸？
13 cm 5 cm	12英寸 A

周长是一种长度测量，是围绕某区域一圈的距离。因此，它是具有可加性的。已知图形的边长，学生应该能够计算出周长；或者已知周长，计算出未知的边长。"周长"（perimeter）中的"周"（rim）字，可以作为一个小提示帮助学生记忆周长这个概念。

活动 18.17

测周长

让学生选择一个物体（如书的封面或更具挑战性的废纸篓的边缘），全班同学集体来测量它的周长。首先让学生估计"边缘测量"活动页上图形的周长。然后他们要有策略地选择工具（尺子、卷纸带或无弹性的绳子）来测量周长。这里要注意长度单位的选用。教师要组织全班学生围绕至少一个物体共同讨论，以便揭示出各种测量差异或错误。学生还要解释：当待测物体长于测量工具时，自己是如何测量的；什么情况下选用易弯曲的测量工具（如绳子或卷纸带）。对于学习数学有困难的学生，让他们在测量前先用手指画出周长。

矩形的周长增大，面积是否也会随之增大？这个问题即便是职前教师也常会觉得困难（Livy，Muir，& Maher，2012）。下面两个活动通过比较面积和周长来理解它们之间的关系。

活动 18.18

周长固定

给学生提供 1 厘米网格纸，也可以再搭配一根长为 24 厘米的不可拉伸的绳子。学生的任务是：一共有栅栏 24 英尺（1 ft= 1 cm），请问可以围出哪些不同形状的矩形花园？将每种不同的矩形花园画在网格纸上，并在当中标出它的面积（$A= 20\,cm^2$）。然后把所有的结果誊写到"周长固定"记录单上。

活动 18.19

面积固定

给学生提供 1 厘米网格纸。学生的任务是：已知矩形的面积是 36 平方英尺，请问可以围出哪些不同形状的矩形花园？这里要注意，要"围"的矩形应该是被面积单位所覆盖的，不能只画出边界。将每种不同的矩形花园画在网格纸上（包括边长），并在当中标出它的周长（$P= 24\,cm$）。然后把所有的结果誊写到"面积固定"记录单上。教师也可以使用扩展课程组织这个活动。

面积和周长有着怎样的关系? 在"面积固定"的活动中,那些矩形的周长都相等吗? 如果不是,周长更长或更短的图形有什么特点? 在"周长固定"的活动中,那些矩形的面积都一样吗? 为什么呢? 哪个矩形面积最大? 哪个面积最小呢?

活动 18.20

按面积、周长排列

学生要先完成活动 18.18 和 18.19,然后将所有矩形从网格纸上剪下来。贴上"周长固定"和"面积固定"的标签,每个小组将对应的矩形从左向右按照周长(或面积)由小到大的顺序排列。让学生观察记录,进行推测,并给出结论。

学生会发现面积和周长之间的关系非常有趣。他们还可能会惊讶于自己的发现:面积相等的矩形,周长不一定相等,反之亦然。当然,这个事实不仅局限于矩形。

当面积固定时,周长最小的是正方形;而当周长固定时,面积最大的是正方形。如果不限于四边形,那么当面积固定时,周长最小的是圆形。也就是说,图形越"胖",周长越短;图形越"瘦",周长越长(这种关系同样适用于立体图形——将周长和面积替换为表面积和体积)。

周长和面积公式

在学习公式的时候,不能简单地把公式告诉学生让他们机械记忆,而是要让学生自己发展、建立公式。换句话说,学生要从概念层面理解公式及其涉及的关系从而积极主动地"做数学"。他们会发现所有的面积公式归根结底都和一个想法有关:底边的长度乘高。在学生理解公式从何而来后就更容易记住公式也更会应用公式,而这又进一步强化说明数学是讲道理、有意义的。这样一来,学生混淆面积和周长或者在测评中错用公式的可能性就会下降。

周长公式。当学生开始学习公式时,就可以探索如何把矩形的周长表示成一般化的形式。首先,让学生想办法解决周长的问题。正如前面所展示的,学生经常要解决已知一个长边一个短边求周长的题目。如果学生只是将给定的两边相加,则组织学生讨论矩形的周长公式 $P = l + w + l + w$,帮助他们澄清需要将四条边相加。与公式建立清晰的联系能帮助学生避免只加两条边的常见错误。

矩形周长公式的另一种形式是 $P = 2(l + w)$,它表明一组邻边需要翻倍;而 $P = 2l + 2w$ 则强调矩形的周长是边长相加的和。当学生要计算三角形或其他复杂图形的周长时,还需根据边数对公式做相应调整。

面积公式。NAEP 的测试结果清晰地表明学生对面积公式的理解并不好。例如,2007 年的 NAEP 测试中,有这样一道题目:计算一个 15 英尺长、12 英尺宽的小毯子的面积。结果只有 39% 的 4 年级学生能正确作答。究其原因,可能是因为过早过快地强调公式教学,很少甚至完全没有让学生理解概念。以下是关于面积的两个主要难点。

1. 混淆线和面的单位。从长度测量过渡到更为抽象的面积测量，因为涉及乘法思维，所以对 3 年级学生而言是个难点。面积测量的一个主要困难就在于尽管要测的是面积，但实际操作测量的是两个长度（长×宽）（Putrawangsa，Lukito，Amin，and Wijers，2013）。对于学生而言，理解两个长度相乘得到一块面积是一个很大的挑战（Kamii & Kysh，2006）。如果我们在教学过程中只侧重于公式以及用尺子测量边长的操作，实际上会混淆面积测量的单位和工具（因为尺子的使用是间接的）。这种混淆可能会让一些学生认为如果某图形没有可以测量的边（没有长和宽），那么它就没有面积（Zacharos，2006）。

要解决图 18.11 中的问题，仅套用基本的面积公式是不够的，还要求学生深刻理解面积概念和面积公式。"长乘宽"不是面积的定义；面积是平面图形封闭边界内面的测量值。

2. 理解高和底概念的困难。图 18.12 中两个图形都给出了一条底边和这条底边对应的高。学生经常会把它们搞混。图形的任意一条边都可以被称作底，每个底都有它对应的高。试想，我们要让某个图形沿它的一条底边直立滑进房间的大门，那么这条底边上的高就是允许图形顺利滑入的最矮的门的高度，也就是到底边的垂直距离。产生这种混淆的一个原因可能是因为学生前期积累了太多矩形公式长×宽的经验，其中高度正好是边长。

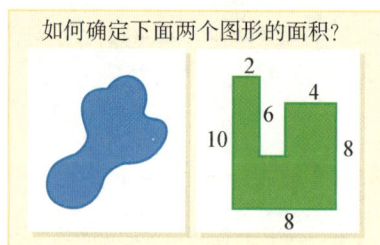

图 18.11　理解面积的属性

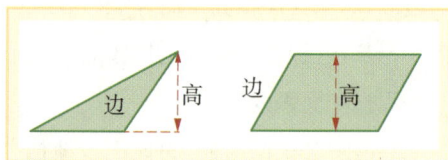

图 18.12　二维图形的高并不是总沿着图形边的方向

矩形的面积公式是学生最早学习的，通常表示为 $A = L \times W$，或说成"矩形的面积等于长乘宽"。而更有预见性的表示是 $A = B \times H$，或"面积等于底乘高"。这种"底乘高"的说法更具一般性，适用于所有的平行四边形（含矩形），对于学生学习三角形和梯形的面积公式也有帮助。进一步来说，同样的方法也适用于立体图形，例如圆柱的体积表示为底面积乘高。因此，一系列公式都可以围绕"底乘高"的思想相互联系。

矩形的面积。研究表明，从点数矩形内部的方块个数到理解公式的形成和推导，对学生而言是一个质的飞跃。学生经常会采用一种低效的方法，在矩形内部画出方格（并不保证方格都相等）再逐一点数（Battista，2003）。

这里首先要回顾一个重要概念，也就是乘法的意义。通过呈现乘法的点阵模型强调面积单位按照行列摆放的结构。当我们计算长乘宽时，我们并不是用"方块"乘"方块"。事实上，一条边的长度表示要填满这条边需要的方块数量。如果我们把这条边上的所有方块看作是一个单位，那么另一条边的长度（不是方块的数量）就表示填满整个矩形需要的方块组的数量。因此，覆盖整个矩形的方块总数也就是行的长度乘列的数量：列×行＝面积。如果学生还是要将所有的方块画出来点数,那么他们还没有理解:一行方块可以看作是一个单位,再进行累加。

紧接着向学生解释:测量一条边确定这一行可以放多少个方块,就是要把这条边看作是矩形的底(这条边既可以是人们常说的长也可以是宽),那么另一条边就是矩形的高。教师要确保学生能自行总结出:任意一条边都可以作为矩形的底;面积公式可以表示为 $A = B \times H$;无论哪条边作底,通过交换律最终都得到相同的面积(如图18.13)。

可以通过点数方块的数量计算出面积。

底边可以由5个方块覆盖。因为高是6,那么6个底可以将矩形填满。

请解释如何用1×1的方块覆盖这个矩形。你能找到两种不同的方法吗?

选择一条边为底,那么底边上一共可以摆放多少个方块?多少行的底可以覆盖整个矩形?

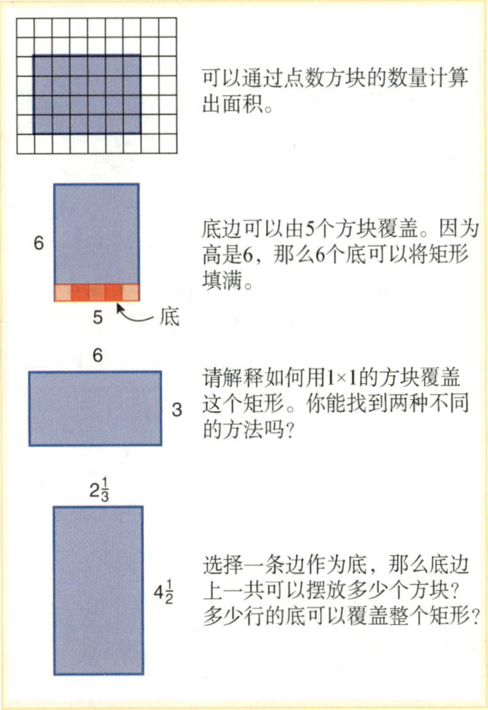

图 18.13 矩形面积公式的学习

从矩形的面积公式到平行四边形的面积公式。一旦学生理解了矩形的面积公式(底×高),下一个挑战就是计算平行四边形的面积。教师不要直接将公式告诉学生,可以组织下面的活动,让学生根据他们对矩形面积的理解给出自己的公式。

活动 18.21

平行四边形的面积

给学生提供有网格的平行四边形,或者去掉网格增加难度,在白纸上画出平行四边形并给出四条边的长度和对应的高。让学生利用他们所学过的矩形面积的知识,找出这些平行四边形的面积。要求学生找到适用于所有平行四边形的方法,也包括无网格的情况。

如果学生需要帮助,让他们研究平行四边形与矩形的相似之处,或者如何通过割补重组等方式把平行四边形转化为矩形。如图18.14所示,平行四边形总是可以变成一个同底、等高、面积相等的矩形。因此,平行四边形的面积公式与矩形的完全相同:底乘高。

从平行四边形的面积公式到三角形的面积公式。已知矩形与平行四边形面积之间的关系,如何能有逻辑地过渡到学习三角形的面积呢?请参考活动18.22。

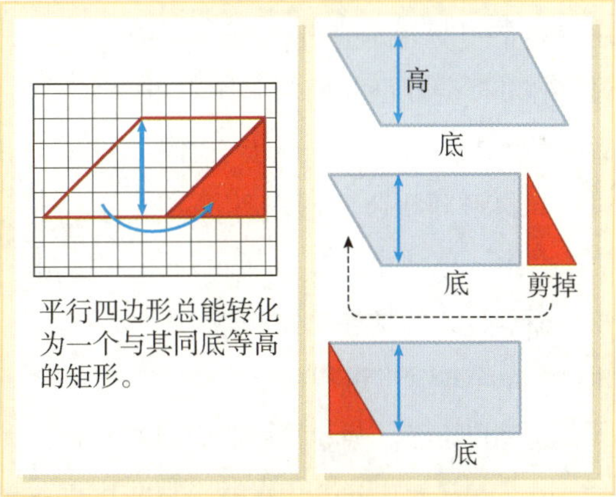

平行四边形总能转化为一个与其同底等高的矩形。

图 18.14 将平行四边形转化为矩形

活动 18.22

三角形的面积

给学生提供有网格的三角形。让他们利用自己有关求解平行四边形面积的知识找到每个三角形的面积，再总结出适用于任意三角形的面积计算方法。学生需证明自己的方法适用于所有给出的三角形，重新画至少一个三角形也仍然适用。对于学习数学有困难及其他需要帮助的学生，教师可以这样来帮助他们："你能找到与这个三角形有关系的一个平行四边形吗?"然后建议他们把一张纸对折后画出一个三角形，将三角形剪下来，就得到两个完全相同的三角形，再用它们拼成一个平行四边形。这种拼图活动能很直观地说明三角形和平行四边形的关系。

如图 18.15 所示，两个全等三角形总能拼成一个与其同底等高的平行四边形。因此，三角形的面积是其对应平行四边形面积的一半或 $\frac{1}{2} \times$ 底 $\times$ 高。这个说法听起来熟悉吗？

平行四边形的面积=底×高

两个全等三角形总能拼成一个与其同底等高的平行四边形。因此，三角形面积是对应平行四边形的一半。

三角形的面积=$\frac{1}{2} \times$ 底 $\times$ 高

图 18.15　两个全等的三角形总能拼成一个平行四边形

反思角　用三角形的三条边分别做底，可以拼出三个平行四边形。那么计算出的三个平行四边形的面积也总是相等的吗？你是如何引导学生进行探索的？

从平行四边形的面积公式到梯形的面积公式。当学生掌握了平行四边形和三角形的面积公式后，就可以开始学习梯形的面积公式了。通过将梯形拆分成已知的简单图形，或者将其重组为可计算的图形，我们可以得到梯形面积公式的多种推导方法。其中一种（如图 18.16 所示）与三角形面积公式的推导思路一致，让学生用两个全等梯形进行探索。

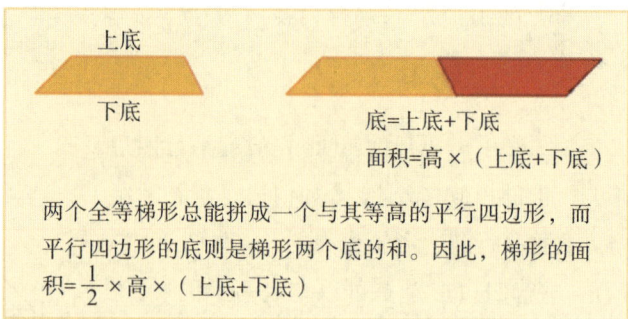

上底

下底

底=上底+下底

面积=高×（上底+下底）

两个全等梯形总能拼成一个与其等高的平行四边形，而平行四边形的底则是梯形两个底的和。因此，梯形的面积=$\frac{1}{2} \times$ 高 $\times$（上底+下底）

图 18.16　两个全等梯形总能拼成一个平行四边形

这里建议了一些寻找梯形面积的不同方法：

○ 利用梯形的三条边在梯形内部构造一个平行四边形。

○ 利用梯形的三条边在梯形外部构造一个平行四边形。

○ 画出梯形的对角线，将其拆分成两个三角形。

○ 过梯形两腰的中点画一条线段，该线段的长度是梯形两底和的一半。

○ 将梯形拆分成一个矩形和两个三角形，再把两个三角形拼起来。

○ 利用图形变换。

○ 把梯形补成一个大的图形（Manizade & Mason，2014）。

我们可以借助动态几何软件生动地展示矩形、平行四边形、三角形之间的面积关系。如图 18.17 所示，在两条平行线上分别画出两条相等的线段。连接线段的端点，得到一个平行四边形以及两个三角形。高则由平行线间的垂直线段表示。我们可以向左或向右随意拖拽平行线上的两条线段，这一变化过程中，平行四边形及三角形的倾斜程度发生改变，但其底和高保持不变。因此，所有图形的面积都保持不变！

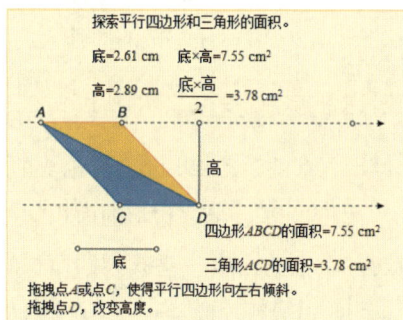

图 18.17　利用动态几何软件证明同底等高的图形的面积相等

表面积。掌握了平面图形的面积，学生就可以开始探索立体图形的表面积。6 年级学生开始学习表面积时，先接触表面积均为矩形的立体图形；到 7 年级时，学生面对的立体图形会有各种形状的侧面（NGA Center & CCSSO，2010）。然而，NAEP 的测试结果显示：只有 25% 的 8 年级学生能正确计算长方体的表面积（Blume et al.，2007）。

使用立体图形的平面展开图能直观有效地帮助学生利用已有知识解决立体图形的表面积问题。如果学生能想象出立体图形的展开图，就可以算出每个面的面积再相加。最好的方法之一就是用卡纸和粘扣制作几个长方体、正方体和圆柱体，方便学生展开立体图形观察其组成部分并计算表面积。

活动 18.23

做盒子

琼的甜品店要用三种尺寸的外卖包装盒（正餐、派和蛋糕）。她想知道每种盒子大概要用多少硬纸板，据此决定是自己做包装盒还是直接预订购买。请你算出做这些盒子要用多少硬纸板（假定硬纸板可以没有重合地被固定好）。

○ 正餐盒:7英寸×7英寸×3英寸

○ 派盒:5英寸×4英寸×3英寸

○ 蛋糕盒:8英寸×8英寸×5英寸

给学生提供 2 厘米的网格纸让他们制作每种盒子的展开图。如果学生选择的底不同，那么他们

> 做出的展开图也会不一样。让学生比较展开图和表面积，借此机会讨论为什么不同展开图的表面积都相等。对于英语非母语的学生而言，教师要先展示并解释什么是"立体图形的平面展开图"，避免语义上有所混淆。

圆的周长和面积。圆的周长（绕圆一周的距离）与直径（过圆心且两个端点都在圆周上的线段）长度间的关系是学生可以发现的最有趣的内容之一，安排在 7 年级学习（NGA Center & CCSSO，2010）。任意圆的周长大约是其直径长度的 3.14 倍。这个比值是一个接近 3.14 的无理数，用希腊字母 π 来表示，所以 $\pi = \dfrac{C}{D}$，即周长除以直径。它的等价形式还包括：$C = \pi D$ 或 $C = 2\pi r$（第十九章的活动 19.14 会讨论 π 的概念以及学生怎样才能发现这个特殊的比例）。

圆的面积。与多边形的面积学习一样，学生要去研究如何找到圆的面积公式而不是简单地被告知。这里给出一些探索圆面积的方法，有助于学生从概念层面理解公式。

1. 用塑料片覆盖一个圆。把 1 平方英寸的塑料片放在圆内，或者准备 1 平方英寸的纸片粘在圆内。剪纸的方法更好，因为学生可以把落在圆外的部分纸片剪下来粘到圆内其他位置。然后，学生需要参考塑料片或纸片的边长找到圆的半径长度。

2. 半径正方形。画一个圆和它的一条半径。以半径为单位长度，那么以半径为边长的正方形就是单位面积，这里我们称作是半径正方形。在网格纸上画一个大方格，大小为 2×2 个半径正方形，并在其内部画一个内切圆。通过观察，你会发现内切圆的面积要小于 4 个半径正方形（因为大方格有很大一部分区域是落在内切圆外的）。教师要给学生提供两份一模一样的图，学生将其中的一幅图剪成四个半径正方形，用于覆盖另一幅图中的内切圆。学生会发现大概需要 3.1 或 3.2 个半径正方形。这一系列操作能强化学生数形结合的思想，突出 r^2 是一个以 r 为边长的正方形的几何直观。

3. 画圆的内接和外切正方形。这种方法与阿基米德用来估算 π 值的方法类似。学生按给定半径在网格纸上画一个圆（或者使用活动页上预先印好的一个圆）。然后，在圆内和圆外分别画出内接正方形和外切正方形（如图 18.18）。计算这两个正方形的面积，再求其平均值作为圆的面积。阿基米德在估算 π 值时，使用了更为接近圆形的（内接和外切）多边形（参见"阿基米德的圆"活动页让学生理解 π 的估算值是如何变得更为精确的）。登录 NCTM Illuminations 网站，查看如何围绕这一方法组织一节完整的数学课。

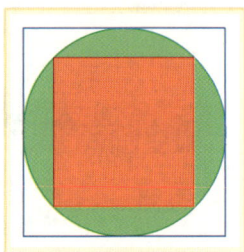

图 18.18 使用圆的内接和外切正方形估算圆的面积

4. 割补构造平行四边形。把一个圆分割成若干个小扇形，并将它们重新排列成类似平行四边形的形状。例如，学生可以把一个圆等分成 3 到 12 份，然后将它们摆成像平行四边形的样子。在前面学习角的过程中，学生曾做过一个蜡纸圆。这里可以再做一个，剪成小扇形用以探索圆的面积。教师可能需要引导学生发现：当把圆分割得越细密，重组得到的图形就越发接近矩形。图 18.19 展示了圆面积公式 $A = \pi r^2$ 的一种常见展开形式。

五．体积和容积

体积和容积是对某个三维空间"大小"的测量。学生从 5 年级学习长方体时开始涉及这一内容，在 6 年级和 8 年级学习圆柱、圆锥和球时，体积和容积仍是重点（NGA Center & CCSSO，2010）。液体容积或容积通常用于描述容器可以容纳的液体数量。容积的标准化单位包括夸脱、加仑、升和毫升。体积的这个词既可以描述某容器的容积，又可以表示某三维物体所占的空间。立体图形体积的标准化单位通常用立方单位表示，如立方英寸或立方厘米。

比较

比较容积的一种方式是先将一个容器用某种物品填满，然后把这些物品倒入作比较的容器中。即便是在小学 1 年级、2 年级，绝大多数学生也能够知道"装得更多"与容器相关。对学生而言，理解立体图形

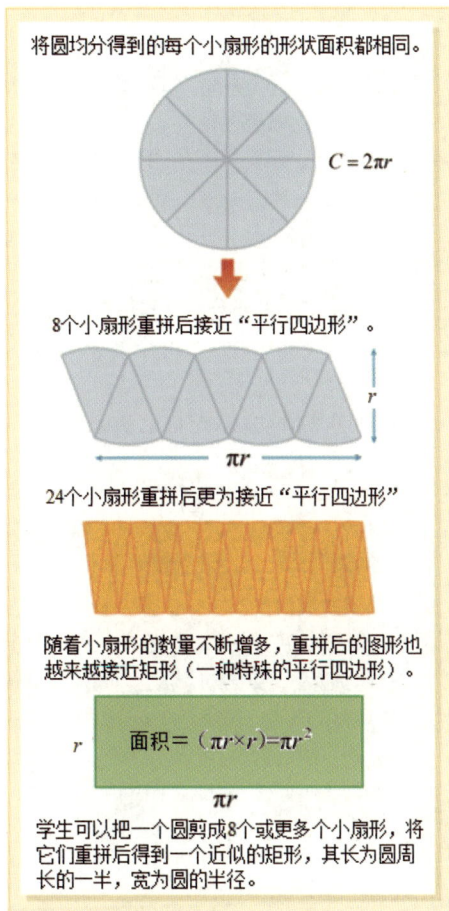

图 18.19 圆的面积公式的推导

的体积这一概念可能是个难点，比较体积的方法也很难。例如，要比较小球和苹果的体积，就需要使用"排水法"。先让学生估计哪个物体的体积更大或更小；然后，将物体放进有水的量杯或烧杯中，观察水位升高了多少。

年龄小的学生要比较不同容器的容积，教师可以组织类似下面的活动 18.24。

活动 18.24

容积分类

给学生提供各式各样的容器，其中一个标记为"目标"容器。让学生把这些容器分成三类：比目标容器装得更多、更少或者与目标容器差不多。而后，使用"容积分类"活动页圈出"更多""更少"或"大致相同"的估计值。再给学生提供填充物（如豆子、米、水或爆米花）、勺子和漏斗。让学生两人一组进行测量，并将结果写在记录单"实测数据"一栏。最后组织学生讨论他们的发现（例如，形状更胖更圆的容器装得更多）。

活动 18.25

固定体积:比较棱柱

让学生两人一组,给他们提供足够的厘米或英寸正方体,以及棱柱比较记录单。如果班上有英语非母语的学生,需要给他们提供长方体的实物模型,并标记出关键词,如长、宽、高、侧面、表面积、体积、正方体。让学生用 36 个(或 64 个)正方体拼出体积相等形状不同的长方体,并在表格中写出每种长方体的表面积。然后,让学生观察、比较长方体的特征及其表面积,说出他们发现的任何规律。当长方体从细长状变得更接近正方体时,它会有哪些变化?

下面这个活动,你先自己试试看,也可以和学生一起完成。

活动 18.26

哪个竖井装得多?

让学生两人一组,给他们两张大小相等的纸。把其中一张纸的两条长边粘起来做一个长管(圆柱体),把另一张纸的两条短边固定起来做成一个短胖的圆柱体。然后提问学生:如果它们是两个竖井,储存的东西一样多吗? 还是哪个装得更多?

为了验证猜想,可以用豆子、爆米花或意大利面等物品来填充。先把细长的圆柱体放置在短粗的圆柱体内部,再向其中填满物品。而后,将细长的圆柱体拿起来,让其中的物品都落入短胖的圆柱体内。

最终的目标是让学生意识到表面积并不能决定体积,二者之间的关系就像是面积与周长一样。具体地说,体积固定的长方体,形状越接近正方体,其表面积越小,形状越细长,其表面积越大。

使用体积和容积单位的实物模型

测量体积和容积(液体体积)可以使用两种模型:固体模型和容器模型。固体模型是指像木质正方体一样的物品,直接填充到被测容器。另一种模型是可以盛放液体或其他物品小容器(最终常使用标有刻度的),通过多次重复将液体或其他物品倒入被测容器进行测量。下面我们列举了一些体积和容积单位的实物模型,教师可以收集备用。

- 液体药品量杯
- 不同尺寸的塑料罐子及其他容器
- 木质正方体或任何形状大小一致的小块
- 泡沫条(能帮助理解体积的测量,但比爆米花要难找)

下面的这个活动要探索两个盒子的体积。

活动 18.27

比盒子

给学生两个用卡片做的小盒子。如图 18.20,拿一张矩形的纸,在其四个角画正方形。如图,沿实线剪开,把盒子折起来。然后将四角的正方形包在盒子外侧,与盒子侧面粘起来。根据你的实物正方体确定测量单位。最后,再给学生一个正方体和一把对应的尺子(如果实物正方体的棱长为 2 厘米,尺子的单位长度也要是 2 厘米)。让学生确定哪个盒子的体积更大,或者它们的体积相等。

针对盒子尺寸,这里有一些建议 (L×W×H):

6×3×4　　5×4×4　　3×9×3

6×6×2　　5×5×3

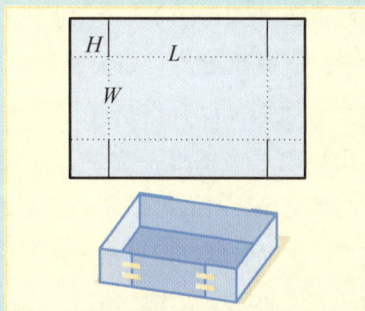

图 18.20　制作盒子

学生要用文字、画图或数学语言来解释他们的结论。再使用涉及分数单位的盒子进行活动。比如说让学生先估计再计算下面哪个运输箱的体积最大,哪个体积最小(单位:英尺):

$$\frac{1}{4}\times3\times2\frac{1}{2}\qquad 4\times\frac{3}{4}\times\frac{1}{2}\qquad \frac{5}{12}\times2\times\frac{3}{4}\qquad 2\times\frac{1}{4}\times3$$

在活动 18.27 中,教师可以提示学生:先找到多少个正方体刚好把盒子底部铺满。一些学生可能就会发现计算体积问题也可以运用乘法。还可以将盒子全部填满,验证乘法计算的结果。

测量容积的容器通常用于盛装(少量)液体、米等易于倾倒的物品。这些工具在厨房和实验室都很常见。学生可以用量杯探索《更好家园新食谱》(*Better Homes and Gardens New Junior Cookbook*,2012)一书中的食谱,这为他们学习使用容积单位提供了非常友好并有趣的机会。

接下来的两个活动侧重于液体的体积。

活动 18.28

冰凉炫酷

给每个学生小组分发有毫升刻度的烧杯,他们还将分到 3 个正方体冰块。首先他们需估计当冰块全部融化时,烧杯中会有多少毫升的水。然后,每个小组将冰块放进烧杯中等待结果。估计值和实际结果之间有多大的差异? 学生可以画点线图记录结果,讨论不同的测量值。

活动 18.29

挤海绵

学生以小组的形式参与活动,每个小组都有标注毫升刻度的烧杯、水桶和大小不同的海绵。学生首先要估计自己用不写字的手挤压每个海绵能挤出多少水。体积大小相差一倍的海绵挤出来的水也是相差一倍吗? 学生们有什么发现?

常见立体图形的体积公式

体积公式间的关系可以完全类比面积的情况。而学生的一个常见错误也从平面图形迁移到了立体图形,那就是他们经常在应用公式时混淆高和底。

注意图 18.21 中的两个图形都有倾斜的侧面;另外,高也给出。如前所述,图形的任意一个平面都可以看作是底。要找到高,就让学生想象这个图形沿它的底面滑入一道门。高就是保证图形可以顺利滑过的门的最低高度。在逐步学习用更精准的语言描述推导体积公式的过程中,要牢记上述画面。

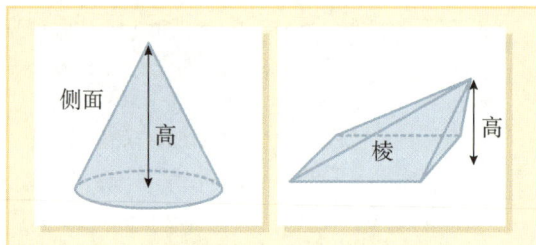

图 18.21　对比棱锥与棱柱,圆锥与圆柱的体积

在阅读下文时,要提醒自己注意矩形和长方体、平行四边形和斜棱柱,以及三角形和锥体之间的相似性。这种相似性不仅体现在公式本身,还存在于公式的推导过程中。

柱体的体积。柱体是由两个全等且平行的底以及连接两个底面对应点形成的侧面构成的立体图形。柱体可以再细分为:棱柱(底为多边形)、直棱柱、长方体和正方体(Zwillinger,2011)。有趣的是所有这些立体图形的体积公式都一样,就像矩形和其他平行四边形的面积公式相同一样。

回顾活动 18.27,对比长方体体积公式与矩形面积公式类似的推导过程(如图 18.22 所示)。底面的面积(对应矩形中底边的长度)决定了覆盖底面所需的正方体的个数,我们把这一层正方体看作一个单位。正如矩形的高决定了需要多少行方块单位才能铺满整个矩形,盒子的高度决定了需要多少层正方体才能填满整个盒子。

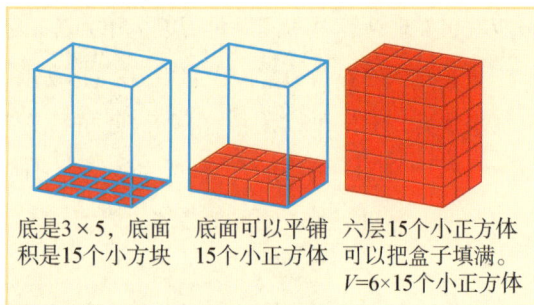

底是3×5,底面积是15个小方块　底面可以平铺15个小正方体　六层15个小正方体可以把盒子填满。$V=6\times15$个小正方体

图 18.22　直棱柱的体积:底面积×高

回忆一下,平行四边形可以看作是倾斜的矩形。将三四副扑克牌擦在一起(或者一摞书)展示给学生。当扑克牌都摆好放直,就形成了一个长方体。正如我们刚讨论的,体积是 $V=A\times h$,其中 A 是一张扑克牌(底面)的面积。现在如果这一摞牌向一边倾斜,如图 18.23 所示,它的体积会是多少?学

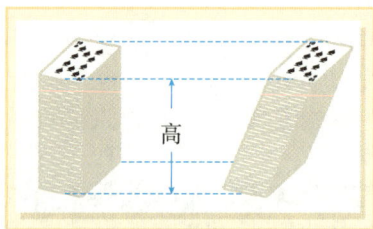

图 18.23　等底等高的棱柱体积相等

生应该能够证明这个图形与原这摞牌具有相同的体积(相同的体积公式)。

如果扑克牌是其他形状的会怎么样?如果它们是圆的,体积仍是底面积乘高;如果它们是三角形的,也还是一样。那么结论就是任何柱体的体积都等于底面积×高。

圆锥、棱锥和球的体积。 理解圆锥、棱锥和球的体积公式是 8 年级的数学内容（NGA Center & CCSSO，2010）。回想一下，当平行四边形和三角形具有相同的底和高时，它们面积的关系是 2：1。有趣的是，同底等高的圆柱和圆锥的体积关系是 3：1。也就是说，面积对应二维图形，而体积对应三维图形。更进一步，三角形与平行四边形的关系就好像是圆锥与圆柱的关系。

为了研究这些关系，教师可以准备透明塑料模型。先让学生估计几倍的棱锥体积等于对应棱柱的体积。再让他们把棱锥装满水倒入棱柱中，进而验证自己的猜想。他们会发现 3 倍的棱锥体积刚好是与其同底等高的棱柱的体积（如图 18.24），所以棱锥（或圆锥）的体积是对应棱柱（或圆柱）体积的三分之一。

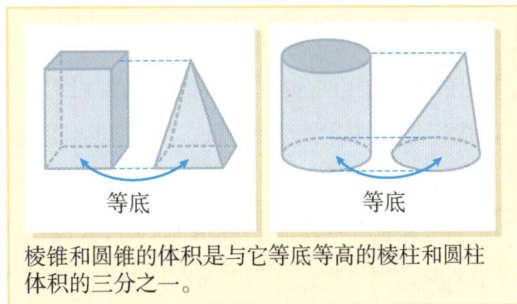

棱锥和圆锥的体积是与它等底等高的棱柱和圆柱体积的三分之一。

图 18.24 棱（圆）锥与对应棱（圆）柱体积的关系

这种底面积乘高的方法也可以用于探索球的体积。通过将水倒入与球同底等高的圆柱体中，我们可以发现球的体积是对应圆柱体积的 $\frac{2}{3}$。对应圆柱的高是球半径的 2 倍（$2r$），其体积是底面积（πr^2）×高（$2r$）。所以我们就可以找到对应球的体积是 $\frac{2}{3}(2\pi r^3)$ 或是 $\frac{4}{3}\pi r^3$。

所有的体积公式都是源于底面积乘高这个思想，这充分说明了数学思想方法的普适性和关联性。帮助学生从概念层面理解公式，更能让他们体会公式在解决周围物体测量问题时的意义和效率。学生在真正理解公式后，他们可以通过已有知识推导出其他公式。数学就是这么有意义、讲道理！

六. 重量和质量

重量是对物体所受重力大小的测量。质量是对物体物质的量的测量，也是对让物体获得加速度的外力的测量。月球上的重力要比地球上小得多，所以一个物体在月球上的重量要比在地球时小，但是质量保持不变。为了操作方便，在地球上，针对物体质量和重量的测量是一样的。因此，在这之后的讨论，重量和质量两个词可以互换。

尽管早在幼儿园，我们就对轻重的概念进行了探索，重量或质量的单位符号要到 3 年级才出现（NGA Center & CCSSO，2010）。不管在哪一个年级，对于非标准化的重量单位的体验都能很好地为学生学习标准化的单位和工具做铺垫。

比较

理解两个物体重量比较最好的方法就是每只手拿一个物体，向侧面伸展手臂，感受两边向下拉伸的力。这样做就能有效地和幼儿园的学生解释"更重"或者"重量更多"意味着什么。这种个人经验可以被迁移到一类常规的秤——天平，而另外一种常见的秤是弹簧秤。

当学生把物体放到天平的两个托盘中时，托盘下降就说明它所盛放的物体更重。即便是简易天平也能够显示出细小的重量差别。如果把两个物体先后挂在弹簧秤上，那么较重的物体就会将弹簧拽得更长。在我们的课堂中，天平和弹簧秤都有其真实价值。（从技术上讲，弹簧秤测的是物体重量而天平测的是质量。想想为什么?）

使用重量或质量单位的实物模型

任何质量相同、外观统一的物品都可以作为非标准化的重量单位。也就是说，对于重量较轻的物体，可以使用大的回形针、木块、塑料正方体或硬币①。装潢店的大号金属垫片可以测量稍重些的物体。当被测物体等于或重于 1 千克时，就需要用标准化测量单位了。

重量不能直接测量。使用天平时，我们把物品放在一个托盘中，把砝码放在另一个托盘，直到天平两端达到平衡。使用弹簧秤时，我们也还是先把物体挂好，标记好弹簧的位置；然后拿走物品挂上砝码，确保弹簧拉伸到相同的所标记的位置。讨论一下：为什么等重的砝码给弹簧的拉力是一样的?

七. 角度

理解角的概念（或属性）和测量角的大小是从 4 年级开始学习的，7 年级学生进一步学习补角、余角、对顶角和邻角（NGA Center & CCSSO，2010）。角的测量之所以困难，可能有两个原因：一是学生对角的大小的理解有错误，二是在量角器的介绍和使用过程中，学生很可能并不理解它的工作原理。角是由圆心发出的两条射线组成的，而角的单位是度。

比较

角的大小也被称作是"角的两边张开程度的大小"，或两条相交的线绕交点旋转至重合时的旋转量（Bustang，Zulkardi，Darmawijoyo，Dolk，& van Eerde，2013）。角是由同一顶点发出的两条长度无限延伸的射线组成的图形。确定角的大小不同，就要看角的两边张开的"宽窄"程度，或者角的一边绕顶点旋转至另一边的旋转量。角的一边旋转了 n 次 $\frac{1}{360}$，那么这个角的度数就是 n 度。

为了帮助学生理解什么是角的张开程度，我们可以复制一个角并把它放在另一个角上进行直接比较（如图 18.25）。一定要让学生比较

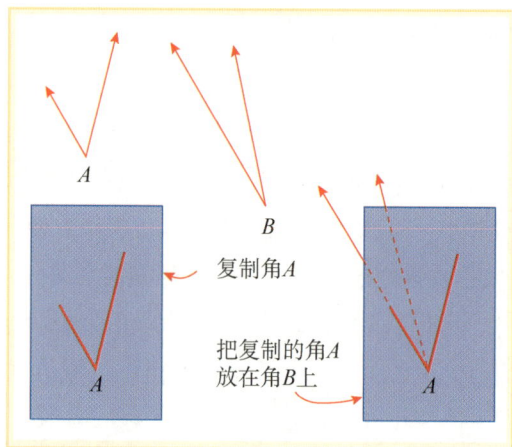

图 18.25　哪一个角更大

---

① 译者注：美国的 5 分镍币每个重 5 克，1 分的每个重 2.5 克。

边的长度不等的角。学生可能会想:开口大但边短的角要小于开口小但边长的角,这是最常见的一个误区(Munier, Devichi, & Merle, 2008)。一旦学生能够正确区分角的大小,不再受角的边长短的干扰,教学就可以进入到角的测量。

使用角度测量单位的实物模型

测量角度的单位也一定是个角。只有角才具备我们要测的张开程度的属性。与很多人的想法相反,我们测量角并不一定要使用度数。

活动 18.30

单位角

给每个学生一张索引卡,让学生以索引卡的直边为一条边,画一个很小的角并剪下来,这个小角就可以作为测量角度的单位角,我们可以用它来填充某个给定角度,找出多少个小角正好能填满已知角(如图 18.26)。给学生分发"角度"活动页,让学生用自制的单位角进行测量。由于学生所做的单位角大小不同,所得测量值也就不等,正好借此机会讨论测量单位的大小。

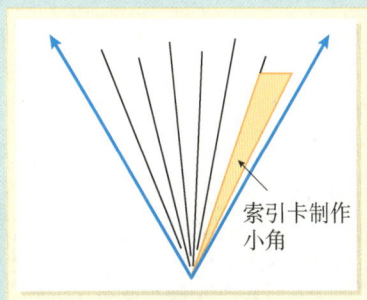

索引卡制作小角

图 18.26　用自制的小角做单位角,那么这个角的测量值就大约是 $7\frac{1}{2}$ 个角

活动 18.30 说明角度的测量与长度和面积的测量是一样的;正如用小方块覆盖面积一样,测量角度就是要用单位角来填充某个角的张开程度。一旦学生理解了这个概念,他们就可以开始学习测量工具的使用了。

使用量角器

测量角度的常用工具是量角器(如图 18.27),4年级时学生开始接触使用它(NGA Center & CCSSO, 2010)。然而,学生对量角器的理解并不充分,在使用它时也常会犯错(AMTE, 2017)。这部分内容困难重重,一方面是因为测量单位(1 度)太小了。对学生而言,把 1 度的单位角剪下来再用它准确地测量角度几乎是不可能的,太难操作。另外,量角器边上的数分别按顺时针和逆时针方向排列,如果学生对其理解还不够深入,很难正确使用和读数。我们要注意到:每一度的单位角的顶点都重合于圆

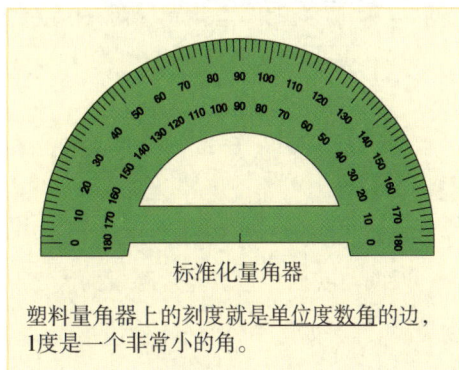

标准化量角器

塑料量角器上的刻度就是<u>单位度数角</u>的边,1度是一个非常小的角。

图 18.27　测量角度的量角器

的中心，最终呈现出来的是一个拱形。"1
度角"对应圆周的$\frac{1}{360}$弧。

学生可以自己制作非标准化的蜡纸量
角器（如图 18.28），但是很快就必须开始
使用标准化的测量工具。想要理解量角器
上的测量值，学生要在脑海中对角的大小
有个大致概念，这样还可以避免对量角器
的误读。我们可以使用"转角仪"帮助学生
了解角的大小。

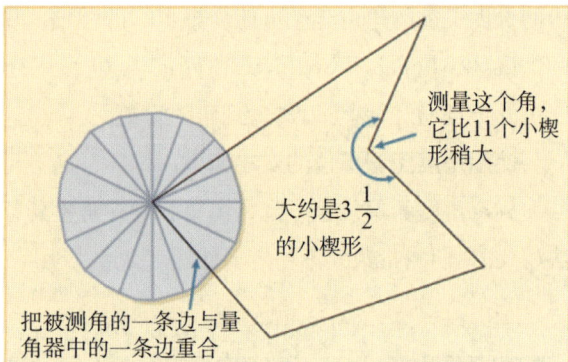

测量这个角，
它比11个小楔
形稍大

大约是$3\frac{1}{2}$
的小楔形

把被测角的一条边与量
角器中的一条边重合

图 18.28　用蜡纸做的量角器测量多边形的角

活动 18.31

转角仪

参见图 16.5 有理数转盘的制作方法，将两个不同颜色的纸盘剪开拼接起来。让学生旋转纸盘得
到与所观察的角度一样大小的角。也可以让学生旋转纸盘估计如 30°、45°、60°、90°、135°、180°以
及 270°等基准角，并将纸盘高举起来。如果学生能很好地了解角的近似大小，那么这种"角感"将为
他们学习使用标准化的测量工具提供必要的背景知识。

活动 18.32

角的关系

为了探索补角、余角、对顶角和邻角，教师可以邀请学生通过测量角的度数并寻找规律让他们自
己发现这些关系。可以尝试下列操作：
- 在纸上画两条相交（但不垂直）的线。
- 测量所形成的四个角并记录它们的度数。
- 观察并记录所有发现的关系。
- 全班讨论这些关系是否总是正确的。
- 将这些发现与补角、余角、对顶角和邻角这些术语联系起来。

八. 时间

时间与我们在学校经常测量的大部分属性不同，它既看不见也摸不着。因此，学生想理解时
间单位，理解如何用时间单位测量给定时间段都不容易。

比较

时间可以看作是一个事件起止持续的时长。为了让学生充分理解时间属性，可以让他们比

较持续时长不等的事件。如果两个事件同时发生，时长短的会先结束。例如，哪个陀螺旋转的时间更长？然而，这种比较活动的关注点事实上只是在事件结束的时刻，而不是在时长本身。为了能更好地把时间看作是某种可以被测量的量，比较两个起始时刻不同的事件会更有帮助，因为这就要求我们要从起始时刻开始进行某种形式的时间测量。

随着学生对秒、分、小时的学习，他们对这些时间单位的长短也有了些概念。让学生针对自己日常生活中熟悉的事件进行计时，例如刷牙、吃晚饭、骑自行车到学校、做作业。指出学校生活中持续时间较长和较短的活动。持续 $\frac{1}{2}$ 到 2 分钟的计时活动会很有趣，教师可以参考下列活动进行调整改编，再用于自己的班级。

活动 18.33

听铃声

给学生提供一张印有钟表表盘的记录单。教师私下设置好每小时、每半小时或每分钟响铃的定时器。当铃声响起，学生要查看时间，把该时刻对应的指针画在表盘上，并把表示该时刻的数写在记录表中。这个活动不仅让学生辨认时间，还让他们考虑时间的指针表示和数字表示之间的关系。通过讨论铃声之间的时长，学生还可以体会时间的流逝。

读钟表

测量时间的常用工具是钟表。事实上，辨认时间主要涉及使用测量工具及读数这一技能，与时间测量的关系并不大。读钟表这个技能非常难教。1 年级的学生先后学习整点、半点，以及涉及秒的时刻；到 2 年级、3 年级时，学生开始学习 5 分钟和 1 分钟的间隔（NGA Center & CCSSO，2010）。在这个教学过程之初，教师展示给学生的都是精准的整小时或半小时的时钟。因此，对于那些能够在钟表上读出 7:00 或 2:30 的学生，在开始面对 6:58 或 2:33 这样的钟表时还是会觉得是个挑战。

数字手表可以让学生很容易地读出时间，但是这种手表与基准时间关系不大。要知道 7:58 与 8:00 接近，学生必须知道 1 小时有 60 分钟，58 接近 60，且 2 分钟是一个不长的时段。相比之下，带指针的钟表则能直观地显示出这种"接近"，即便不知道 1 小时有多少分钟或者不理解大的数也不影响。

下面的建议可以帮助学生着重于分针和时针的动作和功能：

1. 从常规钟表中拿掉分针，给学生呈现只有一个时针的钟表。使用大量含近似意义的语言："大约 7 点了""9 点过了一点""现在是在 2 点和 3 点的中间"（如图 18.29）。

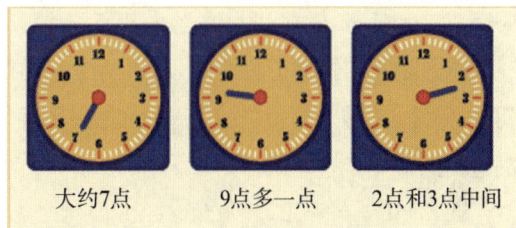

大约7点　　　9点多一点　　　2点和3点中间

图 18.29　只有时针的钟表的近似时间

2. 讨论小指针从一个小时到下一个小时这个过程中，大指针做了什么。当分针指向 12 时，时针则精准地指向一个数。如果时针指向两个数中间，那么这时分针大概指向何处？ 如果时针不到或超过整小时一点（10 到 15 分钟），分针这时应该指向哪儿？

3. 展示两个时钟，一个只有时针，另一个时针分针都在。盖住两个指针都有的钟表。在一天当中定期查看那个只有时针的钟表，让学生预测分针的位置，而后揭开另一个钟表比较讨论。

4. 上面第三步的活动开始后，带领学生绕钟表五个五个地数，进行 5 分钟间隔的教学[2 年级，《美国共同核心课程标准——数学》(CCSS-M)]。此外，还要注意描述语言的变化，不再说"分针指向 4"，而是说"时间大概是整点后 20 分钟"。随着学生逐步掌握读钟表的技能，建议他们先看时针确定大致的时间，再关注分针得到精准结果。

5. 给学生带指针的钟表，让他们预测对应数字手表的读数；再给学生数字手表，让他们把指针调整到恰当的位置。

6. 把某小时之后的时间和下一个小时之前的时间联系起来。这种方法有利于学生辨别时间，培养数感。

7. 最后，讨论上午(a. m.)和下午(p. m.)的问题。

下面的活动可用于检测学生根据有指针的钟表读时间的能力。

活动 18.34

画钟表写时间

准备一张活动页，画着各种只有时针的钟表表盘。其中有的是大约某小时过 15 分钟，有的是大约差 1 刻钟到某小时，有的是半点，有的接近整点。针对每个表盘，让学生写出对应的数字时钟上的时间，再画出对应的分针。如果班上有英语非母语的学生，要注意不同文化背景下时间的读法也会不同。例如，在西班牙，任何超过 30 分钟的时间都表示为"下一小时减去对应的时间"。比如说 10:45 读作 11 点前的 15 分钟，或者 11 点减去一刻钟；但它在英语背景下有两种表示方法：10:45 或是 11 点差 1 刻钟，这必须和学生明确说清。

经过的时间

3 年级的学生要学会按分钟组合和比较时间间隔(NGA Center & CCSSO，2010)。如果已知数字时钟的时间，或者已知整点后的时间，那么学生必须能算出还有多少分钟就到下一个小时。要完成这个任务，学生可以在脑海里 5 分钟 5 分钟地数。要避免让学生用笔和纸计算 60 减去 25。刚开始学习这部分内容时，可以给学生展示带指针的钟表帮助他们跳数。有关"经过多少时间"的问题，尤其是跨中午或跨午夜的情况，对学生而言是个挑战，上述这种"继续数"的方法为解决这类问题奠定了基础。

回答"从上午 8:15 到上午 11:45 经过了多少时间"这类问题是一项多步骤任务，学生需要决定先判断什么以及如何追踪中间过程。就这个问题而言，你可以先按小时从 8:15 数到 11:15，再加上半小时。但如果我们把题目中的两个时刻改为 8:45 和 11:15,学生又该怎么解答呢?

还有一类问题是已知起始时刻和经过的时间求终止时刻,或已知终止时刻和经过的时间求起始时刻。问题解决和模型运用是我们一贯提倡的,针对这类问题,可以让学生画一条空的时间线(与帮助计算的空数线类似)。数线也是《美国共同核心课程标准——数学》(CCSS-M)建议使用的模型。这里要特别注意的是教师不要规定时间线的使用方法,允许和鼓励学生以不同的方式利用时间线。如图18.30 所示,某学生按整小时为单位从 10:45 开始数(11:45,12:45,1:45,2:45,3:45),最后减去 15 分钟。另一个学生则先数 15 分钟到11:00,再以整小时为单位数到 3:00,最后加 30分钟。

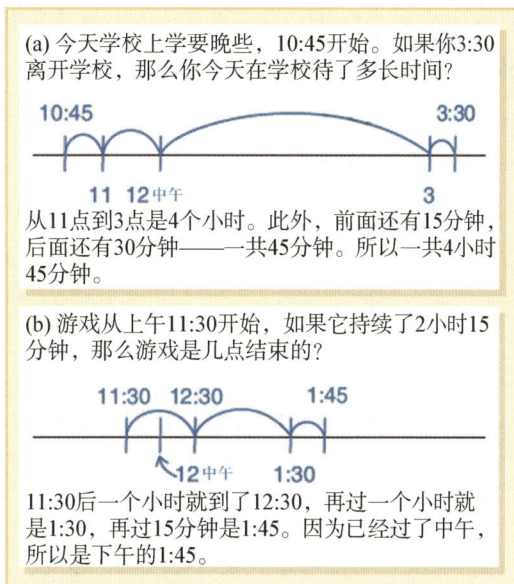

(a) 今天学校上学要晚些,10:45开始。如果你3:30离开学校,那么你今天在学校待了多长时间?

从11点到3点是4个小时。此外,前面还有15分钟,后面还有30分钟——一共45分钟。所以一共4小时45分钟。

(b) 游戏从上午11:30开始,如果它持续了2小时15分钟,那么游戏是几点结束的?

11:30后一个小时就到了12:30,再过一个小时就是1:30,再过15分钟是1:45。因为已经过了中午,所以是下午的1:45。

图 18.30 在解决"经过了多少时间"这类问题上,画空的时间线是很有用的

九. 货币

这里列出了小学阶段要求掌握的有关货币的概念和技能:

○ 认识硬币并辨认其价值

○ 数出并比较不同的硬币组合

○ 给出等价的硬币组合(金额相同,硬币不同)

○ 就给定的金额选择硬币

○ 找零

○ 解决有关钱币的应用题[从 2 年级开始(NGA Center & CCSSO,2010)]

下面的内容能够帮助学生学习上述概念和技能。

认识硬币并辨认其价值

硬币的名称是特定社会下人们的约定俗成。学生习得硬币名称的方式与他们在日常生活中学习其他物品的名称一样,主要依靠大量的接触和重复。

硬币的价值也是约定俗成,教师直接告知学生即可。为了能更好地掌握硬币的价值,学生必须要在无实物辅助的情况下理解好 5、10 和 25 这几个数量。当我们指着一个镍币时,学生要能够解释"这是 5",是这个硬币的价值。如果学生还停留在一个一个地数的阶段,那么解释镍币的

价值就会是个挑战。有关硬币价值的教学要关注它们的购买力,1 个十分硬币和 10 个一分硬币能买到同样多的东西。

数硬币。确定一组硬币的总价值也就是在心里把它们各自的价值相加。面对一堆不同的硬币,2 年级的学生要能够心算出它们的价值。

学生经常会把他们的硬币分类,并且从面值最高的硬币开始数。他们也会组合硬币,例如把 1 个 5 分硬币和 1 个 25 分硬币凑成 30 美分。幸运的是除了 1 美分硬币,其他的硬币都是 5 和 10 的倍数,这样就可以跳数了。接下来的这个活动就是为数钱做准备的。

活动 18.35

跳数钱币

向学生解释:他们将以某个数进行跳数,中途接到教师的指令后,改用另一个数跳数。教师可选用这些数中的任意两个数:100, 50, 25, 10, 5 和 1。以选择 25 和 10 为例,把它们写在黑板上。总是从较大的数(25)开始,让学生从 25 开始以 25 进行跳数。跳数过了三四次后,教师举起手,示意暂停数数。紧接着,学生从刚才停下的位置继续以 10 跳数。

活动 18.36

用百数表数钱币

给学生一张百数表和一些玩具钱币。先选两个不同的硬币,以 25 分和 10 分硬币为例。与学生之前使用百数表的方法一样,使用位值来表示 25 分(向下数 2 行向右数 5 个位置)。将 25 分硬币放在百数表 25 的位置上,而后再数 10 个(向下 1 行),把 10 分硬币放在 35 上。两个硬币的和就是 35 分。利用学生已知的百数表规律计算这些玩具钱币的总价值。

因为"继续加"是一种求两数之差的好方法,所以让学生通过"想加"来找零也是非常合理、非常有意义的。随着学生对"继续加"的方法掌握得越发熟练,他们自然会把找零的过程看作是已有技能的一个延伸。表 18.2 给出了测量学习中常见的挑战和错误认识以及教学策略。

表 18.2　测量中的常见挑战与错误以及教学策略

常见挑战与错误	具体表现	教学策略
1. 过度关注尺子的端点,忽视了它的长度	不看物体左边与尺子的对齐情况,学生只读物体右边与尺子对齐的数。	◆ 沿尺子移动物体,提问学生在这个过程中物体的大小是否发生了改变。 ◆ 先用累加长度单位的方法测量物体的长度;再将这些单位和尺子(上的单位)比较。 ◆ 让学生使用损坏的尺子。

续　表

常见挑战与错误	具体表现	教学策略
2. 使用多个单位测量时,有间隙或者有重叠地摆放,或者学生选用大小不等的单位进行测量	测量长度时,摆放长度单位时中间有空隙,或使用大小不等的单位: 测量面积时,摆放的面积单位有重叠:	◆ 让学生在测量物体前先进行估计,并解释这个估计值为什么合理。 ◆ 如果学生使用大小不等的测量单位,询问他们这个数表示什么(如,白色小棒的个数或者棕色小棒的个数)。 ◆ 如果学生重叠了长度单位,让他们使用可连接的立方块再次测量。 ◆ 如果学生重叠了面积单位,那就选用有一定厚度的测量单位,让其摆放不易重叠(如塑料小方砖、图形块)。
3. 数刻度线,不数测量单位	它是 4 个单位。 0 1 2 3 4 5	◆ 让学生累加测量单位,例如,了解尺子是如何做出来的。然后再强调我们要数的是单位,解释数或刻度线所表示的是测量单位的终点。 ◆ 让学生做他们自己的尺子(见活动 18.10)。
4. 使用更大的单位得到更大的测量值	学生用小回形针作单位测量物体的长度。再用大一倍的回形针测量相同的物体时,学生估计所得测量值会是一个更大的数。	◆ 多让学生用大小不同的单位去测量同一物体,两个测量单位成倍数关系。让学生预测单位大小与测量值之间的关系。
5. 测量周长时,只算两个邻边	周长是 10。 7 3	◆ 只标记出两个边长的长度实际上是一种人为的问题设置。可以让学生沿图形边缘画一圈,或者将所有需要测量的边都标记出来。最后,建议学生先把所有边的长度都写在图上,再相加。
6. 测量周长时,数方格单位,而不是边上的长度单位	学生数的是绕边一圈的方格单位的数量,而不是方格单位在周长上的边的数量。这样数出来的测量值要比实际周长少 4 个单位。	◆ 强调周长是长度,不是面积。用手势来演示为什么拐角处要两个单位(例如篱笆)。
7. 已知某个图形的面积是多少,那么它的周长也就确定了,反之亦然(Amore and Pinilla, 2006)	学生会说:面积增大时周长也会随之变大。 学生用面积公式求周长。	◆ 避免同时开展面积和周长的教学。 ◆ 重点关注周长和面积及其测量的异同点,关注二者间的关系。 ◆ 回顾活动 18.18、18.19 和 18.20。

常见挑战与错误	具体表现	教学策略
8. 把一个图形分割成若干部分再重组，图形的面积会发生改变	第一个图形的面积比第二个图形的要大。	◆ 让学生们用规格相同的一套图形块摆出 3 到 4 个图案。把每个图案放在纸上画出轮廓。让学生讨论如何比较这些图案的面积。他们可能需要选某个图形块做面积单位来累加（如绿色三角形），最后记录下每个图案需要多少个单位。
9. 学生能说出面积公式，但无法用语言描述什么是面积	面对一个"团状"图形，学生会说它没有面积，因为它没有长和宽。	◆ 回到使用非标准化面积单位的活动，帮助学生着眼于面积测量就是一个覆盖平面区域的过程。 ◆ 使用活动 18.15。
10. 当图形的边长加倍时，面积也加倍	提问学生：一个 2 英寸×2 英寸的正方形边长加倍，变为 4 英寸×4 英寸时，面积会如何变化？学生回答说面积也加倍（×2）。	◆ 通过实际操作来解决这个问题。因为平面图形是二维的，正方形边长的变化不只是一维长度上的变化，也带来二维面积上的变化。学生应该用方砖摆摆看，证明新图形的面积是原来图形的 4 倍，而不是 2 倍。
11. 使用长×宽求其他图形的面积	学生说这个图形的面积是 15 平方英寸。	◆ 画一组邻边精确到 3 英寸和 5 英寸的平行四边形。让学生用 1 平方英寸的方块来覆盖这个区域。学生会注意到什么？
12. 认为测量的估计一定要"精准"，还要根据估计值与"正确"答案的接近程度给估计值划分等级（Muir, 2005）	学生为了估算结果接近"正确"的答案，不断尝试改变估计值。	◆ 倡导合理的估计范围，不要鼓励或奖励某个"好的"估计值。 ◆ "计算"和"估算"，两个术语不要互换使用。 ◆ 测量总会存在一些"误差"，要避免使用"准确"这个词。
13. 角的边越长，角就越大	面对下面两个角时，学生会说角 B 更大。	◆ 用教室的门来演示角的大小。说明门的大小并不影响角的大小。角的大小指的是门与墙之间张开程度的大小。 ◆ 见图 18.25。
14. 看立体图形或者容器的高度，就能判断其体积	学生认为最高的容器其体积或容积最大。	◆ 给学生提供一组容器（最高的不是容积最大的），让他们估计容积，并按容积从小到大的顺序排列容器。然后，计算容积，验证并展示实际的容积排序。

常见挑战与错误	具体表现	教学策略
15. 看物体的长度或大小，就能判断其重量	学生认为最大的物体也是最重的物体。	◆ 给学生提供一组物品(最长或最大的不是重的)，让他们估计重量，并按从轻到重的顺序排列物品。然后，称重验证并展示实际的重量排序。
16. 混淆钟表上的分针和时针，或者学生在读时间时，选择与时针最接近的数作为小时数	面对指针型钟表上显示的 6:45，学生会读成下列时间之一：6:09　9:06　9:30　7:45。	◆ 这是由于钟表上围绕着同一个圆，主要有两种刻度单位(小时和分钟)(如果想读数更精准，还有秒的单位)。可以先练习只有一个指针一种刻度的情况，参见活动 18.34。 ◆ 指针型钟表和数字钟表配合使用，便于学生比较两个时钟上的时间。
17. 硬币尺寸的大小与它的价值相匹配	因为 10 分硬币的尺寸比 1 分或 5 分的硬币小，学生就认为 10 分硬币的价值小于 1 分或 5 分的硬币。	◆ 把硬币粘在体现其价值的可连接正方体或十格板上，以便清晰地显示每个硬币的价值。(例如，把 1 美分硬币粘在表示 1 的十格板上，把 5 美分硬币粘在表示 5 的十格板上，依此类推)

第十九章　几何

学习目标

在阅读本章内容后,你应该能够完成如下学习目标:

19.1　概述学生学习几何的四个主要目标;

19.2　描述范·希尔几何思维的不同发展阶段;

19.3　分析认识图形及其性质的教学策略;

19.4　明确几何变换的教学方法;

19.5　探索促进学生思考位置与方向的方法;

19.6　阐明提高学生直观想象能力的教学手段。

几何学是用于探索、分析图形与空间的"概念网络、推理方法及表征系统"(Battista,2007,p. 843)。作为数学的核心内容,从全球定位系统到电脑动画制作,可以说几何无处不在。在数学发展的早期,几何一直处于中心地位,与数的发展共同演进。在美国很多州的课程标准文件中,几何的内容(如测量)都贯穿 K‐8 年级。因此,在本章我们会按照年级来介绍课程标准要求。

大观念

○ 几何特征可以用于确定图形之间的异同。根据几何性质,可以将图形进行有层级的分类。

○ 当图形在平面上或者空间中运动时,变换的概念能够帮助学生思考图形性质的变与不变。具体的变换形式包括:平移、对称、旋转、放缩,还会针对图形的对称性和相似性进行讨论。

○ 可以根据图形在平面上或空间中所处的位置来描述它们。低幼阶段的儿童可以使用在物体的上、下、左、右等词语来描述,随着年龄的增长,他们将能够使用坐标系更精确地描述图形的位置。坐标为学生理解图形的某些性质提供了新的视角;作为勾股定理的一个重要应用,坐标还可以用于距离测量。

○ 直观想象包括能够识别情境中的各种图形,建立平面图形和立体图形间的对应关系,从不同视角辨认并画出图形,以及在脑海中完成图形大小和方向的改变。

一．几何的学习目标

几何是探索和分析图形与空间性质的学科。作为数学的核心内容，从全球定位系统到电脑动画制作，可以说几何无处不在。然而，在很长一段时间，几何课程只包括给图形命名，将角分类为锐角、直角或钝角等这类低水平的学习任务。而几何远不止这些。

首先，几何关乎空间观念的发展和运用。空间观念是一种对图形及其之间关系的直觉，它和数一样，是数学学习的核心内容（Sarama & Clements，2009）。空间观念包括想象物体及其空间位置关系的能力，即能够在脑海中想象物体并进行各种变换操作，也包括熟练地用几何语言描述物体的形状和位置。空间观念好的人能更好地识别和欣赏到艺术、自然界以及建筑中的几何形式，也更愿意从几何的角度来描述和分析世界。

空间观念还包括学生运用作图理解概念、组合和分割图形、看地图认方向，以及在脑海中形成对图形的整体感知与具体操作（Mulligan，2015）。研究表明，具有出色空间想象力的学生（在脑海中能自由操作平面图形和立体图形的学生），他们30年后在学术成就和创造力方面（特别是在STEM领域）的表现远远超过那些在通常的数学和语言测试表现良好的同学（Kell，Lubinski，Benbow，& Steiger，2013；Wai，Lubinski，& Benbow，2009）。

其次，几何的内容分支能够广泛地融入各个年级的学习之中。本章主要由下列四个几何内容组成：图形及其性质、变换、定位和直观想象。每个内容都遵循范·希尔几何思维水平理论的指导，从学生基本活动经验开始，逐步过渡到更具挑战性的活动。图形及其性质这一内容最受重视，这与K-8年级的《美国共同核心课程标准——数学》（CCSS-M）的要求一致。但事实上，基于学生基本活动经验的任何一个内容分支的学习都会加深学生对其他几何内容的理解。

二．发展几何思维

每个学生都能够发展几何思维和推理能力。但这种能力是要不断地通过一系列遵循发展路径、有意义的活动来获得的。荷兰教育家皮埃尔·范·希尔（Pierre van Hiele）和黛娜·范·希尔-吉尔道夫（Dina van Hiele-Geldof）对学生几何思维的发展见解深刻，给出了学生几何思维不同发展阶段的描述。范·希尔理论（1984）深刻地影响了世界各国的几何课程，并能够帮助教师理解几何教学中应遵循的步骤。

范·希尔几何思维水平

范·希尔模型是用于理解学生空间观念的层级体系（如图19.1）。它由五个发展阶段组成，每个阶段都描述了学生针对几何内容的思维过程。尤其特别的是，每个阶段都

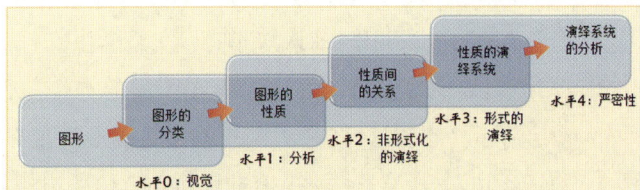

图19.1 范·希尔理论

描述了学生在想什么（几何思维的对象）、学生能做什么（几何思维的结果），以及学生的思考过程。了解这些发展阶段对教师而言非常重要。在实际教学中，它不仅能帮助教师发现学生目前所处的思维水平，还明确了接下来学生几何思维发展的方向，以及如何帮助学生在不同发展阶段之间建立联系。

范·希尔几何思维具有发展性，不同年龄阶段的学习者都是从 0 阶段开始，通过适当的几何活动积累经验，发展到更高的阶段。表 19.1 给出了范·希尔理论的一些特征。

表 19.1　范·希尔理论的特征

特征	含义
1. 次序性	◆ 学生如果想达到任何高于 0 阶段的思维水平，那么他必须依次达到之间的所有思维水平。每一个阶段思维的结果也即是下一阶段思维的对象（如图 19.1）。
2. 适配性	◆ 当教学内容或语言高于学生当前的思维阶段时，学生将面临挑战，无法理解、思考其（更高阶段的思维和内容）过程与结果。例如，学生能够记住某个事实（如正方形是特殊的长方形），但未必能在脑海中联系正方形与长方形的性质，真正理解二者之间的关系。
3. 与年龄无关	◆ 一个 3 年级学生或者一个中学生，都有可能处于 0 发展阶段。
4. 依赖于经验	◆ 学生几何思维的进阶依赖于几何经验的积累。处于某一思维阶段的学生在积累当前思维阶段活动经验的同时，也需要探索、讨论或者操作更高一级思维阶段的内容。

水平 0:视觉。从观察图形（它看起来像什么）到把"类似"的图形按照一定的标准分类或分组的阶段。

处于视觉期的学生能够根据图形的整体特征辨认并命名图形。例如，处于这一发展阶段的学生在定义正方形时，会说"某个图形是正方形，因为它看起来是一个正方形"。图形的外观在这一阶段处于支配地位，有可能限制学生对图形性质的思考。再比如，处于这一阶段的学生在看到一个斜放的正方形时，会认为它不是正方形，而是"钻石形"（并非一个数学图形概念）。学生还会根据图形的外观将其分类或排序——"我把这些图形放在一起，因为它们都是尖尖的。"

0 水平的学习重点是那些学生可以观察、感知、搭建（重组）、拆分或进行其他操作的图形。学习的目标是让学生探索图形为什么"一样"或"不一样"，并根据这些异同给图形分类。这一阶段，某些类别的图形是有名称的，如长方形、三角形、三棱柱、圆柱等；而根据图形性质（如平行的边、对称、直角）的分类可以有所涉及，但都仅以非正式、观测的方式来判别。

0 水平之前的阶段叫作"前认知"阶段，在给学生安排活动时，要把对应的样例和非样例成对地给学生出示，以便他们将注意力聚焦在图形的一个属性特征上（Clements & Battista，1992；Clements & Sarama，2014）。属性特征是某类图形所独有的，而性质可以是某类图形所共有的。例如，"有三条边"是所有三角形共有的性质，而"两条边相等"是等腰三角形的属性特征。下列活动旨在为学生提供前认知活动经验。

活动 19.1

"狡猾"的图形

　　给学生提供成对的"狡猾"的图形——三角形(或四边形)，呈现某类目标图形的样例和非样例(如图 19.2)。学生需辨认出与目标图形相似的图形并解释理由。鼓励学生展开全班讨论，反思图形的相关特征并进行总结，帮助学生关注图形的属性特征。

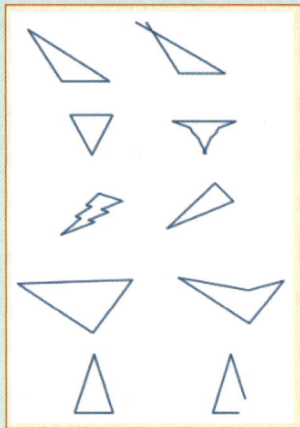

图 19.2　提供样例和非样例以便学生关注图形的属性特征

接下来的活动旨在为 0 水平阶段的学生提供比较图形异同的活动经验。

活动 19.2

图形的分类

　　为每组学生提供若干平面图形(如图 19.3)，依次完成下列任务：

- 让学生随机选出两个图形，并试着说出它们相同与不同的地方。
- 先随机选择一个目标图形，将其放在中心位置。然后请学生根据该图形的某一特征将所有与之相似的图形找出来。例如，这个图形和目标图形一样，也有一条曲边和一条直边。最后把所有具有这个特征的图形都找出来并放在一起。紧接着，增加难度挑战：保持目标图形不变，按照上述规则让学生根据另一类特征将图形进行二次分类。
- 进行"秘密分类"。把三四个具有某个相同特征的图形分成一组，让学生找出同属于这组的其他图形并说出它们共有的特征。

图 19.3　图形的分类

　　这种"找出图形分类规则"的活动能够激发学生开放思维，得出各种各样的答案。学生刚开始在描述图形时，还不能说出图形的典型特征，只会用"弯曲的"或者"像火箭"这类词汇。然而，一旦学生关注到更为复杂的特征，教师就要给出对应的专业术语。比如说，学生可能发现有些图形有"像正方形那样"的角，教师就可以说明这类角叫作"直角"；当学生发现有些图形"左右两边一模一样"时，教师就可以说明它们是"轴对称图形"。对于初学者而言，韦恩图这一工具能有效帮助他们完成分类活动（Howse & Howse，2014/2015）。

0 水平阶段活动的典型特征是学生整体地感知和操作图形，开始注意到图形之间的异同。通过给图形分类，学生开始想象那些不在眼前的各类图形。

水平 1：分析。 侧重图形的性质，学生关注的不再是单个图形，而是某一类别的图形。

处于水平 1 阶段的学生面对桌子上的众多图形，不再考虑单个图形，而是将拥有相同性质的图形聚集在一起考虑。他们不再谈论某个长方形，而是谈论所有长方形具备的性质。通过对一类图形的研究，学生能够开始思考究竟是什么特征使得一个图形被称为长方形（如 4 条边、对边平行且相等、4 个直角、对角线相等……），对无关特征（如大小、方向）则慢慢地不予关注。在此过程中，学生逐渐理解：如果某个图形属于某个类别，它就具备这类图形所共有的属性特征。例如，所有正方体都有 6 个全等的正方形的面，如果一个图形是正方体，那么它就具备上述性质，处于水平 0 的学生则不会谈论这类属性特征。当然，水平 1 阶段的学生也许能够将正方形、长方形、平行四边形的所有性质都罗列出来，却意识不到它们之间的种属关系，即所有的正方形都是长方形，所有的长方形都是平行四边形。

尽管处于水平 1 的学生仍然会使用实物模型或者画出某个图形，但他们开始把单个的图形看作是某类图形的代表。学生对图形性质的理解会不断提炼深化，而学生对图形性质的识别则是非常重要的认知活动（Yu，Barrett，& Presmeg，2009）。

下列活动中，学生将利用图形的性质（如对称性、角的分类、平行与垂直、角相等的概念以及线段相等的概念）来解决问题。

活动 19.3

四边形的性质清单

准备相关探究材料：平行四边形、菱形、长方形、正方形（如图 19.4）。每组由 3～4 名学生组成，共同研究一类四边形（对于数学学习有困难的学生以及英语非母语的学生，教师可为其标记出图形名称）。让学生尽可能多地在清单上写出此类图形的共有性质。学生可能会用到索引卡（确定是否为直角、比较边的长度、画直线等）、镜子（检验是否轴对称）、描图纸（确定角是否相等）等工具，教师需提前准备。此外，鼓励学生使用"正好""至少""至多"等词语来描述数量关系。例如，"长方形至少有两条对称轴"，因为正方形作为特殊的长方形，有四条对称轴。

让学生完成性质清单时，按照"边、角、对角线、对称性"等标题列举。每组学生和全班同学分享自己的清单，最终全班提炼总结出图形的各类性质。

图 19.4 "四边形的性质清单"活动中使用的图形

教师要特别注意的是,学生必须要检验这些性质是否适用于这一类别的所有图形。例如,在谈论正方形的性质时,它们既要适用于平方英里的正方形,也要适用于平方厘米的正方形。

水平2:非形式化的演绎。学生从了解图形的性质,逐渐转向探索图形之间的性质关系。

当学生不再只关注某个具体图形而是开始思考几何对象的性质时,他们就开始建立并理解性质之间的关系了。"如果图形的4个角都是直角,那么它就是长方形;如果一个图形是正方形,那么它所有的角都一定是直角;因此,正方形一定是长方形。"一旦学生能够运用"如果……那么……"的推理,他们就可以根据少数几个属性特征将图形分类。例如,"4条边相等且至少有一个角是直角"这两个条件就足以定义一个正方形;而长方形则定义为"有一个角是直角的平行四边形"。这一水平的学生所关注的已不仅是图形性质本身,还包括围绕性质的逻辑论证。他们已经能够开始针对图形及其性质进行非形式化的演绎推理,但这种"证明"可能更多地是源于直觉、基于直观,并不严谨规范。学生只有在这个阶段积攒更多的经验后,才能进入理解推理期的阶段。

水平2活动的典型特征是包含非形式化的逻辑论证。由于学生已经掌握了图形的各种性质,教师该进一步鼓励他们提出猜想并尝试解释:"如果……会如何?""为什么?"

活动 19.4

最简洁判定条件

这个活动是活动19.3"四边形的性质清单"的延续。在全班学生已经合力给出平行四边形、菱形、长方形和正方形(以及筝形和梯形)的性质清单后,再让学生找出各类图形的"最简洁判定条件"。所谓"最简洁判定条件",就是能够判定图形的最少的几条性质。这里的"判定"意味着图形只要满足"最简洁判定条件"中的性质,就可以判定它为某类图形;"最简洁"则意味着如果去掉"最简洁判定条件"中的任何一个性质,就无法判定这个图形是否为某类图形。例如,正方形的一种"最简洁判定条件"是满足四条边都相等和四个角都是直角的四边形,即有两个性质须同时满足。挑战学生,让他们找出各类图形的多个"最简洁判定条件"。注意:对于学生提出的某个"最简洁判定条件",如果能找出满足其中图形性质的反例,它就无法用于图形的"判定"。

对于逻辑推理的强调是水平2活动的标志性特征,正如上述活动所体现的"如果一个四边形具有这些性质,那么它一定是正方形"。除了图形判定以外,逻辑推理还用于检验教师或学生提出的某些条件是否足以"判定"图形,或者是不是"最简洁判定条件"。从这里开始,学生开始理解"定义"的本质和反例的价值。实际上,图形的一个"最简洁判定条件"就是它的一种定义。此外,水平2活动的另一特征是学生侧重于分析图形性质之间的关系。例如,如果一个四边形有四个直角,那么它的对角线也相等。

水平3:形式的演绎①。学生从关注几何对象之间性质的关系,逐渐转向对几何演绎公理系统

---

① 水平3和水平4的思维活动主要在中学,本书不作重点讨论。

的建立。

处于推理期的学生,开始对非形式化的论证进行分析,系统构建由公理、定义、定理、推论和假设组成的完整体系,同时领会到公理体系是建立几何事实的必由之路。通常要到高中学习阶段,学生才能达到这一水平。那时,他们已经能够学习运用有关几何性质的抽象表述,依据逻辑关系进行判断得出结论。同时,他们也体会到形式化的几何证明的必要性。

水平 4:严密性。学生从关注欧氏几何公理系统,逐步转向对比不同的几何公理体系。

这是范·希尔几何思维的最高水平,学生关注的对象不再是公理体系内部的演绎推导,而是聚焦于公理系统本身。通常,大学数学专业专门从事几何研究的学生才能达到这一水平。

评价角

为了给学生提供适切的学习活动,教师要先确定学生正处于范·希尔理论的哪个几何思维阶段。具体该如何判断呢? 教师可以仔细听取学生的观察,在观察记录单上记录学生的典型表现:

- 学生是按照类别讨论图形,提及"长方形"等名称术语,还是只针对某个具体的长方形展开讨论?
- 学生是否理解当图形的位置改变时,形状并不改变?
- 学生能否描述出四边形以及三角形的全部特征?
- 学生能否比较两类不同的图形,比如长方形和正方形?

根据上述简单的观察,教师就可以区分学生处于 0～2 的哪个水平。如果学生还不能理解逻辑论证,不适应提出猜想,也对运用"如果……那么……"缺乏信心,那么他们很可能处于水平 1 或水平 0 阶段,需要积累更多的经验以达到水平 2 阶段。高中生的几何思维水平通常处于水平 3 阶段,所以初中几何学习的首要目标是帮助学生至少很好地达到水平 2 阶段。

教学启示

教师提供的几何学习活动经验是提升学生几何思维水平最重要的因素,许多活动涉及两个水平的思维,可调整用于帮助学生提升至更高的思维水平。在小学低年段有效开展几何教学应具备以下四个特征(Clements & Sarama,2014):

1. 给学生提供各种图形,让他们聚焦图形的典型特征,比较样例图形和非样例图形的异同。
2. 辅助学生讨论图形的性质,掌握并应用关键的几何语言。
3. 鼓励学生研究非常规的图形,探索图形间的关系,辨认出图形不同的类型、位置和大小。
4. 为学生提供不同思维水平的几何活动经验,让学生运用实物材料、画图和其他技术手段解决问题。

从水平 0 到水平 1。帮助学生从水平 0 阶段发展到水平 1 阶段的教学建议如下:

- 关注形状的性质而不是简单的图形指认。当学生学习了新的几何概念后,教师要挑战他们,让他们利用新学的这些特征给图形分类。
- 挑战学生,让他们利用各类样例图形来验证自己对于形状的看法。例如,"让我们看看其他长方形是不是也满足这一点",或者"你能不能画出一个没有直角的三角形"。提问学生,基于某个图形观察得到的结论是否也适用于同类别的其他图形。
- 给学生提供大量机会,让他们画出、搭建、操作、组合或拆分平面和立体图形。围绕理解和运用具体的图形特征与性质创设活动。
- 针对某个类别的全部图形进行思考(例如全部的长方形或全部的棱柱),避免仅围绕单个样例的谈论。例如,把所有可能存在的三角形分类,据此定义不同类型的三角形。

从水平 1 到水平 2。 一般情况下,5 年级的学生已经能够依据性质将图形分类并建立种属关系,他们的几何思维也开始向着水平 2 发展(NGA Center & CCSSO, 2010)。帮助学生从水平 1 发展到水平 2 的教学建议如下:

- 让学生探究或验证样例图形。提问学生需要进行推理的问题,例如:"如果四边形的各边都相等,那么它一定是正方形吗?""你能找出一个反例吗?"
- 鼓励学生提出并验证假设或猜想。例如:"这个性质总是成立吗?""这个性质是针对所有的三角形都成立,还是只有等边三角形才满足呢?"
- 让学生研究图形性质,找出判定图形形状的充分必要条件。例如:"四边形的对角线需要满足什么条件才能保证它是正方形。"
- 鼓励学生使用非形式化的推理语言。例如:全部、一些、不存在、如果……那么……、假如,等等。
- 鼓励学生尝试给出不严格的证明。也可以要求学生解释教师或其他学生给出的不严格的证明。

本章后文将围绕图形与性质、位置、变换和直观想象四个方面的内容建议一些活动供教师参考。需要注意的是,这四个方面的内容划分并不严格,部分内容会有重合,内容之间又相互支撑,所以在某个内容段落建议的活动也可以用于其他内容的学习。

三. 图形的性质

图形及其性质是 K-8 年级学生几何学习的重要内容,多数时候学生是从"感知、介绍、描述、讨论和拼摆平面图形"开始的(National Research Council Committee,2009,p. 177)。学生需要操作各种平面图形和立体图形,广泛积累经验。给学生呈现三角形时,别总是只提供等边三角形;在纸上画三角形时,也不要总是把顶点画在最上面,把底边画得与纸张边缘平行。学生看到的图形要有曲边的、有直边的以及曲边直边都有的。

在学生描述图形或者其性质时,教师可以将相关概念和术语自然地引入。下面的活动就是一个范例。

初步的图形分类

年龄较小的学生在做图形分类时，很可能会注意到一些教师认为并不属于几何特征的特征，例如"陷下去的"或"看起来像树的"。这一阶段的学生还可能会说出与目标图形无关的性质，例如"向上指"或"有一条和公告牌边缘一样的边"。

为了让学生接触到各种类型的平面图形，教师可以使用图形分类活动页中的材料。材料要多复制几份，以保证每个小组的学生都能探究讨论相同的图形。一旦教师建立了自己的图形库，就可以参考活动 19.2"图形的分类"来组织教学。

在所有的图形分类活动中，应该是由学生而不是教师来决定分类的标准。倾听学生，观察他们在分类过程中都注意到哪些属性特征，教师就可以判断学生已经了解或用到哪些性质、他们对图形又有怎样的认识。图 19.5 展示了学生可能给出的图形分类方式。

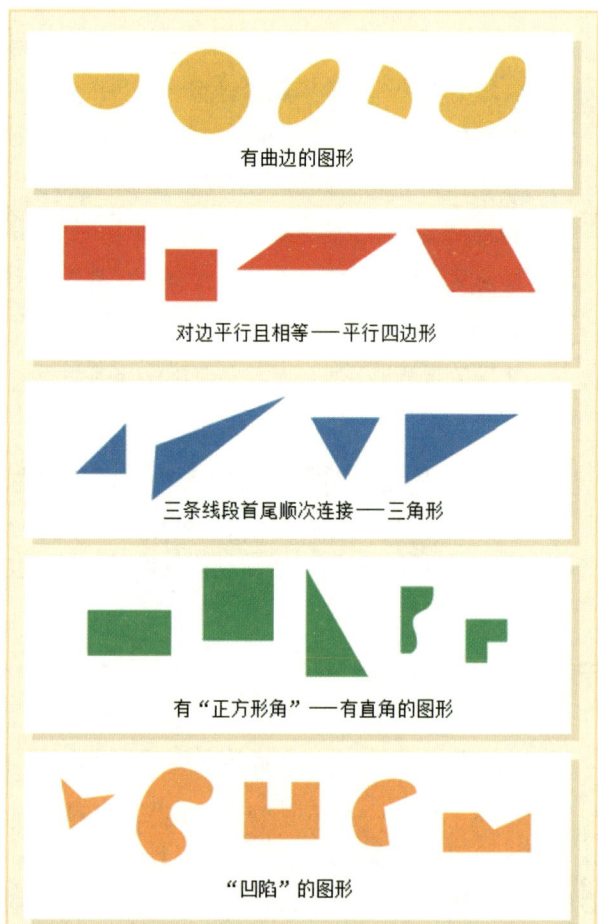

图 19.5　通过图形分类，学生开始了解图形性质

活动 19.2"图形的分类"环节可以作为引入新性质的一种方式。例如,将所有至少有一个角是直角或"正方形角"的图形分在一组,当学生发现了教师的这个分类依据,教师就可以顺势引入"直角"的概念。

下面的活动也是围绕平面图形展开的。

活动 19.6

我的图形什么?

　　参照"图形的分类"活动页,在卡纸上剪出两组一样的平面图形。把其中一组图形用胶水粘在大白纸上,以便学生参照;把另一组图形分别粘到文件袋里,制成多个"秘密图形"文件夹。指定一名学生为队长,拿着"秘密图形"文件夹。组员可以向组长提问简单的是非判断题,以便确定文件夹里的图形。通过提问图形的性质并得到组长的否定回答,组员可以把大白纸上的无关图形去掉(或者翻过去),从而接近最终答案。学生不能手指着某个图形直接问组长:"是它吗?"他们的问题要与图形性质相关,例如:"它的边都是直的吗? 有凹陷吗?"最终,学生要将所猜的图形与文件夹里的"秘密图形"比对。对于学习数学有困难的学生,教师可以给他们列举一些可能的性质或特点(例如边数),帮助他们向组长提问。此外,还可以将活动中的平面图形更换为立体图形。对于年龄稍长一点的学生,教师还可以用纸盖住"秘密图形",然后只给学生看其中一部分。每一次"揭示"后,学生要猜测它可能是什么图形,一定不是什么图形,直至"秘密图形"完全暴露(Ronau, Meyer, & Crites, 2015)。

活动 19.6 的难易程度主要取决于文件夹里的图形。与"秘密图形"有相容性质的图形越多,活动的难度就越大。

评价角

调整"图形的分类"(活动 19.2)用于开展诊断性访谈。首要的是,教师要确保所提供的图形种类繁多且形式各异(含曲面图形等)。例如市面上购买的立体图形,或者是如罐子、盒子和球等实物。图 19.6 给出了一些立体图形的分类。

学生描述这些立体图形的方式为教师判断他们的几何思维水平提供了

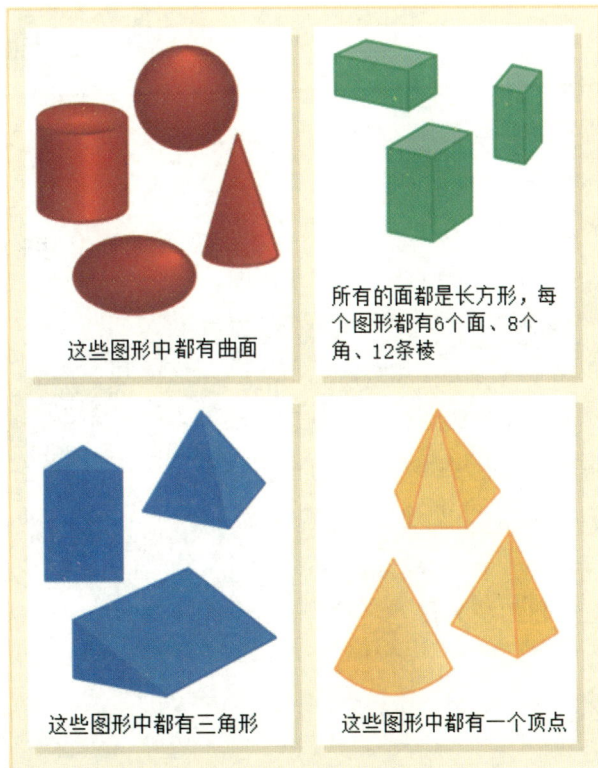

这些图形中都有曲面

所有的面都是长方形,每个图形都有6个面、8个角、12条棱

这些图形中都有三角形

这些图形中都有一个顶点

图 19.6　学生初学立体图形时对图形的分类

依据。处于水平 0 的学生在给图形分类时，会受限于眼前看到的图形；处于水平 1 的学生开始基于图形性质创建不同类别，同时他们的描述显示他们知道除了眼前的图形，还有更多的图形属于这个类别。学生可能会这样说："这些图形都有像长方形那样的方角"，或者"这些图形看起来像盒子，所有的盒子都有方（长方形或正方形）的面"。

活动 19.7

你能作出图来吗？

　　每次给全班学生投影一个物体。学生阅读对图形的描述，然后在钉子板上作出对应图形（所给描述要包含两个无法作出的情况）。鼓励学生彼此出题，相互挑战。如果全班同学都完成了整个活动的挑战过程，还可以增加一个环节：建立一组具有某性质的图形，在学生讨论过程中适时给出新图形或新性质的定义。

图形的组合与分解

　　学生需要自由地探索如何把若干图形组成更大的图形（组合），以及如何把大的图形拆分为多个更小的图形（分解）。另外，7 年级的学生要组合（画出）图形以便分析其性质。根据要求（NGA Center & CCSSO，2010，p. 50），学生要在给定条件下（徒手、使用直尺和量角器以及其他工具）作图。事实上，儿童早在进入幼儿园之前，其组合和分解图形的能力就开始发展（Copley，2017），这为他们日后学习几何测量（例如测量不规则图形的面积、表面积和体积）奠定了基础。

　　在众多有关平面图形组合和分解的活动中，图形块和七巧板最为人们所熟知。皮埃尔·范·希尔（Pierre van Hiele，1999）还介绍了一套有趣的瓷片游戏，叫作马赛克拼图，如图 19.7。

图 19.7　用于图形重组和分解的材料

活动 19.8

七巧板

为每个学生准备一套七巧板,让学生进行拼摆活动,创造更多的组合图形。注意观察学生是如何操作的。还可以聚焦面积变化方面,特别是七块都用上的话,组合图形的面积都是相等的。

活动 19.9

马赛克拼图

每两个学生一组,给每组提供一套马赛克拼图和一份"马赛克拼图"活动页,让学生利用已知的图形性质知识探索如何组合和分解图形。马赛克拼图的价值在于它包含 5 个不同大小的角,可以用于讨论角的分类(锐角、直角、钝角)和角大小的不严格比较。

几何钉子板是一个用来"构造"平面图形的很好的工具。首先,教师要教会学生如何在点阵纸上记录他们在钉子板上设计的图形。如果有学生不会操作,教师可以给出更细致的建议:先找到图形的拐点,再连线,最后使图形闭合。拐点位置一旦确定,复制图形就剩下连接拐点之间的连线,这很容易。复制到点阵纸上的图形既可以用于小组内图形的分类和讨论,也可以寄送到家,让家长了解孩子在学校的几何课程中学到了什么。

活动 19.10

钉子板复制

准备一套钉子板设计卡片(如图 19.8),投影展出卡片上的图形。让学生在钉子板(或点阵纸)上复制图形。先展示用一条皮筋创造的图形,再给出用多条皮筋创造的复杂结构的图形(包括用一些小图形组成的大图形)。根据学生所在的年级来讨论图形的性质,如平行、相交、轴对称等。对于学习数学有困难的学生,教师可以把设计卡片给他们,以便近距离参照。

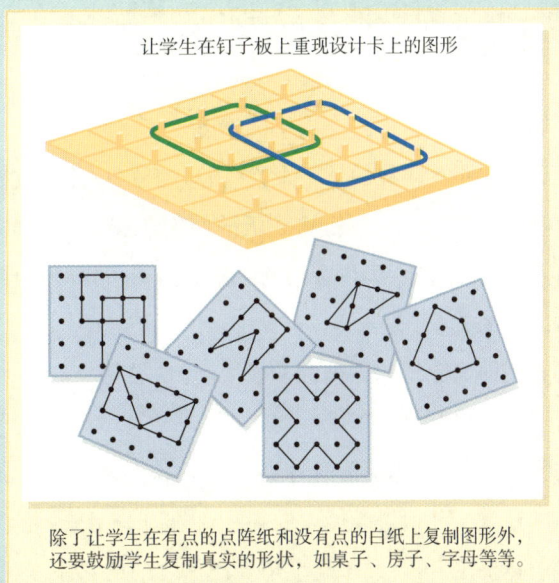

让学生在钉子板上重现设计卡上的图形

除了让学生在有点的点阵纸和没有点的白纸上复制图形外,还要鼓励学生复制真实的形状,如桌子、房子、字母等等。

图 19.8 钉子板上的图形

这里有几个活动非常适合利用钉子板来思考图形的组合和分解。

活动 19.11

分解图形

　　选一个图形呈现给学生,让他们在钉子板或点阵纸上将图形复制出来。然后,如图 19.9 所示,明确要求学生要把这个大图形分解成几个小图形,小图形必须全等或者属于同类型即可。从一个图形开始,将其剪成几个相同的小图形。再增加图形分解的限制条件,使得活动更具挑战性。如果每部分相等,还可以联系分数进行讨论,以大图形为整体写出每个小图形表示的分数。

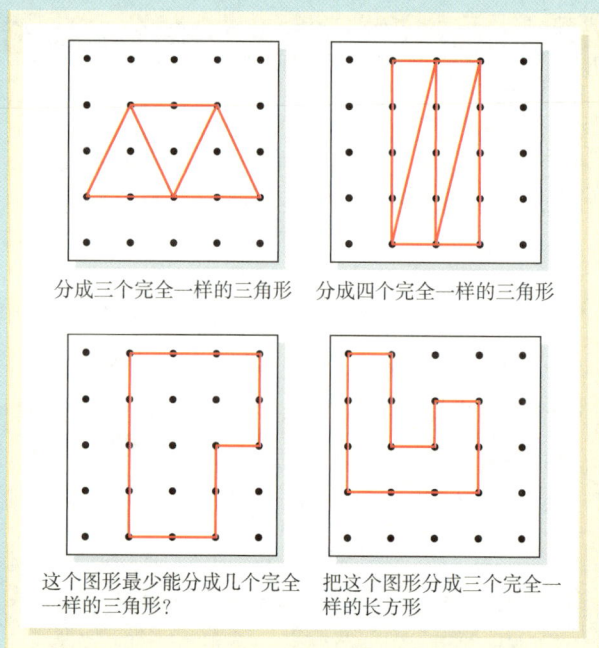

分成三个完全一样的三角形　　分成四个完全一样的三角形

这个图形最少能分成几个完全一样的三角形?　　把这个图形分成三个完全一样的长方形

图 19.9　分解图形

和其他用小图形组合的拼图游戏一样,"钉子板复制"这个活动也可以用于比例思维的学习和探讨。对于 5 年级的学生来说,图形缩放(按比例改变形状大小)的概念非常重要(NGA Center & CCSSO,2010)。此外,钉子板的使用还有助于学生学习面积,特别是组合图形的面积。在使用钉子板的过程中,学生会逐渐理解长方形可以分解成相同大小的行或列,帮助学生建立面积和乘法之间的关系。

开展前面介绍的各种钉子板活动时,教师要让学生自行选择最能辅助他们解决问题的工具(钉子板、网格纸或点阵纸)。

平面图形、立体图形的分类

随着学生几何思维能力的提高,他们的关注点也转移到图形性质上。明确平面图形和立体图形的重要定义,有助于学生建立图形之间的联系。

平面图形的分类。 表 19.2 列举了平面图形的一些重要分类方式,具体例子如图 19.10 所示。3 年级学生必须掌握四边形的特殊子类别,5 年级学生必须"理解某平面图形的属性特征,其子类

表 19.2 平面图形的分类

形 状	描 述
简单封闭曲线图形	
凹形的、凸形的	对凹形的直观定义就是"图形有凹陷的部分"。如果一个封闭曲线没有凹陷部分，那么它就是凸形的。
对称的、非对称的	至少有一条对称轴的图形。
正规的	所有的边、角彼此相等。
多边形	各边均为线段的简单封闭图形。
三角形	
三角形	有三条边的多边形。
按边分类	
等边三角形	所有的边相等。
等腰三角形	至少两条边相等。
不等边三角形	三边互不相等。
按角分类	
直角三角形	有一个直角。
锐角三角形	所有的角都小于直角。
钝角三角形	有一个角大于直角。
凸四边形	
凸四边形	有四条边的凸多边形。
筝形	两组邻边分别相等。
梯形	至少一组对边平行。
等腰梯形	有一组对边相等。
平行四边形	有两组对边平行。
长方形	有一个直角的平行四边形。
菱形	四条边都相等的平行四边形。
正方形	有一个直角且四条边相等的平行四边形。

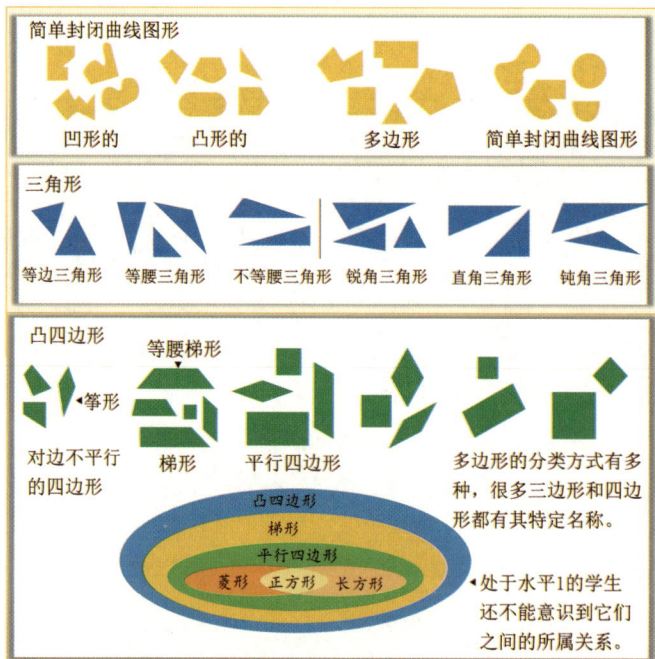

图 19.10　平面图形的分类

图形同样具备"（NGA Center & CCSSO，2010，p. 38）。例如，正方形既是长方形又是菱形；所有的平行四边形都是梯形，但并不是所有的梯形都是平行四边形[①]。通常，学生都会觉得图形之间的这些关系很难懂。他们也许能正确列出正方形、菱形、长方形的性质，却仍然会把正方形看作是"非菱形"或"非长方形"。为了帮助学生理解，教师可以举例说明，"一个人可以同时属于两支体育队"，类似地，正方形也可以同时属于另外两个四边形"类别"。

活动 19.12

移动图形

　　《贪心的三角形》（*The Greedy Triangle*）（Burns，1995）是一本有趣的书，主人公是一个三角形，它总是忙着做帆船或屋顶。不久，它感到太枯燥了，就去找变形大师给自己增加了一条边和一个角。现在，它变形为一个四边形，在生活中需要四边形的地方出现。而后还发生了一系列有趣的变形。教师给每两个学生一个 1 米长的线圈（或者将三条绷带连成一个圈），让学生跟着书中的故事动手作出各种图形并展示。首先，学生可以探索不同的三角形。随着图形不断变化，最终引导学生讨论图形的性质，如让学生证明为什么他们呈现的是一个正方形，在这样的活动将进一步帮助学生的思维向水平 2 发展。

[①]　某些教科书把梯形定义为"只有一组对边平行的图形"，在这种情形下，平行四边形就不是梯形了。在芝加哥大学的学校数学项目（UCSMP）中，梯形的定义是"至少有一组对边平行"，这就意味着平行四边形和长方形都是梯形。不同地区对梯形的定义有其倾向性，教师须参照当地的课程（Manizade & Mason，2014）。

立体图形的分类。重要的图形及其关系也存在于三维空间中。表19.3给出了立体图形的分类，存在多个子类别。图19.11呈现了圆柱和棱柱的一些例子。要注意的是，在本书中我们把棱柱看作是以多边形为底的特殊圆柱（Zwillinger，2011）。图19.12则呈现了一组圆锥和棱锥作对照。某些教科书在定义圆柱时规定其底面必须为圆形，这种情况下棱柱就不是特殊的圆柱了。我们会发现，定义是约定俗成的，而人们未必都支持同一个约定俗成的惯例。

表19.3　立体图形的分类

形状	描　述
根据棱和顶点分类	
球体和"蛋"体	没有棱，也没有顶点的图形。 有棱，但没有顶点的图形（例如，飞碟）。 有顶点，但没有棱的图形（例如，橄榄球）。
根据面和表面形状分类	
多面体	全部由平面组成。如果所有的面都是平面，那么所有的棱都是线段。 由平面和曲面组成（如圆柱，但这并不是圆柱的定义）。 全部由曲面组成。 有/无棱及有/无顶点的图形。 有平行的面的图形：平行的面永不相交。
柱体	
圆柱	有两个平行且全等的平面作底面。连接两个底面对应点的线段总保持平行，这些平行线段叫作圆柱的母线。
直圆柱	母线与底面垂直的圆柱。如果一个圆柱不是直圆柱，那么它就是斜圆柱。
棱柱	底面为多边形的圆柱。所有棱柱都是圆柱的特例。
长方体	底面为长方形的直棱柱。
正方体（立方体）	每个面都是正方形的棱柱。
锥体	
锥体	由一个底面和一个不在底面上的顶点组成的立体图形。连接顶点和底面边缘上任意一点的线段叫作母线。底面可以是任意形状，顶点垂直于底面的射影不一定在底面上。
圆锥	底面为圆形的圆锥。
棱锥	底面为多边形的圆锥。侧面均为三角形，其命名由底面的形状决定：如三棱锥、四棱锥、八棱锥等等。所有的棱锥都是圆锥的特例。

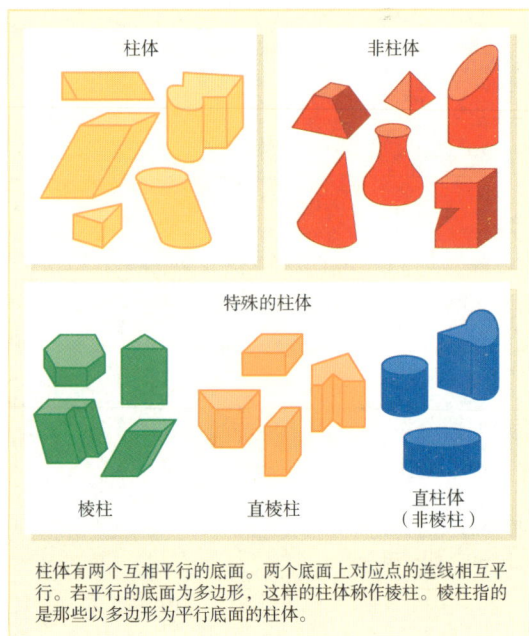

图 19.11 圆柱与棱柱

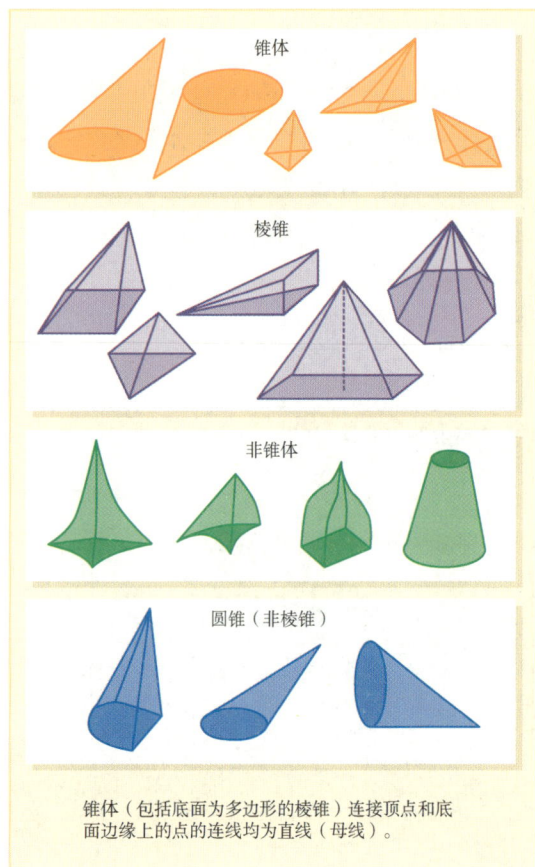

图 19.12 圆锥与棱锥

柱体有两个互相平行的底面。两个底面上对应点的连线相互平行。若平行的底面为多边形，这样的柱体称作棱柱。棱柱指的是那些以多边形为平行底面的柱体。

锥体（包括底面为多边形的棱锥）连接顶点和底面边缘上的点的连线均为直线（母线）。

构造图形

想要帮助学生理解平面和立体图形的几何性质以及属性特征，画图和构造活动都非常重要（NGA Center & CCSSO，2010）。不管是低学段学生探索立体图形时，还是 5 年级学生着重学习体积时，让他们搭建立体图形都有助于增强他们的理解。由于立体图形要比平面图形更难构造，教师可以借鉴以下活动。

活动 19.13

构造立体图形

教师可以准备以下任意一组材料让学生构造图形：

1. 把塑料咖啡搅拌棒剪成不同长度，借助扭扭棒或者超轻黏土来连结或固定。

2. 把可弯折的塑料吸管剪成两段(在靠近弯折处将较短的部分剪掉一段)，把剪下的尖端插入其他吸管的底部，做成既结实又灵活的拐弯连接器。

3. 把废旧的报纸卷成纸棒，再用胶带捆扎起来作为立体结构的骨架。(如图 19.13)

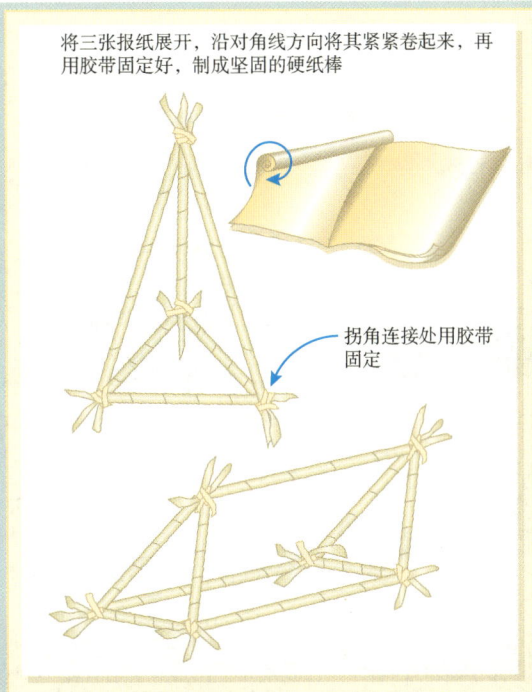

图 19.13　用坚固的报纸硬棒制作较大的骨架模型

利用上述手工自制模型,组织学生讨论模型中三角形结构的稳定和坚固的程度,再指出现实生活中应用三角形结构的地方,如桥梁、起重机、房屋等的组成部分。这些模型还可以用于探索表面积和体积。

应用图形的定义和分类解决问题

应用图形的定义和分类能够帮助学生深入思考各类图形的本质属性。下面的活动呈现了如何引入一类新的图形。

活动 19.14

神秘的定义

给学生提供"神秘的定义"活动页,或者给全班学生投影展示符合学段特征的逻辑推理问题(如图 19.14 所示)。在准备活动页中的图形时,要注意选图。首先,确保最上方第一组图形包含所有可能的正确选项。例如,第一组图形都是菱形的正确样例,包括正方形。其次,非样例的选择也要尽可能地全面、典型,以帮助学生得到更为精确的定义。最后,为了挑战学生,第三组图形要安排学生有可能错判的非样例。组织全班讨论,听取学生的判断依据。非样例的运用对于学习数学有困难的学生而言尤为重要。

图 19.14　神秘的定义

"神秘的定义"这个活动能够让学生基于自己对概念的理解，自行提出非正式的定义。在学生讨论、比较、修正他们自己的定义后，教师可以给出课本上对图形的规范定义。

探索三角形的性质

4 年级学生在掌握了直角三角形的概念后，开始对三角形进行分类。到 5 年级时，学生进而学习图形的分类及其子类别。7 年级的学生则着重通过边和角的测量来研究图形的性质（NGA Center & CCSSO，2010）。引导学生初次尝试对三角形进行分类时，建议使用下列活动。

活动 19.15

三角形分类

"三角形分类"的活动页上印有直角、锐角和钝角三角形，等边、等腰和不等边三角形，以及上述边角关系的不同组合。教师让每个小组把这些三角形都剪下来，然后提问："你能把全部这些三角形分成三类，并且保证每个三角形都只属于某一类吗?"学生完成分类后，还要写下此次分类的标准或依据。然后，让他们找出另一种不同的分类方法。对于学习数学有困难的学生，教师可以提示他们只关注角度大小或者边长是否相等。但教师要让学生先自己尝试，尽量晚一点给建议。学生再次完成分类后，教师就要介绍相关的专业术语。对于英语非母语或者有阅读障碍的学生，教师还要帮助他们辨析词义，尤其是那些在数学语境和日常语境有所不同的字和词。作为后续活动，教师可以提供 3×3 的分类格，让学生画出每个小格子对应的样例，或者将分类对象改为筝形、梯形，或者其他立体图形。

反思角 在给三角形 3×3 分类表画样例图时，哪两个格子是无法画出的？为什么？

等学生升入 7 年级时，他们学习的一个重要内容和三角形分类有关，那就是："判断满足给定条件的三角形唯一确定，有多个，还是不存在？"我们来看下列探究活动。

活动 19.16

你能作出图吗？

列举出一些图形的性质和关系，提问学生能否画出或者作出满足条件的图形。如果能画出，继续追问：有多少种不同的画图或构造方式？

1. 仅有一个直角和四条边的图形。

2. 只有一条对称轴(或两条对称轴)的图形。

3. 边长分别为 5 cm 和 8 cm 的直角三角形。

4. 有两个 45°角的三角形。

5. 边长分别为 4 cm、8 cm 和 13 cm 的三角形。

6. 直角边分别为 3 个单位长度和 4 个单位长度的直角三角形(一旦学生学习了直角三角形，就要使用直角边、斜边这些术语)。

7. 有一个角为 80°，一条边长为 5 个单位长度的等腰三角形。

三角形的内角。初中生要探究三角形内角的大小关系(内角和为 180°)。他们还需要利用补角、余角、对顶角、邻角等知识，求解图形中未知角的问题(NGA Center & CCSSO，2010)。活动 19.17 是围绕三角形内角和进行探究的。

活动 19.17

三角形内角和

给每两个学生三份"三个全等三角形"活动页，让他们给每个三角形的角分别标上字母 A，B，C (确保全等三角形对应角标记的字母一致)，然后把每组三角形都剪下来。让学生探索三组全等三角形，问他们是否发现了一些关于三角形的角的秘密。如果学生没能发现三个角拼在一起就是 180°，那么教师可以依次安排如下活动：

1. 取一个三角形放在一条直线上，第二个三角形沿同一方向紧挨着第一个三角形放置。

2. 如图 19.15(a)，把第三个三角形放在这两个三角形中间，提问学生："所有的三角形都满足这个关系吗？"

3. 用另外两组不同的全等三角形检验。

4. 对于三角形内角和，你有什么猜想？

现代信息技术手段可以成为探索这类关系的重要工具。比如，让学生在动态几何程序中，画出三角形，测量所有的角并求和。然后，任意拖拽三角形的顶点，发现三个角的和仍是 180°。学生可以提出猜想：三角形的内角和总是 180°。当然，学生也可以通过把一个三角形纸片撕开，用三个角拼成一条直线得到同样的猜想。要验证这一猜想，需要借助外角来说明。如图 19.15（a）所示，图中有与三角形三边分别平行的直线，出现两条平行线被第三条直线所截的情况，运用补角、余角、对顶角、邻角等相关知识，很容易得出三角形的内角和等于一个平角的大小。图 19.15（b）给出了利用外角进行证明的过程。

(a) 通过摆放三个全等的三角形，演示说明三角形的内角和总是一个平角的大小或者180°。

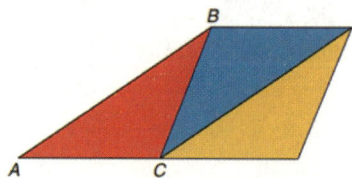

(b) 过点C作直线CE平行于AB，说明为什么∠BAC＝∠ECD？为什么∠ABC＝∠BCE？

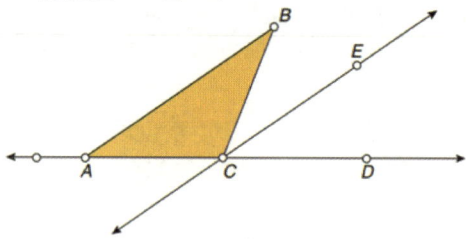

图 19.15　基于观察得到的猜想必须经由演绎推理证明

三角形的中位线

下列活动用于说明：教师如何帮助学生从"通过观察得到几何关系"逐步过渡到有意识地"形成并验证为什么几何关系成立"。

活动 19.18

三角形的中位线

如图 19.16 所示，借助动态几何程序画一个三角形，并在顶点处分别标上 A，B，C，连接 AB 和 AC 的中点，得到线段 DE。测量 DE 和 BC 的长度，以及∠ADE 和∠ABC 的角度。拖拽顶点 A，B，C，观察变化。你能对线段 DE（三角形 ABC 的中位线）和线段 BC（三角形的底边）之间的关系提出怎样的猜想？更多细节参见拓展课程——三角形中位线。

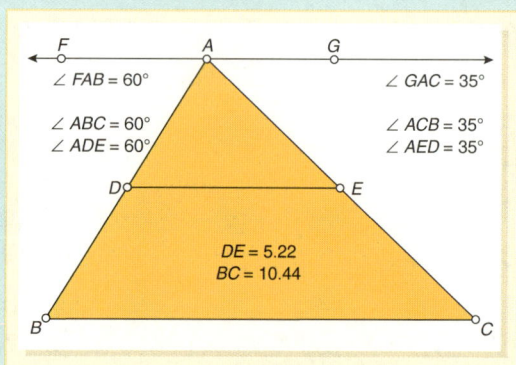

∠ FAB = 60°
∠ GAC = 35°
∠ ABC = 60°
∠ ADE = 60°
∠ ACB = 35°
∠ AED = 35°

DE = 5.22
BC = 10.44

图 19.16　三角形的中位线总是平行于底边且为底边长的一半

三角形的中位线等于底边长的一半，且与底边平行。为什么一定如此呢？学生可以过点 A 作平行于 BC 的直线，再列出所有相等的角。为什么这些角两两相等呢？进而注意到三角形 ABC 和三角形 ADE 是相似的。为什么它们相似呢？沿着这个思路和提示继续思考，很多学生就开始运用逻辑推理，证明为什么他们观察个别三角形发现的关系事实上对所有的三角形都成立。

探索四边形的性质

四边形(只有四条边的多边形)是引导学生探究图形性质的一个非常丰富的资源。一旦学生熟悉了直角、锐角、钝角、线段和角的相等、轴对称等内容,教师就可以组织活动 19.3"四边形的性质清单",帮助学生把上述知识统整起来。这个活动中涉及的几何内容是 5 年级数学学习的重点,教师和学生要投入足够的时间来探索学习。性质清单的系列活动可以从平行四边形开始,再到菱形和长方形,最后是正方形。让一组学生分享他们的性质清单,其他研究相同图形的同学进行补充或建议删减。最后,清单上所列的性质必须是全班同学都认同的。对于学生而言,自己形成定义,再同教科书上的定义进行比较,这种经验非常重要。此外,学生还可以进一步探究这些图形之间的种属关系(例如,正方形是长方形的一个子类别)。

当新的图形关系出现时,教师要引入适合的专业术语。例如,四边形的两条对角线相交形成了"正方形角",那么它们相互"垂直"。其他概念,如平行、全等、二等分、中点等,以及全等符号"≅"和平行符号"∥",也须在探究活动中加以澄清。

想要理解范·希尔理论中水平 1 和水平 2 的区别,我们可以比较"四边形的性质清单"(活动 19.3)和"最简洁判定条件"(活动 19.4)。平行四边形、菱形、长方形、正方形每类图形都至少有 4 个"最简洁判定条件"。有趣的是,只要关注它们对角线的相关性质,就可以完成图形判别。比如说,对角线相互平分且垂直的是菱形。

在活动 19.19 中,学生将会探究各类四边形的对角线。

活动 19.19

四边形的对角线

给每个学生三条用作对角线的硬纸条,按照标记打九个等距的孔。用铜钉穿过两个纸条的孔,把它们连在一起。如图 19.17 所示,把两个纸条的四个端点连起来就形成了一个四边形。给学生提供一系列有关对角线形成的角度、长度及所截部分比例的关系数据,然后提问:"当两条对角线一样长/互相垂直/彼此平分/互相垂直且平分时,分别得到哪些四边形?"让学生操作这些硬纸条,得出形成不同四边形的对角线性质。学生还可以在间距为 1 cm 的点阵纸上画图测试他们的假设,再把自己的发现记录在"四边形的对角线"活动页上。如果想了解更多的教学过程和细节,参见拓展课程——四边形的对角线。

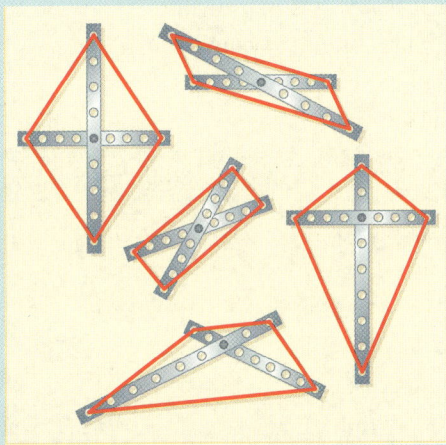

图 19.17　四边形的对角线

注:我们可以通过研究对角线的情况来判别四边形的形状。考虑每条对角线的长度、两条对角线在何处相交,它们的夹角又是多少。对角线满足什么条件就能判断图形为平行四边形? 长方形、菱形呢?再挑战学生:对角线满足什么条件就能判断图形为两腰不等的梯形?

我们可以从三个方面来考察对角线：其长度、互截部分的长度之比、是否互相垂直，每种四边形都唯一对应一种对角线的情况。利用动态几何软件的另一个强大之处就在于：一旦我们依据某个几何关系或性质构造出图形，那么无论我们如何拖拽、翻转该图形，上述几何关系或性质均保持不变。例如，如图 19.18 所示，任意作一个四边形

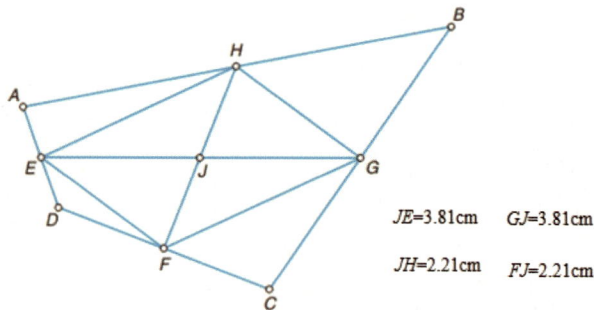

JE=3.81cm   GJ=3.81cm

JH=2.21cm   FJ=2.21cm

图 19.18　应用动态几何软件构造四边形来呈现它的一个有趣性质

ABCD，连接各边中点得到一个新的四边形 EFGH，再连接四边形 EFGH 的对角线相交于点 J，测量 J 到四边形 EFGH 各顶点的距离。

如果没有这些科技支持，任意画一个四边形，就只能观察一种情况。但现在我们能随意拉伸改变这个任意的四边形，学生也就可以测试某类四边形的无穷多个例子来自行验证猜想。如果不管图形在动态几何软件中如何变化，其某个性质总保持不变，那么该性质就是该图形区别于其他图形的一个本质属性。

探索多边形的性质

当学生已经能理解各种几何性质并且将其性质和图形分类联系起来，教师就要鼓励学生提出猜想、给出非形式化的论证来发展逻辑推理。教师可以组织学生探究多边形，找出某个图形存在或唯一确定的性质或条件。学生要开始试着给出（至少读懂）简单的证明过程，试着与代数思想建立联系。

下面这个活动旨在发展学生的逻辑推理，它不仅可以在四边形背景下开展，也适用于立体图形。

活动 19.20

真假命题

提供一组下列句式的真/假命题：

"如果它是_____，那么它也是_____。"

"所有_____都是_____。"

"部分_____是_____。"

或者使用"真假命题"活动页。要求学生判断这些论述是否为真，并给出证明（如图 19.19 所示）。教师围绕四到五个命题判断，就能很好地组织一节课。当学生熟悉了这样的表达形式，还可以让他们自编真假命题来挑战同伴。

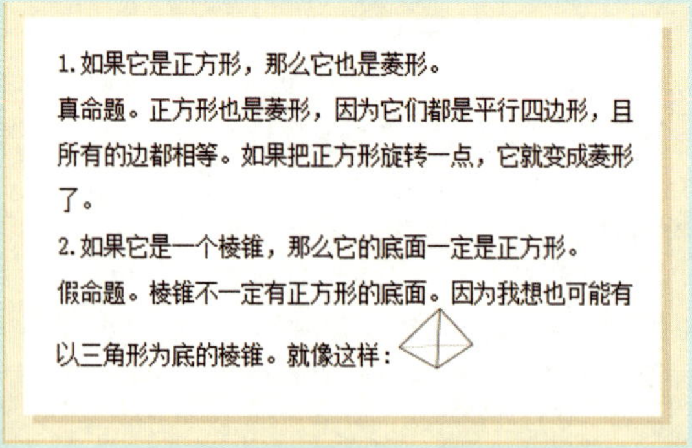

1.如果它是正方形，那么它也是菱形。

真命题。正方形也是菱形，因为它们都是平行四边形，且所有的边都相等。如果把正方形旋转一点，它就变成菱形了。

2.如果它是一个棱锥，那么它的底面一定是正方形。

假命题。棱锥不一定有正方形的底面。因为我想也可能有以三角形为底的棱锥。就像这样：

图 19.19　"真假命题"，某 5 年级学生给出的论证

"真假命题"这个活动也很适合用于诊断性评价。我们可以从学生的回答发现他们的想法、表征方式及对其观点的初步论证(图 19.19)。

圆

观察圆各个部分的测量值,可以发现许多有趣的关系,其中最重要,也最令人惊叹的就是圆周长和直径的比是 π。

活动 19.21

发现 π

让各组学生仔细测量各种圆形物体的周长和直径,如瓶盖、易拉罐、废纸桶等。测量圆周长时,可以先用绳子绕圆周一圈,再测量这段绳子的长度。还要让学生借助滚轮尺或绳子测量运动场上的大圆的周长。

各组学生将多种圆形物体圆周长和直径的测量值记录在表格中,而后计算每个圆周长和直径的比。精确的比值是一个无理数,约为 3.14159,用希腊字母 π 来表示。

活动 19.21 最重要的是让学生清楚地理解无论圆的大小,任何圆周长和直径的比值都是圆周率 π。π 不是一个只在数学公式中出现的神秘奇怪的数,而是在日常生活中普遍存在的一个比值。

探究、猜想和证明

请记住:如果教师在黑板上写下一条定理并要求学生去证明它,这就相当于已经告诉学生它是真命题了。另外一种情形是全班同学正在探究某几何问题,其中学生 A 给出了一个命题,教师就可以把它写在黑板上,末尾加上问号。作为"猜想",该命题是否成立还不确定。教师可以再追问:"它是真命题吗? 总都成立吗? 我们可以证明它吗? 我们能找出反例吗?"

在通往更为形式化的演绎推理的道路上,学生还要提高作图和选择相关概念加以运用的能力(Sinclair,Pimm,& Skelin,2012)。学生要从关注规律的具体表现开始,再根据数学性质和结构以多种方式加以验证。

勾股定理(毕达哥拉斯定理)。勾股定理是最重要的数学关系之一,它反映出人类深刻的认知洞察。这一内容安排在 8 年级学习。从几何面积的角度来说,该定理说明以直角三角形的三边为边长分别作出三个正方形,则两直角边对应的小正方形面积之和等于以斜边为边长的大正方形面积。

活动 19.22

勾股定理

首先，让学生按照指定的直角边长度在边长是 0.5 厘米的网格纸上画出一个直角三角形。教师在布置上述任务时，要保证每个学生画出的三角形都与他人的不同。然后，要求学生根据三角形的三边分别作出三个正方形，再探索它们面积之间的关系。如图 19.20 所示，求以斜边为边的正方形的面积时，可以通过分别以斜边为对角线构造的那个长方形来求解。最后，让学生记录下数据，并观察、分析三个正方形面积的关系。

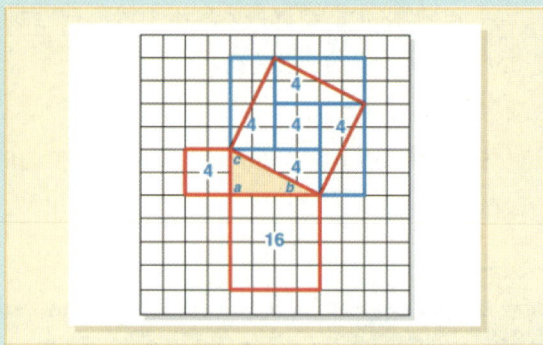

图 19.20　勾股定理（这里 4＋16＝20，斜边上正方形的面积是 20 个面积单位）

图 19.21 给出的两个大全等正方形就是勾股定理的图形证明（Nelson，2001）。不难看出，两幅图都将大正方形分解为小的正方形和三角形，其中所有的三角形全等，但在两幅图中的排列方式不同。所以将每幅图中小正方形和三角形的面积加起来，与得到的大正方形面积相等；再减去共有的四个三角形的面积，即可证明勾股定理。上述思考过程也可以用代数符号记录（如图 19.21 下方的字母表示）。此外，教师还可以进一步和学生分享 Illuminations 网站上"无言的证明"（Proof without Words：Pythagorean Theorem）的小程序。

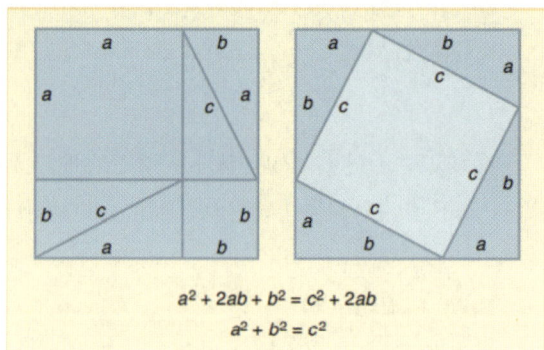

$$a^2 + 2ab + b^2 = c^2 + 2ab$$
$$a^2 + b^2 = c^2$$

图 19.21　这两幅图放在一起，就是对勾股定理"无言的证明"。你能补充文字说明吗？

反思角

利用图 19.21 中的两幅图来证明勾股定理。

8 年级学生应该熟练掌握勾股数。"勾股数"也就是满足勾股定理的三个整数。在几何问题中，我们经常能遇到常见的勾股数及其整数倍，学生要能识别出来。

寻找勾股数

从最常见的勾股数 3、4、5 开始,教师提问:"能找到和边长分别为 3、4、5 的三角形相似,同时满足勾股定理的三角形吗?"给学生提供直尺、网格纸和计算器(或者借助动态几何软件探究),并提问:"你能找出至少三组与 3、4、5 类似的勾股数吗?"(实际上,存在无穷多组满足该条件的勾股数,一旦学生发现其构成规律就可以停止探究,进而讨论如何来识别它们)

四. 图形的变换

图形变换是指图形所在位置和形状大小的改变。《美国共同核心课程标准——数学》(CCSS‐M)中指出,该内容是 8 年级学生数学学习的重点。有趣的是,图形变换的内容也包括对轴对称图形的研究(早在 4 年级就开始介绍)。我们把不改变物体大小和形状的运动叫作"刚性运动"。平移、对称和旋转都是刚性运动,因此物体移动前后的图形保持全等(如图19.22)。

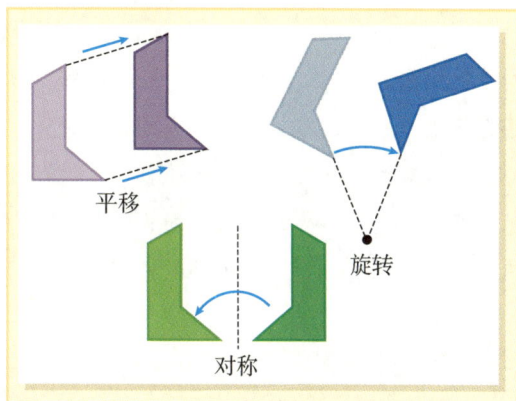

图 19.22　平移、对称、旋转

以下是几种刚性运动的定义:

平移:平移由移动的方向和距离确定。原图形中的每个点都沿着同一个方向移动相同的距离得到变换后的图形。在直角坐标系中,可以将某图形上任意一点"向上移动 2 个单位长度、向右移动 3 个单位长度"。

对称:对称由对称轴确定。原图形沿对称轴翻折过去得到变换后的图形。对称轴可以是 x 轴、y 轴,或任意一条直线。例如,如果某图形沿 y 轴做对称变换,那么原图形和对称后的图形对应的横坐标互为相反数,而纵坐标保持不变。

旋转:旋转由旋转中心、旋转方向和旋转角度确定。尽管初中阶段的学习常以原点为中心旋转,但事实上旋转中心可以是平面直角坐标系中的任意点。旋转角度则不超过 360°。

下面名为"移动小人"的活动可用于向学生介绍"平移""对称""旋转"等术语。

移动小人

如图 19.23 所示,给每个学生准备两张网格纸,以及两个镜像对称的小人;反面相向以便照着阳光调整小人的位置。首先，让学生演示每一种刚性运动。滑动就是把小人移动一段距离，例如，"让小人向右平移 4 英寸，再向下平移 2 英寸"。对称运动需要一条轴，要求学生"画一条水平（或竖直）线，将小人沿直线翻折"。这里要让学生分别演示沿水平方向（从左往右）和垂直方向（由上到下）进行翻折。旋转运动需要一个中心点和顺时针方向的旋转角度，比如说"让小人旋转 90°"。对于所有的学生，尤其是那些英语非母语的学生，教师要确保在演示操作时语言和动作清晰一致。

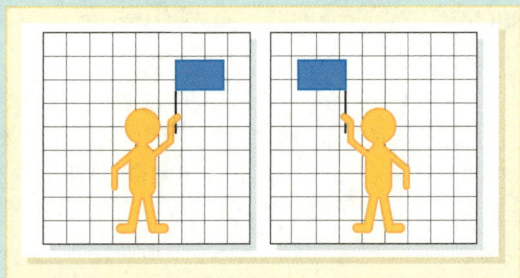

图 19.23　用移动小人演示平移、对称和旋转

如图 19.23 所示，先放好左边的小人（原图形），再放上右边的小人（变换后的图形），提问学生：小人经历了什么变换？是一种变换，还是多种变换？这个任务旨在帮助学生思考、测试简单变换和复合变换。如果两个小人的朝向一致，那么它们之间的变换就称为"平移"。通常，可以有多种方式将原图形变换到新的位置。

要特别注意的是，尽管教学初期旋转中心即图形的中心，对称轴也总是水平或垂直方向，事实上旋转中心可以是图形内外的任意点，而对称轴也可以是任意直线。

对称

小学和初中之间学习图形变换的桥梁就是轴对称和旋转对称。起初，学生可能会认为轴对称的对称轴总是垂直方向的，而旋转对称的中心总是图形的中心。然而，随着经验的增长，学生对这些定义的理解也将不断拓展。

轴对称。如果某图形沿着一条线对折后两部分完全重合，那么就称这个图形是轴对称（也称镜像对称或镜面对称）的。这条对折线也是对称轴，轴一侧的图形对称到轴的另一侧。这正是轴对称与对称变换之间的联系。

教师可以运用"全都有/全不是"（如图 19.14）的方法给学生出示样例图形和非样例图形，从而引入轴对称的概念，也可以利用下列活动引入。

将一张纸对折，在它的一侧画出任意图形，剪下后打开对折的图形。然后提问：你发现了什么？

还可以借助镜子引入对称。把图形或设计稿放在桌面，其上垂直于桌面放置镜子。然后，向镜子里看时，就能够看到轴对称的图案。参见 NCTM Illuminations 网站上的"图形工具"（Shape Tool），让学生使用虚拟镜子探索轴对称。

活动 19.25

图形块的对称

在一张白纸中间画一条直线作为对称轴,让学生使用6~8个图形块在对称轴一侧进行设计,同时设计图案要以某种方式与对称轴相连。一侧结束后,学生需要在另一侧画出对称的设计图。全部结束后,利用镜子来检验。将镜子放在对称轴的位置上,从原设计一侧看镜子,适当地提起镜子,另一侧画出的图形应该和镜里的图形一致。对于数学学习有困难的学生,先画垂直的对称轴,保证白纸左右重合;再画水平方向或者对角线方向的对称轴。还可以挑战学生,让他们设计有多条对称轴的设计图。

教师也可以给学生提供七巧板或钉子板进行上述活动。如果学生想用钉子板来设计,首先他们要用皮筋给出对称轴。然后,在皮筋一侧设计图案,再在另一侧给出对称的设计。教师还可以让学生观察拼接被上的图案,找出对称轴的条数(Roscoe & Zephyrs,2016)。教师还可以借助动态几何软件或在等距点阵纸(或方格点阵纸)上完成下列活动。

活动 19.26

点阵纸中的对称

给学生1厘米的等距或方格点阵纸,让他们画出一条直线(水平的/垂直的/沿对角线方向的)作对称轴。学生在对称轴的一侧设计图案,且图案与对称轴相连,如图19.24所示。要求学生在对称轴的另一侧画出对称的图形,或者让学生彼此交换完成剩下的对称图形。结束后,让学生利用镜子检验图形画得是否正确。

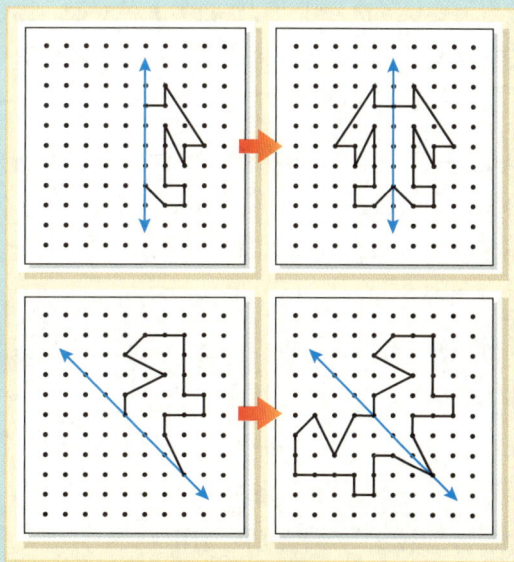

图 19.24 在点阵纸中探索对称

让学生试着完成下面两个练习:

1. 一个图形有一条对称轴、6 条边和两个 90°的角,你能画出这个图形吗?
2. 一个四边形的两条对角线所在的直线都不是对称轴,但这个四边形是轴对称图形(一条对称轴),你能画出这个四边形吗?

上述两个练习综合了多个几何关键内容,如轴对称、图形的性质、直观推理等。教师还可以鼓励学生相互提问类似的作图问题。

旋转对称。如果一个图形绕一个点旋转后与原图形完全重合,那么就称这个图形是旋转对称(也称中心对称)的。正方形和等边三角形就是旋转对称图形。

理解旋转对称的一个好方法就是找一个旋转对称的图形,如正方形,在纸上描出它的轮廓,作为该形状的"脚印"。旋转角度是指图形经过旋转与原图完全重合的最小角度。图 19.25 中的平行四边形是 180°旋转对称的,而正方形是 90°旋转对称的。

图 19.25 将平行四边形旋转 180°

组合变换

图形变换一次后还可以进行另一种变换。比如,某图形先沿一条线作对称变换,再绕一个点作旋转变换。两个及以上的基本变换可以构成组合变换。

让学生在 1 厘米的点阵纸上进行试验,将一个简单图形连续变换两到三次。点阵纸的使用能够为学生后期在平面直角坐标系中使用坐标表示做铺垫。例如,画一个 L 形的图,标记为 L_1(如图 19.26)。先将其沿直线 j 翻折,再以图形外一点 A 为中心顺时针旋转 90°,所得图形记作 L_2,它是由先对称后旋转的组合变换得到的。值得注意的是,如果直接将 L_1 绕旋转中心 A 顺时针旋转 90°,所得图形(记作 L_3)与 L_2 也存在一定的关系,探究 L_2 和 L_3 之间有什么关系。教师也要将平移变换加入其中,继续探索不同的变换组合。

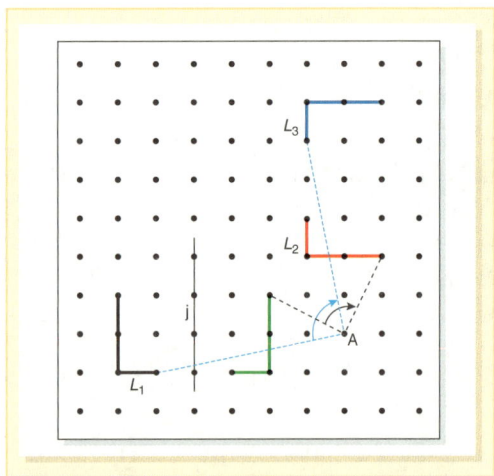

图 19.26 同一图形先对称后旋转与先旋转后对称得到的图形一定重合吗?

组合变换并不是必须由不同类型的变换组成。例如,一个对称变换也可以复合另一个对称变换。教师要充分利用 NCTM Illuminations 等网站上的技术工具来教学图形的组合变换。

镶嵌。镶嵌是图形变换在艺术领域的应用，能够充分激发人们的创造力。它将一种或多种形状的瓷片按照重复的样式进行无缝隙无重叠的拼接（如图 19.27）。镶嵌图形以圆为基础，也就是说在某一顶点处各形状瓷片的内角之和都是 360°，才能保证无缝隙无重叠的拼接。若拼接图形只用一种正多边形，就称之为正则镶嵌。事实上，只有部分正多边形可用于正则镶嵌。

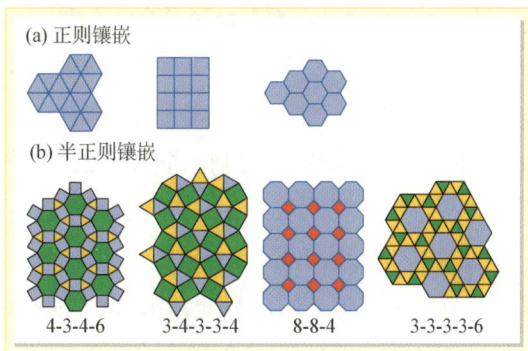

图 19.27 镶嵌图形

 反思角 哪些正多边形可构成正则镶嵌？

等边三角形的每个角都是 60°，所以六个等边三角形可以形成一个正则镶嵌。类似地，正方形和正六边形也可以构成正则镶嵌，就像黑白棋盘和蜂巢那样。

由两种或多种不同的正多边形构成的镶嵌图形称为半正则镶嵌。半正则镶嵌图形中每个顶点处拼接在一起的正多边形的类型、数量和顺序都是一致的。可以让学生试着找出哪些图形能组合成半正则镶嵌，自行设计图案。如图 19.27，学生可以在 1 厘米点阵纸上利用图形的变换或者恰当的正多边形组合，设计出极具艺术感的复杂图案。NCTM Illuminations 网站上有一个叫作"镶嵌图案设计者"的工具可供使用。这个软件可以将图形组合在一起，规律地重复出现以铺满整个平面。

荷兰艺术家埃舍尔（M. C. Escher）以镶嵌图案的设计闻名。他的瓷砖作品中经常出现鸟、马、蜥蜴等复杂造型。他通常先选择一些简单的图形，如三角形、平行四边形或六边形，再根据图形变换的原理改变边的造型设计。此外，还可以找到某边的中点和邻近的顶点，用线将其连接起来，再将连线绕中点转动，形成图形新的边（如图 19.28）。一旦瓷砖的

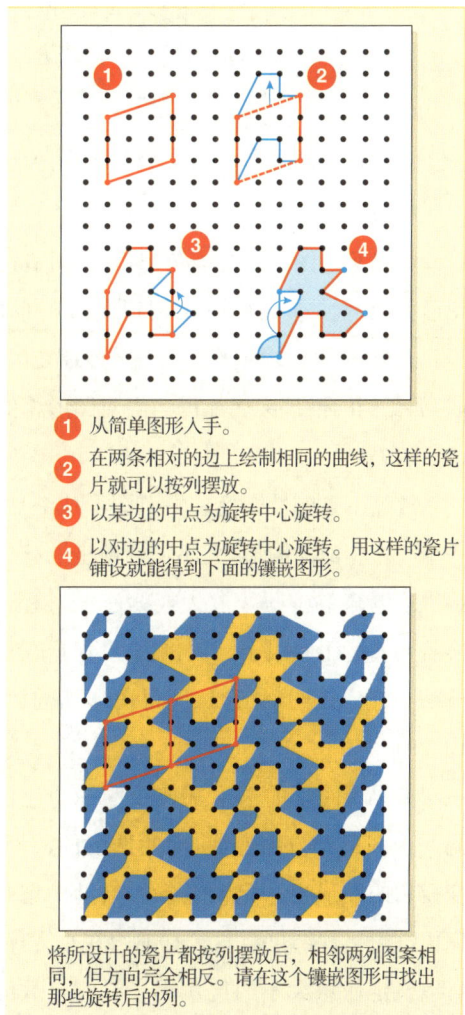

❶ 从简单图形入手。
❷ 在两条相对的边上绘制相同的曲线，这样的瓷片就可以按列摆放。
❸ 以某边的中点为旋转中心旋转。
❹ 以对边的中点为旋转中心旋转。用这样的瓷片铺设就能得到下面的镶嵌图形。

将所设计的瓷片都按列摆放后，相邻两列图案相同，但方向完全相反。请在这个镶嵌图形中找出那些旋转后的列。

图 19.28 设计"埃舍尔式"的镶嵌图形

图案设计完成，就可以不断复制形成镶嵌图形。

全等。全等图形是从图形变换的角度来定义的。如果两个图形可以相互通过刚性运动得到彼此，那么就认为它们是全等的。《美国共同核心课程标准——数学》(CCSS - M)要求 8 年级学生要"理解两个平面图形全等，是指一个图形是由另一个图形经过一系列旋转、对称或平移变换得到的。给出两个全等的图形，要描述出它们之间的变换过程"(NGA Center & CCSSO，2010，p. 55)。

通过"移动小人"以及在点阵纸上记录图形变换等活动，学生已经积累了一定的活动经验，为其后续在平面直角坐标系中探索图形的变换（包括复合变换）打下基础。例如，活动 19.27 这类聚焦于平面图形全等，可以作为过渡性活动，承上启下。

活动 19.27

它们全等吗？

在有坐标的网格纸中画出一些全等和不全等的三角形。教师先要求学生找出一对全等的三角形。为了证明它们是全等的，学生需说明一个三角形是如何经过变换完全覆盖另一个图形的。

坐标轴的相关概念会在下一节"位置"中具体讨论，图形变换的探索也将继续。

相似

如果两个图形的对应角都全等、对应边都成比例，那么就称这两个图形是相似的。证明两个图形相似，就是要说明一个图形经过一系列平移、对称、旋转或者放缩变换后，与另一个图形全等。几何图形相似的概念与比例推理之间的联系非常重要。事实上，相似图形是比例的直观表征，而比例的推理又能加深学生对图形相似（画缩放图）的理解。

放缩

放缩不是刚性变换。平面图形放缩后，会得到一个与之相似的图形，大小可能改变。想想我们在手机或电脑上将图片放大或缩小的过程。放缩变换需要知道比例因子。比例因子小于 1，所得图形被缩小；比例因子大于 1，所得图形则被放大（如图 19.29）。

如果不同组的学生都按照同一个比例因子对同一个图形做放缩变换，即便选取的放缩点不同，变换后的图形也一定都全等。借助动态几何软件完成练习呈现结果会非常有趣。在小程序中，学生可以设定任意大小的比例因子。一旦放缩变换结束后，学生还可以拖拽放缩点到屏幕的任意位置，

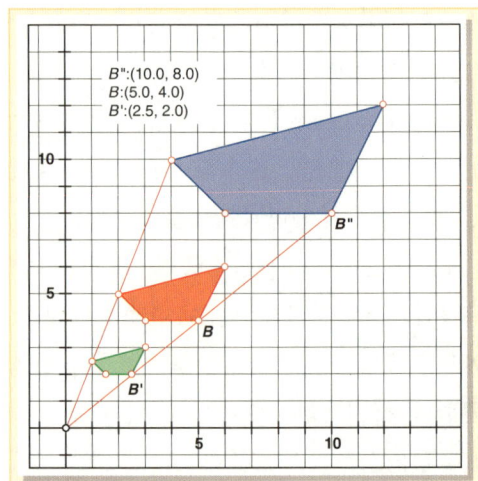

图 19.29 比例因子分别是 2.0 和 0.5 时，不规则四边形的放缩（红色为原图）

但变换后图形的大小和位置显然仍保持不变。

学生理解图形刚性运动也就意味着他们明白哪种变换会导致图形变形。在下面的活动中，学生会发现：横纵坐标乘常数所对应的图形变换不是刚性运动。

活动 19.28

多边形放缩

给学生分发坐标网格纸，让他们在第一象限画一个四边形，并记录四个顶点坐标。然后，将所有的坐标值都乘 2，得到四组新的坐标。提问学生："你觉得新的四边形会是什么样子？它的周长和面积分别会如何变化？"再让学生将所有的坐标值都乘 $\frac{1}{2}$。教师提出同样的问题，让学生把自己的预测记录下来，与实际绘图的结果进行比较。最后，要求学生把变换后的图形与原图的对应顶点分别连起来，观察有哪些发现（参照图 19.29）。

学生可能会喜欢进一步探索放缩变换，如绘制各种缩放图。先让他们在坐标网格纸上以确定顶点连直线的方法画出脸、小船或其他简单图形，再分别尝试仅给横坐标乘常数、仅给纵坐标乘常数、横纵坐标乘不同比例因子的放缩变换，观察结果。例如，仅给纵坐标乘常数时，放缩变换只发生在垂直方向，图形则只在竖直方向被拉伸或压扁。通过这个探索过程，学生会发现数值运算是如何通过平移、旋转、翻折和放缩来控制图形的，这不仅适用于平面图形，立体图形的放缩也是一样。电脑动画制作就是这个道理。

五. 图形的位置

早在幼儿园学前班的生活中，学童就在学习使用上、下、旁边、前、后等日常用语来描述位置（NGA Center & CCSSO，2010）。上述这些"位置学习"（Sarama & Clements，2014）对于学生了解、掌握更准确的位置关系非常有益。但为了发展学生的空间观念，必须帮助他们用更精准的方式来理解思考方向、距离和位置。使用标有数字的网格以及表示特定位置的坐标对于几何、测量及代数的学习就显得非常重要了。

最开始学习位置时，学生要先掌握描述物体间相对位置关系的术语（如球在桌子下面）。而后，他们要分析从地图上一点到另一点的不同路径，要会用平面直角坐标系。初次引入平面直角坐标系的第一象限是在 5 年级，要求学生"通过在坐标平面中描点来解决实际问题和数学问题"（NGA Center & CCSSO，2010，p. 34）。随后，6 年级拓展到所有象限；7 年级要能按比例绘制或构造图形；8 年级要会使用坐标系画出图象、说明图形变换并探索距离。

活动 19.29 要求学生用更精确的方式来描述图形的位置，可用于判断学生能否开始坐标系的学习。

活动 19.29

隐藏位置

　　给每个学生一块"隐藏位置"游戏板，四个形状不同的图形块。两人一组，分别坐在"挡板"两侧，谁都看不见对方游戏板上的格子(如图 19.30)。一个学生挑选一个图形块，将其放在某网格里，然后用语言向同伴描述该图形块的位置，争取让同伴能和自己的摆法一致。四个图形块都放好后，移开"挡板"，检查两人的摆法是否一致。而后，互换角色再来一次。

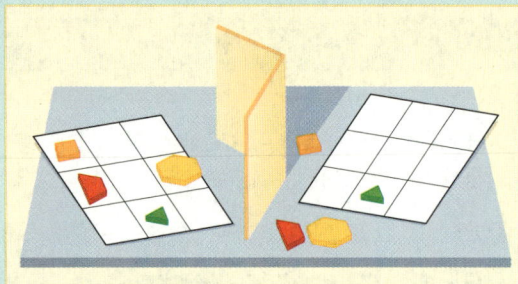

图 19.30　"隐藏位置"游戏

　　教师要先扮作第一个学生说明游戏怎么玩，示范使用最上面一行、中间行、左边、右边、上边、下边、紧挨着、列和旁边等词语。对于学习数学有困难的学生，先只给他们一个图形块，再逐渐增加个数。对于需要挑战的学生，可以给他们提供不超过 6×6 的网格纸。随着网格数量的增加，学生也能越发感受到需要找到一种方法来系统化地表示每个网格的位置。

下面这个活动旨在让学生探索网格纸上不同的路径。

活动 19.30

路线

　　如图 19.31，在边长是 2 厘米的网格纸上，标记出 A，B 这两个位置不同的点。借助投影或铺地砖的方法来演示如何描述从 A 到 B 的路线。图中的一条路线是"向上 5 格，向右 6 格"，另外一条路线是"向右 2 格，向上 3 格，向右 4 格，向上 2 格"。然后，算出每条路线的长度。事实上，只要你每次移动都更靠近目标位置(本题中是向右和向上)，无论路线如何，总长度都相等(本题是 11 个单位长度)。要求学生用不同颜色的笔画出从 A 到 B 三条不同的路线，并描述每条路线。再

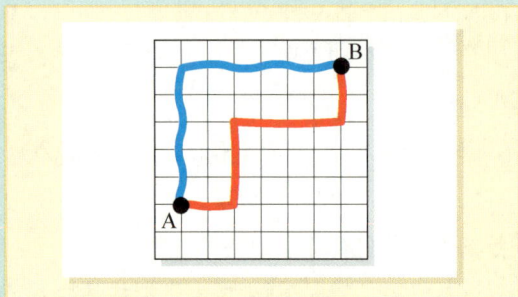

图 19.31　网格上从 A 到 B 的不同路径

提问："从 A 到 B 最多有几个拐弯？最少有几个拐弯？""如果从 A 到 B 不拐弯，A，B 可能会在什么地方？"对于需要增加挑战的学生，可以在网格纸上添加坐标系，让学生运用坐标表示来描述路线，例如：(1, 2)，(3, 2)，(3, 5)，(7, 5)，(7, 7)。

平面直角坐标系

为了准确地描述位置,学生要有一个参照点(坐标原点),以及关于距离和方向的信息(Goldenberg & Clements,2014)。教师可以利用图 19.32 给出的坐标网格纸来解释如何用两个数(正整数)表示网格中的交点。在"隐藏位置"(活动 19.29)中,物体不是放在交点上,而是放在网格里。因此,如果教师在当时已经初步引入了坐标表示,那么这里一定要强调两种形式的区别,强调在坐标网格纸中数对表示的是交点。建议刚开始使用坐标表示时,文字配

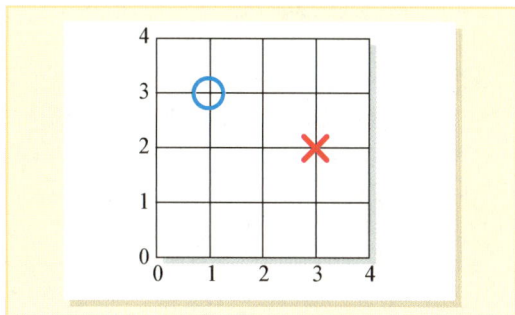

图 19.32 在这个简单的网格坐标系中,点 X 在(3,2),点○在(1,3)。可以用该图玩"三子棋"的游戏,注意棋子要放在交点上,而不是网格里

合数字一起出现,例如:右 3 和上 0(对 0 也要明确表述,不得省略)。教师选择网格中的一些点,让学生说出两个数来表示它们的位置。如果教师指着点(2,4),学生却错误地回答"4,2",这时,教师可以快速纠正学生,指出点"4,2"的位置,组织学生开始下面的活动。

活动 19.31

向右向上

用胶带在地板上粘一个坐标网格(或者直接在操场上画一个),给每个学生一块白板做记录。教师选定某个学生,给他一些坐标位置。该学生站在对应的交点上,其他学生记录坐标表示,然后集体展示答案。当然,这个活动也可以在网格纸上完成。如果教师总是重复这个活动的名字"向右向上",对于学习数学有困难的学生而言,它很可能会变成一个"助记小口诀"。因为他们会记得要"先向右,再向上",最终用两个正整数确定位置的坐标。所以教师也要明确告诉学生,未来学习位置的表示还会涉及其他方向,"向右走"不一定总是"正确的方向"。

---

8 年级的学生要能够在坐标平面中判断图形的变换(NGA Center & CCSSO,2010)。教师可以组织下列活动帮助学生理解。

活动 19.32

坐标平移

如图 19.33 所示,让学生在边长是 1 厘米的网格纸(表示坐标平面第一象限)上确定 5、6 个横纵坐标均在 5~12 之间的点。用直线顺次连接各顶点,形成一个简单图形。首先,学生将原图形各顶点的横坐标均加上 6,纵坐标保持不变,即点(5,10)变为(11,10)。事实上,新图形是原图形向右做平移变换得到的,与原图形全等。然后提问学生:"原图形各顶点的纵坐标均加上 9,横坐标保持不变,

你能画出这个新图形吗？"

教师再问："如果向右上方沿对角线方向平移图形，那么原图形的坐标值该如何变化？请验证你的猜想。"图 19.33 给出了将原图形各顶点的横坐标加上 6，纵坐标加上 9，平移后得到的全等图形。进一步追问："如果向左下方沿对角线方向平移图形，原图形的坐标值又该如何变化？"（横纵坐标都减去一个数）

教师继续提问："如果横坐标加上（或减去）一个数，图形会如何变化？那纵坐标加上（或减去）一个数，图形会如何变化？如果两个坐标同时改变呢？"选择一个横、纵坐标都改变的新图形，将它和原图形的对应顶点用线段连起来，你发现了什么？（所有线段平行且相等）

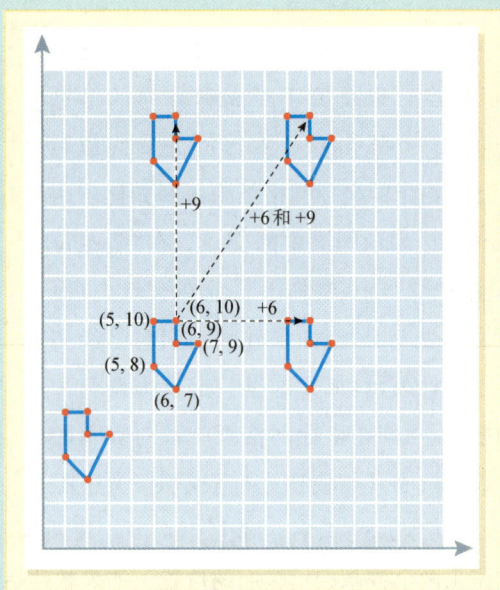

图 19.33 坐标值加上或减去一个常数所得的新图形，就是原图形经过平移变换得到的

在"坐标平移"的活动中，图形没有发生扭曲、翻转、旋转，形状和大小也没有改变。图形只是沿着某一路径（对应顶点之间的线段）"平移"。类似地，教师也可以带领学生在坐标网格中探索对称变换。如下列活动，先考虑 x 轴或 y 轴作对称轴的情况。

活动 19.33

坐标对称

如图 19.34 所示，让学生在平面坐标系的第一象限内绘制一个五边形 ABCDE，记为图形 1。首先，以 y 轴为对称轴在第二象限内画出对称图形 A′B′C′D′E′，记为图形 2。然后，以 x 轴为对称轴分别作两个图形的对称图形，即图形 3——五边形 A″B″C″D″E″（第三象限）和图形 4——五边形 A‴B‴C‴D‴E‴（第四象限）。写出这四个图形每个顶点的坐标。

○ 图形 3 和图形 4 有什么关系？还可以怎样得到图形 3 和图形 4？

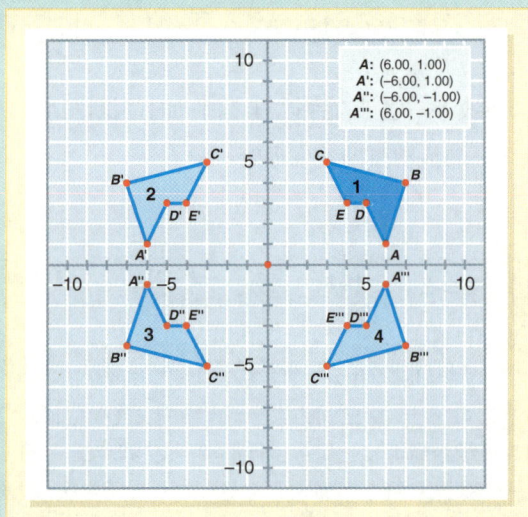

图 19.34 探索坐标系中的对称变换

- 和图形 1 相比，图形 2(图形 1 沿 y 轴翻折得到)的坐标有什么特点？图形 4 的坐标呢？
- 猜想图形沿 y 轴和 x 轴翻折前后坐标变换的规律。
- 连接图形 1 和图形 2 的对应顶点，观察这些线段，你有什么发现？它们与 y 轴有什么关系？

在探索图形变换的最后学习阶段，教师可以用下列问题来帮助学生深化对图形变换的理解。

- 如果对称轴不是 y 轴，而是与 y 轴平行的直线，那么对称图形的坐标该如何变化？
- 如果一个图形先沿坐标轴(y 轴或 x 轴)翻折，再旋转 90°，你能否发现图形变换前后坐标之间的一个规律？如果颠倒变换的顺序，先旋转 90°再沿坐标轴(y 轴或 x 轴)翻折，还存在这样的规律吗？
- 某个图形先后经过了两次平移变换，且你知道每次平移横纵坐标增加或减少的数量，如果现在要达到同样的变换效果，但只能平移一次，那么原图形的横、纵坐标应如何改变？
- 如果在放缩变换中，原图形横纵坐标放缩的比例因子不同，那么图形会怎样变化？

在坐标平面测量距离

从 6 年级开始，学生逐步学习如何在坐标平面上测量距离。最初，他们只需测量垂直或水平的线段长度。升入 8 年级后，学生要探索任意两点间的距离，并最终推导出两点间的距离公式。下面的活动旨在帮助学生利用网格坐标和勾股定理推导出平面内任意两点间的距离公式。

活动 19.34

用勾股定理找距离

让学生在网格坐标纸上或动态几何软件中的第一象限画出两点间的连线(连线既不是水平方向也不是垂直方向)。这条线段的长度是多少？给学生预留足够的时间，先让他们独立思考再小组讨论估测的结果和策略。而后，让学生以待求线段为斜边画直角三角形(直角顶点的横纵坐标分别与已知两点相同)，再运用勾股定理求出其长度。紧接着，要求学生再解决 2~4 个类似的问题，鼓励他们发现、归纳解决这类问题的一般性规律。

引导学生仔细回顾所有的计算过程，思考两端点的坐标是如何参与计算的。最后挑战学生：已知两点的坐标，在不画图的情况下他们能否计算出两点间的距离。

有关平面两点间的距离公式，并不要求 8 年级学生独立地给出证明。但如果给学生提供证明过程，他们应该要能理解其中的推理。教师要给学生提供机会让他们利用勾股定理计算线段的长度(两点间的距离)，这样才能帮助学生将这两大数学内容和思想联系起来。

六. 直观想象

直观想象也可以说成是"用心灵的眼睛做几何"。借助直观想象，人们能够在脑海中绘制出图形,对其进行各种操作,从不同的视角观察它,并预测各种变换后得到的结果。此外,人们能够通过想象完成图形在二维和三维空间的自由转换,以 6 年级的学生为例,他们可以想象出某个立体图形如何拆解得到其平面展开图。任何活动只要涉及让学生在脑海中思考、表征、操作几何图形,或让其做图形变换,都有助于培养学生直观想象的能力。

平面图形的想象

学生刚开始思考图形时,头脑中所呈现的主要是看到的图形的真实模样。这时,教师要安排活动让学生从不同的方向来思考具体的平面图形。

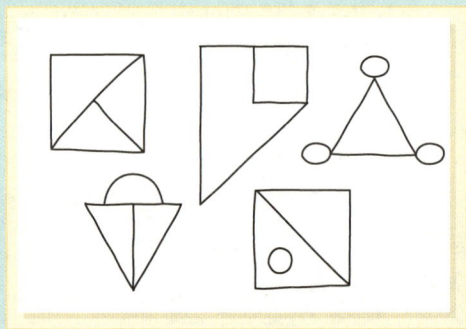

活动 19.35

你能记住吗?

给学生展示图 19.35 中的任意一个图形,保持 5 秒钟后,让他们自己重新画出该图形。然后,再出示该图片,多停留几秒,让学生修改自己画的图形。以这样的方式再展示下一个形状。

图 19.35 活动"你能记住吗?"用到的简图

当教师让学生描述他们所看到的图形,或者举例说明图形的哪些特征有助于自己记忆时,可以组织全班同学进行讨论。随着学生逐步学习口头表述所看到的图形,他们的视觉记忆也会不断改善。此外,对于学习数学有困难的学生,教师可以降低活动难度,让他们从一组图片中挑出自己刚才看到的图形。

给学生一定数量的简单图形,让他们思考这些图形可以组合成多少种不同形状。这类活动对学生的要求很高,他们需要在头脑中想象对称、旋转等操作,还要想办法确定自己是否找到了所有的可能性。具体地,我们来看下面的活动。

活动 19.36

五连方

五连方是由五个正方形连在一起组成的平面图形(就像从网格纸上剪下来的一样),其中每个正方形都至少跟另外一个正方形有一条公共边。给学生提供五个方瓷片和一张边长是 1 厘米的网格纸用于摆拼和记录,挑战学生看他们能找出多少种不同的五连方图案。旋转或翻折后重合的多个图形视为一种图案。不要告诉学生有多少种可能。当学生需要判断两个图形是否为同一种图案,或者是否所有不同的图案都找到时,会形成非常好的讨论。

如图 19.36 所示,当学生确定共有 12 种不同的五连方图案后,接下来就可以用它们进行其他的探究活动。例如,试着用这 12 个图案覆盖 6×10 或 5×12 的长方形。还可以逐一判断它们中的哪些可以折成一个无盖盒子。立体图形在二维平面上的表征就叫作它的"平面展开图"。针对无盖盒子的每种平面展开图,提问学生哪个正方形是底面。此外,教师还可以将平面展开图和有关体积的活动关联起来(Prummer,Amador,& Wallin,2016)。

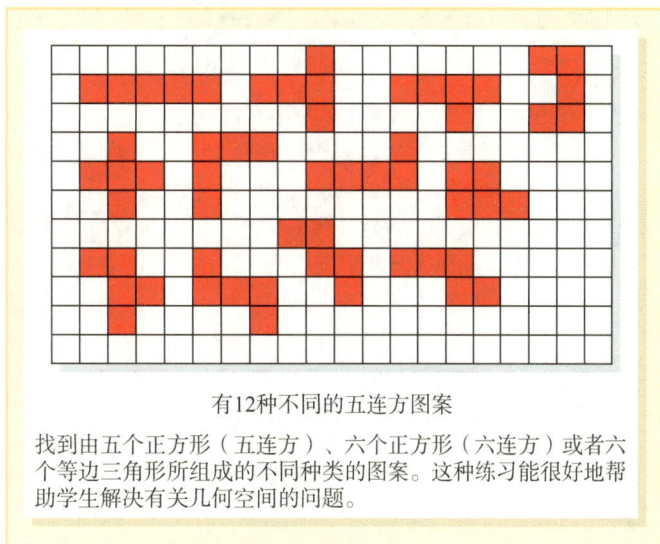

有12种不同的五连方图案

找到由五个正方形(五连方)、六个正方形(六连方)或者六个等边三角形所组成的不同种类的图案。这种练习能很好地帮助学生解决有关几何空间的问题。

图 19.36　12 种不同的五连方图案

学生还可以探索六个正三角形或者四个等腰直角三角形(正方形的一半)能组成多少种不同的图案。这里要说明的是,直角三角形在组合时,相连的两边必须长度相等。知道它们各自究竟有多少种不同的组合图案吗?六连方是什么情况(共 35 种)?我们甚至可以用 5 个正方体在三维空间中搭建不同的结构(共有 29 种)(Copley,2017)。

活动 19.37

几何项链

　　每张卡片上画着一个平面(或立体)图形,或者是其他符合学生学习情况的几何图形。在卡片顶端打两个孔,用细绳串起来做成一个项链。将项链挂在每个学生的脖子上,卡片搭在他们的后背,所以每个人看不见自己项圈上的图案。活动开始后,学生可以在教室自由走动。学生不能看自己的卡片,也不能直接问同伴自己的项链是什么图形。每个被问询者只能回答一个问题,且只能回答"是"或"不是"。提问者借此收集、汇总信息来判断自己的几何图形或术语。一旦学生明确自己的项链是什么图形,就可以去找教师验证。

立体图形的想象

对学生而言,直观想象的培养还要求他们在立体图形和平面图形之间建立关系,通过关注表面的形状,从不同平面的视角思考立体图形。

活动 19.38

找"侧面"

　　如图 19.37 所示，教师给学生提供若干立体图形的图片，以及相关的"侧面"卡片。具体的配对活动可分成两类：依据"侧面"卡片确定立体图形，或者根据立体图形找出对应的侧面。

　　此外，活动还可以这样进行：把某个立体图形所对应的所有"侧面"卡片扣在桌子上，每次只能翻开一张作为判断立体图形的线索，看谁能更早地猜出立体图形。

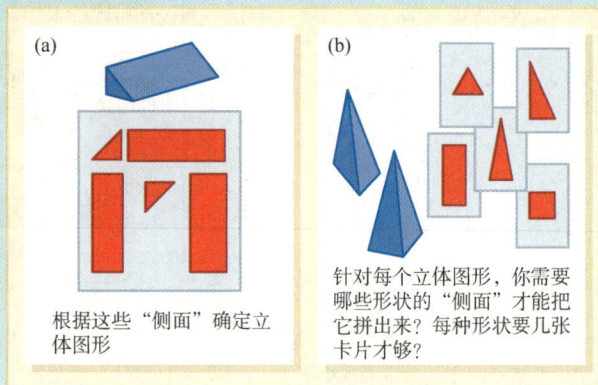

(a) 根据这些"侧面"确定立体图形

(b) 针对每个立体图形，你需要哪些形状的"侧面"才能把它拼出来？每种形状要几张卡片才够？

图 19.37　立体图形与"侧面"卡片的配对活动

　　学生可以运用动态几何软件绘制立体图形，或使用 3D 打印机将立体图形实实在在地构造出来（Cochran，Cochran，Laney，& Dean，2016）。

　　培养直观想象能力的一个重要目标就是能够借助多个平面视图还原出立体图形。这也是活动 19.39 的主要目的。

活动 19.39

建筑视图

　　在这个活动中，学生要在边长是 1 厘米的网格纸上画出该建筑的俯视图，再根据各个正交视图用边长为 1 英寸的立方体构造该建筑。

○ **版本一**：教师给学生提供立方体拼搭的建筑，让学生画出它的左、右、前、后视图（这些不同视角的视图又叫作剖面图）。图 19.38 左上角的建筑规划图给出了该建筑的俯视图以及各位置对应的立方体个数。

○ **版本二**：教师给学生提供某建筑右视图和前视图的图片或照片，学生需构造出相应的建筑，并画出其建筑规划图（俯视图以及各位置对应的立方体个数）。

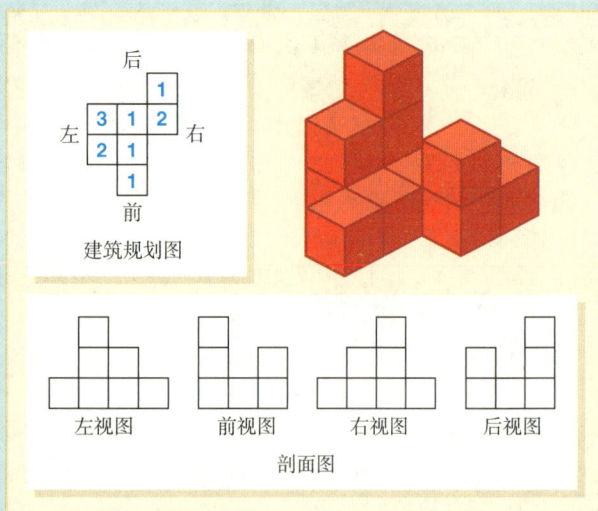

图 19.38　"建筑视图"任务

为了让"建筑视图"活动更具挑战性,教师可以让学生在(1 厘米或 2 厘米)等距点阵纸上画出立体建筑的等轴侧视图,或者找出与某建筑匹配的等轴侧视图。由于等距网格纸已经预先画好了所有维度(长、宽、高),它比较适合用于绘制等轴侧视图。让我们来看下面的活动。

活动 19.40

画立体图

- 版本一:教师首先在边长是 1 厘米或 2 厘米的等距纸上画出某立体建筑的等轴侧视图。假设所见即全部,不存在任何隐藏的立方体。学生需要根据等轴侧视图用立方体还原建筑,并画出俯视图以及各位置对应的立方体个数。
- 版本二:如图 19.39 所示,给学生提供某建筑的四个剖面图和俯视图。学生需要根据上述信息用立方体构造建筑,再画出至少两个不同视角的建筑视图(还有四个可能的视角:左前、右前、左后、右后)。如果学生解题遇到困难,可以给他们一张白纸,在其四条边上清晰标记前、后、左、右。然后让他们在这张纸上拼搭建筑,以便强调不同的位置和视角。

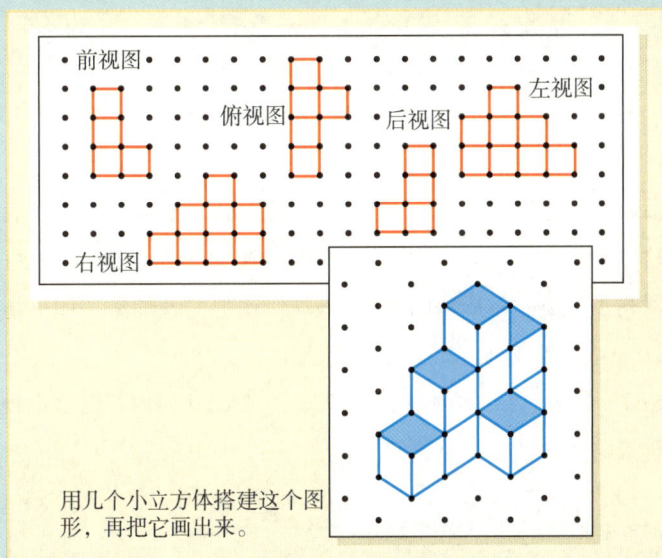

用几个小立方体搭建这个图形,再把它画出来。

图 19.39 等距点阵纸上的立方体建筑

活动 19.41

立体图形的剖面

当我们把一个立体图形切成两个部分，切面就形成了一个平面图形。给每组学生准备黏土立方体、细线或塑料刀（如图 19.40）。提问学生："如果你把立方体的一个角切掉，留下来的切面会是什么形状?""如果想要得到一个梯形或者正方形的切面，你会切吗?"图 19.40 中的立方图形会得到哪些形状的切面?

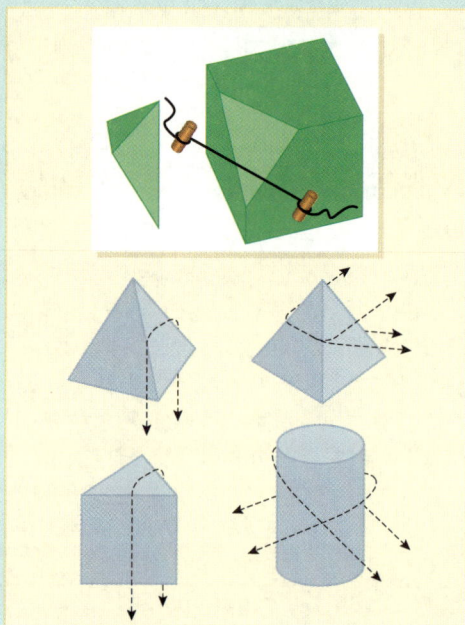

图 19.40　先预测切面的形状，再用细线切割模型

另一个有趣的活动是用透明的塑料容器盛放一部分水。容器中的水面恰好能模拟切面，相当于立方体容器在这个位置被切开了。以不同的方式倾斜容器，就能观察到所有可能的切面。教师先给学生一份罗列了各类三角形和四边形的表格，让他们预测哪些图形能成为切面，哪些不能，并给出理由。然后再让学生盛水验证自己的猜想。

探究下面的表格 19.4，它总结了学生在学习四个主要的几何内容时常出现的挑战或误解，以及教师可采取的教学策略。

表 19.4　几何学习中的常见挑战或错误认识以及教学策略

常见挑战与错误	具体表现	教学策略
1. 受方向、大小或颜色等非本质特征的影响，不能正确识别图形	学生称第三个图形为"钻石形"（而不是正方形）。只因为它摆放得有些倾斜，学生就认为它不是正方形。类似地，学生认为最后一个图形是尖形，不是三角形。	◆ 给学生提供某类图形各式各样的样例，让他们找出这些图形的共同特征。 ◆ 对比样例和非样例，以便帮助学生聚焦定义图形的本质属性。 ◆ 在选择海报、学生作品或图形样例时仔细筛选，避免给学生呈现不正确或不准确的范例。

续　表

常见挑战与错误	具体表现	教学策略
2. 通过关注立体图形的各个平面错误地定义立体图形	学生把立方体叫作"正方形",把矩形直棱柱叫作"长方形",把球叫作"圆"。	◆ 在认识立体图形时,先明确认识、定义和命名"面"的概念,再命名立体图形。 ◆ 给学生提供更多的机会,让他们同时研究对比平面图形和立体图形,以帮助他们理解长方形是矩形柱体的一个面。 ◆ 当学生把一个盒子(矩形直棱柱)叫作长方形时,教师要及时纠正。强调长方体盒子的一个面是长方形。 ◆ 把一个立体图形放进袋子或袜子里,让学生描述触摸的感受,如果学生只描述平面图形,就给他看平面图形的模型,再追问"袋子里是否有这个平面图形"。
3. 不能确定各类四边形之间的种属关系,例如,长方形是正方形吗? 长方形是平行四边形吗? 正方形是平行四边形吗?	当问学生:"这个图形是长方形吗?"他们回答"不是"。	◆ 提示学生:他们可以同时属于两个或更多个学校俱乐部。同样地,图形也可以同时属于多个不同的类别。 ◆ 聚焦活动19.2和活动19.3,让学生充分比较各个图形的性质和定义。 ◆ 让学生自己画类似于图19.10的图形分类关系图。
4. 在没有视觉辅助的情况下让学生思考图形的性质,他们只围绕脑海中出现的某个图形特例判断,并没有思考该图形的全部可能	学生认为:如果四边形的边都相等,那么四个角也都是直角。	◆ 注重列举反例。使用反例对于提高学生的证明能力很有帮助。
5. 相互垂直的两条直线必须是横平竖直	学生认为下图两条直线不是互相垂直的。 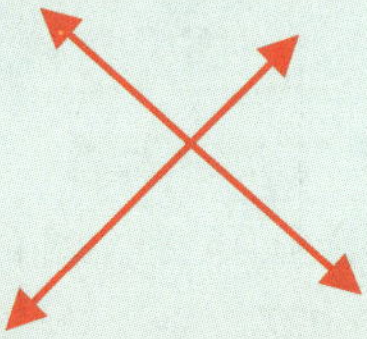	◆ 只呈现水平和竖直的相交直线来表征垂直是人为因素造成的。教师应该给学生展示各种不同方向的垂直相交线。
6. 平行线必须是水平的	学生认为下图两条直线不是平行的。 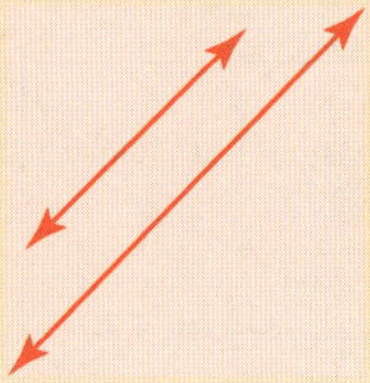	◆ 只呈现水平方向的平行线是人为因素造成的。教师应该给学生展示各种不同方向的平行线。

常见挑战与错误	具体表现	教学策略
7. 对称轴必须是沿水平或竖直方向的直线，或者对称轴必须和图形的某些边重合或方向一致（Ronau，Meyer，& Crites，2015）	例如，学生认为正方形只有两条对称轴，忽视了对角线的情况。	◆ 给学生提供各种不同的图形，学习之初明确要求学生找到多少条对称轴。慢慢地减少帮助，由学生自己找出某图形所有对称轴的数量。
8. 无法判断朝向不同的图形是否全等	学生要找出由三个等腰直角三角形组成的不同图案。他们认为下列两个图案不同，因为它们的朝向不同。	◆ 给学生提供更多机会，让他们体会、积累刚性运动的活动经验。例如在玩拼图、用图形块设计图案、使用交互性小程序的过程中，使用并描述平移、对称和旋转这些图形变换。 ◆ 给学生提供多个组合图形的设计图片。当学生找到一种设计方案时，让他们动手把图形组合或粘连在一起。如果又找到了一种设计方案，先让学生通过旋转、翻折等操作比较手中的实物模型与照片上的是否相同。
9. 根据平面展开图想象不出对应的立体图形	给学生展示一组网格纸上的六连方图案，学生无法判断哪些是立方体的平面展开图。	◆ 活动 19.36 结束后，教师追问学生，哪些图可以折成一个无盖的盒子。 ◆ 参考活动 19.38。
10. 不能准确描述没在眼前的图形（在脑海中构建图形十分困难），或者在图形平移、对称、旋转后，无法预测变换后图形的样子	学生不能预测"移动小人"沿某给定线段翻折后的样子。	◆ 激发学生兴趣，鼓励他们参与能够利用实物或虚拟材料验证自己猜想的活动。参见活动 19.24。 ◆ 鼓励学生尝试拼图游戏（参见活动 19.8 和活动 19.9）。
11. 在定位活动中，不能区分空格位置和交点位置	要求学生将图形块放在右 3 上 2 的位置。学生没有将图形块放在网格的交点上，而是放在了格子内。	◆ 利用两个毛根帮助学生测量水平和竖直方向的距离，毛根相交的地方就是点所在的位置。 ◆ 提供本地简易地图，把它放在网格中以便确定位置。向学生解释：我们是沿着街道来游览的，可以把街道看作是网格线。
12. 颠倒坐标表示中数对的顺序	学生认为某点的坐标不是$(x，y)$，而应该写成$(y，x)$。	◆ 学生需要了解用有序数对表示位置是人们约定形成的惯例。因此，学生需要不断练习，掌握先横坐标再纵坐标的表示方法。

学习目标

在阅读本章内容之后,你应该能够完成如下学习目标:

20.1　解释统计与数学的区别,理解什么是"做统计";

20.2　描述并掌握抽样及如何查找高质量的数据资源等收集数据的方法;

20.3　指导学生用符合儿童发展规律的方法来分析数据以及表示数据的最佳方式;

20.4　说明并解释中心度量和变异性度量的含义;

20.5　提供有利于让学生关注数据并解释的问题。

信息爆发的时代里,公众每天被大量的图表和统计数据包围:广告宣传、民意调查、人口数量趋势、健康风险以及学校儿童发展指标等各个领域无所不在。例如,今年夏天的平均降雨量比去年夏天多,或者美国每个家庭平均有 3.19 人;再如,2017 年 9 月,美国房屋售价的中位数约为 31.4 万美元,平均数约为 37.8 万美元(U. S. Bureau of the Census,n. d.)。人们在了解这些统计数据的同时也会产生一系列疑问:这些数据是如何收集的? 目的是什么? 为什么房屋售价的中位数和平均数如此不同,哪一个更合理呢?

统计素养无论是对于儿童理解周围的世界还是成为高素质公民,抑或培养对媒体信息的质疑能力,都是至关重要、不可或缺的(Shaughnessy,2007)。即便像报纸这种相对可靠的信息来源也会出现为了突出夸大某个发现而设计图表,使得统计数据被错误理解的情况。所以学前~8 年级的学校教育都应该支持学生经历对统计的基本概念有意义的体验。例如,《数学实践标准》(第一版)表明,"精通数学的学生能够解释等式、口头语言、表格和图表之间的对应关系,也能够把重要特征和关系绘制成图表,或者把数据制成曲线,并探索规律或趋势"(NGA Center & CCSSO,2010,p. 6)。以下大观念有助于学生统计素养的形成。

大观念

○ 统计学的研究领域与数学不同。尽管统计中用到数学,但统计关注的是对数据的分析和由此产生的实际意义,所以理解统计数据的背景是非常重要的。

○ 做统计包括四个步骤：提出问题、收集并整理数据、分析数据和解释结果。

○ 不同类型的图表和数据表现形式会展示数据不同方面的信息。因此图表的选择会影响对数据的理解。

○ 用数字来描述数据的度量称为统计。

○ 数据分布图展示的是数据的概览图，而非数的集合。图表和统计能够表明数据分布的概况，如数据离散或集中的情况。

一．做统计

事实上，做统计和做数学是不同的过程，这一观念最近在标准文件和研究中备受关注（Burrill & Elliott，2006；Franklin et al.，2007；Shaughnessy，2003）。数学是对于数及其运算的概括与抽象理解，它也是对于空间结构及其度量之间的转换与抽象理解……统计也与数有关，却是有背景的数，这些称为数据。统计学研究的是变量和个案、数据分布和差异，以及在研究设计和结果解释中随机性的作用等（Richard Scheaffer[①]，2006，pp. 310 - 311）。

统计素养是学生理解和解释世界的必备素养之一。本章介绍统计的一些大观念和基本知识以及做统计的一般流程。本章将围绕做统计的四个步骤依次展开。

学生从幼儿园开始就要探索统计的概念，统计的学习也一直贯穿于中小学。在小学低年级，学生学习如何将数据分类并以各种图形表示（如象形图）；在小学高年级，学生收集和组织数据，并用频数分布表、条形图、点状图（线状图）和象形图来表示数据；进入中学后，学生学习新的数据表示方法，如直方图、箱线图、散点图和茎叶图等，以及数据中心度量和变异性度量（NGA Center & CCSSO，2010）。

统计与数学

统计学和数学是两个不同的领域，然而，在评估中，所考查的统计问题实质上往往是数学问题而非统计问题。这种做法使得学生不是把重点放在统计推理上。如下面来自谢弗（Scheaffer，2006）的示例。

> 阅读下面的问题，并将每个问题标记为"做数学"或"做统计"。
>
> 1. 每个西红柿的平均质量是 2.36 磅。50 个这样的西红柿的总质量是多少磅？（NAEP 样题）
>
>   a. 0.0472

[①] 美国统计协会（American Statistics Association）前任主席。

b. 11.8

c. 52.36

d. 59

e. 118

2. 进行了三次测试,乔的成绩分别为78、76 和74,而玛丽的成绩分别为 72、82 和 74。乔的平均成绩和玛丽相比,结果如何?(TIMSS 8 年级公开的试题)

a. 乔高了 1 分

b. 乔低了 1 分

c. 两人平均成绩相同

d. 乔高了 2 分

e. 乔低了 2 分

3. 表 20.1 给出了今年三个女孩参加七次 100 米短跑的测试记录。其中仅有一人可以参加即将举行的田径运动会。你会选谁,为什么?

表 20.1　三名选手的比赛时间

姓名	1	2	3	4	5	6	7
苏茜	15.2	14.8	15.0	14.7	14.3	14.5	14.5
塔妮莎	15.8	15.7	15.4	15.0	14.8	14.6	14.5
达拉	15.6	15.5	14.8	15.1	14.5	14.7	14.5

上述哪个问题涉及统计推理?是所有的还是一个也没有?事实上,正如谢弗所解释的,这里只有最后一个问题是有关统计的。问题 1 需要知道平均数公式并反向推导——这是数学思维而非统计思维;问题 2 则是关于计算过程的;问题 3 本质上才是统计问题,因为这种情况需要分析——用图表或平均数来确定解决方案,在这个过程中,数学是基础,而统计是重点。

需要注意的是,在前两个问题中无关紧要的情境在问题 3 里则至关重要。这恰恰表明问题 3 是需要统计推理的。统计中的情境信息对于分析和解释数据是必不可少的(Franklin et al.,2007;Lovett & Lee,2016;Scheaffer,2006)。无论是观察数据的分布和形状,还是考虑异常数据点(异常值)的含义,都是根据问题情境来确定的。

数据的形状

数据分析中的一个重要概念是"数据的形状",即数据的分布。它包括数据是如何分散或聚集的,作为一个整体的数据集合应具有哪些特征。不同的统计图可以展示数据分布的不同特点。

例如点状图,说明了数值型数据的分布(Kader & Jacobbe,2013)。图 20.1 显示了四个不同的点状图（用"·"代替"×"，又称线状图），分别展示了不同的数据形状。尽管图 20.1(a)中的点状图并不是完全对称的，或者说该图的左侧与右侧看上去只是大概一样，但是我们称之为对称分布，因为我们描述的是数据的总体形状。

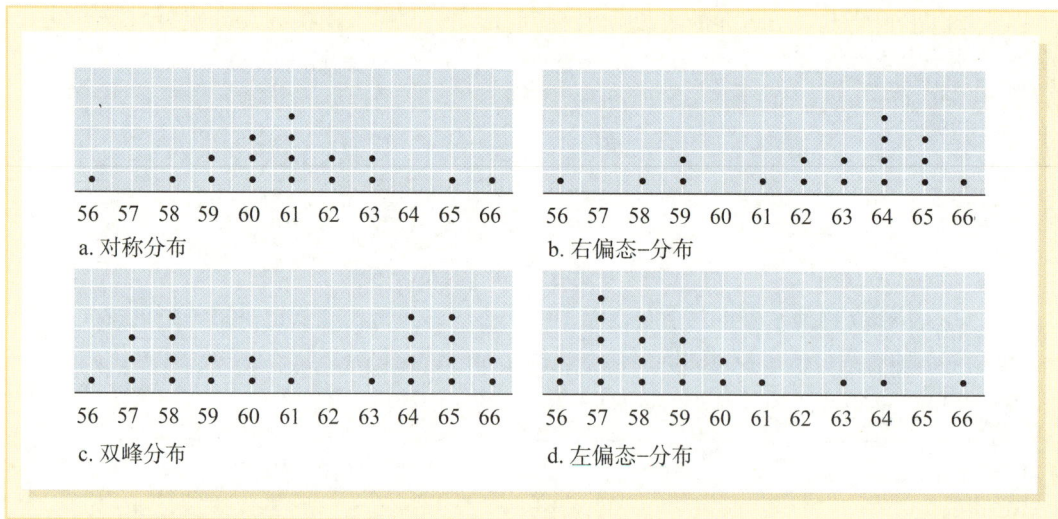

图 20.1　点状图显示数据的不同分布（形状）

　　点状图（线状图）表示的是数值型数据的分布情况。而条形图和扇形图（百分比图）则用来表示分类型数据的分布情况。扇形图侧重于每一类的相对值，而条形图增加了数量上的维度。选择哪一种统计图以及具体分成多少类都会影响数据分布的形状。

　　理解数据形状的一个要点是了解数据是如何分散和聚集的。在低年级时这可以通过非正式地讨论观察图表来进行。对于数值型数据，统计能告诉我们数据是如何分散或散布的，其中最简单的是全距。均值（平均数和中位数）告诉我们数据的"中心"。学生在高中将学习标准差，它也是衡量数据分散程度的统计量。在中学阶段，学生会学习"箱线图"，用来视觉呈现数据分散的情况。

做统计的流程

　　我们知道，学习加法所涉及的远不止数的组合。同样的道理，做统计也远不止能够创建一个图表或计算出平均数。要想有意义地学习和做统计，学生应该从提出问题、分析数据到解释结果的整个过程都有所参与。听上去有些复杂，但是只要所提出的问题和数据分析方法适合学生的年龄，即便是幼儿园孩子也可以有意义地参与这个过程（Hourigan & Leavy，2015/2016）。本章的内容都将围绕这个过程展开，如图 20.2 所示。而表 20.2 则简要描述了学生在统计过程中遇到的常见挑战，对此本章将进行具体讨论。

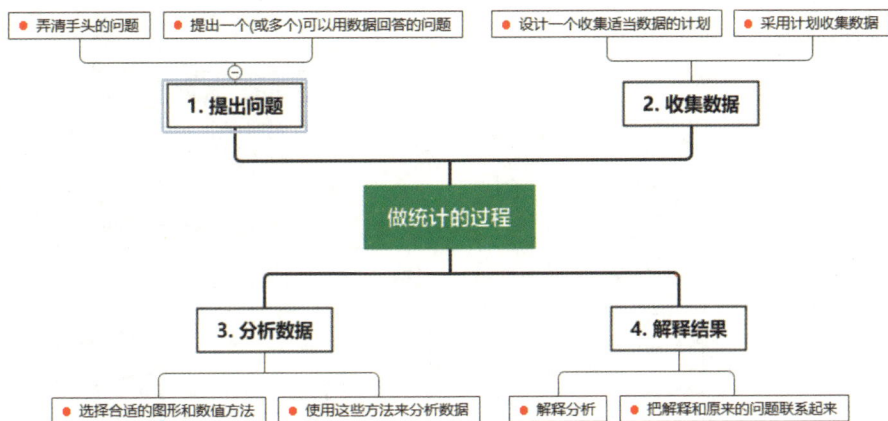

图 20.2 做统计的过程

资源来源：Franklin, C. ,Kader, G. ,Mewborn, D. ,Moreno, J. ,Peck, R. ,Perry, M. , & Scheaffer, R. (2007) Guidelines for Assessment and Instruction in Statistics Education (GAISE) Report：A Pre–K–12 Curriculum Framework，p. 11. Reprinted with permission. Copyright © 2007 by the American Statistical Association. All rights reserved.

表 20.2 与数据和统计有关的常见挑战或错误认识以及教学策略

常见挑战与错误	具体表现	教学策略
1. 提出一个统计问题	学生提出的问题不是统计问题，例如： ◆ 我的狗多大了？ ◆ 昨晚我花了多少时间做作业？	◆ 给出统计和非统计问题的例子，并让学生找出它们的区别。 ◆ 帮助学生修改他提出的非统计问题，使之成为统计问题。例如，全班同学宠物的年龄是多少？ 或者，我们班同学通常花在家庭作业上的时间是多少？ ◆ 强调统计问题依赖于实际情境，只能通过收集数据来解答，而且统计问题总包含一些变化（即如果只有唯一答案，那就不是统计问题）。
2. 确定数据分组的类别	在收集数据后（例如，最喜欢的书），学生只是如实列出每个同学的姓名及其最喜欢的书名，而不对它们做分类。	◆ 使用分类活动（参见活动 20.4～20.6 以及表 20.3 中列出的基于社会和科学研究的活动）。 ◆ 提供分类的可能类别，或进行头脑风暴讨论可能的类别。
3. 基于多个规则对物品分类	要求学生使用"小三角形"这一规则对属性材料进行分类，但学生在分类时只考虑了三角形这一属性（忽略大小这一属性）。	◆ 最初用可见属性（如颜色）对材料进行分类。 ◆ 在寻找属性分类时要循序渐进：首先只按一种属性分类，当学生成功后，再增加属性的数量。 ◆ 分类活动时让学生陈述分类规则，并强调每一种属性的特性，例如，"这个形状很小，这个形状是三角形"。

常见挑战与错误	具体表现	教学策略
4. 将图表中的数据集视为一个整体（而不是单个数据点）	要求学生描述班级同学上学方式的统计图时，学生会说："那是我的便利贴！我是坐公交车的。"	◆ 明确提出关于数据形状的问题。 ◆ 画一条直线或曲线。例如，连接条形图的顶部来展示数据的一般形状。 ◆ 比较两个不同图形的形状。例如，两个条形图或两个线状图。
5. 条形图的创建：0 的处理	学生调查后创建条形图，但忽略了结果为 0 的数据类别。 **3 年级学生最喜欢的颜色** | 黄	6
蓝	5
绿	0
红	4
褐	2
紫	5 | 三年级学生最喜欢的颜色 （黄色 6、蓝色 5、红色 4、棕色 2、紫色 5 的条形图）	◆ 让学生分别数一数调查项目和条形个数。 ◆ 分类时有意包含预计结果为 0 的类别，这样可以让他们熟悉这种情况。 ◆ 讨论为什么仍然需要为该类别设一个条形。
6. 象形图：比例尺度的理解	学生看到喜爱动物的象形图，将 5 只海豚直接解释为 5 名学生选择了海豚（而不是参考比例尺度：每只海豚＝3 名学生）。	◆ 明确地问学生为什么图片的数量与被调查学生的数量不一致。 ◆ 每个类别都需要计数。 ◆ 让学生对不同的结果进行讨论。
7. 直方图：条形含义（描述区间内数据的相对频率）以及 x 轴和 y 轴含义的理解	学生从条形图读取的为实际数据值，而不是区间的频率；学生用 y 轴确定数据的中心；学生认为条形的高度反映了数据的变异性。	◆ 比较直方图和条形图。 ◆ 将直方图与相关的数值型数据进行比较。 ◆ 要在分析和解释图表上多花时间和精力（而不是把大部分教学时间花在制作图表上）。
8. 箱线图：理解每部分都有 25％ 的数据点	学生认为更小的箱子意味着更少的数据点。	◆ 将箱线图与直方图进行比较。 ◆ 讨论哪些部分具有最多的数据点（或没有数据点），哪些部分差异最大。

续　表

常见挑战与错误	具体表现	教学策略
9. 为数据选择适当的图	学生用折线图表示分类数据。 （折线图：纵轴 1–6，横轴 红 蓝 绿 黄；红≈4，蓝≈5，绿≈1，黄≈3） 红　蓝　绿　黄	◆ 在教室里一个显眼的地方，列出图表选项。 ◆ 在学生画图之前，问一下，这些数据都可以选择哪种类型的图表来表示？（为什么？）不能选择哪些图表？（为什么？） ◆ 在学生画完图并分享展示之后，让学生评价展示是否合适，以及对于收集到的数据，它是不是一种很好的方式。
10. 依据频数分布表或点状图（线状图）确定平均数	学生不能计算出每个数据点的个数，或者不知道数据点的总数。	◆ 要求学生写出图表中每行和每列的表达式。例如，如果统计到有 6 个学生的手拃长是 7 英寸，那么他们在旁边用6(7)来记录。 ◆ 让学生重新审视答案，看看数据是否有一个合理的中心度量。

二. 提出问题

统计不仅仅是制作图表和分析数据，它还包括提出并回答有关我们这个世界的问题。数据收集应该是有目的的，是为回答问题而进行的。数据分析实际上增加了关于世界某方面的信息，就像政治民意测验专家、广告公司、市场研究人员、人口普查员、野生动物管理人员、医学研究人员以及其他许多人一样，收集数据是为了回答问题并做出明智的决定。

即使年龄小的学生都应该有机会提出自己的问题，并能够参与确定和收集哪些数据可以回答这些问题（NGA Center & CCSSO，2010；NCTM，2006）。无论问题是由老师还是由学生提出的，学生都应该参与讨论问题的定义。例如，如果老师问"我们班同学家的孩子数量平均是几"，这里也许需要讨论一下异父或异母的兄弟姐妹是否包含在内。或者，如果想知道每个同学有多少双鞋，可能就会出现这样的问题：是否要把卧室拖鞋和人字拖也算进去。

如果是学生提出的问题，那么收集数据对他们而言就会更有意义，学生也能有目的地组织和分析数据。通常在讨论过程中问题会自然而然地出现，也可以在学习其他科目的时候提出统计问题。下面两节介绍提出问题的一些想法。

课堂提问

要增进学生彼此之间的了解，可以从他们的家庭成员、养的宠物、测量臂长或上学时间以及他们的喜好等等话题入手。最简单的问题是每个班级成员在提供数据后就能回答的问题，请参考下面的问题：

- 最喜欢的：电视节目、游戏、电影、冰淇淋、电子游戏、运动队、音乐（若有很多可能性时，首先要限制选项的数量）等。
- 数量：宠物或兄弟姐妹的数量，看电视或睡眠的小时数，就寝时间，使用电脑的时间等。
- 度量：身高、臂展、脚底面积、跳远距离、影子长度、绕跑道跑一圈要几秒、上学路上花几分钟等。

自身以外的统计问题

上面的问题都是围绕学生自己的数据而设计的。这些问题可以扩展开来："我们的数据与其他班相比如何？"例如，其他 2 年级学生和我们喜欢的电影一样吗？比较可以帮助学生专注于他们所收集的数据以及数据之间或不同数据之间的差异（Russell，2006）。随着学生年龄的增长，他们也可以开始考虑不同的人群和他们之间的差异。例如，5 年级的学生与中学生有什么相似或不同之处？学生可能还会研究更广泛的比较，例如男生和女生、成人（或老师）和学生、全职工作者和大学生等等不同人群之间进行比较。这些都会涉及抽样、归纳和比较等问题。

为了进一步拓展学生的视角，还可以让他们把自己或他们班级的数据与该州其他地方、其他州甚至国外类似班级的数据进行比较。这不仅可以为学生提供有趣的数据来源，还可以为他们打开一扇了解外部世界的窗口。

活动 20.1

我们村里都有谁？

绘本《如果美国是一个村庄》（*If America Were a Village: A Book about the People of the United States*）（Smith，2009）和《如果世界是一个村庄》（*If the World Were a Village: A Book about the World's People*）（Smith，2011），为学生提供了一个很好的比较机会，他们可以将班级或学校数据与美国乃至世界上的人口进行比较。这两本书都探讨了相对财富、文化、语言和其他影响，还提供了假设美国（或世界）是一个 100 人村庄的统计数据。建议教师先把整本书或选择几段读给全班同学听，然后选定其中的某个主题，让学生来判断所在班（或学校）的数据与书中数据是否相似，最后收集班级具体数据，与书中所给出的美国和世界的数据进行比较。也可以鼓励学生把他们认为有趣的数据添加到书中（参见 Riskowski，Olbricht，& Wilson，2010，该项目使用 100 名学生的数据来探索统计概念）。

再有，可以利用当地报纸提出各种各样与数据相关的问题。例如，一周中不同的日子各有多少广告，又有多少不同类型的运动故事（如篮球、足球、游泳等）？当地报纸一星期每天有多少页？什么类型的故事在头版？哪些漫画真是给孩子看的，哪些不是？

在其他学科中也可以很好地体验统计。科学本身充满了测量和数据，也是一门不断提问探究的学科。请参考下面这些与科学相关的研究题目：

- 在给定的一周内，学校的回收箱里放入了多少个塑料瓶和易拉罐？

- 当不同类型的球从同一高度落下时,它们分别会反弹多少次?

- 把不同种类的豆子、南瓜籽和豌豆粒放在潮湿的纸巾里,分别需要多少天才能发芽?

- 哪个牌子的泡泡糖会让你吹出最大的泡泡?

- 哪些液体在冷冻时比其他液体膨胀得更大?

- 植物在水、苏打水或牛奶的浇灌下哪种情况生长得更快?

在进行实地考察之前让学生提出一些问题,以便在考察过程中收集数据(Mokros & Wright, 2009)。例如,当参观动物园时,学生可能会记录下(用图表记录)与下列问题相关的数据:

- 动物园里有多少动物比我体型大?

- 有多少动物没有腿、有两条腿、有四条腿,还有四条以上的腿?

- 有毛的动物多还是没有毛的动物多?

- 动物园里的动物分别来自哪个大陆?

对于所在社区的讨论,也可以很好地把社会学和数学结合起来。

如前文所述,统计的一个显著特征是情境的突出地位,因此,让背景具有文化意义尤为重要。有文化意义的背景可以创造一个支持性的课堂环境(McGlone,2008)。这可以是简单地询问最喜欢的家庭聚餐或游戏,也可以深入家庭习俗的探索。让这样一些问题营造一个支持性的课堂环境,关键在于分享交流的方式有助于班上同学的彼此了解。

活动 20.2

我们能从社区了解到什么?

这项活动会持续好几天。首先,让学生上交一张记录卡,上面有他们想要调查的三个统计问题。这项任务可以作为家庭作业来布置,让学生的家人一起帮助他们集思广益。当有时间开始调查时,从这些问题中选择一个出来。全班一起完善这个问题,使之成为一个可用统计数据回答的问题。问题示例包括:

1. 在我们的社区里有多少种不同的餐馆或商店(快餐店和普通餐馆;意大利、墨西哥或美国餐馆;便利店、超市、服装店、杂货店)?

2. 当地消防队每个月出警多少次? 分别是哪些类型,各有多少次? (火灾,医疗,危险,公共服务)(数据通常可以在当地机构的网站上找到)。

3. 选民选举了多少个州和地方政府的官员?

让学生讨论收集数据的方法,制定收集数据的计划和截止日期。当学生带来数据时,鼓励学生选择和使用图形来显示数据(如扇形图、饼图、线状图等),并邀请学生分享。再回到原来的问题上来,"关于_____,我们的数据告诉了我们什么?"考虑不同的数据显示方法如何表明这个问题的答案。有关此活动的完整课程,参见扩展课程——"使用数据回答问题。"

设计可以用统计来回答的问题对学生来说可不是容易的事情,他们需要老师的帮助。因为这样的问题要考虑到数据的差异性以及收集哪些数据。可以通过提供统计和非统计问题的例子来帮助学生。特别是对于学习有困难的学生,要提醒他们注意统计问题的要素。例如,考虑以下哪个问题可以用统计数据回答,哪个不能。

1. 我口袋里有多少零用钱?
2. 一个人口袋里通常有多少零用钱?
3. 什么谷物最健康?
4. 人们选择口香糖的原因是什么(比如口味、价格、泡泡的质量、持久性、口气好)?
5. 不同种类的口香糖咀嚼多长时间能保持它们的味道?
6. 哪家商店的价格最优惠?
7. 你在哪里买洗发水?

反思角　上述哪些问题是统计问题,哪些本质上不是统计问题?

　　问题 1、3 和 7 本质上不是统计问题。如果更加明确地指出健康的含义,问题 3 可以改编成一个统计问题。同样,问题 7 非常宽泛,需要加以明确,以便能收集数据来回答。鼓励学生讨论统计和非统计问题的例子以及他们提出的问题,可以提高他们生成适当的统计问题的能力。

三． 收集数据

　　在学生学习统计的过程中,如何有效地收集数据是讨论的重要部分(有时会被跳过)。在 1 年级的课堂上考虑以下(真实的)场景:

> 　　老师要求学生收集数据,找出全班同学中有多少人的年龄是 7 岁。学生明确了这个问题之后,指导学生通过询问每个同学"你 7 岁了吗?"来收集数据,随后给出开始的信号。18 名学生站起来,开始互相问:"你 7 岁了吗?"记录是或不是,然后走向另一个同学。大约 5 分钟的交流之后,老师让每个人坐下来看看他们收集的数据,然后数一数有多少名 7 岁的学生。结果学生的数据各有不同。

　　这是怎么发生的? 学生没有注意他们调查了谁。这为讨论统计学应该如何收集数据提供了一个很好的切入点。

　　图 20.3 显示了一个幼儿园班级如何组织学生收集关于最喜欢的水果的数据(Cook,2008)。学生可以通过多种方式来收集数据,如数数或举手,再转向使用限制选项的投票,甚至开放选项的投票等(Hudson, Shupe, Vasquez, & Miller, 2008)。

　　除了调查之外,还可以通过试验或观察来收集数据。例如,在教室窗外设置一个喂鸟器,在一天的不同时间统计鸟类的数量或种类;学生还可以实地考察,选择晚上或周末与家人一起时收集被观察对象的数据。

可以收集两种类型的数据——分类型数据和数值型数据。分类型数据是(顾名思义)按标签(类别)分组的数据。如最喜欢的假期、学校停车场汽车的颜色,以及最受欢迎的吉祥物等。数值型数据则是对事物的计数或度量,数值型数据像数线一样被排序和缩放,包括分数和小数。这类数据包括上学的英里数,所在城市一周内的温度,或者学生背包的重量等。涉及数值型数据时,学生需要明确地探索如平均数或中位数等统计量的概念(Leavy, Friel, & Mamer, 2009)。

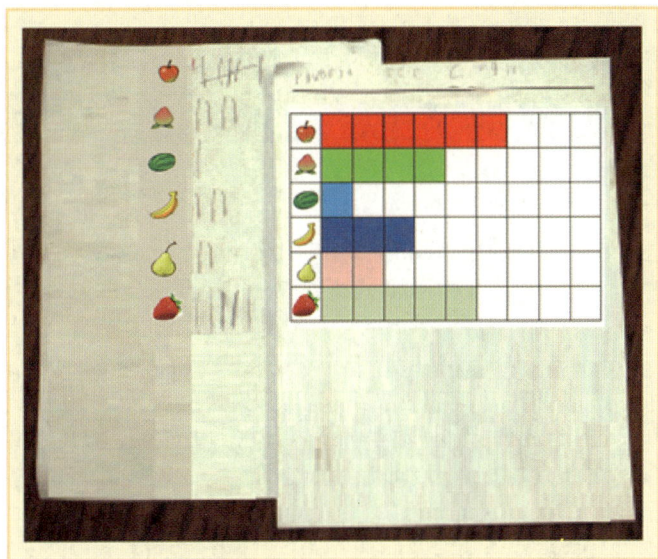

图 20.3 幼儿园学生收集最喜欢的水果的数据,汇总数据并创建一个水平条形图

资料来源:Cook, C. D. (2008). "I Scream, You Scream: Data Analysis with Kindergartners." *Teaching Children Mathematics*, 14(9), p. 539. Reprinted with permission. Copyright © 2008 by the National Council of Teachers of Mathematics. All rights reserved.

抽样

当你问关于一个小群体的问题时,比如你的班级,你可以收集每个人的数据。但统计通常不涉及从整个总体中收集数据,而是使用具有代表性的样本,再对总体进行推断。《美国共同核心课程标准——数学》(CCSS - M)将样本学习确定为 7 年级学生的一个关键领域(NGA Center & CCSSO, 2010)。

抽样必须考虑到变异性。例如,对最喜欢的电视节目进行的民意调查,对 7 年级学生的调查与对老师或 3 年级学生的调查相比会产生不同的结果;它也可能因性别或文化而异;还可能因提问的日期或某一特定节目最近是否被讨论而有所变化。

为了帮助学生确定他们找到的样本是否有代表性,可以问:"这个问题的目标总体是什么?"或者"问题的调查对象是谁(什么)?"然后让学生考虑他们该如何收集数据才能够代表目标总体。例如,如果要为 7 年级的"电影之夜"选择观看哪部电影,那么他们需要对 7 年级不同班级的学生进行调查。教师要多给学生创造机会去探索数据样本是否具有代表性,并能评判其他学生的样本选择是否合理。

有的时候一个样本看上去具有代表性,但实际上并非如此。因为我们不可能总是知道在一个总体中所有可能存在的子集,所以可能会出现意料之外的偏差。因此,统计学中会使用随机抽样。随机抽样提高了结果的效度,从而使数据推断更可靠。7 年级学生开始非正式的随机抽样时,就要考虑有代表性的样本对推断的重要性(NGA Center & CCSSO, 2010)。活动 20.3 可以帮助培养学生认识到抽样的重要性。

活动 20.3

我们该怎么比较？

阅读《学乐书系》(*Book of Lists: Fun Facts, Weird Trivia, and Amazing Lists on Nearly Everything You Need to Know!*, by James Buckley and Robert Stremme, 2006)以及类似的书籍，或在线资源也可以。找到含有对一组人群进行抽样的清单，使用"我们该怎么比较？"活动页。将问题读给学生听，并以班级为样本收集数据。问学生："你认为我们班会成为这个问题目标总体的代表性样本吗？"让学生给出这个班是或不是代表性样本的原因。再从班级中收集数据，并比较两组数据。如果合适，可以通过创建扇形图、饼图、点状图(线状图)或茎叶图来比较这两组数据。在展示了这两组数据之后，再询问学生，作者对总体进行抽样时可能使用了什么方法。

虽然这一活动涉及的是人，但统计中的"目标总体"泛指"群体或研究对象"。目标总体可以是一种植物、一种昆虫或者一种汽车。可以用其他数据重复进行上面的活动，例如，你可以在网上查找人们最喜欢的汽车颜色，然后看看经过学校停车场的汽车是否构成所有汽车的代表性样本。

使用现有的数据资源

数据不一定需要通过调查来收集，现有的数据也十分丰富，例如出版物和网络数据资源。

出版物。报纸、年鉴、体育记录簿、地图和各种政府出版物等都是可能用来回答学生问题的数据来源。

儿童文学是另一个优秀且引人入胜的资源。年龄小的学生可以利用重复的诗句统计单词数，比如"Hickory，Dickory，Dock"(Niezgoda & Moyer-Packenham，2005)。很多书里都有很多重复的单词或短语。非虚构类作品是另一个数据来源，尤其是对高年级学生而言。例如，《学乐书系》(Buckley & Stremme，2006)，在活动20.3中提到过，有各种统计数字的报告，并在每一节结束时都有调查。一些关于运动的书籍有非常有趣的历史统计数据，学生可以用来探索和比较。

网络资源。互联网提供了无限的数据，人们只需在搜索框中输入相关问题就可以轻松地访问这些数据。学生可能会因为社会研究或某则新闻而对另一个国家或地区的情况感兴趣，再如历届奥运会各项赛事纪录或与环境问题有关的数据，都是学生可能围绕其提出问题的例子。成百上千的问题都可以在网上找到数据。如关于奥运会和赛事的信息、食品的供应和消费、人口总数、年龄分布、死亡率和出生率，以及土地面积、交通和地理信息等。

四. 数据分析：分类

分析数据首先是以有意义的方式组织数据，通过排序或绘图等技术，以可视化的方式呈现数据。然后对数据进行目标明确的分析，也就是说数据分析要能够回答在数据收集之前提出的问题。

数据分析的一个基础就是要确定如何分类。无论是提出问题还是确定如何收集数据，这都需要先明确该如何分类。这对于那些可能只会罗列数据的低年级学生来说并不容易（Clements & Sarama，2009）。例如，当要求低年级学生统计全班同学是采用何种交通方式上学（如公交、小汽车、步行等）时，他们可能只会列出每个同学的答案，而不是将它们分成不同的类别。因此，教师要积极鼓励学生参与到该如何分类的讨论中。例如，对农场动物分类时，学生可以根据腿的数量、提供产品的类型、它们的工作、提供的食物、是否属于宠物、按大小或颜色以及它们所吃的食物类别等不同的属性进行分类。《美国共同核心课程标准——数学》（CCSS‐M）将属性分类作为幼儿园的学习内容。属性分类有助于学生发展对于数据分析推理的基础能力。

属性的分类

进行属性分类的材料可以是任何一组物体，例如，贝壳、树叶、学生自己或他们的鞋子等。属性决定了对这些材料进行分类的方法，例如，头发颜色、身高和性别是学生的属性。每种属性都有一些不同的值，例如，金色、棕色、黑色或红色（头发颜色的属性）；高或矮（身高属性）；男或女（性别属性）。市面上出售的属性块一组有 60 个，每块有四个属性：颜色（红、黄、蓝），形状（圆、三角形、矩形、正方形、六边形），大小（大、小），厚度（厚、薄）。在属性分类活动中，具体的值是什么或者某一属性值的个数甚至这组材料的属性数量都不重要。

最初的属性分类活动最好是所有学生坐在地板上围成一个大圆圈，让大家都能看到并接触到要分类的材料。

活动 20.4

"两个都是"怎么办？

给学生两个大绳圈和一些属性块。要求学生把所有的红色块放在一个圈里，所有的三角形块放在另一个圈里。让学生尝试解决如何处理红色三角形的难题。当学生想到要把绳圈重叠，以产生一个公共的区域时，就可以探索更具挑战性的活动。对于学习有困难的学生，可以给每个绳圈贴上标签。

除了属性块之外，也可以使用分类卡片（如图 20.4）。把这些图形打印在不同颜色的卡片上，或打印在白色卡片上再涂上不同的颜色。选择两个属性（例如，形状、圆圈数），并按照上面所述步骤进行活动。

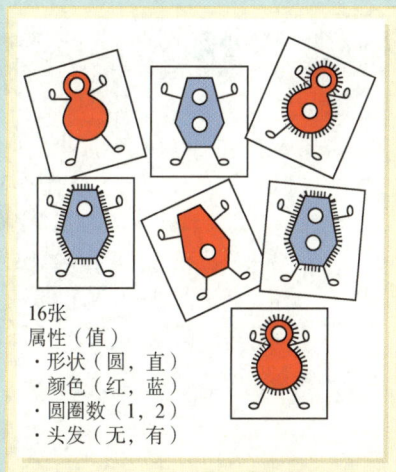

16张
属性（值）
·形状（圆，直）
·颜色（红，蓝）
·圆圈数（1，2）
·头发（无，有）

图 20.4　分类卡片及其属性表达的示例

如图 20.5 所示，标签不必局限于单一属性。如果某一块不符合任何区域，则放在所有圆圈之外。

随着学生对属性分类的熟悉，很有必要开始引入非属性的（如"不是红色的""不是小的"）标记。同样重要的是最终对并且、或者这些连接词的使用，如在"红色的并且是正方形的""大的或者黑色的"等"双值"规则中，使用并且、或者和不是大大拓宽了学生的分类方案。

一个有趣且富有挑战性的活动是不在圆圈上做标记，然后让学生推断是如何分类的。下面的活动就要求学生对事物是如何分类的进行猜测和检验。

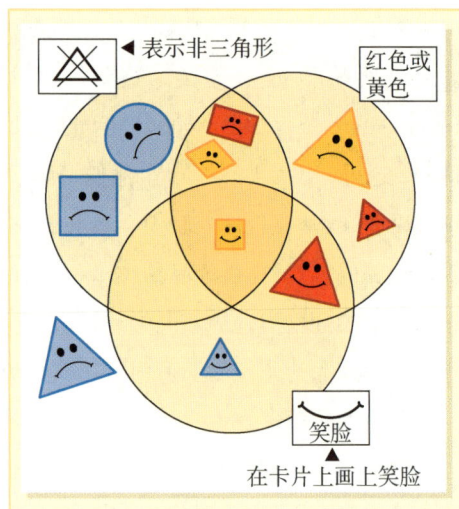

图 20.5　用属性块进行的韦恩图活动，每个韦恩图都配有一张规则卡

活动 20.5

猜猜我的规则

对于这个活动，尝试直接把学生作为"属性块"。教师确定一个属性，比如"穿蓝色牛仔裤"或"衣服上有条纹"，但不要把你的规则告诉全班同学。每次静静地看着一个学生，根据这个秘密规则将学生向左或向右移动。在一些学生被分类后，让下一个学生上来猜测他属于哪一组。在阐明规则之前，可以继续开展活动一段时间，以便班上其他学生有机会判断规则。这样的活动几乎可以用任何可分类的材料来完成，例如学生的鞋子、贝壳或纽扣等。

活动 20.6

隐藏的标签

以韦恩图的形式放置线圈(可以 1 个、2 个或 3 个)，使用属性块、分类卡片(如图 20.4)或几何图形卡进行活动。为每个线圈配上属性标签卡或在空白卡片上写上标签，将标签卡面朝下放置。让学生选择一个物品，然后教师根据隐藏的规则将物品分类放置，请学生尝试确定每个线圈的标签，并让那些自认为已经猜出标签的学生尝试放置物品，但提示他们不要把猜测的规则说出来。认为自己已知道标签的学生还可以扮演老师，对其他人的猜测做出回应。教师要指出，选择你认为可能会放在特定区域的物品是验证标签的方法之一。等到大多数学生弄清楚规则后再翻转标签卡。

"猜猜我的规则"和"隐藏的标签"等活动可以而且应当结合学生不同内容领域的学习以及他们的生活经历反复进行。例如，如果正在学习野生动物单元，就可以根据相关属性对动物图片(如图 20.6)进行分类;结合阅读,学生可以就一本书(例如,事件类型)或多本书(例如,图书种类)对数据进行分类并分析。学生可以带一些能循环使用的物品,把它们按类型分类(English,2013)。表 20.3 列出了另外一些可用于社会研究和科学研究的分类活动。使用与所学领域或现实世界密切相关的概念,可以让学生感受数据分析既有用又有趣。

图 20.6 你能猜出昆虫分类的规则吗

表 20.3 可以分类的社会研究和科学研究主题

社会研究	科学研究
◆ 美国及其之外的地方 ◆ 同学的原始国籍 ◆ 过去、现在和未来的事件 ◆ 商品(如面包、牛奶、苹果、裤子、袜子、鞋子)和服务(如餐馆服务、割草、修车) ◆ 大陆和海洋 ◆ 出生于不同州的美国总统 ◆ 物品的可用性(稀缺、一般、丰富) ◆ 当地社区的工作 ◆ 美国的气候	◆ 物品的感官描述(硬/软、粗糙/光滑、冷/暖、响亮/安静、甜/酸/苦/咸、高/低、亮/暗) ◆ 一组物体的相对大小或重量(大/小、重/轻、宽/薄、长/短) ◆ 教室内物品的摆放位置(上/下,内/外,左/右) ◆ 不同动物(蚂蚁、乌龟、蛇、猎豹)或交通工具(汽车、自行车、飞机、步行)的速度(快/慢) ◆ 物体在水中的沉/浮 ◆ 天气观测(晴、阴、雨、雪) ◆ 物质是/否溶于水 ◆ 植物特性(食用/不可食用、开花/不开花、常绿/落叶) ◆ 动物的身体特征(身体覆盖物或运动方式) ◆ 动物的其他特征(野生/驯养、水栖/陆栖、冬眠/不冬眠、迁徙/不迁徙、伪装/不伪装)

五. 数据分析:图表

图表是对收集到数据的总结。在《美国共同核心课程标准——数学》(CCSS - M)中从 1 年级开始就要求学生能够表示和解释数据,以后的每个年级会学习日益复杂的数据表示和分析。组织数据应该与最初的问题也就是收集数据前提出的问题联系密切。例如,假设学生想知道他们衣服上有多少个口袋(Russell & Economopoulos,2008),首先让每个学生数他的口袋数来收集数据,而不同的分类则会产生不同的图表。例如可以把每个学生看成一类然后用一格表示,所有学生的数据组在一起就成了条形图。但这是分析数据的最佳展示方式吗?如果这些数据是按照口袋数量来分类,也就是显示有两个口袋的是多少人、有三个口袋的是多少人等等,这样的图表就能说明哪种口袋数量是最常见的,或者不同班级学生的口袋数量情况是如何不同的。

中学生可能对关于音乐的问题更感兴趣，例如，"我们班的学生一天听多少首歌?"对于这个问题，可以这样收集数据：让学生在某个上学日（例如星期二）开始追踪，记录自己一天听歌的数量，并在下一个上学日（星期三）带着自己记录的数据来上课。每个学生把自己听的歌曲数写在便利贴上，并贴到黑板上。接着，可以用不同的图表来表示数据。如点状图（也称为线状图）可以用来说明数据的分布和形状；也可以创建一个直方图来记录所听歌曲数量在某个范围内的人数（例如，0 到 10、11 到 20，等等）；还可以创建一个箱线图，将 50% 的数据框在中间，以便关注数据中位数及第一四分位数、第三四分位数等范围值。每种方式都展示了数据的不同特点，也因此可以回答不同的问题。

创建图表

学生应该参与决定如何表示他们的数据。他们首先需要了解有哪些选择，以及每种呈现方式应该在什么情况下使用。创建图表要谨慎细致，这包括确定合适的单位长度和标签，以便读者能够一眼就看到针对特定问题所收集数据的概况。

绘图细节不应该是教学的重点，重点应该放在图表所传达的与问题有关的信息上。对学生来说，分析数值型数据（例如口袋的数量）要比分类型数据（例如袜子的颜色）更具有挑战性，因为他们理解这些图表更难（Russell，2006）。例如，图中数字"5"的上面有 3 个贴纸，学生可能会认为是 5 个人有 3 个口袋也可能认为是 3 个人有 5 个口袋（如图 20.7）。

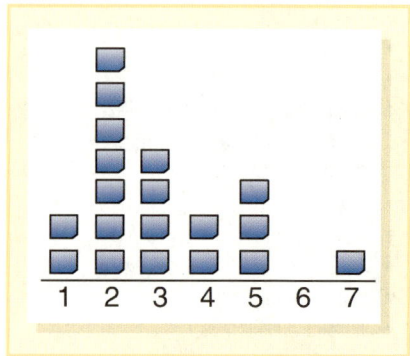

图 20.7　请看"5"这一列，意味着 5 个人有 3 个口袋还是 3 个人有 5 个口袋？

实物图。 实物图由实际物体摆放而成。例如鞋子的种类、最喜欢的苹果、能量棒包装纸和书籍等。每件物品占一个方格或一块地砖，以便比较和计数。请注意，实物图只是在分类的基础上前进了一小步，是将实际物体分组后，再把每组物体都排成一行以便比较。

象形图。 象形图用某种图片或图画表示所画内容来提升抽象级别。图片可以表示一个数据或者指定的数量，学生需要学会解释象形图的比例尺度。

学生可以自己画象形图，但这往往既费时又乏味。有多种方法可以使象形图的创建变得更容易，从而将重点放在图的意义而不是绘制上。例如，你可以使用便利贴、用模具切割好的对象或者剪贴画（在可以剪切的页面上复制）等。

条形图。 继实物图和象形图之后，条形图是学前到 2 年级学生最早用于分组和显示数据的方法之一。为了帮助学生从象形图过渡到条形图，让他们用一些小东西来表示数据或正在计数的物体。图 20.8 演示了全班同学一起快速生成图表的一些方法。这些都可以直接贴在黑板或图表上，还可以根据需要重新排列。最初的条形图中每个条形各部分的数量应该是可数的，确保能看到所有的单个数据，活动 20.7（从象形图到条形图）中便利贴的目的就在于此。

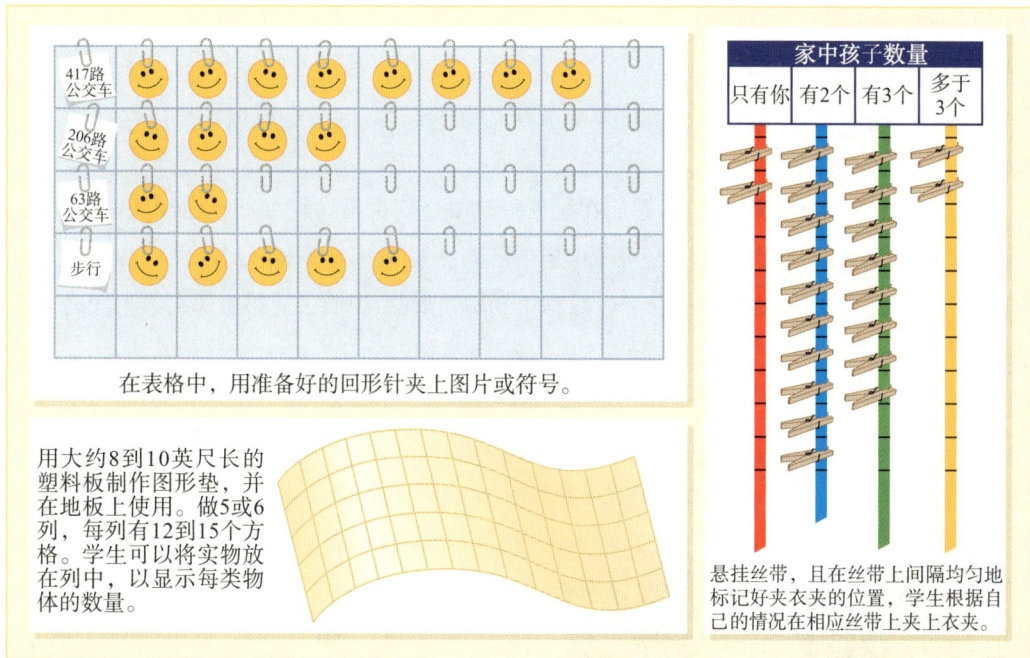

在表格中，用准备好的回形针夹上图片或符号。

用大约8到10英尺长的塑料板制作图形垫，并在地板上使用。做5或6列，每列有12到15个方格。学生可以将实物放在列中，以显示每类物体的数量。

悬挂丝带，且在丝带上间隔均匀地标记好夹衣夹的位置，学生根据自己的情况在相应丝带上夹上衣夹。

图 20.8 快速制图的一些想法，可以反复使用

活动 20.7

从象形图到条形图

　　确定一个能预先设置类别且学生感兴趣的问题(例如，最喜欢的宠物)。给每个学生一张便利贴，让他们画上自己最喜欢的宠物(例如，猫)，再按类别在白板(或墙)上排成排，注意要让便利贴之间有一点空隙。请学生观察图片，讨论如何制作条形图来说明他们的数据。可以移动便利贴，使它们之间没有空隙从而形成条形。进一步讨论如何知道条形表示的数量，可在条形图旁边添加刻度以显示每个条形的高度。这项活动也可以在缩放情形下进行。例如，他们可能决定用一张棒球图片来代表 3 名学生。这样，条形图中的刻度将以 3 为标准，可以通过将三张便利贴堆叠在一起直观说明。请学生思考如果不是正好三个的时候该怎么办(用分数三分之一)。让学生记录他们的比例尺度(例如，1 个球 = 3 个学生)。

　　一旦构建了图表，就可以让全班学生参与讨论图表所传达的信息。问一些诸如此类的问题："你能从这张关于鞋种类的统计图中了解我们班的什么情况吗？"图表传达的是事实信息(如班上穿运动鞋的学生最多)，也对图表中无法直接观察到的情况提供了推断的机会(如这个班的孩子不喜欢穿皮鞋)。学生还可以通过检查报纸或杂志上的图表来讨论图表中的事实和图表制作者可能想要传达的信息。

扇形图

　　扇形图有时被称为"饼图"。"扇形图"这个术语在课程中可能更常见，"饼图"这个术语则往

往在电子表格等绘图工具中使用。扇形图与条形图一样,一般显示分类型数据。它们通常还用来显示百分比,因此大家认为这对低年级学生来说太过高深。然而实际上,可以不必计算百分比也能用扇形图来显示各类数据点在整个数据集中的相对数量。此外,使用计算机软件创建图表时也不需要了解百分比。

扇形图在报纸上很常见。然而,它们在统计中使用得较少,因为在一个数据集里进行比较会困难一些(角度比长度更难以比较)。然而,扇形图对于比较两个不同大小的数据集非常有用。例如,图 20.9 是分别根据班级数据和全校数据绘制的扇形图,说明了兄弟姐妹人数不同的学生所占的百分比。

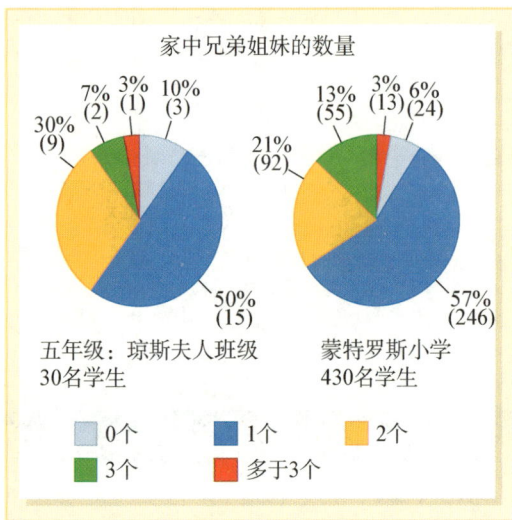

图 20.9　扇形图显示了部分与整体的比率,并可以比较比率

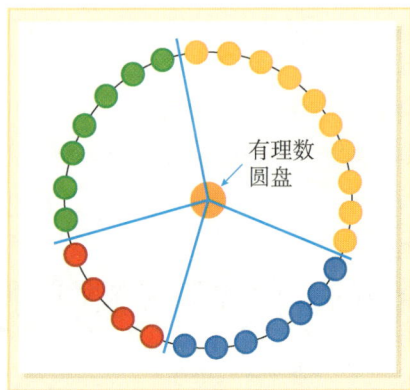

图 20.10　真人圆图:学生形成一个圆形,从中心伸出的线展示各个部分

绘制扇形图。绘制扇形图有几种简单而有趣的方法。例如,对于问题"你最喜欢的课外活动是什么",学生根据各自的回答站成几条线,然后首尾相接连成一个圆。图 20.10 为该活动的示意图。

将条形图转换成扇形图,还可以将条形图剪下重新粘连。具体方法如下:完成条形图后,将条形本身剪下来,再首尾相连,剪下来,把两端粘在一起形成一个圆。然后估计圆心的位置,并沿着整个圆将圆心与不同条形之间的连接点一一连线。你可以使用第十六章中描述的有理数圆盘或百分比项链来估计百分比。

确定百分比。上述扇形图的制作过程有助于理解扇形图中的教学。每个类别的数相加构成总数或整体。各部分的百分比是通过将每个部分除以整体(再乘 100)来计算的。对学生来说,这是一个在百分数和度数之间进行转换的有趣的问题,因为前者的整体是 100,后者则是 360。可以先从 50%、25% 和 10% 这样的常见数值开始,之后再转向更难的数值。还可以提供表格:一行表示百分比,另一行表示度数,作为帮助学生推理的重要工具。

学生在作业中写下对图表的想法,例如,解释图表说明了什么,以及为什么选择这种类型的图表来说明数据。评估学生的回答时,重要的是不要过分关注学生的绘图技能,而是要关注他们是否选择了合适的表示形式,并提供理由说明这种选择与他们最初问题(步骤1)的联系。

连续的数据图

条形图或象形图对于说明没有数字顺序的分类型数据非常有用,例如最喜欢的颜色或电视节目。而当数据按照连续的单位长度分组时,就应该沿着数线排序。这类数据的例子包括随时间变化的温度、随年龄变化的身高或体重,以及不同分数段的考生所占的百分比等。

茎叶图。茎叶图(有时称为茎图)以列表形式显示数值型数据,并在数据范围内分组。举个例子,表20.4是美职棒球国家联盟球队2016赛季的胜投数。

表20.4 美职棒球国家联盟球队2016赛季的胜投数

东部赛区球队	胜投数	中部赛区球队	胜投数	西部赛区球队	胜投数
华盛顿国民队	95	芝加哥小熊队	103	洛杉矶道奇队	91
纽约大都会队	87	圣路易红雀队	86	旧金山巨人队	87
迈阿密马林鱼队	79	匹兹堡海盗队	78	科罗拉多洛基山队	75
费城费城人队	71	密尔沃基酿酒人队	73	亚利桑那响尾蛇队	69
亚特兰大勇士队	68	辛辛那提红人队	68	圣地亚哥教士队	68

如果把数据按"十"来分组,则列出十位数字形成"茎",如图20.11(a)所示。接着,将个位数字写在相应的十位数字旁边,如图20.11(b)所示,并从小到大依次排列,形成"叶"。茎叶图显示了数据的形状,指出了数据聚集的位置和异常值位置。此外,还可以从图中检索到每一个数据。

茎叶图并不局限于两位数的数据。例如,如果数据范围在600到1300之间,茎可以是6到13之间的数字,叶可以是用逗号分隔的两位数。

图20.12展示了如何演示两组数据(背靠背茎叶图),它们的叶子从同一茎上生出,并向相反的方向伸展。在本例中,请注意数据是按5个而不是按10个的标准分组的。

茎叶图显示了数据的形状,学生可以观察数据是如何分布和聚集的,他们还可以用全距、中

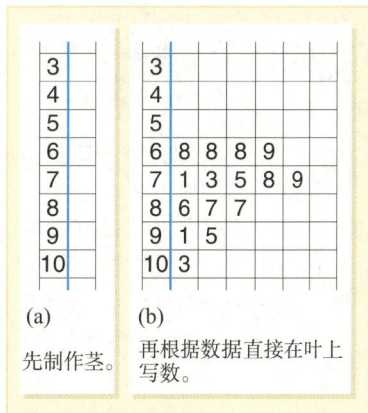

(a) 先制作茎。
(b) 再根据数据直接在叶上写数。

图20.11 制作茎叶图

位数、平均数、众数和异常值等数字方式来描述形状。

线状图。线状图（也称为点状图）是对沿着数线刻度排列的事物的计数。这两个术语都在《美国共同核心课程标准——数学》（CCSS‐M）中使用，在 2 年级引入使用整数的线状图，并在 5 年级逐步发展到使用分数显示数据。在中学，术语"点状图"代替了"线状图"，二者唯一的区别是线状图使用"×"表示每个数据点，点状图则使用"·"（NGA Center & CCSSO，2010）。

要绘制线状图或点状图，需要先画一条数线，并在数线对应值的上方为相应的每个数据元素画一个"×"或·"。线状图的一个优点是每个数据在图上都能显示出来，因此为学生后续学习箱线图或直方图做好了准备。从箱线图或直方图上不能看到每个数据点（Groth & Bargagliotti，2012）。图 20.13 是一个线状图示例。

茎叶图

戴太太		奈特太太
	4 5	
	5	9
2 3	6	5
7 7 8	6	5
3 0 4 2 4	7	1 0
7 9 5	7	8 6 9 9
3 4 1 8	8	4 0 1 3 1 2
5 8 7	8	9 5
	9	3
9 6	9	7
0 0	10	0

图 20.12 茎叶图可以用来比较两组数据

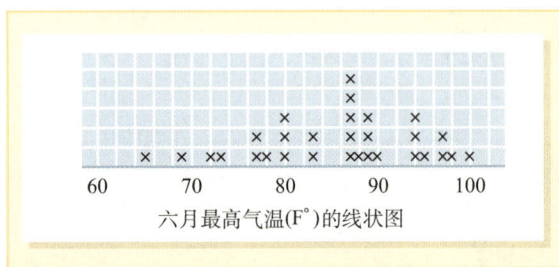

六月最高气温(F°)的线状图

图 20.13 六月最高气温的线状图

引入线状图最好用具体的方式与象形图联系起来，要用数值型数据而不是分类型数据。这是活动 20.8 的重点。一个重要经验是让学生"置身于图形中"，它能让学生更好地理解抽象的图形。

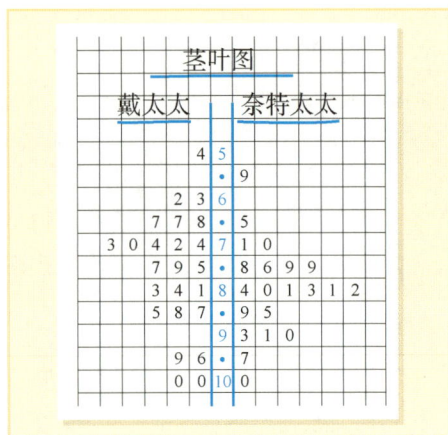

活动 20.8

站在我旁边

用胶带在教室或体育馆的地板上绘制出空白的条形图或线状图，并在横轴上标记 0 到 20 分钟的数字（或任何适合学生的时间）。让学生在便利贴上写下他们上学需要多少分钟。让学生按组站在对应数字的上方。鼓励同伴互相确认都站在正确的位置。然后，让学生把便利贴放在他们所站立的地方并坐回自己的座位。接着，教师在交互式白板上重新创建线状图，并让学生在纸上也画一个。问学生关于他们数据的问题（例如，某一类别多了多少或少了多少）。让学生写一个概括性的观察记录。对于英语非母语的学生，可以提供这样的句子："我注意到_____学生走了_____。"

由于线状图和点状图使用数值型数据，因此可以用来显示度量。学生可以先测量获得数据后再绘图。例如，测量他们的脚长、肘尺（从肘部到指尖的前臂长度）、碰巧带到课上的一摞书的高度等等。数据也可以从植物生长、时间流逝或天气中收集，就像在活动 20.9 中一样。

活动 20.9

绘制风暴图

在教室里创建一个线状图(2年级和5年级)或点状图(初中),并绘制每个风暴的降雨(雪)量(安装一个雨量计或访问在线信息)。将每个风暴的数据画在线状图或点状图上。该任务可以全年进行,并按月份进行颜色编码。随着更多的数据被收集,你可以问:"关于我们地区的降水情况,大家注意到什么?"让学生注意数据的变化状况和中心位置。如果不想花几个月的时间来收集数据,可以在风暴经过后查看各个城镇的雨雪情况,再用这些数据来绘制风暴图。7年级的学生可以对两个不同地方进行探索和比较。

线状图和点状图很适合比较。例如,如果从两个不同的组中收集数据,就可以分别创建点状图,它们能很直观地呈现出数据形状的差异。

直方图。线状图和点状图被广泛用于小数据集,但在许多实际问题中,数据量通常很大且数据值也各不相同。点状图绘制起来麻烦又枯燥,而且也不能有效地说明数据的分布。这种情况下,直方图是一个很好的选择,因为数据是以适当的间隔进行分组的。直方图以连续的相等区间显示数值型数据,落入特定区间的数据量决定了每个条形的高度或长度。直方图与条形图不同,条形图由于是用来表示分类型数据,因而顺序无关紧要(Metz,2010)。直方图则有效地显示了数据值的分布,特别是显示了分布的形状和任何异常值。

理解和解释直方图是学习的难点(Cooper & Shore,2008;Kaplan,Gabrosek,Curtiss,& Malone,2014;Meletiou-Mavrotheris & Lee,2010)。这些难点包括:

1. 理解条形图和直方图之间的区别。

2. 找到分布的中心[学生们关注的是条形的高度(y 轴)而不是分布(x 轴)]。

3. 理解一个平坦的直方图意味着数据的变异性更小。

直方图的绘制也颇具挑战性:对于条形的宽度,多大的区间合适? 对于条形的长度,设置什么比例刻度比较好? 此外,还需要对所有数据按每个区间进行分组和计数,这将导致进一步的困难。图20.14所示的直方图所用的温度数据与图20.13完全相同。注意这两幅图在说明数据的集中趋势和离散趋势方面是多么相似。直方图可以而且应该用计算机软件或图形计算器来创建,从而让学生有足够的注意力投入对直方图的意义和数据分析中来。

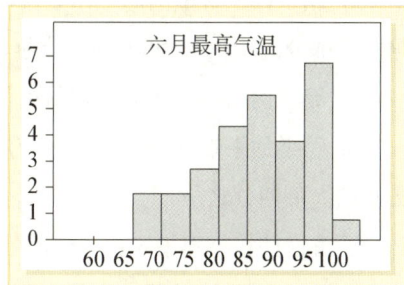

图 20.14 六月最高气温直方图

箱线图。箱线图(也称为箱型图或盒须图)也是一种让数据分布可视化的方式,它既能显示数据的中心(中位数),也能显示数据的范围。重要的是箱线图突出了四分位距,使中间的 50%(箱体)可见。从茎叶图过渡到箱线图是个不错的办法。例如,图 20.15 给出了 27 名 6 年级学生的月龄，并分别给出了全班学生和男女生的茎叶图。两个四分位数，分别为数据上半部分和下半部分的中位数。标记两个极端值、四分位数和中位数，然后在数线上创建箱线图。这组数据的箱线图如图 20.16 所示。

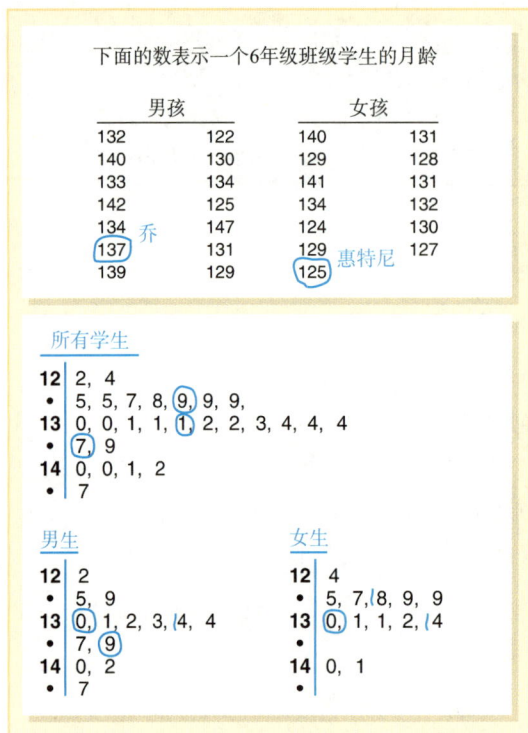

图 20.15　6 年级学生月龄的茎叶图。已圈出中位数和四分位数（如果位于两个数据之间，则用竖线标记）

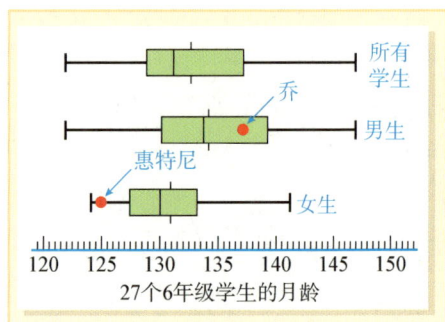

图 20.16　6 年级学生月龄的箱线图。除了显示数据的分布，还可显示特别感兴趣的数据点

箱线图有以下三个特点：

1. 箱子内包含中间的一半数据，中位数左右各占四分之一。箱子的两端是下四分位数（即数据下半部分的中位数）和上四分位数（即数据上半部分的中位数）。

2. 箱子内的一条线为数据的中位数。

3. 箱子的末端延伸出两条线（有时称为须），分别到达数据的上下两个端点，两条线各覆盖了数据的上下四分之一。

看看这些箱线图中一目了然的信息！箱子和线的长度提供了数据离散和集中的整体情况。由于显示了中位数，就能确定每个四分之一部分的数据是如何离散或集中的。本例中，整个班级数据的上半部分比下半部分要离散得多；女生的月龄数据无论是和男生还是全班相比，都要紧密得多；数据的全距（上、下极值之差）由图的长度表示，极值可以直接从图中读取；平均数则由每个箱子上下的小标记表示。箱线图提供了有用的可视化信息，有助于理解数据的形状，因此，它是查看不同学科数据的最佳选择。例如，考虑为每位总统就职时的年龄创建一个箱线图（Patterson &

Patterson，2014)，在教授有趣的历史课程的同时，也能实现箱线图分析数据的价值。

要制作箱线图，请先按顺序排列数据，接着求出中位数。这些都可以在茎叶图上完成。要找到两个四分位数，不看中位数本身，找数据上半部分和下半部分的中位数。再在适当的数线上方标记两个极值、两个四分位数和中位数，最后画出箱子和线。

由于箱线图有如此多的信息和比例思维，学生在解释箱线图的时候可能会遇到很多的挑战(Bakker，Biehler & Konold，2004)。要让学生从理解单个数据显示(如点状图)过渡到理解聚合数据显示(如箱线图)，一个有效的方法是同时显示这两种类型。造成学生理解困难的一个原因是箱线图的每个部分包含的数据点数大致相同(约占数据的 25%)。由此可推出，箱线图的最小部分表示数据最密集之处。而与之恰恰相反的是直方图则是最高部分表示数据最密集之处，这就带来了对箱线图常见的一个误解：以为箱子越长表示包含的数据越多，实际上却意味着数据更为离散。

记住，箱线图和任何图表一样，都是用来了解所提出问题的工具，而不是目的本身(McClain，Leckman，Schmitt，& Regis，2006)。由于箱线图提供了大量关于数据分散和数据中心的信息，因此对箱线图作仔细审查，尤其是将两个箱线图与相关数据进行比较时可以获得很多信息。

图形计算器和一些计算机程序(如电子表格)都可以绘制箱线图，使这一过程变得更容易。图形计算器可以在同一数线上绘制最多三组数据的箱线图。

反思角　注意，在图 20.16 中，男生的箱子比整个班级的箱子长一些。显然全班学生人数比男生人数多，怎么会出现这种情况呢？你如何向 7 年级学生解释这个明显的矛盾？

双变量数据

8 年级时，统计的重点是分析双变量数据(NGA Center & CCSSO，2010)。"双变量数据"作为 8 年级课程中的术语可能是新的，但实际这个概念并非第一次接触。简单地说，双变量意味着两个量同时发生变化(例如，参加人数和热狗销量)。第十三章(代数思维、方程和函数)和第十七章(比、比例和比例推理)讨论了与共变相关的概念和活动。统计中双变量数据的研究重点是共变量的分布及其相关规律。统计图表可以有效地显示这些分布，从而更易于观察到规律或趋势(Kader & Jacobbe，2013)。

双变量分类数据。顾名思义，这种情况涉及的两个变量都是分类变量，如最喜欢的超能力和年级。双变量分类数据通常以双向表形式呈现，如图 20.17(a)所示。也可以按照相对频率进行分析和报告，如图 20.17(b)所示。注意，可以针对某一行(例如，6 年级学生)或某一

a. 被调查的 6 年级和 8 年级学生报告了他们会选择的超能力。					
	超人力量	飞行能力	隐形能力	幻视能力	总计
6年级学生	15	36	17	6	74
8年级学生	25	17	28	11	81
总计	40	53	45	19	155

b. 6 年级和 8 年级学生超能力选择的相对频率。					
	超人力量	飞行能力	隐形能力	幻视能力	总计
6年级学生	10%	23%	11%	4%	48%
8年级学生	16%	11%	18%	7%	52%
总计	26%	34%	29%	11%	100%

图 20.17　双变量分类数据的例子，有原始数据和相对频率数据

列(例如,飞行能力)进行数据分析,还可以分析总体数据。

折线图。坐标轴可用来绘制双变量数值型数据。当数据是连续的,数据点之间的连线说明数据的趋势。例如,折线图可以用来表示旗杆的阴影长度在一天之中是如何一点点变化的,可以用横轴表示时间,纵轴表示阴影长度。可以在特定的时间点(例如每15分钟一次)收集数据,并画出相应的点。相邻数据点可以用直线连接,因为时间是连续的,而且在绘制的点之间确实存在着数据点。有关温度变化的折线图,请看图20.18中的示例。

图 20.18　一天温度的折线图

散点图。散点图是8年级的重点(NGA Center & amp;CCSSO,2010)。双变量数值型数据可以绘制成散点图,就是坐标网格上的点图,每个轴表示其中一个数值变量。数据中的每个数对,绘制成点后都会产生数据的可视图象,并提示任何可能的关系。帮助学生分析散点图的一种方法是观察纵向的"切片",思考这个切片意味着什么(Cobb,McClain & Gravemeijer,2003)。让学生把散点图看作是一个变量随着另一个变量而变化分布的序列,可以更好地帮助他们探索变量之间的关系。

例如收集了25名8年级男生的身高(英寸)、体重(磅)和姓氏长度等数据,并创建了:(a)体重与身高的散点图;(b)体重与姓氏长度的散点图(如图20.19)。针对某一个具体的节点

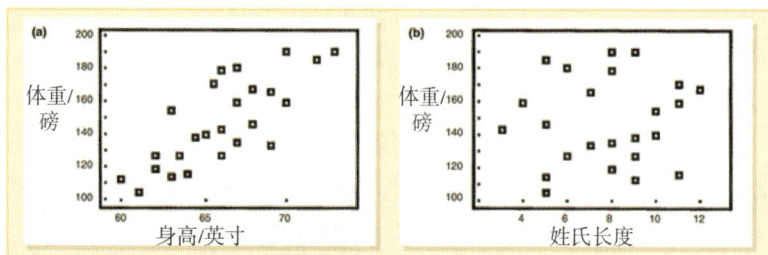

图 20.19　散点图显示变量之间潜在的关系或无关系

可以提出这样的问题:"对于身高为66英寸的学生,你注意到了什么?"或者"对于姓氏中有8个字母的学生,你注意到了什么?"再继续问一些关注变量之间关系的问题:他们的体重和身高之间有关系吗? 体重和姓氏长度之间有关系吗?

尽管有一些偏差,但第一个散点图显示了男生的体重和身高之间的正相关关系。而姓氏长度和体重之间则没有关系。鼓励学生把多个数据集绘制成散点图并从中寻找关系,包括判断是有线性关系的、没有明显关系的或非线性关系的(如抛物线关系)等。活动20.10是一个有趣的探究双变量数值型数据之间关系的活动。

活动 20.10

它们之间有关系吗?

准备卡片,卡片上写有关于双变量情况的不同问题,或者使用"它们之间有关系吗?"卡片,例如,下面两个量之间有关系吗?

- 玩具车滚动的距离和它的重量。
- 玩具车滚动的距离和坡道的高度。
- 玩具车滚动的距离和它在坡道上的起点高度。
- 脚长和身高。
- 肩宽和身高。
- 鼻子长度和一拃长度。
- 月龄和身高。
- 头围和腕围。
- 看电视的时间和做作业的时间。

将卡片和一个坐标轴分发给四人小组。让学生:(1)猜测它们是否有关系;(2)决定他们将如何收集数据。让学生收集数据,在纸上画散点图,再向全班同学展示。然后每个小组报告他们的结论,并解释他们是否认为有关系。其他小组讨论是否认同他们的结论并要解释判断的缘由。作为一种延伸的体验,可以让学生提出自己感兴趣的问题:"_____和_____之间有关系吗?"

最佳拟合线。如果说散点图表明了一种关系,那么这种关系简单地用文字来描述就是"男孩越高,他们就越重",这个结论虽然或许是正确的,但并不特别有用。身高与体重到底是什么关系呢? 如果知道一个男孩的身高,能推测出他的体重吗? 统计数据的价值在于创建一个模型来预测尚未观察到的情况,例如,通过在选举前对一小部分选民进行调查来预测全体选民的投票情况。

本例中的关系就是两个度量值之间的比率。如果散点图看上去表明稳步增加(如身高-体重图)或稳步下降的关系,你可以用下面办法找到变量之间的比率:穿过数据点画一条最能代表所有点的图案或形状直线或者说最佳拟合线。

活动 20.11

"意面"线

让学生收集双变量数据(参见活动 20.10 中的清单)。例如,让学生测量脚长和身高,并将数据记录在班级表格中。给学生发一个坐标轴(象限 1),让他们在上面画出所有数据点,然后摆放一根生的意面并不断调整,直到他们觉得这是数据的最佳拟合线,再把它描下来。然后,让学生写出方程来表示这条线,并让学生比较和讨论不同的方程。例如,让学生用方程或直线来推断:"如果大脚怪的脚有 25 英寸长,大脚怪可能有多高?"

什么决定最佳拟合？从严格的视觉角度来看，如果选择的线画出了数据之间的关系，并能够用来预测未知的其他值，这条线就是很好的拟合线。散点图中的点越靠近这条线，对预测也就越有信心。如果我们在姓氏长度-体重的散点图上也试图画一条拟合线，就会发现很难对它的预测有信心，因为这些点与直线之间太离散了。

鼓励学生用"数学"的理由来解释为什么一条直线可能是最合适的拟合线。因为一条拟合好的直线就是大多数已知数据点集中在直线附近，一条好的拟合直线就是所有的点到直线的距离之和为最小值的那条线。这个所有的点到直线的距离之和最小的概念是高中时学习如何生成最佳拟合线算法的基础。

图形计算器可以直接定位最佳拟合线，这些技术都已经写入图形计算器的内部程序。学生可以将自己的数据输入表格，利用图形计算器绘制图表，找到最佳拟合线。如果学生已经用手画了一条线，那么计算器可以很方便地判断它们是否合理。

六. 数据分析：中心度量和变异性度量

图表提供了数据的可视化图象，而数据的中心度量和变异性度量也是总结、分析和描述数据的重要方法。中心度量包括平均数、中位数和众数，而变异性度量包括全距、四分距、方差和标准差。平均数、中位数和众数的重点不应该是如何找到每一个值（或者分清哪个是哪个），而是根据背景和总体选择适当的度量。学生可以非正式地探讨这些概念来了解这些统计数据的重要性。

中心度量

"平均"这个词在日常生活中经常听到。有时它指确切的算术平均数，如"平均日降雨量"；有时这个词用得很随意，比如"她大概是平均身高"。在这两种情况下，平均是一个数或是描述一组数的度量。学生对平均这个词的理解可能有以下几种：众数（什么是最多的）、公平的事物、算术平均数的标准算法以及中点、平衡点等（Konold, & Pollatsek, 2002；Mokros & Russell, 1995）。

众数。 众数是一组数据中出现次数最多的数。一组数据中可能没有众数或有多个众数或者众数不能描述这组数据，因此，众数用作中心度量是最不常用的。

中位数。 中位数是指按顺序排列的一组数据中居于中间位置的数。在所有的数中有一半等于或大于中位数，而另一半等于或小于中位数。中位数比平均数更易理解和计算，也不像平均数那样会受一两个极端值（极大或极小）的影响。关于中位数，最常见的错误是学生并未将数据按大小排序就直接找中位数。中位数和平均数首次作为标准出现是在《美国共同核心课程标准——数学》（CCSS-M）的 6 年级课程中（NGA Center & CCSSO, 2010）。

平均数。 问一个成人平均数的含义，他们可能会告诉你："平均数就是你把所有的数加起来，再用总和除以数的总个数。"但这不是平均数的含义，这只是计算平均数的方法。这一点提醒我们，我们过去的以结果驱动的课程应该转向一个注重概念和过程的课程。对于平均数的另一个片面理解是认为凡是寻找中心度量就用平均数，而没有考虑实际情境（McGatha, Cobb, &

McClain，1998）。事实上，在《美国共同核心课程标准——数学》（CCSS－M）中，6 年级学生需要确定什么时候应该使用平均数，什么时候应该使用其他中心度量（例如中位数）。"学生认识到数据分布可能没有一个确定的中心，不同的中心度量方法会产生不同的值"（NGA Center & CCSSO，2010，p. 39）。下一节重点讨论如何发展均值的概念。

对均值的理解

有两种方法可以有效帮助学生发展对均值的理解，一种是公均分（或找平），另一种是中心平衡点。

公均分（或找平）。 假设你们班学生的平均家庭成员数是 5。对此，一种解释是想象将所有的母亲、父亲、姐妹和兄弟等家庭成员平均分给学生，这样每个学生都会有一个相同规模的家庭；如果说你四次考试的平均分是 93，就好比把你所有的分数平均分布在这四次考试上。假设每个学生都有相同的家庭规模，每次考试分数都一样，且总数与实际分布相符。均值这种解释的另一个好处是它与平均数的算法相关联。

活动 20.12

游戏平均价格

张贴一份游戏费用活动页面。让学生用连接立方体（一个立方体表示 1 美元）制作数据柱状图。选择有 5 或 6 个立方体的情况。例如，图 20.20(a)显示了用立方体搭成的柱状图来表示每款游戏的价格。学生的任务是利用这些立方体学具来决定如果所有的游戏价格相同，那么价格会是多少。鼓励学生使用不同的方法来重新排列立方体，以找平立柱，或者说使每款游戏的价格相同，如图 20.20(b)。一定要让学生明白找平立柱的意义。

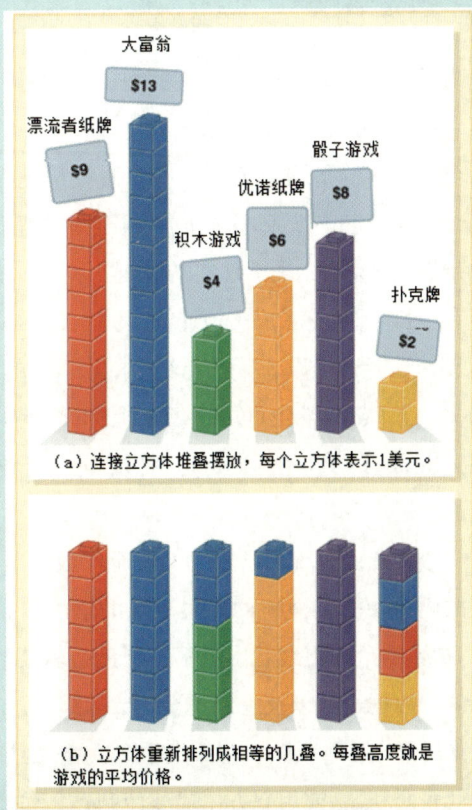

（a）连接立方体堆叠摆放，每个立方体表示1美元。

（b）立方体重新排列成相等的几叠。每叠高度就是游戏的平均价格。

图 20.20　将平均数理解为"平立柱"

向学生解释，"找平"后的立柱大小（公平分享）就是平均数——当总价格保持不变而使所有游戏价格相同时，每款游戏的价格。按照"游戏平均价格"进行下一个活动，帮助学生发展求平均数的算法。

活动 20.13

脚的平均长度

向学生提出问题："我们脚（foot）的平均长度是多少英寸？"也可以考虑用厘米代替英寸来测量。让每个学生剪下一条与自己的脚长相匹配的纸条，并把自己的名字和脚长（英寸）记在纸条上。建议学生在找到班级平均数之前，首先找到小组平均数。可以把学生分成四组、六组或八组（使用偶数）。让学生把小组成员的纸带首尾相连，形成一条长条。大家的任务是想出一种方法求平均数，前提是不能用纸条上写的任何长度，能用的只有拼成的长纸条。每个组将和全班同学分享他们的方法，在此基础上再想出确定全班平均数的方法。对于学习有困难的学生，帮助他们折叠纸条，看看如何将纸条均分成相同的长度。

反思角 在继续阅读之前思考一下，学生在"脚的平均长度"活动中可能使用什么方法？

为了平均小组里每个学生的脚长，他们可以将长纸条折成相等的几份，且份数与组内学生数同样多，再测量其中任何一份的长度。

全班同学的平均数怎么找呢？假设班上有 23 名学生，用已经粘在一起的纸条，再粘成一根全班的超长纸条。把这根纸条折成 23 等份是不现实的，如果你想知道等分后的纸条会有多长，那么怎么做呢？纸条的总长度是 23 个脚长的和，如果把纸条折成 23 等份，要想求出一份的长度，只需要除以 23。事实上，学生可以在纸条上标出"平均脚长"，差不多能标出 23 个等长的"脚"。这一过程十分形象地说明了求均值的算法。

中心平衡点。 统计学家把均值看作数线上的一个点，且该点两侧的数据是平衡的。为了帮助学生以这种方式理解均值，把数据呈现在线状图上很有帮助。需要注意的是平均数两侧的数据个数以及它们到平均数的距离。

如图 20.21(a)所示，在黑板上画一条数线，在 3 的上方排列 8 张便利贴（或用立方体代替便利贴），每个便利贴代表一个家庭，便利贴在数线上的位置表明该家庭的宠物数量。

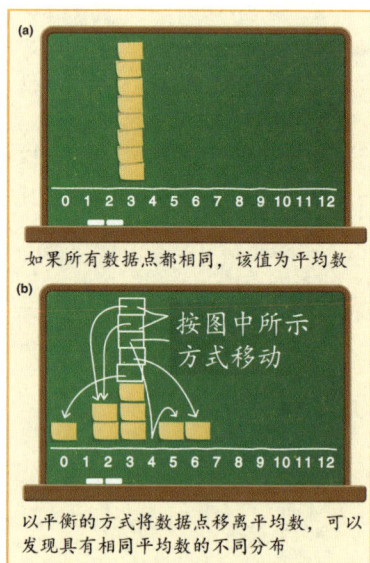

如果所有数据点都相同，该值为平均数

以平衡的方式将数据点移离平均数，可以发现具有相同平均数的不同分布

图 20.21 思考平均数的平衡意义

像这样堆叠表示所有家庭的宠物数都是 3,显然平均数也是 3。但实际上不同的家庭可能有不同数量的宠物,我们可以想象这 8 个家庭养着不同数量的宠物。有些可能有 0 只宠物,有些可能有 10 只甚至更多。如何通过改变这 8 个家庭的宠物数量,使均值始终保持在 3?学生会建议将便利贴成对地朝相反的方向移动,这将导致一个对称的分布。但如果其中一个家庭有 8 只宠物,即从 3 开始向右移动 5 格呢?这可以通过两个家庭的向左移动来平衡,一个家庭移动 3 格到 0,另一家庭移动 2 格到 1。图 20.21(b)显示了一种将家庭重新安排以保持平均数为 3 的方法。为了帮助他们思考平均数的平衡意义,要求学生至少再找出两种平均数是 3 的不同分布。

有一种很直观的理解中心平衡点的方法是使用数字天平,使数值介于 0 到 20 之间,如图 20.22(Peters, Bennett, Young, & Watkins, 2016)。注意,当一个塑料片(数据点)放在数字天平的右边时,一个或多个其他数据点必须放

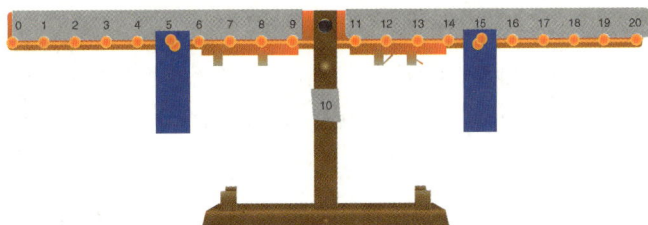

图 20.22 调整数字天平来理解均值的平衡点

在数字天平的左边。这个模型可以让学生立即发现天平是否平衡,因为一旦不平衡就会向一侧倾斜。接下来的两个活动也是找给定数据的中心平衡点。

活动 20.14

平衡立方体

给学生一把尺子,一个已经搭建好的积木,以及一些小积木块。让学生把尺子保持平衡地放在搭好的积木上。请注意尺子上标记 6 英寸处为中心,向学生说明要创建平均数为 6 的数据集(O'Dell, 2012)。要求学生在尺子上放 4 个立方体,使平衡点(平均数)为 6。例如,学生可以把一个小积木块放在 4(离平均数 6 的距离为 2)上,然后把另一个放在 8 上以达到平衡。教师还可以通过提出下面的要求来增加挑战性:每侧只使用一个数据点;恰好使用 5 个立方体;添加一个立方体以保持平衡;移动两个立方体以保持平衡;立方体的分布较宽(或较窄)等。

活动 20.15

价格平衡点

使用平衡点活动页面,或者让学生画一条从 0 到 13 的数线,相邻数字之间的距离约为 2 英寸,用 6 个便利贴来代表 6 款游戏的价格,如图 20.23 所示。让他们在认为可能是平均数的地方用铅笔做个记号。随后让学生将便利贴向"中心"移动,以确定平均值。也就是说,学生要找出一个价格(数线上的点)可以平衡原来六个价

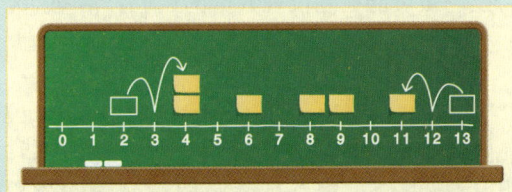

图 20.23 将数据点移动到中心或平衡点,而不改变该点周围的平衡。当所有点在同一值上,这就是平衡点或均值

格。任一个便利贴向左移动一格，另一个便利贴就要向右移动一格。最终，所有的便利贴都应该堆在相同的数字上，该数字就是平衡点或平均数。

反思角
停下来，你自己试试这个练习。该如何移动这些便利贴，你注意到了什么？任何一次保持分布平衡的成对移动，实际上都得到了具有相同均值的新的价格分布。把堆在同一个点（平均值）上的便利贴往外移动也是同样的效果。

平均数的变化。 用平衡法求平均数，清楚地说明不同的数据分布可以有相同的平均数。特别是对于小的数据集，平均数受极端值的影响十分显著，例如，你可以假设另有一款价格为 20 美元的游戏，把它添加到示例的 6 款游戏中。因此，平均数虽然提供了数据的代表值，但它（或中位数）却并不足以完全地描述一个分布（因为平均数相同的分布可能会有很大的不同）。这为与学生讨论变异性提供了一个切入点（本节稍后将对此展开讨论）。

评价角

考虑使用诊断性访谈，评估学生在特定情况下能否使用最佳的中心度量，例如班级学生的平均身高。教师可以从一些一般性的问题开始：平均数表示什么？中位数又表示什么？二者有什么区别？各自都有什么用？等等。然后再转向更具分析性的问题：就这组数据而言，我们应该使用哪一个？我们可以在另一个班级使用不同的中心度量吗？如果找到了我们班学生的平均身高，有没有可能全班没有一个人是这个高度？为什么？

中心度量的选择

一组数据的中位数和平均数可能会有很大的不同，特别是当数据呈左偏态、右偏态或有异常值的时候（Groth，Kent，& Hitch，2015/2016）。因此，重要的是根据情境和数据特点来决定如何最好地表示数据中心。例如，在报告房价时（见本章首），中位数低于平均数且差异很大，那么哪一个能更好地描述房价呢？这个问题里中位数是更好的度量，因为中位数对异常值有抵抗力。换言之，它很可能更能代表数据的中心。活动 20.16 和活动 20.17 为学生选择数据中心提供了策略。

活动 20.16

哪一种中心度量是合理的？
准备一些需要且可以对数据进行调查的问题，例如：

○ 一个 6 年级学生有几支铅笔？
○ 我们地区二手车的价格是多少？

○ 一个典型的麦片盒有多高？

○ 一部手机每月平均花费多少？

学生的任务是确定哪种中心度量最合理，并加以证明。第一个问题可以通过收集课堂数据来探究(Johnson，2011)，然后选择中心度量并证明其合理性。对于其他情况，可以将问题分给小组。每个小组做以下工作：(1)选择他们认为对该问题最合理的中心度量；(2)准备一组数据说明他们的观点；(3)为他们选择的中心度量准备理由。可以为有特殊需要的学生提供几组数据，以便他们考虑最合适的度量方法。还要和学生讨论所收集数据的分布和总体形状。(例如，麦片盒的高度是否集中在中心位置？手机费用变化大吗？)

探索新数据是如何影响每一种中心度量的，能让学生对不同中心度量的优缺点有更好的见解。让我们回顾一下活动"游戏的价格"。

活动 20.17

游戏的平均价格

贴出"游戏的平均价格"活动页，并将相应副本发给学生。让学生预测，如果加入一款 20 美元的新游戏，那么平均数、中位数和众数会发生怎样的变化。还可以问：如果拿走 2 美元的那款游戏呢？接着，让学生算一下，加入一款游戏的价格为多少，能使平均价格增加到 9 美元？有关完整的课程，请参见扩展课程"使用集中趋势的度量"。

选择一个中心度量的真实原因是必须用统计数据做出决策，这是下一个活动的重点。

活动 20.18

你来做决策

使用"你来做决策"活动页。体操教练只能派一个人参加全明星赛。她想选出本赛季成绩最好又最稳定的学生。表 20.5 给出了三位选手最近八次比赛的成绩。她应该选谁呢？

表 20.5　三位选手最近八次比赛的成绩

比赛	詹妮	米娅	莉亚
1	9	9	5
2	3	9	6
3	10	7	7
4	9	8	6

<table>
<tr><td colspan="4" align="right">续　表</td></tr>
<tr><th>比赛</th><th>詹妮</th><th>米娅</th><th>莉亚</th></tr>
<tr><td>5</td><td>7</td><td>7</td><td>9</td></tr>
<tr><td>6</td><td>5</td><td>9</td><td>8</td></tr>
<tr><td>7</td><td>10</td><td>9</td><td>10</td></tr>
<tr><td>8</td><td>9</td><td>8</td><td>10</td></tr>
</table>

问学生以下问题:哪一种中心度量看着是评判比赛最公平的方法？你注意到每个人有什么变化？你会选谁,为什么?

除了选择合理的度量之外,学生还需要了解数据特征（例如,数据分布、异常值）是如何影响平均数、中位数和众数的。7 年级及以上的学生必须能够对两组数据的特征进行比较（NGA Center & CCSSO, 2010）。例如,学生可以收集数据比较两种品牌苏打水（每种品牌都要反复试验）的起泡时间（Kader & Jacobbe, 2013）。

评价角

可以在线找到很多数据,也可以把线上的数据和班级数据进行比较。例如,美国有线电视新闻网络曾报道,年轻人中人均拥有 7 条牛仔裤。穆尼和贝尔（Mooney & Bair, 2011）把报道中的数据与他们班级里收集的数据进行了比较,发现班级数据与报告的平均值不同,他们还讨论了可能导致差异的原因。

变异性

虽然中心度量是一个长期的话题,但在教学中也需要明确关注变异性度量（Franklin et al., 2007; Kader & Jacobbe, 2013; Scheaffer, 2006）。对数据变异性的关注是非常必要的,虽然这一点在教科书中可能没有得到充分的说明。正如在讨论中心度量时所指出的,数据集可以具有相同的平均数,却有着截然不同的分布。描述数据的变异性可以帮助我们更全面地理解数据集。

中小学生可以探索三种不同的变异性:自然变异性、测量变异性和诱导变异性（Franklin et al., 2007; Groth, 2015）。自然变异性是固有的,例如,不同学生肩宽的变化;测量变异性包括测量的误差或变化,例如,跑 100 米的秒数;诱导变异性,顾名思义,是指变异是有意创造的,例如,把植物放在不同的位置,看看阳光如何影响它们的生长。随着经验的积累,学生对变异性的理解也不断发展。

变异性概念的教学是循序渐进、日趋复杂的（Franklin et al., 2007）。小学阶段要关注组内数据的差异,例如,学生姓名长度的差异、家庭人数的差异等等。当学生创建班级数据的条形图并比较收集到的数据时,他们还是讨论组内数据的差异。在中学,除继续讨论组内数据的差异以外,也要考虑数据组之间的差异。学生可能会比较 5 年级学生和 8 年级学生在选择最喜欢的音乐上的差异,这是数据组间差异的一个例子。此外,中学生还研究一个量的变化与另一个量变化之间的关系——这就是代数!学生还会探索抽样带来的差异(Franklin et al.,2007)。当学生掷硬币 10 次作为样本时,他们可能得到 5 次正面和 5 次反面,但他们也可能得到许多其他结果(甚至是 0 次正面和 10 次反面)。

变异性可以通过查看表中数据进行分析,例如查看分类数据的频数和相对频率(Kader & Jacobbe,2013)。表 20.6 显示了学生最喜欢的周末活动的频数和相对频率。学生首先在便利贴上提交他们最喜欢的活动,然后把它们贴在白板上,并分为六类。

表 20.6 频数和相对频率描述数据的变异性

活动	频数	相对频率
参加一项运动	7	$\frac{7}{28} = 0.25 = 25\%$
看电影	3	$\frac{3}{28} \approx 0.107 = 11\%$
阅读	3	$\frac{3}{28} \approx 0.107 = 11\%$
出去玩	6	$\frac{6}{28} \approx 0.214 = 21\%$
和朋友闲逛	4	$\frac{4}{28} \approx 0.143 = 14\%$
玩电子产品	5	$\frac{5}{28} \approx 0.178 = 18\%$
合计	28	100%

帮助学生理解变异性的一种方法是在讨论数据时提出有关变异性的问题。下面是以心率为背景提出的一些问题示例(Friel, O' Conner, & Mamer, 2006):

○ 如果 9～11 岁孩子的平均心率是每分钟 88 次,这是否意味着这个年龄段所有学生的心率都是每分钟 88 次?(注意:范围实际上相当大,从每分钟 60 次到 110 次。)

○ 如果我们找到班上每个人(30 人)的心率,数据的分布会是怎样的呢?

○ 如果测量另一个班(30 人)的心率,他们的分布是否与我们班的分布类似? 要是他们刚从课间休息回来呢?

○ 200 名学生的数据分布是否与两个班的数据相似?

比较不同的数据集或重复进行一个游戏,为学生提供了分析数据离散情况和思考数据差异的机会(Franklin & Mewborn，2008；Kader & Mamer，2008)。

与中心度量一样,不同的变异性度量对于异常值的抵抗力也并不相同。例如,四分位距对异常值具有抵抗力,这就是为什么它经常与中位数一起用于描述偏态分布或具有异常值的分布。平均绝对偏差则不具有抵抗性,这就是为什么它通常与平均数一起用于描述对称的、典型的丘状分布。

全距。全距是对变异性的度量,是最高和最低数据点之间的差。数据的四分位距与前面描述的箱线图相联系,它是上下四分位数之间的差($Q3-Q1$),或者是中间 50% 数据的全距。让我们看一个例子。

> 下面的数据是 7 年级学生周末花在运动或户外的时间(数据已排序)。
>
> 0 0 0 1 3 4 4 4 5 5 5 5 6 6 7 8 8 9 10 10
>
> 求四分位距。关于这组数据的差异,结果告诉了你什么?

这个问题中,中位数是 5(因为 20 个数中的第 10 和第 11 个都是 5),也称为第二四分位数。第一四分位数($Q1$)是数据下半部分的中位数,是第五和第六个数的平均数,即 3.5。第三四分位数($Q3$)是数据上半部分的中位数,在本例中,该数位于 7 和 8 之间,所以是 7.5。四分位距是 7.5-3.5 或 4。对于花在锻炼上的时间,四分位距相当小,这表明有大量数据聚集在数据中心。

平均绝对偏差。全距与中位数有关,而平均绝对偏差(MAD)则与平均数有关。这是每个数据点到平均数距离的平均数,告诉我们数据集到平均数的一般距离。因此 MAD 描述了数据是如何分散的(Kader & Jacobbe，2013)。换句话说,MAD 大的话意味着数据点和平均数之间有很大的偏差(差),所以数据是离散的。在《美国共同核心课程标准——数学》(CCSS-M)中,MAD 是在 6 年级引入的,其目的是以一种非正式的方式进行探索,以加深对变异性的理解。我们用前面这组数据来探索 MAD。

> 使用下面这组数据求平均绝对偏差:
>
> 0 0 0 1 3 4 4 4 5 5 5 5 6 6 7 8 8 9 10 10
>
> 关于这组数据的差异,结果告诉了你什么?

图 20.24 将这些数据放在点状图中。点状图可以用来说明与平均值的绝对偏差(Hudson，2012/2013)。学生在平均数(本例中为 5)处画一条竖线,并绘制或观察每个数据点到平均数的距离(绝对偏差)。

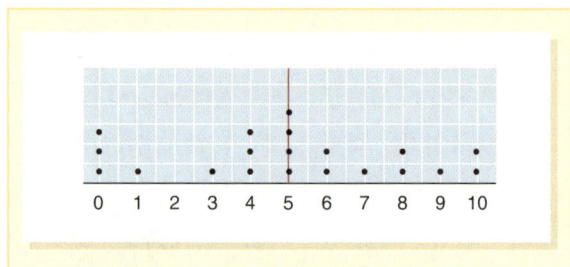

图 20.24　点状图呈现周末锻炼时间的数据

求平均绝对偏差的第一步是求各数据点与平均数的偏差（差）。图 20.25 (a)在点状图中说明了这些差。而绝对偏差是离平均数的距离，意味着是正的，见图 20.25（b）。最后，绝对偏差的平均数就是所有这些差的平均数。见图 20.25（c），即 2.4。注意到了吗？我们是从这句短语的末尾开始计算"平均绝对偏差"的：首先求出"偏差"，然后求出"绝对偏差"，最后求出"平均绝对偏差"。指出这一点可以帮助学生，特别是学习有困难的学生，使其明确每一步做什么以及为什么。

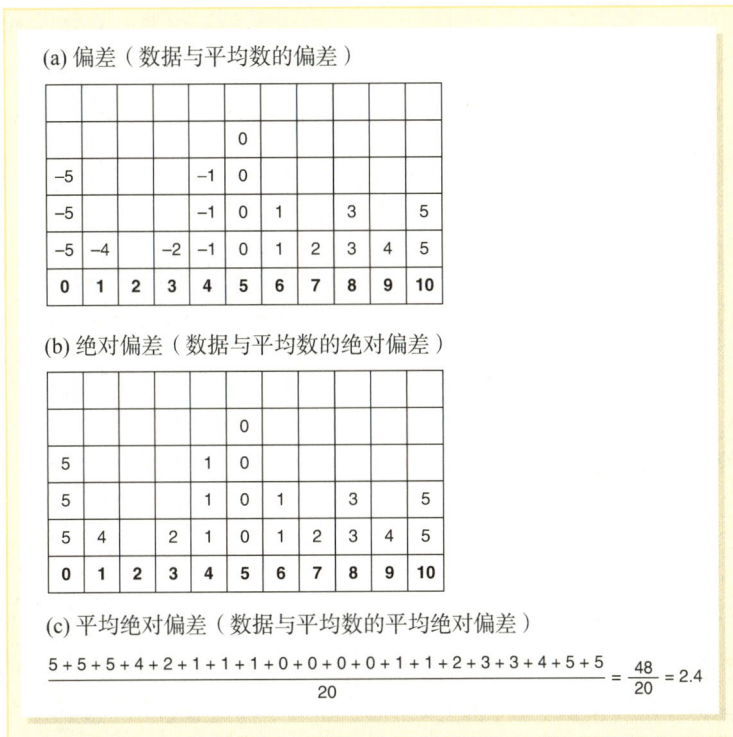

(a) 偏差（数据与平均数的偏差）

					0					
−5			−1	0						
−5			−1	0	1		3		5	
−5	−4		−2	−1	0	1	2	3	4	5
0	**1**	**2**	**3**	**4**	**5**	**6**	**7**	**8**	**9**	**10**

(b) 绝对偏差（数据与平均数的绝对偏差）

					0					
5			1	0						
5			1	0	1		3		5	
5	4		2	1	0	1	2	3	4	5
0	**1**	**2**	**3**	**4**	**5**	**6**	**7**	**8**	**9**	**10**

(c) 平均绝对偏差（数据与平均数的平均绝对偏差）

$$\frac{5+5+5+4+2+1+1+1+0+0+0+0+1+1+2+3+3+4+5+5}{20} = \frac{48}{20} = 2.4$$

图 20.25　点状图显示了周末锻炼时间的平均数与每个数据点之间的差

结合情境，这个值表明 20 名同学的运动时间与平均运动时间的一般距离约为两个半小时，不存在太大差异。一个非常好的鼓励学生关注变异性的方法是给出两组数据，其中一个平均绝对偏差很小，另一个很大。此外，选择的两组数据最好有相同的平均数，这样可以强调变异性度量的重要性。

分析数据

创建了图表之后，让全班学生参与讨论图表所告诉或传达的信息——这便是数据分析。对图表的分析，有以下三个不同的理解层次（Friel, Curcio, & Bright's, 2001）：

1. 数据本身的读取（字面意义）；
2. 数据之间的读取（进行比较、观察关系）；
3. 超越数据的读取（推断）。

教师的提问和评价应该侧重于通过图表是如何有效地获取数据所传达的信息。例如，"通过观察我们班同学一天所听歌曲的统计图，你对我们班了解了什么？"要回答这些问题，学生要理解图表的各个方面，比如图上的刻度标准是什么，等等。

图表传达了一些事实信息（例如，6 年级学生一天听的歌曲数量有很大的差异），同时还提供了对图表中无法直接观察到的信息做出推断的机会（例如，大多数 6 年级学生每天听 20 到 30 首歌曲）。通过对同学们创建的图表进行讨论，可以帮助他们分析和解释在报纸和电视上看到的其他图表。例如，教师可以从网站和出版物中选择一些图表，让学生思考："你能从这个图表中了解什么？""什么是你不知道却又希望知道的？"这些问题帮助学生关注不同的图表能说明什么和不能说明什么。

在数据分析中，区分实际事实和超越数据的推论是一个重要的概念。学生可以通过分析报纸或杂志上的图表来讨论图表中的实际事实以及图表制作者可能想要传达的信息。学生分析数据、推断并解释结论的能力往往比较弱（Tarr & Shaughnessy，2007）；增强这种高阶思维能力的方法就是多为学生提供讨论、分析和解释数据的机会。

七. 解释结果

解释结果是做统计的第四步，是分析过程的延伸。本章开始的示例问题表明有时问题关注的是数学概念，而不是统计概念。在解释阶段，学生对本班的数据做出推断，并意识到这个推断在其他班级、其他小组或更大的群体中结果可能并不适用。较高年级的学生应该能够描述两组或更多组数据在中心度量、数据离散和集中以及数据分布形状方面的差异。

活动 20.19 让学生设计自己的数据分析，然后解释他们的结果，从而准确估计一页书的字数（Wilburne & Kulbacki，2014）。

活动 20.19

这一页有多少字？

选择一本很受学生欢迎的书。投影展示一个页面，其中大部分内容被遮盖，只显示大约 7 到 10 行文本。要求学生运用他们的统计推理能力来探究这个问题，并确定这一页有多少字。要求学生通过制作数据图表，然后解释他们的结果来模拟统计过程。最后，他们必须解释用什么方法来确定答案。从他们开始着手做到最后展示解决方案的过程中，教师应从数据分析的三个层次来提问。

数据问题的解释不应只关注调查的具体问题，还应该关注统计的核心概念，如变异性、数据的中心和数据的形状等。在解释过程中，学生可能需要尝试不同的数据显示方法来获得对数据的全面认识，也可能需要从不同的目标总体里收集数据以确保他们的抽样样本具有代表性。

研究人员推荐了一些侧重统计思维的问题（Franklin et al.，2007；Friel，O' Conner，& Mamer，2006；Russell，2006；Shaughnessy，2006）。图 20.26 总结了这样一些问题，可以帮助教师组织课堂讨论。这些问题提示适用于多种数据显示方式，所以完全可以作为教学的重点。尽管有些问题可以在三段教学法的中段进行，但是多数问题更适合安排在后段。

解释数据的统计问题

◆ 这些数字(符号)告诉我们关于我们班级(或其他群体)的什么?
◆ 如果我们从其他班级(总体)收集数据,会是什么样的? 如果我们问一个更大的群体,数据又会是什么样的?
◆ 这幅图(总体)中的数据与那一幅图(总体)相比如何?
◆ 数据都聚集在哪里? 有多少数据聚集在此,又有多少不在? 各自的百分比大约是多少?
◆ 在解释这些数据时需要考虑什么样的差异?
◆ 如果……[如,更改样本/总体或背景],结果会不一样吗?(例如,3 年级和 5 年级课本的单词长度数据会有所不同吗? 科学书籍和阅读书籍的结果会不一样吗?)
◆ 两个变量之间的关联有多强(散点图)? 你是怎么知道的? 如果你知道 x,这意味着什么? 如果你知道 y 呢?
◆ 这个图没有告诉我们什么? 我们可以推断出什么?
◆ 这些数据带来了什么新问题?
◆ 这幅图的作者想告诉我们什么?

图 20.26 聚焦解释数据的问题

从描述性统计数据到各种各样的图表,在我们的世界里数据无处不在。重要的是要让学生了解什么问题可以从数据中得到解释,什么不能;哪些数据是重要且需要注意的,哪些又是误导信息或设计不良的数据而应该置之不理。这对学生的学业成功和成为一名精通数学的公民都很重要。

第二十一章 概率

学习目标

在阅读本章内容之后,你应该能够完成如下学习目标:

21.1 描述概率的连续性,包括从"不可能发生"到"必然发生"的例子;

21.2 对比理论概率和试验概率,理解如何将它们有机结合到课堂教学之中,从而更好地理解概率;

21.3 从发展的角度来解释复合事件中样本空间的确定策略;

21.4 解释什么是模拟,以及如何让中学生体验模拟活动经验。

我们身边有很多与概率有关的实例:天气预报员预测有 60% 的可能性下雪;医学研究人员预测有某种饮食习惯的人罹患心脏病的高发率;投资者对某些特定投资风险的预测;等等。人们通过概率对各种复杂问题进行模拟,然后做出决策。现实生活中有很多这样的例子:不同天气条件下的飞行安全、高速公路路况、新住房建成后的交通模式以及灾害预防等等。

统计素养包括对统计学和概率论两方面的认识。二者都有助于提升学生在或然性情境中进行推理的能力(English & Watson,2016)。在学生真正开始构建概率观念之前,需要在现实生活中积累足够多的偶然事件的经验。最理想的情况是学生在积累这个经验的过程中,通过对各种概率情境的探讨渐渐形成概率观念。所以教学不是直接教授一些规则和概念,而应着力于探索。这些非正式的探索经验实际上为初高中生理解概率提供了一个非常好的知识背景。

大观念

○ 概率的两个基础观念:可变性(在第二十章中讨论过)和期望(预测会发生什么)。

○ 事件发生的可能性是从不可能事件(0)到必然事件(1)的一个连续谱系。一个事件的概率为 $\frac{1}{2}$ 表示该事件发生的几率为 $\frac{1}{2}$。

○ 对于某些事件,可以通过分析样本空间来确定其概率。以这种方式确定的概率称为理论概率。

○ 事件发生的相对频率(通过试验或模拟)可以用作估计事件的概率。试验次数越多,估计的可靠性也更高。

○ 模拟是为了解决复杂的现实问题而采用的一种策略。在分析一个复杂事件时,可以先构造一个与该事件相同概率的模型。通过研究这个模型的概率来研究原事件的可能性。

一. 初识概率

概率是期望结果与所有可能结果的比值。"概率"一词在 7 年级才首次出现。而事实上,学生早就在玩游戏以及判断可能或不可能发生事件的时候就接触过概率的概念。这种有关概率的直觉有可能是一种正面的影响,却也有可能先入为主地阻碍学生理解事件的随机性。

可能或不可能

概率是指一个事件发生的可能性。因此,应该先考虑"可能发生"与"不可能发生"两种情况(活动 21.1),在掌握了这个之后再去考虑"可能发生""不可能发生"和"必然发生"的情况(活动 21.2)。先让学生预测事件发生的情况,然后通过试验(如游戏)进行探索,学生在这个过程中慢慢形成对概率的认识(English & Watson, 2016)。本章的所有活动都采用了这样的方式。通过这些活动来讨论不可能事件和必然事件的真正含义。这些经验可以如活动 21.1 那样以数学课程为中心,也可以如活动 21.2 那样与科学和社会研究联系起来。

活动 21.1

歌词中的事件:可能还是不可能?

做一个有两列的表格,分别标记为"不可能"和"可能"。选择一些包含可能事件或不可能事件的歌曲或诗歌,让他们讨论歌词中提到的事件哪些是可能发生的,哪些是不可能发生的。把事件写在适当的列中。在分享了一些例子后,让学生在他们喜欢的歌曲或诗歌中找到更多有关"可能发生"与"不可能发生"事件的语句。对于可能发生的事件,可以拓展,让他们进一步区分"非常可能"和"不太可能"。

活动 21.2

它可能吗?

要求学生指出所给事件中,哪些是必然事件,哪些是不可能事件,哪些是随机事件("可能发生")。看看这些例子:
○ 明天会下雨。
○ 石头掉入水中,它会下沉。
○ 今天种的葵花籽明天就会开花。
○ 明天早上太阳会升起。
○ 飓风/龙卷风将袭击我们的城镇。
○ 在选举中,候选人 A 当选。
○ 如果你问某人第二任美国总统是谁,他会知道答案。

○ 今年你将有两个生日。

○ 你将在晚上 9 点之前上床睡觉。

学生应当解释他们把每个事件归类的原因。最后两个想法是关于学生的，这是一个展示学生个性和交流文化的好机会，还可以要求学生与家人一起写下家庭活动中哪些活动是"必然事件"，哪些是"不可能事件"，哪些是"随机事件"。对于学习有困难的学生，可以提供一些标有"不可能事件"和"必然事件"的纸条，来帮助他们组织思路。

随机工具（如转盘、骰子、硬币、从袋子中摸取的彩色卡片）可以帮助学生来预测事件发生的可能性。一般来说，从抛掷硬币这类可以数出结果的随机工具开始比较容易让学生理解。还可以做抽卡片的游戏：把彩色卡片（例如，八个红色和两个蓝色）可以放在不透明的袋子中，学生从袋子里随机抽出一张卡片，判断抽到红色或蓝色卡片的概率（注意每次抽取后放回袋子里）。

活动 21.3　1-2-3

扔一扔

制作数字立方体骰子，每个面标记如下数字：1，1，2，3，3，3。让学生预测他们抛掷这枚骰子时可能获得的数字，并把结果记录在表格中。哪些事件可能发生？哪些事件不可能发生？或者，更具体地说，哪一行填充最快？还是这三个数字保持相同的速度？（参见"1-2-3 扔一扔"活动页）学生每次抛掷骰子时，在列中标记一个 X 为 1、2 或 3，并且只要有一行填满就停止。结束后，鼓励学生总结每个数字出现的可能性。

活动 21.4　1-2-3

扔一扔，算算和

这个游戏需要两个如活动 21.3 一样的立方体骰子。这显然是难度更高的一项任务，因为它需要考虑两个事件（两枚骰子）的概率。学生依次抛掷两枚立方体骰子并记录两个数字的和。在游戏开始之前，还是要求学生预测哪一行填充最快，或各行是否会以相同的速度填满。让学生在"1-2-3 扔一扔，算算和"的活动页中记录他们的数据。学生抛掷骰子，直到其中一行填满；然后，与合作伙伴讨论通过试验他们发现了什么，他们认为每个数字可能出现的概率是多少。

在探索两个有关 1-2-3 抛掷骰子的活动之后，再向学生提问："哪个数字在投掷中'赢得'最多，哪个最少？""如果你再次玩，你会选择哪个数字来获胜？为什么？"在活动 21.4 中，和是 1 是不可能的，而 2 到 6 都是可能的。总和最有可能的是 4。总和为 2 或 6 是不太可能的。

用转盘类的表示区域的工具通常来讲会更具挑战性，因为各种出现的结果不容易通过这样的工具数出来。活动 21.5 使用转盘并通过数数来构建这一联系。

活动 21.5

谁先到 10!

　　使用"谁先到 10"的活动页。转动转盘并提问："如果我们来数数落在红色区域和落在蓝色区域的次数,哪一个颜色会先到 10?"两个玩家轮流转动转盘,每次在表格中填入相应的 X。活动单里的转盘是四分之三红色和四分之一蓝色(给学生一个当作指针的回形针),但这个活动可以用不同的转盘(如图 21.1)。在开始活动之前,鼓励每个学生预测哪种颜色先达到 10 次,红色或蓝色(或黄色)。只要有一个颜色到了 10 就停止游戏。结束后一起讨论获胜的颜色及其原因,并让学生分析红色或蓝色获胜的概率。

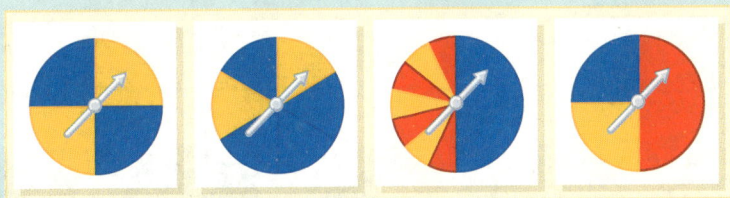

图 21.1　"谁先到 10"游戏使用的转盘

　　使用不同的转盘重复此活动,从两种颜色具有相同的区域到颜色覆盖不同的区域都可以尝试,如图 21.1 所示。这个活动提供了用区域模型来探索事件概率的机会,但由于总目标 10 是一个很小的数字(试验次数并不多),学生得到的结果可能会出乎意料。这个问题在后面的"大数定律"一节中会进一步讨论。

　　并非所有学生都能看到图中的第一个转盘,第三个转盘或分成两个区域的(50%蓝色,50%红色)转盘,其实转到蓝色的概率是相同的(Cohen,2006;Nicolson,2005)。因此,一定要使用不同的转盘多做尝试。

评价角

　　诊断性访谈可以帮助教师掌握学生对事件发生概率的先验知识或认识误区。用彩色卡片或骰子这类可计数的对象开始访谈是个不错的选择。例如,可以这样问学生:"如果这个袋子中有 3 张红卡片和 1 张蓝卡片,我随意抽取一张,你觉得我会抽到什么?""如果我取了四次并且每次取出后再放回,会是什么结果?"在让学生抛掷骰子对指定数字出现的概率进行判断时,有些学生可能认为 5 比 2 出现的机会更大,因为 5 大于 2;或者由于 1 通常是很多游戏的理想值,所以学生会认为出现 1 的概率比其他数字更小,但实际上它与其他任何数字的概率是一样的(Nicolson,2005;Watson & Moritz,2003)。当然还可以通过转盘之类的面积模型来探索概率。通过这些访谈,可以帮助教师了解学生是处在哪个阶段:是在计数阶段还是在面积模型阶段?应该准备什么样的问题和经验来帮助学生了解所有可能发生的结果以及每个结果的概率？

概率的连续性

数线是贯穿所有数学概念的重要表示形式，这一点在《美国共同核心课程标准——数学》（CCSS-M）中也得到反复强调。概率自然也不例外。数线可以很好地展示从 0（不可能事件）到 1（必然事件）的连续过程。如图 21.2 所示，数线可以很好地与转盘结合起来探讨概率的连续性。在探讨概率的连续性时，可以借机深入探讨某个具体事件发生的可能性有多高（活动 21.2 中列举的问题可以作为一个起始点扩展出许多问题）。有些事情的概率是变化的。例如，下雪的机会就是每天不同的。

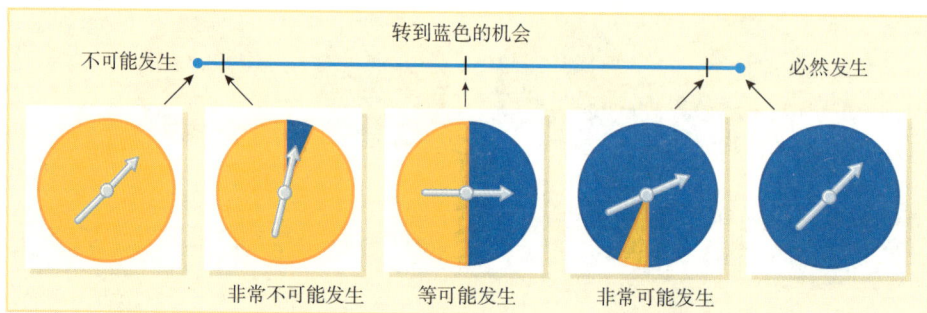

图 21.2　概率的连续性，利用转盘来帮助学生理解从不可能事件到必然事件之间的连续性

为了加深学生对概率连续性的理解，可以选择某一个特定的值，例如 $\frac{1}{4}$，让学生创建一个对应概率的转盘。也可以让他们设计一个如活动 21.6 中所示的计数概率。这个活动鼓励学生大胆猜测某个事件发生的可能性，然后去试验，最后把试验得到的结果与他们最初的猜测进行联系对比。这一系列的探索会为他们 7 年级及以后学习更复杂的概率知识奠定坚实的基础。

活动 21.6

猜一猜，做一做

　　让学生两人结伴或教师分配小组，分发活动单，给每对学生或每个小组一个指定的概率值（例如，$\frac{1}{3}$，$\frac{3}{4}$，$\frac{1}{6}$）。要求每个小组先把手中的卡片按照这个指定的值来涂色（例如，指定的值 $\frac{1}{3}$ 是红色的，那么就要把卡片中的 $\frac{1}{3}$ 涂成红色的）。做好之后交换活动单。然后进行下列操作：

　　1. 把他们认为红色卡片可能出现的概率在数线上标记出来。

　　2. 根据活动单上指定的值和颜色要求，将实际的涂色卡片放入棕色纸袋中。他们从这个袋子中取 50 次卡片（每次都要把卡片放回去）。提醒学生每次晃晃袋子以确保随机抽样。

　　3. 确定他们取出红色卡片的概率。

4. 将活动单归还给为它涂色的小组,找出原始概率。他们需要判断得到的分数是否接近指定的分数。例如,$\frac{17}{30}$ 是否接近 $\frac{1}{3}$?

在活动结束时,让学生解释(在活动单背面或课题笔记中写下来)他们是如何决定将他们的标记放在数线什么位置上的。对于学习有困难的学生,可以给出如下的句子开头来辅助他们,如"在我们收到的袋子里有_____张红色和_____张蓝色卡片。我们首先想到_____。在我们完成试验后,我们想_____。我们之所以选择这个概率是因为_____。"

活动 21.7

神秘袋子

这个活动是对前面活动 21.6 的拓展。要求之前的每个组选择一个概率 $\left(例如,\frac{1}{4},\frac{1}{6},\frac{3}{4},\frac{3}{8}\right)$,并将 24 个由两种不同颜色组成的立方体或卡片装入一个不透明的袋子,要求如果学生选择的概率是 $\frac{1}{6}$,那么 $\frac{1}{6}$ 的卡片是红色的。学生需要给他们的袋子起一个名字以便识别。在秘密卡片上,他们会记录所选择的概率并将其收起来放在远处。集体交换袋子。新组不能看到袋子的里面。第二组进行 10 次抽取(取过后要放回),并在纸上写下袋子的名称和预测他们认为有多少张卡片是红色的,以及他们认为抽取到红色的概率。再次换袋。这一次,每组进行 30 次抽取(取过后要放回)并再次记录袋子的名字,有多少张卡片是红色的预测,以及可能是红色的概率。将袋子退回给原主人。在分享时间中,每个小组都拿回他们的袋子,分别听取抽取 10 次和抽取 30 次的小组的预测,然后揭示答案。班级集体来讨论概率和试验次数之间的关系,以及需要多少次抽取便可以对袋中的内容进行良好的预测。

概率与分数是密切相关的。虽然在 3～5 年级课程中没有明确讨论概率,但分数是课标的重点之一(NGAcenter & CCSSO,2010)。上面这两个活动非常适合探索分数的相对大小、比较分数、等值分数以及整数乘分数的情况。

二. 理论概率与试验

概率是对随机事件发生可能性的度量(Franklin et al.,2005)。到目前为止,只要求学生在从"不可能事件"到"必然事件"的连续数线上确定具体事件发生的位置,或者把一个事件发生的概率与另一个事件发生的概率进行比较。那么具体如何测量一个事件发生的可能性呢? 有两种方式:理论概率和相对概率估测。

如果已知样本空间中,每个结果发生的可能性是相同时(例如,抛掷硬币或抛掷骰子),就可以使用理论概率。理论概率通过目标结果与所有可能性的比例来确定,例如:

抛掷一枚质地均匀的骰子,观察向上的一面,点数小于 3 的概率是多少?

在这种情况下，样本空间为 1，2，3，4，5，6。目标结果是 1，2。理论上概率可以根据这些信息确定 $\left(\frac{1}{3}\right)$。现在考虑下面的问题，它们的概率该如何确定？

> 约翰得到罚球的可能性是多少？
> 下雨的概率是多少？

请注意，这两种情况都没有一个已知的、有相同可能性的样本空间，因此必须通过先前的罚球记录或在类似条件下雨的概率（Colgan，2006；Nicolson，2005）来估计概率。相对概率估测就是通过与主题相关的试验或模拟收集而来的数据做出估测。这些试验或模拟因为重复了很多次，估计值的可变性会很小，所以被认为接近"真实"的概率（Konold et al.，2011）。虽然这种类型的概率在学校课程中较少见，但在概率领域却是最常用的，因此在教学中很重要（Franklin et al.，2005）。

上面的两个例子都可以通过设计试验或模拟来探索（在有些教科书中被称为试验概率，但因为统计学界并没有使用这个术语，所以不在这里使用）。有些试验的结果是各种事件的可能性相同，有些试验则不是。在抛掷硬币试验中，两种结果发生的可能性是相同的，因此每种结果都有 $\frac{1}{2}$ 的概率。也就是说获得正面的理论概率是 $\frac{1}{2}$。如果在一个试验中，所有结果的可能性是相同的，那么事件的概率可表示如下：

> $$\frac{\text{事件出现的结果数量}}{\text{所有可能出现的结果数量}}$$

现在换一个角度来考虑这个问题："正面向上与反面向上的机会是均等的吗？"这是一个统计问题，只能通过做试验并且多次统计出现正面和反面的频率来回答（Franklin et al.，2005）。频率可以通过下面的式子表示：

> $$\frac{\text{观察到的事件发生次数}}{\text{试验次数}}$$

因为无法进行无数次试验，所以我们只能考虑一个基于大量试验的相对频率估测来作为近似值理论概率。这里强调了概率不是对某次事件的预测，而是从长远发展角度对事件的预测。

概率教学

像所有内容一样，概率可以而且也应该通过问题解决的方法来学习。概率调查非常适合前面提到过的之前、之中和之后的计划模型。在前阶段,学生预测他们认为可能的事情;在中阶段,学生们通过试验去探索这个活动的可能性;在后阶段,学生通过对试验结果的分析,更准确地确定事件发生的可能性。英格利希和沃森(English & Watson,2016)详细介绍了这三个阶段是如何增强小学生对概率理解的:

1. 探索:学生先对事件进行预测,然后进行具体试验。

2. 表征:学生把第一阶段收集到的数据进行整理。可以通过各种表征形式,如:列表、计数图表、表格、点图、条形图和圆图或画图,等等。

3. 构建:学生通过分析他们列出的表征来构建一个概率模型。这个模型是以符号和图解来呈现的。

请注意,这遵循第六章中描述的具体、半抽象、抽象(CSA)方法,这样的方法方便所有学生都能理解和学习,尤其是学习有困难的学生。CSA 在数学教学中也被称为具象-表象-抽象(CRA)。第 2 阶段涉及了前一章中关于统计学所讨论的表征。重要的是统计和概率是密切相关的。使用数据展示有助于弄清结果的可能性(统计展示支持理解概率)。而通过分析数据结果来观察事件发生的可能性会令数据结果更有意义(概率支持对统计的理解)。

理论概率

基于问题解决学习理论概率的一个方法是引导学生参与不公平游戏的活动。在下面的这个活动中,游戏结果可能与学生的直觉相悖。这将提供一个让学生分析游戏规则并探索事件发生可能性的机会——这就是理论概率。

活动 21.8

公平不公平?

对于每个游戏,要求学生首先预测他们是否认为游戏是公平的,然后玩游戏,考虑游戏是否公平(以及为什么)。教师可以在一堂课里相继玩这两个游戏,也可以分开在不同的课里分别玩这两个游戏。

游戏 1:三名学生为一组,掷两枚相同的硬币(例如两枚 1 分硬币)。对于每次掷硬币,有一个人会得到一分:

        玩家 A:两个正面   玩家 B:两个反面   玩家 C:一正一反

掷 20 次后结束比赛。得分最高的玩家获胜。让学生重复玩两到三轮。

游戏 2:两人一组,掷两枚同样的硬币(例如两枚 1 分硬币)。每掷一次,根据下面的规则,有一个人会得到一分:

        玩家 A:两面一样(两个正面或两个反面)   玩家 B:一正一反

掷 20 次后结束比赛。得分最高的玩家获胜。让学生重复玩两到三轮。

游戏结束后,要求学生把他们的数据表征出来。两枚硬币试验可以用于许多表征(表格、列表、各种版本的树状图等等),这些表征可以帮助学生理解理论概率(English & Watson,2016)。当全班都玩过几次游戏后,就可以组织全班来讨论游戏的公平性。鼓励他们通过数据和游戏规则来探索游戏是否公平。

对活动 21.8 中的第一个游戏，通常可能是这样的：刚开始学生认为游戏的三个结果即两个反面、一正一反、两个正面，每个结果都有相同的机会，所以游戏应该是公平的。可是在进行真正的游戏之后，学生们发现玩家 C（一正一反得分的那个玩家）表现出不公平的优势（特别是如果他们已经玩了几场游戏或者汇总了数据之后）。这种观察结果驳斥了所有结果具有相同可能性的观点。对 5～11 年级的学生进行调查（Rubel，2006，2007）发现，大约 25％的学生表示概率为 $\frac{1}{3}$，因为结果只能是三种情况之一：两个正面，一正一反，或两个反面。虽然大约一半的学生答案是正确的，但是这些学生中有许多人使用了错误的推理，下面的解释是关于"公平或不公平"结论正确但不完整的推理，是说因为任何一个试验赢或输的概率都是 50％，而玩家 C 两个都选了。

> 我认为玩家 C 会赢，因为掷一枚硬币，正面向上和反面向上的机会各自是 50％，他猜的就是两面的 50％，他猜一面是 50％，然后另一面也是 50％。这个游戏对于玩家 A 和玩家 B 是不公平的，对于玩家 C 来说存在优势。

在游戏 2 中，学生可能认为玩家 B 有优势（不正确地），认为不同结果比同样结果更有可能（被称为代表性）（Kustos & Zelkowski，2013）。通过玩游戏，并利用不同的表征（如结构清晰的列表或树状图）来分析游戏结果，学生会发现这其实是一个公平的游戏（Degner，2015）。

为了帮助学生将事件发生的可能性与各种可能结果之间建立起联系，就要鼓励学生分析事件并把所有可能的结果罗列出来，如表 21.1 所示。在所有可能出现的结果中，刚好有两种情况是一正一反。

表 21.1　抛掷两枚硬币的四种可能结果

第一枚硬币	第二枚硬币	第一枚硬币	第二枚硬币
正面	正面	反面	反面
正面	反面	反面	正面

下面是一个学生对"公平或不公平"正确解释的示例，将结果与概率联系起来的"公平或不公平"的推理。这个理论概率是通过对试验的逻辑分析得出的，而不是依靠试验结果得出的。

> 我认为这个游戏是不公平的。因为一个混合（正面或反面）选项的概率要高于相同选项（两个正面或两个反面）。出现一正一反比两个正面或者两个反面的可能性要大，因此玩家 C 有 $\frac{1}{2}$ 的机会获胜，而玩家 A 和玩家 B 各有 $\frac{1}{4}$ 的机会获胜。

"剪刀-石头-布"是一个探索是否公平的很好的游戏,可以遵循常规玩法来决定胜负,也可以改动一下规则:两人"相同"的时候给一个玩家得一分,"不同"的时候给另一个玩家得一分。让学生来判断这样的玩法是不是公平游戏(Ellis,Yeh & Stump,2007 - 2008)。

面积可以与概率很好地联系起来。在《美国共同核心课程标准——数学》(CCSS - M)中,学生将会在 7 年级接触到圆形面积和概率。下面 21.9 这个活动很好地把二者整合在了一起。

活动 21.9

射靶

把如图 21.3 所示的靶子投影到大屏幕上。靶子是包含半径为 2 英寸、6 英寸、8 英寸和 10 英寸的同心圆,每个区域用不同的颜色着色。让学生确定不同彩色区域所表示的分数和百分比。

鼓励学生讨论射中靶心的概率(假设所有投靶都是随机的且能射中靶子)。鼓励他们讨论为什么射中率可能与所覆盖区域的百分比相符也可能不相符(如命中技术高的人更有机会能射中较小区域)。然后,让学生为每个区域分配分值。学生可以通过各种方式来分配分值。例如,他们可能认为狭小的外圆更难以被射中,所以给它的分值更高(即便是它的面积可能更大)。要保证学生有足够的时间来分享他们的推理,并能够去评判其他同学的分配方式。

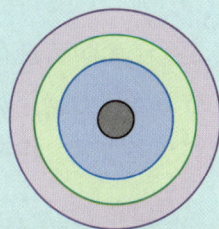

图 21.3　靶子投影

飞镖靶可以采用多种不同的方式,而不要局限于传统方式的同心圆靶(Williams & Bruels,2011)。10×10 网格就是很不错的选择,实际上可以使用任意图形(只要可以计算出面积就行)。学生可以根据不同的面积来确定不同结果的概率。这个活动是联系测量和概率的绝佳方式。

试验

如前文所述,某些概率是无法通过分析事件的可能结果来确定的;相反,它们只能通过收集经验数据来确定。数据可以是预先存在的或者是通过做试验来收集,进行大量的试验以确保所得到的相对频率接近理论概率的近似值。例如,飓风发生的概率是基于历史数据计算得出的。美国"登陆飓风网"就提供了飓风发生的概率(按照州和县划分)。

下面的活动就是只能通过大量试验来确定结果可能性的例子。

活动 21.10

扔着看!

在这个活动中,学生通过抛掷一个物体来探索不同结果的可能性。使用的物体不同,结果的可能性数量也会不同。可以使用任何物体:

1. 扔杯子。给每组学生提供一个小塑料杯。如果他们把杯子扔到空中,观察记录它落在地板的可能方式,他们会认为哪种方式(底朝上、底着地或边着地)最有可能发生,哪种方式发生的可能性最小？为什么？让学生投掷杯子 20 次，记录它每次的落地方式。学生应该采用统一的方式来投掷杯子以确保数据无偏差（例如，从同一高度抛掷杯子）。在班级图表中记录每组的数据。讨论数据的差异并解释产生的原因。让学生预测，如果他们把数据汇总在一起会发生什么。汇总数据并计算三种类型的落地方式的频率（底朝上、底着地或边着地）。综合数据后的相对频率应该接近实际概率。

　　2. 扔玩具。用具有不同着陆方式的小塑料玩具来重复上面的活动。（Nealson & Williams, 2009；Young, 2016——二者都提供了一系列吸引人的扔玩具猪有关的活动，值得参考）

　　3. 扔巧克力。可以用巧克力做试验，看看它们正面落地的频率（Gallego, Saldamando, Tapia-Beltran, Williams, & Hoopingarner, 2009）。当然，也可以用可乐焦糖，或者选择更健康的替代品，比如小鱼饼干（观察它们的头朝向）。

在这些试验中，没有实际的方法可以在试验开始前确定试验的结果。但是，一旦有了扔 200 次的结果（经验数据），就会对接下来的再扔 100 次的结果有把握了。在收集了 1 000 次试验数据后，就会更有把握。换句话说，扔的次数越多，对结果就越自信。例如，扔了 100 次左右杯子后，可能已经确定杯子边缘着地的概率为 $\frac{4}{5}$ 或 80%。

大数定律。随着数据集（样本）的增加，事件发生的相对频率变得更接近实际概率或理论概率的现象被称为"大数定律"。数据集越大，样本的总体代表性越高。在考虑统计数据时，对 1 000 人的调查比对 5 个人的调查能提供更可靠和更令人信服的数据。试验次数（受访者）越多，数据反映人口越多，对调查结果就越有信心。通过收集数据确定事件发生的概率时，情况也是如此。

虽然这个概念对于理解概率至关重要，但这个概念对学生来说很难理解。学生通常认为概率应该在短期内发挥作用，这种错误的假设有时被称为"小数定律"（Flores, 2006；Tarr, Lee, & Rider, 2006）。为了帮助学生深入思考试验规模的重要性，就需要把小数据集与大数据集比较着来学习。接下来的两个活动都是以这个目的为出发点的。

活动 21.11

全出来！

　　让学生准备一个 1~6 的数字表格。让学生抛掷六面分别为 1~6 的数字骰子，每掷一次，在得到的数字下面标记 X。直到每个数字至少出现一次就停止。重复五六次这样的试验。讨论每次产生的频率图有什么不同。例如，某轮学生会掷出来好多次的 4，或者某轮掷了 25 次才使得所有的数字都出现一次，而某轮只掷了 10 次就出现了所有点数。现在，汇总所有数据，然后讨论每个点数出现的相对频率。侧重讨论的是如果试验次数少，数据的差距就大，而抛掷次数多了数据就会"稳定"下来。这个活动也可以在图形计算器上完成（参见 Flores, 2006）。

真正的随机事件经常产生意想不到的结果。抛掷一枚"公平"的硬币可能会得到连续 5 次正面朝上的结果。一个城镇可能在 10 年内先后两次遭遇百年不遇的洪水。广泛利用各种随机设备如转盘、骰子或从袋子中抽取卡片(实际操作或虚拟地使用应用程序),让学生直观地感受到随机的不完美分布。接下来的这个活动就是帮助学生理解这个难点的。

活动 21.12

可能性几何?

让学生两两结对,给每对学生一个半红半蓝的转盘,同时给他们一个"可能性几何?"活动单。讨论旋转出蓝色的可能性。在从"不可能事件"到"必然事件"的概率数线上找到中间点,画一条竖线。然后每对学生转 10 次转盘,把转出蓝色的次数标在第二条数线上。例如,如果转出 7 次蓝色和 3 次红色,则在 0 到 10 数字线上大约 7 的位置上标记出来。如果转 10 次的结果不完全是 5 红和 5 蓝,请讨论出现这种情况的可能原因。

再转 10 次,把结果标在第三条数线上,并把两次结果相加的总和填在右边的方框里。至少重复两次,不断将新转出的结果加到之前的结果中。如果使用图形计算器或小程序,很短的时间内就可以进行 1000 次试验。让学生思考从每条数线的结果上注意到了什么。

"可能性几何"中使用的每个数线具有相同的长度,每个都代表试验的总数。当结果绘制在任何一个数字行上时,该位置显示的结果作为整行的可视部分。随着试验次数的增多,标记将越来越接近 $\frac{1}{2}$。请注意,500 次试验中转出 240 次蓝色的概率为 48%,或非常接近一半。虽然转出红色的次数距离转出蓝色的次数还有 20 多次(260 次),但试验结果接近均匀。

"可能性几何"活动单和分阶段累积数据的过程可以并且应该用于其他试验。例如,尝试在做活动 21.10 投掷杯子的试验中继续使用这种方法。不是在收集数据之前绘制垂直线,而是在试验次数变大后确定实际概率的最佳猜测,然后在适当的位置绘制垂直线。观察并在数线上记录 10 个额外试验、20 个额外试验和 50 个额外试验的情况。将这些小数据集与大数据集进行比较,将概率分别写为分数和百分比,以显示这些表示方式之间的联系。

评价角

可以通过下面的问题来了解学生对大量试验和少数试验的看法。鼓励学生把他们的想法用文字表达出来。

玛格丽特转了 10 次转盘,转出 3 次蓝色,7 次红色。玛格丽特说,有 $\frac{3}{10}$ 的机会转出蓝色。然后,卡拉把相同的转盘转了 100 次。卡拉的结果是 53 次蓝色,47 次红色。卡拉说,在这个转盘上转出蓝色的机会与转出红色的机会大致是一样的。

你认为谁的说法更可能是正确的:玛格丽特还是卡拉? 请解释说明。把你认为他们所使用的转盘画出来。

如果学生理解试验 10 次并不能很好地帮他们找到概率，而试验 100 次则能更准确地告诉每种颜色转出来的概率，那么他们就真正理解了这个大数定律。教师要注意观察收集哪些证据能证明学生理解了这一点。此外，可以通过下面这道题来评测学生是否理解随机是没有记忆的这一重要观点：

> 杜安有一枚幸运的硬币，他已经抛掷了很多很多次。他确信这是一枚公平的硬币（正面向上还是反面向上的机会是均等的）。杜安抛掷了六次硬币，正面朝上的情况已经连续出现六次。杜安坚信下一次投掷的结果将是反面向上，因为他从来没有连续七次投掷出正面朝上。你认为杜安下一次投掷硬币时出现正面向上的机会有多少？解释你的答案。

教师要观察学生是否理解：每次掷硬币并不依赖于先前的投掷结果。

为什么要进行试验？

教师应该认识到让学生动手试验，并通过检查试验结果来讲解概率是非常重要的。因为这个过程能纠正学生对概率的一些错误认识，从而帮助他们真正理解为什么某些事件发生的可能性会比另外一些事件发生的可能性更大。

具体来说，试验可以：

- 与计数法（列表、树状图）很好地联系在一起，从而更有信心来判断概率的正确性。

- 在经验中检验理论模型（当通过试验开始感觉到两个正面的概率为 $\frac{1}{4}$ 而不是 $\frac{1}{3}$ 时，表 21.1 的分析就更容易理解）。

- 帮助学生认识到任何随机事件的某种结果与试验总数的比会接近一个固定的数字（如果进行了无数次试验，相对频率和理论概率应该是一致的）。

- 创造机会让学生在试验过程中学习概率。相比于那些不是通过试验来学习的学生来说，在试验中学习的收获会更多（Gurbuz, Erdem, Catlioglu, & Birgin, 2010）。

只要有可能，就尽量通过试验来学习概率，教师可以通过提出有趣的问题来吸引学生。在有可能进行理论分析的情况下（如"公平不公平"的双硬币活动），更可以通过试验来比较试验结果与理论预期结果，从而加深理解。

科技在试验中的使用

借助科技手段可以很方便地产生随机结果。可以用计算器产生随机数来类比试验中的可能结果。例如，如果试验有两种结果，就可以用奇数代表一种结果，用偶数代表另一个结果。如果有四个结果，那么可以用最后两位数除以 4 时的余数（即余数为 0，1，2 或 3）来代表不同的结果。有一些计算器，如 TI-73、TI-83 和 TI-84，甚至有免费的"概率模拟"应用，这个应用是一个可以模拟抛掷硬币、滚动数字骰子、使用转盘生成随机数的交互式工具。

计算机可以非常形象地实现虚拟抛掷硬币、转动转盘或从帽子中抽取数字，还可以绘制结果图。

只要学生能接受这些科技并明白这些虚拟试验的随机结果与使用学具具体操作的随机结果是一样的，那么这些虚拟设备就能够显示出一定的优势：更方便快捷、更能激励学生、容易操作（例如，具有各种分区的转盘）。

三．样本空间与复合事件

要真正理解概率就一定要理解样本空间和事件。样本空间是指一个试验的所有可能结果的集合。例如，如果一个袋子里有两张红色、三张黄色和五张蓝色的卡片，那么样品空间就是十张卡片。事件是样本空间的子集。抽出黄色卡片的事件就是在样本空间中三个元素或结果的子集，抽出蓝色卡片的事件是在样本空间中五个元素的子集。抛掷单枚骰子，样本空间是由数字 1 到 6 组成。复合事件试验需要两个（或更多）操作来确定结果。例如抛掷两枚骰子、从一个袋子中抽出两张卡片，以及下雨但忘记拿雨伞的概率。

在探索复合事件试验时，还有另外一个需要考虑的因素：一个事件的发生是否会影响另一个事件的发生？下面就分别探讨两种类型的事件试验：独立事件和相关事件。

独立事件

在活动 21.8 中，学生探索了抛掷两枚硬币的结果。抛一枚硬币对另一枚硬币的投掷没有影响。一个典型的独立事件的例子是抛两次硬币：一个事件的发生或不发生对另一个事件都没有影响。

下面来探索抛掷两枚骰子并把所得结果相加。假设学生把结果记录在如图 21.4(a)所示的点图中。这些事件（点数之和）看起来不是均等可能性的，点数和为 6 的情况看上去是最可能发生的事件。为了解释这一点，学生可能会找出和等于 6 的三种情况：分别是 1 和 5、2 和 4 以及 3 和 3 的组合。可是对于点数之和为 7 和 8 的情况也有三种组合。似乎点数之和为 7 和 8 的情况应该是与点数和为 6 的情况相同，但事实上并不是。

现在我们假设来重新做一次试验。这一次，为了清楚起见，建议学生掷两个不同

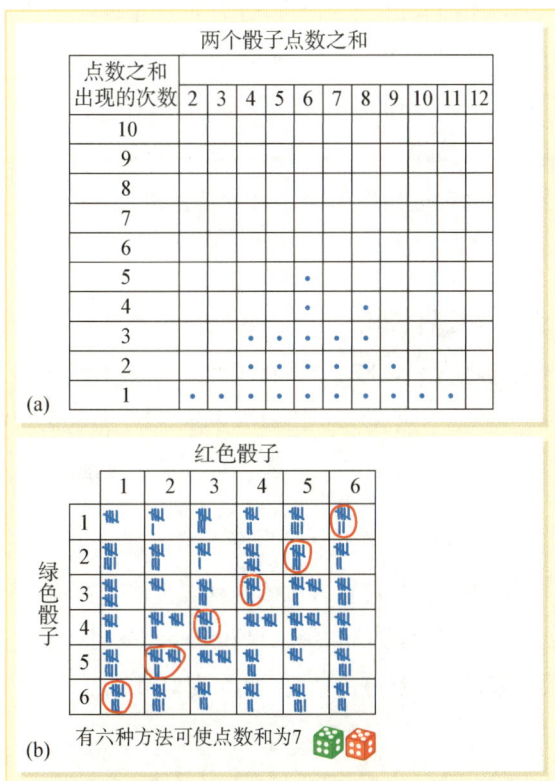

图 21.4　探索两个骰子点数之和的频率（点图）和可能的结果（矩阵）

颜色的骰子,并将结果数据保存在图 21.4(b)中。抛掷多次骰子的结果像我们所期待的那样,即该图表中 36 个单元都是等可能性的。(但是,点数之和不是等可能性的。为什么?)比较最普遍的点数和为 6,7 和 8 的情况。请注意,点数之和为 7 时,红 3 绿 4 的情况与红 4 绿 3 的情况不同,样本空间为 36,点数之和为 7 总共有 6 种情况,概率为 $\frac{6}{36}$,化简后为 $\frac{1}{6}$。点数之和为 6 与 8 的情况相同,每个点数之和有 5 种情况,因此概率均为 $\frac{5}{36}$。在这个用彩色骰子的试验里,可以帮助学生了解到是如何计算事件发生的可能性的,理解了尽管 3+4 与 4+3 都等于 7,但是抛掷骰子时是不同结果的呈现。

为两个独立事件创建样本空间时,应该将两个事件分开建立图表,这样能方便找到所有可能的组合。如果只有两个事件时,图 21.4(b)中的矩阵就很有效。树状图(如图 21.5)是一种可以针对多个事件组合创建样本空间的好方法。树状图的方式虽然更为抽象,但是可以很有效地查找事件概率。用图表信息结合树状图,可以帮助学生更好地理解树状图。例如,想要定制一个冰淇淋甜筒:可以选择加了华夫饼的蛋筒或普通蛋筒,蘸果酱或不蘸果酱,然后从不同蛋筒中任选一种。这个过程你可以用硬币和转盘进行模拟,如图 21.5 所示。

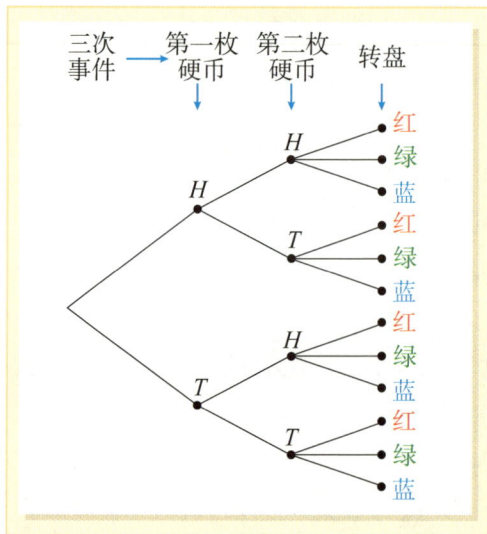

图 21.5　显示两枚硬币和一个转盘所有可能的结果树状图

反思角　使用图表或树状图来分析两个数字骰子的点数之和,每个数字骰子的 6 个面代表的数字分别为 1,1,2,3,3 和 3(就是活动 21.3 和活动 21.4 中使用的数字骰子)。两枚骰子的点数之和可能是多少呢,是 1 到 6 吗? 这些工具如何帮助学生理解样本空间和独立事件发生的可能性呢?

帮助学生将样本空间与概率联系起来的一个常用方法是:(1)先让他们预测事件发生的概率;(2)再让他们进行大量试验;(3)将预测的概率与实际发生事件的概率进行比较。然后让学生创建样本空间,看看预测结果和试验结果与样本空间的比例是什么关系。"Lu-Lu"石头游戏为此类探索提供了良好的情境,如活动 21.13。

活动 21.13

"Lu-Lu"石头游戏

这是一个传统的夏威夷多人数学游戏。大家轮流扔四块 Lu-Lu 石头,通过数上面的点数来计算得分。可以用在普通的玻璃石的一面上画点数的方法来代替图 21.6 所示的"Lu-Lu"石头。

玩家 1 同时扔四块石头(只有一面有画点)。如果四块石头都是面朝上,得 10 分,可以再扔 1 次,并将第 2 次扔的分数加 10。如果四块石头都是底朝上,也可以再扔 1 次,把第 2 次的分数直接记录下来。每个玩家都这样操作。记录每次的得分,玩几轮之后,统计最高分者获胜。游戏结束后,鼓励他们观察每个人的总分,思考下面的问题:

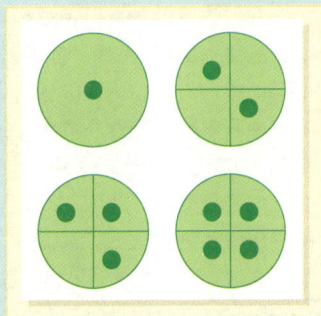

图 21.6 "Lu-Lu"石头

可能出现的总分是多少?

常见的总分是多少?

所有结果(石头可能的组合)是什么样的?

每个得分出现的概率是多少?

来自其他国家或地区的学生也可能会分享其他有关概率的游戏,这些游戏都可以用类似的方式进行探究。

下面这些例子都是有关独立事件概率的,每一个都可以作为课的一部分来探索。

○ 用两个骰子投出点数和为偶数的概率。

○ 在一个转盘上旋转出两次蓝色的概率。

○ 抛掷一个杯子或大头钉一次,头朝上落地的概率。

○ 投掷四枚硬币至少有两枚是正面落地的概率。

○ 投掷两个骰子,点数之差不超过 3 的概率。

一些单词和短语,如"和""或""至少""不超过"可能会对某些学生造成困扰,因此需要强调加以注意。特别要注意"或者"这个词,因为它在日常使用中的含义与其在数学中的严格逻辑含义不同。在数学中,"或"包括两种情况。例如,在抛掷大头钉或杯子的试验中,"大头钉(或杯子)向上"的事件包括的情况有仅大头钉向上,仅杯子向上,以及大头钉和杯子都向上。

面积表示法

有一个确定复合事件理论概率的方法就是列出所有可能的结果,然后从中数出期望事件发生的可能结果。这个方法虽然有效但是有一些局限性。首先,列出所有可能性常常暗示着所有这些可能性是相同的机会。其次,当可能性有太多种时,列表会变得很繁琐。第三,学生在列出这些可能性时会遗漏一些可能性。面积表示法就是一个能避免上述这些问题的确定概率的好方法,参见活动 21.14 来体会一下。

活动 21.14

你是属狗且在春天出生的吗？

在做这项活动之前，先确定教室中所有人的生肖属相(例如，狗和鸡)。花些时间与同学们讨论不同人的生肖属相(如果赶在中国农历新年的时候做这个游戏就更好了)。首先要找出班里不同生肖属相的百分比各是多少。提问："如果我任意说出一只生肖动物，那么它所代表的概率是多少？"通过划分如图 21.7(a)所示的矩形图来说明这个百分比(通过这个矩形图发现64％的学生出生在狗年，36％的学生出生在鸡年)。提问，"如果我任意说出一个季节，在这个季节出生的同学的概率是多少？"让学生通过分割图形和阴影来表示他们得到的不同概率。结果如图 21.7(b)所示。接着提问："属狗并且在春天出生的概率是多少？"

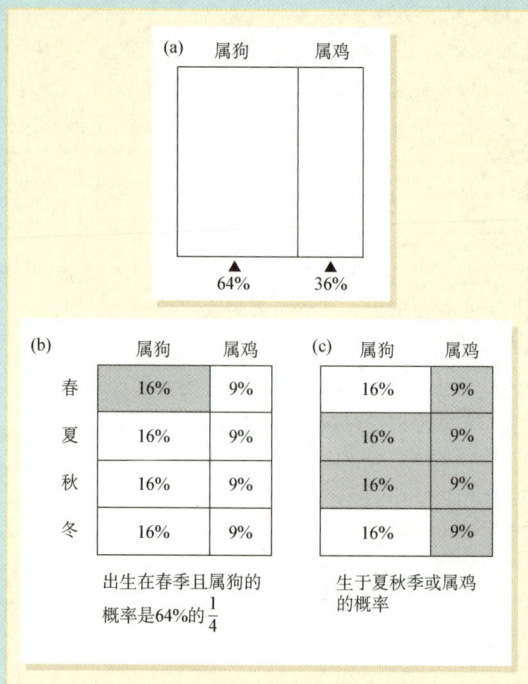

图 21.7 用于确定概率的面积表示

在图 21.7(b)中，可以直观地看到，出生在狗年春季的学生占 64％的 $\frac{1}{4}$，即占总学生人数的 16％。这看起来应该很熟悉，与分数(和整数)的乘法是相同的。

面积代表法也能有效解决"或"的情况。考虑这样一个问题，"你属鸡"或"你在夏秋季出生"的概率是多少？"这个例子的阴影如图 21.7(c)所示。一半的学生出生在夏季或秋季，36％的学生是属鸡的。学生可以在框中加上百分比，他们也可以分别考虑这两种情况：50％的人数出生在夏秋季，36％出生在鸡年。这两个独立事件的总和是 86％，但是有一些学生"满足两个条件"，因此被重复计算(参见图中的重叠)。在这个例子中，重叠(学生"满足两个条件")部分是 18％。因此，属鸡"或"出生在夏秋季的人数是 50％＋36％－18％＝68％。引导学生归纳他们注意到的规律，用面积表示法概括出两个独立事件概率的公式：

$$P(A \cup B) = P(A) + P(B) - P(A \cap B)$$

利用面积表示法可以进行一系列实例探究，因为它不像方程式或树状图那么抽象。

设计转盘是一项具有挑战性和吸引力的活动，可以让学生思考独立事件发生的可能性(Ely & Cohen，2010)。下面这个活动很有难度，可以鼓励学生借助面积表示法来推理如何设计转盘。

设计赢赢赢转盘

　　要求学生制作这样一个转盘:旋转两次,指针所指数字的和应该是 2, 3, 4, 5, 6, 7 和 8 中的一个。让学生按照他们喜欢的方式划分圆圈,并在每个扇形区中写上数字。完成设计转盘后,让他们与其他人配对,用自己设计的转盘完成这样一个游戏:学生 A 旋转两次转盘并得到两个值。如果两次数值总和为 5,那么学生 A 在他的数字条上盖住数值 5。然后轮到学生 B 也转两次转盘。第一个把所有数字都盖住的人获胜。玩三轮。接下来,让学生重新设计他们的转盘,寻找新的伙伴,再玩三轮。如果可能,重复第三次。然后,引导他们讨论如何设计一个能够赢面概率大的转盘。

　　在这个"倒着走"的过程中(从期待的结果入手设计转盘),学生可以更深入地了解如何确定独立事件的概率。

非独立事件

　　非独立事件是指第二个事件的结果取决于第一个事件的结果。例如,假设有两个相同的盒子,其中一个盒子中有一张真钞和两张假钞,另一个盒子中有一张真钞和一张假钞(你不知道哪个盒子是哪个)。你可以任意选择一个盒子,然后从该盒子中不看就抽出一张钞票。你有多大机会能拿到真钞? 这里有两个事件:选择一个盒子和抽取一张钞票。在第二个事件中拿到真钞的概率取决于在第一个事件中你选择哪个盒子。这两个事件是非独立事件。

新车的钥匙

　　在这个游戏中,如果你能成功穿过迷宫到达你放车钥匙的房间,就可以赢得一辆车。你可以将钥匙任意放在房间 A 或 B(如图 21.8 中的迷宫)。在起点和路径中的每个分支处,你必须旋转指定的转盘并按照它指向的路径前进。一旦你到达 A 房间或 B 房间,游戏结束。你应该把钥匙放在哪个房间,从而赢得游戏的机会最大?

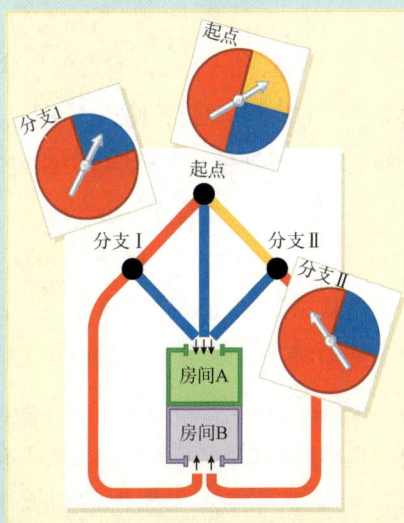

图 21.8　钥匙放在哪个房间获胜的机会最大

面积表示法也可以用来表示非独立事件的概率，详情可参照如图 21.9"新车的钥匙"任务。

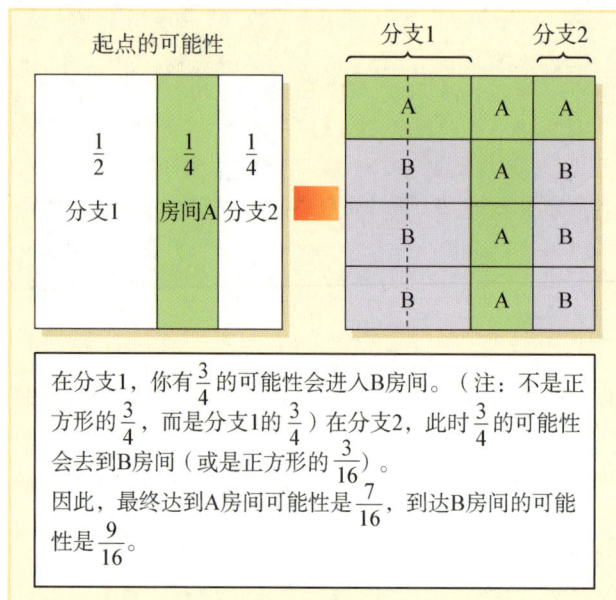

在分支1，你有 $\frac{3}{4}$ 的可能性会进入B房间。（注：不是正方形的 $\frac{3}{4}$，而是分支1的 $\frac{3}{4}$）在分支2，此时 $\frac{3}{4}$ 的可能性会去到B房间（或是正方形的 $\frac{3}{16}$）。

因此，最终到达A房间可能性是 $\frac{7}{16}$，到达B房间的可能性是 $\frac{9}{16}$。

图 21.9　使用面积表示法求解迷宫问题

反思角　如果把分支 1 和 2 转盘所表示的区域改成 $\frac{1}{3}$ 的面积是 A，$\frac{2}{3}$ 的面积是 B，那么汽车问题的面积表示法会有什么不同？为了帮助学生理解一个事件发生的概率是如何影响下一个事件的，教师可以提出哪些问题让学生思考？

图 21.10 是"新车钥匙"问题的树状图，迷宫中每条路径的概率都写在树的"分支"上。树状图比面积表示法更抽象，但它的适用性更广泛。图 21.10 中树状图的每个分支都会与图 21.9 中方块的某一个部分相对应。利用面积表示法来解释为什么在树状图上是通过乘法来确定树的所有分支上事件的概率。让学生讲述面积表示法和树状图表示法之间是如何联系在一起的，这样的思考可以帮助他们理解树状图方法的意义，从而可以在任何多个事件发生概率的情境中使用树状图。

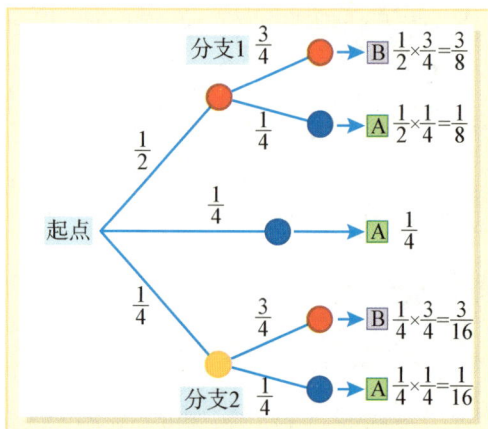

图 21.10　树状图是另一种表示两个或多个非独立事件结果的方法

四. 模拟

　　模拟是为了回答现实问题或复杂情况下需要做出决策而涉及概率时采用的一种技术。很多时候进行模拟是因为操纵真实情况太危险、太复杂或太昂贵。为了了解真实事件中可能发生的情况,必须设计一个与实际情况具有相同概率的模型。例如,在设计火箭时,很多相关的系统都有失败的可能性,而这些失败可能会导致火箭出现重大故障。重大故障发生的概率决定了是否需要重新设计或者启用备用系统。而这一切显然不能通过对实际的火箭进行反复试验来获得。建立一个类似火箭的模型来模拟所有可能情况,在计算机的帮助下反复设计和运行就很有必要了。计算机模型可以模拟成千上万次飞行,并且可以估计失败的可能性。

活动 21.17

通水的概率

　　向学生展示如图 21.11 所示的水泵系统,解释连接 A 与 B 之间的五个水泵都已经老化了。据估计水泵随时可能发生故障的概率为 $\frac{1}{2}$。如果水泵发生故障,那么水不能通过该站。例如,如果水泵 1,2 和 5 发生故障,那么水流只能通过水泵 4 和 3。让学生讨论水将成功通过水泵的可能性如何,并在数线上标记出概率。按照步骤进行模拟部分的教学(下面介绍)。学生完成模拟后,重新审视概率问题:

　　1. 水随时能通过的概率是多少?

　　2. 平均而言,随时需要修理的水泵数大约是多少?

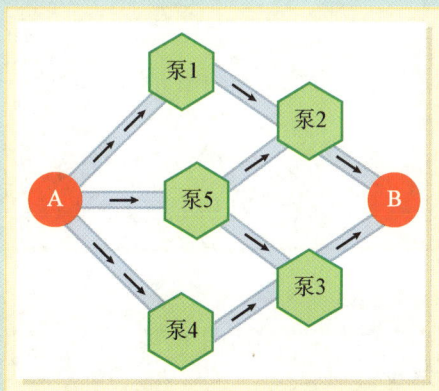

图 21.11　每个水泵中都有 50% 的故障可能性。从 A 到 B 有路径通畅的概率是多少

　　对于任何模拟都可以采取下列步骤,下面就用活动 21.17 来具体说明。

　　1. 确定问题的关键部分和假设条件。通水问题的关键是水泵的状况。每个水泵要么正常工作要么发生故障。在这个问题中,假设条件是水泵正常工作的概率为 $\frac{1}{2}$。

　　2. 为关键部分选择随机装置。可以选择任何与关键部分有相同概率结果的随机装置——在这个问题中是水泵。一个简单的选择可以是投掷一枚硬币,正面代表水泵正常工作。

　　3. 定义试验。一次试验包括模拟一系列关键部分,直到事件情况被完整地一次性模拟好。在这个问题中,试验可以由抛掷五次硬币组成,每掷一次代表一个不同的水泵(正面代表水泵正常工作,背面代表水泵故障)。

4. 进行多次试验并记录结果。对于这个问题,最好以五个为一组记录正面和背面的数据,因为每组五个是一次试验,并表示了所有水泵。

5. 分析数据得出结论。水有四种可能的流通路径,每条路径通过五个水泵中的两个。正如它们在图中的编号,如果水泵组合 1-2,5-2,5-3 或 4-3 中的任何一个畅通,那么另外的水泵工作不工作都无所谓。通过统计这四对硬币中至少有一对都出现正面的试验次数,我们就可以估计水流通的概率。回答第二个问题,要将每次试验出现背面(水泵故障)的数量取平均值。

下面这些示例也都可以通过模拟来收集经验数据。

在一个判断真假的测试中,如果只通过猜测,在 10 个问题中答对 7 个的概率是多少?

关键部分:回答问题。

假设条件:得到正确答案的可能性是 $\frac{1}{2}$。

模拟选项:一次试验就是将一枚硬币抛掷 10 次。

在一个五人小组中,两个人在同一个月出生的可能性是多少?

关键部分:出生月份。

假设条件:12 个月份出生的可能性相同。

模拟选项:使用 12 面骰子或 12 张卡片。抽取或抛掷一次,归位,再次抽取或抛掷。

凯西的平均击中率是 0.350。在一场完整的九局棒球比赛中,他打空的可能性是多少?

关键部分:击中。

假设条件:每次击球的击中概率为 0.35。凯西在通常的比赛会有四次击球机会。

模拟选项:使用有 35％ 阴影的转盘。一次试验就是旋转四次进行。

某种麦片会在每盒里附赠五个游戏中的一个,五个游戏是完整的一套。要获得完整套装,需要购买多少盒?

关键部分:获得一个游戏。

假设条件:每个游戏有 $\frac{1}{5}$ 的可能性。

模拟选项:使用具有五个相等部分的转盘。旋转,直到所有部分至少出现一次。记录进行了多少次旋转(这是一次试验),重复。试验的平均旋转次数回答了这个问题。

扩展:在八个或更少的包装盒中获得一组游戏的可能性是多少?

学生通常在选择随机装置进行模拟时会遇到困难。转盘是一个很好的选择,因为可以通过调整面积来匹配相应的概率。标准的骰子则可用于概率是 $\frac{1}{6}$ 倍数的。在网上和智能手机上还可以找到具有 4,8,12 和 20 面的骰子。硬币或双色计数器可用于概率是 $\frac{1}{2}$ 的模拟。许多计算器也有生成可用于模拟试验的随机数的按键(例如,1 表示真,2 表示假)。通常,生成的随机数介于 0 和 1 之间,例如 0.890 443 336 8。像这样的一列小数如何来代替抛掷硬币或转转盘呢?假设每个数乘 2,结果将介于 0 和 2 之间,如下所示:

$$0.890\ 443\ 336\ 8 \times 2 = 1.780\ 886\ 673\ 6$$
$$0.023\ 202\ 887\ 7 \times 2 = 0.046\ 405\ 775\ 4$$
$$0.166\ 932\ 271\ 4 \times 2 = 0.333\ 864\ 542\ 8$$

这个时候个位数一列就会有一系列的 0 和 1,可以代表正和反、男孩和女孩、真和假或任何其他的一对等可能的结果。对于有三个结果的问题,以 $\frac{1}{4}$,$\frac{1}{4}$,$\frac{1}{2}$ 转盘为例,则可以小数点后两位进行模拟,数字在 0 到 24 与 25 到 49 的范围代表占比为 $\frac{1}{4}$ 的两个部分,数字在 50 到 99 的范围则代表占比为 $\frac{1}{2}$ 的部分。

活动 21.18

三胞胎女孩的可能性

提出问题:"三胞胎全是女孩的可能性是多少?"鼓励学生预估这个概率并记录下来。让学生根据前面描述的五个步骤创建一个模拟来解决这个问题。鼓励学生使用各种工具进行模拟(抛掷三枚硬币,使用随机数生成器,旋转双色转盘三次,等等)。在进行试验之后,把刚开始的预估与后来试验的结果联系起来看看有什么关系。也可以通过创建树状图来理解结果。另见古德温和欧迪兹(Goodwin & Ortiz, 2015)的关于三个孩子的想法和活动单。

五. 学生对概率的预估

像"三胞胎女孩的可能性"这样的任务可以引出很有趣的后续问题:"三胞胎都是女孩比两个女孩和一个男孩的概率是更大还是更小?""如果一个家庭已经有两个女孩,你认为他们的第三个孩子会是怎样?"(Tillema, 2010)这些问题的重点是解决学生对概率的一些(不正确的)预估。表 21.2 总结了学生学习中常见的一些问题,也包括前面提到过的两个。

表 21.2 概率学习中的常见挑战和错误认识以及教学策略

常见挑战与错误	具体表现	教学策略
1. 交换性混乱。因为知道 3＋4 与 4＋3 结果相同，所以误以为一个男孩和两个女孩是一个事件，而不是三个（男女女，女男女，女女男）	学生认为两个女孩和一个男孩只是一种可能的结果，因此认为一个男孩和两个女孩的可能性与三个女孩相同。	◆ 让学生列出事件发生的所有可能结果。 ◆ 对错误认识要详尽讲解澄清。 ◆ 在模拟中通过使用不同颜色的骰子来清晰展示不同的可能性。 ◆ 进行试验并讨论试验次数多少对结果的不同影响。
2. 赌徒谬论：已发生的事件会影响这一事件下一次发生的结果	学生认为如果已经有两个女孩，那么接下来的更有可能是男孩。同样地，如果一枚硬币已经掷出了连续四次正面，学生认为第五次投掷更有可能是背面（Ryan & Williams，2007）。	◆ 指出硬币是没有记忆的，正或反的概率总是 50％。
3. 小数定律。学生们认为小样本可以代表总体（Flores，2006；Tarr, Lee, & Rider, 2006）	学生认为在掷硬币时连续五次背面不可能发生。	◆ 让学生参与挑战这一想法的活动，例如活动 21.11 和活动 21.12。 ◆ 指出在掷硬币的情况下，它并不是那么罕见——它只是一个非常小的数据集，所以它不太可能像大的数据。
4. 可能性计数。学生认为每种可能性是均等的	学生认为一个 75％红色和 25％蓝色的转盘，转到每种颜色的可能性都为 50％。	◆ 做试验来挑战他们的想法。 ◆ 用活动 21.3、21.4 和 21.5 来帮助学生关注频率而不是可能的结果。
5. 代表性。（错误地）认为似乎更随机的结果更有可能发生（Kustos & Zelkowski，2013）	学生认为像 10，21，35 这样的 Pick 3 彩票比 10，11，12 更有可能。	◆ 使用试验和模拟。 ◆ 明确讨论代表性问题。

无论是模拟、试验还是理论概率，都要用多种表示(列表，面积，树状图)并明确地讨论发展概率观念。除了更有趣之外，以这种方式进行概率教学使学生能够理解具有许多现实意义的重要概念。活动 21.19 旨在使学生应用不同的表示方法和模拟。

活动 21.19

两个存钱罐里的钱
向学生提出以下问题。
使用面积表示法和树状图来确定以下情况的概率：
在游乐场里有这样一个游戏：游戏组织者在存钱罐 1 中放入了 1 张 5 美元和 3 张 1 美元的纸币。在存钱罐 2 中，放入了 1 张 5 美元和 1 美元的纸币。游戏规则是你先从存钱罐 1 中拿出一张钱

(不能看)并把它放在存钱罐 2 中。在打乱存钱罐 2 之后,你可以从里面拿走一张钱。玩这个游戏要花费 2 美元。你应该花钱玩游戏吗?

让学生使用(1)面积表示法和(2)树状图来说明理论概率。可以让一些小组尝试其中一种方法而其余小组尝试另一种方法,然后分享比较他们的图表。或者,每个人都可以尝试两种方法。完成这些演示后,询问学生如何设计模拟活动来测试此游戏,请学生解释并展示他们的模拟,让其他学生判断是否准确地模拟了该游戏。

第二十二章　指数、整数和实数

学习目标

在阅读本章内容之后,你应该能够完成如下学习目标:

22.1　掌握能够让学生理解指数、运算次序、科学记数法以及非常大和非常小的数字的各种对学生来说有意义的策略;

22.2　通过对数量和数线的比较来学习整数,对正数和负数教学中的不同情境也进行对比;

22.3　用概念性方法来学习正负数的运算;

22.4　在不同类型的数字(无理数、整数等)之间能够建立一个可视化的关系,并从概念角度出发引入无理数。

学生在小学阶段学习了自然数、正分数和正小数,在中学阶段则开始扩展数字系统并学习表示数的新方法。这包括科学记数法和指数记数法、负数和无理数。本章延续本书的一贯思想。指数是在代数表达式中结合运算来讲解的。科学记数法则以位值概念为基础,扩展到如何用科学记数法来表达数(更大的数及更小的数)。整数是在自然数的基础上在数线上探索小于 0 的数字,从而引入负数的概念。下面的大观念是教学中应该遵循的核心。

大观念

- 数的系统包括自然数、分数、小数和整数,所有这些都是有理数。每个有理数都可以用分数来表示。

- 整数包括正整数、负整数和零。正数和负数不仅表示大小也表示方向(例如温度有零上和零下)。

- 指数表示法是一种利用幂来记录一个数反复相乘的记数方式。具体地说,用幂的方式表达非常大和非常小的数可以节约空间和时间。

- 很多数不是有理数:无理数只能用符号表示或用近似有理数表示。例如 $\sqrt{2} \approx 1.41421$, $\pi \approx 3.14159$。

一．指数

伴随着科技的日新月异,我们周围接触的数也变得非常小或者非常大。如果还是以标准形式来表达就会变得很麻烦。指数表示法在表达数方面显得更为有效。在《美国共同核心课程标准——数学》(CCSS-M)中,指数最开始是在 5 年级的时候以 10 的幂的形式和位值的概念介绍给学生的。在 6 年级时,学生开始学习自然数的幂的指数表达形式。8 年级开始学生学习根和整数指数。

指数的表达方式和计算

学生对理解指数的"规则"很容易产生困惑。例如,如果只简单介绍指数的规则,他们可能不记得在将数字做幂运算时是加上指数还是乘指数。这表明学生缺乏对运算和记数符号的概念性理解。学生在使用带有变量的指数之前,需要利用自然数来探索指数。通过对自然数指数的探索,他们能够注意到其中的规律,并能够生成并理解指数本身的"规则"。自然数指数只是自身重复乘法的简写:例如,$3^4=3×3×3×3$。

指数的符号是抽象的,并不是学生熟悉常见的,因此需要具体明确地讲授。首先,指数针对最邻近的底数。例如,在表达式 $2+5^3$ 中,指数 3 仅针对于 5,因此表达式等于 $2+(5×5×5)$。然而,在表达式 $(2+5)^3$ 中,3 是数量 2+5 的指数,可写为 $(2+5)×(2+5)×(2+5)$ 或 $7×7×7$。要注意这个过程是遵循运算顺序的。与任何新概念一样,都应该从熟悉可以操作的具象模型开始。因为 2 和 3 的指数可以用几何形式来表示,所以通常指数的探索会从它们开始。

> 米娜知道正方形的动物围栏对于固定面积来说是最节省材料的形状(假设所有的边都是直边)。你能为米娜提供一个表格,显示边长从 4 米到 10 米的正方形围栏的面积吗?

学生可以做一个类似于如图 22.1 中的表格,表示具有不同边长的围栏的可能面积。

考虑在涂色立体中间没有被涂色的立方体是什么情况。如图 22.2,在 $2×2×2$ 立方体中,不存在内部没有被涂色的立方块:在 $3×3×3$ 立方体中,内部有一个 $1×1×1(1)$"隐藏"的立方体不会在任何面被涂色。在 $4×4×4$ 中,将有 $2×2×2(8)$ 个"隐藏"的立方体。一侧涂色的立方体的数量以二次速率增长,"隐藏"立方体的数量则以立方速率增长。在探索规律时,学生会获得线性、平方和立方的代数规则的经验。

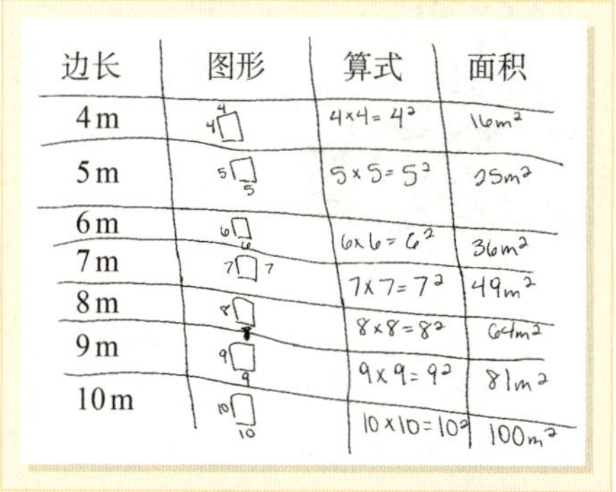

图 22.1　不同边长的围栏的可能面积

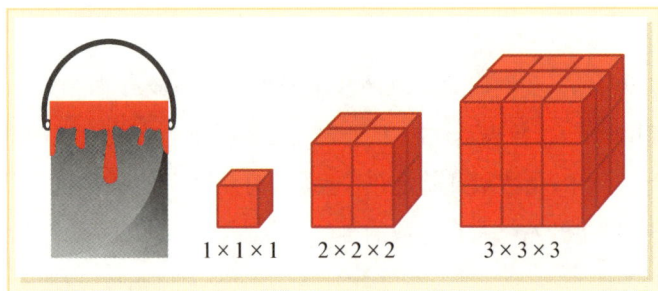

图 22.2　立方体涂色问题:要求学生会计算当大正方体表面被涂色后,每个小立方体有多少面被涂上了颜色

运算顺序

指数扩展了运算顺序的范围。早在 3 年级时,学生需要知道加法、减法、乘法和除法的运算顺序。而在 6 年级,运算顺序中加入了指数(NGA Center & CCSSO, 2010)。指数表示底数被用作因子的次数,因此它表示重复多次的乘法运算。它优先于其他乘法和除法,以及加法和减法。在表达式 $5 \times 4^2 - 6$ 中,首先计算 4^2。如果首先计算乘法,那么答案将是不同的。当我们想要以不同顺序运算时,我们就必须使用例如括号这样的分组符号。

活动 22.1

成堆的硬币

　　选择包含诸如硬币、砖块或笔记本堆叠之类的故事情境。先讲故事,并要求学生:(1)写一个表达式;(2)告诉你多少。例如:"汉娜太太有五堆硬币,一堆有七枚,四堆各有十枚。她一共有多少枚硬币?"(学生应该写 $7 + 4 \times 10$ 或 $4 \times 10 + 7$ 这样的表达式)问学生:"这两种写法都可以吗? 为什么可以或为什么不可以呢?""$(7 + 4) \times 10$——我们可以这样列算式吗? 为什么可以或为什么不可以呢?"然后写出带加法和乘法的表达式,让学生在解决问题时讲述自己的故事。

反思角

计算下面两个式子:

(a) $12 - 2 \times 4 + 8 \times 3 - 12 + 8$

(b) $12 \times 15 \div 6$

你是怎么计算第一道题的呢? 你可能先算乘法得到 $12 - 8 + 24 - 12 + 8$。接下来做什么? 许多教师将符号相反的(12 和 -12,-8 和 8)先结合起来进行简化,得到 24(Dupree, 2016)。这无疑是正确的,也是简便快捷的,但请注意它"打破"了运算的顺序。第二道题呢? 学生可能已经将它转化为 $\dfrac{12 \times 15}{6}$ 然后先约分,再进行 2×15 的简单计算得到 30。重点是运算的顺序不像规定的那样严格,必须是把交换律、分配律、逆运算等一起综合考虑。

助记符(PEMDAS)①一定不能取代对运算顺序的理解。

P＝parenthesis 括号

E＝exponents 指数

MD＝乘法和除法(从左到右的顺序)

AS＝加法和减法(从左到右的顺序)

P－E－MD－AS 这样的表述顺序会误导学生以为乘法优先于除法,加法优先于减法(Ameis,2011,Jeon,2012)。应该用下面这个改进的、带层次的版本来考虑运算(从而避免常见错误)。

从视图可以更清晰地看到乘法和除法处于同一级别,加法和减法处于同一级别(Ameis,2011)。图 22.3 中描绘了两张这样的视图。请注意,金字塔只有三个层级。这是三个操作类别(括号用于更改顺序,因此在三角形旁进行了标注)。

运算顺序图：按照操作顺序的步骤操作

第一步	第二步	第三步	第四步
括号	指数	乘法和除法(从左到右的顺序)	加法和减法(从左到右的顺序)

运算顺序金字塔图：通过操作逐步完成

有括号的先计算括号里的

指数

乘法和除法(从左到右的顺序)

加法和减法(从左到右的顺序)

图 22.3　运算顺序

关于运算顺序的另一个重点是它不像列表所表示的那样严格,例如,计算算式：$14 \times 7 - 5 \times 7$。只要做乘法在做加法之前,先计算哪个乘法无关紧要。实际上,《美国共同核心课程标准——数学》(CCSS－M)描述了数学熟练的学生更倾向于仔细研究问题的结构。例如,注意到在这个例子中,他们可以应用乘法分配律,分离出 7 这个因数,先减计算 $14 - 5$,然后 7×9(这可以全部心算完成)。

你还可以让学生使用适当的符号记录来加强学生对运算顺序的理解,如下面的活动。

活动 22.2

猜数字

在这个活动中,教师给出一个有关数字的提示,学生将通过逻辑推理倒着推。对有学习困难的学生,请以书面和口头两种方式来解释题目。让学生写出方程式,并恰当地使用括号,如以下三个例子：

---

① 译者注：助记符是指美国学生会使用一个易记的句子"Please Excuse My Dear Aunt Sally(请原谅我亲爱的萨莉姨妈)"的每个单词的首字母 PEMDAS,帮助记录表示运算顺序的单词。各字母分别表示：P＝parenthesis 括号；E＝exponents 指数；MD＝乘法和除法；AS＝加法和减法。

> ○ 我在想一个数，它加上 5，然后乘 2 得到 22。[$(n+5) \times 2 = 22$]
> ○ 我在想一个数，它减去 2，然后平方，得到 36。[$(n-2)^2 = 36$]
> ○ 我在想一个数，它乘 2，然后加上 2，然后三次方得到 1000。[$(2n+2)^3 = 1000$]
>
> 对于学习有困难的学生，教师可以从一个已知的数字而不是一个未知的数字开始。例如，从 5 开始，将它平方，加 11，再除以 6，他们应该写出：$(5^2 + 11) \div 6 = n$。

评价角

给学生一个算式，要包括所有操作和括号，例如，$(4+2)^2 \times 2 \div 4$，并要求他们选择情境来编一道应用题或一个故事，可以用到这个算式。让学生在日记上写下这些故事，可以很好地评估他们对运算顺序的理解。检查学生的故事时，看看学生是否理解乘法和除法（以及加法和减法）在解题层次中是位于一个阶段的，也就是应该从左到右来解决。

吸引学生或评估他们对指数和运算顺序理解的另一种方法是让他们判断给定的等式是否成立。例如下面活动 22.3 的例子就是这样的。

活动 22.3

判断等式正确与否

编写有一个或多个运算顺序的等式。例如，$24 \div (4 \times 2) = 24 \div 4 \times 2$。如果学生认为乘法在除法之前，或者他们不知道从左到右的优先次序，他们就会判断为"正确"。给学生本节所附运算顺序练习页，让学生练习判断等式正确与否或用下面的例子：

$17 \times 3 = 15 + 2 \times 3$

$2 + 5^3 = 7^3$

$3.2^2 + 3.2^2 = 3.2^4$

$4(2 + x) = 8 + 4x$

$4y - y = 4$

$3.2 - 1.2 + 0.04 = (3.2 - 1.2) + 0.04$

$(3.6 + 0.4)^2 = 4^2$

$6 \times 2^4 = 12^4$

$x + x^2 = x^3$

$3z + z = z + z + z + z$

将真或假等式这样的练习结合到课堂中有几种方法。首先，可以把这样的等式练习（一两个）作为每天课前热身的一部分。其次，把等式写在卡片上，让两人一组合作。一个学生判断真假，然后另一个人来表达同意或不同意。如果合作伙伴不同意，他们就要尝试说服对方。让他们把真或假等式归类。教师在检查每个组的进度时，就可以通过查看真假卡是否正确来评估了。

判断真假任务为学生提供了一个可以辩论、证明和质疑同伴的很好机会。这些任务能够澄清学生可能存在的误解（例如，认为乘法总是先于除法）。

在计算器上探索指数

计算器是一个探索运算的强大工具。例如，要计算 3^8，请按 $3\times =======$（第一次按下将得到 9 或 3×3），学生会对数字增长的速度着迷。输入任意数字，按 ×，然后重复按 ＝。尝试两位数的数字，再试试 0.1。为中学生设计的计算器通常使用代数逻辑（按照操作顺序）并包括括号键，以便 $3+2\times7$ 和 $3+(2\times7)$ 都能得到 17 的正确答案。但是简单的基础计算器通常按输入值的顺序计算，在这种情况下，首先加 3 再加 2 并得到 35 的答案。计算器编程不同的事实本身可以是一个研究课题，但学生肯定需要了解他们自己的计算器以便正确输入计算表达式。

活动 22.4

输入算式

为学生提供"使用技术简化算式活动页"，其中包括以下算式：

1. $3+4\times8$ $4\times8+3$
2. $3+5^2$ $(3+5)^2$
3. 2^4-15+8 $2^4-(15+8)$

如果学生使用基础计算器，他们会发现需要输入数字和操作的方式与使用科学计算器时不同。问："你该如何输入这些算式以保持操作顺序？"听取建议并将其记录在黑板上。先让学生独自完成前几个，再让他们与同学比较一下结果。再重新考虑该如何输入这些表达式。让学生继续解决剩下的题目，并与同伴比较。

对指数的一个常见误解是将这两个数都视为因数，因此 5^3 被认为是 5×3，而不是 $5\times5\times5$。学生应该能够写出等价的没有指数的算式，或者用括号表示明确的分组。例如，

$$(7\times2^3-5)^3=[7\times(2\times2\times2)-5]\times[7\times(2\times2\times2)-5]\times[7\times(2\times2\times2)-5]$$
$$=[7\times8-5]\times[7\times8-5]\times[7\times8-5]$$
$$=(56-5)\times(56-5)\times(56-5)$$
$$=51\times51\times51$$

对于许多算式，都有不止一种方法可以处理。分享这些不同的解题方式很重要。活动 22.3 "判断等式正确与否"可以做适当变化，改为简化和扩展等式的题目。

尽管具有代数逻辑的计算器能自动产生正确的结果（即遵循操作的顺序），学生必须知道运算顺序，包括什么时候应该在一个运算前必须进行另一个运算，以及什么时候先做哪个运算无关紧要。这种操作的灵活性和意识就是后面代数中符号运算的基础。

整数指数幂

2^{-4} 是什么意思？对于已学过正整数指数幂的学生来说这是一个很好的问题。下面两个例子可以帮助学生来探索负整数指数幂。引导学生发现 10 的指数变化与十进制位值之间的规律。

让学生根据规律完成下面的填写：

$10^4 = 10\,000$

$10^3 = 1\,000$

$10^2 = 100$

$10^1 = 10$

$10^0 = ?$

$10^{-1} = ?$

想要延续这个规律，10^0 必须是 1，实际上它也是！（这是 10^0 的定义，任何数的 0 次幂都是 1）。下一个值将是 1 的十分之一，并且后面每个数字都是它前面相邻数字的十分之一：

$$10^{-1} = 0.1 = \frac{1}{10}$$

$$10^{-2} = 0.01 = \frac{1}{100} = \frac{1}{10^2}$$

$$10^{-3} = 0.001 = \frac{1}{1\,000} = \frac{1}{10^3}$$

…

这时，学生可能会注意到负整数指数幂就是正整数指数幂的倒数。

学生可以在计算器上探索负整数指数。例如，要求学生弄清楚 4^{-3} 或 2^{-5} 等于什么。如果计算器具有小数与分数转换功能，建议学生使用这个功能来帮助理解负整数指数的含义。图 22.4 给出了图形计算器的外观示例。让学生注意总结规律并检查他们的推断是否正确。

学生对指数计算法则通常掌握得不好。通过检查别人的错误（例如，对给出的例子挑错）来帮助学生思考问题中正确（和不正确）的顺序是一种不错的方法，如下面的活动 22.5。

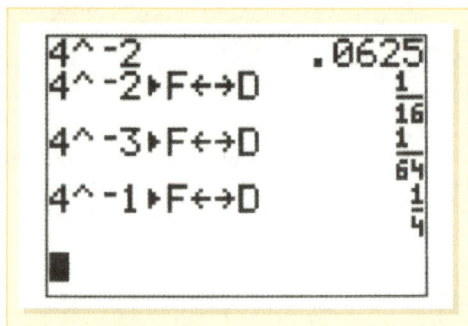

图 22.4　图形计算器。这个图是 TI-73 计算器的屏幕，是以小数的形式计算算式。F-D 键的功能是将分数转换为小数

活动 22.5

挑错

　　把本章所附的"挑错"活动页发给学生，或者老师自己给出一组错误的解题，让学生来挑错并简化下面这些表达式：

$$\frac{20x^8}{5x^2} = 4x^4 \qquad 3^3 \times 3^{-5} = 3^{-2} = -9$$

　　还可以提高难度，比如混入一些正确的表达式。（更多例子可参阅 Johnson & Thompson，2009）

科学记数法

我们在日常生活中遇到非常大或非常小的数字越来越常见,因此有必要使用更方便的方式来表示这些数字。数字当然可以用常见的形式来表示,但如果这样记数显得臃肿繁琐时,用科学记数法无疑是更好的选择。在《美国共同核心课程标准——数学》(CCSS‐M)中,科学记数法是 8 年级的要求,纳入算式和方程式板块中(NGA Center & CCSSO,2010)。科学记数法是指将数字记录为大于或等于 1 且小于 10 的数字乘 10 的幂。例如,$3\,414\,000\,000$ 可写为 3.414×10^9。

不同的记数方式有不同的目的和意义。例如,据估计,2017 年 6 月 24 日世界人口为 $7\,513\,768\,345$ 人(美国人口普查局,n. d.)。这个数据可以用多种方式来表达:

$$7\,513\ 百万$$

$$7.5 \times 10^9$$

$$大约 75 亿$$

这几种记数方式在不同的情境下有各自的目的和意义。与其花费大量时间去练习怎么把数字从标准形式转换为科学记数法,还不如观察并思考报纸、杂志和地图集中的大量数字。这些数字是怎么表达的? 是怎么读的? 什么时候取近似值? 为什么? 这种情况下该精确到什么程度? 为某个具体目的,哪种形式的数字最合适? 这些数字与其他数字有什么关系? 世界人口与所在州的人口或者所在州有什么关系?

非常大的数。现实世界有很多大的数和大的测量。我们通过媒体能看到很多对大的数字的引用。遗憾的是,我们大多数人对极其庞大的数字缺乏数感,例如下面的例子:

○ 探索彩票组合和概率可以帮助学生通过数学来理解社会公义问题(Lim, Rubel, Shookhoff, Sullivan, & Williams, 2016)。含 40 个数字的州彩票有 40 × 39 × 38 × 37 × 36 × 35($2\,763\,633\,600$) 种可能的方式。但顺序并不重要,所以我们除以这 6 个数字的不同排列(6×5×4×3×2×1＝ 720),这相当于 $3\,838\,380$ 个可能的彩票号码(约 400 万种可能性)。

○ 宇宙的大小估计为 400 亿光年。一光年指的是光在一年内行进的里程数。光速为每秒 186 281.7 英里,或每天 16 094 738 880 英里。

○ 人体大约有 1 000 亿个细胞。

○ 地球到太阳的距离大约为 15 000 万千米。

○ 世界人口(在 worldometer 网站上可以找到很多关于世界人口的估值)。

将大数字与一些有意思的兴趣点结合起来,可以帮助学生理解真实的量到底有多大。例如,假设学生认为他们所在城市或城镇的人口约为 500 000 人。那么大约 15 000 个相同人口规模的城市就可以达到世界人口总数了。(这引发了许多其他问题:这类城市名单会是什么样的? 在美国有那么多的城市吗? 世界上有这么多这样大规模的城市吗?)或者假设学生想要知道自己到太阳的距离有多远。他们可以先查看从加利福尼亚州的旧金山到华盛顿特区的距离(约 4 600 千米)。他们发现要在这两个城市之间来回往返超过 32 000 次,才能与地球和太阳之间的距离相等。林等人（Lim et al.，2016）为了让学生理解纽约彩票可能组合的数量之大，利用一分硬币和帝国大厦的高度，将它们结合起来可视化这种可能。让学生把一分硬币（每个 1.52 毫米厚）一个个堆起来，需要 14 个帝国大厦（需要约 400 万个硬币）那么高！从这些熟悉或有意义的兴趣点着手，可以帮助学生找到参考标准，更好地理解大数字在他们生活的世界里的意义。

下面这个活动就是用真实数据来理解科学记数法和数字的相对大小。

活动 22.6

距离太阳多远?

使用"距离有多远?"活动页面(或让学生在线查看数据)。

水星	57 909 000	木星	778 400 000
金星	108 200 000	土星	1 423 600 000
地球	149 600 000	天王星	2 867 000 000
火星	227 940 000	海王星	4 488 400 000

向学生解释他们将比较行星与太阳之间的距离(以 km 为单位)，用科学记数法来记录数据，并画比例图来展示各个行星与太阳之间的距离。鼓励学生想办法确定两个行星之间的相对距离。

给每组分配长纸条，让学生在一端标记太阳，在另一端标记海王星，将其他行星定位在与太阳的相对距离内。对于英语非母语的学生，要强化"千""百万"和"十亿"这几个单词。

学生在科学记数法和大数字之间进行转换时，常常犯的错误是认为指数表示要添加到该数字上的零的个数(而不是小数点移动的位数)。老师要避免让学生使用没有实际意义的捷径(比如直接在后面加几个零)，而是要通过探索足够的例子，让学生理解移动小数点位(以及与 10 的倍数之间的关系)。

非常小的数。 使用非常小数字的真实例子也很重要。与大数字一样，将非常小的数字与有实际意义的参考点联系在一起，可以帮助学生对这些数字有真实的理解，例如下面的例子：

○ 彩票中奖的机会。继续上面的例子，中奖的机会为 0.000 000 26 或 $\frac{26}{1\,000\,000}$ 或 2.6×10^{-7}。

○ 细胞中 DNA 链的长度约为 10^{-7} 米。也可以表示为 1 000 埃。(根据这些信息，埃是多长?)为了让学生有个概念，可以告诉学生，人的头发的直径约为 2.54×10^{-5} 米。

○ 人体头发以每小时 10^{-8} 英里的速度生长。

○ 花园蜗牛的爬行速度约为 3×10^{-2} 英里/时。

○ 一个氢原子的质量约为 0.000 000 000 000 000 000 000 001 675 g，一个回形针的质量约为 1 g。

○ 声音需要 0.28 秒(2.8×10^{-1})才能穿越足球场，相比之下，电视信号在大约 0.000 005 368

秒或者 5.3×10^{-6} 秒内传播整整一英里。所以在家里看电视的观众比现场观众要早听到
踢足球的声音。

寻找非常非常小或非常非常大的真实数据有助于学生理解大的数和小的数的意义,也会帮
助学生理解周围的世界。

活动 22.7

蜗牛的速度

　　花园蜗牛的爬行速度大约为 3×10^{-2} 英里/时。让学生估计蜗牛爬行 1 英里需要多长时间。让
他们把 3×10^{-2} 表示为等值的小数(0.03)。学生可以使用计算器的计数功能(输入.03+ .03=)。在
许多计算器上,当你重复点击= 时,计算器会按输入的最后一个值(.03)计算。每按一个= 就代表 1
小时。要求学生计算或使用其他策略来确定蜗牛爬行 1 英里所需的时间。分享解决方案和策略。

　　通过改变速度来扩展这个题目。例如把蜗牛的速度变为 3×10^{-3} 英里/时。学生应该得出结论,
蜗牛所花的时间要长十倍。

计算器中的科学记数法。 学生可以通过简单地移动小数点来学习如何乘 10、乘 100 和 1000。
通过在处理指数的计算器上检查 10 的幂来帮助学生扩展这个想法。学生需要熟悉书面形式和计
算器形式的 10 的指数幂表达方式。例如,在某些计算器上,$45\,000\,000 \times 8\,000\,000$ 的乘积显示为
3.6E14,表示 3.6×10^{14} 或 $360\,000\,000\,000\,000$(360 万亿)。

活动 22.8

探索 10 的指数幂

　　让学生使用"探索 10 的指数幂"学习单和任何允许输入指数的计算器。学习单中的问题包括:

　　探索 10^n 的各种 n 值。你注意到哪些规律? 1E15 是什么意思? (1E15 即 1×10^{15},这是典型的
计算器显示格式。)1E- 09 是什么意思?

　　关于用科学记数法编写的加法算式,如 $(4.5 \times 10^n) + (27 \times 10^k)$,你有什么发现? 如果是乘法中
的乘数呢?

科学记数法运算顺序

使用科学记数法进行运算的目的是让学生理解如何使用扩展形式和科学记数法,并且可以
选择有效解决问题的形式。例如,比较这两个乘法问题:

$$30\,000\,000 \times 900\,000 \qquad 3 \times 10^7 \times 9 \times 10^5$$

答案是 27×10^{12} 或 2.7×10^{13}。 在这种情况下,任何一种形式都可以心算完成。如果题目是
用科学记数法表示的,学生要先能够理解这种表现形式然后才能计算。

例如 $(4.5 \times 10^7) \times (8 \times 10^6)$ 可以先计算 4.5×8 得到 36，然后再乘 10^7 与 10^6 的积，即 10^{13}。组合这些乘积，积为 36×10^{13} 或 3.6×10^{14}。很显然，如果这些数都用扩展记数形式来书写是非常繁琐的。

二．正数和负数

每天，学生都会接触到小于 0 的数字，如下所示：

温度

海拔（高于或低于海平面）

高尔夫球比分（高于或低于标准杆）

金钱

时间表（包括公元前）

美式橄榄球比赛统计

……

一般来说，负数是通过整数及其对立面引入的，而不是通过分数或小数引入的。但只关注整数是不行的，因为学生必须理解 -4.5 和 $-1\frac{1}{4}$ 之类的数字在数线上与整数相关的位置。事实上，由于中学没有充分教学非整数负数知识点，许多学生无法在数线上准确找到非整数负数。例如，将 $-1\frac{1}{4}$ 放在 -1 和 0 之间而不是 -2 和 -1 之间，因为学生习惯于将带分数放在整数的右边。在《美国共同核心课程标准——数学》（CCSS - M）中，正数和负数是在 6 年级引入的，7 年级学生开始"用任何形式的整、负有理数（整数、分数、小数）来解决多步骤现实生活和数学问题"（第 49 页）。但学生在更低年级就会遇到整数，也能够理解整数。

对负数的了解也是一个发展的过程。开始的时候，学生可能会忽略负号（减号），但通过经验积累，学生对负数会有一个粗浅的认识：负数与正数在数线上是以 0 为对称的（Bofferding，2014）。在这样的基础构架下，思考正数和负数对于学生理解掌握整数和整数运算很重要（Bishop et al.，2014）。学生要有机会探索他们不熟悉的情况，例如减数比被减数大的情况（如，$5-8$），并认识到他们原有的一些知识构架（例如，加法总是令结果变得更大）并非总是正确的（Bishop et al.，2014；Karp，Bush，& Dougherty，2014）。

探索正数和负数的语境

在介绍任何新概念或新数字类型时，都要从熟悉的情境开始。这样学生可以利用先验知识来辅助理解。对于整数，学生在计算时通常不确定他们应该往哪个方向移动，因此有一个合理的情境就特别重要。对于许多学生，特别是英语非母语的学生来说，需要视觉辅助来支持他们对语言上的理解（Swanson，2010）。当学生学习整数比较和计算时，他们可以根据具体情境来思考并推断答案是否正确。在《美国共同核心课程标准——数学》(CCSS‐M)中,6年级学生必须"理解正数和负数是一起用来描述具有相反方向的值(例如,温度高于/低于零,海拔高于/低于海平面,贷方/借方,正电极/负电极):能够使用正数和负数来表示现实世界中量的关系,并解释每种情况下0的含义"(第43页)。

数量情境。 数量情境为学生提供了将相反数(4和−4)相加为零的机会。数量情境可以用双色计数片或其他计数学具来说明。

高尔夫得分。在高尔夫中,分数通常与每一场的标准杆数字相关。如果球场的标准杆是70杆,那么以67杆结束一天的高尔夫球手得分为−3,或者低于标准杆3杆。如果一个参加为期四天锦标赛的球员,其每天的得分分别为+5,−2,−3,+1,那他的比赛最终成绩是多少?你是怎么想的?你可以让正数和负数相加(在这里是+5与−2和−3相加为0),然后看看剩下的是什么(这里是+1)。相反数(5和−5)相加等于零是正数和负数教学中的一个重要概念。教师可以列出一个高尔夫比分的混合排行榜,让学生从第一到第十给球员排序。强调第一名是最低分,因此得最小数者是第一名。

钱:取现和存现。银行账户的账单明细会显示账户中有多少余额。取现和存现之间的差额就是账户中的余额。如果存入的金额多于支取的金额,那么该账户就是正余额,或称"盈余"。如果支取的金额多于存入,那么该账户处于负债状态,显示负现金值,或称"赤字"。这是探索正数和负数非常好的情境,如表22.1所示。考虑到名人持有的净资产可以激发学生的兴趣(Stephan,2009),由此学生可以进一步来探索正负数的加减法运算(Stephan & Akyuz,2012)。

表22.1 收支情况表

项目	支出或收入	余额
修剪草坪	+12.00	$34.00
电话费	−55.00	$−21.00
iTunes下载	−9.00	$−30.00
薪水	+120.00	$90.00

活动22.9

净资产算算看

在互联网上,找学生感兴趣的某人(例如,歌手、运动员或演员),查出他持有的净资产。教师再虚构二三笔资产和二三笔债务,然后让学生据此进一步来算他的净资产。这个活动还可以继续深入,和学生一起查看他们感兴趣的其他人的净资产,让学生根据净资产列出那个人可能的资产和债务。一个好的方法是把净资产、若干项资产和债务这些信息都列在一页纸上。但在纸上把资产和债务都遮住,以便所有学生看到的是净资产(Stephan,2009)。这种可视化练习对于学习有困难的学生尤为重要,这样他们便可以在真实情况下看到底缺少的是哪个值。

最终债务可以用负数表示，这样就与整数的加减法联系起来。

线性语境。负数的许多真实背景都是线性的。数线是理解负数排序很好的一个工具，并且可以帮助学生对正数和负数进行运算推理（Bishop et al.，2014）。《美国共同核心课程标准——数学》（CCSS-M）强调 6 年级学生要能够在数线和坐标轴上表示整数（NGA Center & CCSSO，2010）。有关数线上整数的详细介绍，请参见 Math Goodies 网站。

温度。测量温度的"数线"是垂直的。这可能是学生最熟悉的关于负数的情境了，因为他们要么自己经历过温度低于零摄氏度，要么从阅读材料或其他渠道知道北极或南极的温度。对学生来说，一个很好的引入活动是让学生在温度计上找到不同温度的位置。例如，图 22.5 显示了一个以 5 度为增量标记的温度计，要求学生在温度计上找到北达科他州连续五天的温度：8°，−2°，−12°，4°，8°。让学生从最冷到最热（从最低到最高）排序。以温度作为背景的一个好处是温度可以是分数和小数。

海拔高度。另一个垂直数字线模型是海拔，它也是学习正数和负数很好的情境。海平面以下的海拔高度为负数，例如以色列死海镇（海拔−1 371 英尺）和加州死亡谷的恶水盆地（海拔−282 英尺）。海拔高度是正数的有北美最高的山峰麦金利山，海拔 20 322 英尺。学生可以给世界各地的高度（通过互联网能够轻松找到的数据）排序或计算两个不同地方高度之间的差异，这也是一个非常好的整数相减的情境（将减法解释为差距而不是"拿走"）。

时间线

让学生在时间线上展示历史事件是一个很好的跨学科学习机会。时间线对于理解较大值（例如，1950 年）以及负数（例如，−3 000 或 3 000 B. C.）的示例都是很有帮助的。学生也可以探索他们自己的个人时间线（Weidemann，Mikovch，& Hunt，2001），让学生在时间线上找到与他们相关的重大事件发生的时间，有些是他们出生前发生的（例如，哥哥姐姐的生日），有些是他们出生后发生的（例如，搬到新房子里）。学生可以把这些事件标记在一条数字线上，0 表示他们出生的那天。通过将一年划分为 12 个月，学生还可以在数线上获得对有理数（一半、四分之一或十二分）的经验。为了进一步加强与数字大小的联系，还可以问学生："哪个数（年份）更少（最早）？"

橄榄球

美式橄榄球比赛中每场比赛的统计报告都是推进或后退的码数，这是探索整数很好的情境，特别是在比较和添加整数时。可以向学生提出这样的问题："如果钢人队在 20 码线上开始进攻并且前三次进攻的比分为−4，+9，+3，那他们得到首攻的机会了吗？""在乌鸦队的第一次进攻中，推进码数为−4。他们与争球线的关系是什么样的（如果在争球线后面就用负数，在这种情况下为−4），他们与首攻线（−14）的位置是什么关系？"

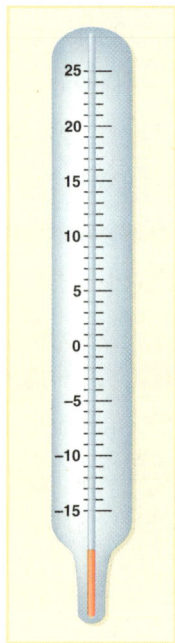

图 22.5 温度计是探索正数和负数的良好工具

活动 22.10

橄榄球统计

查看美国国家橄榄球联盟或者受学生欢迎的大学球队中一些最佳跑卫所得的平均码数。要求学生用每次进攻所得的平均码数来为每个球员创建一个可能的码数增益和损失列表。例如,如果一个球员在比赛中平均每次进 4 码,那么以下可能是他的数据:

10, - 3, - 2, 21, - 5, 3, - 1, 5,- 1, 13

你可以先和学生一起做一个这样的列表,然后再让学生另找其他球员也做同样的数据列表。在这里,足球提供了一个有意义地应用整数的情境,再与平均值这个重要概念相结合。英语非母语的学生可能不熟悉美式足球,因为大多数国家的足球跟美式足球不是一样的运动。与学生一起做角色扮演来玩游戏,不仅可以让所有人都能理解游戏,也会增进大家的感情。此外,"码"是美式测量单位,可能学生不熟悉,也可能与这个单词的其他含义混淆。将"码"与"米"来比较也会是很有意义的活动。

负数的意义

负数是根据其相对的正数来定义的。例如,负 3 的定义是等式 3+? ＝0 的解。一般来说,n 的相反数是 $n+?$ ＝0 的解。如果 n 是正数,那么 n 的相反数是负数。因此,整数集由正整数,整数的对立面(或负整数)和 0 组成,0 既不是正数也不是负数。

绝对值。《美国共同核心课程标准——数学》(CCSS‐M)要求绝对值在 6 年级中引入。绝对值是指该数字与零之间的距离。在数学应用中经常需要知道数线或平面上两点之间的距离。例如,我们需要能够确定直升机离医院的距离,无论其方向如何。绝对值的表示法由数字两侧的两个垂直条组成。因此,数 n 的绝对值表示为 $|n|$。方向相反,例如 -12 和 12,它们与零的距离相同,因此具有相同的绝对值。

如果学生对绝对值的体验仅限于像 $|-8|$ 或 $|6-10|$ 这样的简单表达时,他们不会把运算与绝对值的含义联系起来,也看不到这样做的真正目的。放到情境中才能使其具有真正的意义。例如,$|6-10|$ 可以是 10 英里标记和 6 英里标记之间的距离。在这个例子中,可以看到 $10-6$ 或 $6-10$ 都可以得到答案,距离是正(绝对值),所以答案是 4。

减号符号。在低年级时学生认识到"－"符号意味着"减去"。随着年段的增长,他们需要理解减号的其他意义,这是他们理解变量和解方程的基础(Lamb et al.，2012)。减号有三个含义(Bofferding，2014；Lamb et al.，2012)。请看下面的具体说明:

减法:$25-12=$ _____ 或 $9-$ _____ $=4.5$

负数:$25+(-12)=$ _____ 或 $9-$ _____ $=-4.5$

取反:$-(-5)=5$

减号这个符号不容易理解,是因为在简化方程的过程中它的意义可能会有所变化。例如,方程 $3.5-x=-0.6$。方程两边同时减去 3.5,化简后 $-x=-4.1$。这里,方程读作 x 的相反数等于负 4.1(或 4.1 的相反数)。减号的意义也就从减法转换到了取相反数。为了与运算符号区分开来，将数字放在括号里，例如，8−(−5)。学生以前没有看到以这种方式使用的括号，可能会认为这意味着成倍增加。所以教师要把学生的先验知识联系起来并详细解释减号和括号的新用法之间的关系。下面这个活动能够很好地实现这个目标(改编自 Lamb et al.，2012)。

活动 22.11

大于，小于，等于，不知道?

用"大于，小于，等于，不知道"学习单或在黑板上编写一个等式来表示减号和负号的不同含义。让学生投票决定是否相等。鼓励学生与同伴合作，适时组织小组或全班讨论。请看下面的例子：

2−(−3)_____1   −x_____x   −(−8)_____8

在这种情况下，教师可以提问学生："我们什么时候在数学中使用括号?"学生可能会说为了先执行某一部分计算时，有的时候也意味着乘法。要指出括号也用于使表达式更具可读性，将负数与操作分开。对英语非母语的学生应该提供这些名词的单词表，例如减号、负数和相反等等。在全班面前一起学习这些词汇对所有的学生都有帮助。此外，并非所有国家或地区都使用相同的符号；如果学生在自己的国家或地区有不同的表达方式，请学生分享他们的符号并进行比较。

表示正负数的工具

有两种工具在帮助学生理解正负数的大小比较和四则运算(＋、−、×和÷)上非常有用。一种是表示数量的计数片，另一种就是借助"线"来进行操作。计数小圆片可用于正整数还有 0 的运算，而数线则可以用来展示负数的运算。

计数小圆片。 双色小圆片非常适合表示正整数和负整数，因为一面(例如黄色)可以用于表示正数，另一面(例如红色)可以表示负数。每个计数小圆片正反两面的和为 0[＋1+(−1)＝0]，说明它们是相反数。从借贷的角度来看，如果黄色一面是贷项，红色的就是借项，5 个黄色小圆片和 7 个红色小圆片与 2 个红色小圆片在借贷上是一样的，都是 2 个借项，表示为−2(如图 22.6)。向任意数量集合同时添加或删除一对计数片(同时加一个正的和一个负的)，它就像添加等量的借项和贷项一样，集合的数量值不变。Annenberg Learner 的网站上有一个很好的示范课，标题是"Colored-Chip Models"，它讲解了如何使用计数圆片来探索与整数运算相关的概念。

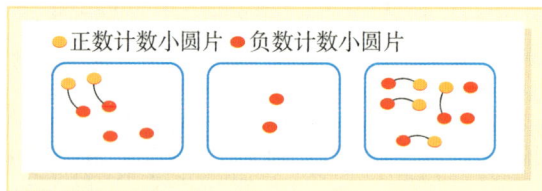

图 22.6　每个集合都表示−2

数线。 数线是另一种展示负数运算的可视化的工具，它有许多优点：

1. 学生对于在数线上进行整数、分数和小数的计算非常熟悉。

2. 数线是一个很好的表示运算概念的工具。可以增加一些情境，比如用小蚱蜢跳来跳去

(Swanson，2010)，或者使用学校的吉祥物。学生们可以直观地看到，当蚱蜢向左移动时，它就会移动到更小的数，当它向右移动，就会变成更大的数。

3. 可以表示到 0 的距离（或数的绝对值）。

4. 可以让学生探索非整的正负数（例如 $-4\frac{1}{4}+3\frac{1}{3}$ 或者 $-9.2-4.5$），这对于计数小圆片来说是非常困难的。

5. 与坐标轴建立联系，坐标轴有两条相互垂直的数线。

在负数运算中，可以用箭头来表示距离和方向。例如，4 可以用 4 个单位的箭头表示，从数线的任何位置开始指向右边，-3 可以用 3 个单位的箭头表示，从数线上任何位置开始指向左边的（如图 22.7）。箭头帮助学生将整数量视为有方向的距离量。正箭头从不指向左边，负箭头从不指向右边。此外，每一个箭头具有长度（绝对量或绝对值）和方向（标记），无论箭头在数线上的位置如何，这些属性对每个箭头都是常量。

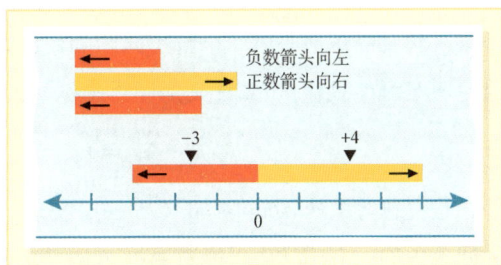

图 22.7　数线表示正数和负数

使用哪种工具。虽然计数小圆片和数线看起来很不一样，但在数学上是相似的。绝对值可以用计数小圆片的个数或者箭头长度表示。方向可以表示为不同的颜色和箭头朝向。了解这两种工具表示正数和负数的方式，建立直观的联系，可以帮助学生理解概念。用哪种表达方式要根据具体情境来决定：如果讨论的是高度，那么使用数线比计数圆片更合适。

三. 正数和负数的运算

当学生理解了整数是如何表示的，尤其是理解了在数线上的数之后，他们就可以学习解决与负数相关的问题了。正数和负数的运算绝不能单纯地靠死记硬背运算规则（例如，看到减法时可以通过改变第二个数的运算符号来把它变成加法）。这种方法不仅效率低，而且剥夺了学生进行定量推理的机会。随着学生对运算的理解扩展到负数时，他们需要有机会思考如何把运算的基本结构推广到负数(Bishop，Lamb，Philipp，Whitacre，& Schappelle，2016a)。

加法和减法

用前面介绍负数时用过的情境（如高尔夫球得分）是个不错的主意。告诉学生你每个周末都打一轮高尔夫球。第一个周末的得分是 $+3$ 和 $+5$，第二个周末的得分是 $+3$ 和 -5，第三个周末的得分是 -6 和 $+2$。那么你每个周末的比赛成绩怎么样？总体来看怎么样？因为这是一个关于数量的模型，使用计数小圆片是一个很好的选择（当然也可以用数线）。在处理美式足球两个球队连续两天的得分失分情况时用数线更合适。

反过来,让学生用整数运算来讲一个与自己相关的故事。下面的三个问题可以作为不错的提示(Swanson,2010):

你从哪儿开始的?

走了多远?

你现在在哪?

所以,对于−3−5＝?,学生可能这样写:"我开始是在水下 3 英尺,然后再往下潜 5 英尺,那么我现在在哪儿?"(−8)

开始的时候借助情境非常重要,但学生也需要利用他们原有的加减法经验对数字本身进行推理。与其简单地告诉学生解决问题的规则,不如给出一些包括负数的数学表达式,鼓励他们来讨论答案可能是什么,意义又是什么。例如:

$$5-11=n \quad -7+12=n \quad -3+n=7$$

毕夏普等人(Bishop et al.,2016b)发现,学生是可以把对数字结构和加减法的理解应用到实际问题中的。有的学生可能对第一个例子的推理是往下减少了,因此答案是−6;第二个例子是在数线上从−7 开始,增加了 12 到 5。还有的学生可能运用交换律,在心里就把表达式改为 12＋(−7)＝n,理由是往下减少 7 得 5。学生应用逻辑必然性,就是说他们使用熟悉的数学规则和方法(例如加法交换律和正负抵消)来进行逻辑推理,并解决整数运算问题(Bishop et al.,2016b)。研究人员建议,教师可以通过提问来帮助学生关注数字结构的问题,例如:

○ 这两个题如何比较?(例如−4＋5＝n 和−4−5＝n)

○ 如何向低年级学生解释为什么可以这样改变等式,例如从 7−(−3)＝n 到 7＋3＝n。

○ 知道 5＋4 的结果是怎么帮助你思考计算 5＋(−4)的?

○ 我看到你用往前数来计算这个问题,为什么要往前数(而不是往后数)? 例如:−9−(−3)(向前数是对的)或者−9−3(向前数是错的)。

这种方法建立在学生对运算和数的结构的理解之上,而与此相反的是直接告诉学生所谓的计算法则——"看到减法时,改变第二个数的运算符号,把它变成加法……"这样的法则教起来用时少,好像很快,但它剥夺了学生理解负数的机会,使他们不可能去判定答案是否合理,也不能用心算和逻辑推理来进行负数运算。

注重相反数可以帮助学生理解加法和减法。活动 22.12 提供了一种很好的用相反数来处理整数加法的方法。

活动 22.12

找 0

在活动开始之前,请学生说几个相反数的和[例如,4＋(−4)＝0]。分发"找 0"活动单。然后请学生看一组不是相反数的和[例如,7＋(−4)],问一问学生,是否可以通过分解其中一个数找到 0[例如，(3+ 4)+ (- 4)]，并解决这个算式。学生可以借助数线找到这些数之间的差异。尤其是学习有困难的学生，可以通过画"0 盒子"来帮助他们解决问题。如下所示：

$$12+ (- 5) =$$

0 盒子： $\boxed{5+ (- 5)}$

$$(7+ 5) + (- 5) = 7+ [5+ (- 5)] = 7+ 0 = 7$$

学生需要说明当他们加减负数时发生了什么。如果不这样做，学生就不会知道往数线的哪个方向走。扩展课程：在这个活动中发现关于 0 的更多细节。

计数小圆片和数线都可以用来展示加减法（如图 22.8）。计数小圆片很好地体现了相反数的概念。在数线上做加法当然也可以体现相反数的概念，但在数线上可以仅通过移动来体现负数。用数线做加法时，需要注意每个增加的箭头都从上一个箭头的"箭头端"开始。

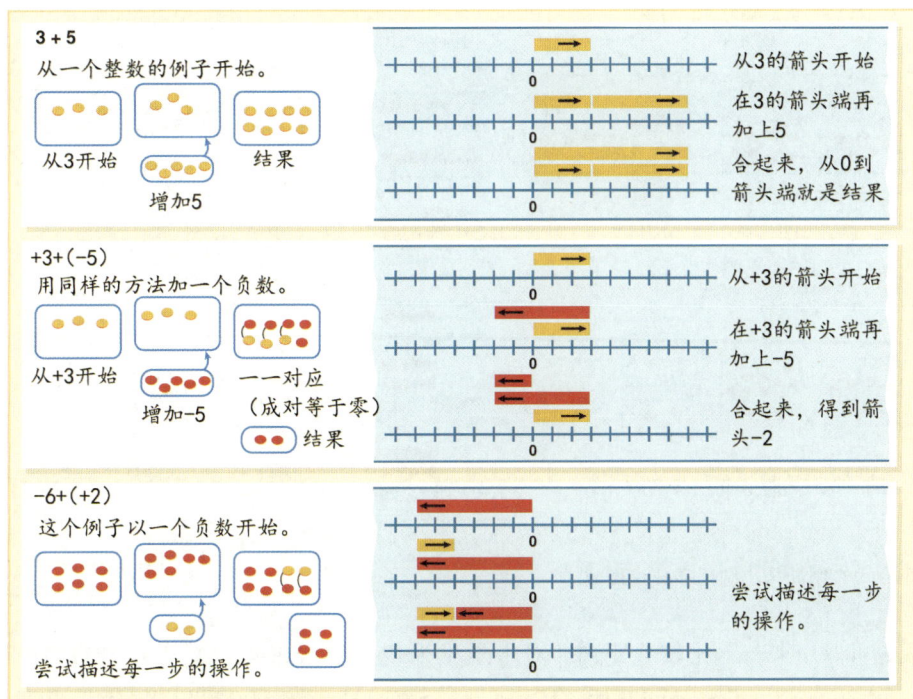

图 22.8 计数小圆片和数线做加法

减法可以解释为分离（拿走）或比较（值之间的差或距离）。数线的优点是既可以表示拿走也可以表示比较。思考"-5-(+2)"这个问题，第二个例子如图 22.9 所示。如果使用计数小圆片，情境可以是钱。例如：我已经欠款 5 美元，然后再从我的账户中提取（取出）2 美元，此时的银行账户余额是多少（假设透支账户还没被收费）？要解决这个问题，可以从五个红色计数小圆片（红色是负数代表债务）开始。要想从这个集合中再拿走两个正计数小圆片（黄色是正数），必须添加两组中性数对（注：一个表示正数的黄片和一个表示负数的红片为一组中性数，因为和为零，不改变总值），使得可以有两个正计数小圆片被拿走。然后，拿走 2 个正计数小圆片（黄色）。账户显示的是 7 个红色圆片也就是债务 7 美元或−7 美元（因为 2 美元被拿走了，资金就更少了）。

在数线上，使用箭头可以表示减法的拿走和比较。以"拿走"的角度思考图 22.9 中第二个例子。以温度为情境，可以这样解释：一天开始的温度为零下 5°，然后温度下降了 2°，也就是说温度降低了，现在是−7°。可是要解释一个数减去负数时，就很难从"拿走"的角度来理解。想一想，例如"−4−（−7）"（图 22.9 中第三个例子），如果从"拿走"的思路开始，由于这是零下温度（或者说寒冷度），所谓的被"拿走"，你实际上在做相反的事情——升温 7°。在数线上，从−4 开始，然后箭头要从左转到右然后移动 7 个位置。

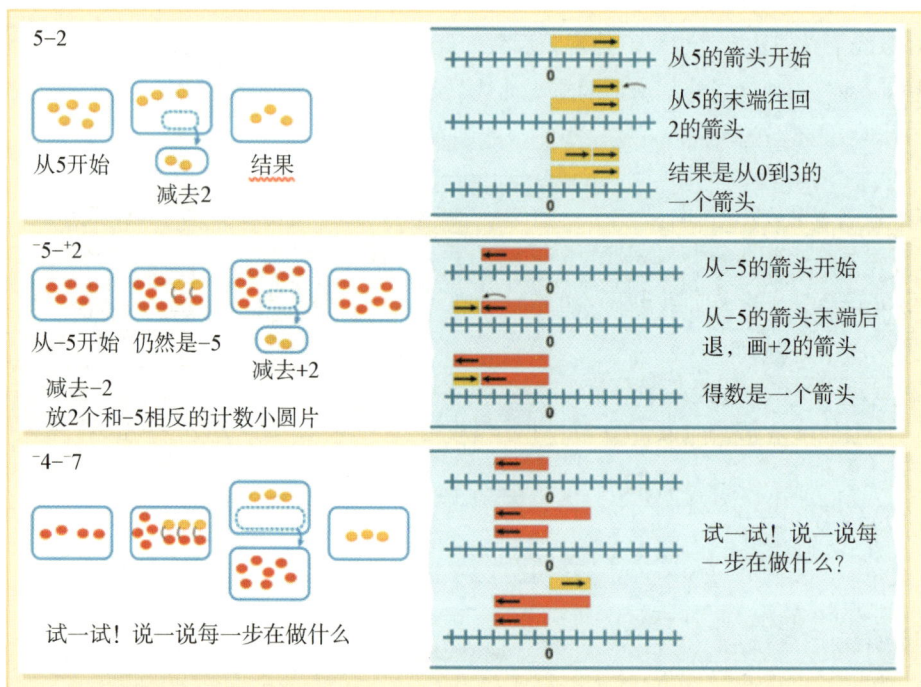

图 22.9　用计数小圆片和数线做减法

数线也可以用来表示比较或距离。对于学生来说用数线来理解减法要容易多（Tillema，2012）。在这个例子中，比较的问题是："−7 到−4 的差是多少？"换句话说，怎么从−7 到−4？你得到 3。注意，如果反过来写（−4−（−7）），它将是从−4 到−7 的差，仍然是 3，但是方向是向左的，所以是−3。

反思角　试着用计数圆片和数线两种方法来解决图 22.8 和图 22.9 中的问题。对于减法，分别用拿走和比较两种情况来试试。什么样的故事或情境分别适合哪种方法来理解加减法？

把这些视觉表征与符号运算结合起来对学生来说是挺大的挑战。让学生在数线上把表达式的意义解释出来是一个很好的方法。图 22.10 展示了学生如何用画箭头来表示加减法。让学生自己出应用题也是一个很好的方法。

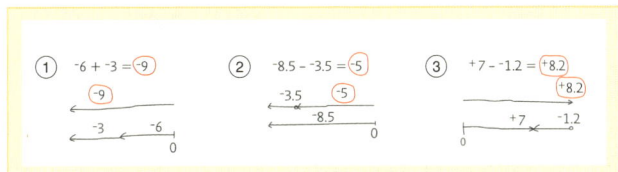

图 22.10　学生用箭头表示加法和减法

＋3＋（－5）和＋3－（＋5）是一样的，＋2－（－6）和＋2＋（＋6）是一样的，让学生理解这些非常重要。通过在数线上讲解加减法并给学生讲清楚这两个算式之间的关系，所有的这些都会帮助学生理解这些表达式之间的联系。

7 年级时，学生必须学会"用策略性的工具解决任何形式的正负有理数（整数、分数和小数）在现实生活里的多步骤数学问题"（NGA Center & CCSSO，2010，p. 49）。本节中的示例都是围绕整数展开的，但用尺子或数线很容易分成小数和分数。同样运用箭头也可以帮助学生理解有理数的加减法。而且，正如空白数线可以做整数加减法一样，它也同样适用于小数和分数的加减法。

乘法

整数乘法是对自然数、分数和小数乘法的扩展。就像加减法一样，学生需要有机会能够把他们对数和运算的先验知识用在探索负数运算之上。例如，对于 $\frac{1}{2} \times (-6)$ 这样的问题，学生可以运用数线和已有的分数乘正整数的经验来思考。学生在探索中打破了最初的想当然认为乘一半会使答案变小（Carter，Prince，& Schwartz，2017）。学生认为这个问题只是以前学习内容的扩展。这很容易理解，因为第一个乘数表示有多少组。当第一个乘数为正数时，无论第二个乘数是正数还是负数，都很容易转化为整数乘法。图 22.11 中的第一个例子说明了一个正的乘数和一个

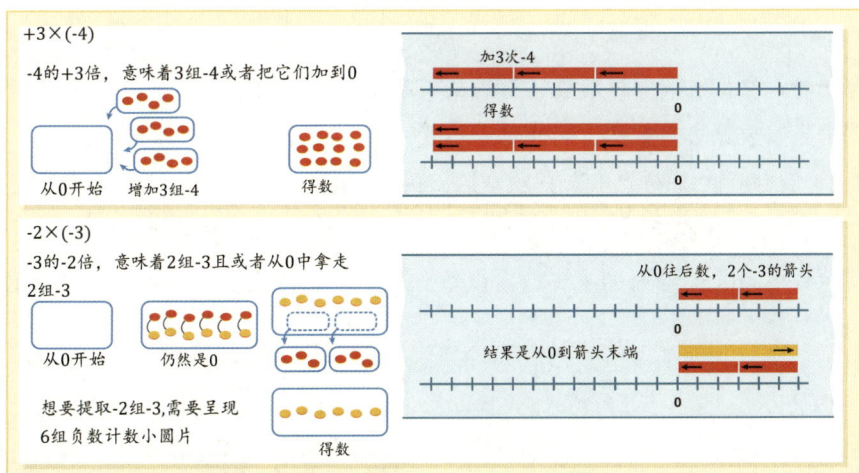

图 22.11　乘一个正数是重复做加法，乘一个负数是重复做减法

负的乘数[3×（−4）]，转化为一个问题："3 组−4，一共是多少？"如果设定情境，可以是："如果我连续三天损失四美元，我一共损失了多少美元？"

"汉斯在高尔夫球锦标赛上一连三天得了−4 分，他的分数是多少？""今天气温下降了 3 次，每次下降 4 度，温度改变了多少？"结合情境并观察重复的例子，可以让学生推断负数乘法（和除法）的"法则"（Choppin，Clancy，& Koch，2012）。这是下一个活动的重点。

活动 22.13

负数运算：讲故事，猜规律

　　这个活动是以乘法为例的，但其实这类活动也可以用在负数的其他运算中。先让学生猜测一下正数和负数相乘后乘积会是什么样的，乘积是正数还是负数。可以让小组讨论甚至让全班投票。然后给学生一组正数乘负数的题目（第 1 个乘数是正整数，这样方便发现规律），如：

$$3 \times (-10) = \qquad 5 \times \left(-\frac{1}{4}\right) = \qquad 8 \times (-0.5) =$$

　　鼓励学生根据每个等式来讲一个故事。教师可以列出一些可能的情境（参见上一节提供的情境）。讲完故事后，让学生概括正数乘负数的规律。再针对负数乘正数的情况重复这个活动：

$$(-3) \times 4 = \qquad (-5) \times \frac{1}{2} = \qquad (-10) \times 0.25 =$$

　　然后让学生根据需要，重新审视修正他们所猜想的负数乘正数的规律。将他们所猜想的规律与情境联系起来看看是否合理。如果班级里有英语非母语的学生，可以只选择一个情境进行探索，不需要选择多个，语言也不必要求。

当第一个乘数是负数的时候，代表的是什么意义？例如−2×（−3）。如果第一个乘数是正数意味着连续加法（加几次到 0），第一个乘数是负数则意味着连续的减法（从 0 开始减几次）。图 22.11 中第二个例子就是用两种模型来展示第一个乘数是负数的情况。

除法

负数除法的学习要与学生对乘法已有的认识联系起来。回忆一下通过寻找两个不同的乘法因子来探求自然数除法的意义。例如对于等式 4×？ ＝24，可以问"四个什么等于 24？"而对于等式？ ×6＝24，则问"多少个 6 等于 24？"后面这个问题（？ ×6＝24）对于负数除法也比较容易理解，因为只需要算出跳多少步到 24。图 22.12 中的第一个例子呈现了如何用双色计数小圆片和数线两种不同的视觉辅助来理解自然数除法。下面的例子是除数为正数，而被除数为负数。

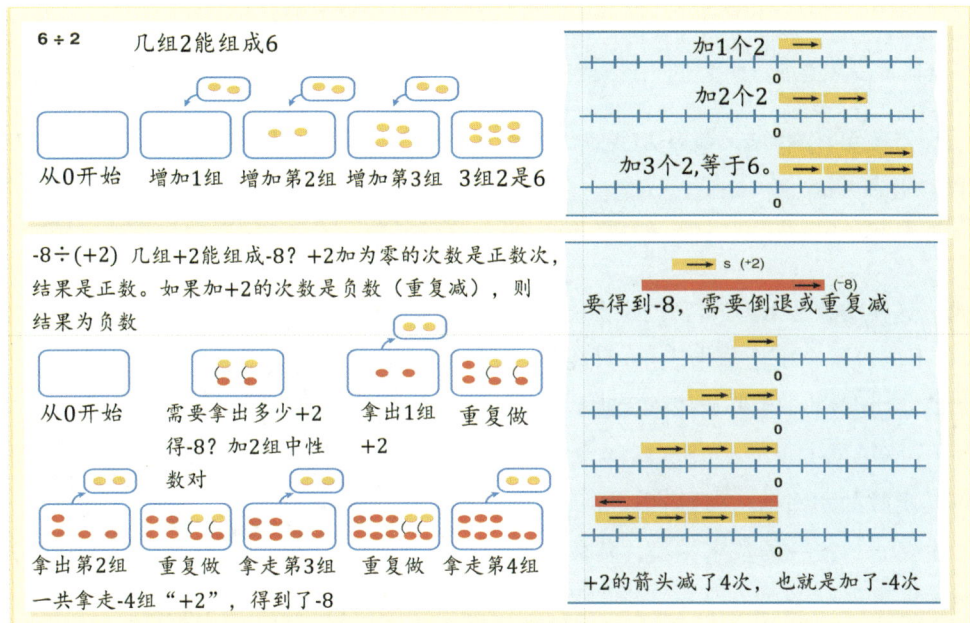

图 22.12 整数除法与度量方法

反思角 试着用出声思考的方法通过画图的方式来讲解$(-8) \div (+2)$。用图 22.12 中的示例来核实一下你的想法。再试试$(+9) \div (-3)$和$(-12) \div (-4)$。什么样的情境下可以用这些等式来解释?

如果学生能够理解第一个乘数为负数的乘法问题以及乘除法之间的关系,那么他们就有了理解负数除法的基础。让学生先想想怎么样能借助可视化工具来展示他们对自然数除法的理解,然后把这种理解与负数联系起来,再进一步扩展到小数和分数。

四. 实数

自然数、分数、小数和整数都是有理数,它们都可以写成一个整数除以一个非零整数的分数。一个有趣的事实是任意两个数之间都有无穷多个有理数。探究这一点可以加深学生对有理数的理解。

活动 22.14

中间有多少?

给学生两个分数,例如$\frac{1}{2}$和$\frac{9}{10}$。让学生在数线上找这两个分数,然后在给定的两个分数之间再插入其他的四个分数。鼓励学生使用不同的策略来推理,什么分数是介于两者之间的。学生可以把

$\frac{1}{2}$ 转换成 $\frac{5}{10}$，并且很容易找到 $\frac{6}{10}$，$\frac{7}{10}$ 和 $\frac{8}{10}$，但有些分数难度就大一些（例如，$\frac{2}{3}$，$\frac{3}{4}$，$\frac{5}{6}$，$\frac{7}{8}$ 和 $\frac{8}{9}$）。或者可以先转换成小数，在数线上找到小数后，再转化为分数。参见所附的扩展课程："中间有多少？"由此来探索两个有理数之间的有理数。

像 $\sqrt{2}$ 这样的数是无理数，它的值不能写成分数，也不能以一个确切值来表示，只能得到一个估值。8 年级的学生开始探索无理数的有理近似值（NGA Center & CCSSO，2010）。这些数都是实数的一部分，直到高中之前，实数都是学生探索的唯一的数字类型。负的平方根被称为虚数，而虚数在高中才会涉及。图 22.13 说明了数的类型及其相互关系。

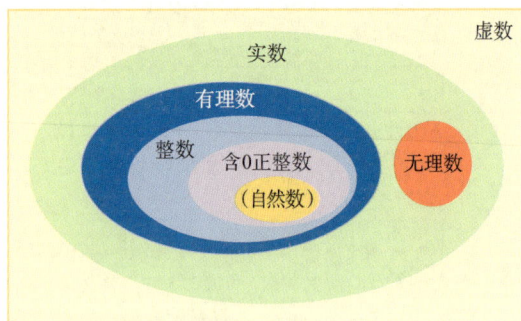

图 22.13　数的分类图解

有理数

有理数包括所有可以表示为分数的数的集合，或者是一个整数与另一个整数比的集合。即便数被写成含 0 正整数或有限小数的形式，它们也可以写成分数，因此是有理数。事实上，在学校数学中，有理数这个术语经常被用来指分数、小数（有限循环）和百分数。这些都是有理数，整数包括自然数。

在不同形式之间转换。6 年级的学生应该能够将有理数看作为数线上的一个点（NGA Center & CCSSO，2010）。7 年级时，"学生对数有一个统一全面的理解，能够将分数、小数（有限或循环）和百分比看作有理数的不同形式"。也就是说，对于给定任何有理数，学生都能够在不同的形式之间对其进行运算，在不同的形式之间灵活地转换。例如，学生应该能够解释如下所示的等价性：

○ $4\frac{3}{5}$ 与 4.6 是相等的，因为 $\frac{3}{5}$ 是十分之六，所以 4 再加上十分之六就是 4.6。

○ $4\frac{3}{5}$ 与 $\frac{23}{5}$ 是相等的，与 23÷5 相等或者用小数 4.6 表示。

○ 4.6 读成四又十分之六，所以可以这样写 $4\frac{6}{10} = 4\frac{3}{5}$。

或者类似下面这三种表达方式的比较：

24 的 $\frac{1}{4}$　　　$\frac{24}{4}$　　　24÷4

这一讨论可以引出一个普遍的观点，即分数可以被认为是分子除以分母，或者 $\frac{a}{b}$ 与 $a \div b$ 是一样的。

把分数转换成小数，小数或者是有限小数（例如 3.145），或者是循环小数（例如 2.514 1414…）。有没有办法判断给定的分数是有限小数还是循环小数？下面的活动可以探索怎么判断这个问题。

活动 22.15

有限还是无限？

让学生列一个表格，第一列是前 20 个单位分数 $\left(\frac{1}{2}, \frac{1}{3}, \frac{1}{4}, \cdots, \frac{1}{20}\right)$，第二列列出每一个分母对应的所有质因数，第三列列出与分数对应的小数（可以借助计算器）。

在学生完成表格之后，看他们能否找到一个判定小数是有限还是无限循环的规律。然后扩展到分母超过 21 来检验这个规律。分子的变化不影响这个规律。

当学生们做这个任务时，他们会注意到各种规律。如图 22.14 中的学生作品所示。正如这个学生所发现的，只有当分母的质因数仅仅是 2 和 5 的时候，这个小数才会是有限小数。为什么呢？

中学生必须明白，任何有理数，无论是正的还是负的，无论是整的还是非整的，都可以写成分数和小数。所以，-8 可以写成分数 $\frac{-8}{1}$ 或者 $\frac{-16}{2}$，或者小数 -0.8。事实上，-8 的等价写法有无数种。能够理解各种形式之间的等价关系非常重要，而这种理解远远不是简单地教给他们转换算法就能掌握的。

无理数

学生在 7 年级学习 π 时会遇到无理数，然后在 8 年级会继续探索无理数（NGA Center & CCSSO，2010）。如前文所述，无理数不是有理数，这意味着它们不能以分数形式书写。无理数和有理数构成实数。实数填充数线上的所有点，即使这些点无穷小。

学生对无理数的第一次体验通常发生在研究整数的平方根时。下面的活动很好地介绍了平方根和立方根。

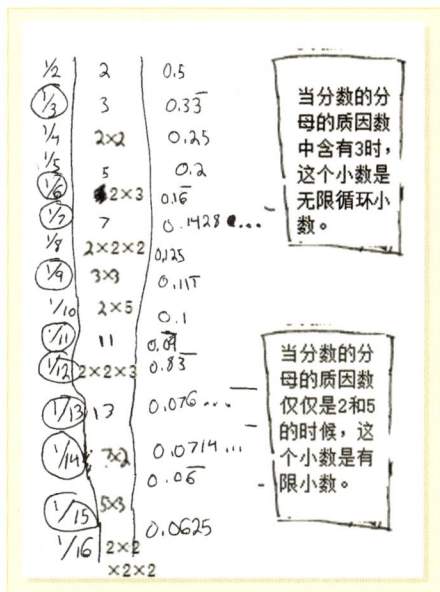

图 22.14　在探索"有限还是循环"的活动中，雅各布发现了规律

活动 22.16

正方形和立方体的边(棱)

给学生如图 22.15 中的三个正方形和三个立方体的图片。第一个和最后一个图形的边(正方形)和棱(立方体)是连续的整数。分别给出这六个图形的面积或体积。让学生用计算器算出中间图形的边(正方形)或棱(立方体)的长度。向学生解释，先不使用平方根或立方根，而是估计边和棱的长度，再通过平方或立方来检验。让学生继续估计，直到他们找到一个尽可能百分位接近平方为 45 的边(或者体积为 30 的棱)：

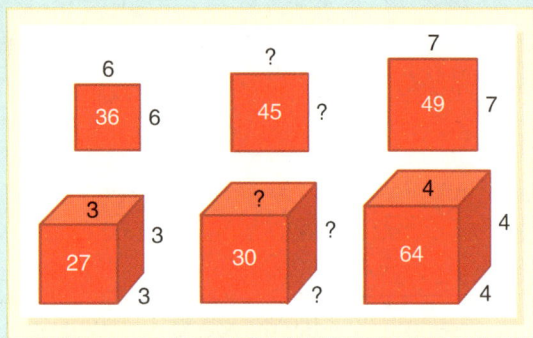

图 22.15　平方根和立方根的几何解释

$$\Box \times \Box = 45,\text{或}\Box^2 = 45 \qquad \Box \times \Box \times \Box = 30,\text{或}\Box^3 = 30$$

解决上面的立方体问题时，学生们可以从 3.5 开始，发现 3.5 的立方是 42.875，太大了。经过反复尝试，他们会发现答案介于 3.1 和 3.2 之间。不断尝试，误差会越来越小。虽然计算器可以快速找到这些平方根或立方根，但这种估算活动增强了学生对平方根和立方根以及数的相对大小的理解。

反思角　使用计算器继续得到 30 的立方根的近似值，结果精确到百分位。然后，就可以让学生试试找方程的解，如 $\Box^2 = 8$，这时学生应该理解了 x 的 n 次根的一般定义，即这个根的 n 次幂就等于 x。平方根和立方根是二次根和三次根的简称。一定要指出 $\sqrt{6}$ 是一个数而不是计算式(因为它看起来很像除法)。8 的立方根即 $\sqrt[3]{8}$，也就是 2。

在中学运用勾股定理时，常常会遇到无理数($a^2 + b^2 = c^2$)，勾股定理用来求两点之间的距离(距离是对角线，或 c)。如果 $a = 3$，$b = 4$，那么 $c = 5$。所有的边都是有理数。这是特殊情况。更多情况，边会像 4 和 7，这种情况下 $c = \sqrt{16 + 49} = \sqrt{65}$。这就是一个不能简化的平方根，是一个无理数。

一个应用毕达哥拉斯勾股定理和无理数，可以在中学做的非常有趣的项目是特奥多鲁斯螺旋，如活动 22.17 所述。特奥多鲁斯是最早相信无理数存在的人之一(对于毕达哥拉斯及其门人来说，无理数是一个相当有争议的话题。据说，毕达哥拉斯的门人把发现无理数的希帕索斯扔到了地中海里，以隐藏无理数这个秘密)。

活动 22.17

特奥多鲁斯螺旋

让学生画一个直角三角形，两条直角边均为 1 厘米，然后画出斜边并记录它的长度。用斜边作为一个新的直角三角形的 a 边，而 b 边还是 1 厘米。连接边 a 和边 b 的端点为新的斜边($\sqrt{3}$)。再画下一个三角形边为 $\sqrt{3}$ 和 1，斜边为 $\sqrt{4}$ 或 2，然后持续画下去。这样做大约 30 次就会形成一个螺旋(完整的课程可参见 Bay-Williams & Martinie，2009，网上也有很多类似的课程)。

五．数的理解与推理

我们希望通过这一章的学习，学生可以理解数并能够对数进行推理。当他们将遇到的数的类型扩展为负值、非常大的数或非常小的数或无理数时，他们必须有机会运用他们对已知的数和运算的先验知识与新的数联系起来。这就需要老师重视对数的结构和推理的教学。这应该是日常教学的一部分。没有获得这样机会的学生将很难理解也很难正确处理涉及有理数的问题，这就会导致整个高中及以后的学习非常吃力。我们以表 22.2 来结束本章，希望表格中总结的学生常见的错误和误解对你的教学会有所帮助。

表 22.2　指数、整数和实数学习中的常见挑战或错误认识以及教学策略

常见挑战与错误	具体表现	教学策略
1. 运算顺序误区，认为加法优先于减法	对表达式 $15-10+5$，先算加，得到 0 这样的错误答案。	◆ 不要直接套用 PEMDAS 来记忆操作顺序。 ◆ 给出加法之前呈现许多减法的例子。 ◆ 通过分析有此类错误的案例来理解。
2. 运算顺序误区，认为乘法优先于除法	对表达式 $60\div10\times2$，先算乘法，得到 3 这样的错误答案。	◆ 见策略(1)。
3. 指数和乘法混淆	认为 2^3 是 2×3，得到 6 而不是 9。	◆ 让学生把指数以扩展的形式写出来。 ◆ 通过对给出实例中错误的具体分析来理解探索指数。
4. 认为科学记数法中的指数是告诉一个数字"加上"零的个数	将 3.6×10^{14} 写成 3,600,000,000,000,000，有 14 个 0。	◆ 在学生对概念没有理解的情况下避免给出所谓的捷径，这会令学生更迷惑。 ◆ 通过提问来引发学生的注意思考。例如，为什么是 13 个 0 而不是 14 个？指数和零的个数之间有关系吗？ ◆ 在探索小一点的数如 5.9×10^3 时，鼓励学生以不同的方式书写数，注意规律的正确与否。

常见挑战与错误	具体表现	教学策略
5. 在数线上找不准负的非整数值	把 $-1\frac{1}{4}$ 放在 -1 和 0 之间而不是 -2 和 -1 之间。	◆ 在负数教学中使用更多的非整数值。 ◆ 经常使用数线说明位置和运算。 ◆ 当课程目标集中在小数和分数运算时，不要忘记使用负数。
6. 对多个负号或括号的理解困难	不知道 $-(-8)$ 的含义，因为他们看不到要从哪里减去 -8；对于 $8.6-(-4)$ 这样的表达式，会认为应该是相乘。	◆ 明确地讲解负号的三种含义。 ◆ 在简化表达式时，不停地问："这个符号在这里是什么意思？" ◆ 做类似活动 22.11 这样的活动。
7. 对整数运算意义和答案的误区	认为小减大，如 $9-18$ 是不可能的；不知道 $-5.7-9$ 的结果比 -5.7 大还是小。	◆ 用多种情境来讲授整数运算。 ◆ 使用计数小圆片和数线来理解运算意义，特别强调数线的使用。 ◆ 学生得到不同的答案时，给学生时间和机会来辩论答案的正确与否。
8. 认为平方根是一个运算而不是数	学生认为 $\sqrt{6}$ 指的是某个数被分成 6 份。	◆ 强调 $\sqrt{6}$ 本身就是一个数，提醒学生这与 $\sqrt[3]{8}$ 是一个意义，都是数。$\sqrt[3]{8}$ 就等于 2。

《美国共同核心课程标准——数学》(CCSS-M)中的"数学实践标准"确定了各级数学教育工作者在实践中所应着力培养学生的各种数学专业知识。这些实践标准是建立在数学教育中长期重视"过程和能力"基础之上的。第一部分是全美数学教师协会(NCTM)的过程性标准:问题解决、推理证明、交流沟通、联系拓展和表达表述。第二部分是美国国家研究委员会的报告《加起来》中明确指出的数学能力应包括:适应性推理,策略性能力,概念性理解(理解数学概念、运算及其关系),运算熟练(灵活、准确、高效地进行数学运算),以及积极的数学态度(认为数学是理性的、有用的、有价值的,相信勤奋的力量也相信自己能学好数学)。

1. 理解问题,乐于尝试并坚持不懈地解决问题

精通数学的学生首先会从解析分析题目入手来寻求解决问题的切入点。他们会去分析已知条件、约束条件、相互之间的关系以及最终需要完成的目标。他们不会急于跳入某一个具体解决方案,而是会根据题目的形式来进行推理并规划解决问题的策略。他们会思考类似的问题、问题的特例并尝试简化原来的问题从而寻找解决方案的关键点。他们在解题的过程中会随时监控和评估自己的进展,根据需要随时修正甚至改变解题策略。高年级学生根据问题的具体情境,通过对代数式进行变式,或变换图形计算器的界面窗口来获取自己所需要的信息。精通数学的高年级学生能够解释方程式之间的对应关系,用语言和文字描述方程式所表达的意思,理解表格和图象之间的对应关系,能够画出具有关键特征和关系的示意图和图表数据,并从中发现规律或变化趋势。低年级学生可能会更依赖具体的实物或图片来理解数学概念和解决问题。精通数学的低年级学生会使用不同的方法检验结果,并不断追问自己:"这个解答合理吗?"他们能够理解其他人解决复杂问题的方法,并理解不同方法之间的对应关系。

2. 能够进行抽象的逻辑归纳推理

精通数学的学生能理解问题情境中数量及其之间的相互关系。在涉及数量关系的问题中,他们具备两种相辅相成的能力:其一是"去情境化"的能力,即对给定的具体情境抽象化,使用符号进行表征,并且在运用符号时只关心符号表示的意义,而不关注这些符号原本所表征的对象;其二是"情境化"的能力,即在运用符号的过程中,如有必要,可还原符号所表征的对象。抽象地逻辑归纳推理是一种习惯性,一种在解决问题的过程中不断地用符号表征的习惯;在碰到数量时要考虑数量的单位;不只关注如何计算,还要关注数量的意义;以及理解和灵活应用运算及其对象的不同性质。

---

① 资料来源:Council of Chief State School Officers. (2010). Common Core State Standards. Copyright © 2010 National Governors Association Center for Best Practices and Council of Chief State School Officers. All rights reserved. ——译者注

3. 构建理性的论点并评判他人的推理

精通数学的学生能理解和运用给定的假设、定义和已知结论来构建新的理性论点。他们先提出猜想并通过合理的逻辑渐进方式来验证猜想的真实性。他们通过将原问题拆解成若干特例来分析情境，并能够识别和运用反例。他们能够证明并表达自己的论点，与他人交流，并回应他人的质疑。他们能根据数据进行归纳推理，并根据数据背后的情境做出合情推理。精通数学的学生还能比较两个合情推理的有效性，能够区分哪个是正确的逻辑推理，哪个是有漏洞的推理。如果某个推理有漏洞，他们还能够解释清楚漏洞在哪里，为什么是漏洞。小学生在辩解论证的过程能够使用具体的参照物，如实物、图画、示意图甚至动作。尽管他们直到高年级才能概括或归纳这些论证，但这样的论证过程是有意义并且应该做的。之后，学生会学习这些论证适用于哪些领域。不管是几年级的学生都应该学会聆听别人的观点，分析判断别人的论证是否合理，并能通过提出有效的问题来澄清或改进论证。

4. 数学建模

精通数学的学生能够将所学的数学知识用于解决日常生活、社会和工作场景中出现的问题。小学生建立的数学模型可能比较简单，例如使用加法算式描述一个情境；初中生可能会运用比例知识来组织一次校园活动或分析一个社区问题；高中生可能会运用几何知识解决一个设计问题，或用函数知识描述一个变量与另一个变量之间的关系。精通数学的学生能够应用他们所学的知识通过假设和近似计算来简化复杂的问题情境。当然他们也明白稍后答案可能需要修正。他们能辨识出实际情境中的哪些是关键量，并用示意图、双向表格、图象、流程图和公式等工具来反映这些量的关系。他们能用数学知识分析数量关系，创建数学模型来得出结论。他们通常根据具体情境来解释数学结论，并反思结论是否有意义、是否合理，如果模型没有达到目的，可能还会对模型进行改进。

5. 灵活运用恰当的数学工具

解决问题时，精通数学的学生通常会考虑使用可用的工具。这些工具可能包括铅笔和纸、具体模型、直尺、量角器、计算器、电子表格、计算机代数系统、统计软件和动态几何软件等。他们非常熟悉适合他们程度的工具。知道何时使用何种工具，既了解这些工具的优点，又能认识其局限性。例如，精通数学的高中生会借助图形计算器分析函数图象并用其来生成解。他们会策略性地利用估算或其他数学知识来检验可能出现的错误。在构建数学模型时，他们知道借助技术能够帮助他们把各种假设的结果可视化地呈现出来，进而方便他们探索可能的结论并将预测与数据进行比较。精通数学的学生能够在课外寻找相关的数学资源，如网络上的数字资源，并利用它们提出和解决问题。他们能够利用技术工具来探索和加深对数学概念的理解。

6. 精准性

精通数学的学生在与他人沟通交流时很注意精准性。他们在与他人讨论和自己的推导过程中都尽量使用清晰明确的定义。他们能够清晰准确地表达所选符号的意义，包括恰当地使用等号。为了阐明问题中数量之间的对应关系，他们会仔细确定度量单位并标示坐标轴。他们进行准确、有效的计算，并根据问题情境给出合适精度的数值答案。小学生能够向别人解释清楚自己的答案。到了高中，他们已经学会了用明确的定义来检验论点。

7. 发现并利用模式和规律

精通数学的学生通过仔细观察会发现一些模式。例如，低年级学生能注意到比 3 大 7 的数和比 7 大 3 的数是一样的，又例如他们能根据图形的边数来进行分类。之后，学生们能发现 7×8 与 $7 \times 5 + 7 \times 3$ 的结果是相等的，而后者更容易记忆，并且为学习乘法分配律做好了准备。在表达式 $x^2 + 9x + 14$ 中，高年级学生能注意到 14 是 2 和 7 的乘积，9 是 2 和 7 的和。他们认识到直线在几何图形中的重要性，并能通过添加这样的直线作为辅助线来解决问题。他们还能退一步从整体角度来观察问题并转换视角。他们可以将复杂事物，如一些代数表达式，看成是单一对象或多个对象的组合。例如，$5 - 3(x - y)^2$ 可看成是 5 减去一个正数与一个平方式的积，并且由此认识到，对于任何实数 x 和 y，这个代数式的值都不会大于 5。

8. 在不断的推理中发现并描述规律特性

精通数学的学生在做重复计算时会注意到是否有不变的规律，并能找到解决问题的捷径。在计算 25 除以 11 时，小学高年级学生会注意到计算过程中一次一次地重复同样的计算，从而得出商是循环小数的结论。中学生在反复检查某一个点是否在一条经过点 $(1, 2)$、斜率为 3 的直线上，通过注意斜率的计算，就可能抽象出这条直线的方程：$y - 2 = 3(x - 1)$。在展开 $(x + 1)(x - 1)$，$(x - 1)(x^2 + x + 1)$ 和 $(x - 1)(x^3 + x^2 + x + 1)$ 时，高中生会发现有些项可以相互抵消的规律，从而概括出几何级数求和的一般公式。在解决问题时，精通数学的学生在关注整个解题过程中会始终关注细节。他们不断评估中间步骤的合理性以确保整体过程的正确性。

1. 明确以学生为主体的数学学习目标

有效的数学教学能够针对学生正在学习的数学知识确定明确的学习目标,能够将学习目标紧密融合于学习过程中,并用这些学习目标来指导教学决策。

2. 提供能够促进学生推理和问题解决能力的学习任务

有效的数学教学能够提供让学生积极参与解决和讨论数学推理及问题解决的任务,同时能够允许采用多种切入点和鼓励多样化解决策略。

3. 利用数学的不同表现形式并在不同的表现形式之间建立联系

有效的数学教学能够鼓励学生通过在不同的数学表现形式之间建立联系,加深对数学概念和过程的深度理解,并将这些作为问题解决的有效工具。

4. 促进有意义的数学讨论

有效的数学教学能够促进学生之间的数学讨论与交流,通过分析和比较他们之间不同的方法和论证来建立对数学思想的共同理解。

5. 提问内容要有目的性

有效的数学教学在提出问题的时候要有目的性,有目的性的提问不仅可以用来评估学生对重要数学思想及关系的推理和理解,并能够加深学生的理解和认识。

6. 在全面的概念理解的基础上达到运算熟练

有效的数学教学能够在概念理解的基础上帮助学生达到运算熟练。随着时间的积累,学生在解决实际问题和数学问题时能够灵活、高效、准确地完成运算。

7. 通过让学生经历能力范围内的数学困境来培养学生积极的数学态度

有效的数学教学始终为学生个人和集体提供机会和支持,鼓励他们通过经历能力范围内的数学困境,经历冥思苦想的求索来体验富有成效的数学教学。

8. 收集学生学习的证据并利用这些证据

有效的数学教学能够及时收集学生思考的学习证据,并利用这些学习证据来评估学生的理解程度从而来不断地调整数学教学。

---

[1]　资料来源:Republished with permission of National Council for Teachers of Mathematics(NCTM),from NCTM Mathematics Teaching Practices from Principles to Actions © 2014;permission conveyed through Copyright Clearance Center, Inc.——译者注

附录 C　制作和使用学具的一些建议

卡片库材料

制作学具一个快速而高效的方法,就是复印足够多的份数后都塑封好,然后按需求切割成合适的大小。切割后,材料最好保存在带有拉链封口的透明塑料袋中。在袋子顶部附近打一个洞,这样就可以排出空气,节省空间。

下面是我们对如何制作卡片库模板材料的一些建议。

5 方框和 10 方框——12- 14

5 方框和 10 方框最好在浅色卡片上复印。不需要塑封,如果塑封的话垫子可能会弯曲,计数器会四处滑动。

10×10 乘法排列——16

每个学生都应该有一个,任何颜色都可以。建议塑封。还应该为每位学生提供一张 L 形卡片。

10 进制计数器的材料——32

在白色卡片上进行复印。一张纸可以是 4 个百和 10 个十或者 4 个百和 100 个一。用切纸机切成块。建议不要塑封 10 进制计数器的材料。一个包含 10 个百、30 个十和 30 个一的工具包足以满足每个学生或每对学生的需要。

位值垫(带有 10 方框)——17

垫子可以复印到任何彩色卡片上。建议不要塑封,因为塑封后的四角边会卷曲,计数器会四处滑动。每个学生都要有一个位值垫。

有理数轮——24

这些轮盘应该用硬卡纸来做。制作在卡片库上。最好用对比色明显的两种颜色卡纸来做。塑封后要把圆圈及虚线上的插槽都弄好。每个学生都需要一套。

许多材料是教师可以用来展示给学生看的。例如:10×10 排列、空白 100 数字表和大型几何板。位值垫可以与条形和方形一起使用,也可以直接与实物投影仪上的计数器和杯子一起使用。四则运算中的空白记录页也是提供给教师用来书写具体演示的。

10 000 网格是展示 10 000 或模拟四位小数最简便的方法。

度数和楔形页是讲解如何读角度数以及解释量角器的最佳方式。

所有的直线和网格点都有助于数学建模。你可能会发现材料这些手边多一些总是好的。随时可能用得到。如:0~10 数字卡、空白的百数表/百格图、百数表、4 个小型的百数表、方格纸、点子图、等距网格图、等距点子图等。

后记

本书完成之际，正是烈日炎炎的 7 月。烈日当空，道路两旁，成熟的谷物弯下了腰。从 2019 年到 2022 年，历时 4 年，这本书也终于迎来了收获的时节。

我们一直认为，教师要创造一个让学生可以自己解决问题的课堂环境，所有的学生在课堂上都可以理解数学概念并建立概念间的联系，体会到数学学习的价值和乐趣。本书提供了一些基于问题的活动和任务，可以让学生使用重要的数学概念和技能，关注学生的思考。全书分为两个部分，第一部分有 6 章，涵盖了跨越特定内容领域的重要教学思想，包括 21 世纪的数学教学、做数学、问题解决等方面，对帮助学生学习数学这一富有挑战性的任务提出了看法，并为如何教授和评估 preK-8 学生提供了基础和理由。第二部分有 16 章，每一章侧重于 preK-8 数学课程的一个主要内容领域，为每个主要数学主题提供教学建议和活动。从确定该内容的主要想法开始，并提供指导，说明学生是如何通过基于问题的活动来学习该内容，让他们理解数学，以及思考可能遇到的挑战和教师可能提供的帮助。书中含有丰富的学习任务和活动，阅读的过程中可以拿出笔和纸，或者使用技术，思考你可能会如何解决问题，以及预期学生可能会如何解决问题等，这是一种了解学生学习数学的方式。

本书的顺利完成离不开参与各项工作的同仁们的辛苦付出。全书的中英文统稿工作由张晶、侯慧颖、施银燕、赵晓燕完成，她们用了持续两年多的时间对翻译文本从头到尾进行了全面的梳理、校译和通稿；刘坚、孙晓天、张丹三位教授对本书翻译过程中遇到的重要问题进行讨论，孙晓天教授最终审定了全部书稿。翻译团队的分工为：冯娉婷（第一章、第五章），罗海风（第二章、第二十章），周达（第三章、第十七章），董瑶瑶（第四章），黄兴丰（第六章、第七章），章勤琼（第八章），张之堃（第九章、第十一章），王极峰（第十章、第十八章），谢志勇（第十二章），杨嘉欣（第十三章），侯慧颖（第十四章），孙晶（第十四章），王瑞霖（第十五章、第二十一章），王田（第十六章、附录），彭纲（第十九章），宁亚明（第二十二章），殷莉莉（第二十二章），他们高质量的工作为本书出版提供了最基础的保障。为了确保中文版更加贴近读者的实际，我们还邀请了陈燕虹、于国文、李培芳、苏傲雪、曾小平、谢玉娓、赵洪亮、黄海燕等数学教育工作者进行全部或部分章节的中文稿通读，把他们认为不易理解或表达不足之处标注出来，再由统稿小组统一核准修改。在此向大家一并致以诚挚的谢意！

研究无止境，希望这本书可以给一线数学教育工作者一些启发，增加关于数学教学的理解。您可以借鉴针对不同学习者的教学策略，更加有效地开展教学。

2022 年 7 月